Written Materials Excavated from the Sands

流沙出土の文字資料
楼蘭・尼雅(ニヤ)文書を中心に

冨谷 至［編著］

巻頭口絵

*

スウェーデン国立民族学博物館所蔵

スウェン・ヘディン Sven Hedin 将来
未発表 紙文書

Unknown Lou-Lan Paper Documents in The National Museum of Ethnography, Sweden

詳細については，本書第II部（資料編）5・6の各論文を参照されたい．

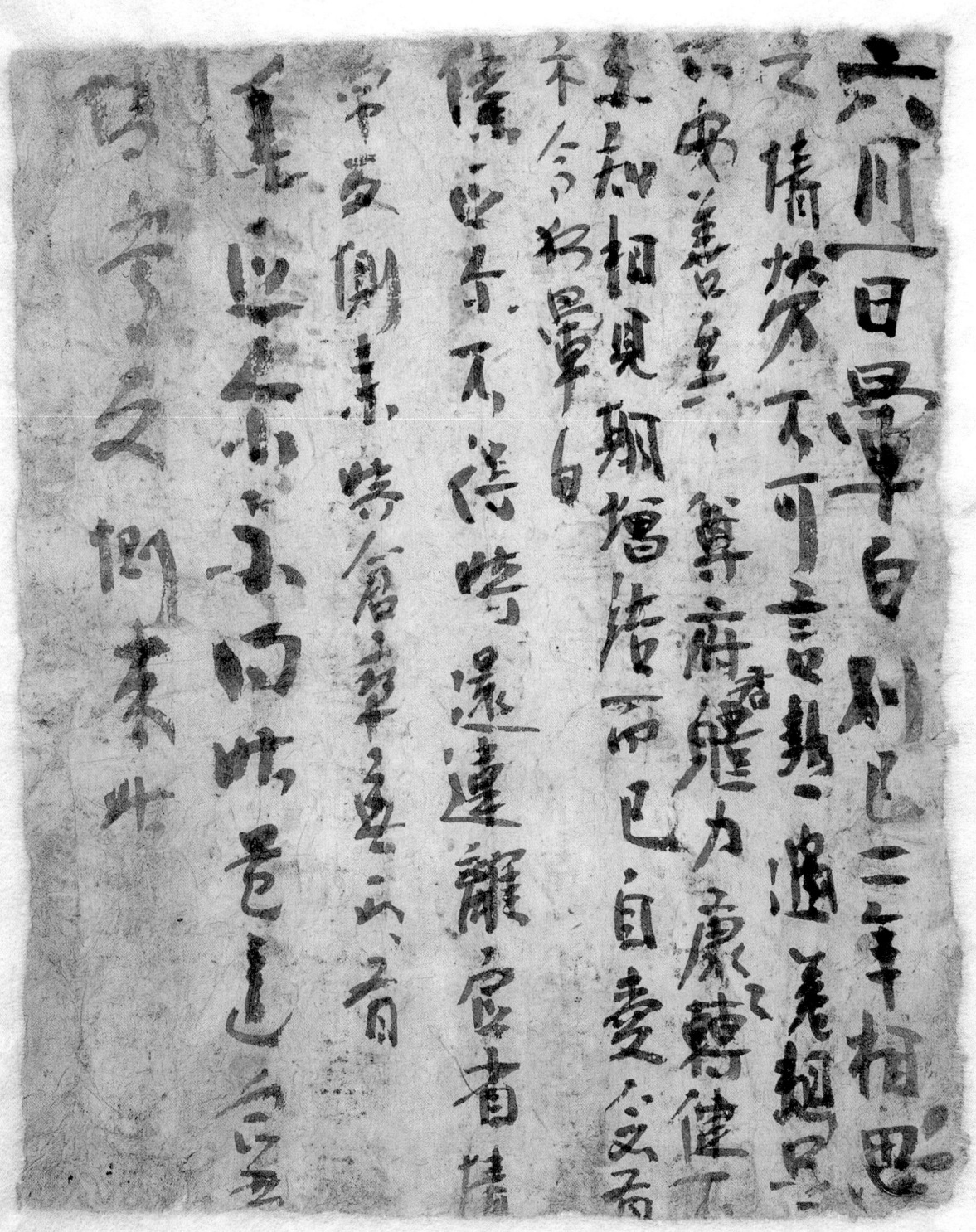

仁化郭祇胡虞尊偃窶義渠
蔡游威左地餘譚平定孟伯徐
嘉富朝敦錡蘇敢潘戹褚回池
蘭賣戶武羅軍楠賣陽始輔福
冥高大敢滿良充申屠夏脩俠公
仁他郭祇胡虞尊偃窶
餘譚平定孟伯
錡敢潘戹

不知當以何時迎致、功曹神
栢念感惟山迄灼切之情倍不
可言自別難故乃當如此之言
增歎感如何卿體中恒自何
如洛長安數有消息不想怨賊已
滅盡太平在近也有来人具示諸
息䖍此一一往言所具不復多及

忠惶恐死罪死罪頓首之入
城拔王外田家在須還當往
相見惶信復自忠惶恐死罪死罪
所啓馬從郎君所且

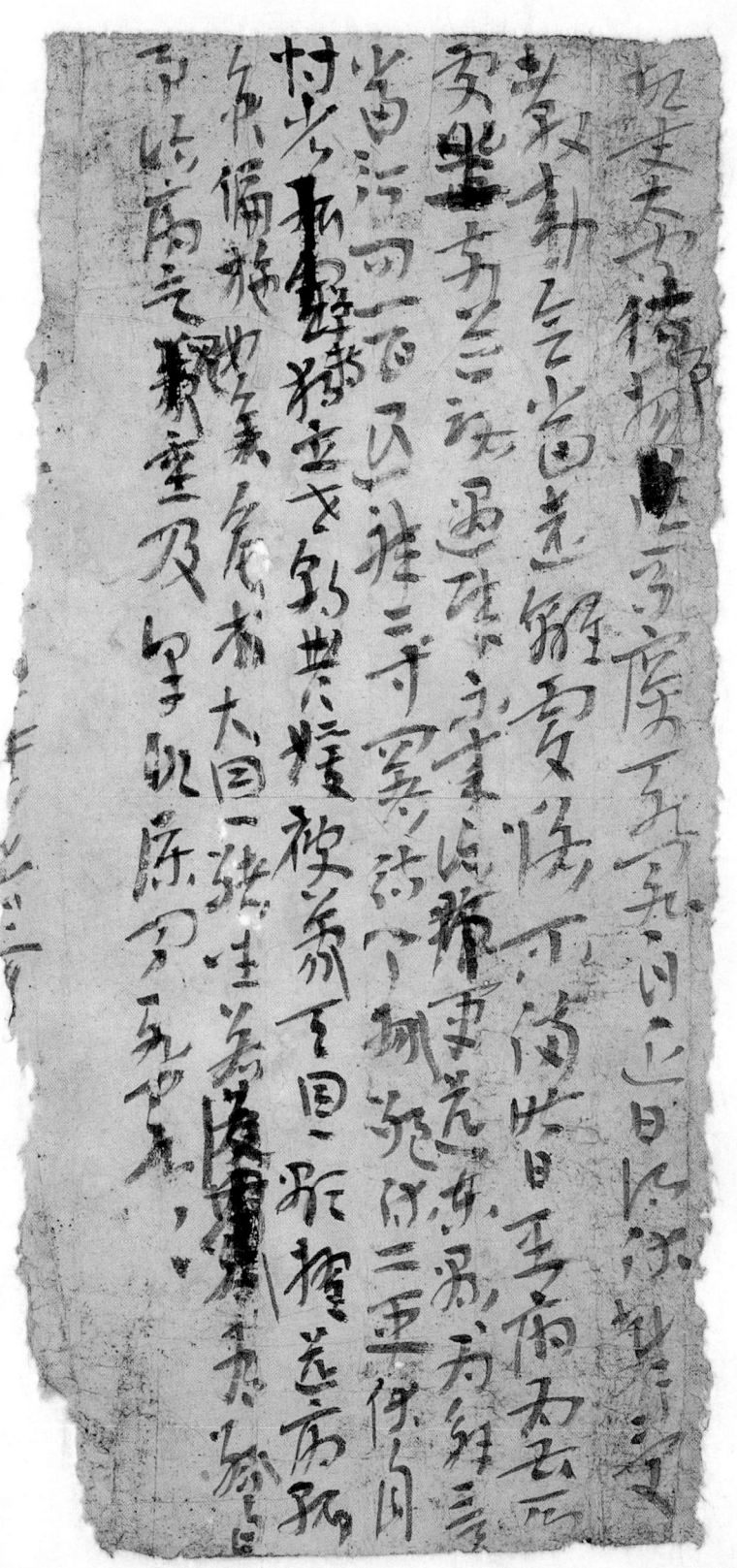

文書E

與三張以府積行循其身与人有終始布施
遠近人邑郭而不入亂國而隱靜坐術其志
德於山林而廢而眠聲和邁青雲官也巾
青雙曳華及古人
蘇鑿樓望城闕涼風起炎暑退歸不果思懷

序　　　　　文

　「流沙出土の文字資料」と銘打った本書は，1996年から1998年の3年間にわたって，スウェーデンと日本の研究者が共同して進めてきた文部省科学研究費国際学術共同研究「スウェン・ヘディン将来考古学術資料の総合的研究」での成果を基にしたものである．

　ことの発端は，ほぼ10年前の1992年に遡る．その年，編者冨谷は，イギリスケンブリッジ大学に客員研究員として滞在していたのだが，スウェーデン国立民族学博物館所蔵の木簡の調査で2週間ほどストックホルムに赴いた．本書の執筆者であり共同研究の分担者であるホーカン・ヴォルケスト，スタファン・ローゼンとの交流はその時から始まる．

　民族学博物館での最初の調査の時だったが，ローゼン教授が私にいくつかの箱に分けて納められている未発表の楼蘭出土の木簡の断片（桃）を見せてくれた．今から思えば数量のうえでも，その内容からしても断片が有する価値以上のものは，正直言って無いと思うのだが，その時の私にはそれは非常な驚きを覚えるものであり，新発見のこの資料でもって，これまでの楼蘭研究を一新できるのではないかと思ったのである．

　折りもおり，冷戦の終結にともなう東西ドイツの統合によって，これまで制限があった旧東ドイツ所蔵中央アジア出土古文献の調査も容易になったことから，ヨーロッパに所蔵されている中央アジア出土資料を改めて総合的に調査してみようということになった．当時，京都大学人文科学研究所の教授であった梅原郁を代表とした文部省科学研究費国際学術研究（海外学術調査）「欧州所蔵中央アジア出現簡牘他法制文書の総合的調査」が認められ，1994年と95年にわたってイギリス，ドイツ，フランス，そしてスウェーデン等の図書館，研究機関に所蔵されている出土文字資料の調査を行ったのであった．その時に，法制文書といったのは，梅原教授も私も法制史を主たる研究テーマにしていたからに他ならないが，実際は仏典写本は対象外とし，行政・司法関係の文書，帳簿をとりあげ，研究分担を簡牘研究班と紙文書研究班に分け，相互の連関をそこで図ったといってよい．

　中央アジア出土の文字資料研究は，これまで世界的に多大な蓄積があり，その成果は改めて述べるまでもないが，ただ，希薄であったのは簡牘研究と紙文書研究の連関性，すでに高度な研究方法を確立していた両分野の相互連関であり，木簡についていえば，漢文木簡と他の中央アジア諸言語木簡（特にカロシュティー簡）の比較研究であった．また，漢簡研究の方法論がカロシュティー簡に応用されることもあまり無かったといってよい．したがって我々の研究組織はその間隙を埋めるべく，漢簡，紙文書，カロシュティー文書を専門とする研究者を分担者としたのであった．

　海外学術調査は2年で終了するが，得られた成果を引き続き継承し発展させねばならない．そこで新たにスウェーデンの研究者との国際共同研究を企画し，幸いにも科学研究費（国際学術研究・共同研究）の恩恵に浴することができ，「スウェン・ヘディン将来考古学術資料の総合的研究」（研究代表者：冨谷至 1996～1998年）が始まることになる．中央アジア出土の文字資料と言えば，敦煌・トルファン古文献が有名であるが，我々にとって，やはり漢簡の研究方法が適用できる時代の資料，また漢簡の影響を残して紙に移行していく過渡期，さらには，漢文以外の他の異民族言語で書かれた木簡と中国木簡との比較，などがもっとも興味をひく対象だったといえる．また，漢簡といえば居延漢簡であり，その発見はスウェン・ヘディンを代表としたスウェーデンと中国の合同探検隊「西

序　文

北科学考査団」による．なかでもフォルケ・ベリィマンという考古学者の存在とその足跡に，我々簡牘研究者は，共通して強い興味を持っていたのである．ヘディン―楼蘭―簡牘と紙―西北科学考査団が共同研究の軸となったのは，このような理由からであった．

　かくして発足した日瑞共同の国際共同研究は，本書の執筆陣，ホーカン・ヴォルケスト，スタファン・ローゼン，梅原郁，赤松明彦，籾山明，冨谷至の 6 名から構成され，簡牘，紙文書，異民族言語資料，タリム盆地の歴史，中央アジア探検史，を分担すべき研究テーマとして，スウェーデンと日本を楕円の中心に据え，世界各地にそれぞれが調査研究のために足を運び，またその成果を持ち寄って分析，検討を行うことになる．訪れた国，地方は，ヨーロッパはもとより，インドニューデリー，中国河西回廊・エチナ河流域，韓国ソウル，台湾台北におよぶ．またそれ以前にはローゼン，ヴォルケスト両名は，西域南道ヤルトングース一帯の考古調査を行っていた．その成果の一端が，1998 年 3 月にスウェーデン国立民族学博物館（3 月 6 日）と京都大学人文科学研究所（3 月 30 日，31 日）において，広く内外の研究者の招いて開かれたシンポジウム「新出楼蘭文書について」（於：ストックホルム）と「スウェン・ヘディン将来考古資料に関するシンポジウム」（於：京都）であった．また，本書が出版に向けて実質的に稼働した 2000 年 2 月から 7 ヶ月間，スタファン・ローゼン教授を京都大学人文科学研究所の客員教授として迎え，一層の研究交流をはかるとともに，本書出版に関してローゼン教授の意見を直接に聞くことができたことは，幸運であった．

　話は，すこし遡る．共同研究がはじまった最初の頃と記憶するが，民族学博物館所蔵の未公開の 5 点の紙文書が存在することをホーカン・ヴォルケスト氏から教えられ，またその真偽に関して意見を求められた．未公開といっても，全くその存在が知られていなかったわけではなかったのであるが，まだその本格的調査は行われてはおらず，真偽のほどがはっきりしなかった文書であった．今になってみれば恥ずかしいことだが，初めてそれに接した私は，一見して後世の偽造文書だ，そうに違いないと思った．楼蘭出土の紙文書の多くが断片であるのに対し，それらがあまりにも完全な文書であったからなのだが，このようなものが残っているはずがないとの先入観をもって，私はそれが偽造文書であることの証明にまず取り組んだのである．「五枚の新発見楼蘭文書」と題して，1998 年にストックホルムで開催されたシンポジウムで，籾山・冨谷・梅原が発表したが，私と梅原教授ともに，その方向は文書の信憑性に懐疑的であったことを，しかと覚えている．ただ，紙の科学的分析をも含めてより総合的な調査をせねばならないということで，結論を持ち越し，紙の分析はデンマーク国立博物館文化財保存部のアンナ・グレーテ・リシェル女史に任せることになった．女史がこれまで一連の中央アジア出土の紙文書，特に偽造文書の研究に取り組みその造詣が深く，ストックホルムの民族学博物館とも過去に共同で研究してきた経緯がその理由である．また私自身も 5 枚の文書の内容，書体の詳細な検討を行ったことは言うまでもない．そして，1999 年 8 月の末，女史の分析調査の結果を聞くために，コペンハーゲン郊外ブレーデ Brede にある研究室を訪ねたとき，実は私自身の見解も，また紙の科学的分析の結果も当初の予測とは 180 度異なるものになっていたのであった．

　他の研究分担者もそれぞれ自己のテーマにそって着実に実証研究を進めた．そしてその成果が，探検史編，資料編，研究編の 3 部でもって構成された 11 編の論文集として結実した本書なのである．

　　　　　＊

　第 I 部「探検史編」は，ホーカン・ヴォルケスト「1　西域考古学の誕生と展開――スウェーデンの貢献：ス

ウェン・ヘディンからフォルケ・ベリィマン」の一編のみからなるが，この論文は本書の総論および概観と位置づけることができ，その副題にもある如く，スウェーデンが20世紀に行った中央アジアの探検と考古学への貢献の歴史をたどるものである．ここでどうしてスウェーデンを特に取り上げたのか．一つには，もちろん，我々がスウェーデンの研究者との共同研究をすすめ，またスウェーデンの探検隊が将来した収集品を研究の対象としたからでもあるが，ことがらはそれだけには止まらない．ヴォルケスト論文がその冒頭で言及しているように，中央アジア探検，考古発掘は，段階的にその歴史をとらえねばならず，一個人すなわちスウェン・ヘディンの突出した偉大性というよりも，アンダーソンらに代表されるスウェーデン考古学が20世紀において宝探し的な遺物蒐集の段階から，科学的方法論に基づいた学術研究へ導く先導者となり，ヘディンのみならず1930年代の西北科学考査団もまさにその延長線上に位置するものとして考えねばならないことを言わんとする．ヘディンの輝かしい業績，西北科学考査団という自然科学も含めた大規模な学術調査が行われたその学問的背景についてこのヴォルケスト論文は明快に論じているのである．

　同時に，我々はまた別の視点でもってこの論文を読むこともできよう．

　19世紀末から20世紀の初頭にかけて，ロシア・イギリス・ドイツ・フランスなどヨーロッパ列強は，中央アジアに政治的かつ軍事的意図をもって進出した．カシュガル，ホータンなどの町には，宣教師，政治家，軍人たちが集まり，文物・文化交流を担った古代のシルクロードは，20世紀の初頭，軍事・政治の交差点となっていたのだ．その中で，探検家，宝探し屋，文書偽造者，考古学者たちが激動の政治史と関わり合い，流沙に挑んでいく．そして第二次世界大戦前夜，ヨーロッパの学術探検の最後を飾るものとして，西北科学考査団が組織される．軍事と学術の相関，それは20世紀の政治史の一面であり，ヴォルケスト論文はとりもなおさず現代史を語るものなのである．

　ところで，ヘディン，ベリィマンなどスウェーデン考古学者をしてあの流沙の遺跡に魅了せしめた，その所以は何だったのだろう．学問への情熱，時代の要請，否，ヨーロッパ諸国の一員としての自己主張なのだろうか．静寂なメーラレン，サルトシェーン湖に臨み，北欧のベニス，バルト海の貴婦人とも称されるストックホルム，その環境とおよそ似つかない過酷なタクラマカンに彼ら北欧人を何が駆り立てたのだろう．ヴォルケスト論文はもとより語ってはいないが，そこには，学術的探求心を越えた何か，民族の根源，特徴とも言うべきものがその根底に流れているのだと私には思えてならない．viking spirit——スウェーデンの中央アジア探検，西北科学考査団，それは，流沙に挑んだ20世紀のヴァイキングたちの輝かしき足跡だったといえるのではないだろうか．

　　　　＊　　　＊

　第II部「資料編」は，西域南道，エチナ川流域の各遺跡から出土・発見された漢文資料，コータン・サカ文字文献，カロシュティー文献などの文字資料を，(1)資料批判，(2)形態研究，(3)注釈と翻訳，(4)科学分析などの方向から考究する．

　(1)　資料批判とは，何よりも出土文字資料の信憑性を論ずるものであり，スタファン・ローゼン「4　スウェン・ヘディンコレクションにおける偽造サカ文書」は，有名な偽造文書の分類研究ともいうべきもので，有名な偽造者イスラム・アクーンを軸にした偽造文書の類型学的整理という斬新な資料批判であるといってよかろう．と同時に，偽造文書は20世紀の探検と遺物蒐集が生んだ鬼子といってよく，輝かしき探検の歴史の裏面をこの論文から我々は読みとることができるのである．

序　文

　　偽造文書が横行するなか，偽造と見なすことができない5枚の文書が世紀末になって出現したことは，できすぎた偶然の演出と言わざるをえない．冨谷至「5　スウェーデン国立民族学博物館所蔵未発表紙文書」は，それらの文書の真偽について考察したものである．私が当初これらも偽造文書ではないかと思ったのは，ほかでもないローゼン論文が述べる偽造文書の経緯，とりわけ西北科学考査団のニルス・アンボルト，エリック・ノリンの中央アジアにおける偽造文書取得が頭にうかんだからに他ならない．はじめの目論みとは全く逆の結論になってしまったことには，私自身も未だ戸惑いの中に居るが，今回の調査で紙の科学的分析という資料調査における新しい観点を導入できたことは，楼蘭研究，古文書研究に関してさらなる展開が期待できるのではないかと思う．アンナ・グレーテ・リシェル「6　楼蘭古紙の科学的分析」，ここで取られた「目視分析」と「顕微鏡分析」の二方向からの分析は，件の新発見文書が偽造でないとの方向を示唆したのみならず，楼蘭古紙の完全な寸法（325×230）を復元した．そこから紙すき器の大きさが推定でき，後の敦煌文書の紙との違い，その移行の考証に成功したことは，誇るべき成果といってよいだろう．敦煌出現の古紙との比較から製紙技術の発展へと研究の新たな地平が築かれたのである．ただひとつ，本来一枚であった紙の断片が，異なった場所から出土していることはどう考えればよいのだろうか．破棄のあり方という面で今後検討せねばならない問題であろう．

　　出土文字資料は，文献史料とは異なり，モノとしてつまり考古資料として扱わねばならない．それがどの様な形をしており，文字はどの様に書かれているのか，書写の材料にどの様な特徴が"刻印"されているのか，単に書かれている内容ではなく形態・書式，その周辺，など資料に潜在するあらゆる情報を「読み」とって初めて，それが持つ有効性を引き出すことが可能となる．これは半世紀の漢簡研究から得られた研究方法だった．それを晋簡研究に援用せんとしたものが，籾山明「3　魏晋楼蘭簡の形態——封検を中心として」であり，特に封検を中心にして，漢簡と晋簡の連続性を視野に入れつつ論述していく．形態学的研究をもって，楼蘭簡は簡面の内容以上の新しい知見を我々に提供していたものであったことが判明したといってよかろう．

　　資料編には，今一つ欠くことのできない一編を含める．それは正確な資料解読であり，原文の解釈の少しの誤差・誤謬がその資料を使っての論証に大きな違いを引き起こすことになることは，改めて言うまでもなかろう．ただ，誰しもがわかっている資料の正確・厳密な解釈を，誰しもができるのかと言えば決してそうではない．赤松明彦「2　楼蘭・ニヤ出土カロシュティー文書の和訳——カロシュティー文書に見る西域南道」は，カロシュティー文書について，サンスクリットの専門家が行った厳密な日本語訳であり，そこでバローの英訳をもう一度原点にかえってはじめから検討し直し，正確な訳を試みた．その結果は，後に控える第Ⅲ部研究編の赤松「9　楼蘭・ニヤ出土カロシュティー文書について」，および梅原郁「7　鄯善国の興亡——楼蘭の虚実」において示された，従来の説の根本的再検討となって結実する．

　　また赤松によるカロシュティーの翻訳は，出土地を考慮にいれつつ，地名によって分類し訳注を施す．それは，文書はある地点から別の地点に移送される，もしくは移送されることを前提とするといった古文書学の基本に則るからに他ならない．何故この文書はその場所から出土せねばならないのか，そのことを常に念頭に入れておかねばならないのである．

　　　　　　＊　　＊　　＊

　　文字資料の真偽，形態，科学分析そして訳注といった資料に関する基本的考察を経て，最後に本書は，第Ⅲ部「研究編」を設ける．

研究編には，5編の論文を掲げる．主として3世紀から8世紀あたりまでの時代，地域としてはタリム盆地，西域南道を対象とするものだが，その中で，籾山「10　漢代エチナ＝オアシスにおける開発と防衛戦の展開」だけは，河西回廊，エチナ川流域の漢代防衛組織を論じたものである．これは，一つにはヴォルケスト論文で論ずる西域科学考査団の考古学者，フォルケ・ベリィマンが行った居延一帯の考古調査，および居延漢簡の発見の成果を引継ぎ，以後の半世紀の間に進めてきた漢簡研究の総括を意図したからである．またこの論文は，我々(籾山・冨谷)が実際に現地に赴き，ベリィマンの報告書と比較検討したその成果報告でもある．

今一つは，漢代のこういった防衛システムの実体を明らかにすることで，続く魏晋時代の西域防衛を照射できると目するからである．楼蘭屯戍の考察は，まず漢帝国の屯田，防衛を知らねばその詳細は解明できないことを籾山論文は語っているのである．

赤松「9　楼蘭・ニヤ出土カロシュティー文書について」は，資料編の論文と密なる関係にある．カロシュティー木簡を形態的，古文書学的方法でもって分析し，その内容を文法的に厳密に解釈し詳細に論ずると言うことは，これまでなかったカロシュティー文書研究だと自負したい．

そして，梅原「7　鄯善国の興亡――楼蘭の虚実」，ローゼン「8　西域南道東部地区に関する諸問題――主としてヤルトングース・ダリアについて」の2編は，西域南道の民族，歴史，言語，地理をあらゆる角度から論じたもので，探検史編，資料編で得られた成果をふまえた本書での核になる総括論文に他ならない．梅原論文はLA遺址つまり楼蘭王国に，ローゼン論文は，自身が現地調査を行ったヤルトングースをはさむホータン，エンデレ，ニヤ一帯のオアシス国家に比重を置き重厚な論を展開する．その内容は，あまりにも多岐にわたり，また濃密であるが故，ここで簡単紹介しきることができない．したがって，両論文を読みかつ批判していただくほかはないが，ただ一点，楼蘭王国について以下のことは付言しておかねばならない．

LA＝楼蘭＝クロライナ＝鄯善王国首都，という説は，榎一雄氏により立証されて以後それが鉄案となり，長沢和俊氏はそれを継承し発展させクロライナ王国論を展開させる．ただ，研究編の赤松論文がLA出土のカロシュティー文書を厳密な解読の上で検討した結果，それがLA＝楼蘭＝クロライナ＝鄯善王国首都の証明力を持たないとすれば，鉄案と思われていた榎説もいまいちど白紙にもどして考えてみなければならない．では，紀元前77年の鄯善国成立後の「楼蘭史」は，どう考えればよいのだろうか．それは楼蘭(鄯善)といったひとつのオアシス国家の歴史だけでなく，西域南道一帯の民族，国家の興亡と密接に関係してこよう．

梅原，ローゼン論文はともにそれを正面から取り上げて論を展開するのだが，この二論文を読まれた読者は，必ずしも両者が意見の一致をみている訳でなく，楼蘭王国の首都，その中心地についても微妙な相違をみせていること気づかれるであろう．一にそれは，楼蘭王国の首都を含めてその全容がはっきりしないことに起因しているからである．鄯善王国の首都が，LAでないとすれば，ではいったいどこにあったのかについて，たしかに隔靴掻痒の感は免れない．曖昧さは，あらゆる資料を駆使して考証を進めたとしても，楼蘭王国の首都を，現時点で判明しているいずれの遺跡にも比定することができないことが招来したものであろう．この問題は21世紀に持ち越さざるをえない．

20世紀は中央アジアをめぐっての探検と発見の時代であった．その20世紀の終わりは，同時に探検の時代の終焉ともいえる．1996年から開始された我々の国際共同研究は，とりもなおさず中央アジア探検の時代の総括を同世紀に行っておかねばならないと考えたからでもあり，また本書が新ミレニアムにおいて何らかの道標となれば

序　文

と願ってやまない．と同時に，本書は，スウェン・ヘディンによる楼蘭出土資料発見の100周年を記念するという意図を込める．ヘディンの楼蘭遺跡発見が1900年3月28日，そして最初に楼蘭の地から最初に文字資料が見つかったのが1901年3月7日であった．

    ＊　　＊　　＊　　＊

　我々の共同研究，そして本書『流沙出土の文字資料』の出版には，実に多くの方々の援助を得た．大英図書館India Office Collectionのフランセス・ウッドFrances Wood博士，スーザン・ウィットフィールドSusan Whitfield博士，コーリン・チネリーColin Chinnery研究員，元大英博物館東洋考古部研究員オリバー・モアーOliver Moore博士（現オランダライデン大学中国研究所 講師），甘粛省文物研究所研究員 何双全氏，台湾中央研究院歴史語言研究所 邢義田氏，インドデリー国立博物館研究員 ジッテンドラ・ナートJitendra Nath氏，仏教大学 真田康道教授（日中共同尼雅遺跡学術調査隊 副隊長）には海外調査および研究を進めるうえで計り知れない助力をいただいた．また英訳論文の翻訳，とりわけ専門用語を数多く含むリシェル論文にかんしては，木下純子氏の絶大なる協力を得た．すべての方々に心から感謝したい．また本書の編集と出版に関しては，京都大学学術出版会の鈴木哲也氏の献身的助力に負うところが大である．

　本書の刊行にあたっては，平成12年度日本学術振興会科学研究費補助金「研究成果公開促進費」の交付を得ることができた．関係各位に厚くお礼申し上げる．

　最後に，本書の英語版をスウェーデンから出版する予定でいることを申し述べて序文を締めくくる．

              21世紀を目の前にして　　2000年冬
              京都大学人文科学研究所　北窓にて

                        冨谷　　至

■目 次

巻頭口絵　　スウェーデン国立民族学博物館所蔵　スウェン・ヘディン将来未発表紙文書

序文

第Ⅰ部　探検史編

1　西域考古学の誕生と展開 ── スウェーデンの貢献　3
スウェン・ヘディンからフォルケ・ベリィマン ───── ホーカン・ヴォルケスト

- 1-1　はじめに　3
- 1-2　「疑似考古学」の段階　4
  - 1-2-1　スウェン・ヘディンと西域考古学の誕生 ── その背景　5
  - 1-2-2　フィールドへの準備　8
  - 1-2-3　スウェン・ヘディンの第1次探検(1893-97)と考古学的発見 ── トムシュク・「死の行進」・ホータン　9
  - 1-2-4　東トルキスタンのスウェーデン人宣教師たち　14
  - 1-2-5　スウェン・ヘディンの第1次探検(1893-97)と考古学的発見 ── ダンダン・ウイリクとカラドン　17
  - 1-2-6　スウェン・ヘディンの第2次探検(1899-1902)と考古学的発見 ── エンデレ・ケリヤダリヤ・楼蘭　23
  - 1-2-7　収集から出版へ ── 考古学的・言語学的遺物の公刊に向けて　29
  - 1-2-8　地名研究・中国学から現代考古学へ ── スウェン・ヘディンの戦略　31
- 1-3　「誠実な考古学」の段階　33
  - 1-3-1　地質学・古生物学から現代考古学へ ── J・G・アンダーソンと考古学の発展　33
  - 1-3-2　中国美術・建築史への貢献　41
  - 1-3-3　中国の考古遺物とマーケット ── 初期スウェーデン人ブローカーの役割　42
- 1-4　「専門的考古学」の段階　43
  - 1-4-1　古い経験と新たな発展 ── ヘディン最後の探検に向けて　43
  - 1-4-2　アンドリュース探検隊の影響　44
  - 1-4-3　スウェン・ヘディンの最後の探検における考古学 ── 仰韶・アナウ・新疆　45
  - 1-4-4　J・G・アンダーソンからスウェン・ヘディンへ ── 引き継がれた計画　46
  - 1-4-5　スウェン・ヘディンの最後の探検　46
  - 1-4-6　スウェン・ヘディンの考古学者 ── フォルケ・ベリィマン　47
  - 1-4-7　黄文弼と西北科学考査団　50
  - 1-4-8　フォルケ・ベリィマンとその後の状況　51
- 1-5　おわりに　53

第Ⅱ部　資料編

2　楼蘭・ニヤ出土カロシュティー文書の和訳 ── カロシュティー文書に見る西域南道　81
───── 赤松明彦

- 2-1 まえがき　*81*
- 2-2 地名記載文書の和訳　*82*
  - 2-1-1 複数の地名を載せる文書 —— カロシュティー文書に見る西域南道諸地域の関係　*82*
  - 2-2-2 地名を単独で出す文書　*91*
      楼蘭／チャルマダナ／サチャ／レーメーナ／チャドータ／ニナ／ケーマ／コータンナ／パルヴァタ／スピ／スリガ／クチ／ツァガ／中国
- 2-3 楼蘭出土文書の和訳　*121*
- 2-4 略号および参照文献　*127*

3　魏晋楼蘭簡の形態 —— 封検を中心として　*135*　　　　　　　　　　　　籾山　明

- 3-1 はじめに　*135*
- 3-2 楼蘭出土封検の分類　*140*
- 3-3 小型封検の検討(1)　*143*
- 3-4 大型封検の検討　*149*
- 3-5 小型封検の検討(2)　*151*
- 3-6 漢簡との連続性　*153*
- 3-7 おわりに　*157*

4　スウェン・ヘディンコレクションにおける偽造サカ文書　*161*　　　　　　　　　スタファン・ローゼン

- 4-1 イスラム・アクーン型偽造文書　*165*
  - 4-1-1 紙に書かれた，サカ文字を模倣した偽造文書　*166*
  - 4-1-2 ロシア，ラテン文字を模倣した偽造文書　*166*
  - 4-1-3 アラビア書体を模倣した偽造文書　*168*
  - 4-1-4 中国（西夏？）文字を模倣した偽造文書　*169*
- 4-2 イスラム・アクーン後の偽造文書　*169*
  - 4-2-1 紙に書かれたサカ文字を模倣した偽造文書　*171*
  - 4-2-2 木に書かれたサカおよび中国の文書を模倣した偽造文書　*172*
  - 4-2-3 紙に，木版刷りによるブラフミーで記された，サカ/サンスクリット文を模倣した偽造文書　*173*

5　スウェーデン国立民族学博物館所蔵未発表紙文書　*177*　　　　　　　　　　　冨谷　至

- 5-1 はじめに　*177*
- 5-2 文書＜A-1＞　*179*
- 5-3 文書＜A-2＞　*185*
- 5-4 文書＜B＞　*188*
- 5-5 文書＜C＞　*196*
- 5-6 文書＜D＞　*200*
- 5-7 文書＜E＞　*205*

5-8　総括　*211*

6　楼蘭古紙の科学的分析　*215*　　　　　　　　　　　　　　　　　　　──── アンナ＝グレーテ・リシェル

6-1　分析方法　*215*

6-2　楼蘭出土文書の分析　*216*

6-3　分析表　*226*

6-4　スウェーデン国立民族学博物館所蔵未発表楼蘭出土文書　*239*

6-5　製紙技術の発達に関する考察　*240*

第III部　研究編

7　鄯善国の興亡 ── 楼蘭の虚実　*253*　　　　　　　　　　　　　　　　　　　──── 梅原　郁

7-1　はじめに　*253*

7-2　楼蘭・その地理的位置　*253*

7-3　文献に見える前漢時代の楼蘭　*256*

　7-3-1　前漢の楼蘭　*256*

　7-3-2　鄯善国をめぐって　*258*

　7-3-3　伊循城はどこか　*260*

7-4　後漢時代の鄯善と楼蘭　*263*

　7-4-1　後漢初期の西域と鄯善　*263*

　7-4-2　班超・班勇と楼蘭・鄯善　*265*

7-5　楼蘭・鄯善発現文字資料をめぐって　*268*

　7-5-1　魏晋時代の楼蘭・鄯善　*268*

　7-5-2　カロシュティー文書とクロライナ　*272*

　7-5-3　クロライナ王国とその都　*275*

　7-5-4　楼蘭は王国の首都か　*283*

　7-5-5　クロライナ王国とは？　*286*

7-6　残る諸問題　*290*

7-7　おわりに　*295*

8　西域南道東部地区に関する諸問題 ── 主としてヤルトングース・ダリヤについて　*301*
　　　　　　　　　　　　　　　　　　　　　　　　　　　　　　　　　　──── スタファン・ローゼン

8-1　はじめに　*301*

8-2　ヤルトングース・ダリヤとそのデルタ地域　*302*

　8-2-1　ヤルトングース・ダリヤの地理 ── 地質学的特徴および植物　*306*

　8-2-2　現代の旅行者の報告におけるヤルトングース・ダリヤ　*308*

　8-2-3　1994年の中国・スウェーデンヤルトングース・ダリヤ探検　*313*

8-3　Yar Tonguz Darya（ヤルトングース・ダリヤ）── 歴史と考古学　*315*

　8-3-1　前近代中国・中央アジア史料におけるヤルトングース・ダリヤ　*315*

　8-3-2　漢文史料　*316*

　　　　　　中国正史／前近代の中国旅行記／清時代の中国史料
　　8-3-3　中国以外の中央アジアの史料　*320*
　　8-3-4　ニヤとエンデレに挟まれたヤルトングースの考古学的位置　*321*
　　8-3-5　1～5世紀におけるホータン—ニヤ—チェルチェンを結ぶ道の地理的位置　*322*
8-4　西漢，東漢時代のヤルトングース・ダリヤ地域の民族と言語　*326*
　　8-4-1　歴史的視点からみたニヤとエンデレ　——チェルチェンにはさまれた地区の民族構成　*326*
　　8-4-2　社会・言語学的状況　*333*
　　8-4-3　諸地域の地名　*334*
8-5　鄯善とホータンの間のヤルトングース　*338*
　　8-5-1　鄯善とホータンの間の政治上の境界　*338*
　　8-5-2　政治，文化上の国境　*340*
8-6　西域南道の崩壊　*343*
　　8-6-1　タリム盆地の道路システム　*343*
　　8-6-2　西域南道崩壊がニヤ—ヤルトングース—チェルチェン地域に与えた影響　*349*
8-7　結論　*350*

9　楼蘭・ニヤ出土カロシュティー文書について　*369*　　　　　　　　　　　　　————赤松明彦

9-1　はじめに　*369*
9-2　楼蘭・ニヤ出土カロシュティー文書研究の現在　——インド学的観点から　*370*
　　9-2-1　スタインとラプソン　*371*
　　9-2-2　バロー　*372*
　　9-2-3　リューダース　*372*
　　9-2-4　ブラフ　*372*
　　9-2-5　フュスマン　*373*
　　9-2-6　林梅村　*374*
　　9-2-7　サロモン　*374*
　　9-2-8　孟凡人，榎一雄，長沢和俊　*375*
9-3　文書の形態と出土地点について　*375*
　　9-3-1　文書の形態　*375*
　　9-3-2　出土地点別各種文書分布状況　*380*
9-4　記載内容に見るカロシュティー文書の特徴　*383*
　　9-4-1　楔形木簡について　*386*
　　9-4-2　矩形木簡について　*390*
　　9-4-3　皮革文書について　*393*
9-5　楼蘭出土カロシュティー文書について　*394*
　　9-5-1　「楼蘭」の位置について　*394*
　　9-5-2　民族学博物館所蔵カロシュティー文書　*399*
9-6　ニヤ出土カロシュティー文書に見るインドと中国　*402*
　　9-6-1　文書の種類　*402*
　　9-6-2　宣誓と証人，および証文　*403*
　　9-6-3　カロシュティー文書のなかの「中国」　*406*

10　漢代エチナ=オアシスにおける開発と防衛線の展開　*427*　　　　　　　　　　　　籾山　明

- 10-1　はじめに　*427*
- 10-2　部(1)――その編成　*428*
  - 10-2-1　いわゆる「候」の不存在　*428*
  - 10-2-2　居延地区における部の編成　*432*
- 10-3　部(2)――その機能　*436*
- 10-4　塞――辺境の防壁　*446*
  - 10-4-1　文献に見える漢代の塞　*446*
  - 10-4-2　居延地区の塞と信号　*449*
- 10-5　オアシス――塞の内側　*455*
- 10-6　おわりに　*465*

11　3世紀から4世紀にかけての書写材料の変遷　――楼蘭出土文字資料を中心に　*477*　　　　　　　　　　　　冨谷　至

- 11-1　はじめに　*477*
- 11-2　木簡と竹簡　*477*
- 11-3　紙の出現　*479*
- 11-4　楼蘭出土文字資料からみた書写材料の変遷　*486*
  - 11-4-1　［Ⅰ］書籍　*487*
  - 11-4-2　［Ⅱ］手紙　*490*
  - 11-4-3　［Ⅲ］簿籍　*494*
  - 11-4-4　［Ⅳ］検・符　*501*
  - 11-4-5　［Ⅴ］公文書　*505*
- 11-5　漢から晋へ――簡牘から紙　*507*
  - 11-5-1　漢簡よりみたる文書送達　*507*
  - 11-5-2　文献史料よりみたる文書送達　*510*
  - 11-5-3　紙の時代へ　*511*
- 11-6　結語　*521*

索引（事項索引／人名索引／地名索引／引用出土漢文簡牘・紙文書索引）

■図版出所一覧

ここでは，本文に図版番号のついたもののみ掲載した．図版番号のないものについては，必要に応じてその都度，図版説明文の中に出所を明示した．

3-1　著者作成．
3-2　スウェーデン国立民族学博物館（著者作成）．
3-3　スウェーデン国立民族学博物館．
3-4　スウェーデン国立民族学博物館（著者作成）．
3-5　スウェーデン国立民族学博物館．
3-6　スウェーデン国立民族学博物館（著者作成）．
3-7　スウェーデン国立民族学博物館．
3-8　スウェーデン国立民族学博物館（著者作成）．
3-9　スウェーデン国立民族学博物館．
3-10　大英図書館 India Office Collection.
3-11　*Les documents chinoise découverts par Aurel Stein dans les sables Turkestan oriental*, Oxford, 1913.
3-12　*Les documents chinoise découverts par Aurel Stein dans les sables Turkestan oriental*, Oxford, 1913.
3-13　大英図書館 India Office Collection（著者作成）．
3-14　大英図書館 India Office Collection（著者作成）．
3-15　*Les documents chinoise de la troisième expédition de Sir Aurel Stein en Asie centrale*, The British Museum, London, 1953.
3-16　大英図書館 India Office Collection（著者作成）．
3-17　スウェーデン国立民族学博物館．
3-18　スウェーデン国立民族学博物館．
3-19　スウェーデン国立民族学博物館．
3-20　スウェーデン国立民族学博物館（著者作成）．
3-21　スウェーデン国立民族学博物館（著者作成）．
3-22　スウェーデン国立民族学博物館（著者作成）．
3-23　スウェーデン国立民族学博物館（著者作成）．
3-24　スウェーデン国立民族学博物館（著者作成）．
3-25　大英図書館 India Office Collection.
3-26　大英図書館 India Office Collection.
3-27　『居延漢簡』図版之部　中央研究院歴史研究所専刊21　1957．
3-28　『居延新簡』中華書局　1994．
3-29　『居延漢簡』図版之部　中央研究院歴史研究所専刊21　1957．
3-30　『居延新簡』中華書局　1994．
3-31　『居延新簡』中華書局　1994．
3-32　『文物』2000-5．
3-33　*Les documents chinoise découverts par Aurel Stein dans les sables Turkestan oriental*, Oxford, 1913.
3-34　*Archaeological Researches in the Edsen-gol Region, Inner Mongolia*, Part I, Stockholm, 1956.
3-35　*Les documents chinoise découverts par Aurel Stein dans les sables Turkestan oriental*, Oxford, 1913.
3-36　『沂南古画像石墓発掘報告』文化部文物管理局　1956．
3-37　『長沙走馬楼三国呉簡　嘉禾吏民田家莂』文物出版社　1999．
4-1　スウェーデン国立民族学博物館（スウェン・ヘディンコレクション）．
4-2　スウェーデン国立民族学博物館（スウェン・ヘディンコレクション）．
4-3　ロシア科学アカデミー東洋学研究所．
4-4　スウェーデン国立民族学博物館（スウェン・ヘディンコレクション）．
4-5　スウェーデン国立民族学博物館（スウェン・ヘディンコレクション）．

4-6	スウェーデン国立民族学博物館（スウェン・ヘディンコレクション）．
4-7	スウェーデン国立民族学博物館（スウェン・ヘディンコレクション）．
4-8	スウェーデン国立民族学博物館（スウェン・ヘディンコレクション）Hedin 21.
4-9	スウェーデン国立民族学博物館（スウェン・ヘディンコレクション）．
4-10	黄文弼『塔里木盆地考古記』（中国田野考古考古報告集，考古学専刊，丁種第3号　科学出版社　1958　北京）．
4-11	スウェーデン国立民族学博物館（スウェン・ヘディンコレクション）Hedin 60.
4-12	スウェーデン国立民族学博物館（スウェン・ヘディンコレクション）．
4-13	スウェーデン国立民族学博物館（スウェン・ヘディンコレクション）．
4-14	スウェーデン国立民族学博物館（スウェン・ヘディンコレクション）．
4-15	黄文弼『塔里木盆地考古記』（中国田野考古考古報告集，考古学専刊，丁種第3号，科学出版社　1958　北京）．
5-1	スウェーデン国立民族学博物館（梅原郁撮影）．
5-2	スウェーデン国立民族学博物館．
5-3	スウェーデン国立民族学博物館．
5-4	スウェーデン国立民族学博物館．
5-5	『居延新簡』中華書局　1994．
5-6	スウェーデン国立民族学博物館．
5-7	*Les documents chinoise découverts par Aurel Stein dans les sables Turkestan oriental*, Oxford, 1913.
5-8	スウェーデン国立民族学博物館．
5-9	スウェーデン国立民族学博物館．
5-10	スウェーデン国立民族学博物館．
5-11	スウェーデン国立民族学博物館．
5-12	スウェーデン国立民族学博物館．
5-13	スウェーデン国立民族学博物館．
5-14	スウェーデン国立民族学博物館．
5-15	スウェーデン国立民族学博物館．
5-16	スウェーデン国立民族学博物館．
5-17	スウェーデン国立民族学博物館．
5-18	スウェーデン国立民族学博物館．
5-19	スウェーデン国立民族学博物館．
5-20	スウェーデン国立民族学博物館．
5-21	スウェーデン国立民族学博物館．
5-22	スウェーデン国立民族学博物館．
9-1	*Serindia* Vol. 4 Oxford 1921.
9-2	*Serindia* Vol. 4 Oxford 1921.
9-3	*Ancient Khotan* Vol. 2 Oxford 1907.
9-4	*Ancient Khotan* Vol. 2 Oxford 1907.
9-5	*Ancient Khotan* Vol. 2 Oxford 1907.
9-6	*Ancient Khotan* Vol. 2 Oxford 1907.
10-1	著者作成．
10-2	著者作成．
10-3	『居延新簡』中華書局　1994．
10-4	『居延新簡』中華書局　1994．
10-5	著者作成．
11-1	『文物』2000-5．
11-2	『文物』2000-5．
11-3	『文物』2000-5．
11-4	*Les documents chinois de la troisième expédition de sir Aurel Stein en Asie centrale*, The British Museum, London, 1953.
11-5	*Les documents chinois de la troisième expédition de sir Aurel Stein en Asie centrale*, The British Museum,

図版出所一覧

	London, 1953.
11-6	*Les documents chinois de la troisième expédition de sir Aurel Stein en Asie centrale*, The British Museum, London, 1953.
11-7	*Les documents chinois de la troisième expédition de sir Aurel Stein en Asie centrale*, The British Museum, London, 1953.
11-8	*Les documents chinois de la troisième expédition de sir Aurel Stein en Asie centrale*, The British Museum, London, 1953.
11-9-1～11-12-2	大英図書館 India Office Collection.
11-13	大英図書館 India Office Collection.
11-14	スウェーデン国立民族学博物館.
11-15	スウェーデン国立民族学博物館.
11-16	スウェーデン国立民族学博物館.
11-17	スウェーデン国立民族学博物館.
11-18	*Les documents chinoise découverts par Aurel Stein dans les sables Turkestan oriental*, Oxford, 1913.
11-19	*Les documents chinoise découverts par Aurel Stein dans les sables Turkestan oriental*, Oxford, 1913.
11-20	*Les documents chinoise découverts par Aurel Stein dans les sables Turkestan oriental*, Oxford, 1913.
11-21	*Les documents chinoise découverts par Aurel Stein dans les sables Turkestan oriental*, Oxford, 1913.
11-22	*Les documents chinoise découverts par Aurel Stein dans les sables Turkestan oriental*, Oxford, 1913.
11-23	大英図書館 India Office Collection.
11-24	スウェーデン国立民族学博物館.
11-25	大英図書館 India Office Collection.
11-26	スウェーデン国立民族学博物館.
11-27	*Les documents chinoise découverts par Aurel Stein dans les sables Turkestan oriental*, Oxford, 1913.
11-28	スウェーデン国立民族学博物館.
11-29	スウェーデン国立民族学博物館.
11-30	スウェーデン国立民族学博物館.
11-31	スウェーデン国立民族学博物館.
11-32	大英図書館 India Office Collection.
11-33	大英図書館 India Office Collection.
11-34	大英図書館 India Office Collection.
11-35	『居延新簡』中華書局　1994.
11-36	『居延新簡』中華書局　1994.
11-37	スウェーデン国立民族学博物館.
11-38	スウェーデン国立民族学博物館.
11-39 A，B	*Les documents chinoise découverts par Aurel Stein dans les sables Turkestan oriental*, Oxford, 1913.
11-40	『居延漢簡』図版之部　中央研究院歴史研究所専刊 21　1957.
11-41	『居延新簡』中華書局　1994.
11-42	『居延新簡』中華書局　1994.
11-43	『中国書法』1998-1.

第 I 部

———— * ————

探 検 史 編

1 西域考古学の誕生と展開
スウェーデンの貢献：スウェン・ヘディンからフォルケ・ベリィマン

Central Asian Archaeology from Sven Hedin to Folke Bergman: Notes on the Early History of Swedish Contributions to the Archaeolory of China and China's Western Provinces

ホーカン・ヴォルケスト
Håkan Wahlquist

1-1 はじめに

　その国の大きさとは不釣り合いで，地理的な位置にもそぐわないように思われるかも知れないが，スウェーデンは20世紀の前半，今日の中国西部地域における考古学の発展に対して少なからぬ貢献をした．事実，スウェーデンの考古学者や，他の分野から考古学に転じた研究者たちは，近代科学としての中国考古学が確立されるに当たって，卓越した役割を演じたのである．中国人は遠い過去に対して常に関心を持ち続けていた．つとに宋代において，古物を収集したり，その知識を体系化したりすることに深い関心を抱いていたが，それは古代の遺物の発見に誘発されたものであった．こうした関心の深さは，考古学の萌芽に近いものではあったけれども，むしろ収集もしくは鑑賞とみるのが適切であろう (Falkenhausen 1993)．遠い過去に対する関心が確固たる地位を確立したのは20世紀に入ってからのことで，この変化に当たってはスウェーデンの科学者と探検家とが——決してスウェーデンのみではないが——重要な役割を担ったのである．

　中国考古学の発展に対するスウェーデンの関与は，三つの段階に分けることができる．第1段階は「疑似考古学」とでも呼ぶべきもので，考古学は他の調査活動に付随した，補助的なものであった．それは考古学的発見の時期にあたり，驚異的な過去の姿が次々と明るみに出されたが，体系的な調査はほとんどなされなかった．第2段階になると，第1段階の中から直接発展したのではないが，体系と目的をもった考古学が，豊かな発見を伴って導入される．もっとも，主人公は依然として，他の分野でトレーニングを積んだ科学者たちであった．こうした第2段階を「誠実な考古学」[1]と呼ぶことにしよう．それによって，ともかくも中国に西洋風の考古学が導入されるための道が拓かれ，本稿で扱う最終的な段階へと移行して行くことになる．この移行期の初めに当たり橋渡しとなった一人は，当時の考古学の発展水準にふさわしい技術と解釈の方法を身につけた，スウェーデンの若き考古学者であった．こうした第3段階を，考古学が独自の立場を確立したという意味で「専門的考古学」と呼ぼう．それはまた20世紀後半に「科学的考古

学」が実験室や人工衛星などの技術を用いた分野でいっそうの発展を遂げる前提となった．しかしながら，中央アジアにおけるフィールド考古学へのスウェーデンの参与は，その段階に達する前に役割を終えてしまう．中国考古学に対しては引き続き強い関心を持っていたけれども，以後は距離を置いたものとなったのである．

1-2 「疑似考古学」の段階

　初期の段階で貢献したのは，探検家と何人かのアマチュア，具体的には宣教師たちであり，いずれにせよ考古学の正式な訓練を受けてはいない人々だった．前者の場合，考古学的な遺跡（もしくは近くのマーケット）を突き止め，訪れ，そして出土遺物を手に入れたり集めたりしたのであるが，その目的は考古学固有の研究課題とは異なる所にあった．後者の場合，未知の土地に対する関心と知識を深めることで，寄付金を拠出したり，遠い布教地に「我が子を犠牲としてささげ」（しばしばそう表現された）たりする人々の気持ちを高めることが目的であった．

　そういった先駆者たちの中で最初に指を折るべきは，スウェン・ヘディン（Sven Hedin）であろう．人並み外れた想像力をもち，あらゆることに旺盛な好奇心をもった有名な地球科学者（ジオ・サイエンティスト）で，その探検家・研究者としての経歴は1880年代半ばから1952年に亡くなるまでの長きにわたる．彼は中央アジアへ主要なものだけで5回におよぶ探検を組織した．1890年から91年にかけての最初の探検は予備調査的な性格のものであったが，その他はいずれも実質をもった企画で，3年ないし8年にわたって続けられた．1905～08年の第3次探検はイラン・チベットへの遠征であり，考古学的な活動を含んでいないので，本稿では対象の外に置く．ただし付言すれば，ヘディンはチベット高原を踏破したのち1908年に，スウェーデンへの帰国の途上，中央アジア研究の同志である大谷光瑞伯を表敬訪問している．大谷光瑞が中央アジア考古学に深い関心を抱くにあたってヘディ

スウェン・ヘディン，大谷光瑞伯と．（1908年京都）
（ヘディン財団資料）

スウェン・ヘディン（1898年，ストックホルム）几帳面に整頓された彼の仕事机．背後の書棚の書籍がしめす学識，目の前に広げられた地図が象徴するアジア，壁のタンカが象徴するチベット文化，テーブルに不安定に置かれたいくつかのヨトカンの器，それらは彼が征服した研究領域を語っている．地図，民族学，考古学の文物などによって，科学的探検家としての彼の研究分野，そして業績がはっきりとわかる．（ヘディン財団資料）

ンの果たした役割は，広く知られているところである[2]．1902年から14年にかけて，京都・西本願寺の大谷光瑞師は，橘瑞超，堀賢雄，渡辺哲信，井上弘円，野村栄三郎，吉川小一郎といった探検家たちを，考古学と仏教学を目的として（さらに政治的な目的もあったと伝えられるが）タリム盆地[3] に派遣した．そこで彼らの収集したものが，今日いう「大谷コレクション」に他ならない．

1-2-1 スウェン・ヘディンと西域考古学の誕生
── その背景

1890年12月，25歳の時に，ヘディンは初めてカシュガルを訪れた．ペルシアの王(シャー)へのスウェーデン外交使節の一員として任務を終えたあと（Hedin 1891），かつてのシルクロードに沿ってさらに東へと向かった．それは自分自身で探検隊を組織できるかどうかの可能性をさぐり，景観を読み取り土地の人々を理解するための訓練でもあった（Hedin

カシュガルのロシア総領事ニコライ・フェドロヴィッチ・ペトロフスキー（右），客と自宅庭園で．（ヘディン財団資料）

1892-93)．政治的地図がロシア領に塗り変わりつつある地域を抜けて[4]，カシュガルに至り，東西世界が交錯するこの土地に影響力を持つすべての人々に面会を果たす[5]．ロシア総領事ペトロフスキー (N. F. Petrovskij) のもとにヘディンは逗留していたし，探検家にして官吏でもあるヤングハズバンド大佐 (Younghusband) は当時カシュガルに滞在していた[6]．オランダ人のヘンドリッヒ神父 (Hendrichs) は，たった一人の会衆であるポーランド人カトリック教徒アダム・イグナチェフ (Adam Ignatieff) に対して聖職者としての務めを果たすかたわら，ワイン造りをしながらこの土地で頑張っていた．また，一方のイグナチェフは，カシュガルで人々を改宗させるという夢をもっていたのである．時代はかの「グレート・ゲーム」の高潮期であった．イギリス・ロシア両帝国の政治的・軍事的な策謀が，中央アジアと周辺地域の支配権をめぐって繰り広げられ，その成り行きを中国とアフガニスタンとが不安げに見守っていた．

　カシュガルはこうした勢力抗争の舞台の一つであり，ヘディンは —— 彼自身十分に認識していたか否かはさておくとしても —— このゲームの中で小さいながらも駒(ポーン)の役割を演じることになる[7]．同時にまた，イギリスとロシアの謀略，地方独立分権派の動き，衰退しつつある東方の清帝国といった状況によりタリム盆地に政治的な空白が生じたことで，ヘディンはこの土地をもっと探検したいという思いを深めていった．

　ヘディンは，新疆[8]に展開された近年の重要な探検について，すでに知識をもっていた．それは，この土地をめぐりイギリスとロシアの関心が高まるのに伴って行われた探検であった．探検家たちはカシュガルで，ペトロフスキーやヤングハズバンドらと熱心に話し合った．地理上の征服，商業面からの接近，領土の主張と支配などが，手をたずさえて進んでいたのである[9]．

　この土地へ旅行する外国人は，19世紀の半ば以来，確実に増加していった．イギリスの探検家，商人，さまざまなゲームハンターなどが，南から押し寄せ，対するロシアは西と西北から入ってきた．彼らの手になる報告書や地図は，そこで解明された問題と同じくらい多くの新しい疑問を提示したと言ってよい．モンゴメリー大尉 (Captain Montgomerie) のもとで地図の作製にあたった現地人の一人モハンマド・イ・ハミド

(Mohammad-i-Hamid) によって提出された報告の中に，1863〜64 年のヤルカンド (Yarkand) 調査の際のこととして，イギリス側の情報としては初めて砂漠に埋もれた町の存在が記されている．その町とはホータンにある古い都城のことで，伝えられるところによれば，そこでは現地の住民が，一夜の内に流沙に埋もれてしまった遺物を掘り出しているという．モハンマド・イ・ハミドによって再録されたこの話は，千年以上も前に玄奘がインドへ向かった折に聞いた，失われた曷労落迦城の伝説を呼び起こす．それは古い言い伝えが真実性を持っていたことを示唆するとともに，中央アジア探検に新たな誘因と魅力とを付け加えることになったのである (Montgomerie 1866, 1869)．

この話は早くも 1867 年に，インド調査局のもう一人の役人であったジョンソン (W. H. Johnson) によって確認されている．ホータンのバダシャ・カーン，ハビブラ (Habibulla) の招きで実際に同地を訪れた際，彼は自らの目で「埋もれた町」を見ることができた．ジョンソンはまた，市街地の東北の砂漠の中に幾百もの埋もれた町があるという，いっそうファンタスティックな話を聞くことができ，あまつさえ確かな証拠として磚茶を持ち帰ったのである．それは埋もれた町そのものから発掘されたとのことであった (Johnson 1867 ; Rawlinson 1867)．ほとんど同様の話は 1873 年から 74 年にかけて，ダグラス・フォーサイス (Douglas T. Forsyth) によるカシュガルへの 2 度目の布教の際にも伝えられている (Forsyth 1874, 1875, 1877)．フォーサイスもまた若干の遺物を持ち帰ったが，それは布教に付き添った現地人たちが入手してくれたものであった．彼らはケリヤ (Keriya) まで全行程を踏破し，その帰路，ギリシア化した中央アジアや古代インドとの交流を伝える粘土像やコインを，フォーサイスに提供してくれたのである．

古代の遺物と遺跡について次に大きな前進があったのは，探検家にして貿易商だったアンドリュー・ダルグレイシュ (Andrew Dalgleish) の不幸な運命と関係がある．彼は 1888 年，レー (Leh) からヤルカンドへの途上で殺害された．犯人は，よく知られた者（一緒に旅をしていたパターン人）であった．ヤルカンドの領事館にただちに報告が出されたものの，まだ犯人は捕えられていない段階で，イギリス陸軍中尉（のちに大尉）のハミルトン・バウアー (Hamilton Bower) に対し，犯人を捕らえて法廷に引き渡すよう，インド当局から要請が出された．バウアーはその実行に全力を尽くす．犯人を追ってクチャまでやってきた彼は，1889 年そこで偶然，現地の宝探し人がオアシス郊外にある仏塔の中から発見した古文書を入手したのであった．バウアーは結局，その文書をインドへ持ち帰り，インド学者のルドルフ・ヘルンレ博士 (Rudolph Hoernle) に渡した．ヘルンレは手にした文書をただちに研究する．それはブラフミー文字のサンスクリット語で書かれた相当に古い（5 世紀）仏教教典で，同種のものはインドにはまったく残っていなかった．ヘルンレはそのセンセーショナルな文書を，バウアーの名を冠して出版することになる (Hoernle 1893-1912)[10,11]．

バウアー文書の発見に刺激され，またおそらくはペトロフスキーがホータンから考古遺物と古文書を手に入れたというニュースに驚いて，ヘルンレはインド政庁に働きかけを行った．1893 年 8 月，ヘルンレの提案に従って，内務大臣はカシミールのインド総督代理に指示を送り，またそこを通じてカシュガルとレーを管轄する総督代理にも指示を出した．カシュガルのマカートニー (G. Macartney) とレーのゴッドフレイ大尉 (S. H.

カシュガル英国代表部のジョージ・マカートニー．（ヘディン財団資料）

Godfrey) とが積極的にヘルンレの提案に応え，その結果 1899 年には，少なく見ても大小 21 組から成る遺物と古文書の収集品をリストアップすることができたのである (Hoernle 1899：iii-vii 頁)．

　注目すべきは，つとに 1895 年の段階で，ホータン出身の宝探し人イスラム・アクーン (Islam Akhun) の名が，マカートニーに古文書を提供した者として確認されていることであろう (Hoernle 1899：xxiii 頁)．1901 年，オーレル・スタインによって正体を暴かれたイスラム・アクーン，西洋における中央アジア出土文書コレクションの内容に深刻な影響を与えた贋作者そのひとである (Stein 1903：471 頁以下)．

　1890 年代になると，考古学的な出土遺物——むしろ掘り出し物というべきか——が新疆，とりわけホータン地区から発見された．そして「埋もれた町」についてのさらに多くの情報が，西洋に伝えられるようになった．例えば，これに先立つこと約 10 年，ロシアの著名な探検家プルジェワルスキー (N. M. Przhevalskij) が 1885 年にワシュ・シャフリ，ケリヤ，ホータンを通った時の見聞録がその一例である[12]．留意しておくべきは，ヘディンがプルジェワルスキーの 4 回におよぶ探検をスウェーデン語に翻訳・編集していること，そしてそれを通じてプルジェワルスキーの業績を熟知していたことである．この訳書に付けられた長い序文と注記とは，古文書や考古遺物の最新の発見例も含めて，それまでの中央アジア探検の内容をヘディンがいかによく把握していたかを物語る (Hedin 1889-91)．

　古代の文書や書籍が奇跡的にタクラマカン砂漠の中に残っていること，失われた歴史が再発見を待っていることなどが，かくして証明されたのである．古文書という最終的な報酬への期待は，「埋もれた町」が調査を待っているという，断片的にせよ人を元気づける情報と相俟って，中国領中央アジアへの周知の考古学レースを引き起こすことになった．それは 1914 年に敦煌石窟（あるいは莫高窟というべきか）の有名な封印された文書庫の驚くべき内容が明らかになった時点で最高潮に達する．レースの参加者は最初，ロシア[13]，イギリス[14]，ドイツ[15]，フランス[16]，および日本[17] の考古学者や探検家，政府の出先機関，ならびにインド学者，中国学者たちであった．しかしスウェーデン人，とりわけスウェン・ヘディンは，先頭に立って進むべき方向を指し示し，先導するという重要な役割を演じたのである．中国人はこのレースの蚊帳の外に置かれており，そのことが後に彼らの怒りをかうことになる．実際のところ，中央アジアにおいて中国人の占める地位が弱かった結果，外国人による探検はタリム盆地とその東方の土地へ勝手に入り込むことができたのであった．この土地で外国人たちは，多かれ少なかれ自由に地図を作り，考古学的な財産を掘り出して，自分たちの国の研究室や商店，博物館の展示室などを充実させたのである[18]．

1-2-2　フィールドへの準備

　1890 年から 91 年にかけての最初の中央アジア探検ののち，ヘディンはストックホルムに戻り，このたびの冒険について数冊の旅行記を書き上げた (Hedin 1891, 1892-93)[19]．その後，ベルリンの師，フェルディナンド・リヒトホーフェン男爵のもとへ旅立つ．か

つてヘディンは1889年から90年にかけての5か月間，彼のもとで集中的に研究に従事したことがあった．今回はドイツにわずか3か月間とどまっただけであったが，リヒトホーフェンの助言によって指導を仰いだハッレ（Halle）から博士号を授与されるには十分な期間であった．リヒトホーフェンは，さらに理論的な学習を重ねることが将来にとって有利だと説得を試みたものの，この若い学徒が真の意味での理論家志向を欠いていることに気付く．ただちに中央アジアに戻り，そこで繰り広げられている地理上の発見の最終レースに加わろうとヘディンが決心していることを，リヒトホーフェンは認めざるを得なかったのである．確かにヘディンは遅れをとっていた．地図上の最後の空白は急速に地形学的な知見で埋められつつあり，しかも年を追うごとに科学的になっていった．しかし，この点に関して言えば，中央アジアに向けた科学的な探検は，まだほとんどなかったのである．そこでリヒトホーフェンは，チベット高原東南辺の山岳研究に関する困難な謎解きに注意を向けてはどうかと，ヘディンに助言した．だが，ヘディンはすでにタリム盆地とチベット高原へ戻ることを決心していた．もっとも，そこはリヒトホーフェン自身にとっても興味を引く地域であったため，彼がそれほど失望したようには思われない．フェルディナンド・フォン・リヒトホーフェンは，19世紀の偉大な地理学者の一人で，その名声は中国に関する業績に負うている（Richthofen 1877-1912）[20]．つとに1865年，自らカシュガルを訪れて以来，彼はタリム盆地の河川・山脈および砂漠がどのように相互に関連しているかを解明することに，いっそうの精力を注いできた．一方ヘディンの側は，師が熱心に研究した課題に対して，少し離れた視点から注目してみようと考えていた．とりわけ二人にとって重要なものは，「ロプ・ノール論争」，すなわちタリム・コンチェ両河の終着点となる湖の歴史的変遷および性質をめぐる議論であった．

1-2-3 スウェン・ヘディンの第1次探検（1893-97）と考古学的発見
――トムシュク・「死の行進」・ホータン

1893年から97年にかけて，ヘディンは2度目のタリム盆地探検を行った．ベルリンでリヒトホーフェンから教育を受け，またプルジェワルスキーの著作を丁寧に読んだことにより，ヘディンはタリム盆地の景観が本質的に不安定であることを理解した．習熟した観察者であれば，地形上の構造――それは人間の営みが生み出した環境変化によって覆い隠され，形を変えられているが――に刻み込まれた歴史を読み取ることができる．こうした変化を地図の上に記録し理解することが，ヘディンの仕事の一つであった．ヘディンはまた，遺跡を発見し，その時代を確定すること（できれば古い文書や書信によって）が，タリム盆地の変化に時間的な尺度を与えてくれると考えていた．

1894年，ヘディンは，多くの河川の源流となっているタリム盆地南西のパミール高原へ2度にわたる探検旅行を行った後，タクラマカン砂漠へと帰ってきた．最初の砂漠への挑戦――実際には内部まで足を踏み入れなかったのであるが――は，カシュガル・ダリヤに沿ってマラルバシまで下った1895年の2月に開始される．その地で彼は，ホータン・ダリヤとヤルカンド・ダリヤとの中間にあった伝説の町「タクラマカン（Taklamakan）」の話を聞かされた．この話は，次第に尾ひれが付きながら，彼の旅行中ずっと付きまとうことになる．初めのうちは語り手に対してまったく信憑性を置いていなかっ

スウェン・ヘディンとその学術用具．カシュガル，1893年．（ヘディン財団資料）

たのであるが，後になると，耳にした事がらの中にある種の事実が潜んでいるに違いないとの感触を抱くようになった．

2月27日，マラルバシの東北，トムシュク（Tumschuk）と見なしていた山を訪れた際，ヘディンはおびただしい数の古い家や壁の廃墟が，眼下の平地のみならず「ツバメの巣さながらに山にもへばりついている」のを目撃した．翌日，その東北でさらに多くの廃墟を調査する．エスキ・シャール（Eski-schahr）として記録された遺跡がそれである（Hedin 1898：390頁以下）．廃墟に残るタリム盆地の古代史とヘディンとの最初の出会いであった．トムシュクからの遺物の出土は記録されておらず，また何一つ持ち帰ることはなかった．しかし以後，専門の考古学者（トムシュクの場合はむしろ中国文献学者）たちはヘディンの報告書を手引きとして，ヘディンが短時間しか観察できなかった遺跡を念入りに探査することになる．トムシュクはその先例であった．1906年，ポール・ペリオ（Paul Pelliot）はヘディンの突き止めた遺跡について，正確な規模と性質を解明した．例えばこの遺跡は，ヘディンが最初に暗示したようなイスラムのものではなく，仏教遺跡であった．さらにペリオは注目すべき遺物を発見し，それをパリへと持ち帰る（Giès 1994a：7頁，1994b：3-7頁，Pelliot 1961&1964）．また数年後には，アルベルト・フォン・ル・コック（Albert von Le Coq）の率いる第4次ドイツ・トルファン探検隊もトムシュクに注目し，1913年12月から14年1月にかけて調査を行い，出土遺物をベルリンに持ち帰っている（Le Coq 1928；Härtel & Yaldiz 1987：29頁；Yaldiz 1987：99-112頁）．

ヘディンが初めてタクラマカン砂漠に足を踏み入れ，横断するという冒険を行ったのは，1895年の4月，不幸な結末とともに知られた「死の行進」の時である．それはヘディンの生命を危険にさらし，何人かの従者の命を奪い，キャラバンに壊滅的な打撃を与えた．この時かれは23日におよぶ苦難の日々を費やして，ヤルカンド・ダリヤ沿いのメルケット（Merket）からホータン・ダリヤへと辿り着いたのである．砂漠の中の，これまで誰も探検を試みなかった地区を横断しようとした目的の一つは，耳にしたり[21]書物で読んだりして知っていた「埋もれた町」を見つけることにあった[22]．注意しておくべきは，そうした町（もしくは，より正確かつ控えめに「居住地」と言うべきか）が，それまで実際に観察された限りでは，現存するオアシスからかなり近い場所に位置していたということである．ホータンやクチャ，ワシュ・シャフリ（Vash Shahri）などの場合，古い居住地は近年できた町の近くか，もしくは町と山脈との間に位置していた．そうした場所は，現地の村や町の人々によく知られていて，彼らはしばしばそこを訪れたことがあった．しかしながら，それまで外部の者が実際に「砂に埋もれた」町を目にしたかどうかは，多分に疑問である[23]．砂に埋もれたということは，砂漠の中に位置することを示唆しているようにおもわれた[24]．すでに我々が注意した通り，ヘディンは遺跡が砂漠の中で発見されると信じるだけの根拠を持っていた．この現実性のある仮説を確かめてみたいという衝動――それが最終的に彼の不動の名声を生むことになる――が，後年に明らかになった，ある女性とのラヴ・ストーリーの結末と結びついた（Hedin 1932, 1944c）．メルケットのキャンプをたたんで「砂の海」へとキャラバンを乗り入れていったのは，「あの不誠実なひと」のためなのだ――そのことを示そうと，ヘディンは無謀にも荒野に身を投じていったのである（Berg & Holmqvist 1992：25-30頁）．しかし，この試みは，どち

(左) マザール・タグ北方の砂漠. 1895年スウェン・ヘディンの踏査.（ヘディン財団資料）

(右) ヘディンの命を救ったホータン・ダリヤの水たまり.

らの面でも失敗であったと断言できよう．学問的な課題に限ってみても，西北タクラマカンのマザール・タグ北方，人間の侵入を拒絶するほど大きな砂丘を風が造り出している土地での苦闘を通じて，ヘディンはいかなる人間活動の痕跡も見つけだすことができなかったのである[25]．

1895年12月末から1896年1月初め，ヘディンはカシュガルからホータンまでの，より安全でよく知られている道を旅していた．ホータンからは以前，古代の居住地を示す遺物がもたらされたことがあった．カシュガル[26]で彼を接待したロシア総領事のペトロフスキーは，美しい貴重な考古遺物のコレクションをヘディンに見せて，彼の遺物への興味をかきたてたが，それはホータンで入手したものであった．ヘルンレのもとに寄せられた情報は，誤っていなかったのである[27]．トルキスタンの商人たちは，早くから商売物の中に出土遺物を加えていた．すでに見た通り，ヘディンはカシュガルに滞在中，ヘルンレのために遺物の収集・購入にあたったマカートニーと会い，古物について話し合っている[28]．またヘディンは，フランス人の探検家，デトルイユ・ド・ランが1891年にホータンを訪れたことも，報告によって知っていた (Detreuil de Rhins & Grenard 1897-98, vol. I : 40頁以下)．その報告は1891年と92年，すなわちヘディンがアジアへ向けて出発する以前，「王立地理学協会報」に掲載されたものであったが，カシュガルに滞在する間に，デトルイユ・ド・ランの探検隊の詳細とその悲劇的な運命についても耳にしていた．デトルイユ・ド・ランはホータンだけでもかなりな数の文物を入手していた．彼はまた，この土地からもたらされることになる初めての古文書，すなわち樺の樹皮に書かれたカロシュティー文書を手に入れていたが，それはバウアー文書よりさらに古いと認定されることになる (Senart 1898；Giés 1994 : 5頁；1995 : 105-06頁)．友人のフェルディナンド・グレナード (Ferdinand Grenard) は，1893年にデトルイユ・ド・ランが殺害されたのち探検隊を見舞った壊滅状態の中で，収集品を守り抜こうと努力した[29]．グレナードはまた探検の成果を編集して出版するが，そこにはホータンからの考古学的な収集品の解説が含まれていた (Grenard 1897-98, vol. III : 125-153頁)．

ヨトカン遺跡. 1896年1月9日，ヘディンスケッチ.（ヘディン財団資料）

それゆえヘディンは，ホータンへ赴くにあたり，その地の遺物についてますます興味を抱くようになっていた．早くもその途上で，彼は教えられた古い廃墟を探し，訪ねている．グマ (Guma) に近い古い町の廃墟では，いくつかの墓を「発掘」さえしたが，結果はわずか2〜300年前のものとわかっただけであった．「道の両側に散乱する陶器や焼いた煉瓦の無数の小さな破片」を発見したことは（現地の情報提供者が示唆するところによれば，それは遠い昔に姿を消したナサルという町の遺跡であるという），ヘディンにとって古代の住民の証拠であると思われた．彼はガラスの破片をいくつか拾い上げ，東トルキスタンにおけるガラス製作という，今は失われてしまった知識について思いをめぐらしている (Hedin 1898, vol. II：62頁)．

伝えられるところでは，ペトロフスキーが所持し，またデトルイユ・ド・ランが入手した遺物のほとんどは，現在のホータンから5キロメートルほど南西の地点で出土したものだという．その土地はヨトカン (Yotkan) として知られ，ボラサン (Borasan) と呼ばれる地域にあった．そこは伝説にいうホータンの廃墟であろうと考えられている．いにしえの旅行者，法顕や宋雲，玄奘らが目にし，書きのこした，仏教僧侶の生活・修行の中心地として栄えた場所である[30]．

ヘディンがヨトカンを訪れたのは，1896年の1月9日であった[31]．翌日，家族に宛てた手紙では，「ボラザン (Borazan)」へ行ったが大した発見はなかったと後悔している．しかし日記の中ではともかくも遺跡についての記述を残し，証拠としてスケッチを添えている．

ヘディンは，小川の水が谷の斜面を削って川筋を刻み，下流に「珍しいテラコッタや青銅，玉などの遺物，そして時おり仏像など」を堆積させる様子について描写している (Montell 1936：150頁)．南の崑崙山脈から流れ出す雪解け水が小川や水路を満たす春と夏だけが，宝探しに適した季節であった．冬にやってきたヘディンは，ほとんど得る物がないことに気が付いた．だが彼は，以前の，また以後の旅行者たちが味わった（あるいは味わうであろう）体験をすることになる．

　……土地の者たちは，テラコッタの彫刻や壺，肖像が刻まれた玉，コイン，仏像などを持って，毎日のようにやって来ます．私はその多くを，かなり安価で手に入れています．ここには，オレンブルグ生まれの，通称ラフィコフという老タタール人が住んでいて，ロシア語を流暢にしゃべります．彼は私のところに何度か来たことがあるのですが，私が彼を訪

問した時，たくさんの古物を贈ってくれました (Montell 1936：151 頁に引く，1896 年 1 月 10 日付けの両親への手紙).

同じ話は，ホータンに戻った 3 月末にも繰り返されている.

> 現地の人々は，絹の絨毯や古物を売りに，毎日のようにやって来る．古物の内容は，しかし，ほとんどの場合，陶器の破片や垢じみたコインといった取るに足りない物である．……私はまた，ここから 7 日ほど行った所のハングジャ（Hanguja）の砂漠から，2 枚のかなりぼろぼろに破れたサンスクリットの[32] 写本を手に入れた．それはあるアフガン人が私のために入手してくれたもので，彼は，もっと探してみることを約束してくれた (Montell 1936：151 頁に引く，1896 年 3 月 31 日のヘディンの日記).

その後ヨトカンを訪れた者たちも同じような話を語っている．1897 年 10 月 20 日付けのヘルンレに宛てた手紙の中で，マカートニーは，「村人たちが黄土の崖の壁面を熱心に発掘している」光景を目にしたと記している (Hoernle 1899：xiii 頁). オーレル・スタインは 1900 年のヨトカン調査 ―― その成果はこれまでに最も完全な遺跡の調査と報告となっている ―― ならびに 1906 年の再訪に際して，同様の経験をすることになる (Stein 1903：237 頁以下，1907：190 頁以下，1921：93 頁以下)[33]. カール・グスタフ・マンネルヘイム男爵 (Carl Gustaf Mannerheim)[34] もまた，1907 年にホータンを訪れた際，次のような報告を残している.

> ……10 人あまりのサルト（町に住みペルシア語を話す人々）が，私の到着を待っていた．……彼らは，袋の中や上着の下，袖の中や変わったところに品物を入れてもって来たが，ごく一部を除けば断片ばかりだった．価値のある出土品は，有名な考古学者スタイン博士が手に入れてしまったに違いない．博士は私より 2～3 か月前にここへ来たのだ (Mannerheim 1940, vol. I：88 頁)[35].

古物を掘り出し，洗って選別し，そして取り引きするという，ヘディンが書き記したホータンでのやり方は，他にも多くの旅行者によって証言されている[36]. 事実，ヨトカンでヘディンが訪ねた発掘場所は，過去少なくとも 400 年の間，宝探しの者たちが宝石や貴金属を求めて組織的に荒らし回った遺跡であった (Mallory & Mair 2000：78 頁). 1890 年代の変化としては，古物マーケットの出来たことが挙げられよう．それ以前，人々が砂をふるいにかける目的は，売るか溶かすか再利用するための金や宝石を探すことだった．それがいまや，壊れた壺や小さなテラコッタの像，そしてもちろん古文書などが，にわかに求められるようになったのである．やり手の現地民たちが，そうした機会を敏感にとらえたことは言うまでもない．新しい「古」文書を作る現地の工房が興ってきたこと，また 1901 年にスタインによってイスラム・アクーンの正体が暴露されたことなどは，ホータンについて好んで語られる話であろう．19 世紀末から 20 世紀の初め，イスラム・アクーンはホータンの代表的な贋物造りであった．ともかくも本物らしく偽造された彼の「古文書」は，セント・ペテルスブルグ，ロンドン，ストックホルム，そしておそらくは他の場所でも，かなりの数を目にすることができる．彼が模倣した古代文

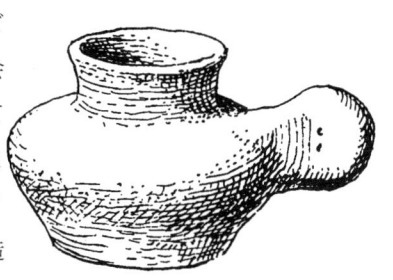

素焼きの小さな壺．ヘディンスケッチ．（ヘディン財団資料）

字はまた，かの不幸なヘルンレをして，これが解読できたならば中央アジアの未知の言語が明らかになると確信させた（Hoernle 1899：53-63頁；Hopkirk 1980：98頁以下；Mirsky 1977：184-86頁；Walker 1995：107-109頁）．イスラム・アクーンが最初のうち成功をおさめたことは，同時期のみならず，以後の贋作者をも奮起させたに違いない．彼の化けの皮が剝がれた後も，古文書の偽造は跡を絶たなかったのだから[37]．

　ヘディンはホータン滞在中，古文書の他に古物を収集することにも興味を持っていた．ただ当時はまだ，そのために何か特別な学術的プロジェクトを起こそうと考えていたふしはない．だからと言って，ヘディンが自ら踏破した地域の文化史・政治史に深い関心をもっていなかったというわけではない．そうした関心のあったことは，彼がそのころ所持していた書物から十分に立証できる．しかし，1896年のホータンにおいては何よりも，後に学術界を興奮させることになる品々を収集していたように見える．ヘディンの目的は，探検の成果を充実させること（それによって探検の重要性と評判を高めること）にあったのである．

　スウェーデンに帰国したのち一般向けに書いた旅行記には，収集遺物についての紹介と解説が見えている（Hedin 1898：78-100頁）．この本は，ほぼ同時に英語，フランス語，ドイツ語でも出版されたため，ヘディンの発見はすぐさま世界中に知れわたることになった．もっとも，ホータンで入手した遺物や観察した事がらは，早い段階での詳しい記録とはいえ，先立ってなされた他人の発見をさらに詳しく裏付けたにすぎない．それは後に続く発見，すなわち伝説に語られる通り砂漠の奥深く砂に埋もれていた町の出現によって，急速に影が薄れてしまったのである[38]．数年後，ヘディンは500点を超えるホータンでの収集品を，すべてストックホルムの国立民族学博物館に寄贈した．しかしながら，イェスタ・モンテル（Gösta Montell）——彼はヘディン最後の探検（1927-35）に民族学者として3年間同行した——によって収集品の詳しい研究が出版されるまでには，さらに30年を待たねばならなかった（Montell 1936, 1938）．

1-2-4　東トルキスタンのスウェーデン人宣教師たち

　ヘディンがホータンから持ち帰った収集品について2篇の報告書を執筆するにあたり，モンテルはストックホルムの国立民族学博物館に寄贈されていたもう一群の収集遺物を利用することができた[39]．それはスウェーデンの宣教師，ラルス・エリク・ヘーグベリ（Lars Erik Högberg）によって1901年にもたらされたもので（NMES 1901. 23. 1-49）[40]，同僚のマグヌス・ベックルンド（Magnus Bäcklund）とともに1897年にホータンを訪れた際に入手した品々から成っていた（Hoernle 1899：xii頁以下を参照）[41]．この時期の他の収集品と同様，正確な出所や入手方法などの点で，信頼できる情報はない．出所はヨトカンと伝えられてはいるが，一部はホータンに近い別の遺跡からもたらされたものかも知れない．入手方法に関して言えば，それまでにもホータン地区で行われていたように，現地の宝探し人によって手荒く掘り出されたとみて間違いない[42]．このヘーグベリ収集の考古遺物は，当時の典型的な古物，すなわち陶器の断片や小さなテラコッタの像などから成っていた[43]．

ラルス・エリク・ヘーグベリ（Högberg 1924；Palmœr 1946）とマグヌス・ベックルンド（Larsson 1914；Raquette 1917：538-541頁）は，ともにカシュガルに本部を置くスウェーデンの「東トルキスタン・ミッション」に属していた．それはスウェーデン・ミッション協会が送り出した中で，最も注目すべき活動を行った団体である[44]．つとに1891年，二人の宣教師，N・F・ヘイエル（N. F. Höijer）とヨハネス・アヴェタラニアン（Johannes Avetaranian）とがカシュガルに派遣され，1892年の初めに現地に到着した．これまで協会は，ロシアやコーカサスやペルシアの「異教徒やムスリム」を改宗させるべく奮闘していたが，大きな抵抗に遭った反面，ほとんど成果は得られなかった（Hultvall 1991参照）．彼らの任務は，布教活動の対象を処女地に拡げるにあたって，その見通しを探ることにあった．カシュガルでの活動は戦略的な重要性を帯びたものと見なされ，東トルキスタン全体の「ムスリム」に対する布教と同一視されたのである．ロシアが最近，西トルキスタンを勢力下に収めたことや，東トルキスタンからの旅行者たちの報告などによれば，こうしたカシュガルへの新たな侵攻はうまくいきそうに思われた．カシュガルから戻ったばかりのヘディンにも，成功の見込みについて意見が求められ，彼は若干の兵站上の情報と，ロシア総領事ペトロフスキーとの少なからぬ接触とについて述べた[45]．

1894年，スウェーデンからの最初の宣教師団（その中にヘーグベリがいた）が到着し，アヴェタラニアンと合流することで，カシュガルに布教の拠点が確立された．アヴェタラニアンは最初に訪問したのちも，ずっとこの地に残っていたのである．間もなく，ベックルンドとラケット夫妻がやって来る．彼らは非常な困難と我が身の苦悩を乗り越え，何年もかけて活動を広げていった．こうして，さらに三つの拠点が設けられ[46]，宣教師の組織も発展していったのである．しかしながら，最終的には1938年，新疆の無政府状態があまりに危険で活動しがたい状態になったため，拠点は閉鎖され，宣教師風に言うならば「新しき門」がインドに開かれた（すなわち，何人かの宣教師をそこに移すことで，新たな布教活動の場が開かれたのである）．合計すると，男性24人，女性36人の宣教師たちが，時期を異にして東トルキスタンで活動していたことになる（Hultvall 1981：70頁）．

東トルキスタンでの46年間の伝道の結果，ほとんど改宗者がなかったことは事実であろう．しかしながら，人道主義的（医学的）な業績には無視できないものがあったし，ミッションの運営する学校では，きわめて多くの人々に職業訓練を施した．宣教師たちが学術面にもたらした成果は，いっそう注目に値する．多くの宣教師と同様，東トルキスタンのスウェーデン人宣教師たちも，自らの活動の場を取り巻く人と自然の鋭い観察者だったからである．もっとも，タリム盆地で出会った住民の社会や信仰に関する解説や記述は，多くの書物によってスウェーデンの人々に伝えられてはいるものの（Lundahl 1917；Palmœr 1942），宣教師自身の信仰心や，ムスリムを改宗させようとする自己の努力を正当化し支持を得ようとする意図のため，ひどく歪んだものとなっていた．ただし，言語学，民族誌[47]，考古学および自然科学[48]の分野では，価値観にもとづく解釈の余地が比較的少ないため[49]，批判的に読みさえすれば結果は今なお有用で，採集された品々も変わらぬ重要性をもっている．

言語学の分野では，グスタフ・ラケット（Gustaf Raquette）がウイグル語あるいは東方

トルコ語研究の創始者となり（Raquette 1912-14），その他の宣教師たちも，スペリングの標準化や単語表作り，文法などの点で，先駆的な功績を残した．土地の言葉の研究は宣教師たちにとって，聖書やその他の宗教文献を翻訳し広める上で必須の前提条件であった[50]．カシュガルのミッションの場合，最も注目すべき貢献，すなわち拠点における印刷・出版活動のために，資金を提供していた（Andersson & Ahlbert 1917；Bohlin 1917；Roberntz 1942；また特にJarring 1991bを参照）．1910年に印刷設備が到着してから[51]最後まで，宗教・世俗両面において大量の出版物が生み出されたのである．ただし，印刷所の仕事は，技術の面でも物資の面でも厳しい制約のもとに進められ，その上，民衆や地方政府との関係から生じた政治的な問題によっても影響された．

何人かの宣教師，なかでもヘーグベリは，かなりの量の民族誌的収集品を持ち帰ったが[52]，今日それは採集された年代の上でかけがえのないものとなっている[53]．収集品は新しく設立されたストックホルムの国立民族学博物館が買い取るか，もしくは寄贈を受けることになった．最も包括的なコレクション（NMES 1907.57）は，1907年，スウェーデン・ミッション協会の業績を際立たせるため，ストックホルムで展示されることになっていたが（Nordenskiöld 1907），到着が遅れて展示品に加えることができなかった．このコレクションは，現地の産物，とりわけバザールで取引きされるすべての工芸品を網羅しようとするものであった．それらは後に，協会が各地で開催した移動展覧会に出品されることになる．また，協会設立50周年記念の一環として，ストックホルムで開いた展覧会には，さらに多くの品々が展示されたのである（Nyrén 1928：207-217頁）．

また，とりわけ注目すべきは，ウイグル語およびその他の中央アジア諸言語で書かれた写本，版本，文書の類で，ダヴィッド・グスタフソン（David Gustavsson），グスタフ・ラケット，グスタフ・アールベルト（Gustaf Ahlbert），オスカル・ヘルマンソン（Oscar Hermansson），グナー・ヘルマンソン（Gunnar Hermansson），シグリド・ヘーグベリ（Sigrid Högberg），ゲオルグ・ロベルンツ（Georg Roberntz），パウエル・シグフリード・メーン（Paul Sigfried Moen）らの宣教師によって収集された．これらの文書はルンド大学の図書館が買い取り，または寄贈を受けるなどした結果，グナー・ヤリング博士（Gunnar Jarring）の豊富なウイグル語文献――それは1929～30年に主として新疆南部で集められた――と合わせて，この種のものとしては世界で最も重要なコレクションとなるに至った（Ekström & Ehrensvärd 1988）．カシュガル・ミッションについての主要な記録文書は，ストックホルムの国立文書館（National Archives）で見ることができる（Jarring 1991a）．古文書類のなかでもルンドに保管されている文学関係のテクストは，ヤリング博士が多大の労力を傾けて分析と注釈を行ったうえ出版されている（Toll & Ehrensvärd 1997；Ehrensvärd 1988, 1997）．

カシュガルの宣教師による主な考古学的功績としては，すでに述べたように，ホータンから得られたヘーグベリとベックルンドの収集品（NMES 1901. 23. 1-49）を挙げることができる．さらに付け加えておくべきは，悪名高い古文書の贋作者，おなじみイスラム・アクーンの正体暴露に果たした，ベックルンドの役割であろう．スタインによる有名な事件は実際のところ，ベックルンドののち，その刺激を受けて行われたものである．1896年，カシュガルのミッションはヤルカンドに新しい拠点を設立した．そこに雇われ

た召使いの中に一人の若者がいたが，彼は以前住んでいたホータンでイスラム・アクーンの息子と友人であった．こうした関係からベックルンドは，イスラム・アクーンのたくらみ，すなわち自ら偽造したり手を加えたりした文書を古い廃墟からの出土品として売りさばいていたことを知るようになる．ヘルンレはベックルンドが1898年に書いた告発的な手紙3通を再録しているが，その内容はベックルンドとヘーグベリからヘルンレとマカートニーに送られた遺物が偽造品であろうというものであった（Hoernle 1899：57-63頁）．ヘルンレはベックルンドの意見を慎重に検討したが，結局は判断を誤ってしまう．資料はいずれにせよ本物に違いない，最悪の場合でも実物の粗悪なコピーであろう，と彼は考えたのである．ヘルンレはその後，この判断を後悔することになる[54]．

　旅行者や探検家たちは多くの場合，宣教師が布教地との間に築いた親密な関係や，人間の繋がりなどを利用した．マンネルヘイム男爵がホータンから古文書を発見し入手するにあたりグスタフ・ラケットの援助を受けたことは，よく知られている（Raquette 1940；Hultvall 1981：72頁）．さらにアルベルト・グリュンヴェーデル（Albert Grünwedel）は，中央アジアへの最初の探検——のちに第1次ドイツ・トルファン探検隊と呼ばれる——において，アルベルト・アンダーソン（Albert Andersson）やマグヌス・ベックルンドから援助を受けたことに感謝している（Grünwedel 1905：180頁）．

1-2-5　スウェン・ヘディンの第1次探検（1893-97）と考古学的発見
——ダンダン・ウイリクとカラドン

　ホータンとその周辺で1週間あまりを過ごしたのち，1896年1月14日，ヘディンはオアシスの北の砂漠に向かって出発した．ホータンに滞在中，幻の埋もれた町についてまたも話を聞かされていたのであるが，今回はホータン・ダリヤとその東を流れるケリヤ・ダリヤとの間の砂漠にあるという．彼の日記には，ユルンカシュ[55]の下流からかなり離れたところの村の，アフマッド・メルゲンという老人に聞いた話が見えている．ヘディンはその老人と，タクラマカンでの不運な事件ののちに出会った．ケリヤ・ダリヤに向けて砂漠を横断している時に，老人は，

　古代の町の廃墟に出くわした．それはカミシュ（葦を編んだもの）と小割り板で作られたた

"タクラマカン"（ダンダン・ウイリク）と称された遺跡で見つかった廃屋．1896年1月24日のヘディンスケッチ．（ヘディン財団資料）

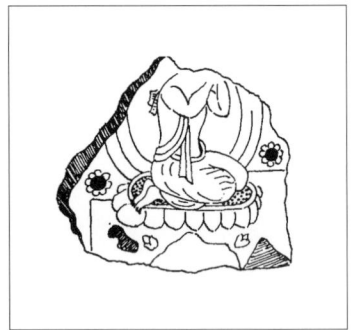

I部　探検史編

くさんの家々から成っており，家の中にも外にも砂が充満していた．壁に漢字のスラート（図柄模様）を描いた家も多く，また遺体も残されていたが，その中にはまだ衣服や埋葬布で包まれているものもあった．陶器や大きな鉢の破片もあった．ケリヤ・ダリヤの河床を「流れに沿って」1日進み，再び砂漠を行くこと5日でブクセム（Buksem）に着いたが，その行程の半ばあたりで70棟ほどの家屋から成る古代の遺跡を通った（Montell 1936：192頁に引く，1896年1月7日のヘディンの日記）．

　遺跡の位置についておよその見当がついたことで，ヘディンは再びタクラマカンの探検を開始した．川沿いに北に進む途中で通過したタヴェク・ケル（Tavek-Kel）という小さな村で，男たちから砂漠を通って旅をしていた時に古い廃墟を見つけたという話を耳にする．砂漠の中を東に直進すべきだと決断する上で，それは十分な情報であった．1月19日，小さな軽装備のキャラバンは東へ向かう．同月23日，住居跡（従者たちはタクラマカンと呼んでいる）を発見．24日，そこで終日多忙．遺跡については，ダン・カナステ（Dan-Kanaste）という別名も伝えられていたが，4年後の1900年12月にダンダン・ウイリク（Dandan-Öiliq）という名称を書き留めたのは，オーレル・スタインであった．この重要な遺跡は以後，その名称で呼ばれるようになる．

　ヘディンらが発見した住居跡は，これまでの遺跡のような土壁の残存によってではなく，家屋の一部をなす木の柱が砂から突き出していることで，それと知られた．木柱の間の所々には，塗料の残る漆喰の壁が，「葦を編んだ下地」とともに検出された．ヘディンの推測によれば，その集落は3～4キロメートルの範囲に拡がった，かなり大規模なものであり，ケリヤ・ダリヤから水を引き，多くの家屋や庭や道路を備えていたと思われる．しかし，集落がどのような構造をもっていたのか，ヘディンには決定的な解答が得られなかった．巨大な砂丘が移動して，かつて人の住んでいた地域のほとんどを呑み込んでしまったためである．

　調査のための時間はわずかで，4棟の家屋を急いで部分的に発掘するにとどまった．その中の一つは，ヘディンと一行の目には仏教寺院のように見えた．記録のために，出土した壁画を水彩で模写した．この時，輸送中に壊れるのを恐れて壁画の剝ぎ取りを断念したことを，ヘディンは後に悔やむことになる．壁画を傷つけることなく剝ぎ取る技術は，その直後，ミーラン（Miran）でスタインが，キジル（Qizil）とトルファン（Turfan）の石窟寺院で両アルベルト――グリュンヴェーデルとフォン・ル・コック――が各々実行に移すなかで，中央アジア向きに開発され，改良されていったのである．

　ヘディンが見つけたものは，わずかの遺物だけだった．遺体についての話は確かめられなかったし，墓地も一つとして検出できなかった．彼は発見した遺物の中から，19点の小物を選んで持ち帰った[56]．その中には石膏で作られた小さな仏像――明らかに型を用いて量産したものと思われた――の他，彫像や装飾品の断片や一部などが含まれていた．彼はまた，自分には解読できない文字で書かれた古文書も発見したが，この文書がその後どうなったのかはわからない．大きく重い遺物，例えば家屋の彫刻を施した部材や，砂から顔を出した石臼などは，持ち帰らなかった．ヘディンの考えによれば，今は地上に流水のないこの土地を，かつて勢いよく水の流れたことがあり，そうした遺物は

ダンダン・ウイリクの壁画を描いたヘディンの水彩画．（ヘディン財団資料）

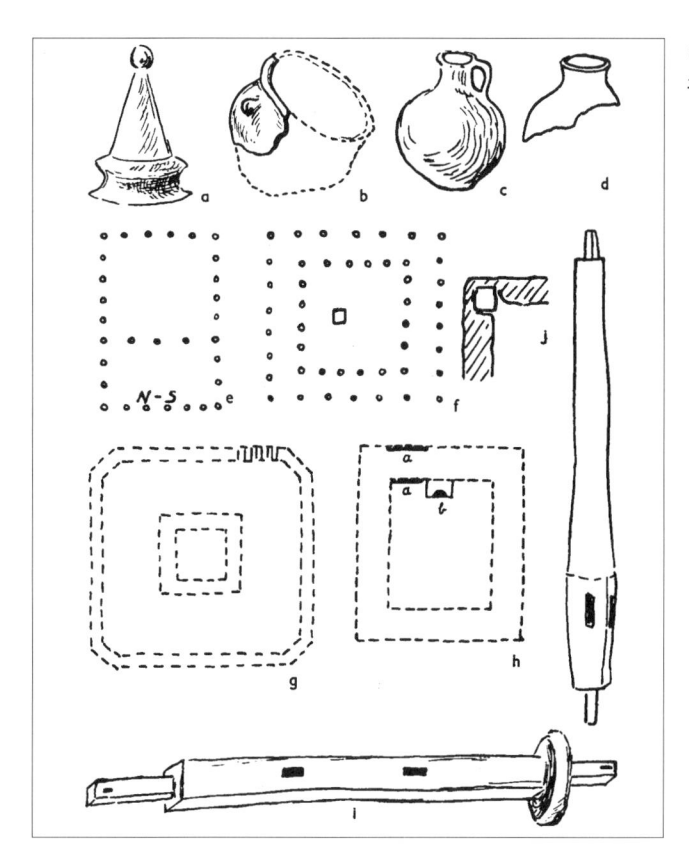

ダンダン・ウイリクとカラドンの遺物スケッチと遺構平面図. 1896年, ヘディン作成. (ヘディン財団資料)

その際に裏返しにされたのであろうという.

最初の3回の探検に関して言えば, 人力と輸送力との不足から, できることには自ずから限界があった[57] (この点を考慮するならば, ヘディンがそれでも成し遂げた仕事の量と持ち帰った文物の量とは, 驚嘆に値する). 彼は探検隊中たった一人の学者として, すべての観察を行い, すべての地図を描き, すべての写真を撮影・現象し[58], すべての標本を集め, すべての聞き取りを行い, すべての記録を自ら書き留めた. そして危険を顧みず果敢に (時に無分別に) 砂漠や高山に挑んだことは, 季節を無視した旅の日程と相俟って, 彼のキャラバンが進むにつれて消耗していく結果を生んだ. 補給の不足は時間との戦いを招き, 彼は常に強行軍を強いられた. すでに述べたように, ホータン・ダリヤからケリヤ・ダリヤを踏査するにあたって編成したキャラバンは, 意図的に小規模のものだったので, 遺跡を見つけたとしても長く滞在することは不可能で, 砂漠から持ち帰ることのできる遺物も思うようにはならなかった. ヘディンがいつも直面したのは, どの荷を捨てたらよいかとの判断であった. かさ張る大きな考古遺物を運ぶことは, たとえ研究用の機材, 地質学の標本, 乾板, ノートや地図, テント, 水, 食糧や飼料などを捨てたとしても, 困難だったのである.

ヘディンは, この地域で砂丘が動く速度を測定し, 調査時点までに南下した距離を測ることで, 発見した住居の年代を算出しようと試みた. その結論は, およそ1000年前というものであった. この計算は, 人が居住していた時期のダンダン・ウイリクが砂漠の端に位置していたという前提に立つものであったが, それは実際には是認できない前提であった. ヘディンは一方で, ダンダン・ウイリクが水路や道路, 並木や家屋などの環

境を備えていたと考えていたのである．とはいえ，そこが仏教徒の住居であったことは事実であるから，とすればイスラムが1000年あまり前にタクラマカンへ勢力を伸ばしてくる直前までは繁栄していたに相違ない（ヘディンの計算は誤った前提にもとづいていたが，さほど的外れなものではなかった）．壁画に見える人物はペルシア人のように思われたし，ガンダーラからのヘレニズムの影響と同様，インド的な特徴が明白であった．ヘディンはそこで，壁画の人物は書物で読んだ伝説のトカラ人ではないかという試案を述べている．

　しかしながら，ダンダン・ウイリクに関して最初に綿密な調査を行ったのは，オーレル・スタインであった．それは1900年の12月，ヘディンの発見について書物で読んだ後のことである．スタインの伝記を書いたジャネット・ミルスキーによれば，ダンダン・ウイリクはスタインにとって，「砂に埋もれた古代の寺院や家屋についての文法」を学ぶ「教室」であり，発掘の技術を試してみる「実験室」でもあった（Mirsky 1977：158頁）．スタインは，遺跡はヘディンが推測したよりやや小さく，791年にチベット族が占領した際に放棄されたと結論付けた．スタインは資力・時間ともヘディンより自由に使える立場にあったため，合わせて17か所の建築址を発掘することができた．インドに，また後にはロンドンの大英博物館に持ち帰ることのできた出土遺物は相当数にのぼり，内容もまた素晴らしい（Stein 1903：251-305頁；1907：236-303頁；Witfield 1982, vol. III：13頁および図版）．それでもスタインは，遺跡のごく一部に触れたにすぎなかった．その秘密のほとんどの部分は，スタインの去った後も解明されないまま残されたのである．

　ダンダン・ウイリクはその後暫く，総合的な調査の対象とはならなかった．1905年の9月には，アメリカの地理学者エルスワース・ハンチントン（Ellsworth Huntington）が短期間，遺跡の調査を行った．彼は中央アジアがかつて経験した気候の変動を追跡し解釈する必要性に，早くから注意を払っていた．いわゆる「気候変化の脈動」仮説がそれで，気候の変動が文明の興亡と軌を一にするのではないかと彼は考えた．ハンチントンはダンダン・ウイリクの水源がどこにあるかという問題に注目したが，かつてケリヤ・ダリヤがずっと西まで分岐していたという見解には賛成しなかった．そして，彼の仮説を裏付ける事実，すなわち砂の侵入は水の供給が次第に途絶え植生が枯死した後に起こるのであって，逆の順序をとることはないということを発見したのである（Huntington 1907：187頁以下；1919：185頁以下および282頁）．その次にダンダン・ウイリクを訪れた記録を残しているのは，ドイツの探検家，エミール・トリンクラー（Emil Trinkler）とワルター・ボスハード（Walter Bosshard）である．彼らは遺跡を探し当て，1928年の3月，そこに4日間滞在した．主として寺院に関心をもち，廃墟の中に占めるその位置を確定した．彼らは考古学的出土品を収集したが，それはこの探検の第一に挙げるべき成果であった（Trinker 1930, 1932；Terra 1932；Gropp 1974）．この収集品は現在，ブレーメンの海外博物館（Übersee-Museum）に所蔵されている[59]（Gropp 1974：14-16頁，62-63頁，101-05頁，289頁）．それから長い間，ダンダン・ウイリクは砂の中に再び埋もれてしまったと思われていた．次に遺跡を目にした考古学者は中国の王炳華（Wang Binghua）であったが，彼は1996年にそこを通り過ぎただけだった．しかし，忘れられたダンダン・ウイリクの住居址が，以前と同じく近年も，換金目的で遺物をあさる地元の宝探しや，

タクラマカン砂漠に新たな黒い富を探す石油採掘会社の研究者や技術者による訪問を受けていることは間違いない．はっきりとした考古学的目的をもって，この遺跡を訪れた最近の例は，1998年10月，クリストフ・バウマー博士（Christoph Baumer）の率いる自称「第2次スイス・タクラマカン探検隊」である[60]．彼らはスタインの地図を刷新・増補し，スタインやトリンクラー以後の破壊状況を記録した他，たくさんの新たな発見を行っている[61]．

考古学的遺跡を発見し，その位置を確定したこと．かくして，タリム盆地の歴史に関する我々の知識にとって遺跡がもつ重要性と，大陸を横切る文化・政治・経済の交流にとってタリム盆地の歴史が占める重要性とを明らかにしたこと．それがヘディンの名声を決定付けた業績であるとするならば，反面，彼の宿命は，遺跡の学術調査を後人の手に委ねなければならなかったことであろう[62]．1895年に発見されたトムシュクとマラルバシ周辺の遺跡は，ポール・ペリオとアルベルト・フォン・ル・コックに委ねられた．ダンダン・ウイリクは，すでに述べた通り，主としてオーレル・スタインに引き継がれた．続く二つの発見，カラドン（Kara Dung）と楼蘭の場合もまた同様である．

1月25日にダンダン・ウイリクを後にしたヘディンの小さなキャラバンは，ケリヤ・ダリヤに着くまで2日を要し，さらに北へと進路を取った．トンクス・バステ（Tonkus Basste）という場所で，牧羊をしている二組の家族のキャンプを通った時に，ヘディンは牧夫の一人から，西北に1日ほど行ったところに廃墟のあることを知らされる（Hedin 1898：127頁）．砂丘の中に次第に消えていく乾いた河床を辿り，一行は教えられた遺跡カラドンに到着した．ヘディンがそこにとどまったのは，2月2日から3日にかけての二日に満たない期間であった．遺跡については簡単に調査を行っただけであったが，彼はそこがダンダン・ウイリクよりも規模が小さく，重要性も劣ることに気付いた．したがって，何も持ち帰らず，ただ遺跡の存在と位置とを確認するに留めたのである[63]．若干詳しく調査したのは4棟の家屋だけであったが，その中の1棟については何か所かの剥落

カラドンの大型遺構．1896年2月，ヘディンスケッチ．（ヘディン財団資料）

ケリヤ・ダリヤの終着点の北，孤立した風化土堆．1896 年，ヘディンスケッチ．（ヘディン財団資料）

した壁画の痕跡が認められた．また，とりわけ興味を引いたのは，

> 今日の隊商宿（サライ）によく似た大きな家屋で，四隅が切り取られた四角形を呈し，真中に大きな中庭があり，そこに小さな方形の建築物が建っていた．外周は 93×84 歩ほどの大きさである (Montell 1936：205-06 頁に引く，1896 年 2 月 3 日のヘディンの日記)．

こうした構造は，後にここを訪れた人々の目を引いた[64]．その筆頭に挙げるべきは，この場合もまたスタインである．彼はヘディンの発見について，書物を通して知っていた．1901 年 3 月 10 日，スタインはカラドンに到着したが，目にしたものにあまり感動した様子はない．しかし，ともかくもかなりの労力を傾けて例の大型家屋を発掘したが，それはヘディンの想像以上に複雑な構造をもっていた．スタインは一帯の地図を描き，いくつかの遺物を検出したが，それらは期待していたほど感動的なものではなかった (Stein 1903：405-412 頁, 1907：442-452 頁；Witfield 1982, vol. III)．

7 年後の 1908 年 3 月，スタインは第 2 次探検において，短期間ではあったがカラドンを再訪し，いくつかの点在する家屋を確認しようと努めた．しかし悪天候のため，前回の遺構を探し出すことができなかった．今回もまた地味な小物を見つけたものの，カラドンからは古文書のような重要遺物を発見することなく終わったのである．

それから何十年もの間，カラドンは忘却のかなたに消えてしまった．少なくとも記録に残され，公表された訪問はない．もっとも，現地の人々がどれほど訪れたかは別として，中国人考古学者が遺跡に案内された例はある．ヘディン最後の探検に同行した考古学者の黄文弼は，1929 年 5 月 23 日にカラドンにキャンプを張った (Huang 1958：49-51 頁)．その後も中国側の報告には，何人かの訪問者の記事が見えている (Wu & Huang 1991)．しかしいずれも簡単な記録にすぎず，遺物について多くの情報を提供してくれるものではない．もっともウルムチの博物館には，彼らが持ち帰った若干の散発的な遺物が収められてはいるけれども (Debaine-Francfort et. al. 1994：50 頁註 18)[65]．

1980 年代になって，タクラマカン砂漠への外国人立入り制限が緩和され始めると，カラドンは発見が困難であるかに思われたため，西洋人の想像力をかえって刺激することになった．西洋の旅行者や探検家たちは——言葉の上だけでなく，時には実際の行動も 20 世紀初めにならって——探検隊を組織した．砂漠を越えて「流沙に消えた幻の町（ゴースト・シティ）」を再発見し，遺物を掘り出して，冒険と探検史の両ジャンルにまたがる書物を書き上げようとしたのである[66]．1989 年秋，タクラマカン砂漠におけるヘディンの足跡を辿るプロジェクトとして，ラッセ・ベリィ (Lasse Berg) とスティグ・ホルムクヴィスト (Stig Holmqvist) が率いるスウェーデン・中国両国人のグループは，写真と記録に残されていたカラドンに足を踏み入れた．その数日後，スウェーデン・中国合同隊の行程を正確に辿って，ドイツ人のライターにして探検家のブルーノ・バウマン (Bruno Bauman) とその一行もカラドンに到着した[67]．バウマンは早速，探検の成果について報告書風の記事を刊行する (Bauman 1990：20-39 頁)．かくしてカラドンは眠りを破られ，旅行者のグループが壊れやすい遺物を探し回るという危機に直面することになった．そうした危機は，タクラマカンおよび周辺の多くの考古学的遺跡にもまた当てはまるのである (Ogura

1995 参照).

　こうした探検家たちは，コリンヌ・ドベーヌ・フランクフォート (Corinne Debaine-Francfort) とポール・フランクフォート (Paul Francfort) の両博士を代表とするフランス科学院 (CNRS) のチームが，ウルムチの考古学研究所と協定を結ぼうと何年も前から交渉を続けていたことに，気付いていなかったのではあるまいか．交渉の目的は，カラドン遺跡を中心としたケリヤ渓谷の総合的な考古学調査に合意を取りつけることにあった．1989年に発表された中国の新たな文化政策，すなわち外国の考古学者との共同研究を許可するのみならず，積極的に推進するという方針が，このプロジェクトを可能にしたのである．協定は1991年に最終的に調印され，先史時代以外の遺跡としては中華人民共和国で最初の合同調査となった (Debaine-Francfort et. al. 1994：34頁)[68]．プロジェクトの当初から，毎年の調査は，タクラマカンの強風がおさまり，気候条件の良い初秋の時期を選んで進められた．かつての遺跡探検は，この点への配慮を欠いていた．しかし，今日の考古学においては，慎重な発掘，正確な測量と記録，さらに遺跡の保存などの必要性から，最適な季節が選ばれねばならないのである[69]．カラドンからほとんど得られるものがないとしたスタインの結論は，中国・フランス合同調査団によって完全に否定されつつある．ヘディンやスタインが推測したより，地域的にも時代的にもはるかに広がりをもった考古学的な景観が明らかになり，ケリヤ・ダリヤのずっと下流にも古い居住地が検出されたのである．

　ヘディンが最初にカラドンを発見してから[70] 100年の後，さまざまな分野の専門家[71]から成る中国・フランス合同調査団は，この地域でかつて灌漑がどのように行われ，農業がどのように経営されていたかを解明し，また居住地の構成と建築物の構造を明らかにした．さらに出土遺物を分析し，寺院跡から見つかった脆く壊れやすい壁画を検討することができた．その結果，壁画はタリム盆地で最古のものに属することが判明したのであった (Debaine-Francfort et. al. 1993, 1994).

1-2-6　スウェン・ヘディンの第2次探検 (1899-1902) と考古学的発見
――エンデレ・ケリヤダリヤ・楼蘭

　1899年から1902年にかけての第2次中央アジア探検にあたり，ヘディンは再びタリム盆地に関心を向けた[72]．今回はタリム河そのものの測量を実行したのである．ヘディンは当時の，すなわち20世紀への変わり目におけるタリム河の実際の流路を地図に残しただけでなく，ずっと砂漠の奥にある古い河床の位置をも示した．彼はタリム河を舟で下ったため，古代の西域北道が走る北岸丘陵地帯に分布していた多くの集落や遺跡については，未踏査のままに残された．トルファン盆地に足を向けることもなかった．こうした遺跡は結局，ロシア，ドイツ，フランスおよび日本の探検家や研究者によって調査されることになったのである．

　前回と同様，今回の探検でも，ヘディンは自ら訪れた古い廃墟について記録し，多くの場合はスケッチを描いた．例えば営盤 (Jing Peng) の例がそれである[73]．ヘディンによれば営盤の遺跡は，クルク・タグの南麓に位置するところから，西北に延びるかつての

営盤のトーラ（土の塔）．1900年，ヘディンスケッチ．（ヘディン財団資料）

西域北道の宿駅であったと考えられる．

　彼はまた，探検ルートに沿って見出された考古学的発見についても，そのつど書き留めている (Hedin 1905：64 および 107 頁)．タリム河下流とチェルチェン・ダリヤとの間の砂漠を冬に横切って，20 世紀の始まりを砂漠の真中で祝ったのち，チェルチェンに滞在していた時に，彼は埋もれた町の話を聞かされた．財宝で満ちあふれたその町は，エンデレ・テリム (Andere-terim) にあるらしい．そこで高い塔を見たことがあると話してくれた土地の者もいた (Hedin 1903, vol. I：330 頁)．塔が青い陶板で装飾されていたという点や，隠された財宝についての誇張された表現を除けば，彼らの話は高いストゥーパのあるエンデレの集落遺跡を，かなり正確に描写しているように思われた．1900 年 1 月，ヘディンはエンデレを訪れ (Hedin 1903, vol. I：338 頁以下；1904：376 頁以下)，22 日にはいくつかの廃墟を発掘した．その翌日，彼は塔に違いないと考えた遺構を念入りに調査したが，遠くには同じ構造をもった塔がさらにいくつか確認された．

　しかしながら，天候が険悪であった．ヘディンはそれ以上何も発見することなしに，チェルチェンへ引き返さざるを得なかった．ともあれ，こうして彼は再び，タリム盆地の重要な考古遺跡として認められるようになる場所を，最初に発見した西洋人となったのである．だが，この時はまだ，そのことに気付いてはいなかった．

　ヘディンの発見を知らないままに，1 年の後，オーレル・スタインは最初の探検でエンデレに至り，廃墟となった何棟かの家屋とストゥーパ (ヘディンが普通の塔だと考えたもの) を調査する．加えていくつかの小さな遺物と，最も価値ある出土品，すなわち古文書類を発掘した (Stein 1903：409 頁，1907：417–442 頁)．スタインはまた，1906 年 11 月と 1913 年 12 月にもこの地を訪れ，エンデレについての知見と収集品をさらに増やしたのである．

　1900 年 2 月，エンデレからの帰路，ヘディンはチェルチェン・ダリヤについてもっと知ろうと考えて，その新・旧河床を辿って行った．2 月 3 日，ガイドたちが案内してくれた墓地の近くにキャンプを設営．ガイドの言うことには，かつてここに住んでいた人々の廃墟であり遺構であるという．翌日，ヘディンは墓を調査する．彼が見たものについては，旅行記の中に詳しい記述があり (Hedin 1903, vol. I：347 頁以下)，学術的な調査報告も残されている (Hedin 1904：389 頁)．これらの墓は，彼の興味を引くものであった．なぜなら，棺の中には驚くほどに保存状態の良好な遺体があったからである．加えて，遺体の形質的な特徴や髪型，着衣などは，明らかにインド＝ヨーロッパ起源であることを示しているかに見えた．ヘディンは，彼らが 1820 年代にシベリアから逃れてロプ・ノール地域に住み着いたロシア人であろうと推測したが，それ以上のことを語っていない．しかし近年，ケリヤ渓谷で何体も発見されている約 4000 年前の「インド＝ヨーロッパ系」ミイラに照らして考えるならば (Marroly & Mair 2000 参照)，ヘディンの解釈が正しいかどうか疑う余地がありそうだ[74]．

　しかしながら，2 度目の探検を通じてヘディンが関心を向けていたのは，タリム・コンチェ両河の終着点，彼が提唱した有名な仮説によれば，ロプ・ノールが南・北の間を振り子のように移動している低地であった (Hedin 1904, 1905)．この地域——今日よく知られている名称では，ロプ砂漠ないしガシュン・ゴビと呼ばれる——の探検において，

ヤルダンと河床の砂漠の難所を通過する駱駝．1901 年，ヘディンスケッチ．（ヘディン財団資料）

　ヘディンは生涯で最大の考古学的発見を成し遂げたのである．1900 年 3 月 28 日，従者のエルデクと連れのコサックの一人チェルノフが，キャラバンに適したルートを探し回っている時に，いくつかの廃墟を見つけたと報告に来た (Hedin 1903, vol. I：427 頁以下，1905：620 頁以下)(75)．そこにキャンプが張られ，翌日，3 棟の木造家屋の遺構について調査と測量が行われた．「移り動く湖 (oscillating lake)」というヘディンの主張にとって，大きな湖の北岸であったと考えられる場所に人間が居住していた痕跡を見出したことは，言うまでもなく重要な意味をもっていた．19 世紀の末年にあって，その土地は人を寄せ付けない乾燥した荒涼たる砂漠地帯となっていた．あたりは粘土質のヤルダン（風化土堆群）が広がり，大地は塩の層で覆われている．旅行者にとっては，すべてが行く手を阻む無数の障害物に見えた．そのような場所を歩き回っているうちに，粘土や鉄でできた遺物がいくつか検出され，かつて家々を飾っていた美しい木彫も見つかった．その何点かは，サンプルとして持ち帰るため取り分けられた(76)．東南にあるトーラ（土の塔）が目にとまり，ヘディンは従者二人を連れて見に行った．眼前にあるものは烽火台であろうと考えたのである．さらに，かなり離れた地点，かつて道が延びていた方角にもまた，同様な塔が 3 基ほど見えた(77)．翌日は，その廃墟でさらに若干の作業がなされたが，特に注意を引いたのは寺院と思われる遺構であった．そののち，キャンプをたたんで南に向かう．ヘディンと彼の従者たちは，その時まさに中央アジア史を理解する上で最も重要な遺跡を発見しようとしていた．後に「楼蘭」の名で知られることになる遺跡がそれである．

　20 キロメートルほど進んだところで，キャラバンは小さな窪地に着いた．そこには植物が生えていて，井戸を掘れば地下の水脈に届くことは確かであった．ところが，いざ井戸を掘る段になって，今朝がた出発した廃墟の所に鍬を忘れてきたことに気付く．いささか躊躇したものの，エルデクが一頭の馬を連れて，この何としても必要な道具を取りに戻ることになった (Hedin 1903：435 頁以下)．北東から吹き付ける暴風に襲われなが

らも，60キロメートルに及ぶ鍬奪還の英雄的な行軍ののち，エルデクは次のキャンプでなんとか他のメンバーに追いついた．彼は首尾良く鍬を持ち帰って来たのであるが，しかし同時に持ち帰ったものは，ヘディンの調査日程に重大な変更を迫る驚くべき情報であった．帰り道，暴風のためにエルデクは道に迷ったすえ，まったく偶然にも，高いトーラが目印となる別の廃墟に行き当たった．塔の近くにはたくさんの家の廃墟があり，内部には美しく彫刻された板材や梁があったという．エルデクは地上で目に止まった小さな遺物を，証拠として集めて来た．また苦心惨憺，肩から血を流しながらも，彫刻の施された板材を何枚か運んで来たが，馬がそれを載せることを嫌がったという．ヘディンは引き返したかったけれども，廃墟に戻る時間は残されていなかった．エルデクの発見がもつ重大性に気付いてはいたが，キャラバンにはもはや水がほとんど残っていなかったし，砂漠で水を得ることなど不可能である．暑い季節が近づきつつあった．ヘディンは当初の計画通り，夏の数か月をチベット高原で過ごすことに決める．来年の冬には遺跡に戻ることにした．エルデクは，その場所を必ず見つけられると請け合った．

　1年ののち，ヘディンは再びロプ砂漠の踏査を実行する．今回の目的は，前年にエルデクが情報をもたらした二つの考古学的フィールドに戻ることであった．1901年3月3日，彼の計算によれば，目的地は目の前であった（Hedin 1903, vol. II：102頁以下，1905：620頁以下）．一つの烽火台のもとにキャンプが張られる．こうした烽火台は，後に従者を廃墟探索に行かせたところ，付近一帯に数多くあることが明らかになった．日が暮れるとヘディンは烽火台に登り，帰って来る従者たちの目印として，そこに火をともした．次々と帰還する探索隊の一つから，廃墟となった家々に囲まれた別の塔があるというニュースがもたらされた．翌日を期して，そこに行ってみることが決定される．その隊は，自分たちの報告を証明するため，いくつかの小さな遺物を持ち帰っていた．氷の蓄えを補充するため，駱駝が北へと送られる．この先，南に向かう予定のキャラバンにとって，氷は何よりも必需品であった．こうして六日の間，彼らはここで思う存分，調査を進めたのであった．

　ヘディンは天体観測によってキャンプの位置を測定し，後ろの塔から一帯の写真を撮った．一方，従者たちは廃墟をあちこち探し回りながら，自ら見つけたあれこれについて簡単な調査を続けていた．あらゆる種類の遺物が掘り出され，ヘディンの目の前に持って来られたが，とりたてて興味を引くようなものはなかった．しかし，ぼろ布であれ，壊れた壺であれ，靴の断片であれ，またゴミの山から持って来られた他の廃棄物であれ，はるか昔の人々の生活を知る手掛かりになりうることを，ヘディンは理解していた．だが，古文書の類は何ひとつ見つからなかった．この遺跡の年代と歴史についての確実な証拠が発見されることを，ヘディンは何より願っていたのである．ダンダン・ウイリクやカラドンの場合と異なり，廃墟が広範囲にわたって砂に覆われていなかったことは，調査を易しくしていたし，また難しくもしていた．取り除くべき砂がほとんどなかったために，調査は確かに容易であったが，同時にそれは，この地域をしばしば襲う暴風から廃墟を保護するものがなかったことをも意味していた．

　3月4日，調査隊は前のキャンプ地から1時間あまり離れた場所に移動した．調査を切り上げる10日までの間，ここにとどまることになる．このキャンプ地は後に，楼蘭に

楼蘭の仏塔．1901年，ヘディンスケッチ．（ヘディン財団資料）

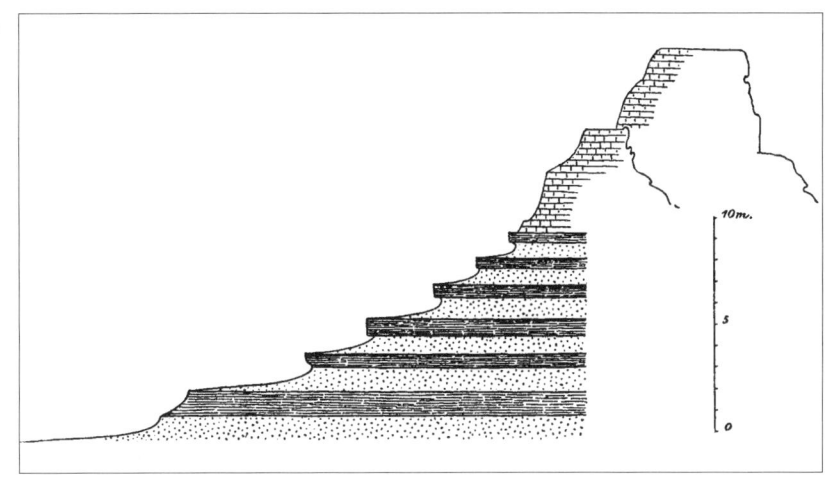

おける中国の軍事基地であることが明らかになった．5日は，いつものように廃墟の調査がなされたが，ほとんど成果らしい成果はなかった．がらくたが見つかっただけだと，ヘディンは記している．ヘディンが描いた地図の中には，少なくとも19棟の家屋の配置が示されているが，そのうち数棟には戸口の枠が立ったまま残っていた．遺跡の中でもとりわけ目立つ構造物が，ヘディンの興味を引きつけた．それは高さ8.8メートルの塔である．その塔はストゥーパのように宝物を内蔵しているに違いないと思われたので，従者たちに命じて内部へ入らせようとした（Hedin 1903, vol. II：116頁）．彼らは塔の頂部から侵入をくわだてた．そうすれば，塔全体が倒壊して頭上に落ちてくることはないだろうと考えたのである．しかしその塔は，内部も固く詰まった構造であったため，結局そのまま残さざるを得なかった．6日，従者たちはさらに別の遺跡を探すため，それぞれ違った方角へ散らばっていった．一方ヘディンは，キャンプのまわりの廃墟の中で働いた．コサックのシャグドゥルは調査隊メンバーの中で最も成果をあげた一人であった．彼は前年の遺跡を二つとも見つけ出した．キャンプを張った場所の遺跡と，エルデクがキャラバンに追いつこうとして偶然見つけた遺跡とである．それゆえヘディンは，いま自分が調査している地域には，かなりの広がりをもった範囲の中に相当数の古い居住地があると確信していた．かつては多くの集落が[78]，草原や川や水域で区切られた地域に点在していたに違いない．そして，ただ烽火台のみが，ポプラの森の梢越しに他の集落からも目に入り，戦時には合図として火がともされたのであろう．

7日は，前年エルデクが忘れた鍬を取りに戻って偶然見つけた遺跡（Hedin 1903：121頁以下）の調査に当てられた．その途上，前年キャンプを張った場所を通過した．エルデクの遺跡は，彼らが発掘した中で最も多くの収穫を得た場所だった．そこでは8棟の家屋が検出された．ヘディンによれば，家屋の配置は中国の「衙門（ヤーメン）」に類似している．仏教寺院も発見された．前年エルデクが運んで来たのは，この寺院の木彫の一部であったが，従者たちは内部からさらに多くの木彫類を持ち出した．その時シャグドゥルが，最初の一枚の文書を発見したのである．それは文字の書かれた木片であったが，ヘディンには解読することができなかった[79]．こうした発見には褒賞金が約束されており，二番目に発見した者にも新たに褒賞金が約束されたので，従者たちはますます熱心に掘り続

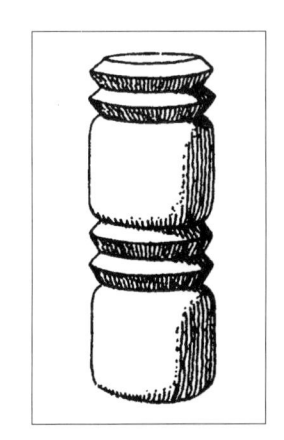

楼蘭出土の考古遺物．1901年，ヘディンスケッチ．（ヘディン財団資料）

けた．

　1901年3月8日，この日は4日以来ずっと滞在してきたキャンプの周囲を調査した．空中にはほこりが一杯で，強い風が吹いていた．高い壁で区切られた三つの部屋をもつ大きな建物に注意を向けられるまでは，大した成果は上がっていなかった．しかし，部屋の一つに堆積していた廃棄物の山を掘っていた時，遂に幸運が訪れる．現地の人足の一人モラーが，漢字の書かれた皺だらけの紙片を一枚見つけたのである．一同はすぐさま塵芥を注意深くふるいにかけ始めた．その結果，紙や木に書かれた漢文の文書類が大量に現れた．ヘディンは歓声を上げた．地理学と地質学にもとづいて再構成されたこの地域の歴史が，いまや文書によって具体化されることになったのである．発見された文書の一枚にその名の見える「楼蘭」は，中央アジアの歴史ならびに紀元後の数世紀にわたりシルクロードが果たした役割を研究する上で，とりわけ重要な場所として確固たる位置を占めることになった．3月9日は，前日の作業の仕上げに費やされた．得られた成果に満足しつつ，文書類と自ら選んだ建築・物質文化の資料とを梱包し，3月10日，ヘディンのキャラバンは楼蘭を後にした．しかしまだもう一つ，重要な仕事が残っていた．ロプ砂漠の低地を北から南までの全行程にわたって水準測量する作業である．そこには当時，カラ・コシュン湖が浅い水をたたえて広がっていた[80]．

　楼蘭の居住地域が，かつてどれほどの広がりをもち，どのような構成内容をもっていたかという問題については，現代的な方法による総合的な調査が今なお必要であると言ってよい．いくつもの居住地に生活していた人々の性質，歴史，文化的類縁関係，民族構成などは，ヘディンによる発見以来あまたの探検隊が来訪したにもかかわらず，ほとんどわかっていないのである．オーレル・スタインは1906年の12月に12日間ここに滞在し (Stein 1912, vol. I : 370頁以下, 1921 : 369頁以下)，1914年の2月に再訪している (Stein 1928 : 214頁以下)．エルスワース・ハンチントンは1906年の1月に (Huntington 1919 : 255頁以下)，橘瑞超は1909年に訪れた (Ootani 1937)．スタインの2度にわたる滞在調査は，この遺跡に関する我々の知識を豊かにしたし，彼の収集遺物は楼蘭で得られた中で最も包括的であると言ってよい (Whitfield 1982, vol. III)．さらにヘディンが1927年から35年にかけて行った最後の探検の際にも，何度か調査隊が派遣されている．1931年にニルス・ヘルナー (Nils Hörner) とパーカー・チェン (Parker C. Chen) は，湖が数十年前の位置に戻ったことを確認し，それを地図上に書き込んだ．チェンはまた1935年にも再訪している．一行の中にいた中国人考古学者の黄文弼も，1930年に初めて踏査して以来，幾度もその地を訪れた．さらに中華人民共和国の成立以後は，中国の各種の調査隊が，時には外国との協力のもとで訪れている．しかしながら，初期に行われたオーレル・スタインの調査以上に，長くこの地にとどまって，従来の説を実質的に書き換えるほどの成果を上げた例は，まだ一つもない[81]．楼蘭は今なお独自の調査を必要としている遺跡なのである．近年の誤った認識にもとづく計画，すなわち壊れやすい遺跡の上に，荒らし回り歩き回る観光客のグループを運んで来るという計画を思うとき，その必要は急務ですらあろう．

1-2-7　収集から出版へ
―― 考古学的・言語学的遺物の公刊に向けて

　ヘディンが1899〜1902年の探検で得た考古遺物のコレクション（NMES 1903. 26）は，ロシア経由で無事ストックホルムに運ばれた．数の上ではスタインのコレクション（Wang 1999：12-13頁）に及ばないものの，その中にはヘディンが発見した各遺跡で検出された人工遺物のほとんどの種類が含まれていた．若干の新石器時代の加工品以外に，漢代と晋代の製品があった．木製品もあれば，繊維製品もあり，土製品，石製品，ガラス製品，貝製品や金属製品もあった．さらには紙や木に記された古文書類もあった．それらは基本的に漢字で書かれていたが，一例だけカロシュティー文字を記したものがあった．漢字を記した木の札は，その実，中国における最初の発見例であり，文献史料が伝える木簡の存在を裏付けることになった．

ロプ砂漠のヘディン．1901年，楼蘭とカラ・コシュンの間を照準する．（ヘディン財団資料）

　ヘディンが最初の2度の探検で行った考古学的調査を，我々は「疑似考古学」と呼んでいる．最初の探検のおり，ホータンでは差し出されたものは何であれ買い上げた．そのなかには古文書類も含まれていたが，正確な出土地を知ることは不可能だった．ヨトカンのノートには遺跡のスケッチが数点含まれているにすぎない．ダンダン・ウイリクとカラドンは地図上に位置が記載されているが，文章による記述とスケッチが残っているのみで，考古学的調査はほとんど行われなかったし，カラドンからは何の遺物も得られなかった．

　次の探検で楼蘭遺跡に行き当たったとき，ヘディンの採った方法はいくぶん熟練したものとなっていた．最初の探検による考古学的発見は世界中に知れわたり，彼の名声を高めるのに少なからず貢献した．彼はまた，考古学的な証拠が自身の地理学的な議論にとって潜在的な重要性をもつことを十分認識するようになっていたし，関連する考古学や文化史の分野についてさらに広範な書物を読破していた．それゆえ，再び中央アジアに入ったとき，ヘディンは廃墟となった「都市」の調査や遺物の発見に対して，よりいっそう注意を払うようになったのである．こうした関心の背後には，学術的な理由のほかに，世間の評判のためという理由があった．学術的な理由は，すでに述べた通り，彼の地理学的な議論と関係している．中央アジアが過去において自然の変化を経験し，かつ現在も経験しつつあることは，あらゆる証拠から見て疑いない．地理学的な議論とは，この点に関連するものである．しかしその一方で，もう一度考古学で名をあげようという願望もあった．この願望は世間の評判を得たいというヘディンの欲求と関わっていた．なぜなら，考古学的な発見ほど大衆にアピールするものはないからである．ヘディンのような，著作の売り上げと好意の財政的支援とに頼る「フリーランスの探検家」にとって，世間での認可と名声とは重要な意味をもっていた．したがって彼は今回，より多くの時間を考古学調査の可能な遺跡に当てるよう準備していた[82]．今回は少なくとも遺跡の標準的な測量と調査記録とを持ち帰らねばならないことを，ヘディンは理解していた．そして素晴らしい出土品を得れば，同僚の間だけでなく大衆の目から見た功績評価のレヴェルも明らかに上昇するであろうことを，ヘディンは知っていたのである．楼蘭での調査活動の間，将来の参考資料とするために，また出版の際に用いることを考慮して，

ロプ砂漠でのキャラバン，1901 年．
（ヘディン財団資料）

遺跡の記録にはカメラを用いるよう念を押し(83)，自らも惜しみなく写した．コレクションのための遺物は，今回はマーケットからではなく遺跡から得たし，その出土地もほとんどの場合わかっていた．にもかかわらず人々は，ヘディンが遺物の正確な出土情況を記録しておいてくれたらと思わずにはいられなかった(84)．この点から見れば，楼蘭遺跡における彼の仕事はアマチュア性を露呈した．そこで用いられた方法は，依然として「早かろう悪かろう」式（これはあまりに性急に実施された人類学のフィールドワークを形容する言い回しから借用したものである）であった．ただしヘディンの擁護のために主張しておくべきは，当時，本国から遠く離れた土地で実施される考古学調査は，しばしば時間や天候やライバルとの競争になったため，「早く」かつ多少なりとも「悪い」作戦を立てる必要に迫られていた，ということである．

　ヘディンは，しかし，自ら考古学者としての資格に欠けることを十分に認識していた．実際，彼の科学者として最も魅力的な性格は，収集された資料のすべてにわたって分析・解釈するための十分な学問的トレーニングを積んでいないと認める率直さにあった(85)．収集された資料は地質学，地図学，植物学，気象学，天文学，民族誌学，考古学などの各方面にわたっていたのである．

　考古資料に含まれた文書類を検討する際，ヘディンはそれを何人かの学者に委ねた．まず最初にドイツの中国学者カール・ヒムリー (Karl Himly) が(86)，かれの同僚のアウグスト・コンラディ (August Conrady) と共に，楼蘭出土の古文書と考古遺物の検討を依頼された (Himly 1902 参照)．ヒムリーが早世したのち，その仕事はコンラディに引き継がれて，1920 年に出版された．またヘディンは，ロシアの東洋学者セルゲイ・オルデンブルグ (Sergei Oldenburg) にホータン出土のサンスクリット文書を担当してもらうよう試みたが，それは成功しなかった(87)．このサンスクリット文書と，同じ遺跡から出土したサカ文書――その数は本来きわめて限られていたが，最後の探検の際にニルス・アンボルト (Nils Ambolt) によって追加された――とは，ずっと遅れて他の何人かの学者に供覧され，部分的に検討された．しかし結局，サカ文書の出版にこぎつけたのは，イギリ

スの偉大なイラン学者ハロルド・ベイリー卿（Harold Bailey）だけであった[88]（Bailey 1961）。この作業はヘディンの生涯の終わり近くに行われ，ベイリー卿の本が1960年に世に出るよりも8年前にヘディンは亡くなっていた。一方，楼蘭出土の純粋な考古遺物は，最初コンラディによって簡単な検討がなされたが（Conrady 1920），完全な報告書は1935年まで出版されなかった。遺物全体の発表を委ねられたのは，フォルケ・ベリィマン（Folke Bergman）。ヘディンに見出され，1927年に最後の探検の主任考古学者として中国に同行した若きスウェーデン人考古学者である。その報告書は可能な限り多くの遺物を網羅したもので，出土地域と類似遺物とに関する深い学識に基づいて書かれていた。それはまた，オーレル・スタインによる三部の学術報告書（Stein 1907, 1921, 1928）に見られる総合的な学識にも多くを負っていた。

1-2-8　地名研究・中国学から現代考古学へ
　　　──スウェン・ヘディンの戦略

　ヘディンの楼蘭調査は，中国とりわけ西域考古学に対するスウェーデンの貢献のうち，我々が「疑似考古学」と呼んだ段階の最後を画するものであった。楼蘭ののち，ヘディンは「ロプ・ノール問題」の地理学的・地質学的側面へと転じていく。この問題にとって，ヘディンの発見した楼蘭遺跡は重要な役割を演じるはずであった。次いで探検の舞台はチベットに移った。学術報告書を準備するため探検を切り上げてスウェーデンに戻るまでの3年間，この地でヘディンは調査を行ったのである（Hedin 1904-07）。

　ヘディンの3度目の探検（1905-08）は，チベット高原とその湖や山々にささげられた[89]が，考古学的調査は予定に入っていなかった。この重要な探検の学術報告書の出版は，かなり遅れてしまった。なぜなら，1909年の初めにスウェーデンに戻った直後，ヘディンは国内外の政治問題に踏み込んだからである。そのことでヘディンは，第一次世界大戦の期間のみならず，大戦に至るまでの時期もずっと忙殺されることになった[90]。

　最終的に9巻[91]から構成されることになる学術報告書『南チベット』は，1916〜22年になるまで出版されなかった。このシリーズ中に考古学を扱った部分はないが，今回の報告書作成にあたっても，これまでと同様「東洋学者（オリエンタリスト）」との共同作業が求められた[92]。ヘディンの学問的な努力の跡は，互いに関連する人文科学の2本の赤い糸で貫かれているために，その道筋が追いやすい。一方の糸は地名研究への興味であり，もう一方は中国および他の東洋諸言語で書かれた資料[93]と，それが古代中央アジアの地理に提供してくれる情報──それは資料が言語学的に適切に解釈され，適切な文脈のなかに置かれたときに得られる──への興味であった[94]。この二つの互いに支え合う興味がなかったならば，ヘディンの地理学的調査は，人文科学としての次元と中央アジアに関する歴史的文脈とを欠くことになったであろう。

　ヘディンは最初の探検（1893-97）において，ルート沿いの可能な限りすべての地名について注意深く尋ね，かつ記録する作業を始めた（そうした地名は結局，彼の報告や地図に記載されることになる）。この作業は地図を描くのと同時に行われた。彼は正確な地形図のみならず，居住地の正確な名称と地形的特徴とが記載された地図をも提供しようと意図したのである。表記に一貫性をもたせ，かつ誤解を避けるために，地名の語源的な意味

についても調査した[95]．それはまた，ヘディンが現地の言葉について語彙を採集する方法でもあった．この二つの作業，すなわち地名の採集と言葉の採集とは，互いに支え合っていた．ヘディンは実際，音声上の違いを聞き分ける耳の良さと，外国語習得の天賦の才能とを備えていた．彼の日記は中央アジア諸言語による地名で埋め尽くされていたが，それは驚嘆すべき一貫性と明瞭さをもって記されていた（Jarring 1997：ii-xi 頁参照）．最初の探検の成果を出版した際，ヘディンは自ら採集した地理上の名称についてのリストと索引を「付録：東トルキスタンの地名」として加えたが（Hedin 1900：350-70 頁），これは以後の主要な報告書の先例となるものであった．

　第2次探検（Hedin 1904-1907）の報告書を作成するにあたり，作図を担当したビュウストレム大佐（H. Byström）から地図に記入する地名表記を統一したいという要請を受けたヘディンは，中央アジアの地名を表記するための音韻体系についてアドバイスしてくれるようヴィクルンド博士（K. B. Wiklund）に請うた．ヘディンはまたヴィクルンドに，地理上の呼称についてのリストを —— したがって地図に記入される地名もまた —— 校閲してくれるよう依頼し，ヴィクルンドはためらいながらも[96]それに応じた（Wiklund 1905：647-60 頁）[97]．

　3度目の探検（Hedin 1916-22）の報告書に現れるトルコ語の地名を扱うにあたり，ヘディンはドイツのトルコ学者にして考古学者であるアルベルト・フォン・ル・コックの助けを得た（Le Coq 1922）．また，チベットの冒険に先立って行われた東ペルシア旅行の記録をまとめる際には，ペルシア語地名の転写と解釈について，イラン学者のゼッターシュテーン教授（K. V. Zetterstéen）の助力を得た（Zetterstéen 1918, 1927）．

　しかし，ヘディンの『南チベット』には，先に指摘した通り，最初の探検報告に見られたもう一つの要素が含まれていた．地理学ないし考古学上の情報を得るため中国の原典に当たることの重要性に，ヘディンは早くから気付いていた（Himly 1900 参照）[98]．中国には古い時代から文字による記録が残っているため，過去の研究にあたっては，歴史学と考古学という二つの面が重なり合うことになる[99]．『南チベット』の出版は，中央アジアの地理に関する西洋人の知識を大いに広げたが，その際ヘディンは上記の方面で援助が得られる学者たちの間にさらなるネットワークを張りめぐらしていったのである．こうして彼は，個別報告とりわけ中央アジアに関する中国地誌の方面で，多くの著名なドイツ人研究者の協力を取りつけた．すなわち，中国学者のエーリヒ・ヘーニシュ（Erich Hänisch）[100]，歴史地理学者でシルクロードの専門家アルベルト・ヘルマン（Albert Herman）[101]，前述のトルコ学者にして考古学者のアルベルト・フォン・ル・コック[102]などである．

　ヘディン最後の探検（1927-1935）の編成と組織については後述するが，そのさい私は，それまでの3回の探検を導いていた学問的な戦略が，いかにしてフィールドワークのための総合計画へと成熟していったかという点に言及したい．それはさまざまな面で今なお卓越したものである．中央アジアに注がれたヘディンの努力は，学際的かつ国際的な性格の学術事業にまで発展し，それが少なくとも8年の間継続したのである．この探検は参加者に「旅する大学」の愛称で知られるようになった．なぜなら，学問分野と国籍を異にする大勢の若い研究者が，そこでは対等に働いていたからである．中国学者とモ

ンゴル学者が調査団に加わり、考古学が固有の位置を占めるようになったとき、中国学と地名研究の2本の糸はさらに強化された。考古学的な調査は、地形学上の膨大な調査によって大いに助けられた。そして地図作製の技術は、ヘディンがフィールドを去るまでの間に相当洗練されたものになっていた。精密な地図の新たなセットは結局、第二次大戦をはさんで、ヘディンの主任地理学者にして調査員であったエリク・ノリン教授 (Erik Norin) の協力により、アメリカ合衆国のアメリカン・アーミー・マップ・サーヴィスから出版された (AMS & Norin 1969)。このセットの地図にみえる地理上の名称は、正確に転写されるよう学問的な厳密さをもって取り扱われた。そして、ヘディンの探検における地名研究[103]の伝統を引き継ぎ、その幕を引いたのは、グナー・ヤリング博士であった (Farquhar et. al. 1967；Jarring 1997)。

1-3 「誠実な考古学」の段階

1-3-1 地質学・古生物学から現代考古学へ
―― J・G・アンダーソンと考古学の発展

前節で私は、地名研究と中国学[104]、歴史地理学、文化史学などにおける人文科学研究の伝統に注意を促した。このうち後の三者は、ヘディンが次第に興味をつのらせ、他の研究者たちに教示を仰ぐようになったものである。そこで論じたように、こうした知識の導入に助けられて、中国考古学とりわけ西域の考古学は、ただの宝探しから今日みられるような科学的に統制された学術活動へと変化を遂げたのであった。しかし、この変化がいかにして生じたかを理解するためには、さらに二つの学問分野が触媒として重要な役割を演じたことを想起しなければならない。

ヘディンがアカデミックな経歴にいささか欠けていることは、彼自身それを認めるに吝かでなかったものの、しばしば正当にも、また不当にも、批判の根拠とされてきた[105]。しかしながら彼は、ストックホルムやウプサラ、ベルリンなどで、地質学や、それに関連する古生物学などの基本的知識を学んでいたし、10年を越える現地調査で理論を実践に移すこともできた。ヘディンはこうして熟練した野外地質学者になったのだと主張しても、決して誇張ではないだろう（化石の調査はヘディンの計画のなかでさほど大きな位置を占めていなかったので、野外古生物学者としての側面はずっと小さかった）。彼の作図の能力については、一部では懐疑的に見られているが[106]、大方では高く評価されている[107]。もっとも、中国における古生物学調査の重要性は20世紀の最初の20年間で急激に高まり、ヘディンが最後の探検を計画した頃には大きな比重を占めるようになった。ここで論じてみたいのは、中央アジアに展開された地球科学（ジオ・サイエンス）と考古学との出会い――むしろ交配と言うべきか――が、それまで欠けていた精密さを考古学に付与した、ということである。

とはいえ、ヘディンによる初期の「疑似考古学」と最後の探検で展開された考古学との間には関連性がある。上記の主張を論証する前に、この点を説明しておくべきであろう。両者を結ぶ環は、生涯の多くの歳月を中国と中国の太古の歴史とにささげた一人の

J. G. アンダーソン (1874-1961)

スウェーデン人，ヨン・グナー・アンダーソン (John Gunner Andersson) の活躍と関係がある．中国における考古学の歴史に詳しい者なら周知の通り，彼はその発展史上に重要な位置を占めている (Debainne-Francfort 1998：13頁以下参照)．その役割を簡単に定義してみると，ヘディンとの間に多くの共通点と相違点があることに気付く．「前期ヘディン」[108]の場合，その考古学的な貢献は主に，中央アジアの遺跡を訪ね，一般に紹介することにあり，精密な発掘調査にあったのではない．これに対してアンダーソンは，重要な遺跡の発掘によって，中国新石器時代の発見者の一人と考えられているのみならず (Chang 1999：49頁)，その後中国で用いられるようになる考古学の野外調査技術に対しても重要な貢献をした．両者とも中国学の訓練をまったく受けてはいなかったけれども，考古学の実践にとってそうした能力を取り入れることが疑問の余地なく重要であると考えていた[109]．そして最後に，おそらく最も重要な点は，両者ともに地理学および古生物学というジオ・サイエンスの出身だったことである．それゆえ先の議論をさらに進めて，次のように主張することができるだろう．すなわち，ヘディンの最後の探検で行われた地質・地理学調査の質と量とが，考古学の精度を高め，豊かな成果をもたらす活力になったのである，と[110]．のちに見る通り，ヘディンは探検を計画するにあたって，アンダーソンから明らかに影響を受けているのである．

　アンダーソンは1914年に中国の舞台に登場したとき，すでに地質学者として傑出した経歴を持っており，極地探検で果たした役割によって，少なくともスウェーデン国内では有名だった．彼は1874年に生まれ，中部スウェーデンの田舎で育った[111]．学校時代には化石に強い興味を示し，1890年以降は毎年の夏休みをスウェーデン自然史博物館のために化石採集をして過ごした (Andersson 1933：88頁以下)．ウプサラ大学に入学したのちは，地質学を専攻して幸せな学生時代を送った (Andersson 1933：51頁以下)．1898年，彼はまだ学生であったが，スヴァールバル諸島の探検に参加し，その隊長であった古植物学者のナトースト (A. G. Nathorst) から野外調査のトレーニングを受けた．このトレーニングがアンダーソンに決定的な影響を与えることになる．それは彼の学問的なレパートリーを広げ，フィールドワーカーとして鍛え上げたのである (Liljequist 1993：264頁以下．Andersson 1933：118頁以下)．1899年，25歳のとき，理学士の課程を終了すると，彼は自ら小さな探検隊を率いてビヨルン島へ赴き，その島で地質学の最初の調査を行った (Liljequist 1993：284頁以下；Andersson 1933：175頁以下)．3年後の1902年，彼は「熊の島(ビヨルン)」で収集した地質学資料を用いて博士の称号を得た．

　博士号のおかげで，彼はスウェーデンが組織したなかで最も注目すべき極地探検隊，1901〜1903年のスウェーデン学術調査団の主任地質学者にして副隊長という資格を得た．この調査団は，ウプサラ時代からの親友であるオットー・ノルデンシェルド (Otto Nordenskjöld)[112] に率いられていた (Liljequist 1993：362頁以下；Andersson 1902 a & b, 1933：189-368頁，1944：137-260頁；Nordenskjöld 1904)．調査は学問的に十分な成果をあげた．アンダーソンは，のちに第三紀とジュラ紀のものと認定されることになる大量の化石を発見したのである．しかし，彼の個人的な名声は，ある事件が知られるに至って，人々の間に広まることになった．すなわち，1902年の12月初めから行方不明になっていたアンダーソンと二人の同僚は，翌年の10月12日になってようやく救出されたのであ

る．語られるところによれば，アンダーソンらは自ら名乗らねばならなかったほど，救出に来た人々にも見分けがつかない状態であったという．彼らは，小さな石造りの小屋に孤立したまま，蓄えておいたペンギンやアザラシを食糧とし，鯨の脂肪を調理と保温に用いながら，北極の冬を過ごしていた．脂肪を燃やした煤があらゆるものに厚くこびり着き，すでに髭だらけとなっていた小屋の住人も煤でおおわれた．そのため，ようやく発見されたときも，近づいてくる奇妙な生き物が何であるのか，誰一人としてわからなかったのである．

　1904年にアンダーソンはスウェーデンに戻り，ウプサラ大学で地理学の教鞭を執った．2年ののち32歳のときに，彼は意外にもスウェーデン政府から地質調査所の新しい所長になるよう求められた．この地位を得たことが，国際舞台で活躍するきっかけとなり，国際地質学者会議[113]による世界の鉄鉱石埋蔵一覧の編集にも関与した．それは大きな成果を収め，会議ではその後いくつかの一覧表を編集した．たとえば1913年のそれは世界的な石炭の埋蔵に関するものであった．

　こうした功績は，アンダーソンの人生に大きな転換をもたらすことになった．チューレ・アルネはスウェーデンと東方世界との接触に関する注目すべき編著のなかで，1911年には中国におよそ500人のスウェーデン国民がいたことを紹介している．そしてその数は大戦の後になると，600人を越えるまでに増加していた（Arne 1952：213頁）．最大のグループは宣教師であったが，私的なビジネスに携わる者や，中国政府に雇われている者もいた．税関や郵便，電信，警察に関わる者や，灯台に配置された者などもいた．その他にまた，大学で教鞭を執るスウェーデン人もいた．そうした一人，エリク・ニーストレム（Erik Nyström）は，1902年に中国に到着すると，化学学部を開設するため山西大学に招聘された．そこで彼は驚いたことに教授の座を与えられたが，当時はまだ大学を卒業したばかりの23歳にすぎなかったのである（Nyström 1913-14, Ⅰ：183頁以下）．ニーストレムは長いあいだ中国に留まり，他のどんなスウェーデン人よりもこの国について深く知るようになった．彼は多くの著作を通じて，その知見をスウェーデンの人々に伝えた（Nyström 1913-14, 1936, 1937, 1940および死後出版の1989）．山西で過ごすうちに，彼の興味は自らが勤務する地方の自然資源（石炭と鉱物）[115]へと次第に傾いていった．大学を去ったのち，ニーストレムは自ら研究機関[116]を設立したが，そこでは基礎・応用両科学の境界領域の研究を出版した．この機関はまた，何人かのスウェーデン人研究者を中国に紹介した．のちにスウェン・ヘディンの主任地質学者にして地形図作製者となるエリク・ノリン（Erik Norin）[117]も，そのなかの一人であった（Nyström 1961参照）．

　しかしながら，ニーストレムの功績としてさらに重要なのは，アンダーソンを中国に紹介したことであった．すでに見た通り，ニーストレムは自然資源の一覧表作成に携わっていたが，それはまたアンダーソンが精力を傾けた仕事でもあった．中国に独自の地質調査所が設立されることになった際，ニーストレムは，資源一覧の編集補佐としてスウェーデンの専門家を数人呼び寄せたならば，双方の研究機関にとって有益であると思い至った．アンダーソンは招聘状がとどけられたとき，誘惑に抗することができなかった．1914年，彼はストックホルムでの地位をなげうって，北京の農商部に鉱政顧問として赴任した[118]．アンダーソンはそれから11年の間中国に留まり，余生を中国の遠古史研

究に捧げることになったのである．

　赴任して最初の数年間，アンダーソンは期待された通りの仕事を続け，ニーストレムと一部共同で鉄鉱石の埋蔵についての重要な発見を行った（Andersson 1932a：1頁以下，1933a：371-378, 382-386頁）．鉱山調査のために彼は，鉄鉱石や石炭の埋蔵が有望視される広大な地域を旅行した．しかし，間もなく別の発見によって，アンダーソンはまったく異なる方向へと導かれることになる．

　1899年，ドイツ人の科学者ハベレル（Haberer）が，中国の薬局で求めた「龍骨」のコレクションをヨーロッパにもたらした．それは宋代よりこのかた万病に効くことで知られ，またそう信じて売られていたのである．子細に観察した結果，骨は龍のものではなく，ずっと以前に絶滅した動物種のものであることが明らかになった（Schlosser 1903）[119]．しかし，問題は残った．化石の正確な出土地についての情報はなかったし，したがって，どのような状態で埋蔵されていたかについての詳細もわからなかったのである（Andersson 1932a：91-92頁）．アンダーソンのなかの古生物学者としての側面が，今や優位に立った．彼はまず，日頃の調査地を注意深く観察することから始めた．そして1914年，斎堂炭田を訪れたときに，「砂岩や泥板岩のなかに炭層と共に包含されている美しいジュラ紀の植物化石を大量に採集」（Andersson 1929b：16頁）したのである．1916年には，山西省南部で銅鉱を探査したのち，黄河の河岸で貝の化石を採集したが，それは後に「中国に始新世の地層が存在することを最初に証明したもの」と評価された（Andersson 1929b：16頁，1923c：1頁）．後者の例は古動物学上の発見であり，彼自身の主要な興味と一致していた．さもなくば「中国とスウェーデンとの共同研究は，脊椎動物化石からではなく，植物化石から始まった」であろう（Mateer & Lukas 1985：3頁）．1917年，アンダーソンは地質調査所から正式の許可を取りつけて，「龍骨」が出土しそうな埋蔵地を追跡し始めた（Andersson 1919）．

　古生物学者としての彼の功績は，周口店で「北京原人 Peking man」に属するヒト科の歯を発見したことで頂点に達した[120]．しかし，古生物学の話をこれ以上詳しく続ける必要はないだろう．我々の興味は，古生物学者としての業績が，いかにしてアンダーソンの考古学的な活動を引き起こし，また支えたかということにある．それはいくつかの方向でなされた．

　第一に，古生物化石の探査は，重要な考古遺跡の発見に繋がった．古生物学に興味をつのらせていたアンダーソンは，宣教師や他の外国人たちのもつネットワークに援助を依頼した．それは彼が中国で何度も行った旅行を通じて友人となり，また名を知るようになった人々であった[121]．彼らは地方のまだ公表されていない遺跡を知っていたばかりか，そこに案内さえしてくれた．アンダーソンは特に二人のスウェーデン人宣教師から，この上なく貴重な援助を得たと回想している．一人は河南省新安のマリア・ペテルソン（Maria Petterson）で，彼女は1918年の11月，化石の豊富な上印溝の遺跡にアンダーソンを案内してくれたが，それは「私の東アジアにおける学術活動に転機」をもたらしたという（Andersson 1932a：94頁）．もう一人は内モンゴルで活動していたジョエル・エリクソン（Joel Eriksson）で，彼は1919年の夏の間，後に述べるラルソン（F. A. Larson）と共に，もう一つの豊かな遺跡エルテムト（Ertemte）を発見する手助けをしてくれた（An-

仰韶村の遺跡（1921年）

dersson 1926：261頁以下，1933a：387頁以下）．アンダーソンが自らの調査を通して最初に出会った古い考古遺物は，1919年の夏，南満洲の熱河へ調査旅行に出掛けた中国人の採集助手，朱庭祐（T. O. Chu）が発見したものであった（Andersson 1923a：12頁）[122]．朱は現地の住民から素晴らしい石器の数々を首尾よく手に入れたが，それはアンダーソンを十分に満足させるものであった（Andersson 1947：3頁）．同年11月，アンダーソンは化石植物と化石骨の調査のため，採集助手を河南省の撫順炭田に派遣した．「そして，喜ばしいことに，朱は何点かの新石器時代の遺物をアンダーソンのために採集してきたのである」（Mateer & Lucas 1985：5-6頁）．しかし，決定的な突破口となったのは，かつて化石発見に成功を収めた上印溝に関わるものであった．

　1920年の秋，アンダーソンは採集のため，1918年に動物化石の豊富な包含層を発見した上印溝へ助手の劉長山（Liu Chang-shan）を派遣した．劉の職務は採集標本を充実させることにあったが，同時に新石器時代の遺物を発見し取得するよう務めることも命ぜられた．同年の12月，北京に戻った劉は，アンダーソンのもとへ大量の出土遺物をもたらした．それは石斧や石刃をはじめ，非常に立派で保存状態の良い多くの遺物であった．報告によれば，それらは仰韶村の農民から取得したもので，彼らは畑を耕している際にそうした遺物を見つけたのだという．これほど大量の遺物が集中して発見されるのは，そこに新石器時代の集落がある証拠に違いなかったが，遺物を発見した場所へ行けるのは，翌年の春を待たねばならなかった．当初，アンダーソンは混乱していた．なぜなら，新石器時代の石器の他に，赤地に黒色の彩文を施した研磨土器があったからである．両者が伴出することを，彼は信じられなかった．しかし，出土地をあらためて調査し，遺物包含層を子細に観察した結果，両者の共存関係が明らかになった．かくてアンダーソンは，中国で最初に確認された新石器時代の集落遺跡の発見者となったのである（Andersson 1932a：198頁以下）．そこから想定される文化は，遺跡名にちなんで「仰韶文化 Yang Shao culture」と名付けられた[123]．このセンセーショナルな発見によって，アンダーソンは地質・古生物学者から考古学者へと転身をとげる．そして彼は以後，仰韶遺跡のみならず（Andersson 1939：26-30頁，1943：62頁，1947），仰韶文化の分布範囲の調査にも精力の大半を傾けるようになった．分布調査のために彼は，1923年から24年にかけ

て甘粛省北部や青海省の墓地（Andersson 1925, 1932a：270-304頁，1943：152-159および185-215頁），さらには注目すべき彩文土器が出土した甘粛省の洮河流域の墓地へも赴いたのである（Andersson 1925, 1932a：305-336頁，1943：78-140および159-185頁）．1921年から24年にかけて，アンダーソンは12か月を野外調査に費やした．この期間の終わりまでに，彼は100箇所ほどの新石器時代の居住地や墓地を確認し，そのなかの約50箇所については「多少なりとも総合的な発掘」を指揮したのであった（Andersson 1932c：369頁）．

　第二に，アンダーソンの地質学・古生物学者としての経歴は，次のような点で当時の中国考古学の実践水準を引き上げる作用をもたらした．それはすなわち，地球科学（ジオ・サイエンス）で用いられる野外調査の方法と，古生物学の分野で発達してきた，壊れやすい出土品を発掘し整理するための方法とに関連している．

　　私は中国において，第三紀および第四紀の哺乳動物化石を広い地域にわたって発掘したのち，考古学の仕事に参入した．私が身に付けていたある種の技術的な経験は，新しい仕事を行う際に極めて有用であることが判明したが，その少なくとも一部分は考古学者たちにとって新鮮なものであった（Andersson 1932c：368頁）．

　アンダーソンは景観を読み取る訓練を十分に受けていた．彼は眼前の景観が形成された過程をどう解釈したらよいかわかっていたし，重なった地層の年代を決定する方法も知っていた．中国の遠い過去を探究する考古学者として，こうした技術がきわめて重要だったことは言うまでもない．遺跡の実測にあたっては，正確な高度を記載した詳細な図面を描くために，初めて平板を用いた．仰韶村において，

　　私の助手の袁復礼（P. L. Yuan）は，10メートルの等高線を記した極めて精緻な4000分の1の平板測量を，遺跡全体にわたって行った．発掘作業の進展に伴い，遺跡の南部分がこの地域の歴史にとって手掛かりを提供することに気付いたため，私はこの南地区について別途，5メートルの等高線で2000分の1の平板測量を開始した（Andersson 1943：15頁）．

　こうした道具を用いたことで，中国で従来ほとんど試みられなかったような正確さをもって遺跡が記録されることになった．新たな基準が設けられたのである．最も細心の注意が払われたのは，墓葬を記録する場合であった．

　　遺跡の東南部で墓地が検出された．それはオットー・ツダンスキー博士（O. Zdansky）によって注意深く発掘され，あらゆる遺物の正確な出土位置が違わず記録された．25分の1で記録されたこの墓の発掘は，2本の水平軸と1本の垂直軸の併せて三つの座標によって計測され，すべての遺物について測量線からの深さが負のセンチメートル単位で記入された（Andersson 1943：15頁）[124]．

　彼は古生物学の経験をもとに，遺跡がそのままの状態で記録されるべきだという考えを導入した．遺物（化石）を取り上げる際には，それ自身の出土時の形も乱さないままで

取り上げねばならなかった．そうしてこそ遺物自体の復元もできるし，研究者によって検出された状態で破砕されるに至った一連の出来事を再構成することも可能になるのである．

　アンダーソンはウォルター・グレンジャー博士（Walter Granger）に対して繰り返し謝辞を述べている（Andersson 1932c, 1943：15-20 頁）．博士はアンダーソンに新しい発掘の技術と，遺物をまるごと取り上げたり輸送したりするための包帯法とを教授してくれたのであった．グレンジャーはアメリカ自然史博物館による中央アジア探検の主任古生物学者で，1921 年に始まった長期的かつ総合的な探検の際，ロイ・チャプマン・アンドリュース（Roy Chapman Andrews）の副隊長だったこともある．また彼は探検隊が 1928 年に強制解散させられるまで，その地位に留まっていたようだ（Andrews R. C. 1932）．1921 年の夏にグレンジャーがアンダーソンに教えた技術は二つの部分から成る．それは北アメリカや，のちにはモンゴルなどの堆積層から続々と出土する，脆く，複雑で，時に巨大な化石を前にして，発掘に当たる古生物学者や輸送に備える保管者たちからの要請に応えるべく，グレンジャーらが開発した技術であった．まず第一に，シャベルと重いツルハシから，軽く小さなツルハシとノミ状の道具および先の尖っていないフックまで，単純だが能率の良い道具の改良がなされた．

　　素晴らしい標本を掘り出すために，最後のきわどい段階になると，刷毛が用いられた．こ
　　うした刷毛には柔毛に至るまでの各種の硬さと様々な大きさがあった（Andersson 1943：
　　18 頁）．

　アンダーソンはこうした道具類── もちろん今日ではありふれた道具となっているが── が考古学に有効であることを認識していたし，自らが指揮する発掘の質を大いに高めることにも気付いていたのである．第二に，アメリカ人たちは，「巨大な恐竜の骨格の一部も最小の哺乳類の頭蓋骨と同じように」（Andersson 1943：18 頁）安全に保護できる洗練された包帯技術（bandaging technique）を考案した．この方法は，例えば甘粛で発掘された大きな副葬彩陶壺を固定するといったアンダーソンの要求とみごとに一致した．アンダーソンは，さまざまな包帯資材と小麦粉糊またはアラビアゴムとを組み合わせて試してみることで，この方法をさらに発展させた．保存と分析のために標本を取り上げる際，場合によっては標本が包含されている黄土のブロックにアラビアゴムを滲み込ませる必要のあることが明らかになった．この包帯法が丁寧な荷造り技術と組み合わされたときに発揮する効果は，荷車に載せられ，鉄道と船で運ばれ，何度も積み替えられてストックホルムに着いた大きな土器が，驚異的にすべて無傷であったという事実によって証明された．

　古生物学標本の採集というアンダーソンの初期の仕事が考古学的な活動と交差する第三の点は，採集された化石の研究と最終的な保管とに関わるものである．中国地質調査所が早い時期から博物館を持っていたとしても，あるいは少なくとも「収蔵品」を所有していたとしても（Andersson 1932a：40 頁参照），北京に到着し始めた化石を適切に収容する上では大きな問題があった[125]．その研究および成果の出版にあたっては，さらに大

きな問題があったと思われる．アンダーソンはそこで，故国スウェーデンとの関係に依存した．後述するように，彼は中国における古生物学調査のためにスウェーデンから資金援助を受ける制度の設定に成功していた．この制度の一環として，中国の古動物学と古植物学に関するスウェーデン人の研究関心にも益すること，という理解がなされていた．それが結局，スウェーデンの博物館や研究用コレクションにも利益をもたらした．スウェーデン人の関心――あるいは「投資」と言ってもよいだろう――を調整する必要のため，化石類がスウェーデンに送られた際には，まず自然史博物館が引き受け，ついで可能であればウプサラ大学と関係の深い古生物学博物館が扱うことになった．これがすなわち「ラグレリウス・コレクション」[126]成立の事情である（Mateer & Lucas 1985）．そして結局，現物は中国から持ち出してもよいが，研究を終えた後は，重複した物の一方を中国に返さねばならない，という協定が中国政府との間で調印されたのである．資金はアンダーソンによって調達され，スウェーデンの基金が単独で負担した（Andersson 1929b：14-15頁）．この協定が考古遺物にも適用されたことは意義深い．こうした協定は中国と諸外国との文化的交流にとってまったく新しい要素であり，国境を越える文化財について規定が設けられたおそらくは最初の例であった．それはアンダーソンとその周囲に数を増しつつあった研究者たちに安定した労働条件を保証し，彼らの活動を支えるスウェーデンの関心を持続させることになったが，また中国人の同僚との関係を良好なものとする上でも役立った．協定は同時に，中国の文化遺産を護るという中国人の強い関心も満たしていたからである．考古学的な活動は両国の協同作業のなかでますます重要な位置を占めるようになっていくが，それはこうした双方の合意と規約のもとで進められたのであった．

　こうしてアンダーソンは，鉱政顧問としての本来の職務から巧みに移動しつつ，自然史の分野に専念するようになった．この転身を可能にするためには，彼の調査を正規の仕事と認めてくれるよう同意を求めるのみならず，必要な財政的支援を受けなければならなかった．この財政の問題が，ここで考えたい第四の要因である．話は1916年，自らが計画しているような採集活動のためには独立した基金を得なければならないことに，アンダーソンが気付いた時点で始まった．そこで旧友のアクセル・ラグレリウス（Axel Lagrelius）に連絡をとると[127]，彼はかなりな額の基金を設立してくれた．すなわち，「アンダーソンの調査費用をまかなうために，ハッレ（Halle）が西南中国で採集した植物化石のコレクションに割り当てられていたヴァレンベリ（H. Wallenberg, スウェーデンの中国日本全権公使）の基金を補うために」（Mateer & Lucas 1985：4-5頁）[128]，4万5000クローネが準備されたのである．1917年にはさらに2万5000クローネを同じ基金から受け取った．中国においてますます拡大していくスウェーデンとの共同調査を正式に支援するため，1919年にはラグレリウスが発起人となり，「スウェーデン中国調査協会（the Swedish China Research Committee）」として知られるようになる組織を設立した[129]．それは最初，広範な影響力をもつ人物，すなわちルイス・パランデル提督（A. A. Louis Palander）を会長としていた．彼はノルデンシェルド（A. E. Nordenskjöld）のヴェガ号が1878年から80年にかけてユーラシア大陸を周航した際の船長である[130]．その後，1921年にパランデルが死去したのちは，東アジア考古学に造詣の深い（BMFEA 1932：1-14

頁，Malmqvist 1995：287 頁）スウェーデン皇太子グスタフ・アドルフ（Gustaf Adolf）[131]に受け継がれた（Andersson 1929b：15 頁；Mateer & Lucas 1985：3-6 頁）[132]。1929 年，協会による最初の 10 年間を総括するなかでアンダーソンは，中国およびスウェーデンにおける採集と調査に投入するため，少なくとも 85 万 7651 クローネが寄せられたと誇らしげに書き記している（Andersson 1929b：15 頁）。1939 年のアンダーソンの引退までに，協会は 238 万 5000 クローネを集めていたが（Andersson 1943：10 頁），そのうちかなりの部分が考古学調査に充てられたものであった。アンダーソンは当初，考古学への資金提供に信頼性をもたせようとして，それを自然史的な調査と抱き合わせにしていたのである。スウェーデン中国調査協会が，1926 年に東アジア博物館をストックホルムに設立するにあたって圧力団体としての役割を果たしたことや，厖大な考古遺物の研究に専念できるようアンダーソンのために研究専任教授の地位を確保したことなども，ここに言及しておくべきであろう（Andersson 1929b：24-25 頁）。

　第五に，考慮すべき最後の要因に移るならば，遺物は研究され保管（望むらくは展示）されるのみならず，また公表されねばならなかった。その結果 1922 年には，「中国古生物誌（Palaeontologia Sinica）」と題した甲乙丙丁 4 種[133]から成る新たなモノグラフの叢刊が刊行されたのである[134]。この叢刊は中国地質調査所における二人の傑出した中国人同僚，丁文江（V. K. Ting，彼は 1918 年に叢刊の出版をアンダーソンに示唆していた）と翁文灝（W. H. Wong）とが編集に当たった[135]。しかし，舞台の裏ではアンダーソンが指導者であり，資金を手配していたなかの少なくとも一人であった。印刷費用は主としてスウェーデンからの寄付によったが，単独で最も重要な人物は実業家のクレーガー（I. Kreuger）だったようである。しかし，叢刊のためには基金もまた必要であった。そのためアンダーソンは，新たに 1924～27 年の個人契約について中国地質調査所と交渉することになったとき，「彼の採集した遺物の報告書を出版するための基金を設立するよう，この間の自らの給料，約 10 万クローネを調査所に寄付した」のである（Mateer & Lucas 1985：7 頁）。

　中国古生物誌の刊行は，ともかくも深い影響力をもたらした。そののち数年間は，自然史関係の出版物の静かな嵐となった。そしていくつかの発掘報告も，形質人類学の研究と共に丁種叢刊「中国の古人類」として出版された。中国古生物誌の旧シリーズでは丁種 9 冊のうち 3 冊が，新シリーズでは 1964 年までに出版された 8 冊のうち 3 冊が，考古学関係と見なしてよいだろう。そして，1929 年の「東アジア博物館紀要（Bulletin of the Museum of Far Eastern Antiquities）」の刊行により，アンダーソンは中国における考古学調査の結果を発表するためのもう一つの手段を確立したのである。

1-3-2　中国美術・建築史への貢献

　スウェーデンは早くから東アジアの美術品や建築に深い関心を抱いていたが，それは 17～18 世紀のヨーロッパにおける中国・日本趣味の影響を受けたものであった。こうした関心をいち早く学問的な方向に向けた人物は，オスヴァルド・シレン（Osvald Sirén），著名で多産な美術史家である。中国の美術，建築，庭園などに関する彼の研究は，当時の学者たちに強い影響を与え，豪華な大型本から成る著作が複製されて，西洋の人々に

広く中国美術を紹介し続けてきた（Bibliographia 1959 参照）．シレンの研究はまた，中国の美術品が収集や取引きの対象として喜ばれるようになる動きと軌を一にしており，そうした動向を支え，促進するはたらきをした．東アジア博物館は，本来アンダーソンの考古学的収集品のために建設された施設であったが，国立博物館 (the National Museum) の東アジアコレクションがそこに移されてからは，考古学と美術の双方にまたがる博物館へと発展したのである．

1-3-3 中国の考古遺物とマーケット
―― 初期スウェーデン人ブローカーの役割

　東アジアの美術品に興味が持たれると同時に，そうした品物を供給するマーケットもまた生まれ始めた．そして人々の関心は美術から考古遺物へも広がっていったが，それは遺物も美術品として鑑賞されたからであった．公立・私立の博物館が増えるとともに，コレクターや鑑定家も数を増した．そこで求められた品物は，一般的なものを列挙するなら，染付，七宝，玉器，中国画，書，写本，仏像，家具，および礼服などであったが，より考古学的な品々として，唐三彩，古銭，オルドス青銅器なども加わった．本稿はスウェーデンにおける中国の美術品や考古学的美術品のコレクションについて，その沿革を述べる場所ではない．ただ一言，ストックホルムの東アジア博物館が今日のような優れた施設へと成長するにあたって，こうした品々が重要な役割を果たしたといえば十分であろう．収集家の一例としては，東アジア博物館のコレクションを充実させる上で功績のあったオルヴァル・カールベック (Orvar Karlbeck) の名を挙げることができよう．彼は長年にわたり中国で働いたスウェーデンの鉄道技師であったが，熱愛ともいうべき興味からさまざまな種類の「美術品」を収集した．そして，遂にそれは職業と化し，カールベックは専業のコレクターとなったのである (Karlbeck 1938)．

　もう一人，名前を挙げたい人物がいる．彼自身かなりの収集を行ってはいるが，その名をここで挙げるのは，コレクターとしての重要性よりも，国際的なブローカーとして果たした役割のほうを重視するためである．その人物は，フランツ・アウグスト・ラルソン (Franz August Larson)．モンゴルへの貢献が認められ，1923年にモンゴルの爵位を授与されたことから，「ラルソン大公」とも呼ばれる．彼はもと宣教師であったが，のち貿易商に転じ，カルガン，ウルガ，北京などに商社を持って，骨董品のディーラーないしブローカーとしても活躍した．ヘディンはすでに1897年，ラルソンと会っているが，1927年に駱駝による大遠征を企てたときは，キャラバンと役夫の管理に彼の助けを借りているのである．ラルソンはすでに1922年，ほぼ同じような内容でアンドリュースを助けたことがあった．さらには，J・G・アンダーソンが内モンゴルで考古学的遺跡を探査したおりに援助した人物も，また彼であった．ラルソンは現地の事情に通暁し，豊富な人脈を持っていた．また人間的な魅力に富んだ，誠実な人物であったことは疑いない．彼は北京の骨董品や民族誌的物件を扱うディーラーのすべてと知り合いであったから，1929年から1932年にかけてヘディンが自ら収集に当たろうとした時には，この上なく貴重な存在となった．その際，ラルソンはもう一人のスウェーデン人同業者――ラルソンほどには人脈も知識も広くなかったが――に援助を受けている．同じく宣教師出身の

F. A. ラルソン（1933年）（ヘディン財団資料）

G. セーデルボム（1934年）（ヘディン財団資料）

ゲオルグ・セーデルボム (Georg Söderbom) である．とはいえ，ラルソンの最大の功績はおそらく，オルドス青銅器のコレクションにあるだろう．彼が収集することのできたオルドス青銅器は，有名なサックラー・コレクションの母胎となったものであるが，それはラルソンの広い知識とマーケットやフィールドに張りめぐらされた人脈とによって，初めて可能になったものであった (Kawami 1997)．

1-4 「専門的考古学」の段階

1-4-1 古い経験と新たな発展
―― ヘディン最後の探検に向けて

スウェン・ヘディンは1922年の晩秋までの数年間，記念碑的な労作『南チベット』の執筆に没頭したが，実際そのおかげで世界大戦の結果がもたらした鬱陶しさを何とか切り抜けることができた[136]．そして『南チベット』の完成と共に，ヘディンはその関心を再びアジアの探検旅行に向けたのであった．1923年の世界一周旅行の途上，北京に立ち寄ったヘディンは，そこでスウェーデン人やその他の在住外国人に会い，中央アジアにおける探検調査を実行するための状況と展望について尋ねてまわった．彼は，アンダーソンの偉大な成功について知り，彼の活動を導いてくれる諸状況についての情報を得たのであった．

1926年末，ヘディンは中国に帰ってきた．このたびは新しい探検旅行に乗り出すためであった．この計画のために今回は十分な資金を受け取っていた[137]．彼はアンダーソンに会った．実際にはずっと以前からヘディンはアンダーソンのことを知っていたが[138]，今回は以前とはまったく違った状況のなかで出会うことになったのである．アンダーソンとヘディンの協力関係については，より深く探ってみる必要がある．両者の協力関係は，誠実で専門家どうしのものではあったが，暖かく個人的に親密なものというわけではなかった．両者はお互いについて，著作のなかでほとんど言及していない[139]．このことは二人が相重なる領域で仕事をしていたことを考えるとき，かなり奇妙に思えるだろう．両者の間には手紙のやり取りもあったが，それも1940年代の始めで終わっている．両者の間の距離を説明する手がかりは，おそらく自分たちが置かれている状況についての政治的解釈と根本的な考え方とが，大きく異なっていたことにあるだろう[140]．ヘディンの方が先輩であるという動かしようのない事実があったし，世界的に有名であったということも，ヘディンに指導的な立場をとらせることになった．しかしながらこれは，二人が属している学問分野，すなわち地質学における学問的評価によって与えられた立場ではなかった．おそらく二人は共にこのことを感じていたし，何事にせよ直接比較されることを避けていたものと思われる．

いずれにせよ，1926年，アンダーソンはヘディンに対して，決定的に重要な援助を与えた．ヘディンの新たな探検旅行が，北京政府の進攻しつつある政治的に危険な地帯を通るにあたって，その手引きをしたのである．アンダーソンは，北京における情勢をよく認識し理解していただけでなく，中国学術団体協会とヘディンを結びつける役割も果

たした．中国政府の許可もなしに外国人たちが探検旅行を敢行できるような時代は，すでに終わっていた．中国国内で調査を行いたければ，別の戦略を探さなければならなかったのである．誰もがこの状況を受け入れたわけではなかったが，スウェン・ヘディンはそうすることを決心した[141]．アンダーソンは，中国でさまざまな職業についていた外国人のひとりであった．彼らの多くは役人であり，アンダーソンもまたそうであった．その立場から，アンダーソンは，中国地質調査所の学問的な文化面にも，また実際的な組織面にも深い影響を与えたのであり，調査所が当時の中国におけるおそらく最も能力の高い西洋的な学術組織へと発展していくのに立ち会ったのであった．

　先に見たように，アンダーソンは，西側の研究者たちと中国学術団体協会との間に新しい種類の関係をつくりだすのに貢献した人物であった．スウェーデン中国調査協会と中国地質調査所との間の協定を取り決めた後では，中国における協会の活動の調整役であった．こうした先駆的な取り決めがあったことは，ヘディンにとって大変重要であった．多くの困難を伴ったが，1927年にヘディンは，アンダーソンからの多大の援助を受けて，同じような，しかしずっと念入りに作られた協定を取り決めたのであった（Hedin 1943a：53-54頁）．この協定の特徴は次の点にあった．すなわち，ある時代に中国で作られたすべての品物は，発見後もし中国が望むならば，中国の博物館や教育研究機関にそのまま置かれるべきであり，あるいは外国での調査研究が許されたとしても，それが終われば再びもとに戻されなければならない，というものである．協定のなかでも微妙な問題をはらんでいたのは，文化遺産と恐竜の化石などの古生物資料に関する部分であった．学生たちの間にとりわけ強かった民族主義的な考えに強く押された中国の指導者たちは，義和団事件後に起こった略奪のようなことは決して繰り返されてはならないと心に決めていた．また，中国人の目から見れば，「中国の西域」にある考古学的な遺跡や石窟寺院，それに付随する文書庫などから遺物が勝手に持ち出され盗まれたように思われた．その結果，民族主義者や知識人たちの心のなかには恨みの念が醸成されていたのであるが，それが噴出してくるようなこともまた避けねばならなかった．

1-4-2　アンドリュース探検隊の影響

　アンダーソンの考古学的調査計画に対する古生物学の影響について論じる場合，我々はアンドリュース探検隊の活動を考慮する必要がある．アンダーソンの化石調査は1914年に始まっているが，しかし活動に本格的に力を入れ始めたのは1917年のことであった．それはちょうどロイ・チャップマン・アンドリュースが化石研究を始めたのとほぼ同時期にあたる．アンドリュースは，1912年に計画を立案し，1916年から1917年にかけて，雲南で「第一次アジア探検」を開始したのであった．証拠は乏しいものの，正確な地層と場所を選びさえすれば，中国とモンゴルが化石の宝庫であることは疑いない．そうした信念で彼は行動していた．巣づくりをする恐竜の発掘という特筆すべき発見がモンゴルで行われている現在，アンドリュースが——自ら推測した以上に——正しかったことは明らかであろう．

　中国における探検史に対するアンドリュースの貢献にはまた別のものがある．それは

すなわち彼が「相互協力作業」(correlated work) と呼んでいたものを調査に導入したことである．これはヘディンも夢見ていた方法で，多くの分野にまたがる高度な専門的科学者と技術者によって調査隊を組織するものであった．そうすることで，個別に研究されていた時よりも，対象に対する理解をはるかに深めることができるのである[142]．彼が考えていた隊員は主として地質学，古生物学，生物学の専門家とそれを補助するスタッフとから構成されることになっていた．この考えが実際に試されたのは，第3次アジア探検のときであった（第2次探検は哺乳類の採集を目的とした伝統的スタイルのものであった）．探検調査は，1920年代を通じて行われた互いに関連する一連の調査からなり，内モンゴルと外モンゴルとに調査隊を送った[143]．さらにもうひとつ，アンドリュースはのんびりした駱駝に代えて自動車を導入したが，これは後に，1933年から1935年にかけての探検最後の行程において，ヘディンも利用したものであった[144]．

1-4-3　スウェン・ヘディンの最後の探検における考古学
――仰韶・アナウ・新疆

1926年，北京でヘディンがアンダーソンと何度も話したのは，仰韶遺跡で発見された遺物のもつ意味であった．1921年にそれを発見したとき，アンダーソンは，西トルキスタンのアナウ (Anau) でラファエル・パンペリー (Raphael Pumpelly)[145] の調査隊が1904年と1905年に彩文土器を発見したこと (Pumpelly 1905, 1908) には気付いていなかった[146]．北京に帰ってから，アンダーソンはパンペリーの著作を見つけ，複製を見たのであった．彼は，アナウの出土遺物が青銅器時代早期のものとされていることを読んで満足した．その年代観にてらしたならば，仰韶村で発見した住居址が新石器時代晩期に属するのではないかという彼自身の推定は，妥当なものといえるからであった．ヘディンとアンダーソンはその5年後にも，西アジアにおいて発見された彩文土器とアンダーソンが中国で発見した土器との間にどのような関係が成り立ちうるか，さらに踏み込ん

スウェンヘディン (1927年), 西北科学考査団の中国側代表者と. (ヘディン財団資料)

で議論している．その時提案されたのは，今後の中央アジア調査ではこの問題に注意が向けられるべきだということであった．二つの文化の間にもし関係があるとすれば，それはどのようなものなのか．この問題を解明するためには，専門的な考古学者が投入される必要があった．ヘディンは，新疆の考古学的調査は重要な手がかりを与えるものに違いないと信じていた．なぜならそこは，ずっと後に「シルクロード」と呼ばれることになるルートの上の中間地帯だからである．アンダーソンは，喜んでその考えを受け入れた．その結果，考古学的調査が中国政府と折衝すべき議事日程にのせられた．考古学調査が，とりわけ微妙な議題であることは明白であった．それが民族主義者の心情に直接触れるものだからである．調査隊は，北京を発ち内モンゴルに結集して，そこから新疆に向けて調査を開始することになっていたが，しかしその前に彼らは，過度に感情的になった民族主義的な学生たちの騒乱が引き起こした問題に耐えなければならなかった．ヘディンはその一部始終を公式報告書のなかで述べている（Hedin 1943a: 1-64 頁）．

1-4-4　J・G・アンダーソンからスウェン・ヘディンへ
　　　── 引き継がれた計画

　ヘディンはある意味で，アンダーソンが 11 年にわたる中国滞在期間に着手していた諸々の仕事を引き継いで，それをさらに先に進めたと言うことができるだろう．中央アジアの砂漠に展開される考古学は，中国黄土地帯でのそれと異なっているが，学問的関心の面での連続性は明らかである．地質学や古生物学，また古植物学に関する実行計画を見れば，その連続性はさらに明白となろう．長い間アンダーソンと共に活動してきた二人の研究者が，ヘディンのチームにそのまま採用されているのである．古生物・古植物学者ビルゲル・ボーリン (Birger Bohlin) と多才な地質学者エリク・ノリンである．ノリンはまたヘディンの信頼厚い主任地形図作製者となった．地形図の作製が，一方で地理学研究と，そして他方で考古学研究と密接な関係をもつようになったことが，アンダーソンの考古学の顕著な特徴であった．それは彼の考古学の水準の高さを保証するものでもあったけれども，より多くの人材を投入してこの側面をさらに前進させたのがヘディン隊であった．そこにはより多くの専門家たちが参集したが，彼らが互いに影響し合い協力し合うことを，ヘディンは確信していた．「旅する大学」の誕生である．

1-4-5　スウェン・ヘディンの最後の探検

　1927 年 4 月 27 日，協定が調印された．とうとうスウェン・ヘディンは最後の大事業「西北科学考査団」の活動にとりかかったのである．すでに触れたとおり，それはほぼ 8 年間続くことになった．活動の内容は見たところ多種多様であり，用いられた方法も対象とした地域も展開された時期もさまざまであったが，多くの専門分野にわたる者たちが互いに協力することによって実行された点では共通性をもっていた．現在でも，多くの学術企画が学際的相互協力体制を標榜しているが，真にその名に値するものはほとんどないのが実情である．スウェン・ヘディンは，自分のまわりに若くて熱意のある多くの科学者や助手を，スウェーデンや中国のみならず，ドイツやデンマークさらには他の国々

からも呼び集めたが，彼らは本当に一体となって働き，互いに支えあっていた(147)．彼らは全員，理論の面でも技術の面でもすぐれた能力をもっており，大学教育に匹敵するトレーニングを与えることができた．そして特別な訓練が必要になったときにはいつでも，ヘディンはそのような訓練に必要のために資金援助を増やしたのであった．彼らは全員，中国や中央アジアでの経験を欠いており，その風土や人間，その他の状況については何も知らなかった．それについてはヘディンが補った．今回のヘディンの役割は，これまでのものとかなり異なっていた．現地でもまた北京でも，彼は調整役であった．企画を続行させるために財政的な支援を求めて旅を続けるプロバイダーでもあった．そしてヘディンは，自らの「子供たち」をとにかく一人前に育て上げたのである．そこでは正真正銘の技能(スキル)の伝達があった．例えば，測量士は三角法による土地測量の方法，平板の使用法，地図の描き方をみんなに教えたし，地質学者は，いかにして地形とその進化を読むかを仲間に教えた．

また専門的知識と情熱とに支えられた経験の伝達と相互の援助も絶えず行われた．そのような専門家意識と熱意の支えがなかったならば，多数の中心的なメンバーが，かくも長期にわたって現場で仕事をし続けるということは想像もできないであろう．その調査研究が遂行された時期が，内戦と軍閥支配と盗賊団とによって中国が荒廃していくという，この上なく劣悪で危険な時期であったことをわれわれは想起すべきである．

誰一人として自分の専門分野内だけで働いている者はいなかった．植物と昆虫の採集旅行に送り出された者であっても，他に見られない民族誌的な事物にめぐりあったならば，それを収集した．誰もが地図作成に貢献し，ルート・マップを作成し，地名を採集した．ホータンとその周辺地域やロプ・ノール，また南山山脈から集められた考古学的収集物の大部分が，地質学者や測地学者，古生物学者，また測量士によってもたらされたものであることは驚くにあたらない．

あらゆる問題は，それに出くわすたびにみんなで議論された．こうして，限りなく豊かな雰囲気のなかで行われた議論の結果，誰しも学問の地平を広げ，個別の事実への理解を深めることになった．そしてもし専門家の知識が必要であるにもかかわらず欠けている場合，ヘディンはそれを得ようと試みた．ドイツ生まれのアメリカ人フェルディナンド・レッシング (Ferdinand Lessing) が加わることになった場合がそうである (Walravens 1993 参照)．中国学と仏教学の専門家が，ヘディンのチームには残念なことにずっと欠けていたのであるが，彼がグループへ加入したことによってこの方面の専門的知識が補われることになった．エチナと新疆のロプ・ノール地域で遂行された考古学的調査の成果に対して，レッシングは決定的に重要なはたらきをした．

ドイツ人で後にアメリカ国籍をもつフェルディナンド・レッシング．中国学者・モンゴル学者・チベット学者として西北科学考査団を支える．（ヘディン財団資料）

1-4-6　スウェン・ヘディンの考古学者
──フォルケ・ベリィマン

スウェーデンの考古学者，フォルケ・ベリィマンがその役割を果たすようになったのは，上記のような環境のもとであった．それは彼が一人前の考古学者──彼は結局そうなったのであるが──へと成長していく上で，必要不可欠な環境であった．なぜなら彼は，1927年1月にヘディンのチームの一員として採用された時点では，まだ専門家とし

て十分な訓練を受けていなかったからである．ヘディンの代わりに，「王室古物監」(あるいは「スウェーデン文物局」長官と言うべきか) のシグルド・カーマン博士 (Sigurd Curman) から，中国に行って編成中の大探検隊に加わらないかと誘いを受けたとき，ベリィマンはわずか24歳であった．そのとき彼はまだ学士号も持っていなかったのである．ベリィマンは1902年に生まれ，ストックホルムで大学生となり，のちウプサラ大学に進んで，主専攻となる考古学の訓練を受けた．しかし，その時点では，中国内奥部の考古学が自らの天職になろうとは考えてもみなかったことだろう．野外調査を行ったのは，スウェーデンのゴットランド島，バルト海に浮かぶ，考古学者の楽園である．ここでベリィマンは，現代考古学の技術的な側面のすべてを修得した．そこでの仕事ぶりが，自主性に優れた将来有望な若い学徒として，指導者の注意を確実に引き付けたことは，カーマンが彼の才能に期待したことから証明されよう．そしてヘディンも，年齢や保守的な考え，地位などよりも，若さと知的柔軟性を好む点では，人後に落ちなかった．隊員たちは，この先，学者としておそらくは最も苛酷な条件を経験することになろう．それに耐えられるよう，フィールドワーカーを鍛え上げておく必要が，ヘディンにはあった．したがって，すでに大学の地位に安住している円熟した学者より，むしろ冒険心に富んだ若者のほうを好んだのである．これまで大学がヘディンの活動の場となったことはなかった．彼が外国から集めた研究者たちのほとんどは，最初に直面しなければならない中国の諸条件に慣れていなかったし，中国に関する諸問題についても訓練を欠いていた．そうした点を埋め合わせるための学問的な環境を，中国の地で作り出さねばならないことに，ヘディンは気付いていたのである．

　中国では最初にアンダーソンが，ベリィマンの指導者として彼を教育し，新たなフィールドに導いた．最初の短い北京滞在期間で，ベリィマンはアンダーソンの同僚と面識をもち，アンダーソンが進めていた中国考古学の基礎知識を授けられた．ストックホルムで誘いを受けてから3か月にも満たないうちに，ベリィマンはフィールドに立ったけれども，彼こそヘディンが求めていた人物であることはすぐに立証された．ベリィマンは年長で経験を積んだ同僚，エリク・ノリンと行動をともにしたが，キャンプという制約

フォルケ・ベリィマン，西北科学考査団の考古学者．（ヘディン財団資料）

エチナ河地域の仏塔（ヘディン財団資料）

の多い状況のもとで生活し働くための技術をただちに身につけたのである．

　ベリィマンは実用的な中国語とモンゴル語とを習得した．それによって一人で働くことがこれまで以上に可能となり，実際そうしたのである．最初に彼が調査したのは，キャラバンのルートに沿って至る所に発見された内モンゴルの新石器時代遺跡であった（Maringer 1950）．こうしてベリィマンは，ロイ・チャプマン・アンドリュースとその隊員たちが外モンゴルで行った調査（Fairservis 1993）を除けば，これまで誰も手をつけていない考古学上の処女地へと乗り込んでいったのである．のちに考古学調査の対象は，より我々に近い時代の，より大規模な遺跡へと移ったが[148]，その場合でも新石器時代遺跡への関心は変わることがなかった（Bergman 1939：13-37頁）．

　ベリィマンの考古学的な功績と成果について，ここで繰り返す必要はないだろう．それは彼自身が明確に述べているからである（Bergman 1945）．中央アジア調査の日々を通して，彼は多くの遺跡を訪ね，考古学者であれば誰もが羨むような発見をした．先には1927～28年の「駱駝による探検隊」を通しての経験があり，後には1930年のエチナ（Edsina）やカラ・ホト（Khara Khoto）における，より円熟した経験があった．エチナにおいては，点在する多くの遺跡と興味深い古代の長城があるこの地域の全体にわたって，発掘を行い，考古学的な分布地図を作製した．カラ・ホト周辺では，おそらく単独では最も重要と思われる発見，すなわち漢代の木簡を大量に発掘するという成果をあげた．木簡は中国内地，さらにはワシントンへと相継いで疎開したのち，「本国送還」の結果，現在は台湾に保管されている．

　しかしながら，ベリィマンの最後にして最高の経験は，1934年，ヘディンとともにクム・ダリヤとタリム河下流に戻り，そこの墓からセンセーショナルな発見をしたことに関連している．この土地はどうやら楼蘭国の領域と関係するらしい．1921年にロプ・ノールが北の位置に戻って以来，ロプ地域は少なくともかつての面影を取りもどしたかに見えた．彼はまたタリム盆地の南・北縁，すなわち北側のクルク・タグ（Quruq Tagh）とカ

クム・ダリヤでのヘディンとベリィマン．ロプ・ノールへの遠征を前に，1934年4月．（ヘディン財団資料）

（左）計測器を使っているベリィマン．明水遺跡（エチナとハミの間）の測量，1934 年 1 月 31 日．（ヘディン財団資料）

（中）ロプ遺跡の発掘，1934 年 6 月．（ヘディン財団資料）

（右）ロプ遺跡の古墓，1934 年 6 月．（ヘディン財団資料）

ラ・シャール（Qara Shar），南側のチェルチェン，ワシュ・シャフリ，ミーランといった地域についても，簡単ながら注意をはらっている（Bergman 1939：183-229 頁）．今回の探検が実際には考古学調査に期待していなかった —— もしくはそれを許していなかった —— ために，この地域の踏査に時間を費やすことはできなかったし，そこに存在する遺跡について，専門家として望んでいたような技術的調査を行うこともできなかった．ちょうどアンダーソンの場合がそうであったように，考古学の実践は徹底的なものから予備調査的なものへと形を変えていったのである．

両者に違いがあるとすれば，それはおそらくベリィマンが，地質学や中国学その他の有益な情報を提供してくれる同僚たちに助けられつつ，訓練を積んだ考古学者の視点から，考古学者の持つ座標系によって，遺跡にアプローチした点であろう．アンダーソンは，少なくとも最初の間，自分なりの考古学スタイルを確立するまでは，まったく反対のやり方で遺跡にアプローチしていたのである．新疆の考古学者たちによれば，ベリィマンはプロフェッショナルな考古学を新疆に —— そしておそらくは中国本土にも —— 導入した人物の一人に数えられるという．

1-4-7　黄文弼と西北科学考査団

フォルケ・ベリィマンの仕事と中国人考古学者の黄文弼（Huang Wenbi）によってなされた仕事との間には，なお多くの考えるべき課題が残されている．少なくとも書かれたものによる限り，黄文弼は西北科学考査団の延長期間にその一員であった．周知の通り彼は，考査団が実際には手をつけなかったトルファン地域に関する書物（Huang 1931 a, b, 1951）と，タリムおよびロプ・ノール地域に関する二冊の重要な書物（Huang 1948, 1958）とを上梓したことで，新疆の考古学研究に貢献している．これらの著作のうち少なくとも二冊は，考査団の賛助のもとに刊行されたことを示すかのようなやり方で発行されてはいるが，しかし，ただの一冊もヘディンのもとに（ヘディンの死後はスウェン・ヘディン財団のもとに）送られてきてはいない．考査団の「調査報告」シリーズには，すべての成果が網羅されているにもかかわらず，黄文弼の報告は一冊も含まれていない．ベリィマ

ンは 1945 年に，彼の 8 年におよぶ野外調査の日記を編集して報告書をまとめるにあたり，中国語で書かれた黄文弼の報告 ―― ヘディンに送られ，フェルディナンド・レッシングが翻訳した ―― を引用しているが，ただそれだけである．考査団の考古学方面での活動がきわめて微妙なものであったことは先に言及した通りであるが，実際に調査が行われる段になると，それは単に地形図を描く以上の微妙な問題を含んでいた．考査団と黄文弼との関係が緊張したものであったことは知られているが，難しさの本質がどこにあり，またどのようにして表面化するに至ったのかという点については，実際のところ何もわかっていないのである．

1-4-8　フォルケ・ベリィマンとその後の状況

フォルケ・ベリィマンの参加によって，考古学はヘディン最後の探検における調査日程の中でしかるべき位置を占めることになった．ベリィマンは注目すべき考古遺物をもたらしたが，それはフィールドにおける系統的な整理・記録をへたものであった．ベリィマンはスウェーデンに戻ってのち，東アジア博物館にポストを得たが，そこでは必要な書物のすべてが参照できた．アジアで長年をともに過ごした友人，考古学・民族学者のイェスタ・モンテルは，同じストックホルムにある民族学博物館のアジア部門の主任であった．この博物館には収集物のすべて（考古学的遺物，民族学的収集品，古文書，そしてヘディンの死去したのちは彼の学術上の遺産など）が最終的に集められることになった．

今度は東アジア博物館が，ベリィマンに知的環境を提供することになった．彼の上司にして指導者となったのは，まず J・G・アンダーソン教授であり，1939 年からはベルンハルド・カールグレン教授（Bernhard Karlgren）が同じ役割を果たした．ベリィマンが着手したばかりの仕事，すなわち中央アジアでの 8 年間に蓄積された資料を分析し，出版

貴重な遺跡「エルデク発見の共同墓地」，北を望む，1934 年．（ヘディン財団資料）

フォルケ・ベリィマン（1934年），コンチェ・ダリヤ河畔のテントで．（ヘディン財団資料）

するという仕事に対して，二人は強い影響を与えたのである．

　3人目の教師は，スウェン・ヘディンである．ヘディンはベリィマンにもう一つの大きな仕事を託したが，それはすなわち，探検隊からの報告が急速に集まりつつある状況のもとで，探検の記録を年代記風につづった報告書を編集するという仕事であった（Hedin 1943 a, b, 1944 a, 1945）．この仕事はヘディンの旅行記や個別論文，未公開の手紙などを再編集し，より厳密な文章で表現された報告書を作成するもので，考古遺物を扱った，先の見える限定された仕事に比べれば，ずっと時間のかかるものであった．のみならず，先述の通りベリィマンは，新しく得られた遺物に着手する前に，ヘディンが1901年に楼蘭で発見した考古遺物についての報告も出版しているのである（Bergman 1935）．

　新しく発見された考古遺物は，少なくとも3冊もしくは数組から成る報告書として出版される予定であった．第1冊は新疆の考古学調査を扱ったもので，ベリィマン自身の手によって完成させることができた（Bergman　1939）．しかし一方，エチナ出土遺物（Sommarström 1956 a, 1958）[149]とモンゴルの先史時代（Maringer 1950）とに関するものは，他の研究者によって編集・完成されねばならなかった．1946年にベリィマンが早世してしまったからである．まだ44歳の若さであった．しかし幸いなことに，彼は生前，すべての遺物について詳細なカタログを作成することで，エチナと内モンゴルについての基本的な作業をほとんど終えていたのであった．遺物についての報告書を作成するためには，他の研究者の力が必要であった．ヴィヴィ・シルワン（Vivi Sylwan）は早くから織物研究に尽力しており，ベリィマン発見の羊毛および絹製品の分析を行った（Sylwan 1941, 1949）．彼女が開拓した分野は以後，中央アジア考古学研究のなかで重要な位置を占めるようになる．探検隊が収容した人骨については，新疆（Hjortsjö & Walander 1942）とイラン（Fürst 1939）のものに関して研究が進められたが，それは近年きわめて興味深い人類遺体が中央アジアで発見される前兆となるものであった．

　もしベリィマンの生涯における4人目の師を挙げるならば，それは疑いもなくオーレル・スタインであろう．ベリィマンはフィールドですぐに参照できるよう，この考古学

の小さな巨人の主要著作を持ち歩き，それができない場合にはたいへん残念に感じたのであった．ベリィマンは時として，スタインの足跡を辿ることもあった．もっとも，スタインの教師としての役割は，発掘がいかになされるべきかという点にあったのではない．カタログに登載する遺物を同定し解釈する必要が生じたときに，スタインの学術報告書に助けられたのである．

ヘディン最後の探検活動について定めた協定にもとづき，考古学者が集めた遺物のほとんどは，スウェーデンで研究されたのち中国に返還された．それは今日，北京にある歴史博物館に収められ，しばしば展示されている（ただしエチナ地方で出土した漢簡だけは，すでに見た通り，台湾に渡ることになった）．

しかしながら，まだ相当数の遺物が，独自のカタログも報告書の出版予定もないままに，スウェーデンに残されている．それは主として，古生物学者のゲルハルド・ベクセル (Gerhard Bexell) が甘粛・青海の省境一帯で発掘した新石器時代の遺物である．さらには，探検隊の他のメンバー，すなわちエリク・ノリン，ニルス・アンボルト (Nils Ambolt)，ニルス・ヘルナー，パーカー・チェンなどによって，タクラマカン砂漠周辺にある多くの有名な遺跡から収集された遺物も，まだかなり存在する．このうち前者は適切で厳密な方法によって発掘されたものであるが，後者については残念ながら基本的には30年前の方法で集められたと言わねばならない．

したがって，もし望むのであれば，スウェーデンにある遺物をもとに，中国西域の考古学についてなすべき仕事がないわけではない．エチナ出土遺物についての3冊目の報告書が刊行を予定されており，ヘディン・コレクションの中央アジア諸言語文書も出版準備中である．しかし，全体として見れば，中国の野外考古学にスウェーデンが直接関与する時代は，ベリィマンの死によって終わりを告げた．彼の後を継ぐ者はいなかったのである．とはいえ，いずれにしても幕を下ろす時は訪れたであろう．ベリィマンの死後わずか数年にして，中華人民共和国が誕生したからである．

1-5 おわりに

以上，本稿では，中国の遠い過去に対するスウェーデンの関心が，いくつかの異なる段階を経てきたことを述べた．それはまずフィールドでの発見の段階から始まったが，この段階では考古学としてほとんど組織化されていない．次の第2段階で組織された考古学が導入され，第3段階になるとさらに専門化していった．この段階は一方で，中国の考古学者が歴史家との専門性の違いを意識し始めた時期でもあった．中国の遠い過去を理解するには，年代記などの史書を研究し解釈するだけでは，もはや十分でなくなった．文字で書かれた歴史の信憑性が保証されるには，地中からの証拠と照合することが必要となったのである．さらに言えば，中国の考古学的遺跡からは，いかなる既存の文献からも説明できないような発見が続いたが，それは考古学が，文字に記された文献を超えて，中国の歴史を解釈するための科学として発展することを促した．スウェーデン

の考古学者や，考古学に転じた地球科学者たちの貢献は，こうした重要な発展へと中国人の注意を向け，その豊かさを証明したことにあるといってよい．

したがって，スウェーデンが貢献したのは，主としてフィールドの面である．しかし，机の上や，さらには研究室における考古学研究も，劣らず重要なものであった．考古学上の分析を行い報告を執筆する際には，よるべき基準が定められる．そして，一連の出土遺物を系統立て，解釈するにあたっては，スウェーデンの考古学者オスカル・モンテリウス (Oscar Montelius) の創案した分析理論の枠組みが導入されたのである．19世紀の半ば，デンマークの歴史家クリスチャン・トムセン (Christian J. Tomsen) が，先史時代を石器時代・青銅器時代・鉄器時代の三つに区分することを提唱した (Tomsen 1836)．それは若干形を変えながらも，今なお用いられている．同世紀の終わりまでに，モンテリウスは「型式学的研究法」を発展させて (Montelius 1900)[150]，遺物相互の関係を系統づけたが，これは今日であれば中国人考古学者のだれもが用いる基本的な方法であろう．モンテリウスがそれまでと一線を画する点は，より単純なものから複雑なものへ，能率の悪いものから良いものへといった具合に，遺物の論理的な発展過程を明らかにしたことにある．この問題に関するモンテリウスの原本 (Montelius 1903) が1937年に滕固によって中国語に翻訳された結果[151]，型式学についての教科書が中国人考古学者の第一世代にも利用できるようになった．しかし，中国人考古学者たちはおそらく，スウェーデン人考古学者との交流を通して，実践の場ですでにその方法を経験していたと思われる．モンテリウスの方法はスウェーデンの考古学者にとって，つとに考古学的基礎知識の一環となっていたからである．

> 謝辞
> 本稿は中央アジアに関する日本＝スウェーデン・プロジェクトにおける筆者の分担の産物であり，同プロジェクトの他のメンバーとの討論，および彼らから寄せられた情報に多くを負っている．また本稿の予備報告は，国立民族学博物館（ストックホルム）の同僚とのセミナーで発表した．中国考古学の形成に対してオスカル・モンテリウス Oscar Montelius が及ぼした影響に筆者の目を向けていただいたことについては，ファルケンハウゼン Lothar von Falkenhausen 教授に感謝申し上げる．UCLA の Guolong Lai 博士には，モンテリウスの影響が伝わった道筋を特定する作業を助けていただいた．マテル Niall J. Mateer 博士は中国で展開された中国・スウェーデン古生物学史に関する資料を提供して下さった．お二人には心より感謝する．最後にヤン・ベリィマン Jan Bergman 氏（フォルケ・ベリィマン博士ご子息）およびイングマル・ヤンソン Ingemar Jansson 博士には，ベリィマン博士の経歴に関する資料や討論でお世話になった．合わせて謝意を表する．ただし本稿では博士の経歴のごく一部しか掲載できなかったことを申し添えたい．

註
(1) この段階は中国の西域とはそれほど関連がないので，本稿では詳しく述べない（もっとも，甘粛省と青海省とで重要な成果を挙げているのであるが）．
(2) 大谷コレクションは，今日いくつかの博物館や個人コレクションに分割されている．すなわち，東京の国立博物館，京都の龍谷大学，ソウルの国立博物館，および旅順博物館である．故藤枝晃はその論文で，大谷コレクションの錯綜した歴史を解き明かした．彼は，もとのコレクションが少なくとも九つに分割されたことを確認している (Fujieda 1978)．
(3) タリム盆地に位置する地名と地理的様相については，各種の文献がそれぞれの根拠をもとにさまざまに異なった表記法で記述している．本稿では主として，スウェン・ヘ

ディンの Central Asia Atlas に付けられた Index of Geographical Names に従うこととする (Farquhar, Jarring and Norin 1967; Seven Hedin Central Atlas 1966). また他の文献を引用する場合は，その文献における表記に従う．

(4) このことは，世界の地政学的状況についてのヘディンのその後の認識に深い影響を与えたに違いない．当時存在したのは，危険なまでに侵略的で拡張主義的なロシア帝国であり，それを抑えることができたのは唯一ドイツの成長著しい軍事力だけであった．そのことはヘディンに両大戦の間，我々には支持できないような立場をとらせることになった．

(5) つまり 1890 年当時カシュガルにいたと思われるすべての「ヨーロッパ人」という意味である．ヘディンはまたカシュガルの中国人総督，張道台にも会おうとしたが，政治的理由だけでなく個人的な理由からも拒否された．

(6) 通訳のマカートニーを伴っていた．マカートニーは後にカシュガルの英国領事になり，ペトロフスキーに対抗して政治的なバランスをとるうえで重要な位置を占めることになる (Skrine & Nightingale 1973).

(7) カシュガルのロシア帝国総領事ニコライ・フィオドロヴィッチ・ペトロフスキーは，ヘディンに興味を持ち，迎合して便宜を図り，その結果ヘディンから見返りとして与えられた情報をセント・ペテルスブルグへ送っていた．ヘディンがパミールの中国領での調査を決断するにあたって，ペトロフスキーが一役買っていたことは明らかである．その地域は，ロシアにとっては大変関心のある場所であったが，ヘディンの当初の計画には入っていなかったからである．

(8) この地域に関して，筆者はいくつかの異なった名称を意識的に使い分けている．まず「東トルキスタン・中国領トルキスタン・新疆」は，さまざまな時と場合に用いられるが，多くの場合は相互に交換可能である．地理的に厳密な話をする場合には，「タリム盆地」と書くこともある．また「中国の西域」という場合は，より一般的に，甘粛省や青海省，また内モンゴル（少なくともその西部）や西蔵（チベット）をも含んだ地域を指す．ただしこれらの地域は本稿が扱う範囲からは外れている．

(9) タリム盆地での探検史を扱う出版物は数多く，いわゆる「グレート・ゲーム」に関してはさらに多い (Hopkirk 1980 および 1990 を参照). 中国領トルキスタンへ入った旅行家や探検家について，かれらの旅程，目的，成果ともほぼ完全に記述しているのは，Dabbs 1963 である．

(10) ヘルンレが語るところによれば (Hoernle 1899: x 頁以下)，バウアーは実際には写本全体の三分の一をどうにか手に入れただけであった．他の二つの部分はクチャのハジ・グラン・カーディルの手で保管されていた．紆余曲折を経た後，ようやくそれらの写本は，カルカッタにいたヘルンレの下にとどいた．この二つの写本は，ブローカーの名をとって，「ウェーバー写本」と「マカートニー写本」と呼ばれていた．この写本は，1896 年までカルカッタのヘルンレのところに揃っていた．

(11) それにしてもダルグレイシュの殺害者はどうなったのであろうか．バウアーはその者を最後まで追跡しようとはしなかったが，彼の二人の協力者がそれをした．彼らは犯人をサマルカンドで見つけ出し，逮捕した．しかし彼は，インドの法廷に出頭するために引き渡される前に，自殺してしまった．

(12) 1885 年にチェルチェンを通った折，プルジェワルスキーは砂漠に埋もれた二つの都市についての土地の言い伝えを語っている．村人たちは，しばしばそこに行き，いろいろな物を手に入れるという．そして，そこには荒らすにまかされた墓地もあり，木製の棺のなかには奇跡的に保存状態のよい遺体がはいっていた．「葬られている人々は，背は高く髪が長い」「棺におさめられた少女が発見されたこともある．彼女の両目は金箔で覆われ，頭には黄金の紐が巻きつけられていた．すでに朽ちていたが長い衣服を身にまとって，胸には黄金の星型の薄片をつけていた」(Hedin 1889-91: 397 頁). 1880 年代に耳にされたこの種の話は，近年再発見された「タリム盆地のミイラ」に関するマロリーとメアーの最新の論考，とりわけ「ザグンルクの墓地」で発見された数体のミイラについての記述を読むとき，いっそう興味深いものとなる (Malory & Mair 2000).

(13) D. Klements 1899, 1908; S. F. Oldenburg 1914; P. K. Kozlov 1923.

(14) Aurel Stein 1903, 1907, 1912, 1921, 1928, 1933.

(15) Albert Grünwedel 1905, 1910, 1912, 1920 および Albert von Le Coq 1907, 1913, 1916, 1918 a, b, 1922-26, 1925, 1926, 1928, 1928-33.

(16) Paul Pelliot 1910, 1961, 1964.

(17) 主として橘瑞超であるが，他のメンバーもいたことは本文で述べた通り．日本の中央アジア探検についての概略と大谷探検隊に関する文献目録は，Röhrborn 1988 を見よ．

大谷探険隊による主な刊行物としては，Kagawa 1915 および Ootani 1937 がある．
(18) 実際のところ怒りはまだ残っているが，それも徐々に減りつつある．中国の研究者たちも，外国の学者たちによってなされた初期の探検が，略奪され破壊された遺跡を残しただけのものではないことを認めている（盗掘や破壊は，「洋鬼子」が来る前から実際にはあったのであり，彼らが去った後も繰り返されたのである）．19 世紀末から 20 世紀初頭にかけて行われた「発掘調査」（それはしばしば荒っぽく無神経なやり方でなされ，結果的には石窟や遺跡を「荒らす」ことになったのは事実だが）は，それらの遺跡について貴重な記録を残したのであり，それほど注意深く研究されたことはその後においてもなかった．さらにまた，中国から持ち出された大部分の遺物は，一種の「世界遺産」として注意深く保存・保管されてきていることを，中国の研究者たちもまた認めるであろう．こうしたコレクションを見るのは，多くの場合，中国国内に保存されている同種のコレクションを見るよりも，中国人にとってさえ，はるかに容易であることは彼らも認めるところであろう．
(19) ヘディンは，自分の旅行について一般にも読みやすく専門書としても価値ある書物を即座に出版する体制を作り上げていた．彼と彼の家族を経済的に支え，また数次にわたって長期の探検旅行に出ることができたのは，おそらくそれらの書物のお蔭であった．彼の考古学的発見についてのニュースが人々に最初に伝えられたのは，もっぱらこれらの旅行記を通じてであった．それに先行して，「現地からの手紙」や地理学関係の雑誌に発表された小論考がある場合もあったけれども．また学術成果の公刊も同様に，探検調査から時をおかずしてなされていたことにも注意しておくべきであろう．例外は，ペルシアとチベットへの第 3 回踏査の記録である．それは国内の政治情勢と第一次世界大戦の影響で，出版が約 10 年遅れてしまった (Hedin 1916-1922)．
(20) Plewe 1983 参照．
(21) すでに見てきたように，そのような「都市」についての現地の話は，しばしば砂漠の西縁にそった地域でも語られてきた．
(22) ヘディンがスウェーデン国王に援助を求めて送った公式の計画書のなかには，実施予定の考古学的調査項目が含まれている．9 項目の第 4 番目として，彼は「考古学的調査 —— 廃墟となった都市遺跡や墓地などを記述し，測量し，スケッチを残すこと」を実施するよう提案している (Hedin: 1898: 22-23 頁)．
(23) 後に見るように，現地の人々は，さまざまな理由で砂漠に迷い込んだ際，そのような「砂に埋もれた町」を目にしたことがあった．
(24) 「砂に埋もれた」といっても，流砂によって覆われているのか，それとも黄土の層や堆積層に埋もれているのかを区別する必要があろう．前者であれば砂漠の奥で発見されるが，後者の場合はその周辺地域ということになる．例えばヨトカンの遺址は後者の例である．ヘディンによれば，ヨトカンが 8 メートルほどの深さの黄土層によって覆われていることは，そこに住居址があることから証明できるという (Montell 1936: 150 頁)．ところが別の探検家は，その場所が洪水にあっていることを発見した．その土地を荒廃させるほどの洪水があったという土地の言い伝えを語る者もいた (Montell 1936: 150 頁以下)．ヘディンはその後，ずっと以前に放棄された他の住居址を発見することになるが，それらはいずれも砂漠のなかに位置しており，多かれ少なかれ砂漠の砂に覆われていた．砂が移動して，以前には自然の水流や灌漑設備によって開かれていた土地を覆ってしまったのであった．
(25) ヘディンが選んだ場所は実際，何らかの発見をもたらすようには見えなかった．地殻変動（当時はヘディンにも科学者たちにもそれは知られていなかった）によって，タリム盆地の南西部は徐々に隆起しつつあり，その結果川の流れは東方向と北方向に向かうようになっていた（このことについてヘディンは知っていたが，それを証明するのにはかなりの努力を要した）．彼はどんな場所でも，古い住居址が見つかった場所では，けっしてそこを通り過ぎるだけですますことはなかった．今日の我々の認識によれば，ホータン・ダリヤは，いまでこそマザール・タグの峡谷を流れているが，かつてはもっと西側のコースをとっていた．ヘディンは，山の麓の北側にあった古い河床を横切ったに違いない．しかしその流路は，ずっと以前に干上ってしまったため，地表にはまったく痕跡が残っていなかったのである．そこから初期の居住址が見付かるかどうかはわからない．それは盆地に人類が住みつく以前に起こった変化であろうから (Xia Xuncheng et. al. 1993 および Zhu Zhenda et. al. 1986: 104 頁以下を参照)．
(26) カシュガルでこのときヘディンが会ったのは，1890 年に接触したのと大体同じ人々であった．ただし当時到着したばかりであったスウェーデンの宣教師たちが，新たなメンバーとして加わっていた．このたびは，中国人総督の張道台にも面会できた．
(27) ペトロフスキーのコレクションは，セント・ペテルスブルグにあるエルミタージュ美

術館のためのものであった (Dyakonova & Sorokin 1960)．それらのコレクションはこの種のものでは最初に公刊されたものであった (Kiseritskij 1896)．

(28) 「ヘルンレ・コレクション」は後に少なくとも三つに分けられた．主なものは現在ロンドンの大英博物館にあり，他のものはオクスフォードのアシュモリアン博物館にある．そして第3のものは，英国の作家ラデヤード・キプリングの父親のロックウッド・キプリングが19世紀の末に館長をしていたラホールの博物館にある (Mirsky 1977: 42頁以下参照)．

(29) この状況については議論がある．Dabbs 1963: 96-97頁参照．

(30) デトルイユ・ド・ランは，ヨトカンを発見し，それを古代のホータンの中心地に同定した人物とされている．

(31) ヘディンのヨトカン調査について最も詳しい記述は，Montell 1936に見える．それはヘディン自身の日記と家族への手紙とにもとづいている．

(32) ヘルメル・スミスは後にそのひとつがサカ語の写本であると同定した．もうひとつは確かにサンスクリット写本であった (Smith 1936)．

(33) スタイン・コレクションはこの種のものでは最も重要なものである．それはまずインドに運ばれたのち分割され，現在はニューデリーの国立博物館とロンドンの大英博物館とに分蔵されているが，後者の方が分量は多い (Andrews 1935; Whitfield 1982 vol. III; Wang 1999 12-13頁)．

(34) のちに陸軍元帥となり，ついにはフィンランド大統領となった．

(35) 彼が中央アジア旅行で集めたコレクションは，主としてヘルシンキの文化博物館（国立博物館の民族学部門）で見ることができる (Mannerheim 1940 vol II; Tallgren 1916; Koskikallio & Lehmuskallio (eds.) 1999)．

(36) ホータンからの収集品コレクションのなかで最も重要なものは，本稿では言及していないが，1927年から1928年にかけてトリンクラーが集めたもので，現在ブレーメンの海外博物館に保管されている (Gropp 1974)．ドイツ人たちは考古学調査の対象を，キジルやトルファン盆地の遺跡など，タリム盆地北道沿いのオアシスや石窟寺院にしぼった (Grünwedel 1905, 1909, 1920; Le Coq 1907, 1913, 1916, 1918 a-b, 1922-26, 1925, 1926, 1928; Le Coq & Waldschmidt 1928-33)．また，ベルリンのインド美術館にあるホータンからの出土物は，ル・コックが1907年に第3次ドイツ中央アジア探検からの帰途，カシュガルに立ち寄った際に，ジョージ・マカートニーから手に入れたものである (Gropp 1974: 17-18頁; Le Coq 1918 b)．1902年に堀賢雄と渡辺哲信によって収集された大谷コレクションは，原則として東京国立博物館 (Sugiyama 1971) とソウル国立博物館および旅順博物館 (Ryojun Museum 1992) に分割された．そのほか，テリー・クロスビーやエラ・サイクスといった「普通の旅行者」が集めた小さなコレクションについての情報もある (Montell 1936: 152-55; Crosby 1905: 60頁以下; Sykes 1920: 218頁以下)．ヨトカンおよび今日のホータン周辺のその他の遺址から集められた遺物は，新疆，ウルムチ，そして当然のことながらホータンにある地元中国の各博物館でも見られることを忘れてはならない．

(37) 少なくとももうひとりの重要な商売人としてイブラヒム・ムラーと呼ばれる人物がいる．その巧妙なやり方はロシアにあるコレクションのなかに確かめることができる．イスラム・アクーンの古文書ビジネスでの成功にてらせば，今出来の古代ホータン風テラコッタ像が世界中のコレクションの中にどれほどあるか，想像するに余りある．

(38) これらの考古学的発見については何一つ彼の科学的報告書には触れられないままであった (Hedin 1900)．そしてヘディンが最初の考古学への挑戦において用いた「方法」は，科学的文脈において説明されるに値するようなものではまったくなかった．彼は品物を買うようなこともしたし，自ら立ち会うことなく誰かに品物を探すように依頼することもあった．ごくわずかの物だけが，彼自身の手によって発見されたものである．ヘディンの考古学は，実際「疑似考古学」だったのである．

(39) さらに，30年以上たった後で，スウェン・ヘディンの最後の探検旅行のメンバーのひとりだったニルス・アンボルトによって，あるコレクションが我々にもたらされた (NMES 1935. 24)．それについては後に述べるであろう．なお"NMES 1935. 24"とは，ストックホルムの国立民族学博物館が1935年に登録したコレクションのうち24番目という意味である．

(40) 註39参照．

(41) ラルス・エリク・ベーグベリによって集められたコレクションの一部は，カシュガルにいたジョージ・マカートニーに売られた．マカートニーは1898年に帰国する際，それをカルカッタにいたヘルンレに渡した．いわゆる「マカートニー・コレクション第6号」である (Hoernle 1899: vi頁参照.)．

(42) マカートニーからヘルンレへの報告によると，ヘーグベリがどのような状況下で収集をしたかについて語ったなかに，ホータンの北にあるアク・シピル遺跡での観察が見えている．それはすなわち，「アク・シピルの残骸のなかで宝探し人たちが相当な量の仕事をしたらしいことは，あちこちに見える残土の山からうかがえる」といった類の，我々には今やお馴染みとなった話である（Hoernle 1899: xv 頁）．

(43) 実際には，ベーグベリから購入した「東トルキスタン民族学コレクション」のなかにヨトカンから得た 3 件の考古学的遺物がある（NMES 1901. 22. 96-98）．

(44) ここにいう「スウェーデン・ミッション」（より正確には「スウェーデン聖約キリスト教団」The Mission Covenant Church of Sweden）は，1878 年に設立された．スウェーデンの東トルキスタン伝道の歴史については，Hultvall 1981, Lundahl 1917, Palmœr 1942 を参照のこと．

(45) ヘディンはかなりさめたものの見方をしていた．宣教師たちとその活動についての彼の意見は現代的だということができるだろう．ヘディンは，宣教師たちの実用的な（そして後には人道的な）努力を賞賛していたが，普遍的にすぐれた教義を与えるのだという彼らの「さかしら」については懐疑的であった（Hedin 1892-93: 375 頁以下および 458 頁; また Hultvall 1981: 62-64 頁）．

(46) すなわち，漢城，ヤンギ・ヒサール，ヤルカンドである．

(47) 物質文化の収集にあたったのである．

(48) カール・ペルソンはすぐれた植物学者であった．彼は 1920 年代を通じて 500 から 600 種の植物標本を収集した．それらは現在ストックホルムのスウェーデン国立自然史博物館にある（Hultwall 1981: 72 頁）．

(49) それらがまったく無いというわけではないけれども．

(50) 医療奉仕と一般教育のためにも必要であった．この二つは宣教師の重要な努めである．

(51) すでに 1901 年以来，「謄写版印刷」を使って出版物を刷っていた．

(52) L・E・ベーグベリ（NMES 1901. 22. 1-92 および 1907. 57. 1-644），G・ラケット（NMES 1902. 8. 1-197），M・ベクストレム（NMES 1901. 25. 1-87，西トルキスタンのアンジジャン収集）および A・アンダーソン（NMES 1906. 30. 1-5）など．

(53) それらは，1906 年にマンネルヘイムによって集められたものと比較されうる（Vilkuna 1940 および Varjola 1999）．これは，カシュガル—ヤルカンド地域からの「400 点以上の品物」を含んでいる（Varjola 1999: 72 頁）．このコレクション収集にはヘーグベリが重要な役割を果たした（Hultvall 1981: 70 頁）．

(54) カシュガルにおける伝道の歴史を記したジョン・フルトヴァルは次のように書いている．ベクルンドはそのときイスラム・アクーンが贋作者（それは単に何も知らないヨーロッパ人に贋物の写本をつかませたということだけではない）であると考えられるいくつかの理由を伝えた．そして，イスラム・アクーンは正当かつ伝統的に罰せられた．彼は，大きな木の首かせをはめられることで公的に辱められ，私的には身体の自由を奪われた，と（Hultvall 1981: 57 頁）．オーレル・スタインは，アクーンの償いは十分だし，そもそも何も知らないヨーロッパ人の方も等しく非難されるに値すると感じていた．

(55) ホータン・ダリヤの東の支流である．

(56) モンテルによれば，そのうちの 4 つは「タクラマカン」からではなくてホータンで手に入れられたものに違いないという．彼の推測では，それらはホータンの北にあるアク・シピル遺跡から出たものであろうという（Montell 1936: 203 頁）．

(57) ただし第 4 回踏査（1927-1935）はまた別の話である．

(58) ヘディンはかつて砂漠の中で，自分の写真機数台を撮影ずみのものを含む乾板と共に失ったことがあった．その結果，第 1 回の踏査の以後の行程では，ホータンでも，ダンダン・ウイリクでも，カラドンでも，風景，人々，住居，考古学的遺跡のすべては，彼のスケッチの腕前に全面的に頼らなければならないことになった．

(59) 古文書類はプロイセンのアカデミーに渡された．いくつかのものは売られて，例えばニューヨークのメトロポリタン博物館の所蔵や東京の東京大学東洋文化研究所の所蔵品となっている（Gropp 1974: 16 頁）．トリンクラーのコレクションの多くは，正確なデータを欠くものの，ホータン地域から以前に収集された物のように思える．なぜなら，それはホータンの古物商から購入されたものであるから．

(60) 「第 1 回スイス・タクラマカン探検隊」（1994）と呼ぶべきものについては，Baumer 1996 参照．

(61) 不幸なことに，この探検もまた中国政府の認可を受けなかったため，20 世紀初めの振舞いに堕してしまった（Baumer 1999a, b）．

(62) ヘディンは，遺物にせよ遺跡にせよ，より訓練をつんだ他の専門家によって調査研究

(63) もっとも，遺物は見出された．「赤い土器の破片や壺の頸部などが散乱していた．小さな一対の真鍮製品もあったし，片側の『こしき』だけ残ったアルバ（馬車）の車軸もあった．この車軸は今日のものと全く同じ形をしているが，今は砂に埋もれてしまったこの土地をアルバで旅することができたのは，ずいぶん昔のことであったに違いない」(Montell 1936: 204 頁参照)．

(64) ヘディンやスタインが訪れる以前も，またそれ以後も，記録には残っていないが，おそらく現地の人々はカラドンを訪れていただろう．ヘディンはそのような訪問があることを記しているし，カラドンは人々が住んでいる場所から十分行くことが出来る範囲にあった．

(65) すでに述べたように，ケリヤ・ダリヤ一帯の自然環境と自然資源を調査するために中国が行った探検調査も，考古学的遺跡に触れている (Keliya he... 1991)．また，タクラマカン砂漠とその南側の山々を調査した 1986 年の中国・ドイツ探検隊に関する Jäkel et. al. 1991 も参照のこと．その探検調査の結果，衛星写真に基づくケリヤ峡谷の詳細な地図が作成された．また 2 度にわたる「日本・中国共同科学調査隊」(1991 年と 1992 年) も，ケリヤ・ダリヤとその近隣の河川 ── ホータン・ダリヤとニヤ・ダリヤ ── の流域調査を行っている．これらの調査の成果報告書 (Environment and... 1995) には，カラドンの調査に関する 4 本の論文が含まれている (Ito 1995; Ogura 1995; Tanabe 1995; Wang 1995)．

(66) この種の功業のうち困難だった一例としては，Blackmore 1995 に記された，いわゆる「イギリス・中国共同タクラマカン砂漠横断 1993」がある．この探検隊は，ホータン・ダリヤにあるマザール・タグからケリヤ・ダリヤにあるトンクス・バステまでを踏査したにもかかわらず，結局カラドンに着けなかった．また Christa Paul 1994 は，1989 年に無許可でミーランへ行って調査したことを書いている．

(67) いわゆる「ドイツ第二テレビ TERRA-X-Expedition」である．

(68) これに続く海外との共同調査で，長期にわたる科学的プロジェクトとしては，ケリヤ・ダリヤの東に位置する峡谷にあるニヤ遺跡を調査した日中共同調査がある (Han et. al. 1996 および Chyunichi 1999)．日本側は京都の仏教大学で組織されている．もうひとつ，ヤルトングース・ダリヤを対象にしたスウェーデンと中国との共同調査についても触れておくべきであろう．ヤルトングース・ダリヤは西域南道に沿ってさらに東へ進んだところにある．この調査によって，ヤルトングース・ダリヤのさらに下流域にかつて集落があり，常に流れを変える川にさらされていたこと，そして後に砂にのまれたことが明らかにされた (Rosén 1995, 1999)．

(69) ニヤ川地帯で行われた日中共同プロジェクトについても同じことが言える．

(70) そしてその成果を学界に伝えて以来．

(71) 考古学者，中国学者，測量士，保存技官など．

(72) この探検は，1901 年 9 月，北方からラサに入ろうとして失敗し，同年の秋から初冬にかけて，チベット高原，チャンタン高原を横断してラダックまで退却したことで幕をとじた．

(73) ヘディンはこの遺跡を 1896 年にも訪れたことがあった．そしてこのたびはロシアの探検家コズロフがすでに 1893 年にこの廃墟を通過していたことを記している．コズロフはそのときロボロフスキーの中央アジア探検隊 (1893-94) に所属する一隊を率いていた．コズロフは，現地で宝捜しをしていた住民に古い廃墟を発掘させたが，何も成果がなかったと記している (Hedin 1905: 30 頁)．

(74) ヘディンは，彼が見たミイラの棺について，「生の硬いポプラの木で作られており，よい保存状態にあった」と書いている (Hedin 1904: 389 頁)．この事実は，彼の説を支持するものかも知れない．残念ながらヘディンが調査した墓については写真が残されていない．しかし一体どうしてヘディンが，自分の発見を，かつてこの地域を通過した際にプルジェワルスキーが記録した話と関連させなかったのか不思議である．ヘディンはその話をスウェーデン語に翻訳していたのであるから (前掲註 12 参照)．

(75) ヘディンにより発見され「発掘」された場所が一体どこであったのかを，ヘディン自身が公刊したものから特定することは，まったくできない．フォルケ・ベリィマンは，ヘディンの残した諸資料にあたり，ヘディン自身に直接たずね，スタインによる遺跡地図などの助けを借りたうえで，さらにヘディンの最後の中央アジア探検における調査と合せることによって，探検記のもつれを可能な限り解きほぐした (Bergman 1935)．

(76) 「明らかに遺物の一部だけが国にもって帰られた」(Bergman 1935: 73 頁)．

(77) ベリィマンが指摘しているが，「ヘディンはいつも塔のような構造物を，トルコ語で塔を意味する『トーラ』と呼び，監視塔あるいは烽火台とみなしていた．それらはすべてストゥーパ (仏塔) であることがわかっている」(Bergman 1935: 73 頁註 1)．本稿では，中央アジア考古学に対するスウェーデンの関与の歴史を辿ることを目的とするため，筆者は原文に従っている．したがって，ヘディンの誤りも含めてそのままを引用することにする．それらが宗教施設であったか軍事施設であったかは，まだ結論が出ていないようである．

(78) ヘディンは全部で 4 ヶ所の集落ないし居住地を確認している．

(79) 楼蘭から出土した写本の分析を最初にゆだねられたカール・ヒムリーは，その未知の木簡を，オーレル・スタインがニヤからもたらした資料 (Stein 1901) と比較した結果，その文字がカロシュティーであることを理解した (Himly 1902)．

(80) 疲れを知らず，完全さと正確さを追求してやまないヘディンは，荒涼たるロプ砂漠をまっすぐに 346 か所で水準測量を行いつつ，81,902 メートルの距離を測った．その結果，楼蘭遺跡とカラ・コシュン湖の高低差が－2,282 メートルであるという結論を得たのであった (Hedin 1905: 325 頁)．

(81) 楼蘭への困難な道のりと格闘した探検のすべてを，ここに列挙することはしない．楼蘭についての研究もまた同様である．これについては伊藤敏雄によるビブリオグラフィーを参照のこと (Ito & Katayama 1989)．

(82) もしくは，すでに見た通り，考古学的な発見のために必要とあれば，計画を大幅に変更することも考えていた．

(83) すでに見た通り，不運な理由によって，ヨトカンやダンダン・ウイリク，カラドンでは，それができなかった．

(84) 多くの場合，古文書を含む遺物は，宝を探して遺跡を自由に歩き回る彼の従者たちによって発見され，ヘディンのもとにもたらされた．遺物の正確な出土情況を記録することの重要性について，ヘディンが認識していなかった点は注目に値する．地質学的な標本の採取において同じように正確さを欠くことは決してなかったであろう．

(85) 正式なトレーニングを欠いたのは，指導教授であったフェルディナンド・フォン・リヒトホーフェンが望んだ通りにアカデミックな研鑽を終えることよりも，中央アジアの地理上の最後の空白を埋める競争に早く加わりたかったためであると，ヘディンは認めていた．彼は科学者であるよりも探検家であることを選んだのである．しかしながら，地球科学の領域でのデータは厳密に集められているため，質が高く，他の研究者による分析・公表に耐えるものであった．

(86) カール・ヒムリーは以前にも，ヘディンが第 1 回探検の報告書を準備する際に，『西域水道記』漢文原典の翻訳で協力をしたことがあった．この書物にはロプ・ノールに関する漢文の既述が含まれているのである (Himly 1900)．

(87) 数点の文書はセント・ペテルスブルグのオルデンブルグのもとに送られ，1990 年代の初めまでそこにあった．ヘディン収集の古文書のなかの 1 枚は，そのときまでに東洋部のコレクションとして登録されたため，いまもそこにある．註 32 で述べた文書が，すなわちそれである．

(88) ベイリーの関与の詳細については，Emmerick 1999：335-36 頁を見よ．

(89) イラン西部の砂漠について初歩的な地図作製を行った後のことである (Hedin 1918-27)．

(90) ただし，本来の計画に従って，この探検の一般向け旅行記はすみやかに出版されている (Hedin 1909-12)．

(91) 地図 2 巻と図版写真 1 巻とを含む．

(92) 自然科学者との協力はいっそう強固なものとなった．収集したデータや標本を分析し，また出版物に信頼性をもたせるために，地図製作，天文学，地質学，気象学，植物学，動物学などの専門家に依拠するところが大きかった．ヘディンは広く学術界に専門知識を求めた最初の人物では決してない．専門外の問題に関して学界の援助を求めた点では，他の研究者に先例がある．

(93) むろん，それに加えて西洋古典語の資料も．

(94) ヘディンと協力した学者たちに注目する際，彼らを言い表す総称がないため，私は「中国学者」——彼らの学問は「中国学」——が云々という言い方をすることにした．この呼称が，そうした学者のグループも学問の営みも言い表せないことは承知の上である．実際ヘディンは，中国学，チベット学，トルコ学，イラン学，さらにモンゴル学などの素養をもった研究者たちと協力した．さらに彼らは，歴史地理学，仏教学，歴史学，古文書学といった諸分野とさまざまな形でかかわり合っていた．ヘディンはまた言語学的な知識をもった研究者たちと関係を持ち続けたが，この関係は実際にはあ

まり重要でなくなっていった．こうした人々を言い表すのに最も適した言葉は「オリエンタリスト（東洋学者）」と呼ぶことであろうが，オリエンタリストという語には政治的かつイデオロギー的な意味合いが含まれているため (Said 1978)，通常は用いないことにする．

(95) 現地名を正しく記録する訓練を受けておらず，また地名や位置についての2次的・3次的な情報を自分の地図の上に無批判に書き込んでしまうという弱点をもった初期の旅行者たちにとって，こうした努力は必要不可欠であった．

(96) なぜなら，彼は本来フィノ=ウゴル系諸言語の専門家だったからである．

(97) ヴィクルンドの校閲したヘディンの地名リストについては，Hedin 1905：661-95 頁を参照．

(98) この点ヘディンは同時代の中央アジア探検家のなかでとりたててユニークな存在というわけではなかった．オーレル・スタインはサンスクリット学の素養に基づき古い地誌に関する知識をもっていたし，また彼が7世紀中国の巡礼僧である玄奘の旅行記を伴侶としていたことはよく知られている．こうした文脈で言えば，ポール・ペリオは疑いもなく，中国学の基礎をもとに中央アジアに踏み込んでいった研究者であろう．ロシア人たちもまた，そうした資料に精通していた．セント・ペテルスブルグには W・バルトリドを中心とした学派が確立されており，西アジアの諸言語で書かれた中央アジアの資料について調査していた．ル・コックとグリュンヴェーデルは，サンスクリットとトルコ学についての体系的な訓練を受けており，二人とも古い書物や古文書学に深い関心をいだいていた．

(99) 19・20世紀の転換点に中国古代史研究と考古学研究との間に重要な結びつきが生じたことについては，Loewe & Shaughnessy 1999：2頁以下を参照．

(100) Hänisch 1922a および 1922b．

(101) Hedin & Herrmann 1922, Herrmann 1922a, 1922b, 1922c．アルベルト・ヘルマンは中国や中央アジア，シルク・ロードなどの古地理についての広い学識ゆえに，ヘディンにとって重要な同僚となった（彼のその後の重要な研究については，Herrmann 1931, 1935, 1938 をも参照のこと）．

(102) Le Coq 1922．

(103) 言語学，歴史的音韻論，古文書学，歴史地理学，一般史と文化史，および貢献が期待できる多少なりとも独立した他の学問諸分野との接点に位置する，専門的な研究分野としての地名研究をいう．

(104) 註94 および註98 を参照のこと．

(105) ヘディンに対する多くの批判的意見と，数少ない好意的意見については，Brennecke 1987：26-34頁および 143-154頁を見よ．

(106) Ehrenswärd 1982 を参照のこと．

(107) Dahlgren et. al. 1918 を参照のこと．

(108) 最初の3回の探検ならびにその成果の出版に費やした時期，すなわち 1893-1922 年のヘディンのことで，第4回の探検ならびにその前後の計画と出版に要した時期，すなわち 1923-1952 年の「後期ヘディン」と対をなす．

(109) 1914年から25年にかけてJ・G・アンダーソンを中国学の面で補佐した人物についてはよく分かっていないけれど，彼の著作に中国資料が用いられていることから，こうした人物と接触していたことが判明する．東アジア博物館で過ごした退官前後の期間においては，ベルンハルド・カールグレンとの緊密な協力関係によって中国資料への接近は確かなものとなった．

(110) 後述するように，もう一つの要因は正式の訓練を受けた考古学者の採用である．

(111) Ahlman & Karlgren 1961, Liljequist 1993：289-290頁，および Andersson 1933a を参照せよ．伝記の材料はアンダーソンの多くの著作に含まれている．Andersson 1926, 1932a, 1939, 1943, 1945, 1946, 1947, 1956 を参照のこと．

(112) 1878年から1880年にかけて北東航路を開発し最初にユーラシア周航を遂げたことで有名なアドルフ・エリク・ノルデンシェルドの甥である．

(113) 1910年にその第11回国際会議がストックホルムで開かれたとき，アンダーソンは書記であった．

(114) 彼は 1931 年に山西から北京に移り，そこに 1954 年まで留まった．その後スウェーデンに戻り，ウプサラ大学の地質学部に安住の地を得たが，そこは偶然にもヘディン最後の探検の隊員，地質学者のエリク・ノリンと古生物学者のビルゲル・ボーリンの安住の地でもあった．ニーストレムは 1963 年に死去した．

(115) 彼はこうした資源の一覧表を出版している (Nyström 1912)．

(116) The Sino-Swedish Institute for Scientific Research in Shansi Province という．

I部　探検史編

(117) ノリンは1919年に山西省へ行った．彼がニーストレムの研究所のために5本の調査報告を書いたことはほとんど知られていない（Norin 1921, 1922a, b, 1923, 1924a）．

(118) 彼は助手として二人の専門家を同行した．すなわち，資源一覧表の専門家フェリクス・R・テーゲングレンと鑽孔技師のC・F・エリクソンである．

(119) 中国古生物学史におけるこの事件に先立つ出来事については，Mateer & Lucas 1985：2-3頁を見よ．

(120) この点についてはMateer & Lucas 1985に詳述される他，アンダーソン自身も書いている（Andersson 1933a：387頁以下）．発掘はその後，アンダーソンによって投入されたオットー・ツダンスキーやビルゲル・ボーリンをはじめとする他の研究者によってさらに推進された．ツダンスキーは周口店で決定的な発見をした一人である（Andersson 1932a：113頁以下，1943：20頁以下）．

(121) 現に彼は1917年6月，まず手始めに，協力が期待できそうな中国在住の全宣教師と外国人に往復の手紙を発送した（Andersson 1929b：16-17頁，1932a：93頁）．これはイギリス植民地当局の役人がよく用いた方法で，人口調査官が「カーストと部族」に関するさまざまな編纂物のために資料を集めるうえで最も有効であったと思われる．

(122) 新石器時代の道具類は，すでに世紀の初めには発見され，またそれと認識されていた．しかし「中国の知識人や外国人の中国学者たち」は，それを中国人に先立つ非中国系の夷狄か，遠い昔に「中華帝国」の辺境にいた夷狄に関連するものと解釈した（Andersson 1923a：11-12頁，1932a：198頁，1943：26-62頁を参照のこと）．

(123) 1921年の初夏にアンダーソンは，満洲での出土遺物を徹底調査し，そこで新石器時代の遺跡を発掘した（Andersson 1923a：13-17頁，1923b，1943：149-152頁）．

(124) こうした繊細な配慮が河南の他の遺跡では守れないことをアンダーソンは認識していた．そのため彼の裁量に任されている場合では，甘粛や青海の多くの遺跡で実際そうしたように，「空飛ぶ偵察隊」と呼んだ簡便な方法だけが認められた（Andersson 1943：15頁）．

(125) 遅くとも1921年には中国地質調査所付属の博物館が存在した．なぜなら，その年以来アンダーソンがその館長だったからである．

(126) アクセル・ラグレリウス（1863-1944）にちなんで名付けられた．ラグレリウスはアンダーソンの活動を支援するために基金を設立し，またさまざまな方法を通じて彼を助けた．ラグレリウスは生涯を通じてストックホルムにあるリトグラフ協会の会長であり，その職業的・社会的な地位により，外国で調査を行うスウェーデン人にとっては尊敬すべき友人にして支援者であった．1926年に彼はグスタフ・アドルフ皇太子の中国旅行に同行したが（Lewnhaupt 1928参照），この旅行は中国・スウェーデン合同の考古学調査と深い関係がある．

(127) ラグレリウスは以前にもアンダーソンを援助したことがあった．おかげで世界規模での鉄鉱石埋蔵調査に関する美しい報告書（The Iron-ore Resources of the World, 2 vols＋folio atlas, 1910）を印刷することができて，アンダーソンの世界的な評価は高まった．

(128) T・G・ハッレはスウェーデン自然史博物館の古植物学者であり，その化石部門の教授兼学芸員として，古植物学標本のほとんどを取り扱うことになった．

(129) スウェーデン語ではKinafondenないしKinakommitténとして知られ，1919年9月15日に正式に設立された．

(130) パランデルは1913-14年の間，スウェーデン（のちにはイギリス・スウェーデン）北極調査隊の基金設立のための代表者であった．アンダーソンはこの失敗に終わった北極探検計画の書記官であった．第一次大戦の勃発が計画を分断したのである．

(131) アクセル・ラグレリウスが当時スウェーデン最高裁判所長官であったことも記しておくべきだろう．

(132) 協会は3人の委員によって設立された．1898年の極地探検以来のJ・G・アンダーソンの旧友で，経済地理学教授のG・アンダーソン博士は，1928年に死去するまで書記官を務めた．そののちに，ベルンハルド・カールグレン教授がその責任を担った．

(133) 甲種は中国の植物化石（ストックホルムのT・G・ハッレ教授が編集）．乙種は中国の無脊椎動物化石（北京のA・グラボー教授が編集）．丙種は中国の脊椎動物化石（ウプサラのC・ウィマン教授が編集）．丁種は中国の古人類（J・G・アンダーソンが編集）．最後のものが考古学関係も掲載した．合計100分冊が北京で出版された後，1937年には出版地を南京に移して「新シリーズ」が発刊されたため，以前の叢刊は「旧シリーズ」となった．

(134) インド地質調査所はつとに1863年に「インド古生物誌（Palaeontologia India）」を発刊していたが，それがこの叢刊のモデルとなった．しかしインドの叢刊は後発の中国

(135) のものほど包括的ではない．
(136) 同じ学者によって「地質彙報 (Bulletin of the Geological Survey of China)」も編集された．そこには，アンダーソンによる仰韶遺跡の最初の重要な報告書 (Andersson 1923a) のように，考古学関係の報告もまた見られる．
(136) 第一次世界大戦の間，ヘディンは強固な親ドイツ的立場をとった．そしてヴェルサイユ条約が間違いなく別の戦争をもたらすと感じていた．これは当時の多くの他の観察者に共通する考えであった．
(137) 中央アジアへのスウェン・ヘディンの最後の主要な探検旅行は，通常「西北科学考査団」(Sino-Swedish expedition) と呼ばれている．実際にはそれは三つの一連の計画からなっていた．1927-1928 年に行われた駱駝によるいわゆる「ドイツ探検隊」．これはルフトハンザ社の援助を受けた．1928-1933 年に行われた数度にわたる個人的な探検旅行．これは主としてスウェーデン政府の援助による．そして最後に 1933-1935 年の「北西自動車遠征隊」．これは南京政府により資金が出された．
(138) アンダーソンは，ヘディンが 1899 年から 1902 年にかけて行った探検旅行の学術報告書を書くときに，ヘディンがロプ砂漠から持ち帰ったいくつかの標本を同定する手助けをしている (Hedin 1904-1907)．
(139) どちらかと言えばヘディンの方がアンダーソンに言及している回数が多い．特に，1926 年，最後の探検旅行の許可を北京で得ようとしたときに与えてくれた援助に対して感謝を表明しているのが目に付く (Hedin 1928: 6 頁，1943a: 5 頁以下)．
(140) ヘディンが 1930 年代から 1940 年代にドイツ問題と世界政治に関連して書いた悪名高い本 (Hedin 1937, 1939, 1944b, 1949) をアンダーソンが読んでいたかどうか，筆者は知らない．しかし，ヘディンは，第二次世界大戦の余波のなかで我々の惑星が当面している諸問題についてのアンダーソンの限りなく口あたりのよい評価を読んでいた (Andersson 1946)．いやむしろ，当時ヘディンは目が見えなくなっていたから，誰かに読んでもらったのであった．以前にジグワルド・リンネ —— 考古学者で，ヘディンの親友で，国立民族学博物館館長であった —— が所蔵していた一冊には，「私はこの本を 1946 年 12 月から 1947 年 1 月にかけての土曜と日曜の夜にスウェン・ヘディンのために声を出して読んだ」と書かれている．
(141) 1923〜24 年および 1925 年に行われたラングドン・ワーナーによる中央アジア侵攻は，その意味で，中国支配下の中央アジアで旧来の西洋式探検旅行を行った最後のものである (Langdon Warner 1926)．また，1930 年に第 4 回目の中央アジア踏査に出ようとしたオーレル・スタインの企ては頓挫してしまったが，その原因はスタインが時代の変化に気がついていなかったことにある (Brysac 1997)．1929 年，ロイ・チャップマン・アンドリュースは探検旅行を切り上げた．彼は時代が変わってしまったことを理解したからである．ただしそれは心ならずもであり，その結果を彼は受け入れることが出来なかったのであるが (Andrews 1932: 421 頁以下; Hedin 1943a: 60-63 頁)．もっとも翌年アンドリュースは制限された計画で探検を組織することが出来た．
(142) 1920 年代から 1940 年代にかけて満洲と内モンゴルを対象にして行われた日本の満鉄調査部による数多くの総合調査研究も，同様のモデルに従うものである．
(143) 冬の間，いくつかの隊は暖かい気候を求めて中国南部へ行った．そこで例えば揚子江渓谷の新石器時代の住居址などを探す調査を行った．
(144) まったくもって倒錯した発明であるが，必要なガソリンを自動車より先に送っておかなければならなかった．駱駝で！
(145) ラファエル・パンペリーは興味ある人物である．彼の経歴は J・G・アンダーソンのそれとかなりよく似ている．1860 年代，パンペリーは中国政府の採炭技術者として働いていた．これが彼に地質学を学びつつ中国東部を広く旅行することを可能にしたのであった (Pumpelly 1866)．また後には地質学者から考古学者兼地質学者へと変わっている．
(146) Andersson 1932a: 200-202 頁．
(147) 「西北科学考査団」の活動で最初のものは，1927 年から 1928 年の「ドイツ・ルフトハンザ社」探検隊である．これは中央アジアを横断する商業飛行が可能かどうか，大気と大地のデータを提供するためになされた．この計画は同時に，気象学に関連する科学的なデータをももたらした．しかし最初の探検隊による最も面白い調査は，探検隊のドイツ人メンバーによるものではなく，飛行に関してはまるで無知で何もすることのなかった，考古学者フォルケ・ベリィマン，地質学者エリク・ノリン，民族学者ヘニング・ハスルント・クリステンセン，そして医者で形質人類学者で動物学コレクターのダヴィド・フンメルによるものであった．中国人のなかでは考古学者の黄文弼がただひとり名を挙げられるべき人物である．また「西北科学考査団」の最後の段階 (1933

年から1935年)は，南京政府の財政的援助を受けた「北西自動車遠征隊」であるが，これは中国の中心部と最西端地帯を結ぶ道路と鉄道の路線設定が期待されたものであった．このときには地形に関するデータの収集が主な成果であったが，2年間の苦労によく耐えた年季の入ったチームは，とりわけフォルケ・ベリィマンの例に見られるように，多くの成果をもたらしたのであった．しかし，学術的に見て最も成果が多かったのは，中間の1928年から1933年にかけての期間のものであった．「スウェーデン期」(スウェーデン政府より多くの財政援助を得たのでそう呼ばれる)は，最も長期にわたっただけでなく，最も多くの研究者を擁した時期でもあった．研究者たちは，別々の探検隊のメンバーとして，中国領中央アジアの全域に派遣された．それは北京に — あるいは基金集めのために世界のどこかに — いたヘディンによって計画されたものであった．

(148) ベリィマンは後に，タリム盆地の遺跡や甘粛・内モンゴル国境のエチナ河流域で調査を行うことになる．

(149) ブー・ソンマルストレムは，アンダーソンのもたらした遺物についても報告書を公刊している (Sommarström 1956b)．

(150) すでに1898年に，彼はそれを講義していた．

(151) これは最初の翻訳ではないが，影響力がより大きかったと言われている (Teng 1937)．最初の翻訳は，1935年に鄭師許と胡肇椿が日本語訳 (1932年刊行) から重訳して雑誌に分載したもので (Zheng & Hu 1935)，翌1936年に単行本として刊行された (Zheng & Hu 1936)．ただし，これに先立つ1933年に鄭師許は，モンテリウスの方法論について雑誌に紹介論文を書いている (Zheng 1933)．

参照文献

Ahlman, H. W. & Bernhard Karlgren
   1961 In Memorian, Johan Gunnar Andersson
   Ymer: 63-66, Stockholm

American Army Map Service & Erik Norin
   1969 Sven Hedin Central Asia Atlas.
   Reports from the Scientific Expedition to the North-western Provinces of China under the Leadership of Dr. Sven Hedin Vol. 47, Stockholm

Andersson, Gunnar
   1922 Undersökningarnas organisation och gång samt något om deras resultat.
   Ymer: 131-142, Stockholm

Andersson, Gunnar, T. G. Halle, Einar Lönnberg & Carl Wiman (eds.)
   1922 Professor J. G. Anderssons vetenskapliga arbeten i Kina. En översiktlig redogörelse.
   Ymer: 129-183, Stockholm

Andersson, Johan Gunnar
   1902a Antarctics vinterexpedition till Syd-Georgien. Rapport från svenska sydpolsexpeditionen
   Ymer: 409-421, Stockholm
   1902b Antarctic-expeditionens arbeten på Falklandsöarna och Eldslandet 1902. Rapport från svenska sydpolsexpeditionen
   Ymer: 515-528, Stockholm
   1919 Dragon-hunting in China
   Far Eastern Economic Review November: 11.
   1920 Stone Implements of Neolithic type in China
   China Medical Journal July: 7, Shanghai
   1921 The National Geological Survey of China
   Natural History Vol. XXI Bo 1: 4-12, New York
   1923a An Early Chinese Culture
   Bulletin of the Geological Survey of China No. 5: 1-68, Peking
   1923b The Cave-Deposit at Sha Kuo T'un in Fengtien

Palaeontologica Sinica Series D. Vol. I. Fascicle 1, Peking
1923c Essays on the Cenozoic of Northern China
Memoires of the Geological Survey of China Ser. A. No. 3: 1-152, Peking
1923d Arkeologiska studier i Kina
Ymer: 189-247, Stockholm
1923e A Prehistoric Village in Honan
The China Journal of Science and Arts Vol. 1: 508-512
1924 Arkeologiska fynd i provinsen Kansu
Ymer: 24-35
1925 Preliminary Report on Archaeological Research in Kansu: with a note on the physical characters of the prehistoric Kansu race by Davidson Black
Memoires of the Geological Survey of China Ser. A. No. 5: 1-56, Peking
1926 Draken och de Främmande Djävlarna, Stockholm
(1928) English edition: The Dragon and the Foreign Devils, Boston
1928 Homonidfyndet vid Peking
Ymer: 61-68, Stockholm
1929a Preface
Bulletin of the Museum of Far Eastern Antiquities No. 1: 7-8
1929b The Origin and Aims of the Museum of Far Eastern Antiquities
Bulletin of the Museum of Far Eastern Antiquities No. 1: 11-27, Stockholm
1929c On Symbolism in the prehistoric painted ceramics of China
Bulletin of the Museum of Far Eastern Antiquities No. 1: 65-69, Stockholm
1929d Der Weg über die Steppe
Bulletin of the Museum of Far Eastern Antiquities No. 1: 143-163, Stockholm
1929e Prähistorische Kulturbeziehungen zwischen Nordchina und dem Näheren Orient
Ostasiatische Zeitschrift, Neue Folge Heft 2: 49-52, Leipzig
1929f Vägen över stepperna
Ymer: 233-236, Stockholm
1932a Den Gula Jordens Barn: Studier över det Förhistoriska Kina, Stockholm
1932b Hunting Magic in the Animal Style
Bulletin of the Museum of Far Eastern Antiquities No. 4: 221-317, Stockholm
1932c Arbetsmetoder vid utgrävning av förhistoriska fyndplatser i Kina
Svenska Fornminnesföreningen (ed.): *Arkeologiska Studier tillägnade H. K. H. Kronprinsen Gustaf Adolf*: 368-371, Stockholm
1933a Kineser och Pingviner: En Naturforskares Minnen från Jordens fyra hörn, Stockholm
1933b Selected Ordos Bronzes
Bulletin of the Museum of Far Eastern Antiquities No. 5: 143-154, Stockholm
1935a The Goldsmith in ancient China
Bulletin of the Museum of Far Eastern Antiquities No. 7: 1-38, Stockholm
1939 Topographical and Archaeological Studies in the Far East
Bulletin of the Museum of Far Eastern Antiquities No. 11: 1-110, Stockholm
1942 Some fossil mammal localities in Northern China
Bulletin of the Museum of Far Eastern Antiquities No. 14: 29-43, Stockholm
1943 Researches into the Prehistory of the Chinese
Bulletin of the Museum of Far Eastern Antiquities No. 15: 7-304, Stockholm
1944 Antarctic, Stockholm
1945 The Site of Chu Chia Chai. Hsi Ning Hsien, Kansu
Bulletin of the Museum of Far Eastern Antiquities No. 17: 1-63, Stockholm
1946 Fred eller Förintelse: En Naturforskares syn på Europas problem, Stockholm
1947 Prehistoric Sites in Honon
Bulletin of the Museum of Far Eastern Antiquities No. 19: 1-124, Stockholm
1956 Mitt liv och min tro, Stockholm
1958 Strövtåg i tid och rum, Stockholm
1959 Kina genom Tidsåldrarna, Stockholm

Andersson, Oscar F. K. & Gustaf A. Ahlbert
  1917 Det Litterära Arbetet
  Lundahl J. E. (ed) *På Obanade Stigar*: 487-492, Stockholm

Andrews, F. H.
   1935 Descriptive Catalogue of Antiquities. Recovered by Sir Aurel Stein during his explorations in Central Asia, Kansu and Eastern Iran, New Delhi

Andrews, Roy Chapman
   1932 The New Conquest of Central Asia: A Narrative of the Explorations of the Central Asiatic Expeditions in Mongolia and China, 1921-1930
   Natural History of Central Asia Vol. I., New York

Anvill, E. etc.
   1946 De tjänade Gud i Asien, Stockholm

Arne, Ture J.
   1945 Excavations at Shah Tepé, Iran
   Reports from the Scientific Expedition to the North-western Provinces of China under the leadership of Dr. Sven Hedin: No 27, Stockholm
   1952 Svenskarna och Österlandet, Stockholm

BMFEA
   1932 Crown Prince Gustaf Adolf as a promoter of Archaeological Research
   Bulletin of the Museum of Far Eastern Antiquities No. 4: 1-14, Stockholm

Bailey, Harold W.
   1961 Khotanese Texts IV, Cambridge

Baumann, Bruno
   1990 Takla Makan Mein Weg durch die Wuste des Todes, Munich

Baumer, Christoph
   1996 Geisterstädte der Südlichen Seidenstrasse: Entdeckungen in der Wüste Takla-Makan, Stutgart & Zürich
   1999a Dandan Olilik Revisited: New Findings a Century Later
   Oriental Art Vol. XLV No. 2: 2-14
   1999b Désert du Taklamakan: Les Cités fantômes
   Grands Reportages No. 212 Septembre 1999

Berg, Lasse & Stig Holmqvist
   1992 I Sven Hedins Spår Höganäs

Bergman, Folke
   1935 Lou-Lan Wood-Carvings and Small Finds Discovered by Sven Hedin
   Bulletin of the Museum of Far Eastern Antiquities No 7: 71-144, Stockholm
   1939 Archaeological Researches in Sinkiang.
   Reports from the Scientific Expedition to the North-western Provinces of China under the Leadership of Dr. Sven Hedin No 7, Stockholm
   1945 Travels and Archaeological Filed-work in Mongolia and Sinkiang: a Diary of the Years 1927-1934, History of the Expedition in Asia 1927-1935 Part IV: General Reports of Travels and Fieldwork: 1-192
   Reports from the Scientific Expedition to the north-western Provinces of China under the leadership of Dr. Sven Hedin No 26, Stockholm

Bibliographia...
   1959 Bibliographia Osvaldi Sirén, Stockholm

Blackmore, Charles
   1995 The Worst Desert on Earth: Crossing the Taklamakan, London

Bohlin, Adolf
   1917 Missionstryckeriet
   Lundahl, J. E. (ed) *På Obanade Stigar*: 493-497, Stockholm

Brennecke, Detlef
  1986 Sven Hedin, Hamburg
  1987 Sven Hedin, Stockholm

Brysac, Shareen Blair
  1997 Last of the "Foreign Devils": Sir Aurel Stein's fourth foray into China was a humiliating failure. Who conspired to undermine the expedition and why?
  Archaeology November/December: 53-59

Chang, Kwang-chih
  1999 China on the Eve of the Historical Period
  Loewe & Shaughnessy (eds.) *The Cambridge History of Ancient China. From the Origins of Civilization to 221 B. C*: 37-73, Cambridge

Conrady, August
  1920 Die chinesischen Handschriften- und sonstigen Kleinfunde Sven Hedins in Lou-lan [originally intended to be Scientific Results of Journey in Central Asia Vol. VI: 4] Stockholm

Crosby, Oscar Terry
  1905 Tibet and Turkestan: A journey through old lands and a study of new conditions, New York & London

Dabbs, Jack A.
  1963 History of the Discovery and Exploration of Chinese Turkestan
  Central Asiatic Studies VIII, The Hague

Dahlgren, E. W., D. P. Karl Rosen & H. W. son Ahlmann,
  1918 Sven Hedins forskningar i Södra Tibet 1906-1908. En granskande översikt
  Ymer: 101-186

Debaine-Francfort, Corinne
  1995 Du néolithique à l'âge du bronze en Chine du nord-ouest: La culture de Qijia et ses connexion
  Mémoires de la Mission Archéologique Française en Asie Centrale Tome VI, Paris
  1998 La redecouverte de la Chine ancienne, Paris

Debaine-Francfort, Corinne & Henri-Paul Francfort
  1993 Oasis irriguée et art bouddhique ancien à Karadong: Premier résultats de l'éxploration franco-chinoise de la Keriya
  Académie des inscriptions & belles-lettres: Comptes rendus des séances de l'année 1993 novembre-décembre, Paris

Debaine-Francfort, Corinne, Abdurassul Idriss & Wang Binghua
  1994 Agriculture irriguée et art bouddique ancien au cœur du Taklamakan (Karadong, Xinjiang IIe-IVe siècles).
  Arts Asiatiques Annales du musée national des Arts asiatiques-Guimet et du musee Cernuschi Tome XLIX: 34-52

Dutreuil de Rhins, J. L. & F. Grenard
  1897-1898 Mission Scientifique dans la Haute Asie 1890-1895 Vol. I-III, Paris

Dyakonova, N. V. & S. S. Sorokin
  1960 Xotanskiye Drevnosti, Ledingrad

Ehrenswärd, Ulla
  1982 Hedin - der Kartenmacher
  Meddelanden från Krigsarkivet Nr. 12: 157-180
  1988 The Published Writings of Gunnar Jarring 1977-1988 [together with corrigenda and addenda to Toll & Ehrensward 1977]
  Ulla Ehrenswärd (ed.) *Turcica et Orientalia: Studies in honour of Gunnar Jarring on his eightieth birthday 12 October 1987, Swedish Research Institute in Istanbul Transactions*. Vol. 1: 192-204, Stockholm
  1997 Gunnar Jarring: En bibliografi 1988-1997, Stockholm

Ekström, Per & Ulla Ehrenswärd
  1988 A Note on the Jarring Collection of Eastern Turki and Other Oriental Manuscripts in the Lund University Library

Ulla Ehrenswärd (ed.) *Turcica et Orientalia: Studies in honour of Gunnar Jarring on his eightieth birthday 12 October 1987, Swedish Research Institute in Istanbul Transactions*. Vol. 1: 187-91, Stockholm

Emmerick, Ronald E.
  1999 Harold Walter Bailey 1899-1996
  Proceedings of the British Academy 101: 309-349, London

Environment and...
  1995 *Environment and People of the Southern Taklamakan Desert* (法政大学タクラマカン委員会（編）『沙漠・水・人間——日中合同法政大学タクラマカン沙漠調査報告書』東京)

Falkenhausen, Lothar von
  1993 On the Historiographical Orientation of Chinese Archaeology
  Antiquity 67: 839-849

Fairservis, Walter A. Jr
  1993 Archaeology of the Southern Gobi of Mongolia: based on the fieldwork of N. C. Nelson and Alonzo Pond, members of the Central Asiatic Expeditions of the American Museum of Natural History directed by Roy Chapman Andrews
  Centers of Civilization, Durham, North Carolina

Farquhar, D. M., G. Jarring & E. Norin
  1967 Index of Geographical Names Sven Hedin Central Asia Atlas
  Memoir of Maps Vol. II, Reports from the Scientific Expedition to the North-western Provinces of China under the Leadership of Dr. Sven Hedin Vol. 49, Stockholm

Forsyth, T. Douglas
  1874 Communication Forsyth to Frare, Yangi Hissar April 10 1874
  Proceedings of the Royal Geographical Society of London Vol. 18: 439-444
  1875 Report of a mission to Yarkund in 1873 with historical and geographical information, Calcutta
  1877 On the Buried Cities in the Shifting Sands of the Great Desert of Gobi
  Journal of the Royal Geographical Society of London Vol. 47: 1-17

Fujieda, Akira
  1978 Ootani korekushon no genjoo ["The situation of the Otani-collections"]
  Ryuukoku Shuukyoo buhoo 19: 6-9 Kyoto

Fürst, Carl M.
  1939. The Skeletical Material Collected during the Excavations of Dr. T. J. Arne in Shah Tepé at Astrabad-Gorgan in Iran.
  Reports from the scientific expedition to the north-western provinces of China under the leadership of Dr. Sven Hedin No. 9, Stockholm

Giés, Jacques
  1994a La Mission Pelliot (1906-1909)
  Giés, Jacques (ed.) *Les arts de L'Asie centrale. La Collection Paul Pelliot du musée des arts asiatiques — Guimet* Vol. I: 5-13
  1994b Les sites et les œvres d'Asie centrale à la lumiére des trouvailles faites par la mission Pelliot
  Giés, Jacques (ed.) *Les arts de L'Asie centrale. La Collection Paul Pelliot du musée des arts asiatiques — Guimet* Vol. II: 3-15

Giés, Jacques (ed)
  1994 Les arts de L'Asie centrale. La Collection Paul Pelliot du musée des arts asiatiques — Guimet Vol. I-II Paris—Tokyo
  1995 Sérinde, Terre de Bouddha: Dix siécles d'art sur la route de la soie, Paris

Gropp, Gerd
  1974 Archäologische Funde aus Khotan Chinesisch- Ostturkestan. Die Trinkler- Sammlung im Übersee-Museum, Bremen
  Wissenschaftliche Ergebnisse der Deutschen Zentralasien-Expedition 1927/28 Teil 3 *Monographien der Wittheit zu Bremen* 11, Bremen

Grünwedel, Albert
  1905 Bericht über archäologische Arbeiten in Idikutschari und Umgebung im Winter 1902-03

Abhandlungen der Königlich Bayrische Akademie der Wissenschaften I Klasse XXXIV Band. I Abteilung, München
1909 Die archäologischen Ergebnisse der dritten Turfanexpedition.
Zeitschrift für Ethnologie 891ff.
1912 Altbuddhistische Kultstätten in Chinesich Turkestan, Berlin
1920 Altkutscha: Archäologische und religionswissenbschaftliche Forschungen an Temperagemälden aus buddhistischen Höhlen der ersten 8 jahrhunderte n. Chr. Geb., Berlin.

Han Xiang (韓翔), Yue Feng (岳峰),
Wang Bing Hua (王炳華),
Kojima Yasutaka (小島康誉),
Inoguchi Taijuin (井ノ口泰淳) &
Asaoka Tosio (浅岡俊夫) (eds.)
 1996 Niya Site. Archaeological Studies Number 1. Research Report of an Ancient Town in Xinjiang, Kyoto & Urumqi

Chyunichi kyodo Niya Iseki gakujutu chosatai
 1999 Niya Site. Archaeological Studies Number, 2. Research Report into an Ancient Town in Xinjiang, Kyoto & Urumqi

Hedin, Sven A.
 1889-91 General Prschevalskij's forkningsresor i Centralasien, Stockholm
 1891 Konung Oscars beskickning till schahen af Persien 1890, Stockholm
 1892-1893 Genom Khorasan och Turkestan: Minnen från en resa i Centralasien 1890 och 1891, Vols. I-II, Stockholm
 1898 En Färd Genom Asien 1893-97, Vols. I-II, Stockholm
 (1898) English edition: Through Asia, Vols. I-II, London
 1903 Asien Tusen mil på okända vägar, Vols. I-II, Stockholm
 (1903) English edition: Central Asia and Tibet, Vols. I-II, London, New York and Melbourne
 1904-1907 Scientific Results of a Journey in Central Asia 1899-1902, Vol. I-VI + 2 vols. maps, Stockholm
 1904 Scientific Results of a Journey in Central Asia 1899-1902, Vol. I, The Tarim River, Stockholm
 1904 Scientific Results of a Journey in Central Asia 1899-1902, Vol. II, Lop-Nor, Stockholm
 1909-1912 Transhimalaya: Upptäckter och Äventyr i Tibet, Vols. I-III, Stockholm
 (1909-1913) English edition: Trans-Himalaya: Discoveries and adventures in Tibet, London
 1916-1922 Southern Tibet: Discoveries in former times compared to my own researches in 1906-08, Vols. I-IX + 3 vols. maps and panoramas, Stockholm & Leipzig
 1918-1927 Eine Routenaufnahme durch Ostpersien, Vols. I-II + 1 vol. maps, Stockholm
 1928 Åter till Asien: Min expedition 1927-28 med svenskar, tyskar och kineser genom öknen Gobi, Stockholm
 (1931) English edition: Across the Gobi desert, London
 1932 Ms: I kamp mot öknen och döden
 1937 Tyskland och Världsfreden, Stockholm
 (1937) English edition: Germany and the world peace, London
 1939 Femtioår Tyskland, Malmö
 1943a History of an Expedition in Asia 1927-1935, Part I: 1927-1928, In collaboration with Folke Bergman
 Reports from the scientific expedition to the north-western provinces of China under the leadership of Dr. Sven Hedin Vol. 23, Stockholm
 1943b History of an Expedition in Asia 1927-1935, Part II: 1928-1933, In collaboration with Folke Bergman
 Reports from the scientific expedition to the north-western provinces of China under the leadership of Dr. Sven Hedin Vol. 24, Stockholm
 1944a History of an Expedition in Asia 1927-1935, Part III: 1933-1935, In collaboration with Folke Bergman
 Reports from the scientific expedition to the north-western provinces of China under the leadership of Dr. Sven Hedin Vol. 25, Stockholm
 1944b Amerika i kontinenternas kamp, Stockholm
 1944c Im Kampf gegen Wüste und Tod, Leipzig/Dreseden
 1945 History of an Expedition in Asia 1927-1935, Part IV: General Reports of Travels and Fieldwork
 Reports from the scientific expedition to the north-western provinces of China under the leadership of Dr. Sven Hedin Vol. 26, Stockholm
 1949 Utan uppdrag i Berlin, Stockholm
 (1951) English edition: Sven Hedin's German Diary 1935-1942, Dublin

Hedin, Sven & Albert Herrmann
 1922 The Ts'ung-ling Mountains

Sven Hedin *Southern Tibet: Discoveries in Former Times compared with my own Researches in 1906-1908*: Vol XIII Part I: 1-88, Stockholm & Leipzig

Herrmann, Albert
1910 Die alten Seidenstrassen zwischen China und Syrien. Beiträge zur alten Geographie Asien I-I Abteilungen
Quellen und Forschungen zur alten Geschichte und Geographie, Heft 21, Göttingen
1915 Die Seidenstrassen vom alten China nach dem Römischen Reich
Mitteilungen der Geographischen Gesellschaft Wien 472ff.
1922a Die Westländer in der Chinesischen Kartographie
Sven Hedin *Southern Tibet: Discoveries in Former Times compared with my own Researches in 1906-1908* Vol. VIII Part II: 89-406, Stockholm & Leipzig
1922b Zwei osttürkische Manuskriptkarten unter Mitwerkung von A. v. Le Coq
Sven Hedin *Southern Tibet: Discoveries in Former Times compared with my own Researches in 1906-1908* Vol. VIII Part III: 407-431, Stockholm & Leipzig
1922c Chinesische Umschreibungen von älteren geographischen Namen
Sven Hedin *Southern Tibet: Discoveries in Former Times compared with my own Researches in 1906-1908* Vol. VIII Part IV: 433-452, Stockholm & Leipzig
1931 Lou-lan: China, Indien und Rom im Lichte der Ausgrabungen am Lobnor, Leipzig
1935 Historical and Commercial Atlas of China
Harvard-Yenching Institute Monograph Series Vol. I, Cambridge, Massachusetts
1938 Das Land der Seide und Tibet im Lichte der Antike
Quellen und Forschungen zur Geschichte der Geographie und Völkerkunde Bd. I, Leipzig

Himly, Karl
1900 Eine chinesische Beschreibung des Lop-nor in Hedin, Sven: Die geographisch-wissenschaftliche Ergebnisse meiner Reisen in Zentralasien 1894-1897
Dr. A. Petermanns Mitteilungen aus Justhus Perthes Geographischer Anstalt Ergränzungsband XXVIII (Heft 131): 151-154
1902 Sven Hedins Ausgrabungen am alten Lop-nur.
Petermanns Mitteilungen, Justus Perthes Bd. 48: 288-290, Gotha

Hjortsjö, Carl-Herman & Anders Walander
1942 Das Schädel- und Skelettgut der archäologischen Untersuchungen in Ost-Turkistan
Reports from the Scientific Expedition to the North-western Provinces of China under the leadership of Dr. Sven Hedin No 19, Stockholm

Hoernle, Rudolph
1891 On the date of the Bower Ms
Journal of the Asiatic Society of Bengal N. S. Vol. LXVI Part II: 79-96
1891/1892 An installment of the Bower Manuscript
Journal of the Asiatic Society of Bengal N. S. Vol. LXVI Part III: 135-195
1893-1912 The Bower Manuscript. Facsimile Leaves, Nagari Transcript, Romanised Transliteration and English Translation with Notes.
Archaeological Survey of India New Imperial Series. Vol. XXII, Calcutta
1893 The Weber MSS — Another collection of ancient manuscripts from Central Asia
Journal of the Asiatic Society of Bengal N. S. Vol. LXII Part I: 1-40
1897 Three further Collections of Ancient Manuscripts from Central Asia
Journal of the Asiatic Society of Bengal N. S. Vol. LXVI Part I: 213-260
1899 A Collection of Antiquities from Central Asia Part I
Journal of the Asiatic Society of Bengal N. S. Vol. LXVIII Part 1 Extra- No. 1.
1902 A Collection of Antiquities from Central Asia Part II
Journal of the Asiatic Society of Bengal N. S. Vol. LXX Part 1 Extra- No. 1.

Hopkirk, Peter
1980 Foreign Devils on the Silk Road: The Search for the Lost Cities and Treasures of Chinese Central Asia, London
1990 The Great Game: On Secret Service in High Asia, London

Huang Wenbi (黄文弼)
1931a 高昌専集，北京

1931b 高昌専集贅言，北京
　　1948 羅布淖爾考古記　1930，1934　[Chinese + English (transl. Preface + Contents)]，北京
　　1951 高昌専集（増訂本），北京
　　1958 搭里木盆地考古記，北京
　　1990 黄文弼蒙新考察日記　1927-1930，北京

Hultvall, John
　　1981 Mission och Revolution i Centralasien: Svenska Missionsförbundets mission i Östturkestan 1892-1938
　　Studia Missionalia Uppsaliensia XXXV, Stockholm
　　(1987) English edition: Mission and Change in Eastern Turkestan, Glasgow
　　1991 Mission och vision i Orienten: Svenska Missionsförbundets mission i Transkaukasien-Persien 1882-1921, Stockholm

Huntington, Ellsworth
　　1907 The Pulse of Asia: A Journey in Central Asia Illustrating the Geographic basis of History, Boston New York
　　1919 The Pulse of Asia: A Journey in Central Asia Illustrating the Geographic basis of History, 2nd ed. [with a new introduction], Boston New York

Hänisch, Erich
　　1922a Eine Chinesische Beschreibung von Tibet Vermutlich von Julius Klaproth Nach Amiot's Übersetzung bearbeitet
　　Sven Hedin *Southern Tibet: Discoveries in Former Times compared with my own Researches in 1906-1908* Vol. IX Part IV: 1-66, Stockholm & Leipzig
　　1922b Das Goldstromland im Chinesich-Tibetanischen Grenzgebiete Nach dem grossen Kriegswerk vom Jahre 1781 dargestellt
　　Sven Hedin *Southern Tibet: Discoveries in Former Times compared with my own Researches in 1906-1908* Vol. IX Part IV: 67-131, Stockholm & Leipzig

Härtel, H. & M. Yaldiz
　　1987 Die Seidenstrasse: Malereien und Plastiken aus buddhistischen Höhlentempeln Aus der Sammlung des Museums für Indische Kunst Berlin, Berlin

Högberg, Lars Erik
　　1924 En Missionärs minnen, Stockholm

Hörner, Nils, G.
　　1931 Upptäckten av Nya Lop Nor
　　Ymer: 345-378
　　1936 Resa till Lop, Stockholm

Ito, Genzo（伊藤玄三）
　　1995 克里雅河流域の考古学的遺跡
　　Environment and People of the Southern Taklimakan Desert: 53-74

Ito, Toshio（伊藤敏雄）& Katayama, Akio（片山章雄）
　　1989 近10年楼蘭・ロプノール関係文献目録 (1979-1988)，東京

Ito, Toshio（伊藤敏雄）
　　1999 鄯善国および楼蘭屯戍と周辺諸地域との関係に関する研究，大阪

Jarring, Gunnar
　　1991a Eastern Turkestanica in the Swedish National Archives
　　Central Asiatic Journal Vol. 35: 55-61
　　1991b Prints from Kashghar: The Printing-office of the Swedish Mission in Eastern Turkestan History and Production with an Attempt at a Bibliography
　　Swedish Research Institute in Istanbul Transactions Vol 3, Stockholm
　　1997 Central Asian Turkic Place-Names -Lop Nor and Tarim Area- An Attempt at Classification and Explanation Based on Sven Hedin's Diaries and Published Works
　　Reports from the Sino-Swedish Scientific Expedition to the North-Western Provinces of China under the Leadership of Dr. Sven Hedin No. 56, Stockholm

Jäkel, D. & Zhu Zhenda (eds.)
　　1991 Reports on the 1986 Sino-German Kunlun Shan Taklimakan-Expedition organized by the Institute of Desert Research, Academia Sinica (IDRAS), Lanzhou and the Institute of Physical Geography of the Free University of Berlin
　　Die Erde Ergranzungsheft 6: 1-6, Berlin

Johnson, W. H.
　　1867 Report on His Journey to Ilchi: the Capitol of Khotan in Chinese Tartary
　　Journal of the Royal Geographical Society of London Vol. 37: 1-47

Kagawa, M. (香川黙識)(ed.)
　　1915 西域考古図譜　I-II，京都

Karlbeck, Orvar
　　1938 Tsin Pu Tie Lu: Upplevelser och minnen från en 26-årig vistelse i Kinas inre, Stockholm

Kawami, Trudy S.
　　1997 The Formation of the Collection
　　Bunker, Emma (ed) *Ancient Bronzes of the Eastern Eurasian Steppes from the Arthur M. Sackler Collections*: 99-111, New York

Keliya he ....
　　1991 克里雅河及塔克拉瑪干科学探険考察報告，北京

Kiseritskij, G
　　1896 Khotaniskija drevnosti is sobranija N. F. Petrovskago
　　Zapiski vostotschnago atdjelenija Imperatorskago Russkago archaeologitscheskago obschtschestva Tome IX, H. 1-4, St. Petersburg

Klements, Dimitrii
　　1899 Nachrichten über die von der Kaiserliche Akademie der Wissenschaften zu St. Petersburg im Jahre 1898 ausgerüstete Expedition nach Turfan, Heft 1, St. Petersburg
　　1908 Turfan und seine Altertümer. Publikation der Kaiserliche Akademie der Wissenschaften zu St. Petersburg, St. Petersburg

Koskikallio, Petteri & Juha Janhunen (eds.)
　　1999 C. G. Mannerheim in Central Asia 1906-1908, National Board of Antiquities, Helsinki

Kozlov, P. K.
　　1923 Mongolia i Amdo i myortvy gorod Kara Khoto: Ekspeditiya Russkogo Geograficheskogo obshchestva v nagornoy Azii P. K. Kozlova, pochotnoga chlena Russkogo Geograficheskogo obshchestva. 1907-09, Moscow & St. Petersburg
　　(1925) German translation: Mongolei, Amdo und die Tote Stadt Chara-Choto. Die Expedition der russischen geographischen Gesellschaft 1907-09, Berlin

Larson, A. P.
　　1914 Magnus Bäcklund — ett Guds sändebud i Centralasien, Kristinehamn

Le Coq, Albert von
　　1907 Bericht über Reisen und Arbeiten in Chinesisch-Turkestan
　　Zeitschrift für Ethnologie Vol. 39: 509-24
　　1913 Chotscho. Facsimile-Wiedergaben der wichtigen Funde der 1. Kgl. preussischen Expedition. Turfan-Expedition, Berlin
　　1916 Volkskundliches aus Ost-Turkestan, Berlin
　　1918a Die vierte Deutsche Turfan-Expedition
　　Turan: 7-24
　　1918b Ein spätantiker Krug aus Chotän
　　Turan: 337ff.
　　1922 Osttürkische Namenliste, mit Erklärungsversuchen
　　Sven Hedin *Southern Tibet: Discoveries in former times compared to my own researches in 1906-08*. Vol IX Part II: 87-123, Stockholm & Leipzig
　　1922-26 Die buddhistische Spätantike in Mittelasien Vols. I-V, Berlin
　　1925 Bilderatlas zur Kunst und Kulturgeschichte Mittelasiens, Berlin
　　1926 Auf Hellas Spuren in Ostturkestan: Berichte und Abenteuer der 2. und 3. Deutschen Turfan-Expedition, Leipzig

1928 Von Land und Leuten in Osttutkestan: Berichte und Abenteuer der 4. Deutschen Turfan-Expedition, Leipzig

Le Coq, Albert von & Ernst Waldschmidt
  1928-1933 Die buddhistische Spätantike in Mittelasien Vols. VI-VII, Berlin

Lewnhaupt, Sten
  1928 Axel Lagrelius Kina-Resa, av honom själv berättad för Sten Lewenhaupt, Stockholm

Liljequist, Gösta H.
  1993 High Latitudes: A History of Swedish Polar Travel and Research, Stockholm

Loewe, Michael & Edward L. Shaughnessy
  1999 Introduction
    Loewe & Shaughnessy (eds.) *The Cambridge History of Ancient China: From the Origins of Civilization to 221 B.C*: 1-18, Cambridge

Lundahl, J. E. (ed)
  1917 På Obanade Stigar. Tjugofem år i Ost-Turkestan. Svenska Missionsförbundets Mission i Ost-Turkestan. Illustrerade Skildringar av Missionärer, Stockholm

Mallory, Jim P & Victor Mair
  2000 The Tarim Mummies: Ancient China and the Mystery of the Earliest Peoples from the West. Thames and Hudson, London

Malmqvist, Göran
  1995 Bernhard Karlgren: Ett forskarporträtt, Stockholm

Mannerheim, G. G.
  1940 Accross Asia from West to East, Vols. I-II
  Société Finno-Ougrienne Travaux Éthnographiques VIII, Helsinki

Maringer, John
  1950. Contributions to the Prehistory of Mongolia.
  Reports from the Scientific Expedition to the North-wester Provinces of China, Stockholm under the leadership of Dr. Sven Hedin No. 34

Mateer, Niall J. & Spencer G. Lucas
  1985 Swedish vertebrate palaeontology in China: A history of the Lagrelius Collection
  Bulletin of the Geological Institution University of Uppsala N. S. 11: 1-23

Mirsky, Jeannette
  1977 Sir Aurel Stein: Archaeological Explorer, Chicago and London

Montelius, Oscar
  1900 Typologin eller utvecklingsläran, tillämpad på det mänskliga arbetet
  Svensk Fornminnesförenings Tidskrift Band X
  1903 Die älteren Kulturperioden im Orient und in Europa Vol. 1: Die Methode, Stockholm

Montell, Gösta
  1936 Sven Hedin's Archaeological Collections from Khotan. Terra-cottas from Yotkan and Dandan-Uiliq.
  The Bulletin of the Museum of Far Eastern Antiquities No. 7: 145-221
  1938 Sven Hedin's Archaeological Collections from Khotan II. With an appendix by Helmer Smith (pp. 101-102)
  The Bulletin of the Museum of Far Eastern Antiquities No. 10: 83-113

Montgomerie, Captain William
  1866 On the Geographical Position of Yarkand and Some Other Places in Central Asia
  Journal of the Royal Geographical Society of London Vol. 36: 157-172
  1869 Report on the Trans-Himalayan Explorations during 1867
  Proceedings of the Royal Geographical Society and monthly record of geography Vol. 13: 183-198

Nordenskjöld, Otto
  1904 Antarctis: Två år bland Sydpolens isar, Vol. I-II, Stockholm
  (1905) English edition: Antarctica, or two years amongst the ice of the South Pole, London

Nordenskiöld, Erland
  1907 Kortfattad handledning till den Etnografiska Missionsutställningen i Stockholm 1907, Stockholm

Norin, Erik ed.
  1921 Tzu Chin Shan, an Alkali-syenite Area in Western Shansi.
  The Nystrom Institute The Sino-Swedish Scientific Research Association Publ. 1., Peking
  1922a The late Palaozoic and early Mesozoic Sediments of Central Shansi.
  The Nystrom Institute The Sino-Swedish Scientific Research Association Publ. 2., Peking
  1922b Some Geological Notes on the Coal and Iron ore deposits in the Carboniferous Sediments of Central Shansi.
  The Nystrom Institute The Sino-Swedish Scientific Research Association Publ. 4., Peking
  1923 Investigation of the Thermal Dissociation of the Hydrated Alumo-Silicates Prehnite, Zoisite and Epidote.
  The Nystrom Institute The Sino-Swedish Scientific Research Association Publ. 5., Peking
  1924a An Algonkian Continental Sedimentary Formation in Western Shansi.
  The Nystrom Institute The Sino-Swedish Scientific Research Association Publ. 6., Peking
  1924b The litological character of the Permian sediments of the Angara series in Central Shansi, N. China, Stockholm

Nyrén, Bernhard
  1928 Svenska Missionsförbundedts Femtioårsjubileum 11-17 juni 1928, Stockholm

Nyström, Erik T.
  1912 The coal and mineral resources of Shansi Province, China, Stockholm
  1913-14 Det Nya Kina Del I-II, Stockholm
  1936 Det nyaste Kina, Stockholm
  1937 Det underbara Kina, Stockholm
  1940 Kinas kvinnor och madam Chiang kai-Shek, Stockholm
  1961 The Sino-Swedish Institute for Scientific Research in Shansi Province, N. China, and Erik Norin's first years in China.
  Bulletin of the Geological Institutions of the University of Uppsala Vol. XL: 455-465,
  1989 Femtio år i Kina: Bland mandariner, krigsherrar och kommunister, Stockholm

Ogura, Junichi（小倉淳一）
  1995 タクラマカン沙漠における遺跡破壊の現状と課題
  Environment and People of the Southern Taklamakan Dersrt: 75-84

Oldenburg, S. F.
  1914 Russkaja Turkestanskaja Ekspediciha 1909-1910, St. Petersburg

Ootani, Koozui（大谷光瑞）(ed.)
  1937 新西域記 Ⅰ-Ⅱ，京都

Palmœr, Georg
  1946 Mångkunnig svensk i Östturkestan: Lars Erik Högberg 1858-1924
  Anvill, E. etc. *De tjänade Gud i Asien*: 37-80, Stockholm

Palmœr, Georg (ed.)
  1942 En Ny Port Öppnas: Från Svenska Missionsförbundets arbete i Östturkestan åren 1892-1938 och Indien 1940-1942, Stockholm

Paul, Christa
  1994 The Road to Miran: Travels in the Forbidden Zone of Xinjiang, London

Pelliot, Paul
  1910 Rapport de M. Paul Pelliot sur sa mission au Turkestan chinois 1906-1909
  Acadêmi des Inscriptions & Belles-Lettres, séances de l'année 1910, Paris
  1961 & 1964 Mission Paul Pelliot, Toumchouq, Vol. I & II, Paul David, M., M. Hallade & L. Hambis (eds.), Paris

Plewe, Ernst
　1983 Ferdinand Freiherr von Richthofen. Eine Würdigung
　Richthofen-Gedächtnis-Kolloquium 26. 11. 1979
　Colloguium Geographicum Band 17: 15-23, Bonn

Pumpelly, Raphael
　1866 Geological Researches in China, Mongolia and Japan during the years 1862-1865
　Smithonian Contributions to Knowledge 202: 1-162, Washington

Pumpelly, Raphael (ed.)
　1905 Explorations in Turkestan Expedition of 1903. With an Account of the Basin of Eastern Persia and Sistan., Washington
　1908 Explorations in Turkestan. Expedition of 1904. Prehistoric Civilization of Anau. Origins, Growth and Influence of Environment Vols. I-II, Washington

Raquette, Gustaf R.
　1912-14 Eastern Turki Grammar: Practical and Theoretical with Vocabulary. I-III
　Mitteilungen des Seminars für orientalische Sprachen Jahrgang 15-17. Abt. 2., Berlin
　1917 Brutna Stavar (paragraph on Lars Erik Högberg)
　Lundahl, J. E. (ed.) *På Obanade Stigar*: 535-546, Stockholm

Rawlingson, Sir Henry C.
　1867 On the Recent Journey of Mr. W. H. Johnson from Leh, in Ladakh, to Ilchi in Chinese Turkestan
　Proceedings of the Royal Geographical Society and monthly record of geography Vol. 11: 6-14

Richthofen, Ferdinand von
　1877-1912 China: Ergebnisse eigener Reisen und darauf gegründeter Studien Vols I-V + Atlas I-II [Vol. III and Atlas II posthumously edited and published by his students Tiessen and Groll, respectively], Berlin

Roberntz, Georg
　1942 Den Litterära Verksamheten och Tryckeriet
　Palmœr, G. (ed.): *En Ny Port Öppnas:* 200-205, Stockholm

Rosén, Staffan
　1995 Sidenvägen och svensk Centralasienforskning
　Kungliga Vitterhets Historie och Antikvitets Akademiens Årsbok 1995: 143-155
　1999 The Sino-Swedish Expedition to Yar-tonguz in 1994
　Juntunen, Mirja & Birgit N. Schlyter (eds.)
　Return to the Silk Routes: Current Scandinavian Research on Central Asia: 59-72, London & New York

Ryojun Museum（旅順博物館）
　1992 旅順博物館収蔵品展，京都

Röhrborn, Klaus
　1988 Türkologische Philologie und Sprachwissenschaft in Japan
　Laut, Jens Peter and Klaus Röhrborn (eds.), *Der Türkische Buddhismus in der japanischen Forschung.*
　Veröffentlichungen der Societas Uralo-Altaica, Band 23: 1-26, Wiesbaden

Said, Edward W.
　1978 Orientalism, New York & London

Schlosser, M.
　1903 Die fossile Säugethiere Chinas nebst einer Odontographie der recenten Antilopen
　Abhantlungen Bayerischen Akademie der Wissenschaften 22: 221, München

Senart, Émile
　1898 Le Manuscrit Kharoshti du Dhammapada: Les fragments Deutreuil de Rhins
　Journal Asiatique Tome XII: 193-308

I部　探検史編

Seoul National Museum
　1989 Catalogue of the Otani Collections, Seoul

Skrine, C. P. & Pamela Nightingale
　1973 Macartney at Kashgar: New Light on British, Chinese and Russian Activities in Sinkiang, 1890-1918, London

Smith, Helmer
　1938 Appendix (to Montell 1938)
　Bulletin of the Museum of Far Eastern Antiquities No. 10: 101-102

Sommarström, Bo
　1956a Archaeological Researches in the Edsen-gol Region Inner Mongolia Part I
　Reports from the Scientific Expedition to the North-western Provinces of China under the leadership of Dr. Sven Hedin No. 39, Stockholm
　1956b The Site of Ma-Kia-Yao
　Bulletin of the Museum of Far Eastern Antiquities No. 28: 55-138
　1958 Archaeological Researches in the Edsen-gol Region Inner Mongolia Part II
　Reports from the Scientific Expedition to the North-western Provinces of China under the leadership of Dr. Sven Hedin No. 41, Stockholm

Stein, Aurel
　1901 Preliminary Report on a Journey of Archaeological and Topographical Exploration in Chinese Turkestan, London
　1903 Sand-buried ruins of Khotan: Personal Narrative of a Journey of Archaeological and Geographical exploration in Chinese Turkestan, London
　1907 Ancient Khotan: Detailed Report of Archaeological Explorations in Chinese Turkestan Vols. I-II, Oxford
　1912 Ruins of Desert Cathay: Personal Narrative of Explorations in Central Asia and Westernmost China Vols. I-II, London
　1921 Serindia: Detailed Report of Explorations in Central Asia and Westernmost China Vols. I-V, Oxford
　1928 Innermost Asia: Detailed Report of Explorations in Central Asia, Kansu, and eastern Iran. Vols. I-IV, Oxford
　1933 On Ancient Central Asian Tracks: Brief Narrative of three Expeditions in Innermost Asia and North-Western China, London

Sugiyama, Jiro（杉山二郎）
　1971 東京国立博物館図版目録　大谷探検隊将来品編，東京

Sykes, Ella
　1920 Through deserts and oasis of Central Asia, London

Sylwan, Vivi
　1941. Woollen Textiles of the Lou-lan People.
　Reports from the Scientific Expedition to the North-western Provinces of China under the leadership of Dr. Sven Hedin No. 15, Stockholm
　1949 Investigation of Silk from Edsen-gol and Lop-nor.
　Reports from the Scientific Expedition to the North-western Provinces of China under the leadership of Dr. Sven Hedin No. 32, Stockholm

Tallgren, A. M.
　1919 Den Mannerheimska samlingen i Nationalmuseet
　Veckans Krönika 16: 11, Helsinki
　1940 The Mannerheim archaeological collections from Eastern Turkestan
　Mannerheim, C. G, *Across Asia from West to East* Vol. II: 1-53

Tanabe, Hideo（田部秀男）
　1995 遺跡の沙漠化について ── 現代村落からのアプローチ
　Environment and People of the Southern Taklamakn Desert: 85-96

Teng Gu（滕固）
　1937 先史考古学方法論，北京

Terra, Hellmut de

1932 Geologische Forschungen im westlichen K'un-lun und Karakorum-Himalaya
Wissenschaftliche Ergebnisse der Deutschen Zentralasien Expedition 1927/28 Teil 2, Berlin

Trinkler, Emil,
1930 Im Land der Stürme: Mit Yak- und Kamelkaravanen durch Innerasien, Leipzig
1932 Geographische Forschungen im westlichen Zentralasien und Karakorum-Himalaya
Wissenschaftliche Ergebnisse der Deutschen Zentralasien Expedition 1927/28 Teil 1, Berlin

Toll, Christopher & Ulla Ehrenswärd
1977 Gunnar Jarring: En bibliografi, Stockholm

Varjola, Pirjo
1999 Marshal Mannerheim's Central Asian collections in the Museum of Cultures
Koskikallio & Janhunen (eds.) *C. G. Mannerheim in Central Asia 1906-1908*: 63-76, Helsinki

Vilkuna, Kustaa
1940 Mannerheim's Collection of Sart Specimens
Mannerheim, C. G, *Across Asia from West to East*, Vol. II: 1-35

Walker, Annabel
1995 Aurel Stein: Pioneer of the Silk Road, London

Walravens, Hartmut
1993 Ferdinand Lessing (1882-1961) — Vom Museum für Völkerkunde zu Sven Hedin. Aus den Reiseberichten und Briefwechsel
Jahrbuch Preussicher Kulturbesitz Band XXX: 175-198

Wang, Helen (ed)
1999 Handbook to the Stein Collections in the UK
British Museum Occasional Paper No. 129, London

Wang Shouchun (王守春)
1995 喀拉敦遺址群破棄時代的研究
Environment and People of the Southern Taklamakn Desert: 209-212

Warner, Langdon
1926 The Long Old Road in China, New York

Wiklund, K. B.
1905 Transcription of geographical names in Central Asia
Sven Hedin *Scientific Results of a Journey in Central Asia 1899-1902* Vol. II. Lop-Nor: 647-660, Stockholm

Whitfield, Roderick
1982 The Art of Central Asia: The Stein Collections in the British Museum, Vol. 1: Paintings from Dunhuang; Vol. 2: Paintings from Dunhuang; Vol. 3: Textiles, Sculpture and Other Arts, Tokyo—London

Wu Zhou (呉州) & Huang Xiaojiang (黄小江)
1991 克里雅河下游喀拉敦遺址調査
克里雅河及塔克拉瑪干科学探険考察報告, 98-116, 北京

Xia Xuncheng (夏訓誠) & Hu Wenkang (胡文康)
1993 Guidebook of the Environment of Taklimakan Desert and the Vicinity, Urumqi.

Yaldiz, M
1987 Archäologie und Kunstgeschichte Chinesisch-Zentralasiens (Xinjiang)
Handbuch der Orientalistik Abteilung VII (Kunst und Archäologie) Band III (Inner Asien) Abschnitt II, Leiden

Zettersteen, K. V.
1918 Zur Transkription der persischen Namen in Hedin

Ⅰ部　探検史編

Eine Routenaufnahme durch Ostpersien Band I: 103-06, Stockholm
1927 Zur Bedeutung der persischen Namen in Hedin
Eine Routenaufnahme durch Ostpersien Band II: 275-379, Stockholm

Zheng Shixu（鄭師許）
　1933 孟徳魯斯与考古学研究法（大陸雑誌　1-8），北京

Zheng Shixu（鄭師許）& Hu Zhaochun（胡肇椿）
　1935 考古学研究法（学術世界1：2-6）
　1936 考古学研究法　上海（濱田耕作訳　考古学研究法　1932，東京）

Zhu Zhenda（朱震達），Liu Shu（劉恕），
　Wu, Zhen（呉震）&Di xingmin（邸醒民）
　1986 Desert in China, Lanzhou

第II部

———— * ————

資 料 編

2 楼蘭・ニヤ出土カロシュティー文書の和訳 カロシュティー文書に見る西域南道

A Japanese Translation of the Kharoṣṭhī Documents from Lou-Lan and Niya.
: The Southern Road in the Kharoṣṭhī Documents

赤松　明彦
Akihiko Akamatsu

2-1　まえがき

　ここに言う「カロシュティー文書」とは，楼蘭遺跡からニヤ遺跡に至る西域南道沿いのオアシス都市遺跡より出土した文書類で，カロシュティー文字で書かれたものを指す．オーレル・スタイン (Aurel Stein) により発掘収集されたものは，大部分 ── 文書番号764番 (以下「No. 764」等と表記) まで ── がKI, I-III においてローマ字転写で早くに公刊されている．また近年の日中共同のニヤ遺跡調査の報告書 (『尼雅報告書(一)』，『同(二)』) にも20点ほどが見られるが，さらに新疆での考古調査で新たに発見されたもので未発表のものも多く，この種の「カロシュティー文書」の数は現在ではおそらく千点近くあるはずである．これらの文書の大部分は，王からの命令書，役人間の手紙，証文などの行政上の文書である．多くが木簡で，二枚一組の楔形封印木簡，二枚一組の矩形木簡，一枚板のタクティー型木簡などがある．また比較的長文の内容を持つ皮革文書，さらには数点の紙文書もある．墨で書かれ，濃淡やにじみ・かすれがかなり明瞭に見える．ニヤ出土のものに代表されるこの種の「カロシュティー文書」のカロシュティー文字の形は，文書ごとの差異があまりなく，読みやすいものである．(「カロシュティー文書」の形態論とそれに応じた内容の特徴，出土地点ごとの特異性，その他の詳細については，本書の研究編に譲る．) 言語は，中期インド＝アーリアン語 (MIA) の北西インド (ガンダーラ地方) 方言 (プラークリット) で，H. W. Bailey (1946：764) が，「ガーンダーリー」(Gāndhārī) とこれを名付けたが，近年ではこの呼び名が定着しつつある．「ガーンダーリー」の言語的特徴は，他の中期インド＝アーリアン語と違って，サンスクリットと同様に三種の歯擦音 (ś, ṣ, s) を保持するなどの音声上の特徴の他に，何よりもこの言語がカロシュティー文字によって書かれたことにある．(他のプラークリットはすべてブラーフミー文字によって書かれた．ちなみに，No. 431 の木簡の裏面にはブラーフミー文字が書かれている[*1].) つまり，カロシュティー文字と「ガーンダーリー」は不可分の関係にあるのである．以下に訳出する楼蘭・ニヤ出土の「カロシュティー文書」には，当時のイラン語やギリシア語などから

[*1] また No. 511, 523裏, 647 には，1から3までの数字についてはブラーフミー文字で記されているのが見えるが，これら3点の文書は，それ自体がいずれもサンスクリットあるいは仏教梵語の詩節で記したものである．

の借用語が多く含まれており，3～4世紀頃の西域南道沿いの諸地域において，「ガーンダーリー」が政治的・経済的公用語とでも言うべき位置を占めていたことがわかる．

　ここでは，「カロシュティー文書」のうち，具体的な地名を記載する文書を網羅的に訳出することにした．「カロシュティー文書」にもとづいて西域南道沿いの諸地域・地点の歴史地理を考察する試みはすでに，長沢(1996b)などによってなされているが，ここでは地名を載せるほぼすべての文書を訳出することによって，今後の研究に資することを目指した．さらに「カロシュティー文書」と言えば，従来ニヤ出土のものが言語学的にも文化史的にももっぱら注目され，楼蘭(LAおよびLB)出土の「カロシュティー文書」については，数点を除いては特に取り上げられてこなかった．断片・破片が多く，よく意味のとれないものも多いが，その全体を見るためにここに訳出・紹介しておく．

　以下に各文書ごとの訳文と注記を示す．訳文は逐語訳をこころがけ原文の語順に出来る限り従うようにした．動詞によって示されている時制(現在・過去・未来)の区別や，主語の明示，主語の人称や数(単数・複数)および性(男性・女性)の区別は，これを出来る限り示した．そのため日本語の文章としてはこなれていない．当該の文書について，重要な研究や翻訳がある場合は，出来るだけそれを指示するようにした．訳文冒頭のナンバリングは，KI, I-III における文書番号である．それに続けてスタインがつけた出土地と文書の番号，その形態，スタインの目録のページを挙げている．参照に際しては，本章末 2-4 節の文献表に示す略号を用いている．翻訳にあたって，T. Burrow の LKhD と TKhD を参考にしたことは言うまでもない．他に，まとまった翻訳を載せるものとして林梅村(1988)がある．以下の訳文において，(　)内は原語の注記や言いかえである．また［　］内は訳者による補いである．訳文を示さず，資料番号の提示のみにとどめたものについては，その内容を簡単に［　］内に示している．

2-2　地名記載文書の和訳

2-1-1　複数の地名を載せる文書
　　　―― カロシュティー文書に見る西域南道諸地域の関係

　3～4世紀の西域南道の各地域・地点の関係をよく示すものとしてしばしば取り上げられるのが，No.14 の楔形木簡である．以下，文書中に現れる地名を，ゴシックで記した各訳文の見出中の(　)に入れて示す．

［1］(**チャルマダナ，サチャ，チャドータ，ニナ，コータンナ**)
No. 14 (N. i. 16＋104　楔形木簡上下二枚　AKh., p. 387, 390) [Lüders (1940：36), 長沢 (1996 a：120, 227, 311, 345-6；1996 b：235)]

　チョジボー官(州長官)のビマヤとショータンガ官(収税長官)のリペーヤに与えられるべき［命令］．偉大なる大王が記す．チョジボー官のビマヤとショータンガ官のリペーヤとに命令を与える．以下のごとし．いま，ここに，シャメーカが次のように報告している．この者は，コータンナ (khotaṃna) に使節として行った．チャルマダナ

(calmadana) からは，彼ら［チャルマダナの者たち］が護衛を出した．彼はサチャ (saca) まで行った．サチャからは，彼ら［サチャの者たち］が護衛を出した．彼はニナ (nina) まで行った．ニナからコータンナまではチャドータ (caḍota) から護衛が出されるべきであった．コータンナまで……（行った）……と．この楔形封印文書 (kilamudra) がそちらに届いたならば，ただちに，以前にニナからコータンナまでの護衛が［チャドータの者たちによって］負担されるべきであったそのやり方に準じて，追加的な費用とともに (sadha ayogena)，［その費用がこの者に］与えられるべきである．王法 (dhaṁa) に則って決定がなされるべきである．——「シャメーカの件」．

　この文書には，コータンナ，チャルマダナ，サチャ，ニナ，チャドータという地名が出る．それぞれの地名がひとつの独立した王国の名前であるのか，ある程度の広がりを持った地域を指すのものなのか，それとも都市のごとき地点を指すのかが問題であるが，それについては後に別の文書を見るときに考察し，さらにまた各地名について個別に扱うときに詳論することとする．まずこの文書をそのまま読めば，王が，その支配地を通ってコータンナ（ホータン）まで行く使節の安全の保証に関連して，従来の慣習の遵守をチャドータの長官に命じているもので，ラプソン (E. J. Rapson) が，KI-III (1929：325) で述べたように，西域南道におけるその旅程の各地点として，「チャルマダナ (Charchan) —サチャ—チャドータ—ニナ (Niya) —コータンナ (Khotan)」が，この文書からは知られるということになるだろう．長沢 (1996 a：120, 227, 311, 345-6；1996 b：235) は，しばしばこの文書を取り上げ次のように言う．「即ちこの文書はサメーカなる男がクロライナからホータンに使するため，大王がチャドータの長官ビマヤと徴税官リペーヤに護衛の準備を命じた命令書である．この文書により我々は，使節につけられる護衛は，Kroraina から Calmadana へ，Calmadana から Saca へ，Saca から Nina へ，Nina から Khotan へとそれぞれ各オアシスの護衛が伝達して送ったものであることがわかる．そして右の文中の地名はラプソンによって，Kroraina はスタインのいわゆる L. A. 遺址，Calmadana は Cherchen，Saca は Endere，Nina は［Niya, Caḍota は］Niya site，に比定されている．ただしラプソンは Nina を Niya（民豊県）に比定したが，これは『漢書』西域伝に，「扜弥国，王治扜弥城．……今名寧弥．」とある如く，扜弥は一名寧弥とも呼ばれていたのであり，おそらく Nina は Uzun Tati と見てよいであろう」(1996 b：235．いま筆者の責任で本文の脱落・誤植を訂正し漢文引用の際のカッコを補っている)．後半の Nina＝扜弥＝Uzun Tati とする説については，後に「ケーマ」(Khema) を取り上げる際に論じるとして，いま問題は前半である．果たしてこの文書から，クロライナ (Kroraina) からチャルマダナ (Calmadana) へ至る道を読み取ることが出来るだろうか．この文書からわかるのは，ラプソンがここで述べているように，チャルマダナ—サチャ—チャドータ—ニナ—ホータンの道筋だけではないだろうか．おそらく長沢 (ibid.) は，この命令の発信地が王の居所であり，そこがこの国（鄯善）の都であるから，そこはつまり楼蘭であり，すなわちそれはクロライナであり，それこそが L. A. であるということを前提にして上のように述べたのであろうが，実はこの前提こそが問い直されなければならないものであることは，本書第III部の研究篇で梅原，赤松が論じるところである．

　リューダースもまたこの文書を論じている (Lüders 1940：36)．彼はこの文書から明ら

かになるのは，「チャルマダナ（折摩駄那，Charchan）からサチャ（Endere），ニナ（尼壤，Niya）を経て，チャドータを通らずに，ホータン（Khotan）へ行く通常の道」であり，ニナからホータンまでの最後の行程で，ニナではなく，そこから数日行程離れたチャドータから護衛の供給がなされるべきだと言っているこの文書は，「ニナの役人がクロライナの王の指揮下にはなかった，つまりニナはホータンに属していた」ことを根拠付けうるものだとするのである．リューダース（ibid.）は，さらにチャドータが，クロライナ王国の西の国境に位置する属領であることを言うために，次に示す No. 367 を引用している．

［2］（サチャ，チャドータ，コータンナ）

No. 367 (N. xv. 318. 楔形木簡下一枚 AKh., p. 408.) ［Lüders (1940：37)］

> ともにチョジボー官（州長官）であるソーンジャカとタンジャカとに命令を与える．以下のごとし．いま，プシェーは王の仕事に従事している．この者にはサチャからラクダ2頭と護衛が供与されるべきである．彼ら（護衛と2頭のラクダ）は，［彼を］境界(sima)まで連れて行くであろう．そこからは，チャドータから，その役目向きの乗り物動物（馬）と護衛とが，コータンナまで（acaṃta の意味は不明）供与されるべきである．もし汝が［なすべきことを］留保しようとしたり，役目に向かない護衛を供与しようとするならば，覚悟せよ（manasaṃmi hotu）．

この文書もまた，王がチョジボー官に宛てた楔形封印命令書である．この文書からは，サチャとチャドータとが，一人の王の支配下にありながらも，互いに境界を接する「州」のごとき領域（これが，raja，サンスクリットで rājya「王国」(kingdom) と言われるものであることは後に述べる）であることがわかる．そして，チャドータはこの「州」として，別の王が支配する国家であるホータン（後出の No. 661 参照）と国境を接しているのである．チョジボー官二人にこの文書が宛てられているのは，それぞれがサチャとチャドータという別の「州」のチョジボー官であるからかも知れない．

サチャ，チャドータ，ホータンの関係は，また次の No. 214 からも読み取ることが出来る．

［3］（サチャ，チャドータ，コータンナ，レーメーナ，ケーマ）

No. 214 (N. xv. 3. 楔形木簡下一枚 AKh., p. 399.) ［長沢 (1996 a：348)］

> 偉大なる大王が記す．ともにチョジボー官であるコーリサとソーンジャカの両名に命令を与える．以下のごとし．いま，オグ官（首相）のアリヤイェーナをコータンナへの使者として私は遣わす．汝らの（tumahu，二人称複数形属格）「州」の用務（rajakica＝Skt. rājya-kṛtya，「国務」）のために，私はオグ官のアリヤイェーナの手でコータンナの王への馬一頭を贈り物として送った．この馬に対しては，サチャとチャドータから支給飼料が供与されなければならない．サチャからは 10 vacari[*2] の大麦粉と 10 vacari の phalitaga (?) と二袋の go ni yaṃmi aśpi sta（ムラサキウマゴヤシ？）が，レーメーナ (remena) まで．同様に，チャドータからは 15 vacari の大麦粉と 15 vacari の phalitaga と三袋の aśpi sta tre go ni yaṃmi（ムラサキウマゴヤシ？）が，ケーマ (khema) までである[*3]．

* 2 vacari は穀粉を入れる容器を指すと思われる．

* 3 支給される飼料の比が 2：3 の割合になっていることから見て，サチャからレーメーナが 2 日行程，レーメーナからケーマまでが 3 日行程であったろうと思われる．

この文書もまたホータンへの使者の件を扱う．サチャとチャドータが別の「州」であることは，二人のチョジボー官に対して，「汝らの『州』の用務 (tumahu rajakica)」と言っていることからも明らかであろう．ここでは，サチャ，チャドータ，コータンナという「州」あるいは「国」にあたる名称に加えて，新たにレーメーナとケーマという地名が出ることに注意しなければならない．「ケーマ」(khema) は，次の文書 (No. 362 他) にも示すように，コータンナ (khotaṃna) と対で出ることが多く，ホータン国の属領か国内の一地域でチャドータと境界を接する所にある地域，あるいは都市と考えられる．この「ケーマ」との対比で考えるならば，「レーメーナ」(remena) は，サチャとチャドータが境界を接するところにあるサチャ領内の一地域あるいは一都市ということになるであろう．

ホータン国との国境を警備警戒することは，境界を接するチャドータのチョジボー官にとって特に重大な任務であったと思われる．ニヤ遺址住居址 N. V. xv からは，断片も含めると 23 枚の皮革文書が出ているが，その内の 14 枚が，「もしケーマとコータンナからのニュースが何かあるならば，あるがままに大王である私の下に報告の手紙が送られるべきである」(yahi khema khotaṃnade vartamana haćhati iṃthuami mahi maharayasa padamulaṃmi vimñadi lekha prahadavya) (cf. LKhD：119. 'vartamana'の項) という文句をほぼ定型文として含んでいる．例えば次の No. 362 を見てみよう．

[4]（ケーマ，コータンナ，チャドータ，チャルマダナ）

No. 362 (N. xv. 310. 皮革文書 AKh, p. 408, Pl. XCI.)［長沢 (1996 a：349-350)］

> 偉大なる大王が記す．チョジボー官のサマセーナとプゴーに命令を与える．以下のごとく私が書くことを汝は知らねばならぬ．[王が] 国務のために (rajakicasa kridena = Skt. rājya-kṛtyasya kṛtena) 命令をひとたび与えたならば，[汝は] 昼も夜も，熱心に，国務に専念しなければならない．警備は注意深く守られなければならない．もしケーマとコータンナからのニュースが何かあるならば，そのままこちらに報告されなければならない．さていま，スヴェータ官のコーサはコータンナへ使節として送られた．この者はまた，チャルマダナから家族・眷属の者たちを率いて来た．そちらのチャドータに住わせるためにである．コーサの家族・眷属の者たちは決してコータンナに行かせてはならない．そちらチャドータにこそ留めおかれるべきである．汝，州責任者 (rajadharaga = Skt. rājyadhāra) の世話の下におくように．決して辱めるようなこと (paribhava) がないように．何か不足のものがあるようなことになったならば，必ず適切に世話されなければならない．コータンナから彼が戻ってきたときには，こちらに [その者たちを] 連れてくるであろう……第 8 番目の月，17 番目の日．チョジボー官のサマセーナとプゴーとに与えられるべきもの．

「偉大なる大王が記す．」から「もしケーマとコータンナからの……」という先に指摘した一文までが，やや長文であるが，皮革文書（皮革に書かれた詳細な内容を持つ王の命令書）の冒頭を飾る決まり文句となっていることは，他の例からでも明らかで，しかもこの「もしケーマとコータンナからの……」という定型文は，皮革文書以外にはその例を見ないものである．ケーマとコータンナがこのように定型化した文章のなかで一対で言及

されると言うことは,「ケーマ」がホータン同様に,「大王」支配下の王国とは常に別の領域に属する地域であり,境界を接しつつチャドータとは緊張関係にあったことをよく示すものである.同様の定型文を含む皮革文書をもうひとつ挙げておこう.

［５］（ケーマ，コータンナ，スピ）

No. 272 (N. xv. 88. 皮革文書 AKh., p. 403, Pl. XCII.) ［長沢 (1996 a：383, 385, 414-415)］

偉大なる大王が記す.チョジボー官のソーンジャカに命令を与える.以下のごとく私が書くことを知らねばならぬ.命令を私が国務のために与えたならば，[汝は]昼も夜も，熱心に，国務に専念しなければならない.また警備は，命を捨てる覚悟で，注意深く守られなければならない.ケーマとコータンナからのニュースが何かあるならば，そのまま，われ大王の足下に，報告の手紙（viṃñadi-lekha）が送られなければならない.さて，汝はそちらから報告の手紙をトンガ官のヴクトーの手に持たせて送ってきた.それにもとづいて，われ大王は，すべての事柄について知った者となるのである.また，昨年来，汝はスピたちからの大いなる危機にさらされてきた結果，その地の住民を都城の内部に住まわせているようであるが，いまやスピたちはすべて立ち去った.彼らは以前に住んでいた場所に[再び]落ち着いた.汝の州には平安が戻った.またコータンナからの財産の保護（yoga-chema）もある.さていま，lautġaiṃci の住民について書かれなければならない.都城（nagara）だけが守られるべきである.州領内の他の人々はそのまま置いておかれるべきである.彼らは二度と再び都城の内部で悩まされるべきではない.さてまた昨年,王の śuka ワインがそちらで集められたはずである.いま，収税官も酒蔵の役人もこのすべてのワインを消費し尽くしてしまったと聞く.この命令の手紙（anadi-lekha）がそちらにに届いたならば，ただちに，そこで昨年の śuka ワインと今年のワインとがすべて完全に集められるべきである.そしてひとところに貯えられるべきである.またそちらでは，ヤトマ官のパルクタが，kuv́ana, tsaṃghina, koyimaṃdhina の穀物をすべて一緒に都城の官署に集めて預けたはずである.それと同じようにいま，kuv́ana, tsaṃghina, koyimaṃdhina……穀物は集められて都城に[預けられるべきである].また伝令（leharaġana）は急ぎの用件でこちら王廷に来ることになっている.誰でもよいから[馬なりラクダなりの]動物（stora）を持っているものから，それ（動物）を借りるように.賃貸料は通常のレートで州から支払われるであろう.よって，国務は，決して滞った状態にはならないように.また，馬草用のムラサキウマゴヤシ（？）は都城のなかで集められる.昼も夜も，caṃdri, kamaṃta, rotaṃ（ムツバアカネ），そして curoṁa はこちらの王廷にただちに送られなければならない.また州の住民が以前の負債をめぐってお互いに争っていると聞く.これらの裕福な住民には，債務者の住民たちにうるさく迫るようなことをさせないようにしなければならない.コータンナからの財産の保護があり，王国が平静であるときには，そのときには彼らも払うであろう.また，そちらでは，有徳のよい生まれの住民がチョジボー官のソーンジャカにまったく服従しないと聞いている.彼らにはそのようなことをする権利はない.私はこの者だけに州（raja＝Skt. rājya）を任せたのである.そして国務は誰によってでも執行されてよいものではない.いまよりは，彼に対する不服従は許されるべきではない.チョジボー官のソーンジャカに服従しない

者はこちらの王廷へ送られるべきである．そしてその者はこちらで罰をうけるであろう．11番目の月，13番目の日．

ホータンからのチャドータに対する略奪行為を実際に記録する文書もある．後に見るNo. 494のように，ホータンからの侵略を「略奪と破壊」(aloṭa viloṭa)と固有名詞化して呼び，それがチャドータのみならず王国全体に深刻な影響を与えるほどに激烈で，それ以前と以後では国家体制そのものが変わってしまったことを思わせる文書もある．上の文書でも，「コータンナからの財産の保護」(khotaṃnade yoǵa-c̄hema)というのは，ホータンからの略奪の恐れがなくなった状態を言うものであると思われる．次の文書は，ホータンからの略奪行為について報告するものである．

[6]（コータンナ，レーメーナ）

No. 376 (N. xv. 333. 皮革文書 AKh., p. 409, Pl. XCII.)

> 汝は報告の手紙 (viñati-lekha) を送らなかった．第二の事 (biti karya)．ホータン人たちがレーメーナに対して騎馬による強奪を行った．ナマタの息子のナンマラジュマを連れ去った (aǵasavida?)．汝は沈黙したままである (tuṣi bhū-)．第三の事 (triti karya)．至急便 (sapac̄haka-lekha「翼のある手紙」?) が行った．ツァカの住民を準備するようにとの［内容で］．汝は何もしないままにした．汝は住民を準備させなかった．スギタがそちらに命令の手紙 (anati-lekha) を持っていった．第一番目の日に，手紙を汝は読んだ．第三番目の日に（三日目にしてようやく），人々を橋まで送った……第四の事 (caturtha karya)．以前には，月ごとに，伝令（配達人）たちが来た．汝は伝令たちを留めたままにしている．それで，諸々の用務のために，まさしく汝がこちらで至急なすべきことについて，汝は［こちらに］来なければならない．［さもなければ］いったい何が［汝に］起きるか私の知るところではない．オープゲーヤが返答の手紙 (prati-lekha) を要求した．汝のために手紙が出されたはずである．それで私は彼を留めた．返答の手紙は手にされていなかった．この私の手紙から詳細に事を知った者と［汝は］なるに違いない．この手紙を読んだならば，ただちになすべきことがなされるべきである．

皮革文書であるが，先に見たような冒頭の定型文が見えない．明らかに本文が途中から始まっているので，おそらく前半が破損したものと思われる．かなり激しい口調の叱責の手紙と言うことが出来るだろう．「ケーマ，ホータンに関するニュースはなんであれ伝えるべし」という命令にそむいたことが指摘されている．この皮革文書は，命令を詳細に伝える他のものと異なり，箇条書きにして命令不履行を難詰するものとなっている．

[7]（コータンナ，チャドータ）

No. 415 (N. xxi. 2+3. 矩形木簡上下二枚 Plate VI. AKh., p. 413.)

> ［上：表］女ツィナの息子，見習い僧 (ṣamnera＝Skt. śrāmaṇera「沙弥」：修行僧生活の第一段階に入門した弟子，新帰依者)，養子に関するもの．シメーマにおいて保管されるべきもの．［下：表］7番目の年，尊敬すべき偉大なる大王，ジトゥガ，マヒリヤ様，天子の，3番目の月，5番目の日のこのときに．以下の通り．ホータン人たち

(khotaniye) が，チャドータの州 (caḍota raja) を略奪した (parajhidati). そのときに，かの女性ツィナを，ホータン人の 3 人の若者たちが連れて行った．彼らはやって来た．元老 (kiṃtsayitsa) のルトゥアの農場 (荘園) で，チョジボー官のソーンジャカの母親に，[彼女を] 贈り物として贈った．彼女ツィナを息子たち娘たちとともに彼らは与えた．……（不明個所）……．その女性ツィナは，男カチャナに，[上：裏] 息子を養子として与えた．……（以下証人が列挙される）．そしてこの証文 (likhid'aga) は彼女ツィナの要求で，かの長官の命令で，書記の私リパンガによって書かれた．効力は100 年間．

これは矩形木簡で，土地や人間に関わる権利書，証文 (likhidaga) である．この種の矩形木簡は，上蓋の表の中央部分に封泥用の溝が掘られそこに封泥されて紐がかけられシールが押されている．封印より上に「何々に関するもの」と案件が書かれるとともに，「某々において保管されるべきもの」(dharidavo) と記されている．封印の下には，「某々のシール」ということが書かれている場合もあるが，この木簡の場合は，封泥にシールがひとつ明瞭に残っていたが，下に署名はなかった．下板の表に権利の内容が記されるが，本文の後半部分で証人の名前が列挙されるのが普通である．訳文中で，「……（不明個所）……」とした部分は，文字は読めるが意味がまったく取れない部分である．ただし「コータンナのグシュラ官高官……」と読める個所があり注目される．

ホータンとの紛争に言及するものをもう一枚挙げておこう．

[8]（コータンナ，チャドータ）
No. 516 (N. xxiv. viii. 2. 楔形木簡下一枚 Ser. I, p. 258.)

> 偉大なる大王が記す．チョジボー官のイタカとトンガ官のヴクトーとに命令を与える．以下のごとし．いま，こちらで，スナンダが次のように訴え出ている．そちらチャドータで，ホータン人たちとの紛争 (akula＝Skt. ākula) があった，ちょうどそのときに，……（以下省略）．

ホータン人たちと並んで，外部からの侵入者，外敵としてしばしば名を挙げられるのがスピ人たちである．前出の皮革文書 No. 272 でもその名が挙がっていた．いまひとつ別の文書を見てみよう．

[9]（コータンナ，サチャ，スピ）
No. 578 (N. xxiv. viii. 81. 矩形木簡上下二枚 Ser. I, p. 261, Pl. XX.) [長沢 (1996 a：215)]

> [下：裏] スピ人たちからのまさしく襲撃の恐れに対しては，汝にはいかなる安心もあってはならない．常に，サチャにおいて偵察がなされなければならない．コータンナからのニュースがあれば必ずそれを私の知るところとなされなければならない．王廷からのニュースがあれば必ず汝の知るところとなるであろう．また汝はそちらのパルヴァタ人たちの金細工師を許した（？）．

ここではホータンとともに，スピが外部の敵として記されている．ただ奇妙なのは，

この木簡自体は，上蓋表の部分に「スグタにおいて保管されるべきもの」とあり，さらに証人二人のシールと署名もあって，女性とラクダをめぐる貸借の仲裁を内容とする証文である．この証文の裏，つまり下板の裏に，上の文が綴られているのである．内容的にもあまりに一般的すぎるのであるいは手習いをしたのかと思われる．ちなみにこの文書は，N. xxxiv. viii から出土した26対の封印されたままの完全な矩形木簡のグループ（No.568-No.593）に含まれるひとつであり，厳重に保管されるべき重要な文書として隠されていたものであるに違いなく，証文と見なされていたことは間違いない．

以上まず西域南道諸地域の関係と，その西端において境界を接するチャドータとホータンとの関係（敵対関係）を中心に見てきた．次に王から見てともに支配下にある二つの領域（州）について言及する文書を見ておきたい．

[10]（チャドータ，チャルマダナ）
No. 246 (N. xv. 41. 矩形木簡上一枚 AKh., p. 401.)

[上：表] 見目麗しきチョジボー官のソーンジャカ様において解かれるべきもの (vyalidavo)．[上：裏] 世帯主ツギヤ，世帯主クレーヤ，ポーニチュガ，ポーガナ，クニタ，キルヤマ，スヴァヤ，リパンマ，タメーヤ．命令がここに名を挙げた者たちすべてに与えられるべきです．橋の修理に出るようにと．命令の手紙 (anati-lekha) が王廷から来ました．チャルマダナとチャドータから来ている者たちは皆，こちらに留まるようにとのことです．この件については，簡単な手紙がそちらに送られていたはずです．感謝の贈り物についてはご放念ください．

矩形木簡であるが上蓋の部分だけなので詳しい内容はわからない．表書き（宛名）として，「某々において解かれるべきもの」(vyalidavo) とあり私信，高官から高官へのやりとりの手紙と考えられる．発信場所が不明であるが，王廷でもチャルマダナでもチャドータでもない．とするとサチャであろうか．

[11]（チャドータ，チャルマダナ）
No. 305 (N. xv. 131. 矩形木簡下一枚 Plate IV. AKh., p. 404.)

神々と人々に愛されし，親愛なる兄弟，チョジボー官のソーンジャカ様の無病息災を，カーラ（皇太子？）のクナラが，祈念いたします．多大無量［の御長寿］を［祈念いたします］．あなた様が無病息災であることをお喜びします．私もまた無病息災であることをお聞きになって喜んで下さるに違いありません．次のごとく［記します］．すべてをあなた様はご存知です……［移動用の］動物（馬あるいはラクダ）の荷物（飼料）はチャドータから受け取られるべきでした．自分たち自身の持分から，チャルマダナの人々は穀物を荷造りしました．ある者たちはそれから取りました．他の者たちは，それから再三再四取りました．そのときヤトマ官のチャウレーが，そこから彼の荷を荷造りすることになっていました．彼は彼自身の持分から……

これもまた高官同士のやり取りの手紙である．先のものが上蓋だけの一枚であったのに対して，これは下板だけの一枚である．私信の場合，下板の表の本文冒頭には，ここに見るような，相手の無病息災を祈る定型文が記される．本来チャドータで負担される

べきであった伝令などの移動用の馬の飼料などが，チャルマダナで負担されたことを，おそらく言うものであろう．

[12]（チャドータ，サチャ）

No. 97 (N. iv. 30＋40 矩形木簡下一枚 AKh., p. 392.) ［長沢（1996 a：424）］

……見目麗しき，親愛なる兄弟チョジボー官のタンジャカ様の御足に，ショータンガ官のリペーヤは敬礼します．御身体の無病息災を祈念します．多大無量［の御長寿］を［祈念します］．そして低頭しつつ，次のように私はあなた様に報告します．チャドータ人たちとサチャ人たちの間で相互に女性（嫁）が迎えられましたが，この件に関して，決定がなされました．いま，かの者たちは［それを］別様にすることを望んでいます……

同じ王国内にある「州」として，チャドータとサチャは対等な関係を保持しつつも，微妙な関係にあることを窺わせる文書である．結婚にあたっての結納のような制度については No. 573 などを見ること．嫁を迎えるにあたって婿側からはラクダ1頭，馬1頭などの結納品を贈る事が契約として交わされた．これの違約をめぐる紛争の事例はいくつかある．

[13]（チャドータ，サチャ）

No. 159 (N. iv. 138. 矩形木簡上一枚 Plate III. AKh., p. 395.) ［長沢（1996 a：389）］

［上：表］見目麗しく，親愛なるお方様がたの，チョジボー官のタンジャカ様と，ショータンガ官のリペーヤ様において解かれるべきもの (vyalidavo)．［上：表封印の下］また命令の手紙 (anati-lekha) が，こちらに王廷から来ました．——そちらから，サチャから，王の牛たちからのギー (ghrida＝Skt. ghṛta) は，チャドータ人の家畜に課されたものであるが，放棄されるべきである．チャドータのクプスがそちらに着いたときには，……［上：裏］そちらから，私は何もあなたからも［他の］高官からも聞いていません．この件に関しては，私はいま二つの容器 (vacari) をシャタヴィタ（百戸長）のコーリサの手で送りました．ひとつはサチャに引き渡され，もうひとつはチャドータにもたらされるべきものです．彼がそれらをそちらに持って行きましたなら，ただちにひとつの容器は即座にチャドータに送られるべきです．そして数量明細書が即座に私の知るところへともたらされるべきです．今年のギー［の収量］はどれほどかと．月の何日にギーに関する命令の手紙がそちらに行こうとも，そのときには，ギーは即座にこちら王廷に送られるべきです．そちらでのいかなる留保も許されません．この手紙は［人から人へと］順々に連絡されてきたものですから，贈り物についてはご放念を．

この木簡の奇妙な点は，まず上蓋の表の封印の下から本文が始まっていることである．ただし片割れの下板がないからどのように文が続いたかはわからない．またこの木簡がどこから出されたのかもわからない．上蓋の表からは，「こちら」が，王廷でもなく，サチャでもなく，チャドータでもないことが知られる．一方，裏の本文では，「こちら」は王廷である．王廷からの命令の手紙 (anati-lekha) を，サチャ，チャドータへと，チャル

マダナから転送しているものであろうか．

[14] (チャドータ，サチャ)

No. 306 (N. xv. 132. 楔形木簡上一枚 AKh., p. 404.)

> ツグジャ官のチモーラに与えられるべきもの．サチャから一頭のラクダが与えられるべきである．そしてそれがチャドータから送り返されるべきである．いま，この春に，彼は急ぎの用務についているところである．役に立たない動物（乗り物）が彼に与えられるべきではない．常に役に立つ乗り物が彼に与えられるべきである．

これは明らかに王廷から出された命令書である．

[15] (チャドータ，パルヴァタ)

No. 386 (N. xv. 347. 楔形木簡下一枚 AKh., p. 409.)

> （前半省略）……．またチャドータ人たちは禁じられるべきである．決してパルヴァタ人たちに対して不正を働いてはならないと．

「パルヴァタ」(parvata)が果たして国名であるのか，あるいはクロライナの王国に属する州あるいは属領の名前であったのか，あるいはまた単に「山，山岳地帯」を意味する一般名詞であり，ここでの'parvatiyana'が，Burrowの訳のように，'the people of the mountains'を意味するだけのものであるのかは，後に考察する．ここでは，「パルヴァタに属する人々」(parvatiye)が，「チャドータに属する人々」(caḍotiye)と対になって言及されていることを確認しておきたい．

さて，以上，二つ以上の地名とそれに関わる人々（住民）に言及する文書で，それらの間の地理的あるいは文化的関係について何らかの言及を含む文書を取り上げて見てきた．文書の多くは，王からの命令書であり，王廷から出されたものであるから，それらの文書に示されているのは，王あるいはそれに直接仕える高官たちの視点から見た各地域・地方・地点とそれらの関係であり，それらが並列的あるいは対比的，時には敵対的に記述されていたと言うことが出来るだろう．次に，地名をひとつだけ出す文書を，その地名ごとにまとめて翻訳しておく．二つ以上の地名を載せる文書でも，地名が無関係にいわば列挙されているものは，ここで訳出した．それらはいずれかの地名の項に入れられている．地名ごとの出現個所の索引を本文末につけたので参照されたい．

2-2-2　地名を単独で出す文書

2-2-2-1　楼蘭

まず「楼蘭」に関わる三つの地名，すなわち「クロライナ」(krora'iṃna, krorayina)，「クヴァニ」(khvani, kuhani；「首都」(?))，「大都城」(mahaṃta nagara)を記載する文書を訳出する．

「楼蘭」が「クロライナ」('krora'iṃna'また'krorayina')の音写にあたるものであることは周知の通りである。「楼蘭」をめぐる諸研究の結論（あるいは前提）として基本的に認められているのは，榎（1965b：著作集70）が，「一九〇〇年三月二十八日，ヘディン（S. Hedin）は Altymish-bulak の西南，北緯四〇度三一分三四秒，東経八九度五〇分五三秒の地点に民家の遺蹟を発見，更に翌一九〇一年三月，再びここに至って調査を行い，そこから出土した支那文書の内容によってこれは楼蘭の［都城］の遺址であると推定した。この推定は直ちに多くの人々によって支持され，所謂楼蘭遺址は楼蘭国の首府楼蘭で，扞泥城は鄯善国の中心であり，前七七年楼蘭が完全に漢の保護国となり，国名を鄯善と更められると同時に，その首都も移動したもので，楼蘭国の首府楼蘭と鄯善国の首都扞泥城とが別所であることには，疑問がないとされているのが現状である」と述べるところのものである。この論述は，『漢書』西域伝「鄯善国，本名楼蘭，王治扞泥城」を根拠に，おそらく Chavannes (1913) や Conrady (1920) の主張を勘案して提示されたものであるに違いない。これに対して，榎博士自身の結論は，榎（1965b：著作集111）に示される通り，「漢代の楼蘭国の都城楼蘭（クロライナ）は国名が鄯善と改められても依然楼蘭にあった扞泥城は扞泥城とするのが正しく，それは都城を意味する kuhani, khvani の音訳で，クロライナの別名である。楼蘭（クロライナ）が所謂楼蘭遺址にあたることは，出土の支那文書のみならず，カロシュティー文書からも確認される」というものであった。さらにまた，榎（1965a：著作集62）では，「大都市即ち首府もまたクロライナと呼ばれていたに相違ない」と言っているから，クロライナ（krora'ina）＝楼蘭遺址（L. A.）＝クヴァニ（khvani）＝大都城（mahaṃta nagara）と考えられたに相違ない。この榎博士の結論は，長沢（1996a）の一連の研究でも追認され，その論述の前提となっている。

ここでは翻訳を示すことによって，上の結論あるいは前提を再検討するための資料を提示する事とする。なお楼蘭遺址出土のカロシュティー文書全体については，「2-3　楼蘭出土文書の和訳」にその翻訳を示している。

2-2-1-1-1　クロライナ（krora'iṃna, krorayina, 楼蘭, Lou-lan）

文書の出土地点（L. A.）が「楼蘭」であり，そのもとの語形がカロシュティー文書に出る'Kroraina'あるいは'Krorayina'であろうとしたのは，Stein (1921 Ser., I : 415-416) である。漢代音としての対応を論じて，「楼蘭」＝'krora'ina'あるいは'krorayina'に最終的な根拠を与えたのは，Pulleyblank (1962 : 122) である。また，Bailey (1946 : 764), Brough (1965 : 591) も参照のこと。次に示す2点はともに L. A. から出土したもので，榎（1965a）によって，楼蘭の位置を示すカロシュティー文書とされたものである。

No. 678（L. A. iv. ii. 3. 矩形木簡上下二枚 Ser. I, p. 435）［榎（1965a：著作集59-62），長沢（1996a：422）］

　　［下：表］偉大なる大王［ジトゥガ］……の……年。クロライナ人で，チャマカという名のチャルマダナ在住の者（vastavya＝Skt. vāstavya「住民」）がいる。彼チャマカは，クロライナにおける（kroraiṃnaṃmi）大都城（mahaṃta nagara）の南側にあるクロラ地（bhuma kurora）3ミリマ容量分をヤプグのほうに売った。ヤプグからの代価が

受け取られたが，証文 (lihitaga) が盗まれた……チャマカは正しく売った．ヤプグは正しく買った．いまこのときから，かくのごとく，この土地については，……ヤプグの息子たちである，ラムプルタ，プンニャデーヴァ，ダムニラ，ダムニャパーラらに，支配権（所有権）があるべきである．抵当に入れること，売ること，他人たちに贈り物として与えること［の権利が］……（以下解読不能）……．

No. 696 (L. A. vi. ii. 0234. 紙文書 Ser. I, p. 436, Pl. XXXIX) ［榎 (1965 a：著作集 54-59)］

［表］尊敬すべきお方，親愛なる父上，偉大なるグシュラ官であるバティガ様の御足下に［わたくし］ヴァスデーヴァは敬礼し，御身体の無病息災を祈念いたします．さらに幾度も幾度も多大億百千無量［の御長寿］を［祈念いたします］．さて次のごとく報告します．私はクロライナからここにやって来ました．そして私は rete ラクダたちを連れてきました．今日に至るまで，買うことも売ることもありません．このことをあなたの足下に私はお知らせします．私はクロライナに帰りたい．そちらにあなたについてのニュースがあるならば，その通りに私に手紙をあなたは送らなければなりません．父上＝グシュラ官のクロライナに，私は持って行きましょう――あなたが行かなければならないときに．そしてまた，私たちに対する，この村からの王国の税金は，天子 (deva-putra) の足下からお許しを得たものです．いまや奴隷たちのひどい苦しみを，こちらでは，高官たちが作り出しています．その理由によって，グシュラ官のプンヤシャとともに，……がなされなければなりません．これで，3度目のグシュラ官の足下への報告の手紙 (vimñati-lekha) を私は送ります．そちらからは何一つ聞いていません．親愛なる長兄のバティシャマ様の……．［裏］尊敬すべきお方のグシュラ官……ヴァスデーヴァは敬礼します．……

L. B. から出土したもので「クロライナ」の名を出すものとしては次のものがある．

No. 706 (L. B. iv. v. 1+vi. 1. 楔形木簡上下二枚 Ser. I, p. 448) ［長沢 (1996 a：445)］

コリ官のムルデーヤと沙門のアナンダとに与えられるべきもの．偉大なる大王が記す．コリ官のムルデーヤと沙門のアナンダとに［与えられる］．わたし大王により，クロライナにおいて，チャラカの家族は，このカンジャカラ・カラシュダに譲渡された．チャラカの家族からの（出身の？）……という名の女性は，チョジボー官カプゲーヤのヴァスの家にいる．この楔形封印文書がそちらに届いたならば，ただちにその女性はカプゲーヤの家から連れ出されるべきである．カラシュダの兄弟アチラの手に渡されるべきである．カンジャカラ・カラシュダの件．

次の3点は N. V. xv から出たものである．

No. 370 (N. xv. 322+39. 矩形木簡上下二枚 AKh., pp. 408, 401.)

［上：裏］……また私は次のように報告します．私たちの農場 (gotha) にクロライナ人の男たちが泊まるために居りました．彼らは私たちの債務者 (daramtaga＝Skt. dhāraṇaka) でした．その者たちが夜の間にそちらに逃亡しました．必ずこの者たちをあなたの監視下に置いてください．ほんの心づけとして 1 hastavarṣaka と 5 アクシャの……を送りました．

No. 383 (N. xv. 343. 矩形木簡上一枚 AKh., p. 409.)［長沢（1996 a：363）］

[上：表] この証文 (lihitaga) は，国王所有の生きているラクダたち，また雌のラクダに関するもの，また死んだラクダに関するもの．カラ官（皇太子）のチュガパとラルスとにおいて注意深く保管されるべきもの．[表，封印の下側] この封印 (muṃtra) はヴァス官のクンセーナのもの．
[上：裏] ……省略……そしてこの証文 (lihitaga) は，クンセーナの口によって，……クロライナ人の……証人……省略……．

No. 277 (N. xv. 92 a. タクティー型木簡 AKh., p. 403.)

[インドでは通常書写板に使われるタクティーの形をした木簡で，ラクダのリストと思われる．「クロライナ人たちの」という項目を持つ．]

2-2-2-1-2　クヴァニ (khvani, kuhani, 扜泥)

カロシュティー文書中の語 'khvani, kuhani, khuvani' の意味を，「首都」(The Capital) あるいは「城砦」(Citadel) としたのは Thomas (1935：61)．これをクロライナの別称とし，「扜泥」は，kuhani, khvani の漢字音訳に他ならないとしたのが榎（1965 b：著作集 74）である．この榎説は，漢字音の面からは，Pulleyblank (1962：89) によって認められた（榎 1965 b：補注，著作集 119）．「扜泥」（『漢書』西域伝），「扜泥」，また「驪泥」（『後漢紀』）．「クヴァニ」の語を出す文書は全部で13枚ある．以下にそれを列挙し訳出するが，No. 637 については，「パルヴァタ」の項に置く．

No. 489 (N. xxiii. i. 11. 矩形木簡上一枚 Ser. I, p. 255.)］［Brough (1965：606-607)，長沢 (1996 a：435]

[上：表] チャドータの比丘教団 (bhichu-saṃga) の規則 (kriyakara＝Skt. kriyā-kāra)．注意深く保管されるべきもの．この封印は……教団のもの．[上：裏] 10番目の年．偉大なる大王，ジトゥガ，天子，マハギリの，12番目の月，10番目の日のこのときに．クヴァニ（首都）にある比丘教団（教団本部）は，チャドータの比丘教団に規則を教示した．次のように聞かれる．若い比丘たちは，長老たちのことを学問に通じた者 (śrota＝Skt. śrotriya) とは考えずに，長老の権威ある比丘に従わずにいる．この件について，天子によって比丘教団の前に次の規則が教示された．長老シーラプラバとプンニャセーナとは僧院の責任者 (vihara-vala) である．彼らは教団の……教団管理をしなければならない．法に則って吟味されなければならない．[以下省略するが，罰金として「絹一巻」などを払うべきことなどの規則が列挙されている．]

これは，矩形木簡の上蓋のほうとされるが，表に封印があり，その裏に，上に見るように，本文の書き出し部分を持っている．見るからに通常のものとは異なっている．おそらくこれが僧団の規則を述べるものであるからであろう．

「比丘教団」(bhichu-saṃga) については，特にチャドータの比丘教団への言及がしばしば現われ (No. 506, 322, 419)，ここに見る「クヴァニ（首都）にある比丘教団」が州の比丘教団へ僧院の沙門が守るべき規則を指示するという内容とともに，鄯善国の仏教の様

子を示すものとして注目されている．次に示すのも「チャドータの比丘教団」の語を出すものである．

No. 506 (N. xxiii. iii. 2. 矩形木簡下一枚 Ser. I, p. 256.) [Brough (1965：606-607)]

31番目の年．偉大なる大王，ジトゥガ，アンゴーカ王，天子の，第一の月，10番目の日のこのときに．以下の係争を，オグ官のヴァルナシャマ，スヴェータ官のスパルヤヤ，ジェーナヴィダ・チャンクラ官のクヴィニェーヤ，タスチャ官のポーニガナ，チョジボー官のジヴァシャマが吟味した．沙門タティガは，沙門シャーンチャーから，沙門バトラを手に入れた．彼とともにこちらクヴァニ（首都）へ来た．沙門バトラのために，タティガによって，シャーンチャーのために働くためにシュラーシュダという名の奴僕が与えられた．そしてこのように契約（samaya）を彼らはなした．その奴僕シュラーシュダは農場（家）のなかにおかれるべきではない．その者は，タティガとバトラとが帰ってくるまで，シャーンチャーによって働かされるべきである．いまになっても，これらの沙門たちはクヴァニ（首都）から帰ってきていない．シュラーシュダは別のタティガ所有の奴僕のシャナンマという者を連れてきた．そしてその者をシャーンチャーに渡した．このシュラーシュダはシャーンチャーの奴僕とともに，ケーマへ逃亡した．沙門シャーンチャーは次のように報告している．タティガの家の人々はそのシュラーシュダに食料と衣服を与えたと．彼は，私の奴僕を盗み，逃亡した．沙門のスジャータは言った．チャドータの比丘教団によって吟味され，決定されたと．……．

さて次に示す2点の文書からは，集められた税が「クヴァニ」に送られるべきことがわかる．しかし，「クヴァニ」が首都であるとして，そこがそのまま「クロライナ」だと断定することは，それらの文書だけからでは出来ない．またすでに見た「クロライナ」の名を出す文書のなかには，そこに税を集めるべきことを言う文書はなかった．

No. 162 (N. iv. 141＋58. 矩形木簡上下二枚 AKh., p. 395.)

［上：表］親愛なる尊敬すべきお方様がたのチョジボー官のクラナヤ様とショータンガ官のリペーヤ様において解かれるべきもの．［下：表］尊敬すべきお方がた，神々と人々に愛され敬われし，高官チョジボー官のクラナヤ様とショータンガ官のリペーヤ様とに，チョジボー官のパトラヤとヴァス官のスギタは，敬礼し，御幸福と御身体［の無病息災］を祈念し，多大無量［の御長寿］を［祈念いたします］．さて次のように［記します］．そちらからあなた様はプギタを，こちらにペータ村（Peta avana）の住民たちへの税に関して送られました．昨年，レーパタは［6頭の］羊を3年間，つまり18年間分借りました．今年彼らは6頭の羊全部をクヴァニ（首都）(khvani)に運びました．私たちはそちらに3キ（khi）のギーを送りました．昨年のギーあるいはそれ以前のものの滞納分はありません．滞納分があるならそれはすでに5年たったものです．すべては集められ受け取られています．そのときに，税の滞納分に関わる決定はわれわれによってなされました．あなた様は，スギタにそちらに行くように命じました．しかしいまや税の滞納はありません．ですから，スギタはそちらには行きませんでした．

No. 291 (N. xv. 112. 皮革文書 AKh., p. 404.) ［長沢 (1996 a：392)］

［表］偉大なる大王が記す．チョジボー官のサマセーナとプゴーに命令を与える．以下のごとく私が書くことを汝は知らねばならぬ．［王が］国務のために命令をひとたび与えたならば，［汝は］熱心に国務に専念しなければならない．また警備は，命を捨てる覚悟で，注意深く守られなければならない．ケーマとコータンナからのニュースが何かあるならば，そのまま，われ大王の足下に，報告の手紙 (vimñadi-lekha) が送られなければならない．さて，以前にそちらから［の税として］は，kuvana 穀物が 350 ミリマ (milima) 割り当てられた．ヤトマ官のポールコータがそちらに送られたが，彼らはそれの三分の一［120 ミリマ］をクヴァニ (首都) (kuhani) へと運ぶだろうと考えたからである．この命令の手紙が汝の所に届いたならば，ただちにその穀物が至急集められなければならない．40 頭のラクダは，juthi 二つと sahini 一つからなる合計 3 ミリマずつの荷物がそれぞれに準備されなければならない．［残りの］三分の二［230 ミリマ］は，ピサリに寄託されるべきである．とにかく先に準備された 15 頭のラクダが，ワイン［の運搬］用に用いられるべきである．これらのラクダたちは，軍人たちから徴集されるべきである……11 月 14 日．［裏］チョジボー官のサマセーナとプゴーへ．

上は，先に No. 362 と No. 272 で見たのと同じ皮革文書で前半部の定型文もほぼ完全に同じである．あて先もサマセーナとプゴーで，No. 362 と同じである．直前の No. 162 の文書とこの No. 291 の文書に出る，「キ」(khi) と「ミリマ」(milima) は容積の単位で，20 キ＝1 ミリマとされている (LKhD：86. 'khi' の項).

No. 431 (N. xiii. ii. 1. 矩形木簡上下二枚 Ser. I, p. 248.) ［Lüders (1936：12-14)］
＝No. 432 (N. xiii. ii. 2. 矩形木簡上下二枚 Plate VII. Ser. I, p. 248.)

［上：表］この証文 (likhidaga) はヤヴェー村 (Yave avana) におけるワインに関して書かれたものである．［下：表］ヤヴェー村 (Yave avana) の住民たちの śuki ワインは，三年の間，一年ごとに量られるべきものであった．アプス官のシャーチャと沙門ブッダセーナ［配下］の人々と，ヤヴェー村のキルメチ (農園) の人々については，もとの śuki ワインは 19 キであった．それは二年間で集められた．第三番目の年に，ヴァス官でスヴェーシュタ官のマレーガから手紙が来た．このワインはすべて……(astarana vastaranena 不明)……売られるべきものであった．このワインについては代価がパルスによってもたらされた．すなわち 5 歳の馬一頭，その馬とともに 5 キのワインと 2 の agisḍha を受け取った．別の第二の馬をこちらからアゲータ官のスパガがそちらに連れて行った．そしてスヴェーシュタ官のマレーガが受け取ったその馬とともに，1 の kojava と 1 の agisḍha があった．第三の馬をトンガ官のシャージャーから，私は送った．スヴェーシュタ官のマレーガはそれを受け取った．それは 4 歳であった．その馬とともに 1 の avale (意味不明) と 2 の kojava，そして 1 の agisḍha がそちらに送られた．［総計］44 物品．また白い kojava ひとつ．これらの物は，すべてトンガ官のシャージャーによってそちらクヴァニ (首都) (atra kuhani) で荷造りされた．さらに kavaji と 4 枚のフェルト (namadaga)，1 枚の radi．別のときに，こちらに女王が来た．［彼女は］スターテル金貨を一枚要求した．［こちらに］金 (貨) はなかった．その代わりに，我々は 13 ハスタ[*4]のカーペット (tavastaga) を与えた[*5]．シェーラカが受け取った．多くの人々がこの一件をこちらで証人として知っている．［また，］

＊4 ハスタ (hasta) は，長さの単位を表すサンスクリット．肘から中指の先端までの長さにあたる．約 50 cm．

＊5 ここには毛織物製品を意味するいくつかの語が並んでいる．これらの語については Lüders (1936) が詳細な検討を行っている．それによれば，kojava は，「毛氈」または「毛足の長い敷物」を意味する．agisḍha は，「カーペット」，また tavastaga は，「タペストリー」にあたる．namataga は，「フェルト」を意味する．「radi」は，よくわからないが，サンスクリットの śaṭī に対応するならば，「布きれ」の意味になる．ちなみにまた kavaji は，「甲冑」，「鎖帷子」を意味するとされている．

1 の artavaśa (意味不明).

No. 431 と No. 432 はまったく同じ文章である．この 2 点は，ロンドン，ニューデリーのいずれでも所在確認が出来ず，残念ながら実物を見ていない．証文の類であるから，表には封印があったはずであるが確認できない．封印を確認できれば，いずれか一方を下書き，他方を清書と判断できるような手がかりを得ることも可能かも知れない．No. 432 のほうが完成度が高いようには思える．No. 431 の裏面にはブラーフミー文字が一部書かれている．

No. 478 (N. xxii. iii. 13. 長方形の板 Ser. I, p. 254, Pl. XXV.)
> 10 番目の年．偉大なる大王，ジトゥガ，ヴァシュマナ，天子の，6 番目の月，10 番目の日のこのとき，クヴァニ（首都）(khvaniya) から軍隊がやって来た．グシュラ官のクシャナセーナ，チャルヴェータ，スヴェータ官のヴィドゥラ，チュヴァライナ官のプンニャヴァンタ，チョジボー官のナムティパラ，そしてパルゲーヤである．これらの者たちに対して，食料用の穀物が支出された．グシュラ官のクシャナセーナに対しては 4 ミリマと 10 キの穀物が一か月の間に，そして 3 頭の家畜（羊）．チョジボー官のナムティパラに対しては食料用の穀物が支出された．一か月の穀物 4 ミリマと 10 キ，そして 3 頭の家畜（羊）．

役人一人一か月分の食料として「穀物 4 ミリマと 10 キ」が標準であるならば，これを日数で割ることによって一日あたりの食料分がわかる．20 キ＝1 ミリマであるから「4 ミリマと 10 キ」は「90 キ」であり，月 30 日とすると，1 日あたり「3 キ」となる．

次の三文書は，貸借関係の清算を命じる命令書で，貸借の品物をクヴァニ（首都）で受け取ったという記事を載せるものである．

No. 505 (N. xxiii. iii. 1. 楔形木簡下一枚 Plate VII. Ser. I, p. 256)
> 9 番目の年，4 番目の月，10 番目の日のこのときに，クヴァニ（首都）に (khvaniyaṃmi) ツェーゲーたちがいた．エーカラ官のモーギヤとツゲーシュラとがツェーゲーであった．エーカラ官のモーギヤはラクダを借りた——13 の対価で（?）．ツゲーナンマは 2 ミリマ 15 キの大麦粉と 5 キの ma'ka（ミルク？）からなる食料と 1 の kavaśi（衣類）——食料の合計は 3 ミリマ，それに衣類 1，そしてハサミ 1 を受け取った．エーカラ官のモーギヤに対するツゲーナンマの貸借関係は終わった．ツゲーシュラは 1 karoma を受け取った．第二の karoma をツゲーナンマがクヴァニ（首都）(khvani) で受け取った．

No. 526 (N. xxiv. viii. 13＋46. 楔形木簡上下二枚 Ser. I, pp. 258-9.)
> ［上：表］チョジボー官のソーンジャカに与えられるべきもの．［下：表］偉大なる大王が記す……スグヌタが次のように報告している．クヴァニ（首都）で (kuhaniyaṃmi), kalu（?）のクヴァヤはこの者（スグヌタ）の穀物を受け取った．ラクダと交換に．このラクダ……汝は送る．スグヌタはこちらに来た．ダパヤは来なかった．この楔形封印命令書がそちらに届いたならば，［上：裏］ただちにこの係争が，宣誓と証人を伴って，面と向かって注意深く吟味されなければならない．王法に則って決定がな

されなければならない．そちらで判決を下さないように．把捉したもの（証拠物件）は王廷に送られなければならない．[下：裏]スグヌタの件．

No. 530 (N. xxiv. viii. 19＋16. 楔形木簡上下二枚 Ser. I, p. 258.) [長沢 (1996 a：366)]

[上：表]チョジボー官のソーンジャカに与えられるべきもの．[下：表]偉大なる大王が記す．チョジボー官のソーンジャカに命令を与える．以下のごとし．いまこちらにスグヌタが次のように報告している．この者の穀物がクヴァヤによって受け取られた——こちらクヴァニ（首都）で，3ミリマ［の穀物が］．ラクダ一頭が対価であることに二人は同意契約した．そのときから多くの年が過ぎた．[上：裏]彼（クヴァヤ）は払っていない．この楔形封印命令書がそちらに届いたならば，ただちにそちらで面と向かって吟味されなければならない．事実であるならば，ラクダは，そのときから何年が経ったかが考慮されるべきである．あるいは穀物が追加分とともに与えられるべきである．王法に則って決定がなされるべきである．そちらでは判決を下さないように．把捉したもの（証拠物件）は王廷に送られなければならない．[下：裏]スグヌタの件．

上のNo.526とNo.530は，同じ内容の楔形木簡である．両方とも完成品で，特にNo. 526は下板の前三分の一ほどが破損しているが，上蓋の表面の仕上げが特に美しいものである．

次の二点は，エンデレ出土のものである．

No. 660 (E. vi. 009. 長方形の板 Ser. I, p. 290.)

［絹布ロールなどの授受・売買のリストのようである．冒頭に「……クヴァニ（首都）から帰って来た時以来，……の絹布ロールが払われた」と書かれている．］

No. 663 (E. vii. i. 1. 矩形木簡下一枚・断片 Ser. I, p. 261.)

……また，我々はこちらで無事健康にやっています．……私は次のように報告します．そちらからあなたが教えてくれたことによりますと，クヴァニ（首都）からのニュースがあれば必ず……．いま，クヴァニ（首都）から (khvaniyaṃde) ぶどう酒についてのキラ（楔形封印命令書）(kila) が来ました．それは次のように命令しています……このキラは，9番目の月のキラです (kila imma navaṃma masasya kila). 5番目［の月］において，キラがクヴァニ（首都）から (khvaniyaṃde) 送られました．

上は，形態が矩形木簡であることから考えれば，州（地方）にいる高官同士のやり取りの手紙だと思える．「クヴァニ（首都）からのニュース」は各州 (raja) にとっては重要なものであったのだろう．No.578では，「王廷からのニュースがあれば」という記述もあった．キラつまり楔形封印命令書（キラムドラ, kilamudra）が「クヴァニ（首都）から」来ると明示されていることが注目される．

以上が，「クヴァニ（首都）」(khvani, kuhani) の語を出す文書類である．ニヤ遺址とエンデレから出土している．以上の文書の記述だけから「クヴァニ（首都）」(khvani, kuhani) をそのまま「楼蘭（クロライナ）」(L. A. 遺址) とする根拠は得られない．

2-2-2-1-3　大都城 (mahaṃta nagara)

「大都城」(mahaṃta nagara) の語を出す木簡のなかで，重要なものは，先に見た No. 678 である．文章中にこの語が使用される例は，実は No. 678 だけであって，他はすべて，以下に見る如く，文末の発信月日と発信場所を記す文句のなかに現われてくるものである．「大都城」(mahaṃta nagara) を「クロライナ」(Kroraiṃna) と一致させたのは，No. 678 に関連してこれに言及したラプソン (KI. III : 324) が最初かと思われるが，Burrow (TKhD : 28) もまた，No. 155 に対する注記で 'The "great city" is Kroraina.' と断言している．

No. 5 (N. i. 11+5 楔形木簡上下二枚 AKH, p. 386.) [長沢 (1996 a : 358)]

[上：表] コリ官のルトラヤに与えられるべきもの．[下：表] 偉大なる大王が記す．コリ官のルトラヤに命令を与える．以下のごとし．いま，……このリペーヤの息子が，使者として行った．秋には (śarataṃmi＜Skt., śarad), このリペーヤは家畜 (ラクダ) 群とともに留められるべきである．この楔形封印文書がそちらに届いたならば，ただちに，そちらで，注意深く，吟味されるべきである．リペーヤの牧人屯所 (ghosa?) に家畜群とともに留まった者があるならば，[上：裏] その者は，秋には，こちらに来るべきである．家畜とともに留まるために．[しかし，] 決して，秋に，リペーヤが，こちらに，家畜とともに留まる必要はない．26 年 2 月 21 日．大都城 (mahaṃta-nagara) の王廷において．クシャナセーナが受け取った……*6．[下：裏] リペーヤの息子の件．……．

＊6 末尾の一文「クシャナセーナが受け取った」は，以前の文面が残ったものと思われる．

No. 296 (N. xv. 119+361. 楔形木簡上下二枚 AKh., p. 404, 401.)

[上：表] チョジボー官のソーンジャカに与えられるべきもの．[下：表] 偉大なる大王が記す．チョジボー官のソーンジャカに命令を与える．以下のごとし．いま，大王によって，ヴァントゥ村 (Vaṃtu avana) において，チャルマダナの農地 (? miṣiya) から来た男でカーマカティガという者が，モークシャカーマに下賜され与えられた．彼の代わりに，私大王によって，逃亡民の男が，そちらのヴァントゥ村に下賜され与えられた．この命令を伝える楔形封印命令書 (anadi kilamuṃtra) がそちらに届いたならば，ただちに，一人で居るコータンナの逃亡民は誰であっても，ヴァントゥ村からの使いたちに引き渡されるべきである．[上：裏] 10 番目の年，2 番目の月，4 番目の日．大都城の王廷において．[下：裏] ヴァントゥ村の件．

No. 155 (N. iv. 134. 楔形木簡上一枚 AKh., p. 394.)

[上：表] チョジボー官のクラナヤとショータンガ官のリペーとに与えられるべきもの．[上：裏] 6 番目の年，5 番目の月，2 番目の日．大都城の王廷において．

No. 250 (N. xv. 46. 楔形木簡上一枚 (断片) AKh., p. 401)

[上：表] コリ官のルトラヤに与えられるべきもの．[上：裏]……8 番目の日．大都城の王廷……．

No. 469 (N. xxii. iii. 2. 楔形木簡上一枚 Ser. I, p. 254.)

[上：表] ショータンガ官のリペー……[与えられるべきもの][上：裏] 29 番目の年，

>　1番目の月，24番目の日．大都城における……命令がもたらされた（？）……

　最後の一点を除いて，いずれも「大都城における王廷において」と末尾に発信地を示すものである．ニヤ遺蹟から出土した文書のうち，楔形木簡の数は270点近くを数える．しかし発信の日付（年月日）と場所が記入されているものはわずかに9点にすぎない．年月日あるいは月日だけのものもあるが，それらもわずかに4点を数えるだけである．楔形木簡は，簡潔に王の命令を記した至急便のようなもので，より詳しい内容のものが，矩形木簡や皮革文書の形で別便で出されていた．したがって楔形木簡には，日付も発信地も書かれていないのが普通であった．それではなぜ上の楔形木簡には，「大都城の王廷において」とその発信地が明示されているのであろうか．この問題については，本書第Ⅲ部の研究編9において，発信地を明示する他の楔形木簡とともに論じるであろう．

　「大都城」を「クロライナ」と一致させる根拠として，おそらく「王廷」(rayadvara) がそこにあるということがある．「王廷」＝「王の居所」つまりそこが「首都」，そしてそれが「クロライナ」という連関である．これについての考察は研究編9に譲るが，「王廷」と訳した rayadvara のサンスクリット語形は rājadvāra であり，サンスクリットとしては「宮廷への入り口・門」を意味する．それが転義的に「王廷，パレス」を意味しうることはありうるだろう．ただし，サンスクリットで「王の居所」＝「首都」を表わす語として用例があるのは，rāja-dhāna（中性形），rāja-dhānī（女性形）である．

　以上まず「楼蘭」に関連する三つの場所を表わす語を記載する文書の全体を見た．以下，各地点の地名とそれに関連する語句を載せる文書を訳出する．

　なお，以下の文書の翻訳では，必ずしも全文の翻訳を示していない．当該の地名を含む個所のみを提示している場合があるのでことわっておく．

2-2-2-2　チャルマダナ (calmadana, 且末, Cherchen)

　「チャルマダナ」(calmadana, Calmadāna) が「且末」（『漢書』西域伝）であり，玄奘の記録する「折摩駄那」であり，現在の Charchan であることについては，AKh：311, note 7；Ser：295-299；KI. Ⅲ：325；Brough (1965：592) など参照のこと．

No. 4 (N. i. 4＋47 楔形木簡上下二枚 AKh., pp. 386, 388.)［長沢 (1996 a：360)］
>　[上：表] コリ官（王牧官）のルトラヤに．[下：表] 偉大なる大王が記す．コリ官のルトラヤに命令を与える．以下のごとし．こちらから，詳細に内容を記した命令文書 (livistarena anati-lekha, 皮革文書) が行った．そちらから10頭のラクダをチャルマダナ (calmadana) に送るようにと．もしラクダを［まだ］汝が送っていなかったのであれば，その場合はそれらのラクダは，［汝の］手でチャルマダナに送られるべきである．

No. 122 (N. iv. 59. 長方形の板 AKh., p. 393.)［長沢 (1996 a：380)］
>　ナマラスマは王家所属の牛一頭を贈り物としてローミナナにおいて与えた．ピサリでは，一頭の牛がソーツゲに売られた．集団（サンガ）の長が代価を受け取った．穀物

……ミリマである．チャルマダナでは一頭の牛がヴァナンカに売られた．代価は受け取られた……．一頭の大きな牛がパルチョーナの橋で［河へ落ちて］死んだ．これらの四頭の牛は，ナマラスマ……

No. 254 (N. xv. 52. 楔形木簡下一枚 AKh., p. 401.)
彼女の息子の一人はチャルマダナにおいて，オグ官のキルティのところにいる．

No. 309 (N. xv. 136. 楔形木簡下一枚 AKh., p. 405.)
偉大なる大王が記す．チョジボー官のソーンジャカに命令を与える．以下のごとし．汝以前にそちらで国主（rejadhara：州の責任者）であった者たちは，そのときには，そちらから koyimaṃdhina 穀物を 150 ミリマ［こちらへ］運んでいた．あるとき汝が国主になった．そのときからは，穀物が運ばれなくなった．冬に，命令の手紙（anadi-lekha）をこちらから送った．穀物はチャルマダナへと送られるべきであったとの．汝はそれをチャルマダナに送らなかった．この楔形封印命令書（anadi-kilamudra）がそちらに届いたならば，ただちに，この koyimaṃdhina 穀物ではなくて，等価の（?）のものが準備されるべきである．そしてリパナの手でこちらに送られるべきである．留保は許されない．

No. 519 (N. xxiv. viii. 5. 長方形の板 Ser. I, p. 258, Pl. XXVI.) ［長沢 (1996 a：375)］
これらの動物たちは，キルメ（農園，荘園）に属するそれらの者たちとともに，こちらチャルマダナに運ばれるべきである．スチャマに随行されて．

No. 546 (N. xxiv. viii. 41 a, b. 矩形木簡下一枚 Ser. I, p. 259.)
私はここチャルマダナで雌のラクダをヴゲーヤの息子から受け取った．

No. 547 (N. xxiv. viii. 42. 杖状木簡 Ser. I, p. 259, Pl. XXV.)
チャルマダナにある荷に関して，4番目の日に私はそちらに行きましょう．

上のものは，長さが 56 cm もある棒型の木簡で，右三分の一あたりまでは，3 コラムからなるリストで，削り込んだ溝をはさんで 3 行からなる本文が書かれている．裏面にもリストが書いてある．

2-2-2-3 サチャ（saca, Endere）

「サチャ」(saca) がおそらく現在のエンデレ（Endere）の場所であろうことはラプソン (KI. III：325) によって言われた．ラプソンは，次の No. 1 および No. 123 で，「サチャ」が兵士の駐屯地としての性格を持つ場所であり，そのような性格を持つ古代の場所としてはエンデレが考えられるということから同定を行った．また Brough (1965：592-593) はさらに「小宛」（『漢書』西域伝）との関連を論じる．

No. 1 (N. i. 8+1 楔形木簡上下二枚．AKh., p. 386) ［長沢 (1996 a：429)］
　［上：表］チョジボー官（州長官）のタンジャカ（Taṃjaka）に与えられるべきもの．
　［下：表］偉大なる大王が記す．チョジボー官のタンジャカ（Taṃjaka）に命令を与え

る．以下のごとし．いま，ここにリペーヤ (Lẏipeya) が次のように告訴している．この者の牛2頭を，サチャの兵士たちが連れ去った．1頭を彼らは返してよこした．1頭を彼らは食べてしまったと．この訴え (vivada, Skt., vivāda) は，面と向かって (samuha, Skt., saṃmukham)，注意深く (anada)，吟味されるべきである．王法に則って決定がなされるべきである．そちらでは汝は宣告しないように (na paribujiśatu, 2nd Sing. Fut. of pari-budhya-te)．手に入ったもの（証拠物件）(hastagada) は，[上：裏] こちらに発送されるべきである．

No. 123 (N. iv. 60. 長方形の板 AKh., p. 393.) [長沢 (1996 a : 373)]

30番目の年，1番目の月，7番目の日．そのときに，カルヤナダマはサチャからの軍隊についての話を持ってきた．その日に (tomi を tasmin ととる) イタカに馬をわれわれは与えた．サチャにおける監視と防衛のために．今日は第2日目となった．彼はサチャに行くことを望んでいない．ショータンガ官のリペーヤは，証人となった．トンガ官のアペーンナ，カルツァ，リパナ，リプティ，ルトラヤ，アプ……，アセーナ，そしてアリ官（？）のリペーナ様とに．

No. 160 (N. iv. 139. 矩形木簡下一枚 AKh., p. 395, Pl. XCVI.)

親愛なる兄弟のチョジボー官リペーヤ様とリムス様とに，タスチャ官のクナラとスナカとが敬礼いたします．次のように [記します]．そちらからあなた様はチャトナをこちらに水と種の件で送りました．耕作を行うようにとです．私はこちらで楔形封印命令書 (kilamuṃtra) を読みました．この楔形封印命令書には水と種については何も言及がありません．高官の老人たちは次のように言っています．農地の使用権はサチャにいるチョジボー官のリペーヤに与えられたが，水と種は与えられなかったと．どれぐらいの農地がかの天子様の下から受け取られたかに応じて，そのようなこと [すなわち水と種の授与] については，あなた様の権限に属します．そちらに水と種に関する何らかの証文 (hasta-lekha) があるならば，あるいは詳細を記した命令の手紙 (levistarena anatilekha) があるならば，それは捜されてこちらに送られるべきです．もしそのようなものがそちらにないならば，水と種の費用がそちらから送られるべきです．そうすればこちらで耕作がなされるでしょう．また高官 [の老人] たちが次のように言っています．サルピカがこちらに居たときは，彼が土地を供給し，サチャの人々が種と水を供給した．そしてカトマたちが耕作を行った，と．そのための配慮があなたによってなされるべきです．

No. 436 (N. xiii. ii. 7. 矩形木簡上下二枚 Ser. I, p. 249.)

[上：表] この証文はサチャ人のシャマセーナの係争に関するもの．マシュディゲーにおいて保管されるべきもの．この封印はチョジボー官のシャマセーナのもの．[下：表] 19番目の年．最初の月，25番目の日．偉大なる大王のマヒリ，天子の，このときに．ときにシャダヴィダ官のマシュディゲーという男がいる．サチャ人のシャマセーナとカルチカとが男ルトラヤに関して次のように訴え出ている．道を歩いているときにマシュディゲーによって縛られたと，彼らは言った．マシュディゲーはその件に関して宣誓した (śavatha śata)．それから潔白になった．さらにまたニナで売られたと彼らは言った．マシュディゲーは二度目の宣誓を行った (biti vara śavatha śata)．さらに三度目に，サチャで元老 (kitsayitsa) のシャヤマに対してルトラヤが訴えて言っ

た．彼の件で直接彼らが訴え出た，と．この係争はチョジボー官のシャマセーナによって決定がなされた．[上：裏] いまより以後，サチャ人のシャマセーナとカルチカとはルトラヤの件でマシュディゲーに対して関わりを持つことはない．授受の関係はない．それについての証人は高官たちで，トンガ官のヴクトー，国境に関わる高官のパンチナ，ラゲー，チャクヴァラ，ルトラヤ，サガペーヤ，タスチャ官のチガ，カチャナ，書記のスナンタ，そしてソーチャラとである．この証文は，私書記のヴゲーヤによってチョジボー官のシャマセーナの命令による．

2-2-2-4 レーメーナ (remena)

「レーメーナ」の名を出す文書は多くない．またすでに，No. 122, No. 214, No. 376 については見ている．No. 214 に見た通り，「レーメーナ」(remena) は，サチャとチャドータが境界を接するところにあるサチャ領内の一地域あるいは一都市であろう．

No. 251 (N. xv. 47. 楔形木簡下一枚（断片）AKh., p. 401.)
　aṃbukaya のアプニヤは使者としてコータンナに行った．この楔形封印命令書が汝のところに届いたならば……は与えられるべきである．再度いま行く必要があるならば，ガイド (arivaga) が即刻レーメーナに送られるべきである．

2-2-2-5 チャドータ (caḍota，精絶，Niya site)

「チャドータ」(caḍota) と「精絶」（『漢書』西域伝）との同定については，KI. III：325 を見よ．またより詳しくは，Brough (1965：592)．「チャドータ」は州の名であると同時に，州都の名でもあったと思われる．

No. 27 (N. i. 33＋41. 楔形木簡上下二枚 AKh., p. 387.)
　[上：表] チョジボー官のソーンジャカに与えられるべきもの．[下：表] 偉大なる大王が記す．チョジボー官のソーンジャカに命令を与える．以下のごとし．いま，ここにリペーヤが次のように報告している．女王 (devi) がそこチャドータに来たとき，彼（リペーヤ）の 6 歳のラクダ一頭が，リプタ……子馬をはらんだ牝馬 (vaḍavi＜Skt. vaḍavā) 一頭，……であろう．[上：裏]「われわれにその牝馬と君の 4 頭の子馬 (kiśora) をくれるように」．その牝馬も 4 頭の子馬もいまに至るまで与えられていない．この楔形封印命令書がそちらに届いたならば，宣誓によって，証人によって，面と向かって，注意深く，吟味されなければならない．王法に則って決定がなされるべきである．そちらでは汝は宣告しないように．至急手に入ったもの（証拠物件）は，王廷に送られるべきである．こちらで，面と向かって，その者は訴え出るであろう．決定があるであろう．[下：裏] ……自身のラクダに関連して……リペーヤの件……

No. 31 (N. i. 39. 楔形木簡上一枚 AKh., p. 387.) と No. 764 (N. i. 106, a, b. 楔形木簡下一枚 AKh., p. 390.)
　[上：表] チョジボー官のソーンジャカに与えられるべきもの．[下：表] 偉大なる大

王が記す．チョジボー官のソーンジャカに命令を与える．以下のごとし．いま，ここにオープゲーヤとウパセーナとが報告する．オープゲーが次のように報告している．――私の息子ウパセーナが生まれたとき，リモーが彼を養子に迎えた．そしてこのように彼（リモー）は言った．「私に頼って生きている者たちのうちで，その者たちが多かろうと少なかろうと，このウパセーナが長子であるだろう．したがって汝らは［彼（ウパセーナ）を］頼りに生きるように」と．そしてリモーが死んだ……奴僕の身分にある人々 (dajha jaṃna＝Skt. dāsya-janma) と主人に［仕えていた者たちは，］……契約違反と見なされるべきことをなした．彼らはこのウパセーナに仕えない．――これに関して，この家族のオープゲーが．［上：裏］オープゲーが，家族の義務に関して，奴僕の身分にある者たちに何を命じようとも，彼の言葉に従って［それは］なされなければならない．決してそこから逸脱することは許されない．このウパセーナは，その家族における養子と見なされなければならない．王国（州）の法 (raja-dhama) と部族の法 (kula-dhaṁa) に，他のチャドータ人たちは皆従っているのであるから，同様にこれらの家族たちもなさなければならない．その点について何か疑いがある者は，それについて王の指示があるであろう．こちらで，面前に，訴え出るように．判決があるであろう．また，王国が平穏であったときに，リモーとプゴーとの間に，授受の契約があった．いま，これらの者たちは傷つけあっている (vihed̩emti＜Skt. vihet̩hanti)．王国が平穏になろうならば，この件についての決定がなされるであろう．［下：裏］オープゲーヤの件……

No. 236 (N. xv. 26+16. 楔形木簡上下二枚 AKh., p. 400.)

［上：表］チョジボー官のイタカとトンガ官のヴクトーとに与えられるべきもの．［下：表］偉大なる大王が記す．チョジボー官のイタカとトンガ官のヴクトーとに命令を与える．以下のごとし．この秋にはチャドータから王の kuśana 穀物が［税として徴収され］荷作りされるべきである．そこから，われ偉大なる王は，半分の積荷の穀物をチョジボー官のシャマセーナへ下賜して残した．半分はさらに［こちらに］運ばれるべきである．この残した半分はラルスの食料である*7．［上：裏］21番目の年，1番目の月，21番目の日，チャンクラ官のクラヴァルダナが証人．［下：裏］チョジボー官シャマセーナの件．

*7 ラルスはシャマセーナの息子．

No. 271 (N. xv. 87+308. 矩形木簡下一枚 AKh., p. 403.)

見目麗しき，神々と人々に愛されし，親愛なる兄弟，チョジボー官のソーンジャカに……．以下のごとく［記します］．チャドータに居る私のキルメ（農園，荘園）の住民はすべて完全にあなた様の監督下に入るべきです．いま私は，私のキルメのこれらの住民をあなた様の監督下へと解放しました．彼らはあなた様自身のものとして受け取られるべきです……

No. 292 (N. xv. 114. 皮革文書（断片）AKh., p. 404.)

……チョジボー官のソーンジャカに命令を与える．以下のごとく私が書くことを知らねばならぬ．命令を私が国務のために与えたならば，……（省略「定型文」に対応）……われ大王の足下に，報告の手紙 (vimñadi-lekha) が送られなければならない．さて……チャドータの住民……また汝は逃亡民の件で報告している．農地と家とがそれらの逃亡民たちに与えられるべきである．……．また，kharagi と種とがそれらの逃亡民

たちに与えられるべきである．そうすれば耕作 (kriṣivadra) は広大なものとなるであろう．

No. 322 (N. xv. 155. 矩形木簡上下二枚 AKh., p. 405, Pll. LXXII, XCIV.) [Brough 301]

[上：表] この証文 (lihitaga) は，コータンナ人の男に関するもので，キルヤギヤの所に注意深く保管されるべきもの．[下：表] 21 番目の年，偉大なる大王にしてジトゥガのマイリ王，天子の，2 番目の月，11 番目の日のこの日に，プーゴーとスパイのオープゲーヤとが立ち会った．チャドータの比丘教団 (bhighusaṃgha) にコータンナ人の男でシャムンゴーという名の者を与えた．いま，さらにこの男を，チャドータの比丘教団が，ともにヴァス官であるシルタとクムナセーナとに手渡した．この証文は，チョジボー官であるイタカとヴクトーの[面前で書かれた]．今後は，カラ（皇太子）のプルナバラとヴァス官とアゲータ官，そしてキルヤギヤに対しては [上：裏] 授受の関係 (danagrahana) はない*8．

*8 弁償や負債として金品を支払ったり，受け取ったりする関係．

No. 345 (N. xv. 190+10+86. 矩形木簡上下二枚．Plate V AKh., p. 400)

[上：表] この証文は，沙門 (śramaṃna) アーナンダセーナからのブゴーシェーナに関するもの．チョジボー官のラルスにおいて注意深く保管されるべきもの．[封印，下段] この封印は……．[下：表] 偉大なる大王，ジトゥガ，天子，ヴァシュマの 9 番目の年，3 番目の月，5 番目の日のこのとき，ラルスが言う．実際に，チャドータにおいて，沙門のアーナンダセーナは，30 ミリマの穀物を貸付でチュゴーパから受け取った．さらに，15 キのワインを彼は貸付で受け取った．加えて，この沙門アーナンダセーナの奴僕であるブッダゴーシャという者が，私とチュゴーパの家から，12 の長さの絹布，また 3 の urnavarande，2 本の紐 (rasamna)，3 枚のフェルト布 (namati)，4 頭の羊，1 aresa，以上合計すれば 100 ムリ*9 になるものを盗んだ，と．この件に関して，チュゴーパは宣誓した (śavatha śavita)．かくして全部が沙門のアーナンダセーナによって弁済されチュゴーパとラルスとによって受け取られるべきであった．さらに，その沙門は王廷において一頭の牛の罰金を支払うべきであった．いま，再度，沙門のアーナンダセーナはラルスを相手に抗議した（意見陳述した）．そして努力した．それでラルスは沙門アーナンダセーナとともに利益を得たいと思って，[王廷の] 外で互いに同意に達した．この沙門は盗人のブッダゴーシャをラルスに与えた．アーナンダセーナが貸付で受け取った 110 ムリの穀物と，盗まれた 12 の長さの絹布などと同等の価値があるものとして[与えたのである]．またチョジボー官のラルスのほうは，沙門アーナンダセーナに対してこの 110 ムリについて申し立てをすることを放棄した．この日から以降，ラルスは，この 110 ムリと彼の奴僕の[盗みの]件に関して沙門アーナンダセーナに対していかなる申し立てもしないであろう．また沙門アーナンダセーナもこの彼の盗人に関して [上：裏] ラルスに対していかなる申し立てをすることもないであろう．すべては落着した．決定がなされた．もし将来沙門アーナンダセーナ，その息子，その孫，あるいは彼の親戚の誰であれ，親戚の息子であれ，この件を変更したいと思ったり，この決定について悶着を引き起こしたりしたならば，そのような場合には，その者たちの態度変更はなんの権威もないものとなろうし，その者たちは罰金をこうむることになるだろう．その者たちは，罰金として，王の国庫に，30 の長さの絹布を払うことになるだろうし，この罰金をすべて払ったとしても，上に記されたことの効力が[それ以後も]続くことには何の疑いもない．この件についての証人

*9 「ムリ」(muli) は，価格の単位．サンスクリットの mūlya にあたる．No. 571 では「2 歳のラクダ」1 頭が 50 ムリ，No. 589 では「1 歳のラクダ」1 頭が 40 ムリ，また No. 580 では「4 歳の馬」1 頭が 40 ムリ，No. 327 では「雌牛」1 頭が 10 ムリなどとなっている．また先述の No. 431, 432 では，13 ハスタ（＝約 6 m 50 cm）の tavastaga（「タペストリー」）が，1 スターテル金貨と等価されたが，同じ物が No. 579 では，12 ムリと言われているから，1 ムリは，スターテル金貨の 12 分の 1 の価値を表すと言ってよさそうである．[cf. LKhD: 112]．

*10下の裏面には，別の手で別の事柄が記されている．個人名と「穀物1ミリマ」のような記述．納税簿か？

は，オグ官のキルティシャマとルダサとタクラとチャンクラ官のアヌガヤとである．[下：裏]*10

No. 532 (N. xxiv. viii. 22 + 20. 楔形木簡上下二枚 Ser. I., p. 258, Pl. XXVII.)

[上：表] チャンクラ官のサングツィヤとチョジボー官のチャルマおよびソンダラとに与えられるべきもの．[下：表] 偉大なる大王が記す．チャンクラ官のサングツィヤとチョジボー官のチャルマおよびソンダラとに命令を与える．以下のごとし．いま，こちらに，ヴァス官にしてスヴェータ官のビーマセーナが次のように報告している．ヤヴェー村 (Yave avana) にあるキルメ（荘園）に所属するヴスメーカという名の者は，母方の法的根拠にもとづいて (madu dhamena)，ヤヴェー村に入った者である．[一方] 彼は，父親のほうから言えば，チャドータの人間である．彼はチャドータから逃亡したのであり，かれらはそちらで［彼を］働かせているのである．[上：裏] 父親の側から言って，ヤヴェー村の人間だけを，ヤヴェー村で働かせることが出来るのである．それで，この者をそちらで雇ってきたのであるから，賃貸料として，sikhi 穀物を彼らは払うように．この楔形封印命令書がそちらに届いたならば，ただちに，そちらで，注意深く，吟味されるべきである．この男ヴスメーカを働かせようとするならば，賃貸料とともに，チャシュゲーヤに渡されるべきである．また沙門とともに．この点について係争があるならば，こちらに送られるべきである．

No. 584 (N. xxiv. viii. 87. 矩形木簡上下二枚 Ser. I, p. 262) [長沢 (1996 a：375)]

[上：表] ……証文は，クトレーヤとラムショーンカとにおいて注意深く保管されるべきもの．この封印は，グシュラ官のジェーバトラとチャンクラ官のチャラガとチョジボー官のソーンジャカとのもの．[下：表] 4番目の年，2番目の月，28番目の日．偉大なる大王，ジトゥガ，マヒリヤ王，天子の，このときに．以下の通り．ここチャドータにおいて，グシュラ官のジェーバトラとチャンクラ官のチャタラガとチュヴァライナ官のディルパラとチョジボー官のソーンジャカとが係争を吟味した．ラムショーンカとクトレーヤとチニカとが家畜（羊）たちについて訴え出た．クトレーヤが asga であったとき，そのときにラムショーンカに彼らが贈り物を贈った．彼らは4頭の家畜（羊）を与えた．ヴギンガによって与えられた．スグタが連れて行った．それから後に，クトレーヤとヴギンガとチニカとが，ラムショーンカから27頭の家畜（羊）を運んでいった．[上：裏] この係争は保留扱いにされた．ヴギンガは死んだ．スグタはコータンナにいる．スグタがコータンナからやって来るならばそのときに扱われるべきである．宣誓と証人とによって注意深く吟味されるべきである．

No. 582 (N. xxiv. viii. 85. 矩形木簡上下二枚 Ser. I, p. 261, Pll. XX, XXI) [Brough 301, 354, 長沢 (1996 a：360)]

[上：表] この約定 (pravamnaga) は沙門イピヤ所有の土地に関するもの．ショータンガ官のラムショーツァにおいて注意深く保管されるべきもの．[封印：下側] この封印は，オグ官のジェーヤバトラとチャンクラ官の……とチョジボー官のソーンジャカのもの．[下：表] 20番目の年，4番目の月，22番目の日．偉大なる大王，ジトゥガ，アンゴーカ王，天子の，このときに．沙門でイピヤという名の者が，ここチャドータに在住で居る．彼は，ショータンガ官のラムショーツァに対して，misi 土地の25 kuthala を売った．以前は misi の土地であった．それ以後はこの土地は akri となった．

ショータンガ官のラムショーツァからは土地の対価として，沙門イピヤは，3頭の馬（？）(aṃsa) を15ムリ分として受け取った*11．これはイピヤによって受け取られた．その土地に対して，彼らは平等に同意した．いまからは，その土地では，ラムショーツァが主権者となった．種をまくことも，耕すことも，贈り物として人に与えることも，交換することも，やりたいことはなんでも好きなようにすることができるだろう．そしてこの件に関する証人は，チャドータの比丘教団．また証人，州の責任者で元老のヴァルパ，そしてカーラ官（皇太子）のカラムツァ，ヴァス官のアチュニヤとチャディヤ，チャルマダナのチョジボー官スールヤミトラ，クラゲーヤとヴキムナ，そしてヤトマ官のプギタである．［上：裏］今後この土地に関して何かを言ったり，争ったり，不服を言ったりして，再度この件を王廷に持ち込んでも，それは何の権威もないおろかな訴えである．この書面――約定証文 (pravaṃnaga likhidaga) は，私――書記のタマスパの息子で書記のモーガタによって，高官の命により書かれた．権威は一生の間．この証文は沙門イピヤの要請で．＜紐を切った．ヴァス官のチャディ．＞*12 4番目の年，2番目の月，28番目の日．偉大なる大王，ジトゥガ，天子の，マヒリヤ王の，このときに，チャドータにおける［この件に関わる］係争を吟味した．オグ官のジェーヤバトラ，チャンクラ官のチャタラガ，チュヴァライナ官のティラパラ，そしてともにチョジボー官のソーンジャカとヴァナンタとである．いま，ヴァス官のヴギチャと書記のラマシュツォーが訴え出たのである．これなる ṣulga 証文が権威となった．種の四分の一はヴギチャによって彼自身のものとして獲得されるべきである．それからの残りの穀物と土地とは書記のラマシュツォーが獲得すべきである．

*11 土地の対価としてどれほどが適当であったのかわからない．他の文書では，例えば4歳の馬1頭＝40ムリ (No. 580)，3歳の馬＝30ムリ (No. 495) といった例がある．そうすると3頭の馬だと100ムリ前後になるはずである．しかしここでは15ムリとなっている．「馬」の訳が誤りだとして，「15ムリ」が適当だとすれば，土地は安いロバ (No. 598) 1頭の値段である．また「馬3頭」分だとすれば，高い．

*12 別の手で後に書き加えられている．また続く文章も，別の手になる．

No. 419 (N. xxi. 7+4. 矩形木簡上下二枚 AKh., p. 414.)

［ブドウ園の売買に関する証文：「この証文 (lihidaga) は，チャドータの比丘教団 (bhichu-saṃgha) の前で，ブディラとブッダヤの要求に応じて［書かれた］」という文書を含む．］

No. 437 (N. xiii. ii. 8. 矩形木簡上下二枚 Ser. I, p. 249.)

［チャドータの男コーンパラとその息子スギが沙門のブッダセーナとマシュディゲーとに娘を売ったことの証文．］

No. 575 (N. xxiv. viii. 78. 矩形木簡上下二枚 Ser. I, p. 261.)

［チョジボー官のチャクヴァラ (436 に既出) が，チャドータからチュマガという名の男を連れてきた．この男の所有権に関する証文．］

No. 585 (N. xxiv. viii. 88. 矩形木簡上下二枚 Ser. I, p. 262)

［チョジボー官のソーンジャカ宛ての手紙．「鹿の角一本」などと表に書かれてあって，贈り物とともに届けられたことがわかる．「いま，ここチャドータに，彼の代わりに，……．」という文が末尾にある．］

No. 586 (N. xxiv. viii. 89. 矩形木簡上下二枚 Ser. I, p. 262)

［先に見た No. 582 と同じような証文．「彼らは決定をここチャドータの paraṃpula（兵営）（？）においてなした」という一文が末尾近くにある．］

No. 639 (N. xxxv. i. 1a, b. 楔形木簡上下二枚 Ser. I, p. 266.)
　　［「オグ官のアジュラカのキルメに所属するチャドータ人がここからそちらに行っている」という文を含む楔形封印命令書．］

2-2-2-5-1　各アヴァナ (avana)

カロシュティー文書のなかには，「州」(raja) の下の行政単位と考えうるものとして，先にもすでに「村」と訳してきた avana と呼ばれるものがある．これについては，LKhD：77 の'avana'の項を参照のこと．また，孟凡人 (1999：301-319) を参照されたい．他に 2 点挙げておく．いずれも土地の権利証文である．

No. 326 (N. xv. 160. 矩形木簡上一枚 AKh., p. 406, Pl. XCVI.)
　　［上：表］この証文は，トラサ村 (Trasa avana) の住民たちの農場と家……カマヤの農場と家と農地と畑とに関するもの．チョジボー官のシャマセーナのところで，注意深く保管されるべきもの．これなる封印は，オグ官であるパンチャトヴァとチョーナカラ，そしてチョジボー官のビーマセーナのもの．［上：裏］……そしてピチュガがカマヤの農場と家と農地と畑に関連して不服を申し立てた．ヴァス官のヴガチャとヤトマ官のイピチュガは……カマヤの農場と家と農地と畑は Trasa avana に所属する．その点について，証人は誰もいない．チョジボー官のシャマセーナは次のごとく報告した．カマヤの農場と家とはチョジボー官のシャマセーナの相続した財産であると．われわれは次のように決定した．この農場と家と農地と畑は，そこにあるすべての物とともに，チョジボー官のシャマセーナのものであると．トラサ村 (Trasa avana) の住民たちの側には，今後いかなる授受の関係（金銭を払ったり受け取ったりすること）もないであろう．一件は落着した．決定はなされた．

No. 496 (N. xxiii. ii. 7. 矩形木簡上下二枚 Ser. I, p. 256.)
　　［チャドータの地にある Catisa devi avana にある kurora 土地の受領．］

2-2-2-6　ニナ (nina，尼壤，Niya)

カロシュティー文書中のニナ (nina) は，現在のニヤ，玄奘の「尼壤」

No. 189 (N. vi. 10. 楔形木簡下一枚．S. AKh., p. 396.)
　　偉大なる大王が記す．……ヴァス官のオープゲーヤは次のように報告している．ラクダの他の飼育係たちはニナにおいては従者を出さないと．いま，彼らは彼ら［すなわちオープゲーと彼の同僚たち］から従者を出すことをを願い出ている．この楔形封印命令書が汝のところに届いたならば，ただちにそちらで面と向かって注意深く吟味されるべきである．そしてラクダの他の飼育係たちがニナにおいては従者を出さないのであれば，それと同様に，これらの者たちもその必要はない．しかし他の者たちがそれらを出すならば，……ヴァス官のオープゲーヤ，ニナにおける従者の件．

No. 500 (N. xxiii. ii. 11. 長方形の板 Ser. I, p. 256.) ［長沢 (1996 a：438)］

［断片に近い．「ニナの男でナラサカという者が沙門のモークシャから māṣa を受け取った．……」とある．］

No. 518 (N. xxiv. viii. 4＋39. 楔形木簡上下二枚 Ser. I, pp. 258-9.)

［人々が，ニナの住民オーピンタを他人の代わりに国境警備に当たらせているという報告を受けての王の禁止命令．］

2-2-2-7　ケーマ (khema, 扞弥)

「ニナ」つまり現在ニヤとホータンの間，かつてのチャドータとコータンナの境あたりに「ケーマ」(khema) と呼ばれる地域・地点があったことはすでに見た通りである．この「ケーマ」を「扞弥」とする説は，榎 (1965 b：著作集 119, 補注) において，Pulleyblank (1963) の説の紹介とともに論じられている．また，Brough (1965：593) は，khema がコータニーズの文書中に出る 'Phema' であり，それは漢字では「坎」(khem) とあてられていることを指摘している．一方，藤田豊八 (1933：263-273) は「扞彌」を論じて詳しい．また，長沢 (1996 a：90) も「扞弥 Khema?」としているが，別の個所 (1996 b：235) では，「『漢書』西域伝に，「扞弥国，王治扞弥城．……今名寧弥．」とある如く，扞弥は一名寧弥とも呼ばれていたのであり，おそらく Nina は Uzun Tati と見てよいであろう」と言う．また長沢 (1996 a：591-608「拘弥国考」) は，「扞弥」とホータンとの関係を論じて興味深い論考となっているが，そこでは「ケーマ」への言及はない．すでに繰り返し見てきたように (No. 272, No. 291, No. 362)，「ケーマ」は，カロシュティー文書中では，ホータンとともに並んで出ることが多く，それも警戒すべき国として，「もしケーマとコータンナからのニュースが何かあるならば，あるがままに大王である私の下に報告の手紙が送られるべきである」と，定型的に言及される．以下に列挙した文書も大部分その定型文を含むものである．

No. 329 (N. xv. 164. 皮革文書．Plate V AKh., p. 406) ［長沢 (1996 a：393)］

偉大なる大王が記す．チョジボー官のソーンジャカに命令を与える．私が書くことを知らねばならぬ．国務の遂行のために，［汝は］昼も夜も，熱心に，専念しなければならない．また警備は，注意深く守られなければならない．ケーマとコータンナからのニュースが何かあるならば，そのまま，われ大王の足下に，報告の手紙 (viṃñadi-lekha) が送られなければならない．さて，いま，チャルマダナにおいてワインの仕事がある．この命令の手紙 (anadi-lekha) が，そちらに届いたならば，ただちに，汝によって，このチャウルゲーヤの手で，夜に昼を接いで，5 頭のラクダに積まれたワインが送られなければならない．一頭のラクダには積荷として 1 ミリマと 1 キ*13 のワインがある．そうすることによって，チャルマダナで 1 ミリマ［のワイン］を完全に量るであろう．そちらから……とともにワインが取られるべきである．このワインは 4 番目の月の 5 番目の日にチャルマダナへ運ばれるべきであった．ワインについては決して……は許されないであろう．3 番目の月，25 番目の日．チョジボー官のソーンジャカ

＊13 「ミリマ」(milima) も「キ」(khi) も容量の単位である．1 ミリマ＝20 キである．

II部　資料編

に与えられるべきもの．

No. 341 (N. xv. 182. 皮革文書．S. AKh., p. 407.)

偉大なる大王が記す．チョジボー官のソーンジャカに命令を与える．以下のごとく私が書くことを知らねばならぬ．命令を私が国務のために与えたならば，[汝は]国務に……また警備は，命を捨てる覚悟で，注意深く守られなければならない．ケーマとコータンナからのニュースが何かあるならば，そのまま，われ大王の足下に，報告の手紙 (vimñadi-lekha) が送られなければならない．さてまた，そちらで王家所属の群れのラクダで，三歳およびそれ以上八歳までのものがショータンガ官のコーリサとチャルマサとの手でこちらに送られなければならない．11番目の月の10番目の日に，ピサリ……ラクダはまったくこちらに送られる必要はない．ピサリから最初にこちらに報告の手紙 (vimñati-lekha) が送られるべきである．汝がこれら [の手紙] を呼んだならば，ピサリからこちらに送られなければならない．

No. 357 (N. xv. 304. 皮革文書 AKh., p. 408.)

偉大なる大王が記す．チョジボー官のソーンジャカに命令を与える．以下のごとく私が書くことを知らねばならぬ．命令を国務のために私が与えたならば，[汝は]昼も夜も，熱心に，国務に専念しなければならない．また警備は，命を捨てる覚悟で，注意深く守られなければならない．ケーマとコータンナからのニュースが何かあるならば，そのまま，われ大王の足下に，報告の手紙 (vimñadi-lekha) が送られなければならない．さてまた，伝令 (lekhaharaga) の手で，汝は報告の手紙 (viñati-lekha) を送った (prahidesi)．それでわれは詳細に事実を知った者となる．また汝はこちらに報告している．人々が互いに以前の債務者 (daramnaga) のことで争っていると，その者たちは止められなければならない．王国に繁栄と平安があるようになったときに (yam kala rajasa yoga-chema bhavisyati)，そのときに，吟味がなされるべきである．王国の略奪に原因して作られた債務の支払いに関しては，そのような事柄をどのようにその者たちが解決したかについて吟味がなされるべきである．以前には，汝は，そちらから，トンガ官とその従者たちを送っていた．同様に汝は王廷にその者たちを送るべきである．贈り物が国庫に対する監督のもとに送られるべきである．また大量の curoma が送られるべきである．また rotamna が国庫に送られるべきである．以前にそうであったのと同様にいま送られるべきである．karchi, kamude, curoma が国庫に送られるべきである*14．それ以外のものは何も必要ない．7番目の月2番目の日．チョジボー官のソーンジャカに与えられるべきもの．

No. 358 (N. xv. 305. 皮革文書 AKh., p. 408, Pl. XCIII.)

偉大なる大王が記す．チョジボー官のソーンジャカに命令を与える．以下のごとく私が書くことを知らねばならぬ．命令を[王が]国務のために与えたならば，[汝は]昼も夜も，熱心に，国務に専念しなければならない．また警備は，命を捨てる覚悟で，注意深く守られなければならない．ケーマとコータンナからのニュースが何かあるならば，そのまま，われ大王の足下に，報告されなければならない．（中略）また，汝は次のように報告している．カラ (皇太子) のプルナバラの [臣下である] チャマカ [所有] の男が働いており，他の者 [が働いているの] ではないと．証文 (lihidaga) も証人 (sachi) もない．その男は，カラのプルナバラの名によって，移動させられるべきであ

---

*14 curoma, rotamna などは税として国庫に収められるべき物質を指していると思われるが具体的にはそれが何であるかわからない．

る．それについて係争があるならば，王廷に対して訴え出るべきである．（中略）これらの者たちは宣誓させられるべきである (śavatha śavāvidavya)．こちらから，悪事の行いが単に言われるべきではないし，またそちらから聞かれるべきでもない．（中略）沙門が他の者たちに奴僕として与えられるべきである (śramana amñeṣa dadavo)．6番目の月13番目の日．チョジボー官のソーンジャカに与えられるべきもの．

他に同様の定型文を含む文書として次のものがある．多くがチョジボー官のソーンジャカに与えられたものである．

No. 248 (N. xv. 43. 皮革文書（断片）AKh., p. 401.)
No. 283 (N. xv. 101. 皮革文書（断片）AKh., p. 403, Pl. XCI.)
No. 289 (N. xv. 110. 皮革文書（断片）AKh., p. 404.)
No. 333 (N. xv. 168. 皮革文書（断片）AKh., p. 406, Pl. XCII.)
No. 349 (N. xv. 197. 皮革文書 AKh., p. 407.)
No. 351 (N. xv. 201. 皮革文書 AKh., p. 407)
No. 368 (N. xv. 319. 皮革文書（断片）AKh., p. 408)

次のものは定型文を含まず，判決を示す文書となっている．

No. 709 (N. 027. 矩形木簡上下二枚．S. IA. I, p. 149, Pl. XVIII.)
　[「そのとき以来そのプギはケーマにいる」という文がある．]

2-2-2-8　コータンナ (khotaṃna, 于闐, Khotan)

「于闐」，コータンナ，ホータンについては，AKh：151-172 に詳しい．Burrow (1934：516) は，以下の文書の中に現れるホータン人の名前が，イラン語系のものではないことから，「カロシュティー文書」の時代（3世紀）には，ホータンの住民は，イラン人ではなかったのではないかと考えている．

No. 22 (N. i. 25. 楔形木簡下一枚 AKh., p. 387)
　[下：表] 偉大なる大王が記す．チョジボー官であるクラナヤとクナラとショータンガとリペーヤとに命令を与える．以下のごとし．いま，ここから，リムスと……とスヴァルナパラとは使者としてコータンナへ行かねばならない．ガイド (arivaga) のルトラヤは必ず自ら行かねばならない．リムスには二頭のラクダがいる．スヴァルナパラとルトラヤと……とのこれらの者たちは [行かねばならない，リムスは] 行かなくてよい．いかなる留保もなされるべきではない．以前には，使節たちには王国から敬意（褒美？）(saṃmana＝Skt. saṃmāna) と食料 (pacevara) とが配慮された．この以前の規則に従って，いまこれら者たちは……[下：裏] リムスの件．

No. 30 (N. i. 37. 楔形木簡下一枚 AKh., p. 387.)
　[下：表] 偉大なる大王が記す．チョジボー官のソーンジャカに命令を与える．以下のごとし．いま，ここにコータン人のカナサガが次のように報告している．アピゴーの

代わりに tsege においてツサナが立った．[さらにその] 代わりにコータンナ人のカナサガが立った．この楔形封印命令書がそちらに届いたならば，ただちにそちらで，宣誓によって，証人によって，面と向かって，注意深く，吟味されなければならない．アピゴーから賃金はこちらのツサナに送られるべきである．[下：裏] カナサガの件．

No. 36 (N. i. 50＋58. 楔形木簡上下二枚 AKh., p. 388.)

[上：表] チョジボー官のソーンジャカに [与えられるべきもの]．[下：表] 偉大なる大王が記す．チョジボー官のソーンジャカに命令を与える．以下のごとし．いま，ここにリペーが次のように訴え出ている．コータンナ人のアプゲーとキルヤギのこの [二人] は，daśacataya (?) の農場から物品をとった．この楔形封印命令書が届いたならば，ただちに，この係争は，宣誓によって，証人によって，面と向かって，注意深く，吟味されなければならない．王法に則って，決定がなされるべきである．そちらでは汝らは宣告しないように．[こちらに，] 送られるべきである．こちらで決定があるであろう．[下：裏] チャムシャタルヤ (?)

No. 86 (N. iv. 15. 長方形の板．S AKh., p. 391.)

神々と人々に愛されし，[神々と人々によって] 敬われし，見目麗しき，チャラガ官のスチャマ様とチョジボー官のトガチャ様とに，ショータンガ官のリペーヤは，御身体の無病息災を祈念し，さらに幾度も幾度も多大無量 [の御長寿を] [祈念いたします]．さて次のように [申し上げます]．私たちは [あなた方のために] こちらで王国のためになすべきお仕事をしていただくための時間を作りました．あなた様方はこちらに来たいと望んでおられません．確かに翌朝，帳簿にあるシャタヴィダとカールセーナデーとトランガダーラは，こちらに来るべきです．(Rev.) ……親愛なる父上，ショータンガ官でありチョジボー官であるリペーヤ様に，敬礼します．御身体の無病息災を祈念いたします……そして次のように [申し上げます]．そちらからあなた様はチャスミナをわれわれの使者としてお送りなられました……[用件の帳簿の] 受け取りについては，私は，どの帳簿がそちらで受け取られるべきであるのかわかりません……スピからの侵攻が実に恐れられるべきです．こちらの都城では，住民たちの調査がなされるでしょう……私たちがそちらに行きましょう．コータンナ人たちがこちらに来ました．彼らは，境界についての一件で，パンチナをさがし求めております．必ず，パンチナが，鶏が鳴く頃 (早朝) に，こちらに，送られなければなりません．

No. 135 (N. iv. 108. 楔形木簡上下二枚 AKh., p. 393.) [長沢 (1996 a：347)]

[上：表] ショータンガ官のリペーヤに与えられるべきもの．[下：表] 偉大な大王が記す．ショータンガ官のリペーヤに命令を与える．以下のごとし．いま，チュヴァライナ官のプマセーヴァはコータンナへ使節として行かなければならなかった．この楔形封印命令書がそちらに届いたならば，至急これなるアピタが使者として行かなければならない．チュヴァライナ官のプマセーヴァとともにコータンナに行かなければならない．チュヴァライナ官のプマセーヴァには，使者用の (スピードと耐久力のある) ラクダ 2 頭が与えられるべきである．これなるアピタには，使者用のラクダ 1 頭が与えられるべきである．またガイドとして適任の男一人が与えられるべきである．その者 (ガイド) は順序に従って行かなければならない．このガイドは自分自身の乗り物で行かなければならない．以前に，使節たちには飼料と水とを汝は与えた．それとまっ

たく同様に，いま，これらの使節たちに与えられるべきである．[下：裏] チュヴァラ
イナ官のプマセーヴァの件．

No. 180 (N. v. 18. 矩形木簡下一枚 AKh., p. 396.) [長沢 (1996 a：362)]

「13番目の年，偉大なる大王，ジトゥのマイリ王，天子の，4番目の月，26番目の日，
この日に，王のラクダの数が計算の上記入された……ヴァス官のオープゲーヤに，コー
タンナのメスのラクダ6頭，…….」(部分訳)

No. 223 (N. xv. 12 a, b. 楔形木簡上下二枚 AKh., p. 400)

[上：表] コリ官のルトラヤに与えられるべきもの．[下：表] 偉大なる大王が記す．コ
リ官のルトラヤに命令を与える．以下のごとし．いま，ここにサンギラが次のように
報告している．この者はコータンナに使者として行こうとしている．そちらから，王
国から，使者用の馬が一頭行くために与えられるべきである．汝は，国から馬を供給
しなかった．しかしサンギラは馬を一頭賃貸で受け取った．賃貸の料金はそちらで国
から払われるべきである．チョジボー官のシャマセーナは保証人であった．この楔形
封印命令書が汝に届いたならば，ただちにそれについて汝は注意深く宣誓によって，
[上：裏] 証人によって，吟味されなければならない．真実その通りであるかどうか．
そして賃貸の料金がどれほどか決定されなければならない．そしてそれだけがラルス
によって徴収されてこちらに送られなければならない．決定は王法に従ってなされる
べきである．[下：裏] サンギラ．

No. 400 (N. xvii. 1 楔形木簡下一枚 AKh., p. 411.)

偉大なる大王が記す．チョジボー官のクラナヤとショータンガ官のリペーとに命令を
与える．以下のごとし．いま，アンタセーナが次のように報告している．チャカサー
は，この者の所有になる男チュラマエーナをコータンナに連れて行った．そして背中
で [後ろ手に] 両手を縛った．その後，チャカサーはコータンナから帰って来た．この
者の所有になる男チュラマエーナをこちらに連れては来なかった．それで彼は報告し
ている．「私は [彼を] 連れて来なかった」と．この楔形封印命令書がそちらに届いた
ならば，ただちに汝によってそちらで注意深く宣誓と証人とを伴って真実のことが吟
味されるべきである．この者の男が…….

No. 438 (N. xiii. ii. 9. 楔形木簡上下二枚 Ser. I, p. 249. [長沢 (1996a：351)]

チョジボー官のクラナヤとリペーとに与えられるべきもの．偉大なる大王が記す．チ
ョジボー官のクラナヤとリペーとに命令を与える．以下のごとし．いま，こちらに，ビー
マセーナが報告している．この者は父祖からのガイド (arivaga) ではない．コータン
ナの mata のことはよく知らない，と．[誰かを新しく] ガイドにするように．この者
はガイドにされるべきではない．ビーマセーナの件．

No. 494 (N. xxiii. ii. 5+i. 13. 楔形木簡上下二枚 Ser. I, p. 256, 255.)

[上：表] タスチャ官のラパヤと，チョジボー官のクラナヤとパトラヤ，ショータンガ
官のリペーとに与えられるべきもの．[下：表] 偉大なる大王が記す．タスチャ官のラ
パヤと，チョジボー官のクラナヤとパトラヤ，ショータンガ官のリペーとに命令を与
える．以下のごとし．いま，ここに，そちらの汝のところから報告の手紙 (vimñati-
lekha) が持って来られた．次のように言っている．パギナが，「略奪と破壊」(aloṭa vilo-

ta) より以前にモークシャプリヤに対して [貸し付けられた] 金の負債 (ṛna) を取り立てている，と．こちらでは，法は確立していて，コータンナ人たちによる略奪と破壊より以前になされた授受貸借は新たに吟味されえないということになっている．この楔形封印命令書がそちらに届いたならば，ただちに，面と向かって，注意深く，吟味されるべきである．コータンナ人たちによる [上：裏] 略奪と破壊より以前のものについて，モークシャプリヤに対して，パギナが負債を取り立てているのかどうかと．これについては，モークシャプリヤに対して，パギナには授受貸借の関係はないのであって，それを手にする権利はないのである．もしさらに別の係争があるならば，王廷において面と向かって決定があるであろう．第8番目の年，5番目の月，16番目の日．Deviae Peta avana において．オグ官の……言葉（命令）によって．[下：裏] モークシャプリヤの件．

No. 216 (N. xv. 5. 矩形木簡上一枚 AKh., p. 399.)

［コータンナ人のプレーシャーダの逃亡．］

No. 253 (N. xv. 51. 楔形木簡上一枚（断片）S. AKh., p. 401)

［コータンナまでラクダの世話人が供給されるべきである．］

No. 330 (N. xv. 165. 矩形木簡上一枚 AKh., p. 406.)

［証文．コータンナ人で沙門のプンニャマからの aklatsa ラクダに関するもの．］

No. 335 (N. xv. 173＋06. 矩形木簡上下二枚 AKh., p. 406.)

［上：表］この証文はコータンナ人のシャカーからのラクダに関するものであり，チュガパのところで注意深く保管されるべきもの．［下：表］

No. 388 (N. xv. 352. 楔形木簡下一枚（断片）AKh., p. 409.)

［コータンナへのガイド (arivaga) について．］

No. 399 (N. xv. 2. タクティー型木簡 AKh., p. 411, Pl. CI.)*15

［裏，A］(3)そのラクダは，我々に対する，コータンナ人たちの賞賛の念 (vulasi＝Skt. ullāsa?) を作り出すであろう．

No. 403 (N. xvii. 01. 楔形木簡上下二枚.)

［コータンナからの女について．］

No. 471 (N. xxii. iii. 4. 楔形木簡上一枚 Ser. I, p. 254.

［コータンナ人．］

No. 625 (N. xxix. i. 6. 矩形木簡下一枚（断片）．Plate XI. S. Ser. I, p. 265.)

［リミンナの農場から，コータンナ人たちが，その子供を連れ去った．］

No. 661 (E. vi. ii. 1. 長方形の板．Plate XII Ser. I, p. 291, Pl. XXXVIII.) ［長沢 (1996 a：365；419)］

10番目の年，3番目の月，18番目の日のこのときに，コータンナの大王，王中の超王，ヒナジュハ・アヴィジタ・シンハのそのときに，……（以下省略）……*16

*15 発信人もあて先も異なる三通の手紙がタクティー型の木簡の両面に記されている．墨の濃淡，文字の形など比べてみると，おそらく三人の手で書かれているように思える．この木簡が実際に発信されたとは，その大きさから考えると，思えない．だが，書記が文面の練習のために書いたのであれば同じ手になるはずだろう．文面を保存するためのものか，あるいは，下書きか．つまり書記連中が大型の書写板を共有しており，それに下書きをしていたとでも考えることが可能か？ 下書きなら同一文面のものが他にある可能性があるが，同一文面のものは KI には見出せない．

No. 735 (N. xiv. i. 013. 楔形木簡上一枚．Plate XIII. S. IA. I. p. 154, Pl. XVIII)

［コータンナからの逃亡者について．］

2-2-2-9　パルヴァタ（parvata）

「パルヴァタ」がある特定の「国」あるいは「州」を指すのか，それとも「山岳地帯」，「山国」といったある地域への言及であるのかわからない．市がたつ特別な地域ではありそうであるが．「パルヴァタ」を国と見なし，一連のパルヴァタに関わる木簡について，それを日本語訳し論じたのは，山本光朗（1988）である．

No. 392 (N. xv. 357. 矩形木簡下一枚 AKh., p. 410.)

「プゲーナはパルヴァタへ行った．クーナがラクダをそこへ運んだ．」（部分訳）

No. 633 (N. xxix. i. 14. 矩形木簡上一枚 Ser. I, p. 265.)

「ヴァス官のサガモーヤとプリヤヴァタとにおいて，ほどかれるべきもの……汝はそちらで売らない．パルヴァタにプリヤヴァタとスクマナとが，クユトセーナとともに，行かなければならない．そこで，毛氈，タペストリー，乳製品が買われるべきである．」（部分訳）

No. 634 (N. xxix. i. 15. 矩形木簡下一枚 Ser. I, p. 266.)

「チュギトーとチャクヴァラは，汝とともに，パルヴァタへ行かなければならない．vaṣḍhiġa をなすために．」（部分訳）

No. 635 (N. xxix. i. 16. 矩形木簡上一枚 Ser. I, p. 266.)

「もし汝がそこから多くを得ないのであれば，もっと多くがパルヴァタから買われるべきである．」（部分訳）

No. 637 (N. xxix. iv. 2. 矩形木簡下一枚．Plate XI Ser. I, p. 266)［長沢（1996 a：227；350)］

［支出簿］
「11番目の年．大王中の超大王の，偉大なる大王，ジトゥガ，マイリ王，天子の6番目の月の最初の日．王妃がコータンナに出かけたそのときに，王子（kāla）キールテーヤがこちらチャドータにやって来た．パルヴァタで vaṣḍhiġa を行った．チョジボー官のソーンジャカのときに．そのときに以下の支出が出された．ワイン―ポンゴーニャ容器によって1ミリマ4キがパルヴァタで．他に dirpira 穀物2ミリマ10キ……．またパルヴァタから王子のキールテーヤが帰って来た．そのときに，チャドータでの vaṣḍhiġa で，ワイン7キが出された．また，クヴァニ（首都）（kuv̇aniya）に行ったときに，道中でのワイン4キ．ポンゴーニャ容器による．さらに従者たちに対する食料．1ミリマと10キ．また，王子キールテーヤがコータンナに使者として行ったときに穀物が食料として出された．総計12ミリマ．他に家畜（羊）4頭を4ミリマの穀物とともに運んだ．他に，コータンナから王子キールテーヤが帰って来た．ニナからカーティラによって送られた．……．」（部分訳）

＊16 このエンデレ出土の木簡については次を参照のこと．T. Burrow (1936): The Dialectical Position of the Niya Prakrit, BSOS VIII, pp. 430-34. ここでは，コータンナの行政言語としてのプラークリットの文字および音韻体系の特徴が明らかにされている．これに対して，F. W. Thomas (1936): Some words found in Central Asian Documents, BSOS VIII, pp. 789-794. は反論し，より正確な読みを提示しようとする．この木簡をめぐっての研究史は，林梅村の1987年の『文物』論文までさまざまに論じられてきた．また Brough (1965：594) 参照．

2-2-2-10　スピ（supi）

「スピ」については，長澤（1996a：216）が，「このスピはおそらく後世に蘇毗（『唐書』西域伝）の名で現われるチベット東北部にいた羌族の一種であろう」と言う．

No. 088（N. iv. 17b. 矩形木簡上一枚 AKh., p. 391）

チョジボー官のクラナヤとリペーヤとにもたらされるべきもの……スピからの侵攻が恐れられるべきである．汝らは決して怠慢（niryoga）であってはならない．他の護衛の者たちが，迅速にこちらに送られなければならない．12番目の月．10番目の日．

No. 119（N. iv. 55. 矩形木簡下一枚 AKh., p. 393.）

神々と人々に愛されし，親愛なる兄弟であるチョジボー官のクラナヤ様とリペーヤ様とに，チョジボー官のクナラは，御身体の無病息災を祈念し，多大多数［の御長寿］を［祈念します］．そして次のように［記します］．いまこちらで［次のようなことが］聞かれます．スピ人たちがチャルマダナの人々のところに，この［年の］第4月に進攻して来る，と．あなたのところの騎馬国境警備兵をこちらに送るようにして下さい．私たちは［この事実を］あなたにお知らせするだけにしましょう．しかし決して……しないで下さい．

No. 126（N. iv. 82. 矩形木簡下一枚 AKh., p. 393.）

見目麗しき，親愛なる兄弟であるチョジボー官のクラナヤ様とリペーヤ様とに，タスチャ官のラパヤとチョジボー官のパトラヤとが，御身体の無病息災を祈念し，多大無量［の御長寿］を［祈念いたします］．以下のごとく記します．そちらから国境警備のためにパゴーをこちらにあなた様がたは送られました．スピ人たちのところから来て，［彼らの様子を］聞くためにです．いまこちらでは，平穏であるとのスピ人たちについての話が聞かれます．

No. 133（N. iv. 104. 長方形の板 AKh., p. 393.）

尊敬すべきお方，見目麗しき親愛なる父上であるチョジボー官のリペーヤ様の御足下に，トガチャは低頭し，御身体の無病息災を祈念し，多大幾百［の御長寿］を［祈念いたします］．以下のように記します．そちらからあなたは騎馬兵のクナセーナをこちらでの警護と監視のために送りました．アチョーヴィンナ（斥候）のオーガチャはサチャからこちらに確かにやって来ました．彼は「スピ人たちがコーギタササにやって来た」と報告しています．この件に関しては，ただちに，クナセーナをそちらに私は送りました．ですから別の御者が至急こちらに送られねばなりません．そちらからのアチョーヴィンナ（斥候）になる者は，パルヴァタ地方（山岳地）には誰もいません．［反対面］親愛なる隣人スヴァネーヤに，チョジボー官のナマラシュマがご機嫌を伺います．そちらにいる私たちの奴僕たちはすべて都城へ運ばれなければなりません．

No. 139（N. iv. 115. 矩形木簡下一枚 Plate II；S. AKh., p. 394.）

神々と人々に愛されし，見目麗しき，親愛なる兄弟であるチョジボー官のリペーヤ様の御足下に，チョジボー官のタンジャカは敬礼し，御身体の無病息災を祈念し，多大

多量［の御寿命］を［祈念いたします］．あなた様から［御身体の］無病息災をお聞きしまして私はうれしゅうございます．あなた様のお陰をもちまして私も無病息災に過ごしております．以下のように［記します］．いま，スピ人たちからの［侵攻の］深刻な恐れの話を，彼らが持ってきています．あなた様は御自らアチョーヴィナ（斥候）を見なければなりません．適任のアチョーヴィナが乗り物（馬かラクダ）とともにこちらに送られなければなりません．

No. 183 (N. vi. 2. 矩形木簡上一枚 AKh., p. 396.)

その年，スピたちがチャドータにきた．

No. 212 (N. xiv. 1. 楔形木簡下一枚．S. AKh., p. 399.) ［長沢 (1996 a：373)］

偉大なる大王が記す．チョジボー官のソーンジャカに命令を与える．以下のごとし．いま，こちらにオープゲーヤが次のように訴え出ている．この者の miṣi ［の土地］に，放牧のために，カケーとリペーとが牝馬たちを放した．そこからスピ人たちによって［牝馬たちが］持って行かれた．いまこれらの者たちが牝馬たちの件でこの者に対して文句を言っていると．

No. 324 (N. xv. 158. 矩形木簡下一枚 AKh., p. 406) ［長沢 (1996 a：216)］

第4番目の年，偉大なる大王マイリ，天子の，第3番目の月，第13番目の日のこのときに，……（mahap [o] ……bulena kuṣena 不明）スピたちがチャルマダナにやって来た．彼らは国土を略奪した．住民を拉致し去った．ヴァス官のヨーヌの奴僕であるサムルピナという名の者を，スピたちは捕えた．そして中国人のシュガシに贈り物として与えた．中国人のシュガシはこちらから男の代価として2スタテル金貨（suvarna satera 2）と2ドラクマ銀貨（trakhma 2）を払った．［したがって］その男は，シュガシのものとなったのである．（na cimaga 不明）［その男］自身の［もとの］主人であるヴァス官のヨーヌは，その男を，自身に取り戻したいと望んではいない．そしてこの男を他人に売り渡す許可がシュガシに与えられた．これに関連して，中国人のシュガシはこの男をカトゲに売った．この男の代価として……一本の弓であった．中国人のシュガシは正しく売った．カトゲは正しく買った．今後は，……

No. 491 (N. xxiii. i. 14+15. 楔形木簡上下二枚 Ser. I, p. 255.)

「この者の奴僕のブッダシュラというものをスピ人たちが連れ去った．その者はそこから逃亡して帰って来た．」（部分訳）

No. 515 (N. xxiv. vii. 1. 矩形木簡上下二枚．Plate IX Ser. I, p. 257.)

「いまなお彼らは言う．スピからの襲撃を恐れ，警戒する理由がある，と．」（部分訳）

No. 541 (N. xxiv. viii. 34. 舌型木簡 Ser. I, p. 259.)

［両面の文面は同じ．手も同じと見てよい．練習用の書写板であろうか．］
「私はこちらから偵察を送った．スピ人たちから攻撃に対して見張っているために．そちらにニュースがあればなんであれ，それについて私は知らされなければならない．」（部分訳）

No. 675 (L. A. iv. 001. 楔形木簡下一枚. Ser. I, p. 434)

偉大なる大王が記す．……．以下のごとし．パルヴァタの住人 (parvati, 'a man of the mountains') でラトゥカという名前の者，この者はスピヤ地方 (国) から逃亡してきた者 (palayaṃnaga) であるが，……．来るであろう．この者には主人 (bhataraga) は誰もいない……．ここには主人は誰もいない．……法がなされるべきである．ラトゥカの件

No. 722 (N. iii. x. 14＋10. 矩形木簡上下二枚. S. IA. I, pp. 150, 149, Pl. XVII.) [長澤 (1996 a：215)]

「ニュースがチャルマダナから来た．スピたちからの危険があると．また命令の手紙が来た．そして兵士たちが行かなければならない．」(部分訳)

2-2-2-11 スリガ (suli'ga, 疏勒, Kashgar)

Burrow (LKhD：131, Suli'ga の項) は，Thomas が言うように「カシュガルの住民 (inhabitant of Kashghar)」かあるいは「ソグド人」を指すことも可能であろうと言う．この語が出るのは，前述の No. 661 (E. vi. ii. 1. 長方形の板. Plate XII Ser. I, p. 291, Pl. XXXVIII.) である．

2-2-2-12 クチ (kuci, 屈支, Kucha)

以下の三つの文書に出る．三つの文書は互いに関連している．これらについては，長沢 (1996 a：426-428) に詳しく訳出・解説されている．

No. 621 (N. xxix. i. 2 楔形木簡下一枚 Ser. I, p. 265, Pl. XXVII) [長沢 (1996 a：428)]

「それから後，このサガモーヴィとスプリヤとはチャトーの農場からクチャの王国へと逃亡した．長い間クチャの王国に居た．われ大王の名によって再びここ彼ら自身の国に帰って来た．」(部分訳)

No. 629 (N. xxix. i. 10. 楔形木簡上一枚 Ser. I, p. 265.)

「この者が逃亡者としてクチャの王国にあったとき，……．」(部分訳)

No. 632 (N. xxix. i. 13. 楔形木簡上下二枚 Ser. I, p. 265.) [長沢 (1996 a：426)]

「この者は妻とともにクチャの王国に逃亡するために行った．」(部分訳)

2-2-2-13 ツァガ (tsaga)

「ツァガ」については不明であるが，次のような文書に出る．

No. 68 (N. i. 122. 楔形木簡上下二枚 AKh., p. 390, Pl. xcviii.)

[上：表] チョジボー官のサマセーナとプゴーとに与えられるべきもの．[下：表] 偉

大な大王が記す．チョジボー官のサマセーナとプゴーとに命令を与える．以下のごとし．いま，ここにナンダセーナが次のように報告している．チャトマゲとクアンチャとがこの者の穀物ひと包み分を食べてしまった．彼らはそちらに行ってしまった．そしていまツガ (tsaga) にいる．この楔形封印命令書がそちらに届いたならば，ただちに，汝によって，吟味されるべきである．もし事実であるならば，この穀物は，追加分とともに，オプゲーとリペーによって取られるべきである (giṃnidavya)．もし別様であるならば，そしてこの者たちの間に［上：裏］係争があるならば，そちらでは決定を下さないように．王廷に送られるべきである．こちらで決定があるであろう．またこの者たちのウシャサ (?) においては多くの paṃke がこちらで作られるべきである．必ずこちらに送られるべきである．もしそちらで決定を汝らがしないようであるならば，そしてこちらに送らないようであるならば，その場合は，注意があるべし．［下：裏］プローシュタヤ (?)

No. 90 (N. iv. 20. Wedge-shaped tablet AKh., p. 391.)

30番目の年，5番目の月，8番目の日，そのときにツガにある土地に関してタンチュゲーの証人が現れた．そしてナンマトガは……．タンチュゲーヤにはブドウ園とミシ土地の12クタラが所有物としてあるとパンチャマが言っている．私はそれをカーヤ官のスギヤの口から聞いた．収税（ショータンガ）官のケニカと書記（ティヴィラ）のトガチャとルトラヤが次のように言う．「私たちはスギヤの口から聞いた．西の方角にある……に始まり……東側から……がオグ官のクサンガに属する」と．また，ナンマトガは次のように言う．……．

No. 146 (N. iv. 123. Stick-like tablet AKh., p. 394.)

［リストのなかに．］

No. 147 (N. iv. 124. 長方形の板 AKh., p. 394, Pl. ci, I. Pl. cii.)

［リストのなかに］

2-2-2-14　中国 (cina)

「チーナ」(cina, cinasthana) は，中国を指す．「クロライナ」は「鄯善国」として中国の統治下にあったとされるが，カロシュティー文書のなかでどのような表現で「中国」が語られるかを見ておく．

No. 8 (N. i. 9a. 長方形の板. S. AKh., p. 386.)

11番目の年，5番目の月，8番目の日．まさにそのときに，王廷 (rayadvara) から，人々は，楔形封印文書を持ってきた．長官 (mahatva) たちには，［生活のための］食物（＝穀物あるいは小麦）が与えられるべきであった，と．//yosu//pulaya sunaṃta// cina kol'yisa (中国人，コーリサ?) //

No. 35 (N. i. 49. 楔形木簡上一枚 AKh., p. 388)［Brough (1965：605)］

チョジボー官のビマヤとショータンガ官のリペーに与えられるべきもの．スギタは禁止されるべきである．いま，中国からの (cinasthanade) 商人たち (vaniye) がいな

い．［それゆえ］いま，絹の負債（paṭa ṛna）は吟味されるべきではない．ラクダに関しては，タムチナが非難されるべきである．中国から商人たちが来たときに，絹の負債が吟味されるべきである．争いがあるならば，王廷において，面と向かって，決定があるであろう．

上の文書は，中国からの絹の輸入．「絹の負債」（paṭa ṛna）とある点で注目される．それは中国商人たちが持ち込んだ絹に対する税金であろうか．また「中国からの商人」という表現は，あるいは自分たちの国家とは違う中国を意識しての言葉であろうか．

No. 80 (N. iv. 9. Parabolic tablet AKh., p. 391)

「中国人カンチゲーヤ」（部分訳）

No. 149 (N. iv. 126. Tablet nearly square. Plate II, S. AKh., p. 394.) ［Lüders：1936：21-24］

「149 第9番目の年，1番目の月，28番目の日．逃亡したマサガが言っている．私からとられた財産は以下の通り．……．3枚の中国の着物．」（部分訳）

No. 255 (N. xv. 54. 長方形の板 AKh., p. 401.)

「スグタは言っている．中国人アルヤサのツガにある土地……．この中国人アルヤサの口から私は聞いた．目下のところ買うべき土地はない．この土地の境界線に関しては，私は……することを望む．……．」（部分訳）

No. 353 (N. xv. 204. 長方形の板 AKh., p. 407.) ［長沢 (1996 a：440)］

「心を込めて［あなたに］送った中国のターバンひとつ．」（部分訳）

No. 446 (N. xiii. iii. 6. Label-like tablet Ser. I, p. 249.)

［人名と「荷物1」という記事からなるラベル．「中国人チャトーナの荷物1」とある．］

No. 544 (N. xxiv. viii. 38. Label-like tablet Ser. I, p. 259.)

［荷札．「中国人 pġita のラクダ1頭」など．］

No. 686 (L. A. iv. v. 12. Oval-topped tablet. Ser. I, 435, Pl. XXXVIII.)

［表］［A欄］(1)……　……　は行かされた．(2)……の牛はオーピンタ地域 (opiṃtemci：pl.) の中国人たちの下へ行かされた．(3)……の牛はコータン (khodani?) からの使者たちの下へ行かされた．(4)……の牛はチャルマダナ地域 (calmadanemci：pl.) の中国人たちの下へ行かされた．(5)……の牛はランガが連れて行った．(6)……の牛はトリアクシャの下へ行かされた．(7)カヤンダガの牛はトリアクシャの下へと行かされた．(8)……の牛はトリアクシャの下へ行かされた．(9)……の牛はニヤ (niyaṃmi?) にいる中国人たちの下へ行かされた．［B欄］(1)タガチャの牛は中国人たちの下へ行かされた．(2)オーナカの牛はチョジボー官のクニタの下へ行かされた．(3)スマガンタの牛はチンゴーが連れて行った．(4)クーナの牛はトリアクシャの下へ行かされた．(5)クンパラの牛はパキアの下へ行かされた．(6)ショータンガ官のプゲーナの牛は中国人たちの下へ行かされた．

'cinana'「中国人たち」と示されて，具体的な個人名を挙げていないことに注意すべきであろうか．クロライナ人（？）については，「ディヤクシャ」などの個人名が挙げられているのとは対照的である．ただし前出の No. 324 では「中国人シュガシ」とその個人名が挙がっていた．

2-3 楼蘭出土文書の和訳

楼蘭出土のカロシュティー文書は断片が多く，文章としてはあまりうまく意味がとれないことが多い．以下では出来る限りの訳出を試みる．

No. 666 (L. A. i. ii. 1. 長方形の板．Ser. I, p. 433.)
　［一行目破損］マルビゲーヤは長老カリとともに，［頭もて，］［……なる］スジャダ様の御足に敬礼します．無病息災をお祈り申し上げます．多大無量［のご長寿］を［祈念いたします］．……(tenaṃ ca ṣa —— yaṃ ja ṣi 意味不明)……．あなた様が恙無きように．あなた様の恩寵により我々も生きます．以下の如く［申し上げます］．こちらにあなた様の奴僕サンガラマが……．

No. 667 (L. A. i. ii. 2. 長方形の板．Ser. I, p. 433.)
　……ルトラ（＝ルトラガ？）の土地に関しては，……受け取られた．また，いま，彼［ルトラガの］……来た．彼には一頭のラクダがいると伝える．［天子］……私は，手紙と贈り物を持って行きます．この件に関しては，……［以下不明］……．天子が考慮するであろうときに，……．

No. 668 (L. A. i. iv. 5. タマリスク木片 Ser. I, p. 433.)
　［3列4行．読み取れる文字で意味が解るのは，'koǰava 1'（「毛氈1枚」）のみ．物品簿の類か．］

No. 669 (L. A. i. iv. 7. 紙片三枚 Ser. I, p. 433)
　［私信．「某の御足に敬礼します」(sa pada vaṃtade) の定型句を持つ．紙文書であることから注目されるべきものであるが，断片であり，内容はほとんど不明である．なかに出る人名は，catugeya，と sujata．］

No. 670 (L. A. i. iv. 0016. 紙片二枚．Ser. I, p. 433.)
　['sa　　sra　　sa sa' という文字列が読めるらしいが不明．]

No. 671 (L. A. ii. ii. 003. 楔形木簡下一枚．Ser. I, p. 434.)
　［下：表］かれら守備兵たちは3年の間食料を給付されるべきである．［下：裏］［通常は保管の際のインデックスを記す：］チョジボー官のルトラヤと，長老のチャウレーヤと，シグナヤとに与えられるべきもの．

II部　資料編

No. 672 (L. A. ii. v. 5. 長方形の板. Ser. I, p. 434.)

［2列4行．物品簿の類か．］

No. 673 (L. A. iii. i. 003. Chip off wooden slip. Ser. I, p. 434.) 破片．

No. 674 (L. A. iii. ii. 3. Chip off wooden slip. Ser. I, p. 434.) 破片．

No. 675 (L. A. iv. 001. 楔形木簡下一枚．Ser. I, p. 434)

偉大なる大王が記す．……．以下のごとし．パルヴァタの住人でラトゥカという名前の者，この者はスピヤ地方（国）から逃亡してきた者（palayaṃnaga）であるが，……．来るであろう．この者には主人（bhaṭaraga）は誰もいない……．ここには主人は誰もいない……法がなされるべきである．ラトゥカの件．

No. 676 (L. A. iv. ii. 1. 矩形木簡上下二枚．Ser. I, p. 435.)［長沢（1996 a：429）］

［上：表］この文書は窃盗犯たちによって食べられた牛に関するものであり，ビマヤにおいて注意深く保管されるべきである．[封印]この封印は，コリ官のプルトサヤとタスチャ官のダギヤのものである．［下：表］［アムゴーカ大王在位］38番目の年の12番目の月の第2日．偉大な［大王］……．コリ官のプルトサヤとタスチャ官ナラマセーナ・ダギヤとは，次の如く，係争を裁決した．ビマヤ，ポルバヤ，ヴァルペーヤ，タメーチャ，ラチュゲー，ツォルドーエーは，次の如く，訴え出ていた．ビマヤの6歳になる雌牛を窃盗犯たちが食べた．肉（maṃtsa）は食べられたので，皮（cama）は別にされなかった，と．この件に関して，3倍の（triguna）賠償を，我々は決定した．［賠償の］4分の1（eka pāta, Skt., eka pāda），すなわち6歳の雌牛1頭＋子牛は，ポルバヤ，タメーチャ，ヴァルペーヤによって支払われるべきである．4分の3（tre pāta），すなわち3歳の雌牛＋子牛は，ラチュゲー，ツォルドーエーによって支払われるべきである．これらの窃盗犯たちによって支払われるべきものが，ビマヤにおいて獲得されるべきである．我々は50（paṃcaśa）*17 の打刑（prahara，Skt., prahāra）を与えた．決定が……．

＊17 この語が2度繰り返されているのは誤記．それを示すために前の語に二つの点が打ってある

No. 677 (L. A. iv. ii. 2. 矩形木簡上下二枚．Ser. I, p. 435, Pl. XXXVIII.)

［下：表］……大王アムゴーカ，天子（devaputra）の第……番目の年，7番目の月，第6日目，いまのときにおいて．女コーセーナヤは，［yi staṃ svi na 意味不明］シガイタから，等価交換？（namanaga muliya）によって，土地を買った．そして［va re va ma. ne na 意味不明，人名に当たるか？　……は，］コーセーナヤに贈り物として土地を与えた．総計で土地は3ミリマのジュティ種を［産出する］．この土地は女コーセーナヤのものである．……．［その土地は，彼女］自身の所有物となったのであるから，すべての点で，支配権の実行がなされるべきである．その土地には，セニ税（seni harga）もニチリ税（niciri harga）もない……．……コーセーナのために，われわれはなした．この者の息子たち［に］は，正当にも，考えを示さない……．……．息子たちには，その土地に対する，与えることと取ること［の権利］はない．このコーセーナヤに，土地に対する，支配権がある．耕すこと，種を播くこと，……贈り物として与えること……に［関して支配権がある］．［上：裏］ti（意味不明）tasya（その者の）

dasyaati（与えるだろう，）sudita（よく与えられた，）ここにおいて，証人は，……とスドラネーヤとである．そしてこれは私，王の書記であり，沙門である……によって，……，……の命により，女コーセーナヤの願いにより，書かれた．100 年間権威として効力を有する．

No. 678 (L. A. iv. ii. 3. 矩形木簡上下二枚．Ser. I, p. 435)［長沢（1996 a：422）］

［下：表］偉大なる大王［jiṭugha］……の……年．クロライナ人で，チャマカという名のチャルマダナ在住の者（vastavya＝Skt. vāstavya「住民」）がいる．彼チャマカは，クロライナにおける大都城の南側に（dachina śitiyaṃmi）あるクロラ地（bhuma kurora）3 ミリマ容量分をヤプグのほうに売った．ヤプグからの代価（muli）が受け取られたが，証文（lihitaga）が盗まれた．│……？……│チャマカは正しく売った．ヤプグは正しく買った．いまこのときから（aja chuna uvadae），かくのごとく，この土地については，……．ヤプグの息子たちである，ラムプルタ（laṃpurta），プンニャデーヴァ（pumñadeva），ダムニラ（dhaṃñila），ダムニャパーラ（dhaṃñapāla）らに，支配権（所有権）があるべきである．抵当に入れること（baṃdhova thavaṃnae），売ること，他人たちに贈り物として与えること［の権利が］……．……不明……．……不明……．

No. 679 (L. A. iv. iv. 1. 矩形木簡下一枚（断片）Ser. I, p. 435.)

No. 680 (L. A. iv. v. 1. 楔形木簡上一枚 Ser. I, p. 435.)

No. 681 (L. A. iv. v. 3. 長方形の板 Ser. I, p. 435.)

4 月……日……［食糧を］食べた駱駝たちの文書［A 欄］(1)チナヤの駱駝 1 頭，(2)クティヤの［駱駝 1 頭］，(3)……の駱駝 1 頭，(4)……［B 欄］(1)キプシュタの駱駝 1 頭，(2)ピストアの駱駝 1 頭，(3)タティカの駱駝 1 頭，(4)…… 1 ……［C 欄］(1)……ピルトアの駱駝 1 頭，(2)馬たちは食糧を食べた．(3)パルネーヤ，馬 1 頭，(4)スピカ，馬 1 頭，(5)マ［ルバ］ヤ，馬［4］，［D 欄］(1)ア……．(2)オーナカ，馬 1 頭，(3)ダミ［カ］…….

No. 682 (L. A. iv. v. 5. 楔形木簡上一枚 Ser. I p. 435)

［上：表］オグ……チョジボー官……［上：裏］もし［そちらに］この者の兄弟たちが行くことがあろうならば，こちらに…….

No. 683 (L. A. iv. v. 6. 木簡断片 Ser. I, p. 435.)

［表］(1)百戸長のパトラナは小麦（goma＝Skt. godhūma）［……キ］を受け取った．(2)チュゴーテは小麦 1 キを受け取った．(3)チョジボー官のパルトゥゲに大麦 10 キ．(4)プシヤに小麦 10 キ．［裏］(1)家畜たち（paśunaṃca）について報告しなかった者たちは以下のごとし．(2)ルンガ……．プルシュダーに家畜 1 頭．(3)ルカに家畜 1 頭．(4)ヨーノーアに家畜 1 頭．

No. 684 (L. A. iv. v. 7. 長方形の板．Ser. I, p. 435)

［表：B 欄］(1) 4 月 18 日食糧……［これに続けて，「某々に駱駝　頭」の記述］．［裏］［裏は，「某々は khi」として人名と量の記述．No. 681 の木簡などと内容は似ているが，

「家畜への食糧配給簿」か．]

No. 685 (L. A. iv. v. 9. 楔形木簡下一枚．Ser. I, p. 435)

　[表：A欄] (1)クレーヤの家畜（羊）はディヤクシャの下へと行かされた．(2)カンディナの家畜（羊）はディヤクシャの下へと行かされた．(3)ピルトアの家畜（羊）はニヴァガの下へと行かされた．(4)チャマセーナの家畜（羊）はディヤクシャの下へと行かされた．(5)プルナシャの家畜（羊）はディヤクシャの下へと行かされた．(6)パルケーヤの家畜（羊）はディヤクシャの下へと行かされた．[B欄] ソートゥアの家畜（羊）はディヤクシャの下へと行かされた．

No. 686 (L. A. iv. v. 12. Oval-topped tablet. Ser. I, 435, Pl. XXXVIII.)

　[表：A欄] (1)……　　……　　は行かされた．(2)……の牛はオーピンタ地域 (opimtemci：pl.) の中国人たちの下へ行かされた．(3)……の牛はコータン (khodani?) からの使者たちの下へ行かされた．(4)……の牛はチャルマダナ地域 (calmadanemci：pl.) の中国人たちの下へ行かされた．(5)……の牛はランガが連れて行った．(6)……の牛はトリアクシャの下へ行かされた．(7)カヤンダガの牛はトリアクシャの下へと行かされた．(8)……の牛はトリアクシャの下へ行かされた．(9)……の牛はニヤ (niyaṃmi?) にいる中国人たちの下へ行かされた．[B欄] (1)タガチャの牛は中国人たちの下へ行かされた．(2)オーナカの牛はチョジボー官のクニタの下へ行かされた．(3)スマガンタの牛はチンゴーが連れて行った．(4)クーナの牛はトリアクシャの下へ行かされた．(5)クンパラの牛はパキアの下へ行かされた．(6)ショータンガ官のプゲーナの牛は中国人たちの下へ(7)行かされた．

No. 687 (L. A. v. i. 5. Ser. I, p. 436)：

　[表] ブッダミトラから払い戻されるべきもの（負債）は，キプサヤに対してはない．払うことも取ることも．

No. 688 (L. A. v. ii. 2. 長方形の板．Ser. I, p. 436)

　[表：A欄] (1)十戸長　チュギト (cġito cf. 634) ……．(2)プゲーナ (pġena) 馬丁．(3)プントスゴ　馬丁　eka gaḍi．(4)ナマンサ　馬丁……．[B欄] (1)[ダランタ] 馬丁．(2)チンゲーヤ……．(3)チャンディ　裸形者(?)＝戦士(?)．(4)……プゲ　裸形者(?)．[裏：A欄] (1)プグチャ　裸形者(?)．(2)チパラ　裸形者(?)．(3)ラルガ　馬丁．(4)ブグルガ　裸形者．[B欄] (1)ソーツゲ　裸形者(?)．(2)以上ここに13名*18．

＊18 同類の木簡 (cf. 627) から考えても，十数人からなる小グループについて，その代表と構成メンバーを名前とともに「職業」を記す名簿と思われる．

No. 689 (L. A. v. ii. 4. 矩形木簡上一枚．Ser. I, p. 436.)

　法に従って決定がなされるべきである．もしもう一度 gova (?) が決定されるべきであるならば．

No. 690 (L. A. vi. ii. 010. 長方形の板．Ser. I, p. 436)

　[裏] (1)見目麗しき，[わが] 愛しき娘たちのソートーとチュムナとヴェーナの親愛なる婿殿のプントソーヤ殿に，ブダナンティとプリヤナンティとブダパーラとダマシュリーは，御身体の無病息災を祈念し，さらに幾度も幾度も多大無量 [の御長寿] を [祈念いたします]．そして私たちは，あなたが無病息災を聞いてうれしく思います．私たちもまたこちらであなた様のおかげで息災にやっております．さて次のように [記し

ます]．他の親類たち (ñati) は，[ちょっとしたプレゼントを受け取りました．私たちは無視されたままです．他の者たちから私たちはあなたから……と聞きました．

No. 691 (L. A. vi. ii. 061. Part of tablet. Ser. I, p. 436)

断片．

No. 692 (L. A. vi. ii. 062. 楔形木簡上一枚 (断片). Ser. I, p. 436)

断片．

No. 693 (L. A. vi. ii. 064. Fragment of covering-tablet. Ser. I. p. 436)

断片．

No. 694 (L. A. vi. ii. 0102. Fragment of paper MS. Ser. I, p. 436, Pl. XXXVIII.)

紙文書の断片：

No. 695 (L. A. vi. ii. 0103. Fragment of paper MS. Ser. I, p. 436, Pl. XXXVIII.)

紙文書の断片：

No. 696 (Plate XII) (L. A. vi. ii. 0234. 紙文書. Ser. I, p. 436, Pl. XXXIX)

[表]主，親愛なる父上，偉大なるグシュラ官であるバティガ様の御足下に [わたくし] ヴァスデーヴァは敬礼し，御身体の無病息災を祈念いたします．さらに幾度も幾度も多大億百千無量 [の御長寿] を [祈念いたします]．さて次のごとく報告します．私はクロライナからここにやって来ました．そして rete ラクダたちを連れてきました．今日に至るまで，買うこと (kraya) も売ること (vikraya) もない．このことをあなたの足下にお知らせします．私はクロライナに帰りたい．そちらにあなたについてのニュースがあるならば，その通りに私に手紙をあなたは送らなければなりません．父上＝グシュラ官のクロライナに，私は持って行きましょう——あなたが行かなければならないときに．そしてまた，私たちに対する，この村 (avana) からの王国の税金は，天子 (deva-putra) の足下からお許しを得たものである．いまや奴隷たちのひどい苦しみを，こちらでは，高官たちが作り出しています．それなる理由によって，グシュラ官のプンヤシャとともに，……がなされなければなりません．これで，3度目のグシュラ官の足下への報告の手紙 (vimnati-lekha) を私は送ります．そちらからは何一つ聞いていません．親愛なる長兄さまのバティシャマの……．[裏]主のグシュラ官……．ヴァスデーヴァは敬礼します．……

No. 697 (L. A. vi. ii. 0235. Strip of fine silk. Ser. I, p. 436, Pl. XXXIX.)

[絹布のはぎれ (荷札のようなものか)．] 尊敬すべき奥方様，ミチュガ＝パルソー様において解かれるべきもの．クムドヴァティーは，5反の絹を送った．

No. 698 (L. A. vi. ii. 0236. Fragment of paper MS. Ser. I, p. 436)

[紙文書の断片：私信．手紙のご機嫌伺いの部分を残す．]

No. 699 (L. A. vi. ii. 0059. Fragment of paper MS. Ser. I, p. 439.)

[紙文書の断片：表面は漢文．裏面のカロシュティー文字の部分は内容をとることができない．]

No. 700 (L. A. vii. i. 1. 長方形の板．Ser. I, p. 430.)

［裏面は人名（「某々に」あるいは「某々の」という属格）と1～3の数字よりなる．］

No. 701 (L. A. ix. i. 1. 長方形の板．Ser. I, p. 440, Pl. XXXVIII.)

20番目の年，5月21日，シュプトヴァナのポンゲー（貯水池？）の防衛の人々は，以下に記された通り．……［総計145名（？）］．

No. 702 (L. B. iv. i. 6. 矩形木簡下一枚．Ser. I, p. 444, Pl. XXXVIII.) ［長澤（1996 a：420）］

［表］尊敬すべき主たちのなかで，おそれおおき方々のなかで，神々と人々によって敬われし人々のなかで，最愛の父上，グシュラ官のレーシュヴァンナの，そして最愛の母上，クヴィジョーの，足下に，チュヴァ・ライナとアタムシーは，敬礼し，無病息災のご機嫌伺いをお送りします．そして，あなた様方の御足下から，無病息災をお聞きし私は多大無量にお喜び申し上げます．一族 (parivara, Skt. parivāra) とともに，私たちは，あなた様方のお陰で，暮らしております．そして次のように報告します．こちらでアタムシーは，出産の難行 (garbha śalya) から，まったく幸せに，安全に，健康に，解放されました．一人の息子が生まれました．万感の喜びをもってあらせあれますように．そして，遠からず私たちはあなた様方の足下に無病息災［のお伺いの手紙と贈り物］をお送りするでしょう．［'saṃdhiṣechyama' の語についてはまったく意味不明．］また，ポニガナの手でそちらから送られたものは，……［裏］1 dhane, 黒胡椒 (marica) 3 dhane, 生姜 (śiṃgavera, Skt. śṛṅgavera) 1 drakhma, 長胡椒 (pipali, Skt. pippali) 2 drakhma, シナモン (tvaca) 1 dhane, 小カーダモン (susmela, Skt. sūkṣmā?) 1 dhane, 砂糖菓子 (śakara, Skt. śārkara) 4 sadera.

No. 703 (L. B. iv. i. 7. 矩形木簡上一枚．Ser. I, p. 444, Pl. XXXVIII)

［表］尊敬すべき主たちのなかで，現前の神のごとき者たちのなかで，喜ばしく見目麗しき方々のなかで，偉大なるグシュラ官のレーシュパンナ（＝前出，レーシュヴァンナ）の，そして母上，クヴィジョーの，足下に，報告します．［裏］そしてまた，次のようにポニガナは報告します．母とともに（？），私にはジュティ (juthi) の種がない．サルアには，1ミリマの食物 (amna) が与えられるべきである．彼は種まきをするであろう．また，ここにはジュティの種がなかった．土地は水をまかれてきた．アワの種がそこから2あるいは3ミリマ送られるべきである．また，カチは報告している．食物が，私によってそちらの僧侶たちの教団（サンガ）に与えられた．5ミリマはとっておかれるべきである．もしこれなるスタシャがそちらに来たならば，この食物は集められるべきである．そしてサンゴーシャに5ミリマ2キの量だけ手渡せられるべきである．また，ポニガナとカチは，こちらの沙門のアナンダセーナのラクダがそちらに行かせられたと指摘している．もしそれがそちらに来たならば，必ずその体の保持のためになんとしても世話がなされるべきである．生きることと生命の安全が保証され，死なないように．サンゴーサのシャミイェーナ食物はサンゴーサに与えられるべきである．

No. 704 (L. B. iv. ii. 1. 楔形木簡上一枚．Ser. I, p. 445)

［上：表］コリ官ビマヤ・キトサトサとヴルトシタとに……

No. 705 (L. B. iv. iv. 004. Fragment of paper MS. Ser. I. p. 446)
紙文書断片．

No. 706 (L. B. iv. v. 1+vi. 1. 楔形木簡上下二枚 Ser. I, p. 448) [長沢 (1996 a : 445)]
コリ官のムルデーヤと沙門のアナンダとに与えられるべきもの．偉大なる大王が記す．コリ官のムルデーヤと沙門のアナンダとに [与えられる]．わたし大王により，クロライナにおいて，チャラカの家族は，このカンジャカラ・カラシュダサに譲渡された．チャラカの家族からの（出身の？）……という名の女性は，チョジュボー官カプゲーヤのヴァスの家にいる．この楔形封印文書がそちらに届いたならば，ただちにその女性はカプゲーヤの家から連れ出されるべきである．カラシュダの兄弟アチラの手に渡されるべきである．カンジャカラ・カラシュダの件．

No. 707 (L. B. iv. v. 3. 長方形の板．)
[解読不可能．]

2-4 略号および参照文献

AO	*Acta Orientalia*, Copenhagen.
APAW	*Abhandlungen der Preussischen Akademie der Wissenschaften.* Phil. -hist. Klasse, Berlin.
BEFEO	*Bulletin de l'Ecole Française d'Extrême-Orient*, Hanoi, Paris; from vol. 59: Paris.
BSO(A)S	*Bulletin of the School of Oriental (and African) Studies*, London.
CAJ	*Central Asiatic Journal*, The Hague and Wiesbaden.
JA	*Journal asiatique*, Paris.
JAOS	*Journal of the American Oriental Society*, New Haven.
KI, I–III	*Kharoṣṭhī Inscriptions discovered by Sir Aurel Stein in Chinese Turkestan*, Parts I (1920) and II (1927) transcribed and edited by A. M. Boyer, E. J. Rapson, and E. Senart ; Part III (1929) transcribed and edited by E. J. Rapson and P. S. Noble, with complete Index Verborum. Oxford: Clarendon Press.
LKhD	*The Language of the Kharoṣthi Documents from Chinese Turkestan*. Cambridge: Cambridge University Press. [The references are to the paragraphs]. 1937.
TKhD	*A Translation of the Kharoṣthi Documents from Chines Turkestan*. London: The Royal Asiatic Society. 1940.

参照文献

Bailey, H. W.
1936 "Ttaugara." BSOS 8: 883-921.
1937 "Hvatanica." BSOS 8: 923-936.
1946 "Gāndhārī." BSOS 11: 764-797.
1973 "Taklamakan Miscellany." BSOAS 36: 224-227.
1982 *The Culture of the Sakas in Ancient Iranian Khotan*. New York.

Brough, J.
1961 "A Kharoṣṭhī inscription from China." BSOAS 24: 517-530.
1962 *The Gāndhārī Dharmapada*: edited with an introduction and commentary. (London Oriental Series, Vol. 7.) London: Oxford University Press. (=GDhP)
1965 "Comments on third-century Shan-shan and the history of Buddhism." BSOAS 28: 582-612.
1970 "Supplementary notes on third-century Shan-shan." BSOAS 33 (In honour of Sir Harold Bailey): 39-45.

Burrow, T.
1934 "Iranian Words in the Kharoṣṭhi Documents from Chinese Turkestan." BSOS 7: 509-516.
1935 a "Iranian Words in the Kharoṣṭhi Documents from Chinese Turkestan — II." BSOS 7: 779-790.
1935 b "Tokharian Elements in the Kharoṣṭhi Documents from Chinese Turkestan." JRAS 1935: 667-675.
1936 "The Dialectical Position of the Niya Prakrit." BSOS 8: 419-435.
1937 a *The Language of the Kharoṣṭhi Documents from Chinese Turkestan*. Cambridge: Cambridge University Press. [The references are to the paragraphs]. (=LKhD)
1937 b "Further Kharoṣthi Documents from Niya." BSOAS 9: 111-123.
1940 *A Translation of the Kharoṣṭhi Documents from Chines Turkestan*. London: The Royal Asiatic Society. (=TKhD)
1955 *The Sanskrit Language*. London: Faber & Faber.

Caillat, C.
1989 (ed.) *Dialectes dans les litteratures indo-aryennes*. Publications de l'Institut de Civilisation Indienne, serie in-8°, fasc. 55. Paris: College de France.
1992 "Connections Between Asokan (Shahbazgarhi) and Niya Prakrit?." IIJ 35: 109-119.

Chavannes, E.
1913 (ed. and tr.) *Les documents chinois découverts par Aurel Stein dans les sables du Turkestan oriental*. Oxford: University Press.

Conrady, A.
1920 (ed. and tr.) *Die chinesischen Handschriften- und sonstigen Kleinfunde Sven Hedins in Lou-lan*. Stockholm: Generalstabens Litografiska Anstalt.

Filliozat, J.
1958 "L'agalloche et les manuscrits sur bois dans l'Inde et les pays de civilisation indienne." JA 246: 85-93.

Lin, Meicun.
1990 "A New Kharoṣṭhī Wooden Tablet from China." BSOAS 53: 283-291.
1996 "Kharoṣṭhī Bibliography: The Collections from China (1897-1993)." CAJ 40/2: 188-220.

Lüders, H.
1935 "Zur Schrift und Sprache der Kharoṣṭhī-Dokumente." BSOS 8: 637-655.

1936 "Textilien im Alten Turkistan." APAW Nr. 3: 3-38.
1940 "Zu und aus den Kharoṣṭhī-Urkunden." AO 18: 15-49.

Mukherjee, B. N.
1996 *India in Early Central Asia.* — A Survey of Indian Script, Languages and Literatures in Central Asia of the First Millennium A. D. New Delhi.

Pulleyblank, E. G.
1962 "The consonantal system of Old Chinese, Part 1." Asia Major, NS, IX, 1: 58-144.
1963 "The consonantal system of Old Chinese, Part 2." Asia Major, NS, IX, 2: 206-265.

Salomon, Richard.
1998 *Indian Epigraphy: A Guide to the Study of Inscriptions in Sanskrit, Prakrit, and the Other Indo-Aryan Languages.* New York: Oxford University Press.
1999 *Ancient Buddhist Scrolls from Gandhāra*: The British Library Kharoṣṭhī Fragments. London: The British Library.

Stein, M. A.
1907 *Ancient Khotan*. Detailed Report of Archaeological Explorations in Chinese Turkestan carried out and described under the Orders of H. M. Indian Government, 2 vols. Oxford: Clarendon Press. (=AKh)
1921 *Serindia*. Detailed Report of Explorations in Central Asia and Westernmost China carried out and described under the Orders of H. M. Indian Government, 5 vols. Oxford: Clarendon Press. (=Ser)
1928 *Innermost Asia*. Detailed Report of Explorations in Central Asia, Kansu and Eastern Iran, 4 vols. Oxford: Clarendon Press. (=IM)

Thomas, F. W.
1931 "Two Terms Employed in Kharoṣṭhī Documents from Chinese Turkestan." BSOS 6: 519-528.
1934 "Some Notes on the Kharoṣṭhī Documents from Chinese Turkestan (1-9)." AO 11: 39-90.
1935 "Some Notes on the Kharoṣṭhī Documents from Chinese Turkestan (10-20)." AO 12: 45-80.
1936 "Some words found in Central Asian Documents." BSOS 8: 789-794.
1946 "Some Notes on Central Asian Kharoṣṭhī Documents." BSOS 11: 513-540.

林梅村
1988 『沙海古巻』，文物出版社．
1995 『西域文明』，東方出版社．
1998 『漢唐西域与中国文明』，文物出版社．
1999 「新疆文物考古研究所所蔵カローシュティー文書」，『中日/日中共同尼雅遺跡学術調査報告書』第二巻：263-282．

穆舜英
1995 『楼蘭文化研究論集』，新疆人民出版社．

馬大正
1994 『西域考察与研究』，新疆人民出版社．

孟凡人
1990 『楼蘭新史』，光明日報出版社．
1995 『楼蘭鄯善簡牘年代学研究』，新疆人民出版社．
1999 「カローシュティー木簡記載の「チャドータ」および「アヴァナ」—ニヤ遺跡における遺構との対応関係についての初歩的研究」，『中日/日中共同尼雅遺跡学術調査報告書』第二巻：301-319．

張廣達・榮新江
1987 「関於和田出土于闐文献的年代及其相関問題」,『東洋学報』69：59-86.

井ノ口泰淳
1995 『中央アジアの言語と仏教』, 法蔵館.

榎一雄
1965a 「楼蘭の位置を示す二つのカローシュティー文書について」,『石田博士頌寿記念東洋史論叢』：107-125. また『榎一雄著作集』第一巻：51-66.
1965b 「鄯善の都城の位置とその移動について」,『オリエント』8-1/2：. また『榎一雄著作集』第一巻：67-120.

長沢和俊
1996a 『楼蘭王国史の研究』, 雄山閣.
1996b 「西域南道と精絶国」,『中日/日中共同尼雅遺跡学術調査報告書』第一巻：228-266.

中日/日中共同ニヤ遺跡学術調査隊
1996 『中日/日中共同尼雅遺跡学術調査報告書』第一巻, 中日/日中共同ニヤ遺跡学術調査隊.（=『尼雅報告書㈠』）
1999 『中日/日中共同尼雅遺跡学術調査報告書』第二巻, 本文編, 中日/日中共同ニヤ遺跡学術調査隊.（=『尼雅報告書㈡』）

蓮池利隆
1996 「ニヤ遺跡出土カローシュティー文字資料の研究(1)」,『中日/日中共同尼雅遺跡学術調査報告書』第一巻：281-336.
1999a 「ニヤ遺跡出土カローシュティー文字資料の研究(2)」,『中日/日中共同尼雅遺跡学術調査報告書』第二巻：161-176.
1999b 「カローシュティー文字資料と遺構群の関連」,『中日/日中共同尼雅遺跡学術調査報告書』第二巻：283-300.

藤田豊八
1933 『東西交渉史の研究』(西域編「西域研究」),

A・ヘルマン
1963 『楼蘭』(松田寿男訳), 東洋文庫1, 平凡社.

山本光朗
1988 「パルヴァタ考」,『東洋史研究』第46巻, 第4号：703-737.

第2章 地名索引（文書番号対応）

kuci
621；629；632

kuhani, khvani
162；291；431-2；478；489；505；506；
526；530；637；660；663.

krora'imna, krorayina
277；370；383；678；696；706.

khema,
241；248；272；283；289；291；329；
333；341；349；351；357-8；362；
368；506；709.

khotana
14；22；30；36；86；180；135；214；
216；223；248；251；253；272；
283；289；291；296；322；329；
330；333；335；341；349；351；357-
8；362；367；368；376；388；399；
400；403；415；438；471；494；
516；517；549；578；583；584；
592；622；625；637；661；686；735.

caḍota,
14, 27, 31, 43, 97, 159, 183, 214, 236,
246, 271, 292, 305-6, 322, 326,
345, 351, 362, 367, 386, 415, 419,
437, 489, 496, 506, 516, 532, 575,
582, 584, 585, 586, 632, 637, 639.

calmadana, calmatana
4；14；119；122；246；254；296；305；
309；324；329；362；419；519；
546；547；582；678；686；722.

cina, cinasthana
8；35；80；149；255；353；446；544；
615；686.

tsaǵa, tsake
68；80；90；146；147；255；376.

nina
14；50；189；436；518；637.

parvata
133；231；392；514；622；633-5；637.

mahaṃta nagara
5；155；250；296；469；678.

remena, lomina
122；214；251；376；518.

saca, sacha
1；14；97；123；133；159；160；214；
306；367；368；436；578；625.

supiya
86；88；109；119；126；133；139；183；
212；272；324；351；491；515；
541；578；675；722.

suliǵa
661

第2章 翻訳文書KI番号順索引（地名対照）

1 (saca)
4 (calmadana)
5 (mahaṃta nagara)
8 (cina)
14 (khotaṃna, caḍota, calmadana, nina, saca)
22 (khotaṃna)
27 (caḍota)
30 (khotani)
31 (caḍota)
35 (cina, cina sthana)
36 (khotaṃni)
43 (caḍota)
68 (tsaǵa)
69 (bhoti nagara)
80 (ciṃna, tsaǵayiṃci)
84 (bhotici)
86 (khotaṃniye, supiyana)

88 (supiyaana)
90 (tsaǵa)
97 (caḍota, saca)
119 (calmatana, supiye)
122 (calmatana, lominana＝remena)
123 (sāca＝saca)
126 (supiyana)
133 (koǵitsasa, saca, supiye)
135 (khotaṃna)
139 (supiyana)
146 (tsaǵaiṃci)
147 (tsaǵaiṃci, buṃniṃci)
149 (ciṃna)
155 (mahaṃta nagara)
157 (buṃniya)
159 (caḍota, sacha＝saca)
160 (saca)
162 (khvani)

180 (khotaṃni)
183 (caḍota, supiye)
189 (nina)
212 (supiyehi)
214 (khotaṃna, caḍota, remena, saca, khema)
216 (khotaṃni uti)
223 (khotaṃna)
231 (duki parvataṃmi)
236 (caḍota)
246 (caḍota, calmadana)
248 (khema, khotaṃna)
250 (mahaṃta nagara)
251 (khotaṃna, remena)
253 (khotaṃna)
254 (calmadana)
255 (ciṃna, tsa'ga)
271 (caḍota)
272 (khema, khotaṃna, supiye, supiyana)
277 (kroraiṃciyana)
283 (khema-khotaṃna)
289 (khema-khotaṃna)
291 (ku'vaniya, khema-khotaṃna)
292 (caḍota)
296 (khotaṃni uti, calmadana, mahaṃta nagara)
305 (caḍota, calmataṃci)
306 (caḍota, saca)
309 (calmadana)
322 (khotaṃni uti, caḍota)
324 (calmadana, supiya)
326 (caḍota)
329 (khoma=khema?, khotaṃna, calmadana)
330 (khotaṃniya)
333 (khema-khotaṃna, khotaṃniya, avaracina)
335 (khotaṃni uti)
341 (khema-khotaṃna)
345 (caḍota)
349 (khema-khotaṃna)
351 (khema-khotaṃna, caḍota, supiye)
353 (cina veḍa)
357 (khema-khotaṃna)
358 (khema-khotaṃna)
362 (khema-khotaṃna, caḍota, calmadana)
367 (khotaṃna, caḍota, saca)
368 (khema-khotaṃna, saca)
370 (kroraiṃci)
376 (khotaniye, tsakeṃci, remena)
383 (krorayiṃci)
386 (caḍota)
388 (khonaṃmi=khotaṃnaṃmi)
392 (parvata)
399 (khotaṃniyāna)
400 (khotaṃna)
403 (khotaṃna)
415 (khotaniye, caḍota)
419 (caḍota, calmadaci)
431-2 (kuhani)：二枚は同一の内容. 432 が清書後のものか？
436 (nina, sacyami=sacaṃmi)
437 (caḍota)
438 (khotaṃni uti)
446 (cina)
469 (mahaṃta nagara)
471 (khotaṃniyana)
478 (khvaniya)
489 (khuv́aneṃci, caḍota)
491 (supiye)
494 (khotaṃniyana)
496 (caḍota, buṃni)
500 (ninaṃci)
505 (khvani, khvaniya)
506 (kuhaniyami, khema, caḍota)
514 (parvatani)
515 (supiya)
516 (khotaniyana, caḍota)
517 (khotaṃni uti)
518 (nina, remena)
519 (calmadana)
526 (kuhaniya)
530 (kuhaniya)
532 (caḍota)
541 (supiyana)
544 (ciṃna)
546 (calmadana)
547 (calmadana)
549 (khotaniya)
554 (puṃniya or buṃni)
575 (caḍota)
578 (khotaṃna, sacami, supiyana)
582 (caḍota, calmataṃci)
583 (khotaṃni uti)
584 (khotaṃNa, caḍota)
585 (caḍota)
586 (caḍota)
592 (khotani)
608 (bhagasa)
615 (ciṃna)
621 (kuci rajaṃmi)
622 (khotaṃni kojava, parvata)
625 (khotaṃniye, saca)
629 (kuci rajaṃmi)
632 (kuci rajaṃmi, caḍota)
633-5 (parvata)
634-5 (parvata)
637 (kuv́aniya, khotaṃna, caḍota, nina, parvata)
639 (caḍota)
660 (khvaniya)
661 (khotana, suliga)
663 (khvaniya)
675 (supiyana)

678 (kroraiṃci, kroraiṃna, calmadana, mahaṃta nagara)
686 (khodani, calmadaneṃci, cinana)
696 (krorayina)
706 (kroraiṃna)
709 (khema)
722 (calmadana, supiya)
735 (khotaṃniyana)

3 魏晋楼蘭簡の形態
封検を中心として

Classification of the Types of Wei Jin 魏晋 Lou-Lan Wooden Seal-case

籾山　明
Akira Momiyama

3-1　はじめに

　本稿の目的は，楼蘭出土の封検について形態と書式の両面から検討を加え，その使用法を明らかにすることにある．全体の構成は，形態の分類 (3-2 節)，形式ごとの使用法の推定 (3-3〜3-5 節)，ならびに漢簡との比較 (3-6 節) から成る．

　検についての研究は，これまで決して等閑視されていたわけではない．王国維や労榦による初期の研究成果を承けて，近年では侯燦，李均明，大庭脩の諸氏により書式，形態，使用法などの面から多角的な検討が加えられてきた (侯 1989/李 1990/大庭 1991)．本稿もまた，こうした諸家の業績に多くを負っている．しかしながら，従来の研究においては敦煌・居延出土の漢簡が中心となっており，魏晋楼蘭簡はあくまで脇役にとどまっていた．もちろんそれには理由がある．楼蘭遺跡 (LA および LE) から得られた封検の数は，完形のものわずかに 9 点．対して漢簡の封検類は，おそらく 300 点を越えるだろう．楼蘭文書の研究もまた，件数の多い残紙に集中し，簡牘とりわけ封検に対しては手薄であった．

　確かに後述するように，資料の少なさは分析の有効性にたえず疑問を投げかける．しかし反面，楼蘭簡には漢簡にない重要性がある．それはすなわち紙の問題，具体的には紙の普及に伴う制度の変化に関係する．周知のように，検の機能の半分は文書を封緘することにあった．紙の文書の出現によって，その伝送方式はどう変化したのか，しなかったのか．こうした問題を実物に即して考える手がかりは，現在のところ楼蘭出土の封検以外に見当たらないのである．わずかな資料をあえて採り上げる理由は，ひとえにこの点にある．

　分析に先立って，検の各部の呼称を定めておこう．本章で用いる名称は図 3-1 の通り．紐をかけるための溝を切った部分を「歯部」，歯部の中央の封泥を付着させる箱状の凹部を「封泥匣」ないし「匣部」，宛名等の文字を書き付ける部分を「書写面」と呼ぶ．歯部が検の中央にある形式で，書写面が上下に分かれる場合は，上部・下部の語を冠して区

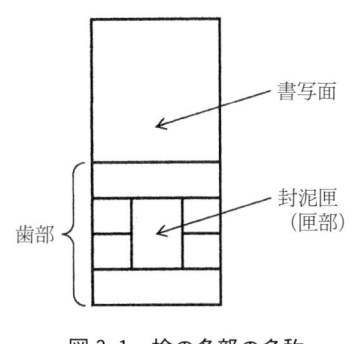

図 3-1　検の各部の名称

II部 資料編

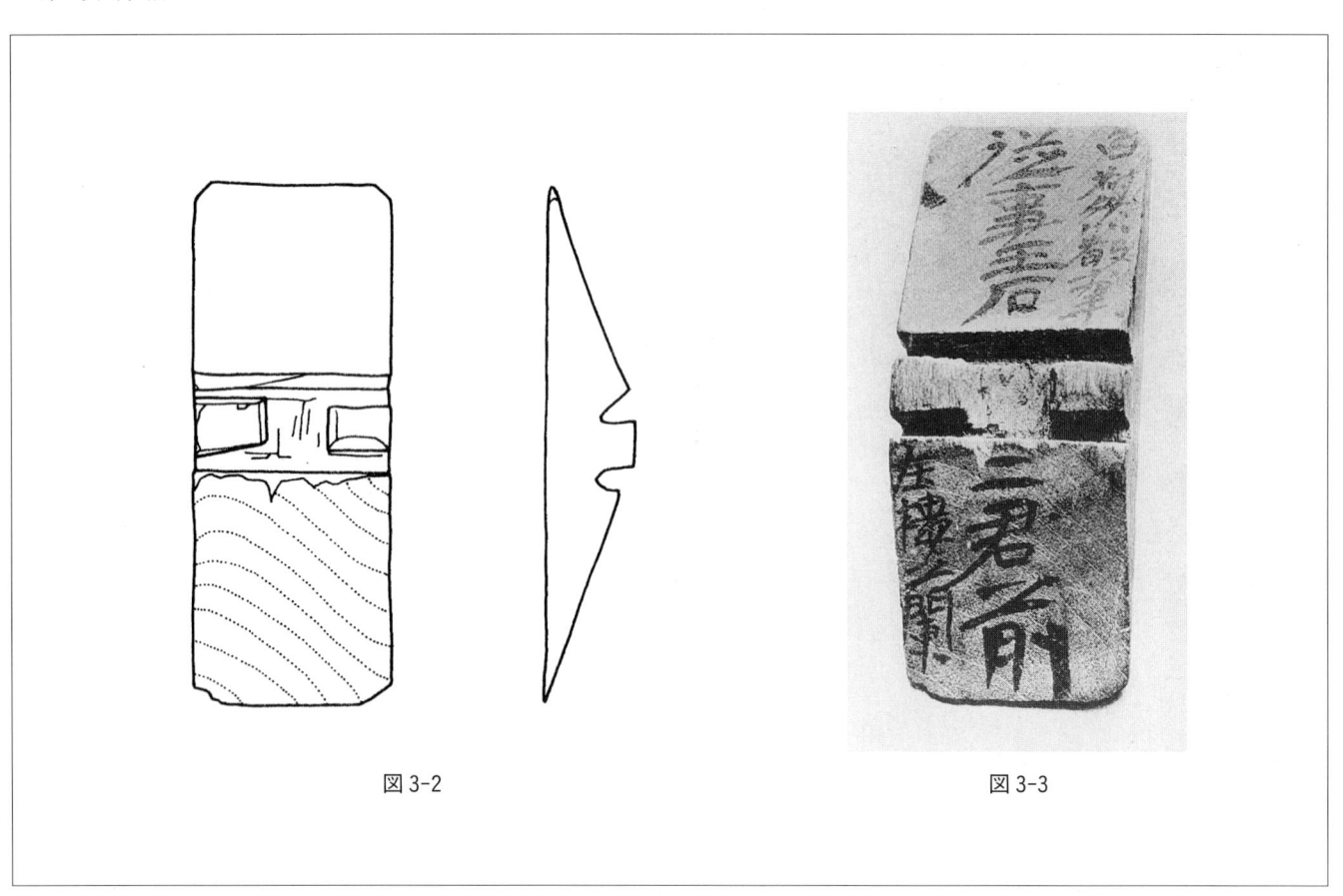

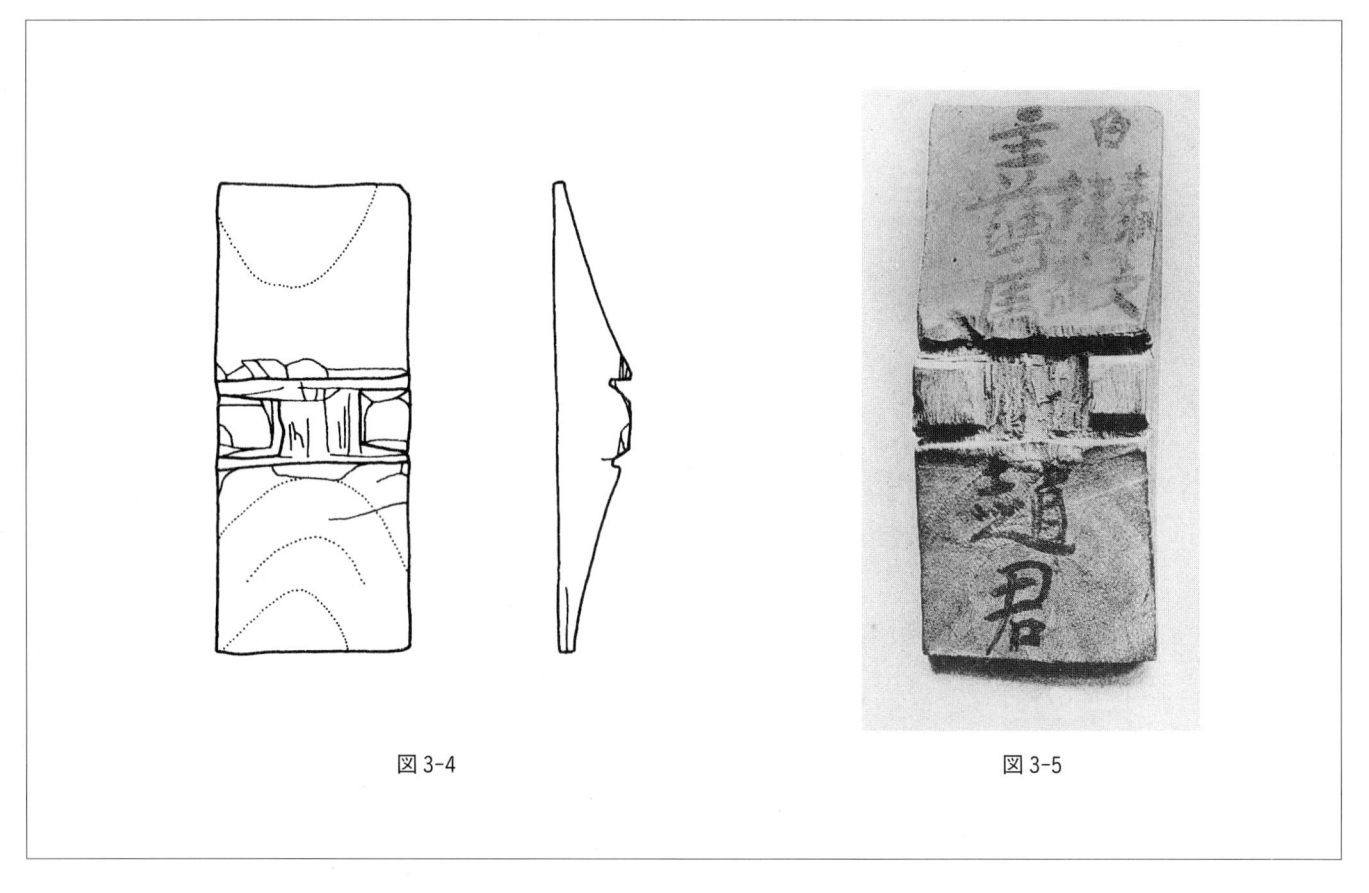

図 3-2

図 3-3

図 3-4

図 3-5

3　魏晋楼蘭簡の形態

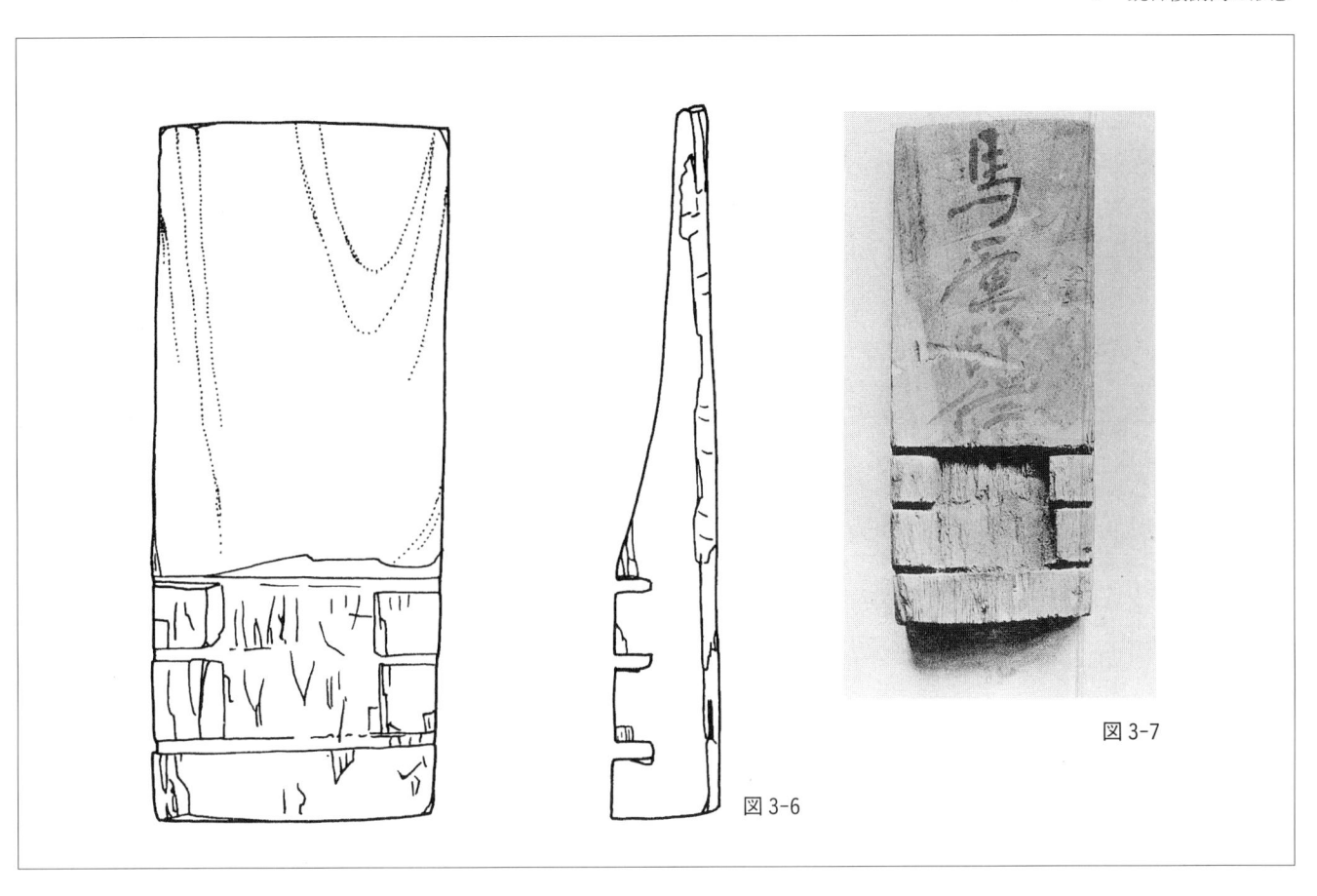

図 3-6

図 3-7

図 3-8

図 3-9

II部　資料編

(左)
図 3-10

(右)
図 3-11

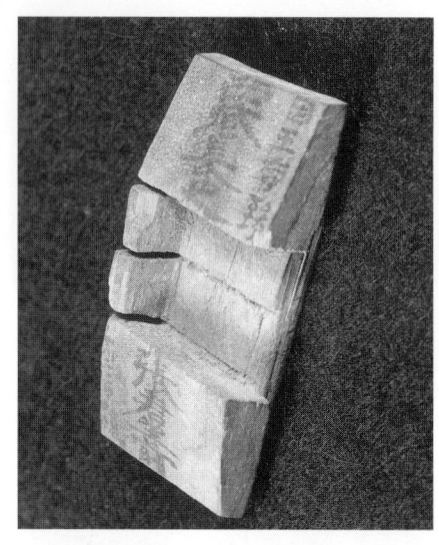

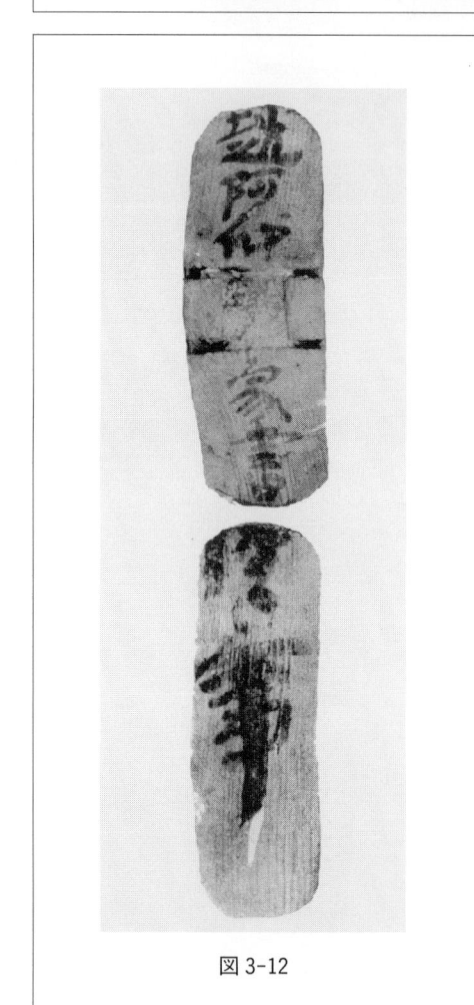

図 3-12

図 3-13

138

3　魏晋楼蘭簡の形態

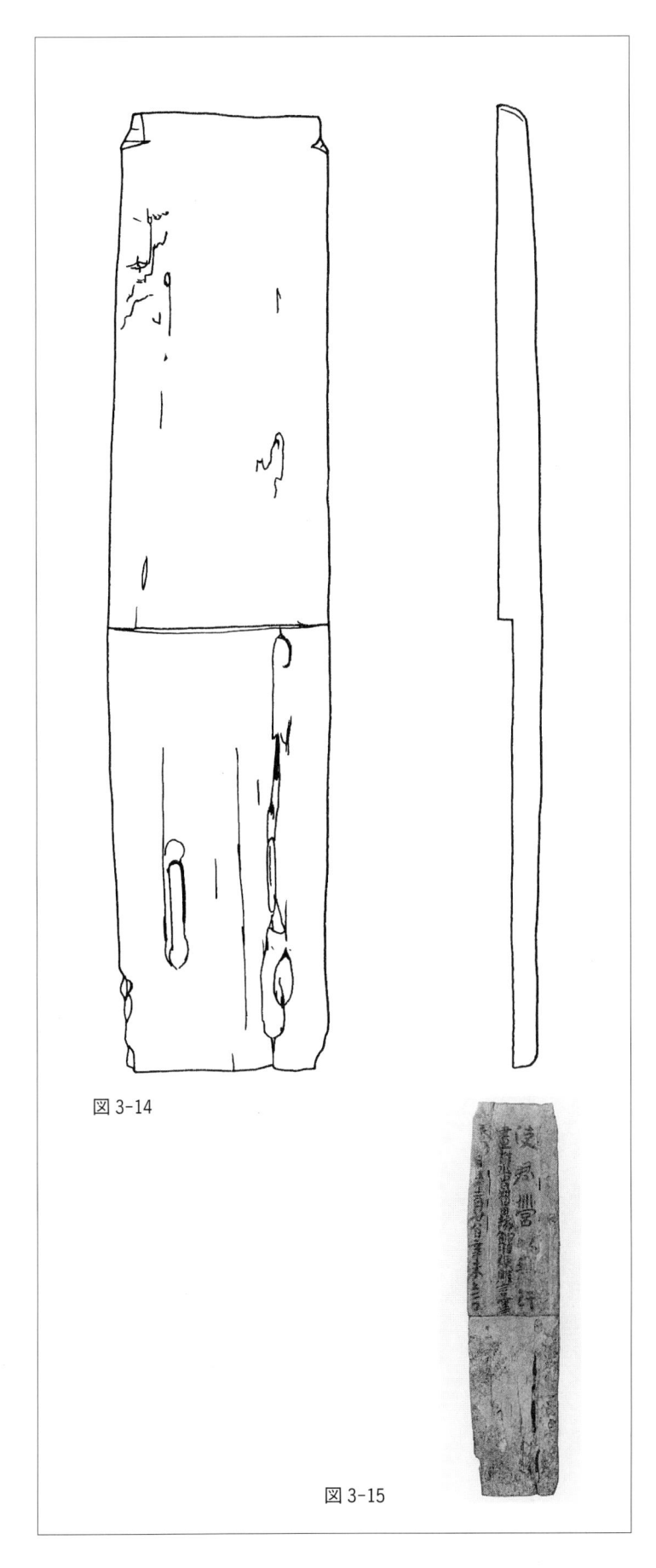

図 3-14

図 3-15

図 3-16

別する．文字に記された側を「正面」，裏側を「背面」と定めるが，両面ともに文字がある場合は封泥匣の設けられた側を正面と呼ぶ．なお，のちに言及する紙の文書においては，本文の記された側を正面（おもて），宛名等の書かれている側を背面（うら）とする．「背面の上書き」という奇妙な表現も，正確を期すためには止むを得ない．

釈文に用いる記号は，□が1字不鮮明な箇所，◿が紙または簡牘の欠損，回が封泥匣（匣部）を示す．また，引用した出土資料の出典は下記の通り．楼蘭文書の釈文は，特に断らない限りすべて現物の調査により確定したものである．

楼蘭残紙・木牘：Chavannes 1913 (Ch. と略称)，Conrady 1920 (Co. と略称．ローマ数字のⅠは残紙，Ⅱは木牘を示す)，Maspero 1953 (M. と略称)，日本書道教育会議 1988 (「書道」と略称)

敦煌・居延漢簡：Chavannes 1913 (Ch. と略称)，労榦 1957 (原簡番号で表示)，甘粛省文物考古研究所ほか 1990 (原簡番号で表示)

3-2　楼蘭出土封検の分類

最初に分析の対象となる封検について，必要なデータを記しておく．楼蘭地区の遺跡から出土した完全な形の封検は，現在のところ次の9点を数える．

検1　白叔然敬奉
　　　従事王石回二君前　　　　　　　　図3-2・3-3/LA 出土/〈Co. Ⅱ-117/書道109〉
　　　　　在楼蘭　　　　　　　　　　　70×27 mm (匣部 10×10 mm)

検2　　泰文
　　　白
　　　　瑋然　　　　　　　　　　　　　図3-4・3-5/LA 出土/〈Co. Ⅱ-118/書道110〉
　　　主簿馬回趙君　　　　　　　　　　62×27 mm (匣部 10×10 mm)

検3　馬厲印信回　　　　　　　　　　　図3-6・3-7/LA 出土/〈Co. Ⅱ-119/書道111〉
　　　　　　　　　　　　　　　　　　　95×40 mm (匣部 20×20 mm)

検4　回印信　　　　　　　　　　　　　図3-8・3-9/LA 出土/〈Co. Ⅱ-120/書道112〉
　　　　　　　　　　　　　　　　　　　80×30 mm (匣部 22×13 mm)

検5　因王督致
　　　西域長史回張君坐前　　　　　　　図3-10・11/LA 出土/〈Ch. 751〉
　　　　　元言流　　　　　　　　　　　80×40 mm (背面凸部 68×33 mm/匣部 25×20 mm)

検6　趙阿仲回家書
　　　〔背面別筆〕従事　　　　　　　　図3-12/LA 出土/〈Ch. 773〉
　　　　　　　　　　　　　　　　　　　60×21 mm (匣部 10×10 mm)

検7　営以郵行
　　　蒲書一封倉曹史張言事　　　　　　図3-13/LE 出土/〈M. 246〉
　　　泰始二年八月十日丙辰言　　　　　154×50 mm (匣部 25×25 mm)

表3-1　楼蘭出土封検の規格

No.	長さ mm	幅 mm	簡番号	出土地
1	70	27	Co. 117	LA
2	62	27	Co. 118	LA
3	95	40	Co. 119	LA
4	80	30	Co. 120	LA
5	80	40	Ch. 751	LA
5'	68	33	〃	〃
6	60	21	Ch. 773	LA
7	154	50	M. 246	LE
8	148	38	M. 247	LE
9	149	48	M. 248	LE

＊5'：封検5裏面凸部の大きさ

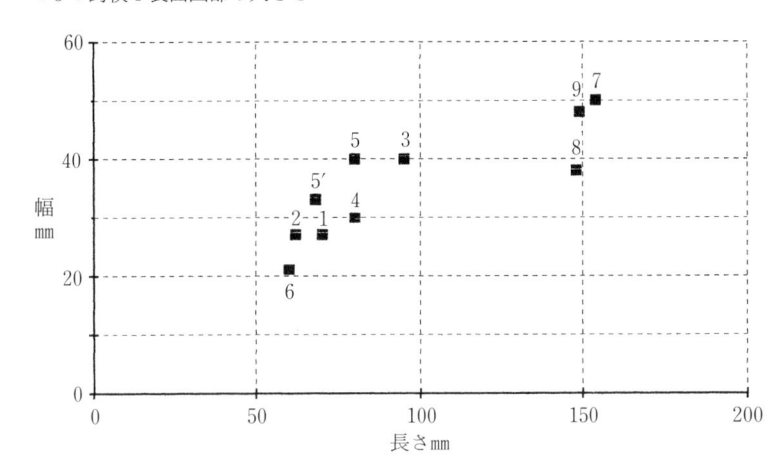

グラフ3-1　楼蘭出土封検

検8　使君営以郵行
　　　書一封水曹督田掾鮑湘張雕言事　　　　　　図3-14・3-15/LE 出土/＜M. 247＞
　　　泰始三年二月廿六日辛未言　　　　　　　　148×38 mm（封泥匣なし）

検9　営以郵行
　　　書一封□曹史梁□言事　　　　　　　　　　図3-16/LE 出土/＜M. 248＞
　　　泰始□年□月十日丙辰言　　　　　　　　　149 mm×48 mm（変形のため匣部計測できず）

　検7・8・9については，本書第Ⅲ部研究編11冨谷論文の図11-32・33・34に写真がある．検9の書写面の文字はマスペロの釈文による（Maspero 1953）．現物の2～3行目は墨痕がかすれ，「言事」と「言」以外，肉眼での判読は不可能である．なお，検6背面の文字は，転用した木牘に書かれていた文章の一部と思われるので（Chavannes 1913：167頁），検討の対象から除外する．

　以上9点の封検の規格をあらためて表示しておこう（表3-1）．この表をもとに長さと幅の分布図を作成したものがグラフ3-1である．一見して明らかなように，9点の封検は，長さ50～100ミリメートル，幅20～40ミリメートルのグループと，長さ150ミリメートル前後，幅40～50ミリメートルのグループとに截然と分かれる．前者を仮に小型封検，後者を大型封検と呼ぶとすれば，その内わけは

　　　　小型封検：検1・2・3・4・5・6
　　　　大型封検：検7・8・9

のようになる．この「大・小」2類の意味については，後段で検討したい．
　次に形態に注目しよう．9点の検は，歯部と書写面の位置や形状から，以下の4タイプに分類できる．

- **A型**：中央に歯部と封泥匣を持ち，その上下にスロープ状の書写面を有する．断面が円錐形火山のような形状を呈するところから，コニーデ（Konide）型と呼ばれることもある．検1・2・5・6がこれに該当．
- **B型**：歯部と封泥匣が上下いずれかの端に片寄り，歯部からスロープ状の書写面が延びる．断面はA型の円錐形火山から片側の斜面を切り取った，「片袖コニーデ」とでも呼ぶべき形状を呈する．検3・4がこれに該当．
- **C型**：検の端に歯部と封泥匣がある点ではB型と同じだが，歯部は書写面から凸出し，柄杓もしくは柄の付いた横櫛のような断面を呈する．書写面と歯部との間に段差のあることが，B型との大きな違いである．また，上端の両隅に小さな三角形の切れ込みを持つ．検7・9がこれに該当．
- **D型**：平らな板の下半分を削ぎ落とし，書写面との間に低い段差を作り出している．他の型と異なり，歯部ないし封泥匣と呼びうる構造を持たない．C型と同様，書写面上端の両隅に小さな三角形の切れ込みを持つ．検8がこれに該当．

　上記4類型を先の大小2分類と重ねてみると，小型封検はA・B型，大型封検はC・D型の形態を持つことがわかる．木製品としての作りやすさからいえば，D型を除いて大差はないと思われるから，形態と規格との関係は製作技法に制約されたものではないだろう．しかし，この問題は後段であらためて考察することにして，その前にもう一つの属性，書写面に記された「上書き」について検討しておかなければならない．9点の封検の上書きは，その書式から次の四つに分類できる（原文は前掲）．

- 第1は，「某々の前に白す」「某々に白す」「某々の坐前に致す」という上書きを持つグループで，検1・2・5がこれに当たる．この類の上書きを仮に「白前の上書き」と呼んでおこう．
- 第2は，「家書」と明記した検6の上書きで，「家書の上書き」と呼ぶことにする．
- 第3は，「印信」と記されたグループで，検3・4がこれに相当する．「印信」についての考察は後段にゆずる．この上書きを以下「印信の上書き」と呼んでおきたい．
- 第4は，「郵を以て行れ」と大書されたグループで，検7・8・9がこれに該当する．その左に記された文が「某々が言事す」という書留め文言を持つことや，発信の年号を明記している点なども，共通する書式上の特徴である．このグループの上書きを仮に「郵行の上書き」と呼ぶことにしたい．

　この書式上の分類を規格・形態の分類と合わせてみると，表3-2のような結果が得ら

表3-2　楼蘭出土封検の分類

規　格	形　態	封検No.	上書き	出土地
小型封検	A型	検1 検2 検5	白前の上書き	LA
		検6	家書の上書き	
	B型	検3 検4	印信の上書き	
大型封検	C型	検7 検9	言事の上書き	LE
	D型	検8		

れる．

　封検の規格（大きさ）・形態・上書きの三者の間に，対応関係のあることが読み取れるだろう．すなわち，「白前の上書き」は小型封検のA型に，「印信の上書き」は同B型に見られ，反面「郵行の上書き」を持つ検はすべて大型に属する，といった関係である．むろん9点という数は，偶然性を排除するのに十分とは言いがたい．しかし例えばA型とC型のような，大きさも形態もかけ離れた検が併存している背後には，用途に応じた使い分けがあったと考えるほうが自然であろう．その意味で，両者がまったく異なる上書きを持つことは示唆的である．上書きは検が付けられる文書や物品の内容を反映する．とするならば，検の規格と形態は封緘する対象に応じて決められていたと言えるのではないか．以下，上書きの文面も考慮に入れて，この問題をさらに検討してみたい．

3-3　小型封検の検討(1)

　まずは小型封検のうち「印信の上書き」を除く4枚を取り上げる．いずれもLAの出土で，形態はA型，上書きは以下の通りである．

検1「叔然・敬奉，従事の王・石二君の前に白（もう）す．楼蘭に在り」
　　王叔然・石敬奉の両従事に宛てた上書き．末尾の「楼蘭に在り」とは，差出人の所在をいうのであろう．
検2「泰文・瑋然，主簿の馬・趙君に白す」
　　馬泰文・趙瑋然の両主簿に宛てた上書き．
検5「王督に因り西域長史の張君の坐前に致す．元が言疏す」
　　督の王某を通じて西域長史の張君に宛てた上書き．差出人は元某．
検6「趙阿仲の家書」
　　「趙阿仲あての家書」ではなく「趙阿仲からの家書」の意味である．LA出土の小型封検（A型）の断片に，「家書/弟権発」という文字が下部書写面に記された例がある

(＜M.199＞)．本来は検6と同様，上部書写面に姓名を記す形式であったと推測されるが，「弟の権が発け」とある以上，宛先は弟の権であり，上部書写面に記されていたはずの人物は差出人とみるより他にない．この断片は「某々家書」が「某々から発信された家書」であることの傍証となろう．

つとに指摘されている通り，以上4点はいずれも書信に付けられた検である．例えば検5・検6の2例について羅振玉は，「みな書牘の検である．……古人は書状を送る際，言疏とも，白疏とも，白記とも，具書ともいったが，その意味はみな同じである」と述べている（羅・王 1914：3巻5葉）．検1・2に見える「某君（の前）に白す」という文言も，書信に固有の表現である．

したがって，上記のような文言の他にも「某白（某が白す）」「自愛」「惶恐」「頓首」「叩頭」「再拝」などの表現を手がかりとすれば，本文に相当する文書を判別することができる．「五月七日，西域長史・関内侯の柏，頓首頓首」で始まる李柏文書は，その典型的な例であろう．また，固有の文言に欠ける場合でも，内容の面から書信であると判断される残紙も少なくない．このようにして楼蘭出土の書信類を集めてみると，それらがすべて紙に記されていることに気付くだろう．書信以外の内容を記した残紙はわずかながら存在するが，紙以外の書写材料に記された書信は一通もない．魏晋時代の楼蘭地区では，書信には紙を用いる原則であったに相違ない．

楼蘭出土の書信類からは，もう一つ興味深い事実が明らかになる．それはすなわち，いくつかの書信の紙背に，書状の文と異なる短い「書き付け」が見られることである．確認できる例を以下に列挙しておこう．背面の記載が正面の本文と同じ向きに書かれている場合は「正行」，天地逆さまの向きであれば「倒行」，斜めの向きに書かれていれば「斜行」と注記する．なお，出土地はすべてLAである．

残紙1　馬属白事　（正行）　　　　　　　　　　　図3-17/＜Co.Ⅰ-5, 2/書道8＞
残紙2　白
　　　　諱泰文
　　　　馬評君　（正行）　　　　　　　　　　　　　　　　　　＜Co.Ⅰ-6, 1＞
残紙3　白諱昌恪
　　　　大中張君前　（正行）　　　　　　　　　　　　　　　　＜Co.Ⅰ-9, 3＞
残紙4　白泰文
　　　　主簿馬君　（斜行）　　　　　　　　　　　図3-18/＜Co.Ⅰ-13, 1＞
残紙5　白泰文
　　　　従事馬君
　　　　　　孤子雅昴頓首　（倒行）　　　　　　　図3-19/＜Co.Ⅰ-14, 1/書道15＞
残紙6　春□家書　（斜行）　　　　　　　　　　　　　　　　　＜Co.Ⅰ-16, 1＞
残紙7　付仲興
　　　　軍謀毛君
　　　　　　諱毛成　（正行）　　　　　　　　　　　　　　　　＜Co.Ⅰ-20, 3＞
残紙8　張舎人功　曹君前　（斜行）　　　　　　　　　　　＜Co.Ⅰ-24, 2/書道73＞

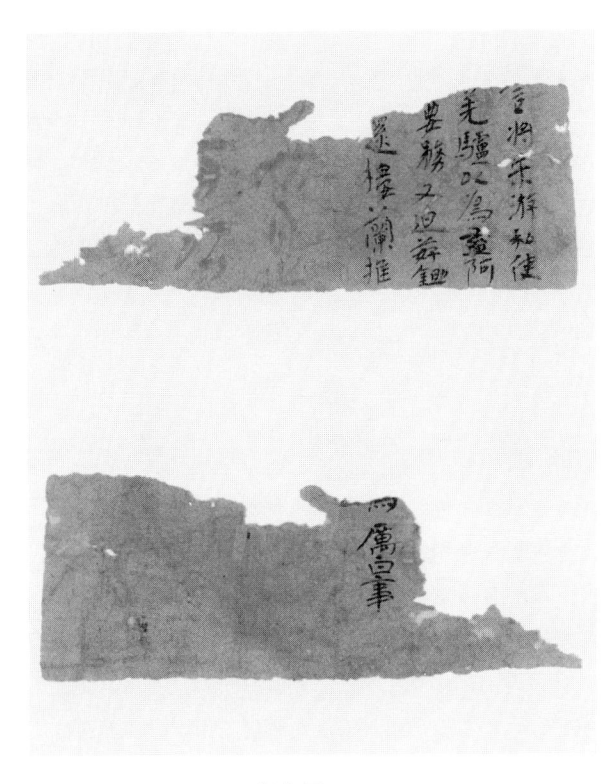

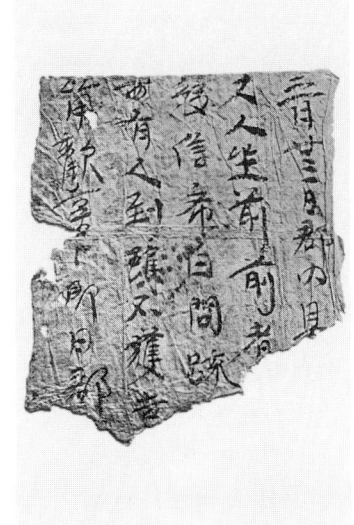

(左) 図 3-17 　　　　　　　　　　　　　　　　　　　　　　　　　　　(右) 図 3-18

残紙 9　□⃞家書
　　　　在焉者　（斜行）　　　　　　　　　　　　　　　　　　　＜Ch. 917＞

この他，書信の背面に記されたものではないが，同様の宛名が見える残紙の例を挙げておく出土地はやはり LA である．

残紙 10　白泰文
　　　　主簿馬　（斜行・正面に記載なし）　　　　　　　　　　　＜Co. I -18, 6/書道 23＞
残紙 11　景白
　　　　大中張君　（斜行・正面は習書）　　　　　　　　　　　　＜Co. I -30, 2/書道 91＞
残紙 12　⃞服
　　　　侯安　君
　　　　□□　（斜行・正面に記載なし）　　　　　　　　　　　　＜Ch. 916＞

つとに指摘されている通り（大庭 1959：156 頁），こうした背面の記載は書信の上書きである．そのことは，前掲の検 1・2・5・6 などの上書きと比べてみれば明白だろう．ただし，正面に記された書信本文との関係は，必ずしも一様ではない．例えば残紙 1 の背面の文字は正面と同筆，残紙 5 の場合も上書きに見える差出人「孤子雅昂」の名が本文中に現れており，両面の関連性が窺える．しかし一方，残紙 4 の場合は背面と正面とが別筆であるし，残紙 10 や 12 のように片面が空白の例も見られる．楼蘭文書の子細な実物調査を行った西川寧は，後者の例について次のように考えた．すなわち，これは相

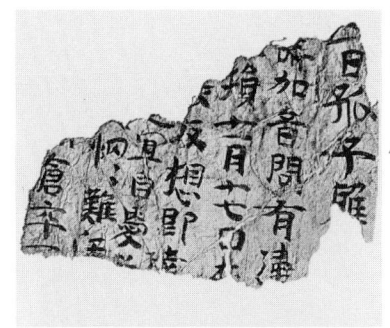

手に敬意を払うため，書信を別紙に包んで宛名だけを書いたことによる．受け取った側は，その封紙をとっておき，裏面を手紙ないしは草稿に利用した．表裏が別筆なのはそのためであろう，と（西川 1991：83頁）．

この西川氏の考えは正鵠を射たものと思われる．氏の説を手がかりとして，上記の12例を整理してみよう．背面の上書きは，正面本文との関係により次の二つに分けられる．

①正行もしくは倒行：残紙 1・2・3・5・7
②斜行：残紙 4・6・8・9・10・11・12

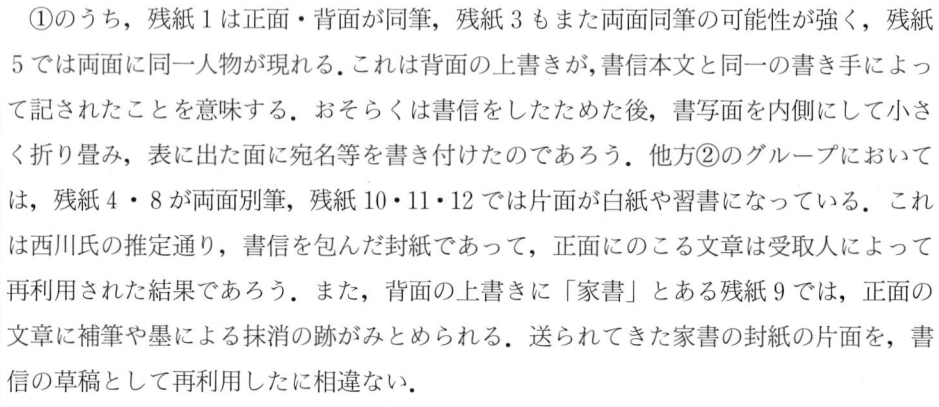

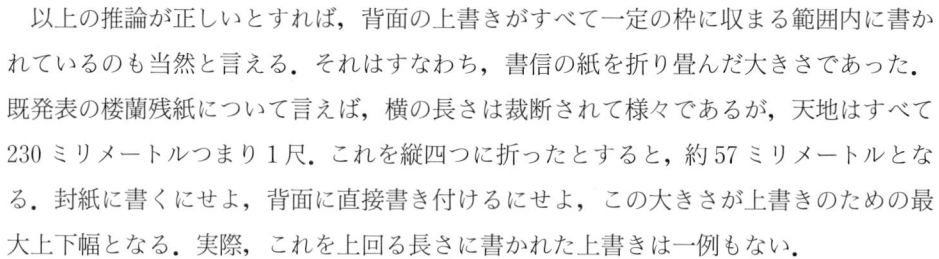

①のうち，残紙1は正面・背面が同筆，残紙3もまた両面同筆の可能性が強く，残紙5では両面に同一人物が現れる．これは背面の上書きが，書信本文と同一の書き手によって記されたことを意味する．おそらくは書信をしたためた後，書写面を内側にして小さく折り畳み，表に出た面に宛名等を書き付けたのであろう．他方②のグループにおいては，残紙4・8が両面別筆，残紙10・11・12では片面が白紙や習書になっている．これは西川氏の推定通り，書信を包んだ封紙であって，正面にのこる文章は受取人によって再利用された結果であろう．また，背面の上書きに「家書」とある残紙9では，正面の文章に補筆や墨による抹消の跡がみとめられる．送られてきた家書の封紙の片面を，書信の草稿として再利用したに相違ない．

以上の推論が正しいとすれば，背面の上書きがすべて一定の枠に収まる範囲内に書かれているのも当然と言える．それはすなわち，書信の紙を折り畳んだ大きさであった．既発表の楼蘭残紙について言えば，横の長さは裁断されて様々であるが，天地はすべて230ミリメートルつまり1尺．これを縦四つに折ったとすると，約57ミリメートルとなる．封紙に書くにせよ，背面に直接書き付けるにせよ，この大きさが上書きのための最大上下幅となる．実際，これを上回る長さに書かれた上書きは一例もない．

こうして折り畳まれ，時に封紙に包まれた書信の上に，検が付けられて封印される．したがって，書信用の封検の規格もまた上書きと同様，紙を折り畳んだ大きさに規定されているはずである．残紙4・5の上書きの上に検2・検1を重ねてみれば，両者の大きさの対応することが見て取れる（図3-20, 3-21）．折り目についても同様で，＜Co. I -5, 1＞，＜Co. I -10＞，＜Co. I -35＞などの残紙に残る折り跡は，検の大きさと一致する（図3-22, 3-23, 3-24）．小型封検の規格を決めていたものが紙の大きさであったことがわかるだろう．

それでは書信をどのように検で封緘したのか．検1・検2や検6の場合，おそらくは大きさの等しいもう一枚の板きれとの間に書信を挟み，歯部に紐を掛けて封印したものと思われる．カロシュティー木簡の矩形木簡（Rectangular tablet・本書第Ⅲ部研究編9　赤松論文（376頁参照））と同様に，断面凹型の板と組み合わせて用いた可能性も否定できないが，板きれにせよ凹板にせよ裏板に比定しうる遺物は検出されていない．なお封泥匣の大きさからみて，捺印には10ミリメートル四方の小さな私印を用いたのであろう．

より興味深いのは検5の場合で，背面が凸型に加工されており，箱の蓋として用いられたことが窺える（図3-25）．魏晋木簡の類例としてはこの他に，ニヤ遺跡ⅩⅤ地点出土

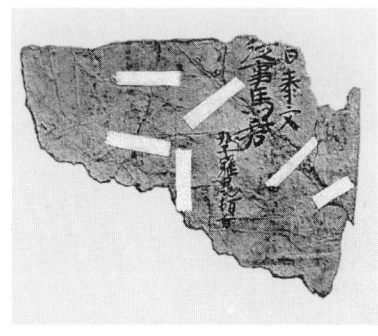

図 3-19

(左) 図3-20
(右) 図3-21

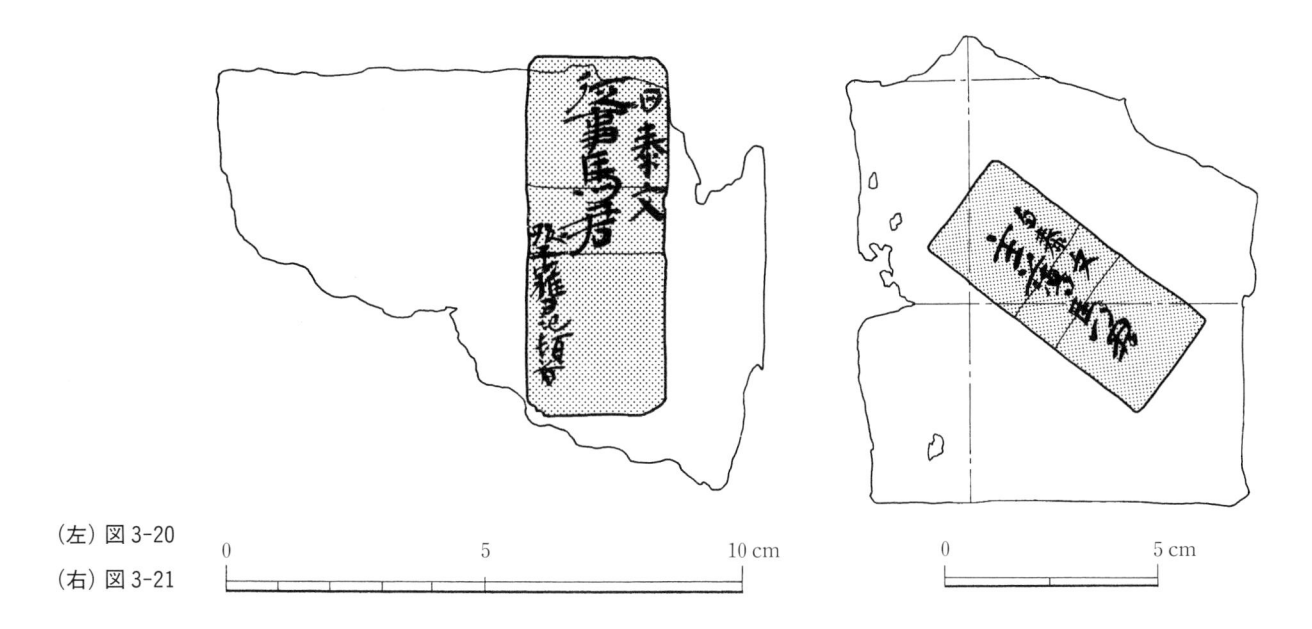

の「詣/鄯善王（鄯善王に詣す）」という上書きをもったA型封検がある（図3-26）。いずれの場合も，折り畳んだ書信を小箱に納め，検で蓋をしたのち紐をかけて封印したのであろう。背面凸部の大きさは，検5では68×33ミリメートル（グラフ3-1の5'），鄯善王宛ての封検では70×30ミリメートル。折り畳んだ紙の大きさに対応していることは言うまでもない。この型の検を用いた場合，書信は封緘した小箱の形で配達されることになる(補註)。

魏晋時代の文献に「書を入れた函」と見えているのは，こうした小箱のことをいうのであろう。その好例を二つ紹介して，この節の結びとしよう。最初は，魏の呉質が曹植に送った「答東阿王書（東阿王に答うるの書）」という返書の書き出しの一節（『文選』巻42）である。

質白，信到．奉所恵貺，発函伸紙，是何文采之巨麗，而慰喩之綢繆乎．
　　質が申し上げます．お手紙届きました．恵投されたものを押し戴き，函を開け紙を伸ばして見れば，何と文章の華やかにして，お心遣いの行き届いたことか．

「発函伸紙」とは，検を外し，折り畳まれた書信を開くことに違いない。次は『晋書』殷浩伝の冒頭，殷浩の父，羨に関する逸話の部分。

父羨，字洪喬．為豫章太守，都下人士因其致書者百余函．行次石頭，皆投之水中，曰，沈者自沈，浮者自浮．殷洪喬不為致書郵．
　　父の羨は，字を洪喬という．豫章郡の太守となっており，都の人士が赴任のついでに届けてくれるよう手紙を託すこと百函余り．ところが羨は石頭城に着いたところで，全部を川に投げ込むと言った．「沈まば沈め，浮かば浮け．殷洪喬が郵便屋などするものか！」

多分に誇張があるにせよ，「百余函」を預かったのであれば，一つの函はそれほど大きくないはずである．こうした書函の源流については，3-6節で論じてみたい．

II部 資料編

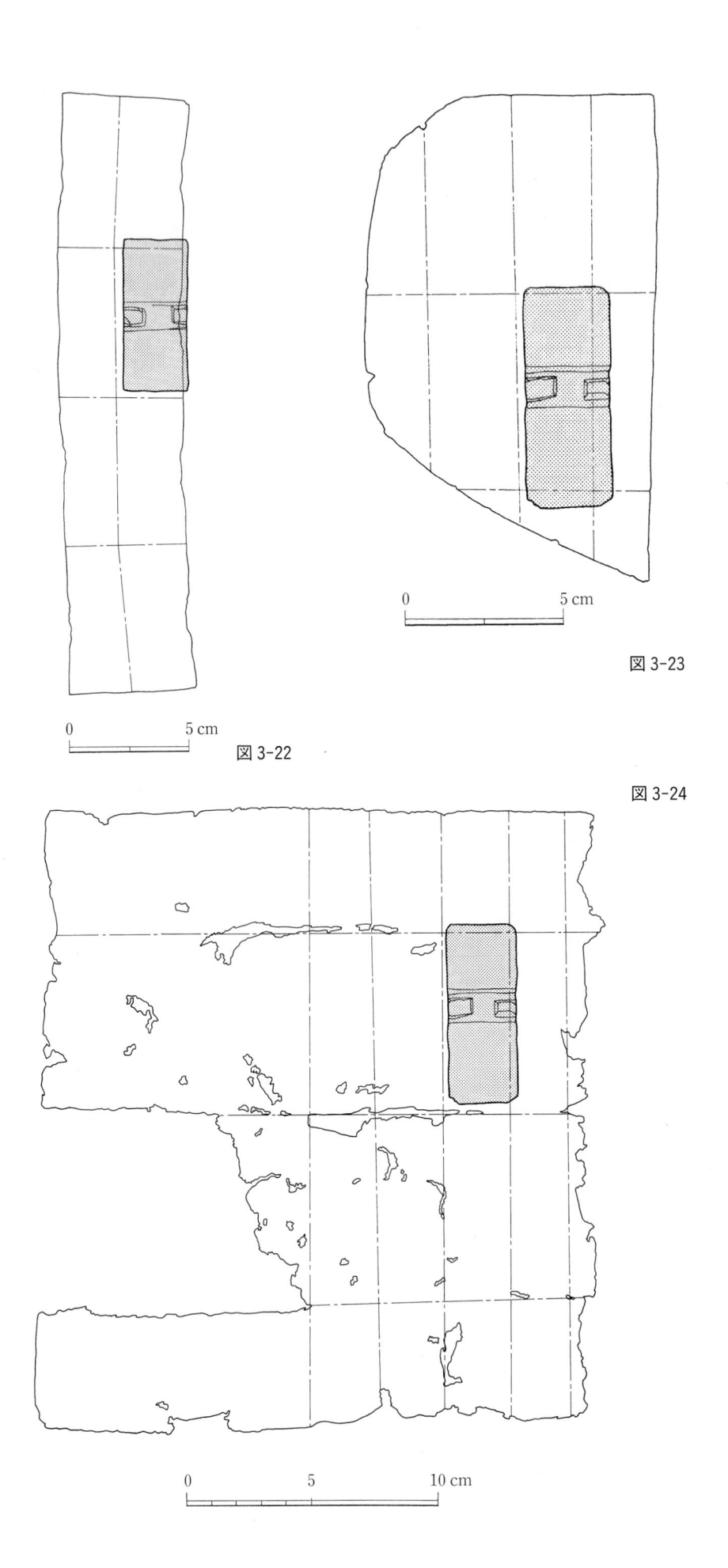

図 3-22

図 3-23

図 3-24

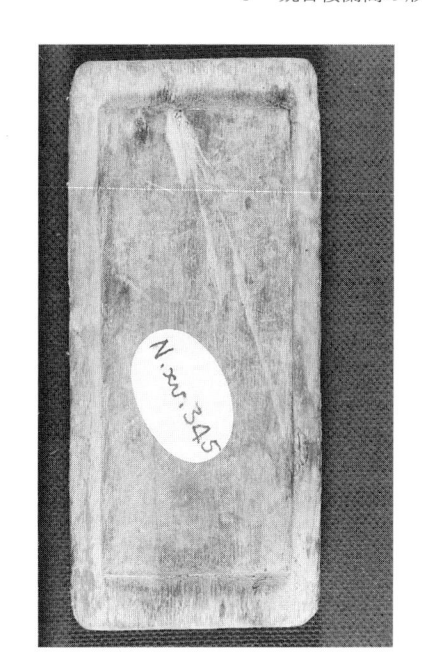

図 3-25　　　　　　　　　　　　　　　図 3-26

3-4　大型封検の検討

　行論の都合上，次に大型封検について検討する．まず検7〜9の上書きを読み下し，必要な限りで解説を加えておこう．3枚の検はすべてLEの出土．文字の大小や配置などは，先に原文を掲出したので，あらためて注記しない．

検7「営に郵を以て行れ．簿書一封，倉曹史の張が言事す．泰始二年（266）八月十日丙辰に言う」

　郵亭を経由して「営」宛てに簿書一通を送った際の封検．差出人は倉曹史の張某．宛先の「営」については，大将軍営ないし将軍営のことで軍司令部を指すという胡平生の説（胡 1991）と，西域長史の治所を指すという黄盛璋の説（黄 1996）とが対峙しているが，「営」が「部曲軍仮司馬」に命令を下す事例（＜Co. II-12＞/＜Ch. 857＞）からみて，胡説のほうが妥当ではないか．なお，黄氏はこの上書きを「西域長史の営から郵行でLE故城の官署へ送られたことを示す」と解しているが，封検に「某以郵行」という場合の某が差出人ではなく宛先を意味することは，漢簡の用例から疑いない．

検8「使君の営に郵を以て行れ．書一封，水曹の督の田と掾の鮑湘・張雕が言事す．泰始三年（267）二月廿六日辛未に言う」

　郵亭を経由して「使君の営」宛てに書一通を送った際の封検．差出人は水曹の督の田某と掾の鮑湘・張雕．黄盛璋によれば，「使君」とは「使持節」の尊称で西域長

史の謂．天子の使者が節を持ったことに由来するという（黄 1996：68 頁）．「営」についての黄説は上記の通り問題があるから，「使君の営」とは「西域長史の営」ではなく「西域長史管轄下の営」と解すべきであろう．

検9「営に郵を以て行れ．書一封，□曹の史の梁□が言事す．泰始□年□月十日丙辰に言う」

郵亭を経由して「営」宛てに書1通を送った際の封検．泰始年間で「十月丙辰」となる月は2年8月と7年9月であるが，検7と同一地点の出土であるから前者の可能性が高い．先述の通り後ろ2行は墨跡不鮮明のため，記載内容についての細かな議論はできないが，辛うじて読み取れる「言事」「言」などの文字から推して，検7・8と同一書式であろうと判断される．

検7・8の上書きから明らかなように，これらは「書」ないし「簿書」に付けられた封検である．注意すべきは，いずれも宛名が「営」ないし「使君営」という機関であって，小型封検類に見られるような個人名をまったく含んでいないことである．機関に宛てた「書」であれば，公文書を措いて他にない．「以郵行」と伝送方式を指定していることも，正確な通達をむねとする公文書にふさわしい．「郵行の上書き」を持つ封検は公文書に付けられていたと，まずは想定してよいだろう．

では，公文書とは具体的に，どのようなものであったのか．楼蘭出土の文字資料を通覧すると，下記のような例が目にとまる．

　泰始五年七月廿六日従掾位張鈞言敦煌大守☒　　　　　　　＜Co. II-1 a/LA＞
　　泰始5年（269）7月26日に従掾位の張鈞が申し上げます．敦煌大守……
　従掾位趙辯言謹案文書城南牧宿以去六月十六日得水天適盛　＜Ch. 750/LA＞
　　従掾位の趙辯が申し上げます．謹んで文書を案ずるに，城南の首宿は去る6月16日に天より水を得てちょうど勢いを得たところ……
　西域長史承移今初除月廿三日当上道従上邽至天水　　　　　＜Ch. 752/LA＞
　　西域長史の承が移書する．今次，初めて任官され，今月23日に出立して上邽より天水に至る……
　　　☒言□□□□史□還告追賊於□間☒
　　□獲賊馬悉還所掠記到令所部咸使聞䥫☒
　　会月廿四日卯時謹案文書即日申時到斯由神□☒
　　　☒□□□□振旅遠□里間□□道□称☒　　　　　　　　＜Ch. 768/LA＞
　　……賊を……の間に追い……賊の馬を捕獲し，掠奪したものをすべて返還させよ．記（文書）が届いたら，管轄各署に周知させ，……今月24日の卯の時に集合．謹んで文書を案ずるに，文書は即日申の時に届き……

最後の文書の内容は欠損のため明確でないが，王国維によれば「凱旋の書」であろうという（羅・王 1914：2巻7葉）．ここに示した4例の他にも，公文書に固有の表現，例えば「謹案文書」や「会月○日」といった文言を手がかりとすれば，まとまった文章をな

さない断片も類例として選び出すことができる．例えば＜Ch. 817＞や＜Ch. 853＞，＜M. 230＞や＜Co. II-3＞などがそれである．いずれも LA の出土であるから，検 7 や検 8 が封緘していたものそれ自体ではありえないが，上書きに言う「書」や「簿書」の内容を窺い知ることはできるだろう．

特筆すべきは，本書第Ⅲ部研究編 11 の冨谷論文が指摘する通り，こうした公文書類がすべて簡牘に記されていることである．先に掲げた 4 例のうち，最初の 3 枚は木簡で長さは 230 ミリメートル前後．いずれも文は完結しておらず，第 1・3 の簡では中間に 2 箇所，編綴のための空格がある．本来は冊書をなしていたに違いない．最後の例は木牘で，残長 190 ミリメートル．下部と両側が欠損しているが，本来の長さは簡と同様であったと思われる．類例として番号のみ挙げた諸例も，例外なく木簡の文書である．書信の場合と対照的に，魏晋時代の楼蘭地区では，公文書類は木簡や木牘に記す原則であったと言ってよい．

ここであらためて大型封検の形態を思い起こしたい．特異な形態の検 8 を含めて，いずれも書写面の上端両側に三角形の切れ込みがあった．この切れ込みが下部の歯とともに，紐をかけて検を対象物に密着させるための工夫であることは疑いない．とするならば，この形態の検が封緘する対象は，平らで一定の長さをもったもの，すなわち木簡・冊書・木牘の類こそふさわしい．検 7〜9 が公文書に付けられたという先の想定は，封検の形態とも適合的だと言えるだろう．

LA 出土の木簡のなかに，次のような発信記録がある．

　　出　長史白書一封詣敦煌府蒲書十六封其　　　　泰始六年三月十五日統楼蘭従掾位
　　　　十二封詣敦煌府二詣酒泉府二詣王懷闕頎　　馬屬付行書民□孫得成
　　　　　　　　　　　　　　　　　　　　　　　　　　　　＜Co. I -107＞

　　発信．長史の白書 1 封，敦煌府宛て．簿書 16 封，そのうち 12 封は敦煌府宛て，2 封は酒泉府宛て，2 封は王懷と闕頎宛て．泰始 6 年 (270) 3 月 15 日，統楼蘭従掾位の馬屬が文書伝送係（？）の孫得成に渡す．

冨谷論文が指摘する通り，ここにいう「白書」とは書信のこと．一方の「蒲書（簿書）」は，本節で検討したような公文書を指す語であろう．「白書」と「簿書」が別個に数え上げられているのは，二種類の文書が内容のみならず「封」の形態においても異なっていたためではあるまいか．

3-5　小型封検の検討(2)

最後に「印信の上書き」をもった 2 枚の小型封検について検討しよう．書写面の文は検 3 が「馬屬印信」，検 4 が「印信」．文字の向きに対して歯部が上に来るか下に位置するかの違いはあるが，形態は同じ B 型である．ちなみに検 4 は，封泥匣中央部の底に小

さな穿孔がみられ，背面の下部先端が黒く塗られているが，その意味はわからない．

「印信」とは「以印為信（印を以て信と為す）」の謂で，居延漢簡には次のような用例が見えている．

　　陽朔元年七月戊午当　　曲燧長譚敢言之負故止害燧
　　長寧常交銭六百願以七　月奉銭六百償常以印為信敢言之　　　　　　＜EPT 52: 88 A＞
　　甲渠官　　　　　　　　　　　　　　　　　　　　　　　　　　　　＜EPT 52: 88 B＞
　　　陽朔元年（24 BC）7月戊午，当曲燧長の譚が申し上げます．もと止害燧長の寧常に菱（まぐさ）の代金600銭の負債があります．ついては7月の俸給で常に返済したく存じます．印をもって証拠とします．

借金を給与から天引きしてくれるよう甲渠候官に願い出た依頼書で，木簡中央の空白部分に掛けた紐に印泥を押し付け，その上に印——おそらくは譚の私印——を捺して証明とした．こうした例を参考にすれば，封検にいう「印信」についても，封泥匣に捺された印が証拠として機能したのであろうと，ひとまずは想像がつく．しかし考えてみれば，『釈名』釈書契に「印とは信である．物を封じて信験とするためのものである（印，信也．所以封物為信験也）」と言うように，捺された印はすべて証明の意味を持つ．ひとり「印信」の封印だけが特別なわけではないだろう．

ここで注目したいのが，本書第II部資料編5で冨谷氏が紹介している楼蘭出土の未発表文書C（196頁）に見える注記である．そこには次のような一節が見えている．

　　其人致少勿，不知是何等勿也．成在革嚢中，付属，到取之．嚢縫上墨書黒記為信．
　　　その人は小物を持ってくるが，どんな小物であるかはわからない．革袋のなかに入れてあり，属に渡すので，届いたら受け取るように．袋の縫い目の墨書黒記を証明とする．

状況の把握しがたい文章であるが，革袋の口を封じた上に墨で何らかの文字が記され，それをもって証拠としたということだろう．この注記から類推すれば，問題の封検に関しても，同様な機能を想定できるのではないか．中身が何であるにせよ，その証明として付けられたのが「印信の上書き」をもった検であったと考えてみたい．つまりB型封検は，袋（嚢）類のような物品に付けられた検ということになる．

ところで，上記2例と同じB型の検が，居延漢簡に2点だけ見出せる．いずれも漢簡のなかでは小型の部類に属する封検で，歯部を上・書写面を下にして文字が書き付けられている．

　　□士吏常褒　　　　　　　　　　　　　図3-27/A 8出土/＜30. 11 A＞
　　　　　　　　　　　　　　　　　　　　　　　　　　　　　110×35 mm
　　　　　第三十二燧卒
　　□
　　　　　脩武里李□　　　　　　　　　　図3-28/A 8出土/＜EPT 48: 120＞
　　　　　　　　　　　　　　　　　　　　　　　　　　　　　75×25 mm

このうち後者の上書きは「第三十二燧の戍卒たる，脩武里出身の李某」と読める．と

図3-27

図3-28

するならば，これは文書の封検ではない．戍卒に宛てた文書の例は，知られていないからである．戍卒の本籍や姓名を記した検のほとんどは，次に示す例のように，自己の所持品とりわけ衣類を入れた袋に付けられた．

  □東郡戍卒阿霊
  　里袁魯衣橐　　　　　　　　　　　　　　　　A 8 出土/＜100.1＞/139×45 mm
  　　東郡の戍卒，阿霊里出身の袁魯の衣装袋

  □戍卒南陽郡宛邑
  　臨洞里魏合衆衣橐　　　　　　　　　　　　　A 8 出土/＜EPT 51: 149＞/160×36 mm
  　　戍卒，南陽郡宛邑臨洞里出身の魏合衆の衣装袋

  □□□燧定陵岸里楽寛私衣橐　　　　　　　　　A 8 出土/＜EPT 59: 361＞/148×25 mm
  　　某燧の〔戍卒〕，定陵県岸里出身の楽寛の私物衣装袋

「脩武里の李某」の検も同様に，袋の類に付けたものではないか．「士吏常襃」とある同型の検も，その可能性が強いだろう．常襃に宛てた検にしては，上書きの位置が片寄っているように思われる．この推定が成り立つならば，B型封検は袋に付ける形態ということになり，先の想定は傍証を得たことになろう．とは言え，以上は限られた資料の上に推論を重ねた試案にすぎない．「印信の上書き」を持つ封検の用法については，さらなる類例の増加を待って再検討することが望ましい．

3-6　漢簡との連続性

　小論の冒頭で述べたように，漢代の木簡の中には様々な形態をもった多数の検が存在する．そうした漢簡の封検類と楼蘭簡のそれとは，どのような関係にあるのだろうか．本節ではこの問題について，形態の面からいささかの試論を述べてみたい．ただし，対象とするのは文書に付けた検に限定する．なぜなら，漢簡に多く見られる「実物封検」（物品に付けた検）が，推論をかさねたB類を除いて楼蘭簡には知られていないからである．

　まず封検の規格すなわち大きさについて，居延・楼蘭双方の検を比べてみよう．新旧居延漢簡の中から文書の封検と判断される例に限って寸法を測り，長さと幅の分布図を作成したものがグラフ3-2とグラフ3-3である．旧簡・新簡を別々のグラフにしたのは，ドットが極端に重なることを避けたためで，他意はない．

　二つのグラフから共通して読み取れるのは，若干の孤立的な例は見られるものの，ほとんどの検が長さ120～180ミリメートル，幅20～40ミリメートルの範囲内に集中していることである．こうした分布の状態は，先に示したグラフ3-1と好対照をなす．そこでは上記の範囲内に含まれる検は，わずかに1例．楼蘭出土封検のほとんどは，あたかも居延簡の集団を避けるかのような分布状態を示しているのである．中でも長さ100ミリメートル以下に集中する小さなA型封検の存在が，楼蘭簡の目立った特徴と言えるだ

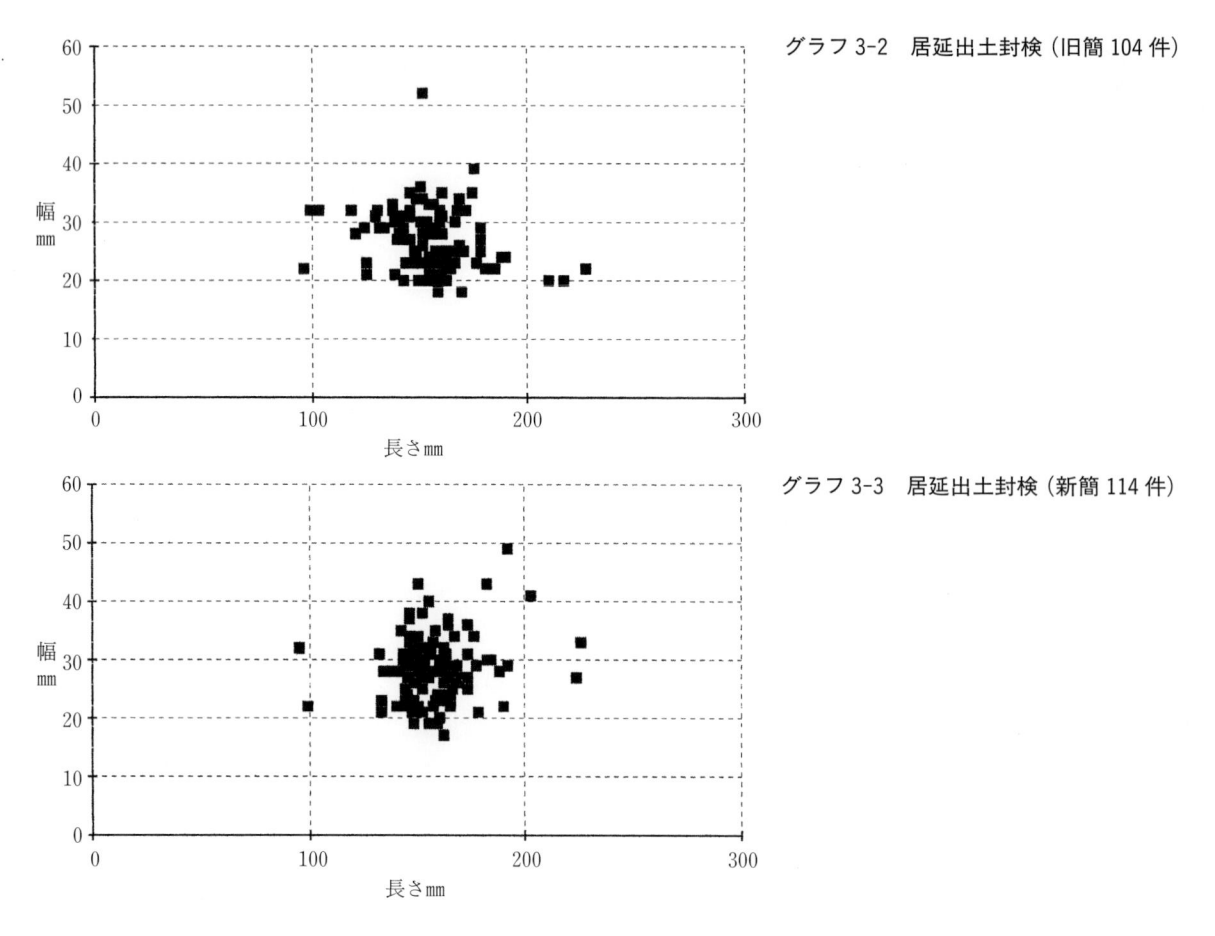

グラフ 3-2　居延出土封検（旧簡 104 件）

グラフ 3-3　居延出土封検（新簡 114 件）

ろう．

　こうした小型封検は先述の通り，紙の書信に用いられた．したがってその出現が，紙の普及と関連することは言うまでもない．具体的には，次のような二つの流れの結果として理解することができるだろう．

　第一は，本文を書き付ける書写材料の流れである．居延漢簡を見る限り，書信の大半は木牘つまり板に書かれている．図 3-29 は肩水地区の A 35 から出土した牘の書信＜502．14 A＋505．38 A＋505．43 A＞で，長さは 230 ミリメートルつまり 1 尺．「曹宣伏地叩頭白記/董房馮孝卿坐前（曹宣が伏地叩頭して董房馮孝卿の坐前に白記す）」と始まる書き出しは，楼蘭出土の書信や封検と共通する．この例のように表裏を用いることが多いのも特徴である．その封緘に用いる検は，書信本文と同じ文言を手がかりとして識別することができる．たとえば次の 2 例がそれにあたるだろう．

　　　高仁叩頭白記　　　　　　□　　　　　　　図 3-30/A 8 出土/＜EPT 40: 7＞
　　　甲渠候曹君門下　　　　　　　　　　　　　132×28 mm

　　　呉陽書再拝奉　　　　　　□　　　　　　　図 3-31/A 8 出土/＜ETP 40: 8＞
　　　甲渠候曹君門下　　　　　　　　　　　　　145×37 mm

　書信を記した木牘は，敦煌からもまた発掘されている．漢の皇帝が匈奴に「尺一の牘」を送り，それに対抗して単于の側は「尺二の牘」を用いたと，『史記』匈奴列伝に見えて

図3-29 　　　　　　　　　　　　　　　　図3-30 　　　図3-31

　いる．とするならば，書信に木牘を用いるのは辺境だけに見られる特殊性ではない[2]．
　ところで，居延や敦煌の出土遺物を一瞥すると，もう一種類の書信の姿が目にとまる．それはすなわち，帛（きぬ）に書かれたものである．図3-32 はその完全な例（＜T 0114 ③：611＞）で，敦煌懸泉置遺跡から出土．「元伏地再拝請／子方足下（元，伏地再拝して子方足下に請う）」と始まる，物品の調達依頼である（甘粛省文物考古研究所 2000）．類似の帛書はスタインやベリィマンによっても発掘されているが（＜Ch. 398＞, Sommarström 1956: 図版 17），懸泉置出土の場合，縦横方向に折り目の走る様子がよく観察できる．この折り目は，帛書が折り畳まれて発送されたことを物語る．
　関連して注目すべきは，敦煌の漢代烽燧跡から発掘された袋状の帛の切れ端で，下記のような記載をもつ．

寧尊叩頭白記　　　　　　　　　　　　　図3-33／T. XV. a 出土／＜Ch. 503＞
王君門下　　　　　　　　　　　　　　　65×40 mm

文面から明らかなように，これは封筒の断片である．漢代における書写材料としては紙より帛が一般的だから，この封筒には帛の書信を入れたのではないかとシャヴァンヌは推測する（Chavannes 1918: 110 頁）．確かに紙の普及年代から考えるならば，懸泉置出土遺物のような帛の書信が想定されよう．封検を付けたかどうかは，残念ながら判断できない．
　このように漢代において，つとに2種類の形状の書信が存在していた．すなわち，封

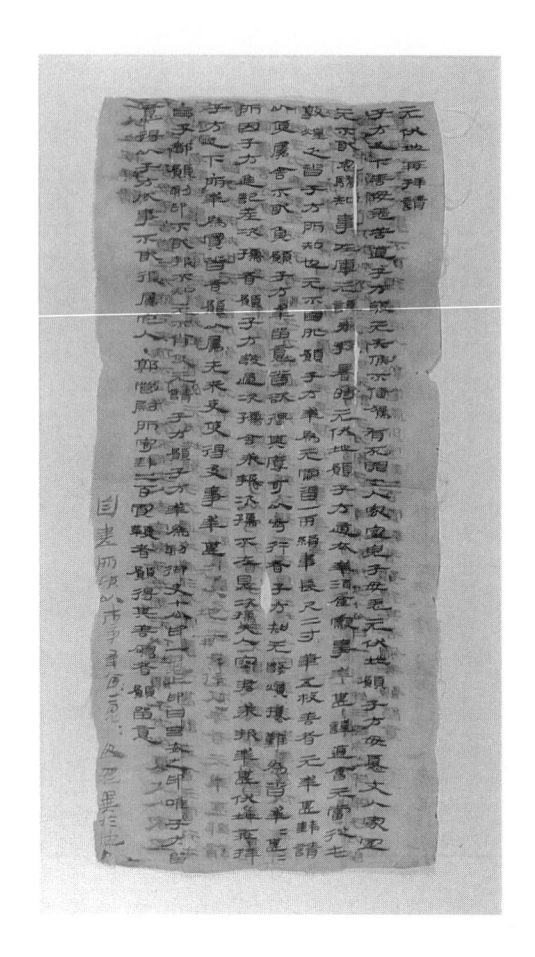

図 3-33

図 3-32

検を付けた木牘と，帛の封筒に入れた帛書とである．木牘も帛も広い書写面をもち，一枚で用件の完結する点が，書信用として好まれたのであろう．同様に面の広がりを必要とする地図が，やはり牘ないし帛に描かれていたことを，ここで想起してもよいだろう．書写材料としての紙の使用が，書信と地図から始まったことも当然であった．言うまでもなく，紙の形状は帛と一致する．したがって，書信としての紙の用法は，先行する帛をそのまま踏襲することができた．とするならば，帛の書信と封筒が紙の書信と封紙の原型になったと想定することも可能ではないか．魏晋時代の紙の書信は，漢代の尺牘に淵源をもつ．ただしそれは，簡牘ではなく帛の系譜に属すると考えるべきであろう．

第二は，書信を封緘する検の流れである．A 型封検の源流もまた，漢簡の中に求めることができる．最も類似した形態の検は，ベリィマンによって A 8 で発掘された 1 枚で，図 3-34 に示したスケッチがそれである (Sommarströrm 1956: 挿図 16)．大きさは 12.1×3.9×1.8 センチメートル．写真 3-5 と見比べてみれば，形態の一致は明らかだろう．残念ながら 1 点のみの出土であるうえ，文字がなく——従って「居延漢簡」の著録類には収録されておらず——，何に付けられたのかは分からない．報告書では Serindia の参照を求め，カロシュティー木簡と同型の裏板の使用を推定しているが，確かな出土例にもとづく議論ではない．ただ，居延出土の封検としては小型の部類に属することと，歯部を中央に設ける形状が裏板類と結び合わせるのに最も適した形態であることとは，注意しておいてよいだろう．

A 型封検に形態の近いもう 1 例は，つとにスタインが指摘するように (Stein 1921: 659

頁)，敦煌 T. VIII から出土した薬箱の蓋である．大きさは 176×88 ミリメートル．正面中央に歯部と封泥匣をもち，背面は凸状に加工されている．上部書写面に「顕明燧薬函」と記されているところから（＜Ch. 588＞/図3-35），薬函（くすりばこ）の蓋であることは明らかである．本体（身）にあたる遺物は知られていないが，長方形の木箱であったとみてよいだろう．とするならば，蓋と身の揃った様子は，図3-36 に見えるような箱の形と一致する（曾ほか 1956: 拓本 68）．漢代に「篋」と呼ばれた長方形の箱である（林 1976: 219-221頁）．敦煌出土の薬函は，篋形の箱の蓋部に封泥匣を施したものだと言えるだろう．

こうした篋の蓋を小型化すれば，そのまま A 型封検になるのではないか．すでに 3-3 節で指摘した通り，A 型封検の中には箱と蓋としての機能をもつ例があった．また，本書第Ⅲ部研究編 11 の冨谷論文が詳しく論じているように，漢代において「小緑篋」の中に「裹薬二枚（薬二包み）」と「赫蹏書（紙片の書き付け）」とを納めた例がある（『漢書』外戚伝下）．こうした例を見るならば，篋中に紙の書信を封ずることも，決して特殊な発想ではない．A 型封検の原型は，漢代の篋に求めることができる．図3-34 に示した封検は，何を封じたかは不明であるが，その先蹤と言えるのではないか．「コニーデ型」とも称される A 型封検の独特の形態は，蓋としての用途に規定された結果であろう．

図 3-34

3-7　おわりに

楼蘭出土の封検について，本稿での検討結果をまとめておこう．

① 中央に歯部と封泥匣を持つ，いわゆるコニーデ型の封検（A型）は，紙の書信を封緘する際に用いたものであり，その原型は漢代の篋の蓋に求めることができる．
② 検の端に歯部と封泥匣を持ち，書写面がスロープ状を呈する封検（B型）は，物品の証明のために用いたものと推測される．
③ 検の端に凸出した歯部と封泥匣を持つ，断面が柄杓状の大きな封検（C型）は，公文書の記された簡牘を封緘するために用いられたもので，漢簡にその原型がある．

図 3-36

図 3-35

図3-37

a (J22-2639)
b (J22-2643)
d (J22-2640)
c (J22-2659)
e (J22-2660)
f (J22-2638)

④平らな板の下半分を削ぎ落とした特異な形の封検（D型）は，C型と同じく公文書の記された簡牘を封緘するために用いられた．ただし，漢簡にはその類例がない．

このうち②の論点は，書写面の「印信」という文字を手がかりに推測をかさねた結果であり，形態上の特徴にもとづく議論ではない．また，④にいうD型封検の原型も，目下のところ不明と言う他はない[3]．ともに今後の課題としたい．

本稿で対象とした封検はわずか9点であり，したがって上記の結論についても，偶然性を排除することはできないだろう．しかしながら，木簡と紙という二種類の書写材料が併存する，いわば紙木併用期における文書とその伝送方式について，実物に即した議論を展開することはできたように思う．最後に，本稿で得た結論をもとに，まったく別の資料について初歩的な検討をこころみておこう．

取り上げるのは，湖南省長沙市走馬楼で出土した三国時代の呉の封検である（走馬楼簡牘整理組 1999：黒白版6）．「封検」として報告書に図版を載せるものは6点．正確な尺寸は残念ながら不明であるが，相対的な大きさは把握できる（図3-37）．このうち＜d＞の板については，なぜ封検と判断されたのか，表面の文字も不鮮明で事情がわからない．しかし，他の5件は──後述する＜f＞も含めて──確かに検に相違なく，しかも本稿での検討事項と無関係ではない．

＜a＞，＜c＞，＜e＞の3点の形態は，それぞれ本稿でいうC型，A型，B型に相当す

る．C型の＜a＞の大きさがまず目を引くが，＜c＞と＜e＞の書写面の文字も看過できない．そこには次のように見えている．

　　＜c＞　「故吏衛淵叩頭死罪（2行目欠損）」
　　　　故吏の衛淵が叩頭死罪して（……に申し上げる）．
　　＜e＞　「長沙安成録簿筥」
　　　　長沙郡安成県の録簿を入れた筥（つづら）．

前者はおそらく書簡の封検，後者は台帳の類を入れた箱に付けられた検である．A型が書信，B型が袋類に対応するという本稿の推定は，外れていなかったことになる．また，残る＜b＞の上書きは「白灌君（灌君に白す）」と読み取れる．全体の形態はC型に近いが，歯部がやや中央寄りで，全体の造りも封泥匣も小ぶりである．書信用の検の変種であると考えたい．

注目すべきは＜f＞の検で，断面凹型に加工された木枠のような形態を持つ．この奇妙な木製品が「封検」と判断された根拠はおそらく，居延や馬王堆漢墓などから出土した凹型の無文字検にあると推定される．だが，それにしては凹部があまりに大きすぎて，封泥を容れるのに適さない．思うに，これは＜c＞のような検に対する裏板なのではあるまいか．文字の有無やサイズなど，詳しいデータの提供されることを期待したい．

走馬楼呉簡については「莂」と呼ばれる割符が研究者の注意を引いているが，その類例もまた楼蘭簡に見出せる．こうした割符の形態については，「紙木併用期における木簡の問題」の続編として，あらためて論じる機会を持ちたい．

註
(1) 裏板に宛名や差出人名を記すことはなかったと思われるから，たとえ出土したとしても封検の片割れと認知されない可能性がある．また，文字を持たない板であれば，習書等に再利用される場合も考慮すべきであろう．なお，この点については補註参照．
(2) いわゆる「手紙」を指す場合，本稿では一貫して「書信」を用い，「私信」の語を避けた．確かに「某々の前に白す」といった表現を持つ文書は，機関ではなく個人を宛先としており，文体も公文書とは大きく異なる．しかし，文書の書式・形式と内容・機能とは，厳密に対応するわけではない．そもそも漢帝から単于へ送った「尺牘」が，「私信」であったと言えようか．地方行政のレベルにおいても，例えば次のような例がある．
　　袁山松書曰，時蜀郡有雷震決曹．終上白記，以為断獄煩苛所致．太守乃令終賦雷電之意，而奇之也．（『後漢書』楊終伝注引）
ここにいう楊終の「白記」は，書信の形をとっていたに違いない．私信・私文書というカテゴリー自体，あるいは再検討が必要なのかも知れない．
(3) D型封検の原型については，居延漢簡に多く見られる平板状の検に求める仮説を提示しておきたい．ただし，平板状の検の正確な装着法については，なお明らかでない点がある（大庭 1991：241頁）．
（補註）　スタインがLAで発掘した遺物のなかに，検の蓋と身にあたる1組の木簡がある．LA. vi. ii. 141および0173（Ch. 868）という番号の簡がそれで，シャヴァンヌの解説は次の通り．
　　前者の木片（80 mm×26 mm）は箱の蓋のように思われる．従って後者の木片（85 mm×31 mm）は身の部分をなしているのであろう．蓋には正面に3行，背面に3行の文字が見える．一方，身の方は背面だけに文字がある．文章は判読できない草書体である．（Chavannes 1913：180頁）．

シャヴァンヌは写真・釈文ともに掲載していない．
1968年に実物を調査した西川寧によれば，当時，蓋は失われて身にあたる簡だけが残っていた．簡の四周のうち1辺は板目に沿って削げ落ちているが，残る3辺には「縁を彫りおこしてあったらしい痕跡がある」という．西川氏の推定する通り，「のみで彫りおこして作った木箱の側壁の部分」が欠けて，基底部分のみ痕跡として残ったのであろう．氏はまた木簡の赤外線写真を示し，最終行の文字を「郎中張翰大中大夫」と釈読している．妥当な釈文であろうと思われるが，背面の他の行には同一語句の繰返しや天地逆さの記載などもあり，全体として「よくある手習の例」と判断されること，やはり西川氏の指摘する通りであろう（西川1991 a）．いずれにせよ本簡のような例は，側壁の痕跡に気付かなければ，習書の木簡として分類されてしまうに違いない．

(付記) 図3-10, 3-25, 3-26 の写真入手にあたっては，藤田高夫氏の手を煩わせた．記して謝意を表したい．

参照文献
[日文]
林巳奈夫編 (1976)『漢代の文物』京都，京都大学人文科学研究所．
西川寧 (1991 a)「"詣鄯善王"──現存最古の楷書──」『西川寧著作集』第1巻，東京，二玄社．
── (1991 b)「西域出土晋代墨蹟の書道史的研究」『西川寧著作集』第4巻，東京，二玄社．
大庭脩 (1959)「図版解説」『書道全集』第3巻，東京，平凡社．
── (1991)「『検』の再検討」同『漢簡研究』京都，同朋舎出版．
日本書道教育会議編 (1988)『楼蘭発現　残紙・木牘』東京，日本書道教育会議．
[中文]
曾昭燏・蔣宝庚・黎忠義 (1956)『沂南古画像石墓発掘報告』北京，文物出版社．
甘粛省文物考古研究所・甘粛省博物館・中国文物研究所・中国社会科学院歴史研究所 (1990)『居延新簡』北京，中華書局．
侯燦 (1989)「労榦≪居延漢簡考釈・簡牘之制≫平議」甘粛省文物考古研究所編『秦漢簡牘論文集』蘭州，甘粛人民出版社．
胡平生 (1991)「楼蘭出土文書釈叢」『文物』1991年8期．
黄盛璋 (1996)「初論楼蘭国始都楼蘭城与LE城問題」『文物』1996年8期．
労榦 (1957)『居延漢簡考釈・図版之部』台北，中央研究院史語言研究所．
李均明 (1990)「封検題署考略」『文物』1990年10期．
羅振玉・王国維 (1914)『流沙墜簡』京都．
走馬楼簡牘整理組 (1999)『長沙走馬楼三国呉簡　嘉禾吏民田家莂』北京，文物出版社．
[欧文]
Chavannes, E. (1913) *Les documents chinois découverts par Aurel Stein dans les sables du Turkestan oriental*, Oxford.
Conrady, A. (1920) *Die Chinesischen Handschriften-und sonstigen Kleinfunde Sven Hedins in Lou-lan*, Stockholm.
Maspero, H. (1953) *Les documents chinois de la troisième expédition de Sir Aurel Stein en Asie centrale*, London.
Sommarström, Bo. (1956/1958) *Archaeological Researches in the Edsen-gol Region, Inner Mongolia*, Part I/Part II, Stockholm.
Stein, A. (1921) *Serindia: Detailed Report of Expeditions in Central Asia and Westermost China*, 5 vols.

4 スウェン・ヘディンコレクションにおける偽造サカ文書

The Forged Saka Documents in the Sven Hedin Collection

スタファン・ローゼン
Staffan Rosén

　スウェン・ヘディン (Sven Hedin) は，彼が中央アジア探検を始めたごく初期の段階から，考古学と"古代の文書"の収集に大変興味をもっていた．彼は，考古学者または言語学者としての研鑽は積んでいないが，古文書から得ることが可能な考古学資料および，言語・歴史学的資料が有する学術的価値をはっきりと理解していた．中央アジア全域，とりわけタリム盆地で出土する古文書をめぐって繰り広げられた国際競争は，1891年に英国軍人ハミルトン・バウアー (Hamilton Bower) がクチャ (Kucha) で，今日「バウアー文書」の名で知られる樹皮の裏に書かれたサンスクリット語の文書を見つけたのをもって嚆矢とする．時をおかず，このバウアー文書は，当時知られているインド言語で書かれた現存する最古の文書であることが立証されたのである（本書第I部ヴォルケスト論文参照）．このセンセーショナルな発見は，同種の文書をもっと探しあてようとする国際的競争の引き金となる．したがってヘディンは時勢に沿って行動したのであり，その意味で彼は初期のまぎれもない先駆者の一人であったと言ってよかろう．1901年に初めて楼蘭を訪れたときに，ヘディンはこの種の最大の発見，つまり，かの有名な紙および木に書かれたほぼ3〜4世紀と推定される漢文文書を発見したのである．しかし，彼はすでに1896年にホータン (Khotan) を訪れたときに，実に念入りに"古い文書"を探していたのである．ただそのときには，独自の発掘作業を遂行することに極めて制限があったため，現地の商人から古文書や遺物を購入せざるをえなかった．それはヘディン以前また以後にも，かの地で外国人旅行者が一般的に行っていた入手方法であった．ヘディンが古文書の収集を極めて重要な仕事と考え，ホータン滞在中，そのことが彼の頭のなかから離れなかったという事実は，彼の日記の内容やホータンからストックホルムの両親宛てに送った手紙が雄弁に語っている．ホータンに滞在していた1896年5月31日付の日記に，ヘディンはこう書いている．

> ここから，歩いて7日ばかりの距離のハングジャ (Hanguja) 南部の砂漠で，ひどくボロボロになったサンスクリット文書を入手した．これらは一人のアフガン人が私のために入手したもので，彼はさらに手に入れると約束している．

　しかし，ヘディンが考えていた程，話は簡単ではなかった．彼がホータンで入手した一束の古文書――それを彼は手紙のなかで誇らしげに語っているのだ――は，そのほと

第1回探検隊（1893-1897）でのスウェン・ヘディン

んどが偽造品として仕立て上げられたものだったのである．1893〜1897 年に行われた遠征の記録映画のスウェーデン，およびドイツ版（*En Färd Genom Asien 1893〜1897*, Stockholm 1898; *Durch Asiens Wüsten*, Leipzig 1899）のなかで，ヘディンがホータンで購入した文書のうち，数点の，小さくどことなく不鮮明な写真が紹介されている．おそらくそのなかの一つが，ヘルメル・スミスが（Helmer Smith）最終的に *The Bulletin of the Museum of Far Eastern Antiquities* No. 7. 1938 に発表したサンスクリット文書に違いない．なお残りの文書は，偽物と思われ，その大部分は，今日ストックホルムのコレクション収められているいくつかの文書がそれに相違ない．この文書は，奇妙な経過の後，セント・ペテルスブルクに移り，最近複写本で再版された[1]．実際のところ，前述のサンスクリット文書を別にすると，ヘディンは，1896 年にホータンで本物のサカ文書をわずか一つ手に入れたにすぎない．残りの 15 点はすべて，今日では手の込んだ時代物と見なすべき偽造品なのである．

したがって，ストックホルムのサカコレクションの規模は，いうほどの大きさ，分量はなく，コレクションのなかで本物は 1 点にすぎない．ヘディンの最後の遠征（1927〜1935 年）に参加したメンバーが本物，偽造品合わせて，かなりの量のサカ文書をホータンで手に入れる事ができたのは，30 年の歳月が経った後のことだった．この第 2 次の一群のサカ文書には，主として 2 人の名前が関係してあがってこよう．すなわち，ニルス・アンボルト（Nils Ambolt）とエリック・ノリン（Erik Norin）の二人である．彼らは最後の遠征に数年間にわたって参加したメンバーであった．二人はまた，1932〜1933 年にホータンを訪れ，そのときに，後に「ヘディン文書」の名として学界に知られる文書を購入したか，あるいは，贈り物として贈呈されたのであろう．しかし，アンボルト＝ノリン・コレクションにもかなりの数の偽造品が含まれているといわねばならない．そのほとんどは 1920〜30 年代のいつごろかにホータン地域で製造されたものであり，「イスラム・アクーン（Islam Akhun）以降の偽造品」（後述）と呼べるものである．残念ながら，アンボルトもノリンも，彼らの収集した文書の出所に関する詳しい記録を日記や彼ら自身の手紙などに残していない．誰が，何を購入したのか，その概要をあらためて明らかにするためには，それらの文書を所蔵しているストックホルムの民族学博物館所蔵の目録のなかに確認されるこれらの文書に関する必ずしも完全とはいえない項目作成や目録登録をもう一度再考しなければならない．それらの資料にもとづき，表 4-1 のような概要が明らかになったのである．

ストックホルムコレクションの完全な報告書の作成に尽力した最初の人物は，ハロル

表4-1

	本　物		偽造文書	
	紙	木	紙	木
Sven Hedin	1	0	15	0
Nils Ambolt	30	45	28	25
Erik Norin	0	0	10	0

ド・ベイリー (Sir Harold Bailey) であり，彼は 1960 年に *Khotanese Texts IV-2*[(2)] のなかで，ストックホルム文書を出版し，次に 1968 年の *Saka Documents I-IV-3*[(3)] において，何点かのヘディン文書の複写本を出版した．

いずれのものであれ世界中の大規模なサカコレクションには，偽造品が含まれているといってよかろう．ヘディンおよび彼の後ろに続く共同研究者達の場合と同様，ロシア，英国，日本の偉大な収集家達すなわち，ニコライ・フィオドロヴィッチ・ペトロフスキー (Nikolaj Fedorovich Petrovskij) (1837-1908)，ジョージ・マカートニー (George Macartney) (-1945)，オーレル・スタイン (Sir Aurel Stein) (1862-1943)，大谷光瑞伯 (1876-1948) たちも，この汚名から逃れることはできなかったことは周知の事実である．そのような事態を招いた理由は他でもない，これらの大家たちがサカ言語の専門家ではなかったし，またそうであるはずもなく，したがって，いとも簡単に老練なペテン師に騙されたのである．探検旅行家がこれらの分野に無知であったからといって責めることはできないであろう．国際的に著名な学者ですら，今世紀初頭に学術レベルの高い彼らの国の研究室で，ぽつぽつ研究にとりかかったとき，偽造品を見抜けなかったのであるから．

初期の偽造文書に関する経緯は，オーレル・スタイン卿が 1901 年にホータンを訪れたときに，強い疑いの気持ちをもって，確固たる決意で臨んだお陰で，今日よくわかっている．「ホータンで売られ，確実にその数を増していく，様々な未知の文字で書かれた文書，又版本」などについて，スタインは，「偽造品ではないかとの疑いは，有能な学者ばかりでなくカシュガル (Kashgar) 在住の何人かのヨーロッパ人も何となく感づいていた」と，記している[(4)]．疑いの目はやがて，以前スタインのガイドをしていたチラ (Chira) 出身のイスラム・アクーン (Islam Akhun) に向けられ，彼は公の場での尋問に堪えかねて，遂に彼の小さな偽造工場で行われていた事の全容を吐露したのであった．たまたま，ホータンが幸か不幸か，かの地での紙の生産の中心地であったため，イスラム・アクーンと彼の仲間は，あらゆる種類，質の紙を容易に入手することができた．「ホータンで手に入れた"新しい"紙は，まずトグラク (Toghrak) という植物から抽出したものを水に溶かして作った．トグルハ (Toghrugha) という染料で黄色もしくは薄い茶色に染められた[(5)]．紙に文字を書くか刷った後，それを暖炉の上に吊るして燻し，あたかも古い紙のように見せかけたのである．この細工の過程で，時に紙の一部を焦がしてしまった事は，カルカッタに送られた何枚かの偽造古文書の例が如実に示している」．スタインは，さらに以下のように報告している．「手書きによる手間のかかる方法では生産効率が低かったため，やがて彼らは何枚かの木版で繰り返し刷って本を生産するというさらに便利な方法を採用することになる．木版からの印刷は中国領トルキスタンで盛んに行われていたので，木版を調達することに何の困難もなかったのである．この"古書"の印刷は 1896 年に始まり，そうして作られた偽造古書の一部がヘルンレ博士の報告書 *Dr. Hoernle's Report* に詳しい解説と図版が掲載されている 45 冊の"木版本"に他ならない．偽造木版本のなかに書かれている文字は，一見して色々な活字が，一定の規則で繰り返し使われていることがわかり，見過ごす事ができない大きさと分量を有しているのである[(6)]．

スタインが明らかにしたことにさらに加えて，貴重な情報が，先に述べた V. A. ペトロフ (V. A. Petrov) が書いた論文のなかに認められる．ペトロフによると，カシュガル

文書偽造の張本人イスラム・アクーン (''Ancient Khotan'' より)

在住の英国領事，マカートニー（Macartney）こそが，後に"ホータン文書"（ロシア名 Khotanskie kodeksy）の名で知られることになる文書の系統的収集を 1895 年に開始したまさにその人であるということ．マカートニーは，はじめはアフガン人役人バレディン・ハン（Bareddin Khan）（あるいはバドラディン・ハン Badruddin Khan）の斡旋で，そして後には，悪名高い財宝探し兼"骨董"商イスラム・アクーンから，文書を入手したのであった．イスラム・アクーンの協力者であり仲間でもあるイブラヒム・ムーリャ（Ibrahim Mulla）は，ロシア語の知識が多少あったという触れ込みで，ロシア人相手の取り引きを彼の仕事としていたらしい．一方イスラム・アクーン自身は，「英国人をはじめとする収集家」の中心的御用商人としての役割を担っていた[7]．およそ同時期に，ロシア領事の M. N. ペトロフスキー（M. N. Petrovskij）将軍も，マカートニーと同様の方法で文書の調達をし始めていた．実に興味深いことに，ロシア領事，さらには間接的には，ペテルスブルグのロシア帝室科学アカデミーへの御用達を行った別の商人は，カシュガル在住のスウェーデン人宣教師ラルス・エリック・ヘーグベリ（Lars Erik Högberg）(1858-1924) だったのだ．1898 年にロシア人学者 K. G. ザーレマン（K. G. Zaleman）は，アカデミー歴史・哲学部門にて発表した論文のなかで，同アカデミーはヘーグベリがホータンである男性を通じて入手した古写本全2巻を購入する必要があるということを述べている．ペトロフによると，ザーレマンは彼の発表のなかで，「ヘーグベリ文書が石膏紙に書かれている」という点を特に強調した[8]．この種の紙が用いられているという事が，クチャで発見される文書の特徴であることはよく知られており，それらは当時すでに解読が進んでいて，時代も紀元後7世紀のものとはっきりわかっていたのである．したがって，石膏紙であるということは，ザーレマンがアカデミーに購入することを望んだ文書が由緒正しいものであるということを示しているに他ならない．古写本は，最終的にヘクベルグから購入され，アカデミーによって後にその一部（各文書から1ページ）の複写版が出版された[9]．しかし残念ながら，経験にまかせてのザーレマンの大ざっぱな判断は，彼が思っていたほど信頼できるものではなかったことが判明する．「ヘクベルグの写本」はほどなく，"偽造品"というラベルが貼られた戸棚にしまい込まれなければならなくなったのである．

19 世紀も終わりに近い頃，東トルキスタンで繰り広げられていた"古文書"をめぐるうさんくさいビジネスで，仲介者としてのヘクベルグがどのような役割を担っていたのか，ほとんどわからない．わかっているのは，彼はロシア人と英国人の両方に文書を売っていたということ，また彼個人としては，古文書は必ずしも単に「商売」の対象というわけでなく，むしろ「学問的」な観点からも興味の対象であったということである．ヘクベルグがカシュガルや他の地にもいる彼の「顧客」を故意にだましたのだと疑う理由は何らない．イスラム・アクーン一派の欺瞞に最初に目を向けたのは他ならぬヘクベルグと文字通り彼の有能なスウェーデン人の同僚マグナス・ベックルント（Magnus Bäcklund）(1866-1903) ――後になって英国領事マカートニーもそうだったが――この2人であったと信ずる根拠があるのだ[10]．とはいうもののヘクベルグとベックルントはプロの財宝探し屋から文書を購入しただけでなく，自ら文書を探そうとすらしたということも間違いない．1901 年にアクシピル（Aksipil）を訪ねたときのスタインの皮肉に満ちた言

マグナス・ベックルント
（1866-1903）

ラルス・エリック・ヘーグベリ
（1858-1924）

葉が，この間の事情を語っている．トゥルディ（Turdi）という現地のガイドと一緒にアクシピル（Aksipil）の要塞の廃虚を調べていたとき，そこの2つの"塔"に特別の興味が注がれた．スタインは以下のように書いている．

　　——現実には，それらの"塔"は，少し離れて存在するいくつかの黄土堆のうちの二つであり，別の言い方をすると城壁のなかの侵食した地に聳える証拠物件であった．地図にOと記されているそのうちの一つを指して，目を輝かせてトゥルディ（彼はヘーグベリとベックルントが現地を訪れた時に同行した）は，"だんな達"が文書を捜して掘り返した所だと述べたのであった．それというのもイスラム・アクーンが，（偽造）古文書を最初に発見した場所のひとつにアクシピルを挙げたからに他ならない．彼らはその地点を発掘したのである[11]．

初期の偽造文書のいきさつ，および1930年代に収集された文書に関して現在わかっている事から判断して，これらの偽造文書を，それらが生産された場所と時によって，またそれらの「内容」の様態，構成によって，あえて試行的に分類してみたい．その為には，それらの文書を，ひとまず以下の2つのグループに分けるのが都合が良いであろう．すなわち

（I）イスラム・アクーン型偽造文書
（II）イスラム・アクーン以後型の偽造文書

スウェン・ヘディンコレクションを基にして，（I）グループの偽造文書をさらに4つの小グループに分ける事が出来る．すなわち(1)偽造サカ文字，(2)偽造ロシア・ラテン文字，(3)偽造アラビア書，(4)偽造中国（西夏？）書，である．他のコレクションの偽造文書も考察の内に加えるとなると，この小グループの種類はさらに数が増えるかも知れない．この初期の偽造文書群（グループI）のなかには，木に書かれた文書が一つもないと見なされること，に注目しておかねばならない．イスラム・アクーン後の偽造文書（グループII）は，主に1930年代から登場したと考えられ，これらは，さらに以下の3つの小グループに分ける事が可能となる．すなわち(1)紙に書かれた偽造サカ文書（ブラフミーの草書体），(2)紙に木版刷りのブラフミーで記された偽造文書（ブラフミー文字木版），(3)木に書かれたサカおよび漢文文書，である．

4-1　イスラム・アクーン型偽造文書（グループI）

オーレル・スタイン卿の報告（上記）によると，この種の偽造品が最初に製造されたのは，1896年であり，「正真正銘」のイスラム・アクーン偽造文書の生産は，1901年にスタインがイスラム・アクーンの偽造行為を暴いてからは，行われなかったであろう．しかし，イスラム・アクーンとともに仕事をしていた小さな偽造グループは，なかなか熱心であり，巧妙であったに違いない．特にセント・ペテルスブルグ，ロンドン，カルカッタにある大量の偽造品は，かかる偽造グループの勤勉と天賦の才を物語る好材料であ

るが，しかし同時に，彼らの人間的弱さをも露呈しているのである．基となるサカ文書を模倣するというのは，いかに雑にするとしても，つまるところ明らかに時間がかかる困難な作業であり，また，その手本となる本物の文書も余り数多く手に入ったわけではなかったので，多くの種類を作る事はできなかったのである．したがって製造方法は，次第に「ベルト・コンベア方式」とでも呼ぶべきやり方に移行してゆく．このやり方では，畢竟，「新文字」の捏造も行われるようになり，かかる「新しい未知の文字」は，小さな製造工場の偽造者各自の気まぐれと想像力によって創り上げられたのである．彼らの発想の基となったものは各種あるが，それらを識別するのはさほど困難ではない．ヘディンコレクションに含まれるこの種の偽造文書を，単純に分類すると以下のようになろう．

4-1-1　紙に書かれた，サカ文字を模倣した偽造文書（Ⅰ-1タイプ）

図4-1, 4-2は，1896年に，ヘディンがホータンから持ち帰った偽造文書のうちの2点である．両者は明らかに，7〜9世紀にサカ語で書かれた私信および公式文書に通常使用された草書体のブラフミー写本を模倣しようとしている．この文書の偽造者は，中央アジアブラフミーを少し変えた草書体とするその「要領」をうまくつかむ為に，財宝探しが砂漠で見つけた本物のサカ文書の何点かを間違いなく参考としているのは明らかだ．彼らは当然の事ながら，偽造する文字に関する知識は皆無だったことより，原文書の文字を忠実に写そうとする努力は，まったくしなかったという事は明らかであろう．その代わりに，初心者が"草書体のブラフミー"であると見過ごしてしまうような"文字"を捏造したのである．かかる文書を作り上げる知性たるや驚くべきものがあるといわざるをえない．文字の形は，一定の間隔で，しかしながら機械的すぎるとの印象を与えずに繰り返され，本物のブラフミー文字の"線"をよくつかんでいる．彼らの発想の基になったものには，本物のサカ文字のみならず，より現代的な文字が与って力あったというのは，興味ある事である．図4-1の例では，はっきりとアラビア文字で書かれた数字を確認できる．例を挙げれば，最後の行に，2000と3000（32 000？）という数字が読み取れるのである．用いている紙は，スタインが述べた上記の方法で手が加えられているようであるが，本物の9世紀の紙よりも厚くて，「毛羽立って」いる．

4-1-2　ロシア，ラテン文字を模倣した偽造文書（Ⅰ-2タイプ）

イスラム・アクーンとその仲間は，ロシア（Cyrillic）およびラテン（Swedish?）文字で書かれた本や新聞を見る機会があったと言われている．これらの活字資料をどうして手に入れることができたのか，それはカシュガルのロシア領事館から，とりわけイスラム・アクーンと先に述べたように強いビジネス上の繋がりがあったロシア総領事ペトロフスキー（M. N. Petrovskij）を通じて，あるいはイスラム・アクーンのような輩のことをよく知っているカシュガルのスウェーデン宣教師を通じて入手されたに相違ない．

同じことがおそらく，イスラム・アクーンとカシュガル在住の英国領事との関係につ

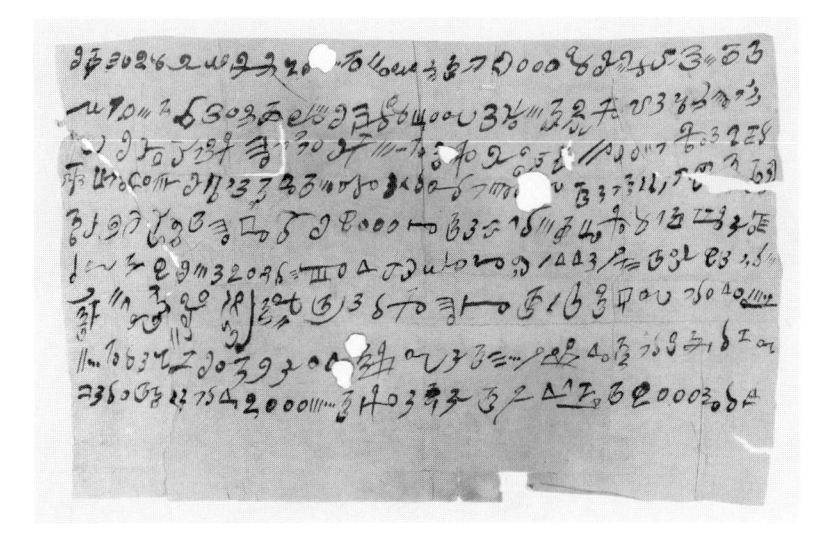

図 4-1　1896 年にヘディンが将来した偽造文書

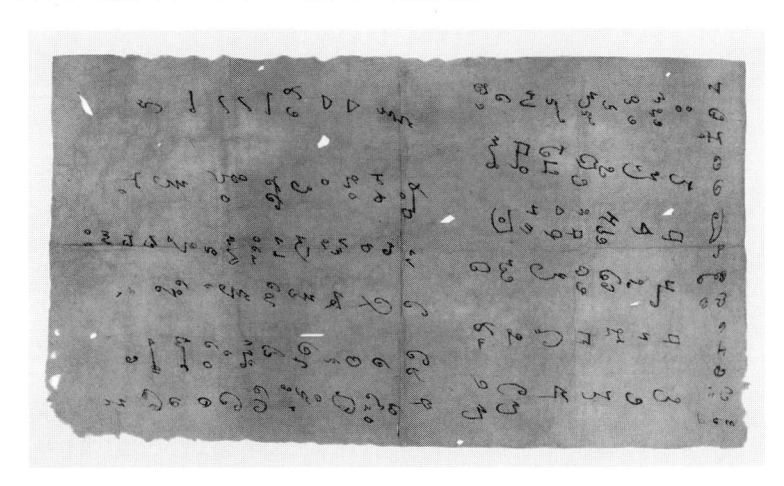

図 4-2　1896 年にヘディンが将来した偽造文書

いても当てはまるであろう．加之，周知の如く，イスラム・アクーンの協力者イブラヒム・ムーリャは多少のロシア語の知識をもっていた人物で，かなりの数のロシア文字（キリル Cyrillic 文字）が文章のなかに認められるこれら偽造文書の創造者は，彼である可能性が極めて高い．

　この"西欧"の文字の影響は，ヘディンコレクションの木版本小冊子のうち少なくとも一冊に，はっきりと見受けられる．この本の保存状況は大変悪く壊れやすいことから，鮮明な写真を撮る事が困難なため，代わりに現在セント・ペテルスブルクコレクションに収蔵されている別の文書の写真を用いて要点を例証しよう（図 4-3）[12]．この文書は，セント・ペテルスブルクのロシア科学アカデミー東洋学研究所の好意により，ここに利用可能となったのである．この文書の初めの 4 行に Б，Д，Й ы，Л などのキリル文字のいくつかの例を認めることができる．5 行目以降は，文字が大きくなって，頻繁に繰り返され，何が手本になってその文字が創られたのか，わかりにくくなっている．このペトロフスキー（Petrovskij）コレクションのセント・ペテルスブルク文書は製図用ペンか日常のペンのような物で書かれていると思われるが，一方，ヘディンコレクションの文書

II部　資料編

図4-3　ペトロフスキーコレクションの偽造文書

は，ほぼ間違いなく"木版"で，ペテルスブルグのそれらよりも若干注意深く仕上げられていると言ってよかろう．ヘディン文書は，紙質も多くの他の例とはかなり違う．一種の紙ではあるが，より"西欧"(ロシア？)風で，黄変し，現状では極めてもろくなっている非常に薄い代物である[13]．

4-1-3　アラビア書体を模倣した偽造文書（Ⅰ-3タイプ）

　この第三グループに属する偽造文書は，すべての主だったコレクションのなかでかなり普遍性をもっているようである．図4-4の文書は，かかる範疇のなかの典型的な一例である．どういったところから考えついたのかと言えば，明らかにそれは，アラビア書体で書かれたウイグル (Uighur)（または，アラビア/ペルシア？）文に違いない．しかし，この種の偽造文書に見られる顕著な「非アラビア書体」風は，イスラム・アクーンあるいはその共同者が，自身で使っているウイグル文字に関する限り，まったく知識をもっていなかった事を物語っているとみてよかろう．アラビア語の書写に精通した者なら，アラビア文字で「偽造」をするときには，その知識の片鱗が自ずと表われてしまうからである．もとより，これは，憶測にすぎない．いずれにせよ，彼達が偽造の天才であることを証明してみせ，彼らがアラビア文字を手本に，一種"新しい"文字をでっちあげたと考えられるのである．

図 4-4　アラビア文字を模倣した偽造文書（1896 年入手：推定）

4-1-4　中国（西夏？）文字を模倣した偽造文書（I-4 タイプ）

このグループには，様々な形態のものがあり，全体としては漢字のような書体で書かれた「テキスト」であるかの如き印象を与える（図 4-5, 4-6）．本当の漢文に比べ字体の多様性に乏しい為，「テキスト」は見方によれば通常の漢文というよりむしろ，西夏（タングート Tangut）文字を連想させる．もとよりこれは，余りに穿ちすぎた，また時代錯誤の説明であることはわかっている．というのも，西夏の文書が 19 世紀の終わりのタリム（Tarim）盆地でいやしくも知られていたかどうか，本当にはわからないからである．

最も考えられるより蓋然性が高いこと，それは，西夏の文書は当時知られていなかった——少なくともイスラム・アクーンと彼の仲間の間では——ということであろう．この範疇に属す文書のなかには，たった一つの「文字」を繰り返しまる一頁にわたって並べたものもある（図 4-7）．いままでのところ，この範疇の文書で，印刷されたものは確認されておらず，現在知られている例はすべて，比較的薄い，かの地の紙に書かれた，手書き文書である．

4-2　イスラム・アクーン後の偽造文書（グループ II）

ヘディンが 1896 年に最初にサカ文書の収集に力を注いで以降 30 年間，この分野の第一線では大きな進展はなかった．かくも多くの点で成功を収めたスタインによる探検でも，サカ文書（Khotanese）資料に関する限り，成果がほとんどなかったといってよい[14]．1930 年代初頭になって，新たにホータンにおいて，西北科学考査団（1927～1935）の二人のスウェーデン人メンバー，ニルス・アンボルトとエリック・ノリンが新しい重要な発見をする．彼らがホータンで入手した文書は，木もしくは紙に書かれた本物の文

図4-5 漢字(西夏文字?)を模倣した偽造文書(1896年入手：推定)

図4-6 漢字(?)を模倣した偽造文書(1896年入手：推定)

エリック・ノリンと劉将

書をかなりの量持っていた古物商から購入したものであることは明らかであった．アンボルトが購入した比較的多数の文書（58点が紙に，70点が木に書かれた文書）のうち，53点が偽造文書である事が後になって判明したのである（28点が紙に，25点が木に書かれたもの）．ノリンが入手した文書は数の上ではずっと少なく，10点だけだったが，そのすべてが偽造文書であった．アンボルトが収集した偽造文書の興味深い点は，偽造者が本物の文書を見る事ができ，偽造するときはそれらを手本として使用したのは間違いないという事であろう．手本にした本物の文書と偽造文書の外観が非常に似通っていることがその証拠であり，本物の文書にかかれた署名が，細部まで正確に偽造文書の上に写されているものも確認され，それらは，偽造者が本物に身近に接していたことの何よりの証拠に他ならない．どうしてその様なことが起こったのか，その経緯は非常に明解である．財宝探しか遺物商が，砂漠のどこかで多数の本物の文書を入手し，新しい「古」文書を自分達のコレクションに追加することで，その量，ひいては彼らの収入を増やそうとの魂胆からそれらの文書を偽造したに違いない．アンボルト（およびノリン）コレクションのすべての文書に見られる否定できない相互の密接な関連性が，この仮説が正しいことを雄弁に物語っている．残念ながら，アンボルトもノリンもそれらの文書をどこで手にいれたのかに関する詳細を示す報告を残していない．ただ我々が知っているのは，二人とも1932, 1933年にホータンに滞在していたという事，そして，アンボルトは，1932年のクリスマスと1933年の初年を同地で過ごしたということである．彼の著書，*Karavan* のなかで(15)，アンボルトは彼のホータンでの旧友であり，また同時にオーレル・スタイン卿の友人兼協力者でもあったバドラディン・ハン（Badruddin Khan）について記述して

図4-7 漢字（西夏文字？）を模倣した偽造文書（1896年入手：推定）

いる．いうまでもなく，マカートニーに文書を供給した人物をとペトロフとの関わりについて取り上げたとき（本稿164頁）に登場したまさにその人に他ならない．ペトロフは，彼の名をバレディン・ハン（Bareddin Khan）としている．アンボルトが，現在ストックホルムのヘディンコレクションに所蔵されている，かの有名な9世紀のチベットの *Suvarṇaprabhāsa*（『金光明経』）写本を入手したのは，他ならぬバレディンの手助けによってであった(16)．この人物がサカ文書の入手にも尽力したかどうかについて，残念ながら知るすべがない．

1930年代には，別のタイプの偽造文書も作られたが，数の上では限られていたと思われ，私の知る限りでは，スウェーデンと中国のコレクションにしか残っていない．それらは，非常に粗雑な地元産の紙にブラフミーの印字を模倣しようとしており，一種の未熟な木版技術を用いて印刷された文書であり，苦心して神聖な内容の文書を作り上げている．このグループの偽造文書は，ヘディンおよびスタイン以降に作られたに違いなく，1920年代，もしくはおそらく1930年初頭に出回っている．この種の文書に関する記録は中国人考古学者黄文弼のタリム盆地における考古学研究に関する著書に記録されており(17)，彼は著書のなかで，これらの文書の出典をはっきりと，しかし誤って "Old Khotanese"（古コータン語）の印刷本に相違ないとしている．黄は，この文書はイブラヒム（Ibrahim）とかいう人物から入手したもので，その男の言うところによれば，ホータンの北に位置する仏塔で発見したものであると手短に述べている(18)．黄も，アンボルトやノリンも，1930年代初頭にはホータン地方に滞在していたのであるから，彼ら全員が，狡猾な偽造者の犠牲になったという可能性は大きい．ただその偽造者が誰なのかは不明だが（イブラヒムかどうかはっきりしない），彼らが20世紀のはじめのかの悪名をはせた先達たちのやり口と精神を受け継いだことは確かである．それがほぼ間違いないことは，黄が入手した他の偽造文書の一部とアンボルトやノリンが入手したものと比較することで明らかとなろう（以下の図4-8，4-9，4-10参照）．これらの"イスラム・アクーン以後の偽造文書"は，便宜上以下の小グループに分ける事が出来る．

4-2-1 紙に書かれたサカ文字を模倣した偽造文書

これらの文書の特徴は，文書の紙質とサカ＝ブラフミー筆記文字の両方を苦心して模

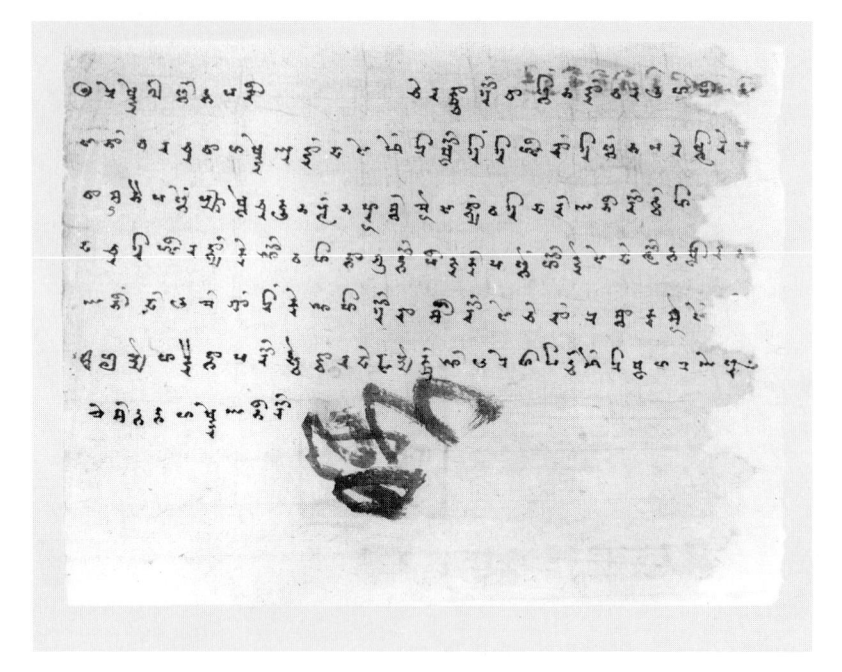

図 4-8　本物のサカ文書（1930 年代，アンボルト将来）

図 4-9　図 4-8 のタイプに似せた偽造文書
（1930 年代，アンボルト将来）

倣しようとしている点である．しかし，初期の偽造文書にみられるように，ブラフミー筆記文字そのものを，真の意味での言葉としては模倣していない．この種の文書に不慣れな者に，程度の差こそあれうまい具合にブラフミーと思わせてしまう，一組の「文字」または字体に見える．2〜3 のものには本物の文書にある署名の形を，非常に注意深く正確に模倣している例もある．そのよい例が，図 4-8（本物の文書，Hedin 21），その偽造文書が図 4-9 である．黄文弼の著書のなかに，まったくこれと同種の偽造文書が載っている（図 4-10）[19]．ノリンが持ち帰った少量の文書のすべてはこのグループに属するものであったのである．

4-2-2　木に書かれたサカおよび中国の文書を模倣した偽造文書

　公的および私的文書を簡牘に書くことは，すでに漢王朝の時代に行われ，その証拠は中央アジアの様々な地域に広く残っている[20]．簡牘に用いられた木の種類は地域によって様々であった．中国中央部では主に竹を用いたが，それに対して様々な木で作られた木簡はエチナ河（Edsin Gol）や楼蘭のような地域で普遍的に使われたのである．木にかかれたホータン文書の大部分はタマリスクかポプラの木片や木版を使用しており，したがって漢時代の木・竹片の簡牘より大きく（必ずしも長いとは限らない），より粗雑なものである[21]．そのほとんどが 8〜9 世紀に作られた．1930 年代の偽造者は，紙と同様，木を用いた偽造文書の作成にも関心をもったのである．結果，アンボルトの木簡コレクション 70 点のうち，45 点が本物，25 点が偽造となっている．木簡に関しても，偽造技術は

図 4-10　黄文弼収集 (1930 年代) の偽造文書

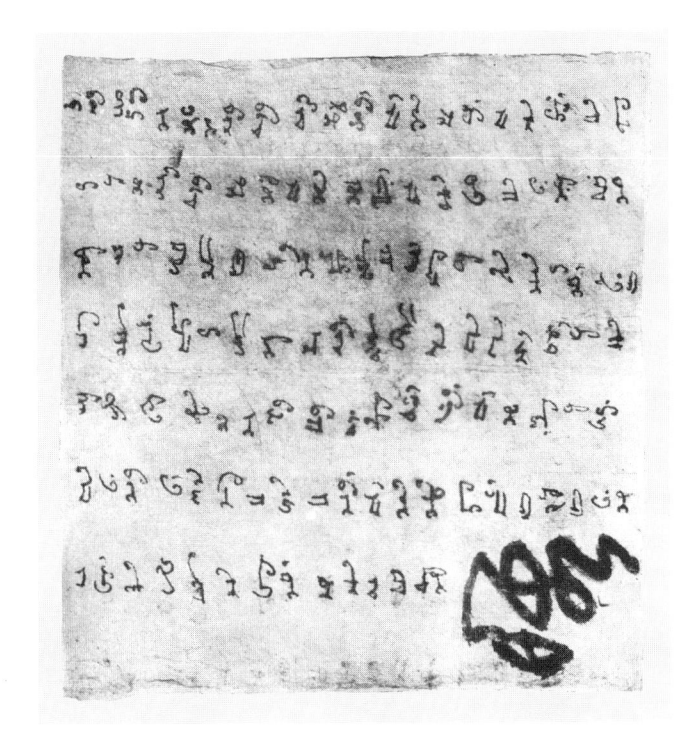

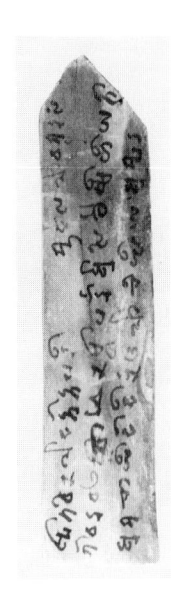

図 4-11　本物の木牘サカ文書
　　　　（1930 年代，アンボルト将来）

優れていた．専門家でない者の目には，書かれている文は本物として通ったのである．図 4-11 は本物 (Hedin 60) であり，図 4-12 は偽造品である．少なくとも一例，その偽物は，中国の木簡を模倣しようと試みたことが明らかである (図 4-13)．

4-2-3　紙に，木版刷りによるブラフミーで記された，サカ/サンスクリット文を模倣した偽造文書

すでに述べたように，このタイプの文書は (図 4-14) ストックホルム・コレクションおよび，中国の考古学者黄文弼の著書のなかにその存在を確認できるのみである (図 4-15)．用いられている紙は明らかに地元のものであり，砂を付けて"古く見せかけ"てある．同一の"文"が頻繁に登場する事からも，印刷が比較的限られた数しかない活字を用いて行われた事が窺える．ヘディンコレクションのなかには，このタイプの文書を紙または，粗い綿の紐で綴じ"西洋"風の本に製本したものがある．この編綴は，1930 年代に文書を購入しようとしていたすべての者にとって警告となるべきだった．明らかに，"中央アジア的ではない"からである．私の知る限り，そのような綴じ方をした本物のサカ文書はまったくないのだから．

　　　　　＊　　　　　　　　　＊

偽造文書が原因となって生じた困難や失望に満ちたサカ文書研究の一世紀を振り返るとき，先に紹介した V. A. ペトロフの論文に記された彼の言葉に同感するのを禁じえない．「もしも，ホータン文書の内容を解明しようとする論考より先に，文書の素材そのものの分析が先ず行われていたなら，明らかに，多くの時間と労力を無駄に費やせずに済んだに相違ない．」(22)

図 4-12　　図 4-13

（左）　木牘偽造文書（1930 年代，アンボルト将来）

（右）　漢字を模倣した木牘偽造文書．上部の"2 字"は「六城」と表記しようとしたのか．（1930 年代，アンボルト将来）

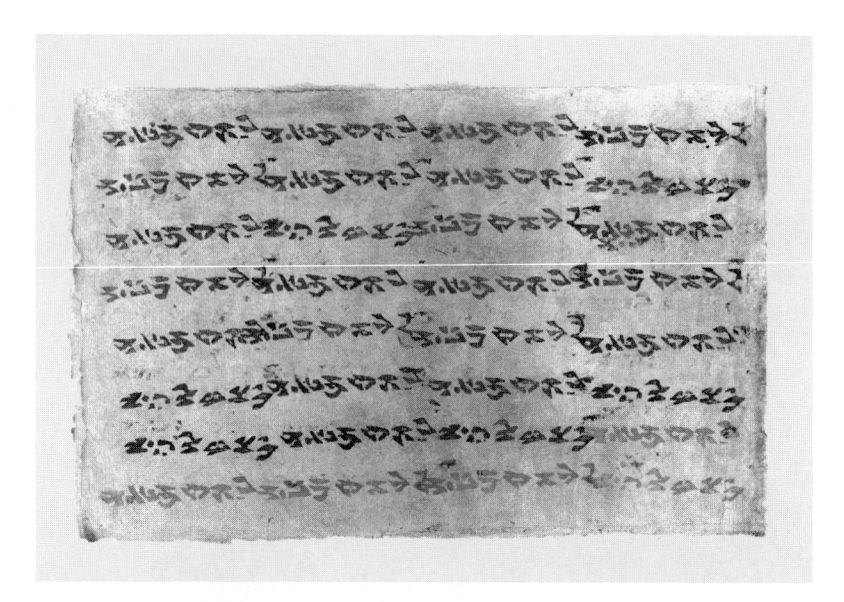

図 4-14　木版刷りのブラフミーで記された偽造文書（1930 年代，アンボルト将来）

図 4-15　同上（1930 年代，黄文弼収集）

註
(1) R. E. Emmerick and M. I. Voroby'eva-Desyatovskaya, *Saka Documents. Text Volume III: The St. Petersburg collections. Corpus Inscriptionum Iranicarum*, Part II, Vol. V, Saka, London 1995.
(2) Harold W. Bailey, *Khotanese Texts IV*, Cambridge 1960.
(3) Harold W. Bailey, *Saka Documents I-IV*, (=*Corpus inscriptionum Iranicarum*, Part II, Vol. V, Texts I), London 1968.
(4) Aurel Stein, *Ancient Khotan*, Oxford 1907, p. 508.
(5) この工程につき，批判的な意見として，V. A. Petrov, "Poddel'nye khotanskie kodeksy v sobranii rukopisey Instituta vostokovedeniya Akademii nauk SSSR", *Ucenye zapiski Instituta vostokovedeniya*, Tom XVI, Moskva Leningrad 1958. を参

照.

(6) Aurel Stein, *Ancient Khotan*, Oxford 1907, pp. 511-512.
(7) 同上. pp. 510-511.
(8) 参照. the protocol of the session of the Historico-philological section of the Imp. Academy of Sciences ("Протоколы заседании Историко-филологического отделения Имп. Академии Наук"). 1897, XV, from 3 XII, 1897, 189 項.
(9) ペトロフは，この出版にかんしては，the Reports of the Academy's expedition to Turfan ("...в приложении к Трудам академической экспедиции в Турфан"). の補遺として追加復刻されたということ以外，詳細を記してはいない．彼は，Nachrichten über die von der *Kais. Akademie der Wissenschaften zu St. Petersburg im Jahre 1898, ausgerüstete Expedition nach Turfan*, St. Petersburg. のことを念頭に入れているに相違ない．
(10) Gunnar Jarring, "Silent Helpers' in the exploration along the Southern Silk Road of Sinkiang", *Materialia Turcica*, Band 7/8, 1981/82, Bochum 1983, を参照.
(11) Aurel Stein, *Ancient Khotan*, Vol. I, p. 475, note 4.
(12) 筆者は，写真の提供と出版に関する許可を与えていただいたロシア科学アカデミー東洋学研究所文書部の Yurij Ashotovich Petrosyan 教授と Margarita Vorob'yeva-Desyatovskaya 教授のご好意に厚くお礼を申し上げる．
(13) いくつかの偽造文書がどうしてかくも脆いのか，その技術的な理由に関しては，ペトロフ前掲書. p. 230 を参照.
(14) Aurel Stein, *Innermost Asia*, Oxford 1928, p. 1023 及び Plate CXXIII.
(15) Nils Ambolt, *Karavan*, Blackie, 1939
(16) Nils Simonsson, *Indo-tibetische Studien. Die Methoden der tibetischen Übersetzer, untersucht im Hinblick auf die Bedeutung ihrer Übersetzungen für die Sanskritphilologie*, Uppsala 1957.
(17) 黄文弼，『塔里木盆地考古記』（中国田野考古報告集，考古学専刊，丁種第三号，科学出版社出版，北京1958），p. 98，文書図版 15-17.
(18) 黄文弼，前掲書 p. 98，に，ホータンで彼が手に入れた 'Old Khotanese' 文書にかんして言っている．「此の残紙は我がホータンでかの地の農民イブラヒムから購入したものであり，ホータンの北の廃塔のなかから発見したものと言っている」．ここに見えるイブラヒムが 30 年まえにロシア人に偽造文書を売りつけたかのイブラヒムと同一人物なのであろうか．
(19) 黄文弼，前掲書，文書図版 20-22.
(20) August Conrady, *Die chinesischen Handschriften und sonstigen Kleinfunde Sven Hedins in Lou-Lan*, Stockholm 1920; Folke Bergman, *Travels and archaeological Field-Work in Mongolia and Sinkiang-A Diary of the years 1927-1934*, Reports from the Scientific Expedition to the North-Western Province of China, Publication 26 (*History of the Expedition in Asia 1927-1935, Part IV*), Stockholm 1945. より詳細は，駢宇騫，段書安『本世紀以来出土簡帛概述』（台北）参照.
(21) 漢簡全般の解説に関しては，Michael Loewe, *Records of Han Administration*, Vol. I (*Historical Assessment*), Cambridge 1967, 参照.
(22) V. A. Petrov, 前掲書, p. 231.

5　スウェーデン国立民族学博物館所蔵未発表紙文書

Some Unknown Lou-Lan Paper Documents in The National Museum of Ethnography, Sweden

冨谷　至
Itaru Tomiya

5-1　はじめに

　ストックホルムにあるスウェーデン国立民族学博物館には，20世紀初頭，スウェン・ヘディン (Sven Hedin) が楼蘭遺跡から発見した木簡・紙文書が所蔵されている．

　約120余の木簡と，150余の紙文書はすでに August Conrady "*Die Chinesischen Handschriften und Sonstigen Kleinfunde Sven Hadins in Lou-Lan*" (Stockholm 1920) にその図版とともに，公開されており，日本からも日本書道教育会議編『スウェン・ヘディン　楼蘭発現　残紙・木牘』(1998) が鮮明な図版を出版している．

　これらのヘディン将来文字資料は，1901年に楼蘭遺跡を発見したとき，後にオーレル・スタイン Sir Aurel Stein によって LA と編号された遺跡から出土したものであり，発見当初から多くの研究者が3世紀〜4世紀にかけての貴重な出土文字資料として関心を寄せてきたのであった．

　民族学博物館が所蔵している楼蘭関係の漢文資料は，実は上記の既発表の紙文書・簡牘だけではなく，未だ正式に公開されてはいないものがある．一つは，100点におよぶ木簡で，これはそのほとんどすべてが「柹」と呼ばれる削り屑であり，簡面に認められる文字は3〜4字，残念ながら既発表の木簡に勝る資料価値を有するものではない（図5-

図 5-1　民族学博物館所蔵の未発表の柹

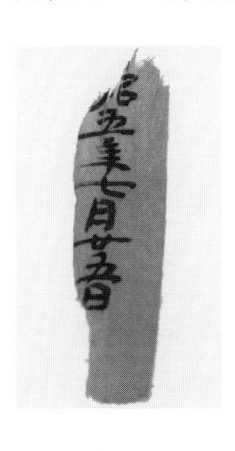

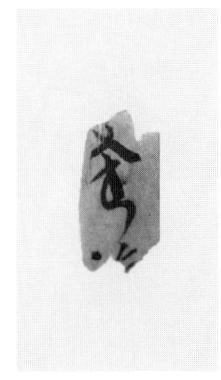

1)．おそらく，この木片はヘディンがLA遺址で120余の木簡を発見した折り，同時に蒐集したであり，図版に掲載するに値しないものとしてそのまま整理されずに置かれたものであろう．

こういった木片はスタインが敦煌一帯の漢代烽燧遺址で発見した敦煌漢簡についてもおなじで，今日大英図書館には既発表の敦煌漢簡とともに，極めて多くの未発表の柷が未整理のまま保管されている．

いま一つは，ここに詳しく紹介する5枚の紙文書である．この紙文書は，上記の木片とは性格をまったく異にする．すなわち，すでに発表されている紙文書がむしろ断片が多いのに対して，この5枚（一点は表裏に書かれているので都合6点となる）はほぼ完全な形を残し，「図版に掲載するに値しない」といったものではない．他の紙文書よりも先立って掲載，公開されてしかるべき資料といってよい．

5枚の紙文書が何故，いままで公開されなかったのか．実はその入手の来歴が定かでなかったことに因る．民族学博物館にどうしてこのような紙文書が存在しているのか，それらがどのような経緯を経て所蔵されたのか正確な記録が残っておらず，それゆえ，果たしてこの5枚の紙文書が真物か偽物かということが問題となる．

これらが出土の文字資料とおなじ性格のものであれば，つまり真物だとするならば，ここに貴重な3世紀〜4世紀の紙文書の資料が加わったことになる．また，これらが，偽物であるならば，偽造文書の研究の上での格好の資料を提供する．いずれにしても，まず第一に取り組まねばならないのは，この6点の紙文書の真偽を検討することであることは，いうまでもない．

真偽の検討として，①文書の釈読を行う，②語句の用例と語法を分析し，それが当時つまり晋時代の用例と齟齬をきたさないかを検討する，③他の楼蘭から出土している紙文書，木簡との書式と筆跡の比較検討，④内容の上での検討，⑤紙の紙質と科学的調査，の5項目から行うことが必要であろう．このうち，①②③④については，以下に「釈読」「訓読」「注釈」「解説」に分けて，検討を加えていきたい．

⑤に関しては，デンマーク国立博物館の研究員アンナ・グレーテ・リシェル Anna-Grethe Rischel 女史に依頼し，分析を進めた．その結果が，本稿の後に控えるリシェル女史の論文「楼蘭紙文書の科学的分析」（資料編6）であり，本稿の最後にこのリシェル論文を踏まえて，総括を行うことにする．

5-2 文書＜A-1＞（図5-2），1993-27-1，agr 77

図5-2

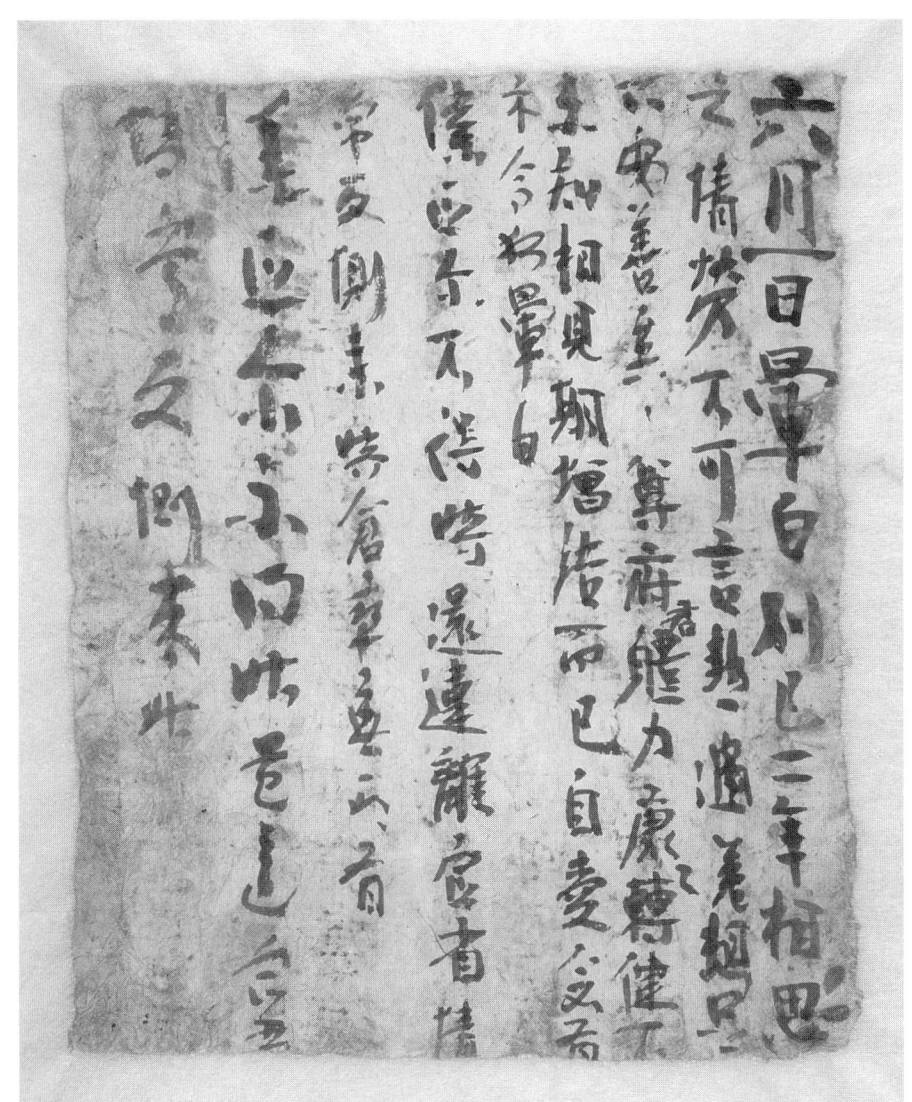

【釈文】

六月一日暈白別已二年相思
之情勞不可言悲□差想足
下安善無・尊府體力康轉健不
未知相見期增結而巳自愛念有
不令狐暈白
僕近爾不得時還違離宦省情
常反惻來時倉卒無□有
僕近爾不得時還違宦省
情常反惻來時

【読み下し】

六月一日、暈白す。別れて已に二年、相思の情、勞として言うべからず。悲……差（嗟）き想う。足下、安善無きやと。尊府君、体力、康康にして、転た健やかなるや不や。未だ相い見えるを知らずも、結を増すを期するのみ。自愛、有りや不きやを念う。令狐暈、白す。
僕、近爾、時に還るを得ず。宦省より違離し、情は常に反惻す。来時、倉卒にして □ 有 無し。
僕、近爾、時に還るを得ず。宦省より違し、情は常に反惻す。来時、

【注釈】

相思之情

居延漢簡＜EPT 49：83 A＞に，

　　□蒙長相相思者
　　☒　　　　　☒
　　□□陽　　　　　　　　　　　　　　　　　　　　　＜EPT 49：83 A＞

楼蘭文書に，

　　三月十五日具書恩頓首。
　　王卒史彦時頃不爲春☒
　　居平安別闊有年相思☒
　　俱然相于義崇小大☒
　　筆所能申答知索☒
　　□國爲□佳矣☒　　　　　　　　　　　　　　　　　＜Ch. 932＞

左思「呉都賦」（『文選』巻5）に，「平仲桾櫏，松梓古度，楠榴之木，相思之樹」
『後漢書』列伝48に，「隔闊相思，発於寝寐，相去歩武，而趣舍異規」

別已二年　労不可言

楼蘭文書に，

　　姜女白取別之後便爾西邁相見無縁書
　　問疏簡毎念茲叔不舍心懷情用勞結倉卒
　　復致消息不能別有書裁因數字値信復表馬姜　　　　　＜Ch. 904＞

足下安善

『漢書』王莽伝に，「諸術数家皆繆対，言天文安善，群賦且滅，王莽以自安」
楼蘭文書に，

　　正月廿四日淮白別障各爾在遠不數音問
　　常用歎想信息知平安甚善即日此間
　　悉蒙祐耳但願足下雖遠由不聞梟鳴
　　聲爲快也吾今日備東曹……復討☒　　　　　　　　＜Co. Ⅰ-4＞

差想

上に引用の楼蘭＜Co. Ⅰ-4＞に，「常用歎想信息知平安甚善」とあるのに類するもので，ここは，「差」を「嗟」に解する．

尊府君体力康康

居延漢簡に，

因聚行□小奴一□
　　　妹子不一□
　　　使尊君爲補來使以四月十六日
　　　寄之見錢七十與岳未使　　　　　　　　　　　　　　＜32.14 B＞

楼蘭文書に，
　　　伏想尊體康休甚二善二近沙麻自問禾索
　　　別戸尊者不聽乃當須下貲訖乃露車一乘與
　　　沙麻巨寫平議與李叔平使寄約當使無他今得　　＜Co. I-5, 1＞
　　（以下略）

府君については，楼蘭文書に，
　　　□詔書下州攝郡推官……所上不□量□
　　　寫郡答書草并遣兵上尚書草呈當及賈胡還府君
　　　敕與司馬爲伴輒住留司馬及還其餘清静後有異復
　　　白攉死罪死罪
　　　攉死罪……下萬福□　　　　　　　　　　　　＜Ch. 928 A＞

　　　十月四日具書焉耆玄頓首言
　　　□督郵彦時司馬君彦祖侍者各□
　　　□人自隨無他甚休闊別踰異念想□
　　　□時賣買略訖健大夫所在無施□
　　　□頃來旋進想言會聞有人從郡□
　　　□徐府君□在山城中唐長史在□
　　　□伯進爲東部督郵修正云當　　　　　　　　　＜Ch. 930 A＞
　　　　　　　□如是彦祖□

體力康康

『博物志』巻5に，「初小困，十數日後，體力壯健，不復思食」

未知相見期増結

楼蘭文書に，
　　　姜女白取別之後便爾西邁相見無縁書
　　　問疏簡毎念茲叔不舎心懐情用勞結倉卒
　　　復致消息不能別有書裁因數字値信復表馬姜　　＜Ch. 904＞

　　　五月七日西域長史關内侯
　　　柏頓首〻闊久不知問常
　　　懐思想不知親相念
　　　使見忘也詔家見遣
　　　來慰勞諸國此月二日來到　　　　　　　　　　＜西域考古図譜2，3＞

自愛

楼蘭文書に,

　　　正月廿四日淮白別障各爾在遠不數音問
　　　常用歎想信息知平安甚善即日此間
　　　悉蒙祐耳但願足下雖遠由不聞梟鳴
　　　(中略)
　　　足下求還不久以故月廿七日從足☒
　　　入更平安但言無人餘無他異☒
　　　府内但與據作書恩二不知何所説惟
　　　自愛有信數示不聞蘇德與白　　　　　　　　　　　\<Co. I-4\>

令狐暈

令狐の姓は, 楼蘭文書にも少なからず見られる.

　　(前略)
　　　當還……　……須待嗟回調穀
　　　☒未計當發此正
　　　☒愛重往來復
　　　☒令狐興槀　　　　　　　　　　　　　　　　　\<Co. I-13, 1\>

　　　魦二斛八斗當麥一斛四斗槀削工伍佰領下馬下　泰始四年六月十一日受倉曹掾曹顔
　　　李卑等五人日食八升起六月十一日盡十七日　吏令狐承付　　\<Ch. 728\>

違離

『漢書』韋玄成伝に,「違離祖統, 乖繆本義」とあり, 晋慮諶「贈劉琨一首并書」(『文選』巻25) に,「錫以咳唾之音, 慰其違離之意」とある.

宦省

曹植「東征賦」(『芸文類聚』巻59・武部, 戦伐) に,「建安十九年, 王師東征呉寇, 余典禁兵, 衛宦省, 然神武一擧, 東夷必克」.

情常反惻

『詩経』周南・関雎に,「求之不得, 寤寐思服, 悠哉悠哉, 輾転反惻」

来時倉卒

楼蘭文書に,
　　　☒来時居
　　　☒此地謂　　　　　　　　　　　　　　　　　　　　\<M. 241\>

『漢書』李陵伝に,「来時, 大夫人已不幸, 陵送葬至陽陵」.
楼蘭文書に,

姜女白取別之後便爾西邁相見無縁書
　　問疏簡毎念茲叔不舎心懷情用勞結倉卒
　　復致消息不能別有書裁因數字值信復表馬姜　　　　　　　　　　　〈Ch. 904〉

李陵「答蘇武書」(『文選』巻41)に,「前書倉卒,未尽所懷,故復略而言之」とそれぞれ見える.

【解説】

令狐暈から府君にあてた手紙の草稿である.
　これが草稿,下書きであることは,最後の4行,「僕近爾」以下が繰り返されており,しかもその最後は「反惻来時」で終わっており,その後に続くはずの「倉卒無到有」の文,——この文も完全な文ではないが——,が見えないことから明らかである.楼蘭出土の紙文書には,手紙の草稿が数多く含まれており,この文書が草稿であっても,何の不思議もない.
　書き出しの「六月一日」の日付が,やや太字で書かれているが,当時の手紙文には,こういった書き方がなぜか多く,出土の手紙文との間に齟齬をきたさない.
　「令狐」という姓は,楼蘭出土の木簡〈Ch. 728〉,紙〈Co. Ⅰ-13, 1〉にそれぞれ「令狐承」,「令狐興」とあるごとく,楼蘭の地に勤務していた官吏の姓として確認される.
　以上の点は,現存の出土紙文書との共通点であるが,この文書は楼蘭出土の紙文書〈Co. Ⅰ-19, 1〉と同筆の可能性が極めて高い.両者に共通して見える「熱(悲)」「想」「反惻」を比べてみれば,同じ手であると私には思えてならない(図5-3).

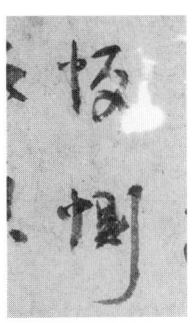

Co. Ⅰ-19, 1(拡大)　Co. Ⅰ-19, 1(拡大)
文書〈A-1〉(拡大)　文書〈A-1〉(拡大)

図5-3　Co. Ⅰ-19, 1

上:Co. Ⅰ-19, 1(拡大)
下:文書〈A-1〉(拡大)

以下は，文書が偽文書ではないという前提に立った考証である．

文中に見える「府君」，これが手紙の受信者であるが，いったい「府君」とは誰のことなのか．考えられる可能性として，西域長史府の長官，すなわち西域長史が浮かび上がってくる．そうであれば，府君に出した手紙の草稿が出てきたところは，西域長史府ではないという考えもでてくるが，私はそうは考えない．

そもそもこの「府君」という語句は，楼蘭出土の木簡・紙文書などの出土文字資料のなかで，実は二例が確認される．

　　……徐府君□在山城中唐長史在……　　　　　　　　　　　　　　　　　＜Ch. 930＞

これは紙の文書であるが，ここには「徐府君」と「唐長史」が並列されている．＜西域考古図譜7＞に「李長史」とある紙の断片がみえ，李柏の書簡とともに出土したと解説されている．これが西域長史李柏であるとすれば，いうところの「唐長史」は西域長史ということになろう．そこから言えるのは，西域長史は一般的には「某長史」と称されていたのであって，「府君」は西域長史以外の官吏の呼称といわねばならない．

楼蘭出土紙文書＜Ch. 928A＞には

　　□詔書下州攝郡推官□
　　写郡答君草兼遣兵上尚書草呈不
　　賈胡還府居

と「府」なる語が見える．この＜Ch. 928 A＞は，呉樞なる人物が発信した手紙の草稿であるが，これが何故草稿と考えられるのかといえば，出土木簡＜Ch. 737＞，＜Ch. 736＞には呉樞の自筆署名が記されており，それらはLAの地で作られ，保管された符券であることから，この呉樞なる人物は確実にLAの地で勤務していたと見なされる．したがって，＜Ch. 928 A＞は呉樞が発信した手紙の草稿に他ならず，そこに記された「府」とは別の場所と考えねばない．文献史料からは，府君が太守府の長官を指すことが認められ，そこからこの「府君」も太守府，ここでは敦煌郡太守を意味していると推定されるのである．

この文書が偽文書でなければ，この文書はLA，つまり西域長史府に勤務していた令狐彙なる人物が敦煌太守に出した手紙の草稿といえよう．

5-3 文書＜A-2＞（図 5-4）

図 5-4

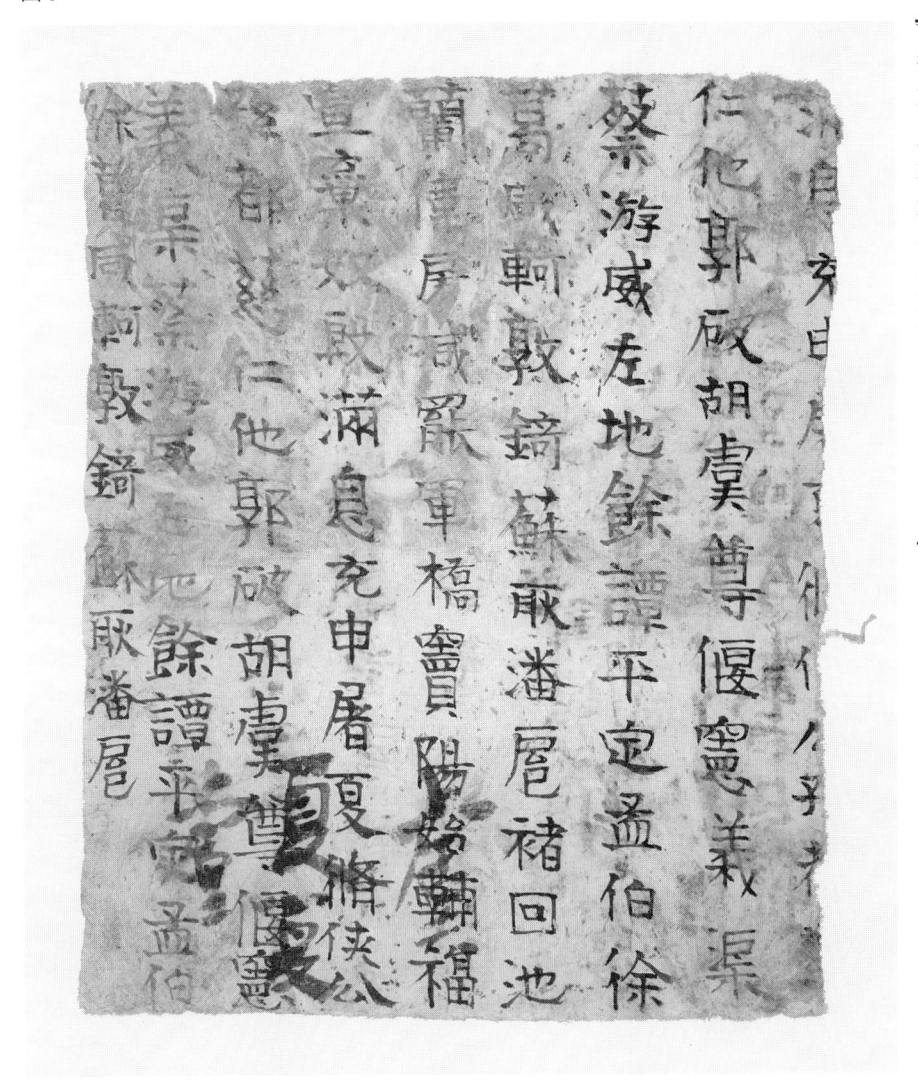

【釈文】

仁他郭破胡虞尊偃憲義渠
蔡游威左地餘譚平定孟伯徐
葛咸軹敦錡蘇耿潘㞢褚回池
蘭偉房減罷軍橋竇陽始脩福
宣棄奴殷滿息充申屠夏脩俠公
孫都慈仁他郭破胡虞尊偃憲
義渠蔡游威左地餘譚平定孟伯
徐葛咸軹敦錡蘇耿潘㞢

　文書＜A-2＞は，文書＜A-1＞の紙背である．ただ，文書「六月一日」から始まっている＜A-1＞に対して，＜A-2＞は右端一行が切れており，すでに文字が書かれている紙を切断していることからして，＜A-2＞が表で，不要となった後，手紙の草稿を裏面に書いたものが＜A-1＞であることが，はっきりとしている．

　＜A-2＞は，＜A-1＞とは筆跡が異なり，楷書体で一字一字はっきりと筆記している．

　書かれている内容は，『急就篇』第6章である．第6章は，「褚回池」以下63字にわたって，人名が列挙されているが，この＜A-2＞は，その63字を繰り返したものである．

　楼蘭からは，スタインがその第三次探検（1913〜15）で，楼蘭を訪れた際に，LA，LC，

LE, LF の各遺跡から紙に書かれた断片を発見し，それらは 1953 年の A. Maspero "*Les documents chionis de la troisième expédition de Sir Aurel Stein en Asie centrale*" に ＜169＞，＜170＞，＜171＞，＜172＞，＜173＞の番号を付してその写真が掲載されている．

スタインの発見にかかる『急就篇』は第 1 章の冒頭の個所である．

> 急就奇觚与衆異，羅列諸物名姓字，分別部居不雑廁，用日約少，誠快意，勉力務之，必有熹，

しかもそれらは複数にのぼる．

スタイン収集の『急就篇』と，＜A-2＞の新出のそれを比較してみると共通する点と相違する点をそれぞれ指摘することができる．

まず，相違点からいえば，出土の『急就篇』は，罫線が引かれているのに対して，これにはない．スタイン第三次探検では，他にも『左伝』をはじめとする書籍が見つかっており，先述のマスペロの図版に収録されているが，それらには罫線が引かれている．ただ，厳直に書かれた『左伝』の罫線に比べて『急就篇』の罫線は極めて粗雑であり，何のための罫線なのかわからない．両行の注釈を持つ『左伝』はれっきとした書物であるのに対して，これらは『急就篇』の習書であり，手本に引かれている罫線をそのまま無定見に写して練習したからであろう．習書はひとりこういった識字教科書だけに限らない．楼蘭出土の習書には，『論語』を練習したものも含まれており，そこに引かれている罫線はやはり『急就篇』のそれと似て極めて粗雑である．（本書第Ⅲ部研究編冨谷論文 488 頁参照）

楼蘭から見つかっている『急就篇』が第 1 章に限られていたのに比し，＜A-2＞は第 6 章である．スタインは周知のごとく敦煌一帯の漢代烽燧遺址から木簡の『急就篇』を発見しているが，それらもやはりすべて冒頭の部分である．

しかし，偶然の一致というべきか，1973 年，エチナ川 Edsen-gol 流域で発見されたいわゆる新居延漢簡のなかに，『急就篇』が存在し，それは＜A-2＞と同じ，第 6 章である（図 5-5）．

第六褚回池蘭偉房減罷軍橋寶□□□□宣□奴殷満息　　　　　　　　＜EPT 48：54 A＞

このことは，両者の共通性に関する言及であるが，スタイン収集の『急就篇』と共通するところに目を転ずれば，次の点を何よりも指摘しなければならない．

今日まで伝わっている『急就篇』のテキストは 10 種類にのぼるが，王国維によれば（王国維『校松江本急就篇・自序』），それらは 4 系統に集約できるという．その一つは，松江石刻本であるが，漢簡の『急就篇』はこの松江石刻本の系統に属す．否，正確に言えば松江本は漢簡の系統であるのだが，スタイン発見にかかる楼蘭出土の『急就篇』もやはり漢簡『急就篇』の延長線上に位置する．そして，この＜A-2＞の新発見『急就篇』第 6 章も松江本と同じであり，漢簡，スタイン収集本，そしてこの新出『急就篇』の間には，写本の継承の上で何ら矛盾はなく，同じ系統に属すのである．

以上は，スタイン収集のものと，このたび発見された『急就篇』とを比較検討したも

図 5-5　居延漢簡「急就篇」

のだが，少なくともそこからは，＜A-2＞が偽物であると決定的に判断できる材料はでてこない．

　『急就篇』に関して，少し蛇足を加えておく．
　先学の指摘するところであるが，字書である『急就篇』は漢代に作られたとされるが，その利用は三国六朝期まで続く．特に北方異民族系の王朝で『急就篇』は広く普及し注釈が加えられた．
　『急就篇』に続き，南朝梁になって周興嗣（470〜521）が梁武帝の勅命をうけ，王羲之の筆跡のなかから集めてつづり合わせたとも伝えられている『千字文』がつくられ，これが『急就篇』に次第に取って代わる．
　ただし，そこであらためて指摘したいのは，字書としての両者の性格である．『急就篇』と『千字文』，その内容を比べてみて瞭然なのは，『急就篇』の内容は，それが韻をふんではいるものの，字を雑然と並べたもので，典拠に富んだ内容を美文で綴る『千字文』とはおよそ異質である．両者はそも対象と用途を異にした字書ではなかろうか．
　『急就篇』には人物の名が第6章まで列挙されている．それらはもとより架空の人物名ではあるが，「罷軍」に代表されるようにありふれた庶民の名であり，事実居延漢簡，敦煌漢簡などにその名は散見する．

　　居延安故里孫罷軍年廿三劍一黑色長☐　　　　　　　　　　　　＜340.39＞
　　河內郡溫西故里大夫蘇罷軍年卅五　長七尺三寸黑色☐　　　　　＜334.28＞
　　罷軍伏地請　　　　　　　　　　　　　　　　　　　　　　　　＜D 1618＞

　またそこには，「鬼薪」「白粲」「鉗」といったおよそ雅とはいえない刑罰名も登場し，『急就篇』に見られる語句は極めて現実的，換言すれば行政文書で多用される，もしくは使用が予想されるものばかりである．つまり『急就篇』は，文書行政に携わる下級役人（令史）が使用する教科書だった．「史書」「史篇」なる語があるが，まさしく令史の識字書であろう．そこには，字を芸術的に書くための，習字用の教科書の役割はない．芸術的に書くための練習用テキストは，文学的，哲学的な内容を持つ傾向を多分に有し，刑罰の名称を習字の手本とするのは，やはり奇異とせねばならない．
　一方，『千字文』は，おなじ識字書といっても，それは童子，しかも貴族の子弟がその初学の段階で識字とともに，字を美しく書くための練習に使うために作られものである．『千字文』が南朝梁でつくられ流行したのはそれなりに理解できるのである．そして，楼蘭の時代，三世紀西晋には『千字文』は未だ世に現れてはいなかったが，かりにそれがあったとしても，辺境楼蘭の地からは出土しなかったであろう．漢代の居延，敦煌，そして晋の楼蘭，かかる流沙の烽燧から出土するのが，文書行政の字書『急就篇』であったのも，もっともなことと言わねばならない．

5-4　文書＜B＞（図5-6），1993-27-2，agr 78

図5-6

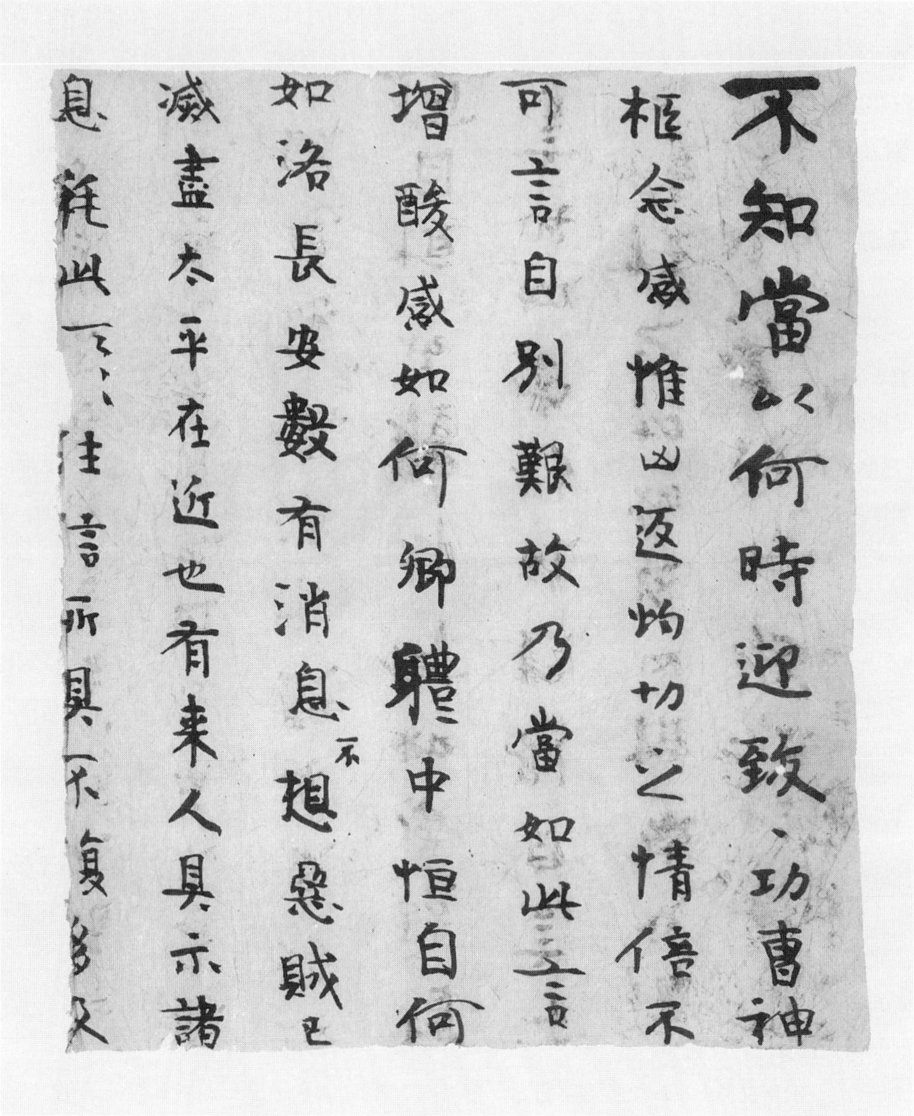

【釈文】

不知當以何時迎致・功曹神
柩念感惟凶返灼切之情倍不
可言自別艱故乃當如此言
增酸感如何卿體中恒自何
如洛長安數有消息￹不￺想惡賊已
滅盡太平在近也有来人具示諸
息耗此□□往□所具不復多及

【読み下し】

知らず、まさに何時を以って功曹の神柩を迎致するを。念い感ずるに、惟れ凶返、灼切の情、倍ねて言うべからず。自ら別れ艱しむ。故に乃ち当に此の言の如し、酸感を增すこと如何せん。卿、體中、恒に自ら何如ぞや。洛・長安、數ば消息あるに、想わざりき、悪賊、已に滅盡し、太平の近きに在る也。来人有りて、具さに諸の息耗を示す。……具する所、復た多く、……に及ばず。

【注釈】

神柩

漢蔡邕「済北相崔君夫人誄」(『蔡中郎文集』巻9)に,「不知其罪, 昊天上帝, 忍弔遺孤, 尋想遊霊, 焉識所徂, 嗚呼哀哉, 既殯神柩, 薄言于帰, 冢宰喪儀, 循礼無遺」.

『三国志』蜀書, 先主甘皇后伝に,「大行皇帝存時, 篤義垂恩, 念皇思夫人神柩, 在遠飄飄」

迎致

『三国志』呉書, 諸葛恪伝に,「故遣中台近官, 迎致犒賜, 以旌茂功, 以慰劬労」

念感惟凶返灼切之情

楼蘭文書に,

　　済逞白報
　　陰姑素無患苦何悟奄至
　　禍難遠承凶諱益以感切念
　　迫惟剝截不可爲懐奈何　　　　　　　　　　　　〈Co. I-7〉

灼切之情

『晋書』巻59斉王冏伝に,「臣伏読感切, 五情若灼」とある.

倍不可言

楼蘭文書に,

　　□念□
　　且奄至斯難倍使人　　　　　　　　　　　　〈Co. I-9, 1A〉

『宋書』巻82沈懐文伝に,「懐文屢経犯忤, 至此上倍不可説」

『南斉書』虞玩之伝に,「神州奥区, 尚或如此, 江湘諸郡, 倍不可念」

増酸感

王羲之「雑帖」(『法書要録』巻10)に「痛念玄度, 立如志速禍可惋可痛者, 省君書亦増酸」

『晋書』符堅載記に,「皆悲号哀慟, 酸感行人」

軆中恒自何如

「體」の俗字である「軆」は, 楼蘭文書〈Ch. 894〉にもみえる (図5-7).

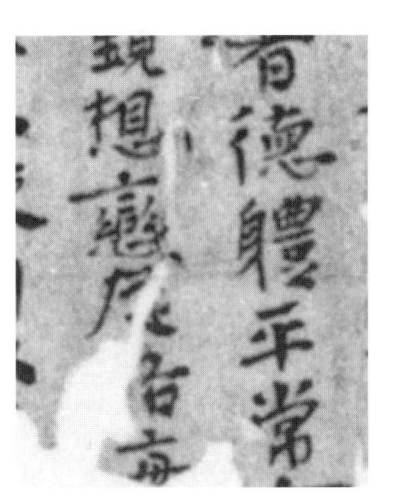

図5-7　上:Ch. 894
　　　　下:文書〈B〉

II部　資料編

洛長安数有消息

楼蘭文書に，

　　　張超済 …… 追
　　　頓首 ……　　不具意
　　　超済 …… 数　　洛長
　　　息云何乎白更更念
　　　王彌劉淵等滅尽
　　　極想此輩……　　　　　　　　　　　　　　　　　　　　　　＜Co. I -31, 1 A＞

とある．詳しくは，後述の解説を参照されたい．

楼蘭文書に，

　　　姜女白取別之後便爾西邁相見無縁書
　　　問疏簡毎念茲叔不舎心懐情用勞結倉卒
　　　復致消息不能別有書裁因數字値信復表馬姜　　　　　　　　　＜Ch. 904＞

悪賊已滅盡

『墨子』尚同下に，「若見愛利家者必以告，若見悪賊家者亦必以告」

『魏書』巻60 韓麒麟伝に，「本興義兵，不図神器，戮其大逆，合門滅盡」

『公羊伝』桓公三年「秋七月，日有食之既，既者何盡也」の何休注に「光明滅盡也」

太平在近也

『史記』秦始皇本紀に，「黔首脩潔，人楽同則，嘉保太平」

楼蘭文書に

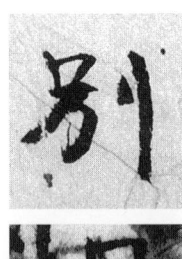

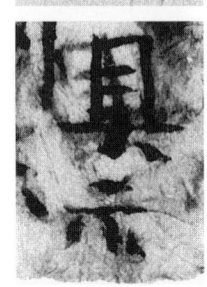

　　　従頓首未▢
　　　平在近▢　　　　　　　　　　　　　　　　　　　　　　　　＜西域考古図譜 8＞

図5-8　Co. I -30, 2
　　　左：Co. I -30, 2（拡大）
　　　右：文書〈B〉

有来人具示諸息耗

謝霊運「登石門最高頂一首」(『文選』巻 22) に,「連巌覚路塞, 密竹使徑迷, 来人忘新術, 去子惑故蹊」

楼蘭文書に,

　　十一月廿五日具書浚叩☒
　　督郵王掾彦時侍者頃末☒
　　平安幸甚。善久不相見☒
　　常有違比人往通書亦得☒
　　吉祐間比有來人問知舍☒
　　惠魚深厚前家西□☒　　　　　　　　　　　　　＜Ch. 931 A＞

楼蘭文書に,

　　　　　　☒□□若官發前此
　　　　☒□□欲買也□□……□數不還人具示
　　　☒□□□忽忘出也民人得麥……負責與人麥訖
　　　(以下略)　　　　　　　　　　　　　　　＜Co.Ⅰ-10＞

楼蘭文書＜171＞に「具示」「別」なる習書があるが, これと同筆と認められる (図5-8).

楼蘭文書に,

　　濟言即日東西未更有問此栘
　　種息耗弘舉一。故不繁啓濟言　　　　　　　　＜Co.Ⅰ-35 A＞

この, ＜Co.Ⅰ-35 A＞の「息耗」も, 同筆. いわゆる, 張済関係の書簡である (図5-9).

『三国志』魏書, 王粛伝に,「(王)粛還京師, 世宗臨東堂引見労之, 又問, 江左有何息耗」

【解説】

内容は, 弔問を含む私信である. この類のものとしては, ＜Co.Ⅰ-7＞に,

　　済逞白報
　　陰姑素無患苦何悟奄至
　　禍難遠承凶諱益以感切念
　　追惟剝截不可為懷奈何

が, 出土している.

この＜Co.Ⅰ-7＞は, 張済逞なる人物が陰姑の死亡に対して書いた弔文の下書きである. 張済逞の手紙の草稿としては, 他に＜Co.Ⅰ-2＞がある.

　　三月一日楼蘭白書済逞
　　白違曠遂久思企委積

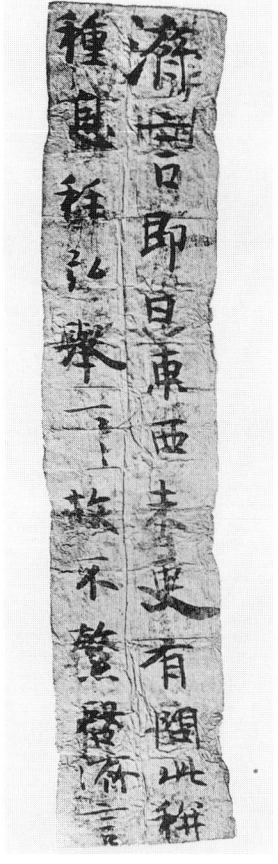

図5-9　上：Co.Ⅰ-35 A
　　　　中：Co.Ⅰ-35 A (拡大)
　　　　下：文書〈B〉(拡大)

　　　　奉十一月書具承動静春
　　　　日和適伏想御其宜　　　　　　　　　　　　　　　　　　　　　＜Co.Ⅰ-2＞

　文書＜B＞は，このふたつの張済逞文書と筆跡が酷似しており，＜Co.Ⅰ-7＞3行目「感切念」，＜Co.Ⅰ-2＞3行目「具」，4行目「想」を比較してみるとき，それらが同筆であることの確かさがいっそう増す（図5-10）（図5-11）．

　そればかりではない．同筆と比定されるものは，楼蘭出土紙文書＜Co.Ⅰ-9，1A＞，＜Co.Ⅰ-9，1B＞，＜Co.Ⅰ-9，2＞，＜Co.Ⅰ-21，1＞，＜Co.Ⅰ-21，2＞，＜Co.Ⅰ-22，13＞などが存在する（図5-12〜5-17）．

　　　　＜Co.Ⅰ-9，1A＞長奄至斯難倍使人
　　　　＜Co.Ⅰ-9，1B＞悲懐剥截益不可

　これらの文言は，先の＜Co.Ⅰ-7＞にも確認され，当時の慣用句であったとも考えられるが，一方では＜Co.Ⅰ-9，1A＞，＜Co.Ⅰ-9，1B＞，＜Co.Ⅰ-7＞は同じ手紙の草稿であって，手紙を作成するときには，下書きが複数作られ推敲されたことをこれらの断片が物語っているのではないだろうか．楼蘭出土の有名な「李柏文書」も同文の下書きが複数出土していることを，想起されたい．

　　　　＜Co.Ⅰ-22，13＞逞言洛□
　　　　＜Co.Ⅰ-21，2＞安数有
　　　　＜Co.Ⅰ-21，1＞想不

　これらの3断片は，文書＜B＞の5行目

図5-10
左：Co.Ⅰ-7，上：Co.Ⅰ-7（拡大）
　　　　　下：文書〈B〉

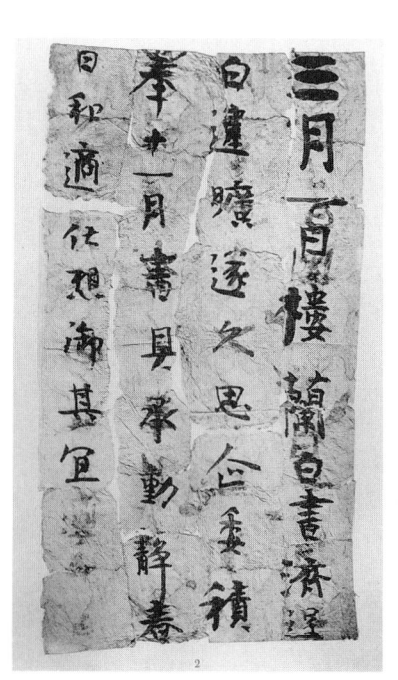

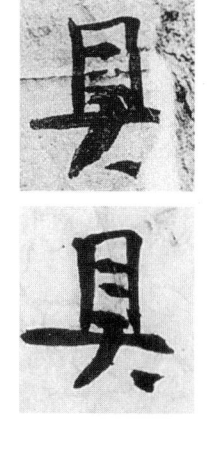

図5-11　左：Co.Ⅰ-2，上：Co.Ⅰ-2（拡大）
　　　　　　　　　　　下：文書〈B〉

如洛長安数有消息不想悪賊已

とその文言が一致し，しかも同筆である．

　＜Co. Ⅰ-9, 1A＞−＜Co. Ⅰ-9, 1B＞−＜Co. Ⅰ-7＞がそうであるように，＜Co. Ⅰ-22, 13＞−＜Co. Ⅰ-21, 2＞−＜Co. Ⅰ-21, 1＞−文書＜B＞は，同一私信の複数の草稿であったといって良いかも知れない．

　いまもし，文書＜B＞をそう考えるならば，つまり文書＜B＞が偽造文書ではなく，楼蘭から出土した張済逞の私信の草稿だとすれば，そこから，さらに次の推測が可能となる．この文書は永嘉3年(309)以降，311年あたりの頃，楼蘭駐在の張済逞が内地に送った手紙の草稿だと．

　楼蘭出土の私信のなかに，張超済なる人物の文書が複数存在している．なかでも，＜Co. Ⅰ-3, 1＞「超済白超等在遠弟妹及児女在家不能自偕」で始まる内地の家族の安否の確認を依頼した手紙は，楼蘭の兵士の生活を叙述するにあたりしばしば引用される資料であろう．(長沢和俊『楼蘭王国の研究』第6章「魏晋楼蘭屯戍の実態」230頁)

　何点か出土しているこの張超済関係の私信につき，従来から筆跡の上から見れば，さきの張済逞の私信と同じ，つまり同一筆跡と見なすことができ，そこから，張済逞と張超済は同じ人物ではないかとも言われてきた．(平凡社『書道全集』3　三国西晋十六国，

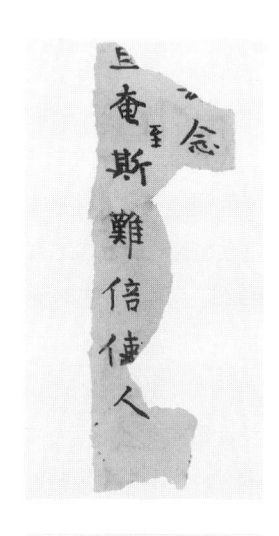

左から
図5-12　Co.Ⅰ-9, 1A
図5-13　Co.Ⅰ-9, 1B
図5-14　Co.Ⅰ-9, 2

左から
図5-15　Co.Ⅰ-21, 1
図5-16　Co.Ⅰ-21, 2
図5-17　Co.Ⅰ-22, 13

大庭脩解説）ただし，その場合，済逞と超済の名の違いをどう見るのかが，解けない疑問として残されているのだが．

異なる二字名の意味するところは，私にもわからない．しかしながら，文書＜B＞にあっても，奇妙にそれは一致を見るのである．張超済に関する次の紙の下書き，もしくは習書を挙げよう．

　張超済　……　追
　頓首　……　　　不具意
　超済　……　数　　洛長
　息云何乎白更更念
　王彌劉淵等滅尽
　極想此輩……　　　　　　　　　　　　　　　　　　　　　　＜Co. I -31, 1 A＞

この＜Co. I -31, 1 A＞（図5-18）と文書＜B＞を比較検討してみと，いくつかの興味ある事実を見つけ出すことができるのである．

まず，＜Co. I -31, 1 A＞の3行目「具」，4行目「何」「念」，5行目「滅」と文書＜B＞6行目「具」「滅」，2行目「念」，1行目「何」に注目すれば，これは同一筆跡と考えるのが自然であろう．

そればかりではない．3行目「……数□洛長」「息云何」，5行目「滅尽」の文言は，文書＜B＞と共通する．

超済と済逞が果たして同一人物なのか，それとも両人の私信が別の第三者によって代筆されたものなのか，いまのところ最終的な決め手は見つからないが，少なくともこれらが同じ時期に書かれたものだと考えてもよいだろう．

そのことを踏まえた上で，いま一度＜Co. I -31, 1 A＞に戻る．その5行目には，「王彌劉淵等滅尽」なる一文が記されている．これは，前趙の劉淵元海と，彼に呼応して晋に反旗を翻した王彌のことに違いない．すなわち，永嘉3年（309）8月，劉淵と王彌は洛陽を攻撃したが，垣延の奇襲で敗退，その2か月後の10月，劉淵は再び洛陽を攻撃したがこれも成功せず，翌310年没した．しかしながら，311年，劉總が劉曜と王彌を派遣して再度洛陽に迫り遂に陥落させ，西晋は事実上滅亡することになったのである．

世に「永嘉の乱」と呼ばれている晋末の反乱であるが，「洛長安数有消息，不想悪賊已滅尽，太平在近」は，この永嘉の乱の真っ只中にあって，都洛陽と長安，そして内地の安否を，遠く楼蘭の地で気遣う張済逞（張超済？）の私信なのである．

こののち，数年もたたないうちに劉曜は長安も陥落させ，愍帝を捕虜にし華北は五胡に完全に支配される．晋が江南の地に南渡した後，晋王朝との直接の糸が切れた西域長史府は，西涼国の張軌に属したのであろう．

文書＜B＞が偽造文書ではなく，出土の考古資料であるならば，それはまさしく西晋王朝最後の時期にかかる西域長史府の状態を伝える資料といえる．

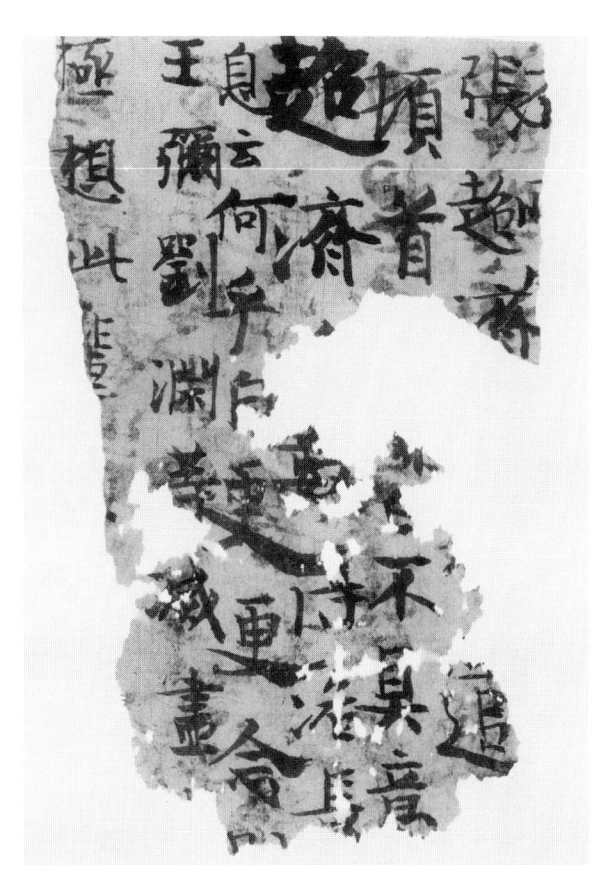

図5-18　Co.I-31, 1A

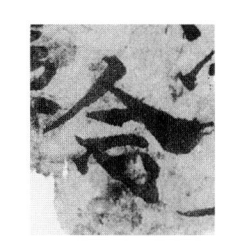

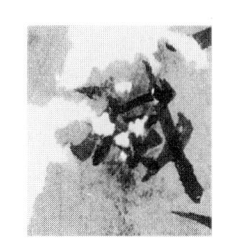

左：Co.I-31, 1A（拡大）　　　左：Co.I-31, 1A（拡大）
右：文書＜B＞（拡大）　　　　右：文書＜B＞（拡大）

5-5 文書＜C＞ (図5-19)，1993-27-3，agr 79

図5-19

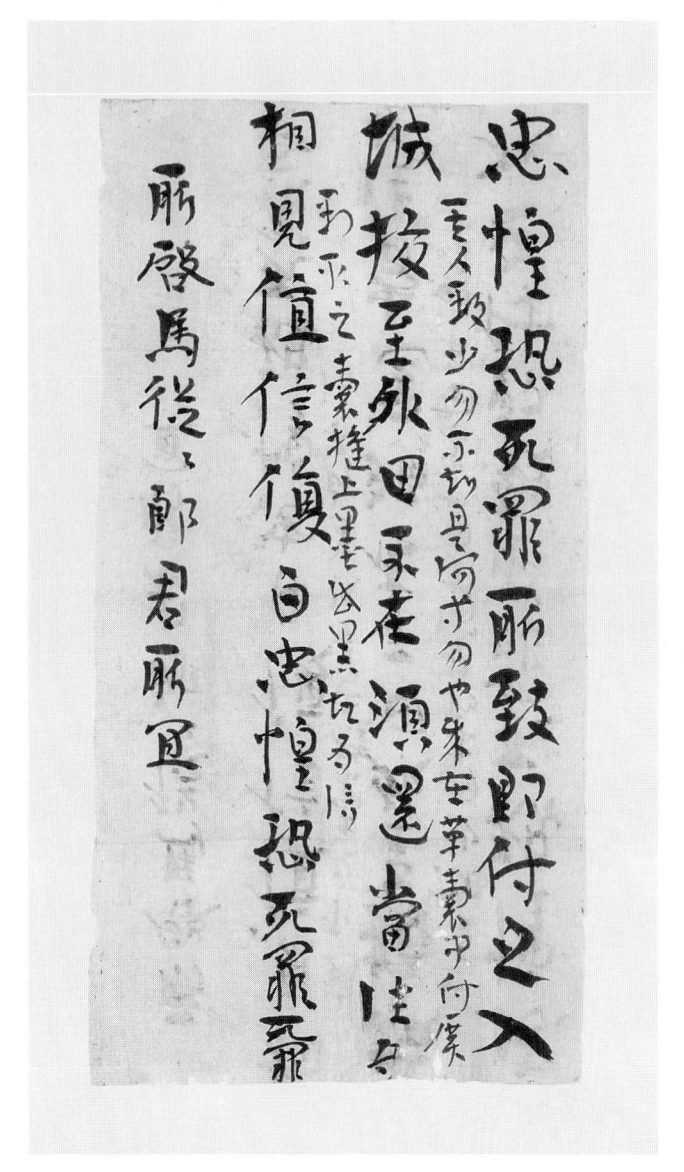

【釈文】
忠惶恐死罪所致即付之入
其人致少勿不知是何等勿也成革嚢中付属
城校至外田不在須還當□与
到取之嚢撻上墨書黒記為信
相見値信復白忠惶恐死罪死罪
所啓馬従郎君所宜

【読み下し】
忠、惶恐死罪、致す所、即ち之を付して城に入るも、校は外田に至りて在さず。還るを須ちて、当に□ 与に相見すべし。信を値きて復た白す。忠、惶恐、死罪死罪。啓す所、馬従従郎君。所宜。（其の人、小勿（物）なるかを。成（盛）して革嚢の中に在り。知らず、是れ何等の勿（物）を致す。属に付す。到りて之を取らば、嚢撻の上に墨書、黒記ありて信と為す。）

【注釈】
惶恐
楼蘭文書に，
　　　☑惶恐白前
　　　☑□供諸事
　　　☑月小官事
　　　☑四日到郡十七日到即還
　　　☑□麥五斗與
　　　☑不可售欲
　　　☑寄張□　　　　　　＜Co. I -6, 2＞

　　　　　　　張主簿前
　　　八月廿八日楼蘭白疏懼惶恐白奉辭
　　　　　☐☐☐無階親省騫心東望　　　　　　　　　　　　　〈Ch. 922〉

所致
　敦煌漢簡に，
　　　子所致書再拝　☐　　　　　　　　　　　　　　　　　〈D 669 B〉

至外田
　『周禮』地官遂人に，「凡治野夫間有遂」の疏に，「遂人所掌即六遂之中，為溝洫之法，遂地在郊外田野之中」

須還
　『詩経』豳風，伐何「我覯之子」の疏に，「衆人之心，皆知公須還也」
　『晋書』華表伝に，「尚書刁協，国子祭酒，杜彝議，須還洛乃條郊祀」

相見値信
　楼蘭文書に，
　　　姜女白取別之後便爾西邁相見無縁書
　　　問疏簡毎念茲叔不舍心懷情用勞結倉卒
　　　復致消息不能別有書裁因數字値信復表馬姜　　　　　　〈Ch. 905〉

　　　舍餘生☐……　　……三日到舍☐
　　　左謙前相……任絲所來出皮佰陁郡☐
　　　致東縣賣今在郡便錢市絲適得☐
　　　去餘絲間所言責并官所給賞計足☐
　　　責家不欲償者煩致手書今長史印☐以到☐
　　　致敬東今住家租待到便當共行餘絲家☐
　　　權不能得也……經紀責索償使畢☐☐
　　　値信　……　……　　任白　　　　　　　　　　　　〈Co. I-6, 1〉

復白
　楼蘭文書に，
　　　時盡有入出復白謹啓　　　　　　　　　　　　　　　　〈Ch. 824〉

所啓馬從、郎君
　楼蘭文書に，
　　　白泰文

　　　　　　從事馬君
　　　　　　　　孤子雅昂頓首　　　　　　　　　　　　　　　　　　　＜Co. I -14, 1 B＞

所宜
　　楼蘭文書に，
　　　　　萬福曠□╱
　　　　　萬萬福╱
　　　　　綏所宜╱
　　　　　□所宜╱　　　　　　　　　　　　　　　　　　　　　　　＜Ch. 897＞

少 (小) 物
　　睡虎地秦簡に，
　　　　有買及売異 (也)，各嬰其賈，小物不能各一銭者，勿嬰　　金布　＜136＞

　　『後漢書』列伝 79 南匈奴伝に，「朕不愛小物，於単于便宜所欲，遣驛以聞」

革嚢
　　『史記』殷本紀に，「帝武乙無道……為革嚢，盛血，卬而射之」

嚢 (縫) 上墨書黒記為信
　　『漢旧儀』に，「皇帝六璽，皆白玉螭虎紐，文曰皇帝行璽，皇帝之璽，皇帝信璽，天子行璽，(中略). 皆以武都紫泥封，青布嚢，白素裏，両端無縫，尺一板中約署」
　　『北史』巻 55 斉宗室諸王伝に，「先是，高都郡有山焉，絶壁臨水，忽有墨書」
　　『旧唐書』巻 21 礼儀志に，「其祝文自今已後，請依唐礼，板上墨書」
　　居延漢簡に，

　　　　╱□□以自書爲信　　　　　　　　　　　　　　　　＜37.44＞
　　　　以付郷男子莫以印爲信敢言之　　　　　　　　　　　＜282.9 B＞

【解説】

　文書＜C＞も手紙である．差出人は忠という名の人物，馬君が手紙を受け取ったものである．全6行からなり，2行4行は少し小さめの字で，一字分下げて文章が書かれている．1，3，5，6行目の筆跡と，2，4行目のそれ，および文章の続きを見れば，元々，1，3，5，6行が書かれ，後になって加えられた注記が2，4行目の「其人致少勿 (物)，不知是何等勿也……」と考えられる．
　本文の内容は，簡単な挨拶文であり，おそらくその手紙に贈り物が付けられていたのであろう．

5 スウェーデン国立民族学博物館所蔵未発表紙文書

其の人,少物を致す.知らず,是れ何等の物なるかを.成して革嚢中にありて属に付す.

といった文言で始まる2,4行目は,それを受け取ったときに記された受信者の覚書のようなものに相違ない.

以上の推定が間違っていなければ,文書＜C＞は,まさしく配達された手紙そのもので,草稿であった文書＜A＞,文書＜B＞とは,異なると言わねばならない.

この私信が配達されたものであることは,これを受け取った人物が楼蘭の地,(いちおうはLAとしておく)に駐在していたと考えられることからも立証できる.

文書＜C＞の最終行に書かれているあて先は,

　所啓馬従ゞ郎君所宜

記すところの「馬従ゞ従郎君」は,受け取った人物が書いた注記である2行目に「付属」と有ることからして,「馬属」という人物であることがわかる.

実はこの馬属なる人物は,ヘディン,スタイン収集の簡牘および紙文書には少なからず登場する人物であり,例えばそれは次のような物である.

　六月六日楼蘭賤甥馬属再拝白　　　　　　　　　　　　　＜Co. I -15, 2＞

　　敦煌短綾絲廿匹　泰始五年十一月五日従掾位馬属主者王貞従
　出
　　給吏宋政糶穀　掾位趙辨付従史位宋政　　　　　　　　＜Co. II-102 A＞

＜Co. I -15, 2＞は紙,＜Co. II-102 A＞は木簡であり,ともに楼蘭遺址LAから出土している.＜Co. II-102 A＞は穀物と布の出納証で二枚一組の券の一片にあたる.「出」と先頭に書かれていることは,それが支出した側に保存されるものであることを示している.

簡文から明らかなように,従掾位馬属,主者王貞,従掾位趙辨が宋政に受け渡したのであって,馬属は支出側の人間であり,簡面に馬属の直筆署名が記されていることは,いっそうそれがはっきりする.

この簡がLAから出土していることを考慮に入れて総合的に判断するならば,馬属は楼蘭と呼ばれたLAの地に従掾位として勤務していたということになろう.他の馬属簡,馬属文書がすべてLAの地から出土していることはかかる推測を妨げるものではない.

いま,文書＜C＞が偽造文書ではないとすれば,是も一連の馬属に関する私信であり,より具体的に言えば馬属宛てに楼蘭に配達された私信だといえよう.そして,おそらく「従郎君」とは,「従掾位」を言い換えた呼称であろう.

ヘディン収集文書のなか,LAから出土した紙に＜Co. I -22, 12＞「忠惶」という断片が含まれている(図5-20).一見して明らかなように,文書＜C＞の「忠惶」とこれは同一の筆跡であり,文書＜C＞がLAから出土した可能性を示唆するものに他ならない.ただ,一点,気になるのは＜Co. I -22, 12＞は,あて先が定かでないが,忠なる人物が送ってきたいま一つの私信なのだろうか？

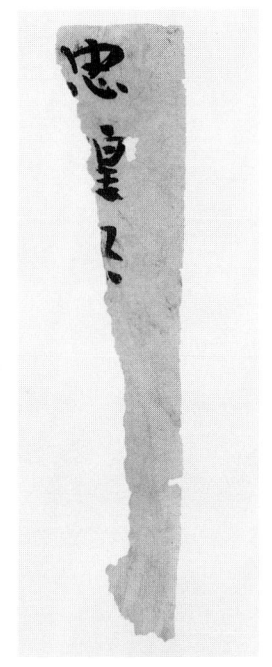

図5-20　上：Co. I -22, 12
　　　　　下：文書〈C〉（拡大）

5-6 文書＜D＞（図5-21），1993-27-4，agr 80

図 5-21

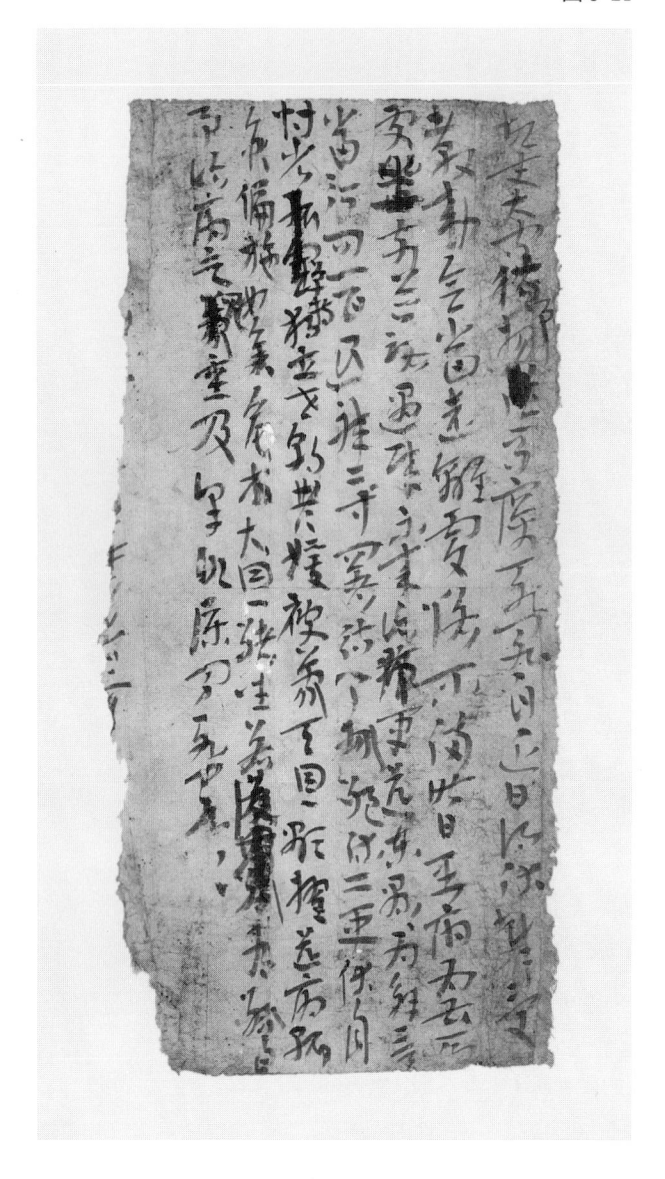

【釈文】

故吏大守侍卿（持）掾□馬厲死罪白近日得状誠受
教勅今當遠離虔恪不備昨日到府為甚所
虔坐前善諾遇誠不來郡吏道東縣為辭言
當行□一百□□二等□待卿掾孤絶休二吏伏自
忖省孤塞獨立世朝無媛被義天恩顯擢道府孤
疾偏施□矣危有大恩緒坐若□□為掾白
事詣府今□重及謹以屬聞死罪死罪

【読み下し】

故吏太守侍卿掾馬厲、死罪、白す。近日、状を得、誠しんで教勅を受く。今、遠離に当たりて、虔恪、備わらず。昨日、府に到り、甚だ虔する所と為り、坐前に善諾せらる。遇（愚）、誠し来たらざれば、郡吏、道東の県にて辞言を為さん。当行□一百退□二等………待卿掾、二吏単り独立を持ちて、世朝は援無きも、義を天恩に被り、道府に顕擢せらる。孤、疾るは、偏施……大恩の緒あるを危くすを。坐若□□、掾、事を白して府に詣る。
今、□重……及び謹んで、以て屬聞す。死罪死罪。

【注釈】

近日得状
　居延漢簡に，
　　謹
　　　教問故辭状白　第卅五□
　　　　問　　　　　　　　　　＜EPT 51：368＞

漢亭吏逮進言謹案文書居貧糧食當有
　　　玄乏近日陳槐自問求乞近假歸增益糧食今　　　　　　　　＜M. 129＞

『礼記』曲礼に，「喪事先遠日，吉事先近日」

受教勅
　楼蘭文書に，
　　　☒掾……屬向☒
　　　☒右輒承教今任☒
　　　☒□胡駝他宜☒
　　　☒大刑獄竊聞☒　　　　　　　　　　　　　　　　＜Co. I -18, 3＞

　居延漢簡に，
　　　獲教勅要領放母状當并坐叩頭死罪死罪敢言之　　＜EPF 22：201＞
『漢書』江充伝に，「非愛車馬，誠不欲令上聞之，以教勅亡素者」

今当遠離
　楼蘭簡に，
　　　未欲訖官穀至重　　不可遠離當　　須治大麥訖乃得　　＜Co. II-1 B＞

諸葛亮「出師表」(『三国志』巻 35) に，「臣不勝受恩感激，今当遠離，臨表涕零不知言」

虔恪不備
　蔡邕「朱公叔鼎銘」(『蔡中郎集』巻 1) に，「制詔尚書朱穆，立節忠亮，世篤爾行，虔恪機任，守死善道」
　楼蘭文書に，
　　　☒白敦煌☒
　　　☒倉卒不備在遠☒
　　　前來圖欲還西□☒
　　　不得還所來生□驅☒
　　　☒驢用☒　　　　　　　　　　　　　　　　　　＜Co. I -17, 2＞

　　　☒貝之期☒
　　　☒大人珍重時☒
　　　☒自不備豐☒
　　　☒今知道遠☒
　　　☒故言討虜☒　　　　　　　　　　　　　　　　＜M. 181 A＞

昨日到府
　居延漢簡に，
　　　呑遠候長放昨日詣官上功不持射具當會月廿八日部遠不及到部謹持弩詣官射七月丁亥蚤

　　　　　食入　　　　　　　　　　　　　　　　　　　　　　　　　　　　　　　＜203.18＞

　　　　　昨日去如……到☐
　　　　　　　☐石☐☐　　　　　　　　　　　　　　　　　　　　　　　　　　　＜130.9 A＞

　府と馬屬については，次の簡が参考になる．

　　　出　長史白書一封詣敦煌府簿書十六封具　　泰始六年三月十五日☐樓蘭從掾位
　　　　　十二封詣敦煌府二詣酒泉府二詣王懷闕頣　馬屬付行書☐☐孫得成　＜Co. II-107＞

為甚所虔

　張衡「東京賦」(『文選』巻3)に，「祈福乎上方，思所以為虔」(李善注に，「思念所以尽其忠敬」)

坐前☐諾

　楼蘭文書に，
　　　　　三月廿三日郡内具☐
　　　　　大人坐前前者☐
　　　　　後信希白問疏☐
　　　　　西有人到雖不獲吉☐
　　　　　以用歡喜〃即日郡☐　　　　　　　　　　　　　　　　　　　　　　　　＜Co. I-13, 1＞

　同，
　　　　　因王督致
　　　　　西域長史　張君坐前
　　　　　元言疏　　　　　　　　　　　　　　　　　　　　　　　　　　　　　　＜Ch. 751＞

為辞言

　居延漢簡に
　　　　　☐置辞言不欲言　　　　　　　　　　　　　　　　　　　　　　　　　　＜123.16＞

　同，
　　　　　☐☐☐☐☐☐☐再拜上辞言☐　　　　　　　　　　　　　　　　　＜EPS 4. T 2：78 A＞

　『周禮』秋官，司寇に，「若以時入賓，則協其禮与其辞言伝之」

当行☐一百退☐二等

　意味不明．
　「当行」という語は，居延漢簡の郵書伝達についての「規定された所要時間」という意味で頻出する．
　例えば，
　　　　　吞遠隧去居延百卅里檄當行十三時　　　　　　　　　　　　　　　　　＜EPF 22：147＞

官去府七十里書一日一夜當行百六十里書積二日少半日乃到解何書到各推辟界中
必得事案到如律令言會月廿六日會月廿四日　　　　　　　　＜EPS 4. T 2：8 A＞

絶休二吏
　『漢書』巻 83 薛宣伝に，「及日至休吏，賦曹掾張扶独不肯休」（師古注に，「冬夏至之日，不省官事，故休吏」）

伏自忖省
　『晋書』巻 77 蔡謨伝に，「是以叩心自忖，三省愚身，与其苟進以穢清塗」

孤塞単持独立
　孔融「論盛孝章書」（『文選』巻 41）に，「困於孫氏，妻孥湮没，単子独立，孤危愁苦」
　『晋書』巻 27 五行志に，「維持天下，桂掖之応也，……建都江外，独立之応也」
　『晋書』巻 89 忠義伝に，「挹孤城独立，無一旅……将吏持守，用不即斃」

世朝無媛
　『後漢書』列伝 37 班超伝に，「超孤立無援，而亀茲姑墨数発兵攻疏勒」
　『後漢書』列伝 37 梁慬に，「朝廷大発兵，西撃之，逆詔慬留為諸軍援」
　『晋書』巻 42 王濬伝に，「然臣孤根独立，朝無党援」

被義天恩
　『後漢書』列伝 63 公孫瓚伝に，「臣雖闒茸，名非先賢，蒙被朝恩，負荷重任」
　『後漢書』列伝 38 霍諝伝に「夫以罪刑明白，尚蒙天恩，豈有冤謗無徴，反不得理」

顕擢道府
　『晋書』巻 100 祖約伝に，「天下粗定，当顕明逆順，此漢高祖所以斬丁公也，今忠於事君者莫不顕擢」
　『後漢書』列伝 5 来歴伝に，「籍建，高梵等悉蒙顕擢」

偏施如之
　『旧唐書』巻 98 盧懐伝に，「明主之於万姓，必暢以平分而無偏施」

有大恩緒
　『史記』三王世家に，「陛下奉承天統，明開聖緒，」　王褒「四子講徳論」（『文選』巻 51）「攘却西戎，始開帝緒」
　『史記』始皇本紀「先帝起諸侯，兼天下，天下已定，……而君観先帝功業有緒」．
　『史記』田敬仲世家所引「正義」に，「陳軫於秦韓豈不有大恩徳」

【解説】

　文書＜D＞は，文書＜A-1＞と同じく，私信の草稿である．これが，下書きであることは，文面の所どころに墨を塗りつぶしたり，線を引いて消したりして，訂正を加えている点，また紙の左側が不規則な形で切断されていることなどから，疑問の余地はない．書体は，倉卒に書かれた草書体である．

　1行目「馬厲死罪白，近日得状，□受教勅」という文面からすると，これも文書＜C＞で記され，また楼蘭出土の文書，木簡にその名がしばしば登場する馬厲の私信であり，馬厲その人が書いた草稿の可能性が強い．ただ，書体の同一が確かに認められる他の楼蘭出土文書はみつけられない．

　全体の意味がいま一つ不明であるが，敦煌太守府から受け取った手紙に対する返信であろう．

　この文書の真偽に関しては，目下のところ決定的な決め手はない．

5-7 文書＜E＞（図5-22），1993-27-5，agr 81

【釈文】

欝?、張功府積行随其身與人有終始布施
遠近人危邦而不入亂國而隠静坐随其志
徳於山林夷靡(胡)彤服聲名邁青雲當世少
有雙秉筆及古人
□登此樓望城闕涼風過炎暑熱思歸不果心欝
結

【読み下し】

鬱鬱たる張□府、積行はその身に随い、人とともにするに終始あり。遠近の人に布施す。危邦にして入らず、乱国にして隠静す。座してその志に随い、徳は山林に行かれ、夷は胡んぞ形服せざらん。聲名は青雲をこえ、当世、雙(ならび)もの有ること少なし。筆を秉(と)りて古人に及ぶ。
□此の楼に登りて、城闕を望む。涼風過ぎるも、炎暑は熱し。帰らんと思うも、果たされず。心 鬱結す。

【注釈】

積行

『漢書』武帝紀に、「元朔元年、 …… 今或至闔郡而不薦一人，是化不下究，而積行之君子雍於上聞也」

随其身

『漢書』貨殖伝に、「初褒賈京師，随身数十百萬」

与人有終始
　『孝経』庶人章に,「故自天子於庶人,孝無終始,物有本末,事有終始」
　『史記』范雎伝に,「世世称之無絶,与天地終始」

布施遠近人
　『論衡』定賢に,「使穀食如水火,雖貧悋之人,越境而布施矣」
　『呂氏春秋』簡選に,「遂其賢良,順民所喜,遠近帰之,故王天下」

危邦而不入　乱国而隠静
　『論語』泰伯に,「子曰,篤信好学,守死善道,危邦不入,乱邦不居」をふまえる.
　『三国志』蜀志　杜微伝に,「杜微脩身隠静不役当世」,『南史』巻71伏挺伝に,「善処当世,朝中勢素多与交游,故不能久事隠静」

坐随其志
　晋摯虞「決疑」(『晋書』礼志所引)に,「適見親子,専自任意,無所関報,私随其志」

徳行於山林
　『後漢書』列伝22樊宏伝に,「樊重孜,礼義恩徳行於郷里,雖有罪,且当在後」
　『晋書』巻50庚峻伝に,「斯山林之士,避寵之臣所以為美也,先王嘉之,節雖離世,而徳合於主」

夷胡靡形服
　『史記』田敬仲世家に,「楚楚所形服,天下莫不聴,此湯武之挙也」
　『戦国策』斉策に,「国重而名尊,燕楚以形服,天下莫不徳」とあり,鮑彪注に,「畏威而服」という.

聲名邁青雲
　『史記』伯夷列伝に,「欲砥行立名者,非附青雲之士」とあり,同,范雎伝に「須賈頓首死罪曰,賈不意君能自致於青雲之上」
　『礼記』祭統に,「銘者,論譔其先祖之有徳善,功烈,勲労,慶賀,聲名,列於天下」
　c. f. 荀況「雲賦」に,「顧萬邦而高揚,託浮雲以邁志」

当世少有雙
　『塩鉄論』褒賢に,「東方朔自称辯略,消堅釈石,当世無雙」

秉筆及古人
　『国語』晋語に,「臣以秉筆事君,志有之曰,高山峻原,不生草木,松柏之地,其土不肥」

『詩経』邶風，緑衣に，「我思古人，俾無訧兮」

魏文帝「与呉質書」(『文選』巻 42) に，「諸子但為未及古人，自一時儁也，今之存者，已不逮矣」

登此楼望城闕

王粲「登楼賦」(『文選』巻 11) に，「登茲楼以四望兮，聊暇日以銷憂，覧斯宇之所處兮，実顕敞而寡仇」

『詩経』鄭風・子衿に，「挑兮達兮，在城闕兮」

曹植「贈白馬王彪」(『文選』巻 24) に，「顧瞻恋城闕，引領情内傷，太谷何寥廓，山樹鬱蒼蒼」

沈約「和王中書白雲詩」(『芸文類聚』巻 1) に，「秋風西北起，飄我過城闕，城闕已参差，白雲復離離」

陸機「君子有所思行」(『文選』巻 28) に，「命駕登北山，延佇望城郭，塵里一何盛，街巷紛漠漠」

涼風過炎暑熱

班昭「怨歌行」(『文選』巻 27) に，「常恐秋節至，涼風奪炎熱」

陸機「従軍行」(『文選』巻 28) に，「奮臂攀喬木　振迹渉流沙　隆暑固已惨　涼風厳且苛」

阮籍「詠懐詩」(『文選』巻 23) に，「炎暑惟茲夏，三句将欲移，芳樹垂緑葉，清雲自逶迤」

思帰不果

魏文帝「燕歌行」(『文選』巻 27) に，「秋風蕭瑟天気涼，草木搖落露為霜，……慊慊思帰恋故郷，何為淹留寄佗方」

司馬相如「喩巴蜀檄」(『文選』巻 44) に，「咸怨曠思帰，流涕北顧」

『孟子』公孫丑下に，「固将朝也，聞王命而遂不果」

魏文帝「与鐘大理書」(『文選』巻 42) に，「求之曠年，不遇厥真，私願不果，飢渇未副」

『左伝』哀公十五年に，「帰告褚師比，欲与伐公，不果」

心鬱結

『楚辞』九章　惜誦に，「背膺牉以交痛兮，心鬱結而紆軫」

曹植「求自試表」(『文選』巻 27)「志或鬱結，欲逞其才力，輸能於明君也」

【解説】

文書＜E＞は，その寸法に関して横が少し短く普通のものの半分ぐらいの大きさである．紙の様態から一枚の紙を二分したその左側の部分に，書写したものといえる．紙の右側面をみれば，即興に縦に紙を分けたことが伺えるとともに，書写されている字，書体は，例えば一行目「張」の次の字は，始めに書かれた字を修正するために書き加えたものであり，最終行の先頭は文字を墨で塗りつぶしており，これは明らかに草稿，もし

くは習書であろう．

ただし，他の楼蘭出土の紙，簡牘と異なる特徴は，文書＜E＞の内容である．

> 鬱鬱たる張□府，積行はその身に随い，人とともにするに終始あり．遠近の人に布施す．危邦にして入らず，乱国にして隠静す．座してその志に随い，徳は山林に行かれ，夷は胡んぞ形服せざらん．聲名は青雲をこえ，当世，雙(ならぶ)もの有ること少なし．筆を秉(と)りて古人に及ぶ．

この内容は，公文書ではなく，また私信でもない．張某の徳をたたえた文章，もしくは筆の遊びにしたためた趣味的な走り書きなのか．とまれこういった性格の書写物は他に例を見ない．

最終行は，特に詩文的である．

> 此の楼に登りて，城闕を望む．涼風，過ぎるも，炎暑は熱し．帰らんと思うも，果たされず．心，欝結す．

全体に，韻文とまでは言えないが，優れて文学的であり，使用されている語句は，例えば「危邦にして入らず，乱国にして隠静す」が『論語』泰伯「子曰，篤信好学，守死善道，危邦不入，乱邦不居」を踏まえたものであるのをはじめとして，春秋戦国，秦漢の書に見られる成語が確認される．

文学的な内容をもった書写物であること，その意味で楼蘭の出土文字資料のなかで特異性があること，こういった点は文書＜E＞の真偽の考察においていかに考えるべきか，わからない．少なくとも内容の上，用語法においては晋代の文献史料との間に，目立った齟齬はない．

最終行は，賦に似た形式を持つ韻文で締めくくられている．解釈の一つとして，それに先立つ4行は，この詩賦の序として書かれたものといえるのかも知れない．

この韻文に関して，ここで少しく指摘したいことがある．

詩文は城壁にのぼり，その高台からの眺望，風景のなかに感得される風と温度，そしてそれが別離と望郷をかき立てるという内容を詠ったものである．「登楼」「涼風」「炎暑」，すでに引用した出典語句から明らかなように，かかる主題，描写の詩賦は，三国魏から晋にかけて詩人たちが好んで取り上げたものであり．風・雲・望城楼は当時の固定した詩語であったといってよい．

いくつか例を挙げよう．

王粲（177〜217）「従軍詩」（『文選』巻27）

悠悠渉荒路	悠悠たり　荒路を渉り
靡靡我心愁	靡靡たり　我が心は愁し
四望無煙火	四望　煙火　無く
但見林与丘	但だ見る　林と丘とを
城郭生榛棘	城郭　榛棘を生じ
蹊徑無所由	蹊徑　由る所無し

菅蒲竟広沢　　　　　菅蒲　広沢を竟し
葭葦夾長流　　　　　葭葦　長流を夾む
日夕涼風発　　　　　日夕　涼風発し
翩翩漂吾舟　　　　　翩翩　吾が舟を漂す
……
客子多悲傷　　　　　客子　悲傷多し
涙下不可収　　　　　涙下りて収める可からず

陳琳（？〜217）　詩（『芸文類聚』巻28）
節運時気舒　　　　　節運　時気は舒たり
秋風涼且清　　　　　秋風　涼にして且つ清し
閑居心不娯　　　　　閑居　心は娯まず
駕言従友生　　　　　駕言　友従り生ず
翱翔戯長流　　　　　翱翔として長流に戯れ
逍遙登高城　　　　　逍遙として高城に登る
東望看疇野　　　　　東に望んで疇野を看
廻顧覧園庭　　　　　廻顧して園庭を覧む
……
建功不及時　　　　　功を建てんとするも時に及ばず
鍾鼎何所銘　　　　　鍾鼎　何ぞ銘する所あらん

曹丕（187〜226）「燕歌行」（『文選』巻27）
秋風蕭瑟天気涼　　　秋風　蕭瑟として天気　涼し
草木揺落露為霜　　　草木　揺落して　露　霜をなす
群燕辞帰雁南翔　　　群燕　辞して帰り　雁　南に翔ぶ
念君客遊思断腸　　　君を念う　客遊　思は断腸たり
慊慊思帰恋故郷　　　慊慊として　思帰　故郷を恋う
何為淹留寄他方　　　何為れぞ　淹留し他の方に寄するを
賤妾煢煢守空房　　　賤妾　煢煢として空房を守る
憂来思君不敢忘　　　憂い来りて君を思い　敢て忘れざらん
不覚涙下霑衣裳　　　覚えず　涙下りて衣裳を霑す

曹植（192〜232）「離友詩」（『芸文類聚』巻29）
涼風肅兮白露滋　　　涼風　肅として　白露　滋し
木感気兮條葉辞　　　木は気に感じて　條葉　辞す
臨淥水兮登重基　　　淥水に臨んで　重基に登る
折秋華兮采霊芝　　　秋華を折りて　霊芝を采る
尋永帰兮贈所思　　　永帰を尋ねて　思う所に贈る
感離隔兮会無期　　　離隔して　会するに　期無きに感じ
伊鬱悒兮情不怡　　　伊れ鬱悒して　情　怡（たの）しまず

　以上は，2世紀から3世紀初め，つまり後漢建安年間から三国魏の初めにかけての詩

賦である．一連の詩には，秋風・涼風，それが高台にたつ游客をして故郷に寄せる思いを，望郷の念をかき立てるといった共通した主題がそこに認められる．

　かかる叙情は，次の晋の詩にも引き継がれる．

　　潘岳（300〜318）「内顧詩」（『玉台新詠』巻2）
　　　静居懐所歎　　　　静かに居して歎げく所を懐い
　　　登城望四沢　　　　城に登りて四沢を望む
　　　春草鬱青々　　　　春草　鬱として青々
　　　桑柘何亦亦　　　　桑柘　何んぞ亦亦たり
　　　初征冰未泮　　　　初め征するに冰　未だ泮（と）けず
　　　忽焉振絺紛　　　　忽焉として絺紛を振るう
　　　漫漫三千里　　　　漫漫たり三千里
　　　迢迢遠行客　　　　迢迢たり遠行の客
　　　　……
　　　引領訊帰雲　　　　領を引きて帰雲に訊ね
　　　沈思不可釈　　　　沈思　釈（と）くべからず

　　晋石崇（249〜300），「思帰歎」（『芸文類聚』巻28）
　　　登城隈兮臨長江　　城隈に登りて　長江を臨む
　　　極望無涯兮思塡胸　望を無涯に極めて　思い胸に塡（み）つ
　　　　……
　　　秋風厲兮鴻雁征　　秋風は厲として　鴻雁　征く
　　　蟋蟀嘈嘈兮晨夜鳴　蟋蟀は嘈嘈として　晨夜に鳴く
　　　　……
　　　廓羇旅兮滞野都　　羇旅を廓（むな）しくして　野都に滞す
　　　願御北風兮忽帰徂　願くば北風を御して　忽ちに帰り徂ん

　ただ，魏の時代からのこれらの詩には，西方への遠征，辺境，西域の烽燧に駐屯する兵士の情をうたうものは未だ登場せず，吹いている涼風は，内地の風でありゴビ，タリム盆地に吹くそれではない．そこに，西域が入ってくるの次の晋の時代からであった．晋の西域経営の積極性が文学の上にもたらしたそれは成果なのであろうか．

　すでにとり挙げた晋詩は，必ずしも西域の旅情を詠ったものではないが，石崇には漠北匈奴の地に嫁した王昭君の望郷をうたう「王昭君辞」があること，知られている．
　そして，石崇，潘岳と同時代の詩人，陸機（261〜303）の「従軍行」「苦寒行」「飲馬長城窟行」などにおいて，漠北の厳しい自然，涼風が運ぶ悲哀と望郷を読み取ることができる．「従軍行」を挙げよう．

　　陸機「従軍行」（『文選』巻28）
　　　苦哉遠征人　　　　苦しい哉　遠征の人
　　　飄飄窮四遐　　　　飄飄として四遐を窮む

南陟五嶺巔	南のかた　五嶺の巔に陟り
北戍長城阿	北のかた　長城の阿に戍す
深谷邈無底	深谷　邈として底無く
崇山鬱嵯峨	崇山　鬱として嵯峨たり
奮臂攀喬木	臂を奮って喬木に攀り
振迹渉流沙	迹を振るって流沙を渉る
隆暑固已慘	隆暑　固より已に慘たり
涼風厳且苛	涼風　厳にして且つ苛
夏條集鮮藻	夏條　鮮藻を集め
寒冰結衝波	寒冰　衝波を結ぶ
胡馬如雲屯	胡馬　雲の如く屯ろし
越旗亦星羅	越旗　亦た星のごとくに羅なる
飛鋒無絶影	飛鋒　影を絶つ無く
鳴鏑自相和	鳴鏑　自ら相い和す
朝食不免冑	朝食　冑を免かず
夕息常負弋	夕息　常に弋を負う
苦哉遠征人	苦しい哉　遠征の人
捫心悲如何	心を捫ち悲しみを如何せん

　ここで詠われている西域従軍は，この晋の時代に偽作されたと考えられている蘇武と李陵の往復詩にも見られる主題である．

　そして新出のこの＜文書E＞の韻文も主題，使われている詩語ともにこういった西域慕情詩の延長線上に位置しているのである．

　一般に楼蘭文書の年代は西晋末にあたり，先の文書＜B＞が311年の永嘉の乱前後のものであった．それは陸機，石崇，潘岳たちが活躍した時代であり，＜E＞の詩文は時代的に何ら矛盾は無い．

　なお，文学史上，かかる六朝詩の傾向につき，すでに小川環樹氏が論じている．

　——六朝の詩のなかでも悲風は，初めは詩人の胸中に存在した悲哀の情が風の音を聞いて触発されたのであった．それは詩の主題が人との別離や他郷に在って故郷を思念するという類があることからも推知しうるのであり，……魏の曹植や晋の陸機は旅情をつらねた詩のなかに「悲風」とか「哀風」とか用いているのである．……行く雲のすがたに朋友や愛人との離別を見，また風の音に悲哀を感ずるというのは，古代人の自然観を脱却したのちにおいて初めて可能であった．(『風と雲』(朝日新聞社　1972，のち『小川環樹著作集』第1巻　筑摩書房　1997)

5-8　総括

　文書料紙の科学的分析を行った結果，スウェン・ヘディン将来未発表楼蘭出土文書と，他の楼蘭出土文書の間には，いくつかの小さな相違点は認められるものの，両者間には，

> 大きな乖離は認められない．したがって，製紙技術，繊維原料，および製造年代に関し，いささかなりとも違いを示唆するかのごとき発見はなかった
>
> (本書第II部6 リシェル論文 240 頁)

　リシェル女史の結論は，5枚，6点からなる未発表楼蘭文書の科学的分析によって，これらが偽造文書であることを証明することはできないことをいう．このことから，ただちにこれらが真物だと断定する必要十分条件が整ったとはいえないが，本稿において行ってきた考察を女史の分析と総合してみたときに，私はこの6文書は，偽物ではなく，真物と認めて差し支えないのではないかと考えざるをえない．

　まず，その内容において他の楼蘭出土文書の書式，様式と懸隔はないこと．3～4世紀の政治，文化，学術などを背景にした内容をもったものであること．そこに使用されている表現，熟語つまり語句の用例・語法は晋代のそれと齟齬はないばかりでなく，むしろ同様の表現が楼蘭出土の簡牘，紙文書に数多く認められること．そして，何より注目せねばならないのは，文書＜B＞，文書＜C＞，文書＜D＞において，他の楼蘭文書と同一の書体が確認され，しかも同じ内容をもったものであり，同一人が書いた手紙の複数の草稿の一部であると推定されること．また5枚の紙は，当時の紙の大きさとも一致する．リシェル論文で明らかになったように，楼蘭出土紙の完全な大きさは，ほぼ325×320 mm，と推定され，つまり＜A＞～＜E＞の紙の縦の長さもこれに等しい．これらを総合して考えた場合，これらの5枚6点は，楼蘭遺址から出土した3世紀末から4世紀初めにかけての晋代の紙文書であり，その出土地点は西域長史府がそこに置かれていたLA遺址の可能性が極めて高いと考えられるのである．なお，リシェル女史がその分析に取り上げたヘディンおよびスタイン蒐集の楼蘭紙文書は，すべて本稿で参考にしたものであることを付け加えておく．

＊　　　　　＊

　では，これらは，何時，誰が発見し，何故これまでその存在を知られていなかったのか．以下は，スタファン・ローゼン教授の意見を聞き，二人で討論した結果まとめた推論である．

　この五枚の紙文書は，ストックホルムの国立民族学博物館で近年，1975年以降に発見されたものである．1975年以降というのは，民族学博物館 Folkens Museum Etnografiska が今日の場所，ノーベル公園の東，Djurgårdsbrunnsvägen 34 に新たに移転した年であるが，大き目の黄緑がかった茶色の封筒にこの5枚の古紙が入っており，封筒の表には「Sven Hedin」と書かれていた．現在残念ながら封筒は残っていないが，ローゼン教授は確かその筆跡はヘディン自身のそれに極めて類似していたとの印象があるという．

　文書の来歴，由来に関する記録は，現段階では発見できず，よくわからない．考えられる可能性は，次の三つであろう．

(1) ヘディン自身が楼蘭遺跡から発掘した．
(2) ヘディンの共同研究者，つまり西北科学考査団の団員が発掘した．
(3) 古物商から購入した．

このうち，偽物であるとすれば，(3)の場合であるが，すでに本稿で論じたように，6点の文書は楼蘭遺跡，特にLA遺址（この番号はスタインによる遺跡番号だが）出土のヘディン蒐集の紙文書と極めて関連性を持ったものである．偽造としても，製作者は1901年のヘディン蒐集文書を見ずして5点を作り上げることは，絶対に不可能である．後に言及するが，1901年の文書の全容が図版を伴って公開されるのは1920年であり，偽作が開始されたとすれば，それ以後としか考えられない．また，6点の文書のなかには，『急就篇』が含まれていた．楼蘭からも『急就篇』が出土することが判明したのは，スタイン第三次探険（1913〜16）の際であり，それをアンリ・マスペロ Henri Maspero が釈読し，図版とともに公開した Henri Maspero, *Les documents chiois de la troisième expédition de Sir Aurel Stain en Asie centrale* は，1953年の出版に係る．それ以前に果たして存在するかどうかわからない『急就篇』の習書を偽造することを敢えて行ったのだろうか．つまり，かりに6点が偽造されたものだとすると，その製作が何時なのか説明が難しいのである．

もとより，図版が公開される前に出土物の内容を知る機会がないわけではない．加えて，購入品がすべて偽物とは限らない．ただ，「楼蘭出土の紙文書」として購入できたとすれば，それはやはり1927〜1935年にかけて調査を行った西北科学考査団のメンバーによってであり，本書第II部資料編4の「スウェン・ヘディンコレクションにおける偽造サカ文書」でローゼン教授が詳細に解説する，ニルス・アンボルト Nils Ambolt とエリク・ノリン Erik Norin たちがホータン Khotan で手に入れた「ヘディン文書」のなかにこの5枚の紙が含まれていたとの推測である．

しかしながら，この推測にも腑におちないことがある．上記の「ヘディン文書」に，楼蘭漢文紙文書が含まれていたという記録はもとよりなく，アンボルト，ノリンの日記，書簡からもそれは窺がえない．また，そこで入手されたのはローゼン教授のサカ文書の解説に見えるように，漢文以外の文書であり，場所もホータンという楼蘭漢文文書とは連関性のない場所であったことも考慮せねばならない．さらに，この5枚の紙の質はサカ偽文書のそれとはまったく異なるばかりでなく，楼蘭遺址出土の紙と極めて近い．これはリシェル女史が分析するところであった．

以上の状況証拠を鑑みた場合に，(3)の古物商からの購入，またそれゆえ5枚の紙が偽造文書である可能性は極めて少ないと考えざるをえなくなる．

となれば，これは発掘されたものとなろう．繰り返し述べるところだが，5枚の古紙は楼蘭LA遺跡の可能性が高い．ヘディンおよび西北科学考査団ががこの地を訪れたのは，1901年と1934年前後であるが，5枚の紙が，後者つまり1930年以降の発見であること，これも蓋然性が少ないと思える．なぜなら，それまでに，スタインが1906年と1914年の二度にわたってLAを中心にした楼蘭遺跡を発掘調査している．スタインだけでなくその他の遠征隊が楼蘭を訪れたことは，本書の巻頭を飾る Håkan Wahlquist 論文が述べる．かかる経過のなかで，またその調査の徹底性に定評あるスタインが二度の調査のなかで，5枚の完全な古紙の存在に気がつかない，これらを見落とした，そういったことが果たしてありうるのだろうか．

かくして，ローゼン教授と私は次の結論に達せざるをえない．

この5枚の楼蘭関係文書は，1901年，ヘディンが楼蘭遺跡を発見し，同時に多くの晋簡，紙文書を発掘したそのときに出土したものと推測される．
　では，なぜそれが以後のヘディン将来楼蘭文書として公開されなかったのか．
　周知のごとく，1901年に楼蘭から蒐集された文書は，スウェーデンに帰国後早い段階で，ドイツの中国学者カール・ヒムリーKarl Himlyに解読と整理が託された．しかしながらヒムリーは1903年に急死し，翌1904年夏にその仕事はアウグスト・コンラディ August Conradyに引き継がれる．彼の成果，*Die Chinesischen Handschriften-und Sonstigen Kleinfunde Sven Hedins in Lou-Lan* なる書名の図版および釈文解説がストックホルムから出版されたのは，1920年だが，そのなかにはこの6点の文書は採録されていない．コンラディはそれを見てはいなかったのだろう．コンラディの序文によれば，1903年にヒムリーに逢ったときには，楼蘭文書はいくつかに大別されていただけで，解読の作業はほとんど手がつけられてはいなかったという．その後1年も経たずにヒムリーは亡くなり，楼蘭出土の文字資料はヘディンの手にいったん戻されてから，あらためてコンラディに託されることになる．ヘディン → ヒムリー → ヘディン → コンラディ とわずか2年のなかであわただしく行きつ戻りつするなかで，この5枚の紙がコンラディの手に最終的に渡らず残されてしまった．それはこの文書が他の楼蘭紙文書に比べて大型で完全なものであったが為に，別に保管されていたことから生じたアクシデントだった．1920年にコンラディの大著が出版されたとき，件の5枚の文書が採録されていないことを知ったヘディンがどう思ったのか，またそれを以後どのように補足しようとしたのか，わからない．以後，1952年に亡くなる30年の年月は，大戦を挟んだヘディンの波瀾の晩年であり，5枚の文書はそれに比べてとるに足らないものだったのかも知れない．

　1952年の死後，ヘディンの遺志により文字資料の所有権は国立図書館に移管されたのだが，忘れられた5枚の古紙は当然そのなかにはなく，ヘディン財団が管理するヘディンのその他の遺品に20年ばかり紛れてしまっていた．
　以上が，ローゼン教授と私の推測である．もとより，これは仮説にすぎない．これを証明することはできないのかといえば，ひとつ，ヘディンとヒムリーの書簡が残っている．その数は決して少なくないもので，今回の共同研究では手をつけることができなかったのだが，その書簡のなかに何らかの手がかりがあるかも知れない．

補記
　ここに「民族学博物館所蔵の未発表楼蘭文書」として取り上げた5枚，6点の紙文書に関しては，本稿に先だって福田俊昭氏が，「楼蘭文書の発見」(『東洋研究』96　1990)として，すでに個人的に日本で紹介，発表している．ただ，今回所蔵機関との共同調査として多方面から総合的に調査し，またヘディン財団の研究員の意見も取り入れ，1998年3月，スウェーデン国立民族学博物館で「5枚の新出楼蘭文書」と銘打ったシンポジウムを行っことをも踏まえて，ここにあらためて「未発表」であった文字資料として発表する．

6 楼蘭古紙の科学的分析
Technical Examination of the Lou-Lan Paper Documents

アンナ=グレーテ・リシェル
Anna-Grethe Rischel

6-1 分析方法

　本稿で用いた分析方法は，取り扱いに非常に制限が多い紙の文書や美術品に特別に適用できるように考案したものである．
　紙の繊維原料と製紙技術の分析は，資料を傷つけない光学的方法を用いて，目視による分析と顕微鏡分析の両方を組み合わせて行った．目視による分析は，紙全体を詳細に検査し，一方，顕微鏡分析は，非常に限られた調査資料にのみ適用し，検査標本の元の資料をまったく破損しないという限定の下でのみ進めた．したがって目視による観察と異なり，顕微鏡観察は文書やそこに引かれた線画の全体ではなく，採取した検査標本のみを検査しているにすぎない．ただ，顕微鏡観察によって得られる情報は，その紙全体に当てはまると言ってよかろう．
　デンマーク国立博物館は，スウェーデン国立民族学博物館所蔵のスウェン・ヘディンコレクションの中央アジア出土文書とコペンハーゲンの王立図書館所蔵の敦煌文書に関する分析を最近行った．その結果，新たにそれらの文書料紙の製紙技術に関する新しい詳細な情報を得ることができた．この成果は，楼蘭紙の研究で今回我々保存部門が行った中央アジア出土の考古学的な紙の分析調査に，大変有用な参考資料を提供するのである．本稿で扱ったスウェン・ヘディンコレクション (Sven Hedin Collection) からの23点，また，ロンドンの大英図書館所蔵のオーレル・スタインコレクション (Aurel Stein Collection) からの5点の楼蘭文書は，かかる分析調査の一環に他ならない．
　参考資料の手漉きの紙は，元々，ネパールや，タイ，日本で生産されたもので，製紙作業場を訪ねる調査旅行で1984年から1988年にかけて収集したものである．それは元来，産地がはっきりしない18世紀の和紙の繊維原料や製造技術を確定するパイロット・テストに用いたものであった．
　6-2節では，文書がどういった記載形式であるのか，紙については罫線や種別について論じ，目視によってそれを調べた結果と得られた知見を表6-1に示す．顕微鏡検査のた

めに資料から検査標本を採取することが不可能な場合でも，外観や出土地が似通っている紙の顕微鏡検査と組み合わせるならば，目視による観察のみでも，かなり有効な分析ができるといってよい．目視による観察によって，紙すき器や，製紙，乾燥過程，仕上げ加工などの技術がどの様なものだったのかの示唆を得ることができる．取り上げた楼蘭文書の料紙の厚さ，重量，密度，色，柔軟性の測定は，最近採用された台紙を使った保存の方法が，台紙の縁の寸法が不適切であったり，メリネックスを貼り合わせたりしているということからできなかった．したがって，紙の色や透明度，柔軟性の観察は，目視のみによるもので，半ば主観的な分析といわねばならない．

　もうひとつの表6-2は，もっぱら各々の文書から採取した検査標本である微小片の顕微鏡検査で，各種の顕微鏡を組み合わせて用いて行った．走査型電子顕微鏡（SEM）を用いて，検査標本の紙の生地の構造と，含有成分を分析した．検査標本の量が充分な場合は，紙の表面，裏面，断面を各々分析することが可能であるが，今回の楼蘭文書の分析では如上のことは，検査標本の量が限られているため不可能であった．

　微分干渉顕微鏡（DIC）と偏光顕微鏡（POL）は，水を一滴垂らして柔らかくなった状態で，分離した繊維を観察するのに適しているが，できるだけ原資料を変質させたり傷つけたりしないことを目的とするため，繊維に色をつけたり他の化学的処理を施すことはしなかった．繊維原料がどういった状態であるのか，結果としてはどういった繊維の混合からなるのか，どういった繊維が原料であるか確定する有効な特徴を見いだすこと，繊維以外の含有物質が存在しているかどうか，これらはすべてビスパン投射型顕微鏡（VPM）による組織の解明を持ち出すまでもなく顕微鏡観察の根幹といってよかろう．

　6-4，6-5節は，目視による観察ならびに顕微鏡的観察から得た情報に，参照資料から得た情報を組み合わせて行う分析である．目的は，楼蘭文書料紙を製造するのに用いた製紙技術を解明するとともに，その繊維原料の出所を確定することである．コペンハーゲンの王立図書館所蔵の敦煌文書やストックホルムのスウェーデン国立民族学博物館所蔵のサカSaka文書と楼蘭文書とを比較することにより，中央アジアにおいて，初期の製紙技術がどのように発展していったかに光明を与えることになろう．

6-2　楼蘭出土文書の分析

1　スウェン・ヘディンコレクション：1993-27-1
　　未発表文書〈A-1〉，〈A-2〉（AGR 77）—————————— 図6-1

[記載形式]

　文書には，表面に署名が一ヶ所と，表面，背面ともに文字が書かれている．表面は1行当り11〜12文字で8行半，背面にも8行半．折り目による罫線や，余白はない．背面の墨の色は，滲みや擦れのない黒色と，ねずみ色がかった黒である．墨が浸透しており，両面とも反対面にかかれた文字がわずかに見える．幅：197 mm，縦：240 mm．

［紙］

不透明で，粘土色がかった茶色．紙質は堅い．表面の左上かどに，砂・粘土の光った粒子が付着している．糸目痕や簣床による縞模様の漉むらはないが，葦の莚による不規則な簀の目痕が観察される．繊維の分布は不均一．繊維の方向は，文章の行に平行である．背面に，いくつかの粗い繊維束や糸状の繊維がある．

2 スウェン・ヘディンコレクション：1993-27-2
未発表文書＜B＞（AGR 78）――――――――――――――――― 図6-2

［記載形式］

1行当り11〜12文字で7行．罫線や罫線の代わりとした何らかの目安の存在は確認できない．墨の色は黒で，滲みはないが，背面に浸透している．文書が，行に直角に中央線にそって折られていたところは，かすかに文字に擦れがみられる．幅：191 mm，縦：227 mm．

［紙］

不透明で，淡い黄色．かすかな糸目痕や葦の莚による簀の目痕が見られる．曲がりやすい紙で，紙の背面にできている縮れが原因で，紙の表面に皺がある．背面の縮れはおそらく，紙の乾燥過程でついた木構造物の痕か，刷毛目痕であると考えられる．

3 スウェン・ヘディンコレクション：1993-27-3
未発表文書＜C＞（AGR 79）

［記載形式］

1行当り11〜12文字で3行半と，それより小さい文字が書かれた行が2行．墨の色は黒で，滲みがなく鮮明であるが，背面に浸透している．文書が折られていたところは，かすかに文字に擦れがみられる．幅：117 mm，縦：225 mm．

［紙］

淡い黄色で，厚さは薄い．糸目痕や簣床による縞模様の漉むらはない．行に直角に3本，平行に1本の折り線がある．背面に，葦の莚による簀の目痕と木目をもった構造物の痕跡――おそらく，紙の乾燥過程でついた壁の木目を持った構造物の痕――が見られる．

4 スウェン・ヘディンコレクション：1993-27-4
未発表文書＜D＞（AGR 80）

［記載形式］

1行当り16〜17文字で7行．訂正個所があり，また余白はない．行に平行に7本の目安線が，1.5〜1.7 cm間隔でひかれており，ねずみ色がかった黒色の墨で文字がかかれている．墨の滲みや擦れはないが，背面に浸透している．それぞれ一本の縦と横方向の折り線にそって2度折られ，かなり長期にわたってその状態のままになっていたと思える．文書の4分の3の部分には，墨の滲みがないのに対し，文書の背面の4分の1の部分は，

他の部分より汚れている．幅：104 mm，縦：226 mm．

［紙］
　不透明で，砂色がかったねずみ色．厚さは，薄い．糸目痕や簀床による縞模様の漉むらは観察されないが，葦の莚による簀の目痕が観察される．繊維の分布はわずかに不均一．

5　スウェン・ヘディンコレクション：1993-27-5
未発表文書＜E＞（AGR 81）

［記載形式］
　行当り 17 文字で 4 行半．行に平行に罫線が引かれている．墨の色は，ねずみ色がかった黒から黒っぽい色まで幅がある．墨の滲みや擦れはない．幅：71 mm，縦：250 mm．

［紙］
　不透明で，粘土色がかった茶色．紙質は，堅い．葦の莚による糸目痕や簀の目痕などが見られるが，簀床による縞模様の漉むらはない．繊維の分布は不均一で，いくつかの繊維束と複数の繊維からなる糸状の小さい断片が背面にある．

6　スウェン・ヘディンコレクション：1903-26-301
Co. I-1（AGR 83）——————————————— 図 6-3

［記載形式］
　1 行当り 35～36 文字で，6 行．上端の余白が 113 mm，下端の余白が 150 mm．10 mm 間隔で，行に平行に実線でない罫線がひかれている．墨の滲み，擦れ，背面への浸透はない．幅：50 mm，縦：262 mm．

［紙］
　不透明で，砂色がかったねずみ色．表面には，所々，小さい金茶色のシミがあり，光った粒子も付着している．紙質は曲がりやすい．糸目痕の鎖状の線や簀床による縞模様の漉むらはないが，葦を編んだ莚による不規則な簀の目痕が付いている．繊維の分布は均一で，粗い繊維束が一つある．

7　スウェン・ヘディンコレクション：1903-26-302
Co. I-2（AGR 84）——————————————— 図 6-4，6-5

［記載形式］
　1 行当り 8～9 文字で，4 行．行間にねずみ色がかった黒色の文字のかすかな跡がある．罫線はない．幅：125 mm，縦：233 mm．

［紙］
　半透明で，白色．曲がりやすい紙質．糸目痕の鎖状の線や簀床による縞模様の漉むらはないが，葦を編んだ莚による簀の目痕が付いている．繊維の分布は均一．

8　スウェン・ヘディンコレクション：1903-26-303 A
　　　Co. I-3-1 (AGR 85) ──────────────────────── 図6-6

[記載形式]

　1行当り10〜12文字で，6行．罫線や余白はない．墨の擦れや痕が，文書を折った線にそってある．幅：150 mm，縦：218 mm．

[紙]

　半透明で，白色．厚さは，薄い．糸目痕の鎖状の線や簀床による縞模様の漉むらはないが，葦を編んだ莚による簀の目痕が付いている．繊維の分布はわずかに不均一で，粗い繊維束が一つ．

9　スウェン・ヘディンコレクション：1903-26-307
　　　Co. I-7 (AGR 86)

[記載形式]

　両面に文字が書かれている．表面には，1行当り10文字で，3行半．背面には，文字の練習がしてある．表面の墨の文字が，薄い紙の背面にまで浸透しているが，墨の滲みはない．幅：112 mm，縦：228 mm．

[紙]

　わずかに透明で，砂色がかったねずみ色．糸目痕の鎖状の線や簀床による縞模様の漉むらはないが，葦を編んだ莚による不規則な簀の目痕が付いている．繊維の分布は不均一で，粗い繊維束が一つ．背面に，刷毛目痕がある．

10　スウェン・ヘディンコレクション：1903-26-309 A
　　　Co. I-9, 1A (AGR 87)

[記載形式]

　小さい断片．1行当り5文字で，1行．墨の色は黒．墨の滲みや擦れはない．幅：50 mm，縦：155 mm．

[紙]

　不透明で，砂色がかったねずみ色．葦を編んだ莚による不規則な簀の目痕が付いている．背面に，刷毛目痕がある．

11　スウェン・ヘディンコレクション：1903-26-309 B
　　　Co. I-9, 1B (AGR 88)

[記載形式]

　1行当り5文字で，2行半．墨の滲みや擦れはない．幅：85 mm，縦：160 mm．

[紙]

　不透明で，砂色がかったねずみ色．糸目痕の鎖状の線や簀床による縞模様の漉むらは

ないが，紙すき器の莚でできた簀による不規則な簀の目痕が付いている．背面に，粘土の粒子が付着している．背面に刷毛目痕がある．

12　スウェン・ヘディンコレクション：1903-26-309 C
　　Co. I-9, 1C (AGR 89) ─────────────────── 図 6-7

[記載形式]

　小さい断片．わずか2文字が書かれている．墨が背面にまで浸透している．幅：35 mm，縦：155 mm．

[紙]

　砂色がかったねずみ色．糸目痕の鎖状の線や簀床による縞模様の漉むらはないが，紙すき器の莚でできた簀による不規則な簀の目痕が付いている．刷毛で掃いた跡がある．繊維の分布は均一．

13　スウェン・ヘディンコレクション：1903-26-309 D
　　Co. I-9, 2 (AGR 90)

[記載形式]

　小さい断片．1行文字が書かれている．墨が背面にまで浸透しており，背面からでも表に書かれた文字が見える．幅：25 mm，縦：115 mm．

[紙]

　不透明で，砂色がかったねずみ色．葦を編んだ莚による不規則な簀の目痕が付いている．粗い繊維束が一つ．

14　スウェン・ヘディンコレクション：1903-26-310
　　Co. I-10 (AGR 91) ─────────────────────── 図 6-8

[記載形式]

　文字が両面に書かれている．表面には，1行当り16～18文字で，10行．背面には，4行．罫線はない．筆跡は2種類．幅：62 mm，縦：180 mm．

[紙]

　不透明で，砂色がかったねずみ色．紙質は堅い．糸目痕の鎖状の線や簀床による縞模様の漉むらはないが，葦を編んだ莚による簀の目痕がわずかに付いている．刷毛目痕が背面にみられる．繊維の分布は不均一で，粗い繊維束が一つある．

15　スウェン・ヘディンコレクション：1903-26-317 B
　　Co. I-17, 1 (AGR 92) ────────────────────── 図 6-9

[記載形式]

　1行当り5～7文字で，5行．罫線はない．墨の滲みや擦れはない．幅：55 mm，縦：110 mm．

［紙］

不透明で，砂色がかったねずみ色．糸目痕の鎖状の線や簀床による縞模様の漉むらはない．紙すき器の莚でできた簀による簀の目痕で，目にみえるのもはない．繊維の分布は不均一で，いくつかの粗い繊維束がある．

16　スウェン・ヘディンコレクション：1903-26-319 A
Co, I-19, 1 (AGR 93)────────────────────── 図6-10

［記載形式］

1行当り5～6文字で，6行．墨が背面にまで浸透しており，背面からでも表に書かれた文字が見える．墨の滲みや擦れはない．幅：120 mm，縦：115 mm．

［紙］

不透明で，砂色がかったねずみ色．表面はわずかに皺がよっている．葦を編んだ莚による不規則な簀の目痕が付いている．繊維の分布は不均一で，いくつかの粗い繊維束．

17　スウェン・ヘディンコレクション：1903-26-321 A
Co. I-21, 1 (AGR 94)

［記載形式］

非常に小さい断片．わずか1文字半が書かれているにすぎない．墨が背面にまで浸透している．墨の滲みや擦れはない．幅：40 mm，縦：50 mm．

［紙］

不透明で，砂色がかったねずみ色．葦を編んだ莚による不規則な簀の目痕が付いている．繊維の分布はわずかに不均一．

18　スウェン・ヘディンコレクション：1903-26-321 B
Co. I-21, 2 (AGR 95)

［記載形式］

非常に小さい断片．わずか2文字半が書かれている1行があるにすぎない．墨の色は黒．墨の滲みや擦れはない．幅：50 mm，縦：75 mm．

［紙］

不透明で，砂色がかったねずみ色．葦を編んだ莚による不規則な簀の目痕が付いている．繊維の分布は，どちらかというと均一．

19　スウェン・ヘディンコレクション：1903-26-322 L
Co. I-22, 12 (AGR 96)

［記載形式］

2文字半が書かれている1行．墨の色は黒色．墨の滲みや擦れはないが，墨が背面にまで浸透している．幅：30 mm，縦：130 mm．

［紙］

　不透明で，砂色がかったねずみ色．表面に，わずかに皺がよっている．葦を編んだ莚による不規則な簀の目痕が付いている．繊維の分布は均一．

20　スウェン・ヘディンコレクション：1903-26-322 M
　　Co. I-22, 13 (AGR 97)

［記載形式］

　3文字が書かれている1行．墨の滲みや擦れはないが，墨が背面にまで浸透している．幅：42 mm，縦：127 mm．

［紙］

　不透明で，砂色がかったねずみ色．葦を編んだ莚による不規則な簀の目痕が付いている．繊維の分布は不均一で，粗い繊維束が一つ．背面に，刷毛で掃いた跡がある．

21　スウェン・ヘディンコレクション：1903-26-327 C
　　Co. I-27, 2 (AGR 98) ──────────── 図6-11

［記載形式］

　黒色の墨で文字が2行半書かれている．その行間に，さらに小さい別の文字がねずみ色がかった黒色で1行書かれている．墨の滲みや擦れはないが，墨が背面にまで浸透している．幅：30 mm，縦：117 mm．

［紙］

　不透明で，砂色がかったねずみ色．葦を編んだ莚による不規則な簀の目痕が付いている．

22　スウェン・ヘディンコレクション：1903-26-331 A
　　Co. I-31, 1A (AGR 99) ──────────── 図6-12

［記載形式］

　表面には，文字が5行，背面には6行書かれている．墨の滲みや擦れはないが，墨が紙に浸透しており，両面とも裏側に書かれた文字がわずかに見える．幅：65 mm，縦：153 mm．

［紙］

　半透明で，砂色がかったねずみ色．葦を編んだ莚による線の簀の目痕が付いている．繊維の分布は不均一で，不規則．

23　スウェン・ヘディンコレクション：1903-26-333 A
　　Co. I-33, 2 (AGR 100)

［記載形式］

　表面には，1行当り12〜13文字で6行，背面には1行当り13〜14文字で9行書かれている．罫線は消えている．表面には，わずかに墨の擦れがある．また，墨が紙に浸透

しており，両面とも裏側に書かれた文字がわずかに見える．幅：130 mm，縦：220 mm．

［紙］

不透明で，白色．葦を編んだ筵による不規則な簀の目痕が付いている．表面は，皺がよっている．背面の上部に，粘土粒子が層になって付着している．繊維の分布はわずかに不均一．糸目痕の鎖状の線や簀床による縞模様の漉むらはない．

24　オーレル・スタインコレクション：
　　OR 8212. M. 169, site number.: L. A. IIx 04. (AGR 101) ── 図6-13

［記載形式］

表面には，1行当り1文字半～4文字半で3行と，4行の罫線．背面には，表面より大きい文字が2行書かれている．そのうちの1行には2文字半，もう1行には2文字が書かれている．紙の両端は真っ直ぐで，一方は破れている．墨の滲みはないが，墨の擦れや紙への浸透があり，両面とも裏側に書かれた文字がわずかに見える．使用されている墨の色は2種類．背面に使用されている黒色の墨に比較して，表面の文字や罫線の墨は，ねずみ色がかっている．幅：113 mm，縦：130 mm．

［紙］

不透明で，粘土に似た茶色．葦を編んだ筵による不規則な簀の目痕が付いている．表面は，皺がよっている．繊維の分布は不均一．糸目痕の鎖状の線や簀床による縞模様の漉むらはない．

25　オーレル・スタインコレクション：
　　OR 8212. M. 170, site number.: L. A. IIx 05. (AGR 102)

［記載形式］

表面には，1行当り1文字半～5文字で3行と，4行の罫線．背面には，表面より大きい文字が2行書かれている．そのうちの1行には3文字，もう1行には2文字が書かれている．紙の2端はどちらかというと真っ直ぐで，一方は破れている．表面に使用された墨は，ねずみ色がかった黒で，墨の滲みや擦れはない．背面に使用された墨は，黒である．幅：103 mm，縦：126 mm．

［紙］

不透明で，粘土色に似た茶色．葦を編んだ筵による不規則な簀の目痕が付いている．表面は，皺がよっている．繊維の分布は不均一．糸目痕の鎖状の線や簀床による縞模様の漉むらはない．

26　オーレル・スタインコレクション：
　　OR 8212. M. 171, site number.: L. c. i. 017. (AGR 103)
　　　　　　　　　　　　　　　　　　　　　　── 図6-14, 6-15

[記載形式]

　表面には，1行当り2文字半～8文字で7行と，7行の罫線．背面には，1行当り2～6文字で4行と，2行の罫線．紙の2端は真っ直ぐで（縦の寸法は完全である），2端とも破れている．墨の滲みや擦れはないが，墨が紙に浸透しており，両面とも裏側に書かれた文字が見える．表面に使用されている墨は，ねずみ色がかった黒．背面に使用された墨は，罫線はねずみ色がかった黒で，文字は黒である．幅：250 mm，縦：227 mm．

[紙]

　不透明で，粘土色に似た茶色．葦を編んだ莚による不規則な簀の目痕が付いている．表面は，皺がよっている．繊維の分布は不均一．糸目痕の鎖状の線や簀床による縞模様の漉むらはない．

27　オーレル・スタインコレクション：
OR 8212. M. 172, site number.：L. E. i. 5.（AGR 104）

[記載形式]

　表面には，1行当り2～4文字で2行半と，1行の罫線．背面には，表面より大きい文字で，1文字半が半行書かれている．紙の一端は真っ直ぐで，2端とも破れている．墨の滲みや擦れはないが，墨が紙に浸透しており，両面とも裏側に書かれた文字が見える．使用されている墨の色は，表面がねずみ色がかった黒，背面が黒である．幅：43 mm，縦：115 mm．

[紙]

　不透明で，粘土色に似た茶色．葦を編んだ莚による簀の目痕が付いている．表面は，皺がよっている．繊維の分布は不均一．糸目痕の鎖状の線や簀床による縞模様の漉むらはない．

28　オーレル・スタインコレクション：
OR 8212. M. 173, site number.：L. F. ii. O7.（AGR 105）

[記載形式]

　表面には，1行当り3～4文字半で2行半と，3行の罫線．背面には，表面より大きい文字で，1行当り2～2文字半が2行書かれている．紙の2端は真っ直ぐで，2端とも破れている．墨の滲みはないが，墨の擦れや，紙への浸透があり，両面とも裏側に書かれた文字が見える．両面とも文字に使用されている墨の色は，ねずみ色がかった黒から黒の間で，はばがある．幅：101 mm，縦：131 mm．

[紙]

　不透明で，色は粘土に似た茶色で，その色調は不均一である．葦を編んだ莚による不規則な簀の目痕が付いている．表面は，平らではなく皺がよっている．繊維の分布は不均一でまだらである．糸目痕の鎖状の線や簀床による縞模様の漉むらはない．

29　オーレル・スタインコレクション：
　　OR 8212. M. 169–M. 173. (AGR 106)

［記載形式］

　表面は，1行当り8文字で7行．罫線は10行．背面は，表面より大きい文字で6行．罫線は1行．この文書は前述の5つの文書断片から成り，各辺が完全な一枚の文書となっている．墨の滲みや擦れはないが，墨が背面に浸透していることから，両面からとも裏に書かれた文字が見える．墨の色は，表面はねずみ色がかった黒で，背面は黒である．幅：325 mm，縦：230 mm．

［紙］

　不透明で粘土に似た茶色．表面は平らではなく皺がよっており，葦の筵による不規則な痕跡がついている．繊維の分布は不均質かつ不規則で，むらがある．糸目痕の鎖状の線や簀床による縞模様の漉むらはない．

6-3 分析表

表6-1 目視観察(1)

	楼蘭出土紙，スウェン・ヘディン	AGR77	AGR78	AGR79	AGR80	AGR81
	国立民族学博物館，番号	1993.27	1993.27	1993.27	1993.27	1993.27
		1	2	3	4	5
	紙の寸法，外観，特徴					
B01	文書の幅　25-85mm					71mm
B02	文書の幅　86-135mm			117mm	104mm	
B03	文書の幅　136-325mm	197mm	191mm			
B04	文書の縦　50-120mm					
B05	文書の縦　121-184mm					
B06	文書の縦　185-275mm	240mm	227mm	225mm	226mm	250mm
B07	縁が切り取られていない紙					
B08	文書縦の完全さ	完全	完全	完全	完全	完全
B09	全て縁が切り取られるか，破れている	3端は完全	3端は完全	3端は完全	2端は完全	3端は完全
B25	粗織り素材の痕跡					
B27	簀床による漉むら					
B28	細い竹・藁・葦を編んだ莚の痕跡	藁，葦	藁，葦	藁，葦	藁，葦	藁，葦
B29	糸目の間隔　26-36mm	痕跡なし		痕跡なし	痕跡なし	
B30	糸目の間隔　37-75mm		45mm			45mm
B31	二重の糸目の間隔　7-20mm					
B32	簀床による漉むらの間隔　65-80mm	漉むらなし	漉むらなし	漉むらなし	漉むらなし	漉むらなし
B33	簀床による漉むらの間隔　81-125mm					
B34	竹，藁，葦の簀の目　11-17/3cm	14-15/3cm	16/3cm	14/3cm	17/3cm	14-15/3cm
B35	竹，藁，葦の簀の目　18-23/3cm					
B36	竹，藁，葦の簀の目　24-30/3cm					
B44	紙の表面・艶がある					
B45	紙の表面・艶がない	艶なし	艶なし	艶なし	艶なし	艶なし
B46	紙の表面・滑らか	滑らか	滑らか	滑らか	滑らか	滑らか
B47	紙の表面・粗い	フェルト状				フェルト状
B48	繊維分布・不規則	皺がよっている	皺がよっている	皺がよっている		
B49	柔軟性・堅い	堅い		堅い		堅い
B50	柔軟性・曲がりやすい		曲がりやすい		曲がりやすい	
B51	柔軟性・軟らかい					
B55	繊維分布・均質				均等	
B56	繊維分布・僅かに不均一	不均一	不均一	不均一		不均一
B57	繊維分布・不規則	不規則				
B58	繊維方向・顕著	顕著				顕著
B59	繊維方向・不揃い					
B60	刷毛痕，刷毛目の筋					
B61	木構造又は壁の痕跡	木	木	壁		
B62	紙の色・薄黄色		薄黄色	薄黄色		
B63	紙の色・芥子色					
B64	紙の色・茶					
B65	紙の色・砂色みの鼠色				砂色みの鼠色	
B66	紙の色・粘土色みの茶色	粘土色みの茶				粘土色みの茶
B67	白色の紙の色					

目視観察(2)

	楼蘭出土紙，スウエン・ヘディン	AGR83	AGR84	AGR85	AGR86	AGR87
	国立民族学博物館，番号	1903.26	1903.26	1903.26	1903.26	1903.26
		301	302	303A	307	309A
	紙の寸法，外観，特徴					
B01	文書の幅　25-85mm	50mm				50mm
B02	文書の幅　86-135mm		125mm		112mm	
B03	文書の幅　136-325mm			150mm		
B04	文書の縦　50-120mm					
B05	文書の縦　121-184mm					155mm
B06	文書の縦　185-275mm	262mm	233mm	218mm	228mm	
B07	縁が切り取られていない紙					
B08	文書縦の完全さ	完全	完全	完全	完全	不完全
B09	全て縁が切り取られるか，破れている	2端は完全	2端は完全	2端は完全	2端は完全	全ての端
B25	粗織り素材の痕跡					
B27	簀床による漉むら					
B28	細い竹・藁・葦を編んだ莚の痕跡	藁，葦	藁，葦	藁，葦	藁，葦	藁，葦
B29	糸目の間隔　26-36mm	痕跡なし	痕跡なし	痕跡なし	痕跡なし	痕跡なし
B30	糸目の間隔　37-75mm					
B31	二重の糸目の間隔　7-20mm					
B32	簀床による漉むらの間隔　65-80mm	漉むらなし	漉むらなし	漉むらなし	漉むらなし	漉むらなし
B33	簀床による漉むらの間隔　81-125mm					
B34	竹，藁，葦の簀の目　11-17/3cm	15/3cm	16/3cm	16/3cm	15/3cm	17/3cm
B35	竹，藁，葦の簀の目　18-23/3cm					
B36	竹，藁，葦の簀の目　24-30/3cm					
B44	紙の表面・艶がある					
B45	紙の表面・艶がない	艶なし	艶なし	艶なし	艶なし	艶なし
B46	紙の表面・滑らか	滑らか	滑らか	滑らか	滑らか	滑らか
B47	紙の表面・粗い	フェルト状				フェルト状
B48	繊維分布・不規則				皺がよっている	
B49	柔軟性・堅い					
B50	柔軟性・曲がりやすい	曲がりやすい	曲がりやすい	曲がりやすい	曲がりやすい	曲がりやすい
B51	柔軟性・軟らかい					
B55	繊維分布・均質	均等	均等			均等
B56	繊維分布・僅かに不均一			不均一	不均一	
B57	繊維分布・不規則					
B58	繊維方向・顕著	顕著	顕著	顕著	顕著	顕著
B59	繊維方向・不揃い					
B60	刷毛痕，刷毛目の筋				刷毛目の筋	刷毛目の筋
B61	木構造又は壁の痕跡					
B62	紙の色・薄黄色					
B63	紙の色・芥子色					
B64	紙の色・茶					
B65	紙の色・砂色みの鼠色	砂色みの鼠色			砂色みの鼠色	砂色みの鼠色
B66	紙の色・粘土色みの茶色					
B67	白色の紙の色		白	白		

目視観察(3)

	楼蘭出土紙，スウエン・ヘディン	AGR88	AGR89	AGR90	AGR91	AGR92
	国立民族学博物館，番号	1903.26 309B	1903.26 309C	1903.26 309D	1903.26 310	1903.26 317B
	紙の寸法，外観，特徴					
B01	文書の幅　25-85mm	85mm	35mm	25mm	62mm	55mm
B02	文書の幅　86-135mm					
B03	文書の幅　136-325mm					
B04	文書の縦　50-120mm			115mm		110mm
B05	文書の縦　121-184mm	160mm	155mm		180mm	
B06	文書の縦　185-275mm					
B07	縁が切り取られていない紙					
B08	文書縦の完全さ	不完全	不完全	不完全	不完全	不完全
B09	全て縁が切り取られるか，破れている	全ての端	全ての端	全ての端	1端は完全	全ての端
B25	粗織り素材の痕跡					
B27	簀床による漉むら					
B28	細い竹・藁・葦を編んだ莚の痕跡	藁，葦	藁，葦	藁，葦	藁，葦	痕跡なし
B29	糸目の間隔　26-36mm	痕跡なし	痕跡なし	痕跡なし	痕跡なし	痕跡なし
B30	糸目の間隔　37-75mm					
B31	二重の糸目の間隔　7-20mm					
B32	簀床による漉むらの間隔　65-80mm	漉むらなし	漉むらなし	漉むらなし	漉むらなし	漉むらなし
B33	簀床による漉むらの間隔　81-125mm					
B34	竹，藁，葦の簀の目　11-17/3cm	17/3cm	16/3cm	16/3cm	うすい痕跡	痕跡なし
B35	竹，藁，葦の簀の目　18-23/3cm					
B36	竹，藁，葦の簀の目　24-30/3cm					
B44	紙の表面・艶がある					
B45	紙の表面・艶がない	艶なし	艶なし	艶なし	艶なし	艶なし
B46	紙の表面・滑らか	滑らか	滑らか	滑らか	滑らか	滑らか
B47	紙の表面・粗い	フェルト状	フェルト状		フェルト状	フェルト状
B48	繊維分布・不規則					
B49	柔軟性・堅い				堅い	
B50	柔軟性・曲がりやすい	曲がりやすい	曲がりやすい	曲がりやすい		曲がりやすい
B51	柔軟性・軟らかい					
B55	繊維分布・均質	均等	均等			
B56	繊維分布・僅かに不均一			不均一	不均一	不均一
B57	繊維分布・不規則			不規則		不規則
B58	繊維方向・顕著	顕著	顕著		顕著	顕著
B59	繊維方向・不揃い			不揃い		
B60	刷毛痕，刷毛目の筋	刷毛目の筋	刷毛目の筋		刷毛目の筋	
B61	木構造又は壁の痕跡					
B62	紙の色・薄黄色					
B63	紙の色・芥子色					
B64	紙の色・茶					
B65	紙の色・砂色みの鼠色	砂色みの鼠色	砂色みの鼠色	砂色みの鼠色	砂色みの鼠色	砂色みの鼠色
B66	紙の色・粘土色みの茶色					
B67	白色の紙の色					

目視観察(4)

	楼蘭出土紙，スウエン・ヘディン	AGR93	AGR94	AGR95	AGR96	AGR97
	国立民族学博物館，番号	1903.26	1903.26	1903.26	1903.26	1903.26
		319A	321A	321B	322L	322M
	紙の寸法，外観，特徴					
B01	文書の幅　25-85mm		40mm	50mm	30mm	42mm
B02	文書の幅　86-135mm	120mm				
B03	文書の幅　136-325mm					
B04	文書の縦　50-120mm	115mm	50mm	75mm		
B05	文書の縦　121-184mm				130mm	127mm
B06	文書の縦　185-275mm					
B07	縁が切り取られていない紙					
B08	文書縦の完全さ	不完全	不完全	不完全	不完全	不完全
B09	全て縁が切り取られるか，破れている	全ての端	全ての端	全ての端	全ての端	全ての端
B25	粗織り素材の痕跡					
B27	簀床による漉むら					
B28	細い竹・藁・葦を編んだ莚の痕跡	藁，葦	藁，葦	藁，葦	藁，葦	藁，葦
B29	糸目の間隔　26-36mm	痕跡なし	痕跡なし	痕跡なし	痕跡なし	痕跡なし
B30	糸目の間隔　37-75mm					
B31	二重の糸目の間隔　7-20mm					
B32	簀床による漉むらの間隔　65-80mm	漉むらなし	漉むらなし	漉むらなし	漉むらなし	漉むらなし
B33	簀床による漉むらの間隔　81-125mm					
B34	竹，藁，葦の簀の目　11-17/3cm	16/3cm	15-16/3cm	15/3cm	13/3cm	16-17/3cm
B35	竹，藁，葦の簀の目　18-23/3cm					
B36	竹，藁，葦の簀の目　24-30/3cm					
B44	紙の表面・艶がある					
B45	紙の表面・艶がない	艶なし	艶なし	艶なし	艶なし	艶なし
B46	紙の表面・滑らか	滑らか	滑らか	滑らか	滑らか	滑らか
B47	紙の表面・粗い	フェルト状	フェルト状	フェルト状	フェルト状	フェルト状
B48	繊維分布・不規則	皺がよっている			皺がよっている	
B49	柔軟性・堅い					
B50	柔軟性・曲がりやすい	曲がりやすい	曲がりやすい	曲がりやすい	曲がりやすい	曲がりやすい
B51	柔軟性・軟らかい					
B55	繊維分布・均質			均等	均等	
B56	繊維分布・僅かに不均一	不均一	不均一	不均一		不均一
B57	繊維分布・不規則					
B58	繊維方向・顕著	顕著	顕著	顕著	顕著	顕著
B59	繊維方向・不揃い	不揃い				
B60	刷毛痕，刷毛目の筋					刷毛目の筋
B61	木構造又は壁の痕跡					
B62	紙の色・薄黄色					
B63	紙の色・芥子色					
B64	紙の色・茶					
B65	紙の色・砂みの鼠色	砂色みの鼠色	砂色みの鼠色	砂色みの鼠色	砂色みの鼠色	砂色みの鼠色
B66	紙の色・粘土色みの茶色					
B67	白色の紙の色					

目視観察(5)

		AGR98	AGR99	AGR100
	楼蘭出土紙，スウエン・ヘディン			
	国立民族学博物館，番号	1903.26	1903.26	1903.26
		327C	331A	333A
	紙の寸法，外観，特徴			
B01	文書の幅　25-85mm	30mm	65mm	
B02	文書の幅　86-135mm			130mm
B03	文書の幅　136-325mm			
B04	文書の縦　50-120mm	117mm		
B05	文書の縦　121-184mm		153mm	
B06	文書の縦　185-275mm			220mm
B07	縁が切り取られていない紙			
B08	文書縦の完全さ	完全	不完全	完全
B09	全て縁が切り取られるか，破れている	全ての端	全ての端	2端は完全
B25	粗織り素材の痕跡			
B27	簀床による漉むら			
B28	細い竹・藁・葦を編んだ莚の痕跡	藁，葦	藁，葦	藁，葦
B29	糸目の間隔　26-36mm	痕跡なし	痕跡なし	痕跡なし
B30	糸目の間隔　37-75mm			
B31	二重の糸目の間隔　7-20mm			
B32	簀床による漉むらの間隔　65-80mm	漉むらなし	漉むらなし	漉むらなし
B33	簀床による漉むらの間隔　81-125mm			
B34	竹，藁，葦の簀の目　11-17/3cm	16-17/3cm	16/3cm	15/3cm
B35	竹，藁，葦の簀の目　18-23/3cm			
B36	竹，藁，葦の簀の目　24-30/3cm			
B44	紙の表面・艶がある			
B45	紙の表面・艶がない	艶なし	艶なし	艶なし
B46	紙の表面・滑らか	滑らか	滑らか	滑らか
B47	紙の表面・粗い	フェルト状		
B48	繊維分布・不規則			皺がよっている
B49	柔軟性・堅い			
B50	柔軟性・曲がりやすい	曲がりやすい	曲がりやすい	曲がりやすい
B51	柔軟性・軟らかい			
B55	繊維分布・均質	均等		均等
B56	繊維分布・僅かに不均一		不均一	不均一
B57	繊維分布・不規則			
B58	繊維方向・顕著	顕著	顕著	顕著
B59	繊維方向・不揃い			
B60	刷毛痕，刷毛目の筋			
B61	木構造又は壁の痕跡			
B62	紙の色・薄黄色			
B63	紙の色・芥子色			
B64	紙の色・茶			
B65	紙の色・砂色みの鼠色	砂色みの鼠色	砂色みの鼠色	
B66	紙の色・粘土色みの茶色			
B67	白色の紙の色			白

目視観察(6)

	楼蘭出土紙，オーレル・スタイン	AGR101	AGR102	AGR103	AGR104	AGR105
	大英図書館，東洋インド部門コレクション番号	OR8212 480.M169	OR8212 481.M170	OR8212 482.M171	OR8212 483.M172	OR8212 484.M173
	紙の寸法，外観，特徴					
B01	文書の幅　25-85mm				43mm	
B02	文書の幅　86-135mm	113mm	103mm			101mm
B03	文書の幅　136-325mm			250mm		
B04	文書の縦　50-120mm				115mm	
B05	文書の縦　121-184mm	130mm	126mm			131mm
B06	文書の縦　185-275mm			227mm		
B07	縁が切り取られていない紙					
B08	文書縦の完全さ	完全	完全	完全	不完全	不完全
B09	全て縁が切り取られるか，破れている	2端は完全	1端は完全	3端は完全	1端は完全	2端は完全
B25	粗織り素材の痕跡					
B27	簀床による漉むら					
B28	細い竹・藁・葦を編んだ莚の痕跡	藁, 葦	藁, 葦	藁, 葦	藁, 葦	藁, 葦
B29	糸目の間隔　26-36mm	痕跡なし	痕跡なし	痕跡なし	痕跡なし	痕跡なし
B30	糸目の間隔　37-75mm					
B31	二重の糸目の間隔　7-20mm					
B32	簀床による漉むらの間隔　65-80mm	漉むらなし	漉むらなし	漉むらなし	漉むらなし	漉むらなし
B33	簀床による漉むらの間隔　81-125mm					
B34	竹，藁，葦の簀の目　11-17/3mm	15-17/3cm	15-17/3cm			
B35	竹，藁，葦の簀の目　18-23/3mm			17-19/3cm	17-19/3cm	17-19/3cm
B36	竹，藁，葦の簀の目　24-30/3mm					
B44	紙の表面・艶がある					
B45	紙の表面・艶がない	艶なし	艶なし	艶なし	艶なし	艶なし
B46	紙の表面・滑らか	滑らか	滑らか	滑らか	滑らか	滑らか
B47	紙の表面・粗い					
B48	繊維分布・不規則	皺がよっている	皺がよっている	皺がよっている	皺がよっている	皺がよっている
B49	柔軟性・堅い					
B50	柔軟性・曲がりやすい					
B51	柔軟性・軟らかい					
B55	繊維分布・均質					
B56	繊維分布・僅かに不均一	不均一	不均一	不均一	不均一	
B57	繊維分布・不規則					不規則
B58	繊維方向・顕著					
B59	繊維方向・不揃い	不揃い	不揃い	不揃い	不揃い	不揃い
B60	刷毛痕，刷毛目の筋					
B61	木構造又は壁の痕跡					
B62	紙の色・薄黄色					
B63	紙の色・芥子色					
B64	紙の色・茶					
B65	紙の色・砂色みの鼠色					
B66	紙の色・粘土みの茶色	粘土色みの茶	粘土色みの茶	粘土色みの茶	粘土色みの茶	粘土色みの茶
B67	白色の紙の色					

表6-2 顕微鏡観察(1)

		AGR77	AGR78	AGR79	AGR80	AGR81
	楼蘭出土紙，スウエン・ヘディン	1993.27	1993.27	1993.27	1993.27	1993.27
	スウェーデン国立民族学博物館番号	1	2	3	4	5
	繊維原料					
C01	細い繊維と太い繊維の混合	混合				混合
C02	単一の粗い未分散繊維	粗い繊維				粗い繊維
C03	繊維の幅平均　11-13μ					
C04	繊維の幅平均　14-20μ	19μ				18μ
C05	繊維の幅平均　21-26μ		21μ	23μ	31μ	
C06	繊維の最小幅　4-6μ			5μ		5μ
C07	繊維の最小幅　7-8μ		11μ			
C08	繊維の最小幅　9-17μ	10μ			13μ	
C09	繊維の最大幅　18-29μ					
C10	繊維の最大幅　30-39μ					32μ
C11	繊維の最大幅　40-70μ	42μ	43μ	70μ	64μ	
C12	繊維の長さ平均　1.2-3.5mm	2.46mm	2.82mm		2.79mm	
C13	繊維の長さ平均　3.6-5.5mm			4.23mm		5.39mm
C14	繊維の長さ平均　5.6-8.9mm					
C15	繊維の最小長さ　0.4-1.9mm	0.80mm	0.95mm	0.45mm	1.67mm	
C16	繊維の最小長さ　2.0-4.0mm					3.60mm
C17	繊維の最小長さ　4.1-6.7mm	4.85mm				
C18	繊維の最大長さ　2.5-7.0mm		4.50mm		5.30mm	
C19	繊維の最大長さ　7.1-13.0mm			9.8mm		9.15mm
C20	繊維の最大長さ　13.1-14.5mm					
C21	繊維幅	様々	様々	様々	様々	様々
C22	繊維端・ゆるやかな尖形・尖形	尖形	尖形	尖形	尖形	尖形
C23	繊維端・丸い	丸い		丸い	丸い	
C24	繊維端・箒状	箒状	箒状	箒状	箒状	箒状
C25	繊維端の表面・滑らか		滑らか		滑らか	滑らか
C26	繊維端の表面・少しなみうっている	波打っている	波打っている			波打っている
C27	繊維表面・滑らか	滑らか	滑らか	滑らか	滑らか	滑らか
C28	繊維表面・うね状になった縦の筋				縦のうね	縦のうね
C29	繊維の構造の乱れ	乱れてる	乱れてる	乱れてる		乱れてる
C30	単繊維上の斜め横断模様	斜め	斜め			斜め
C31	単繊維上の横断模様	横断				横断
C32	単繊維上の短い横断模様					多数
C33	繊維の膨潤	膨潤	膨潤	膨潤		膨潤
C34	繊維の縮れ					
C35	繊維一次壁のゆるみ	ゆるんでいる				ゆるんでいる
C36	繊維一次壁のゆるみ・折れ曲がっている		壁折れ曲がり			
C43	繊維間の非結晶物質					
C45	散在する繊維間の非結晶物質	散在	散在	散在	散在	
C49	繊維原料・箒状化した繊維	箒状化			箒状化	
C50	繊維原料・高度に箒状化した繊維		高度に箒状化	高度に箒状化	高度に箒状化	高度に箒状化
C51	植物体一部の星型結晶集合　単一	単一		単一		
C52	植物体一部の星型結晶集合　複数					
C53	植物体一部の角柱状結晶　単一	角柱状			角柱状	
C54	植物体一部の角柱状結晶　複数					
C55	単一の生の澱粉粒子		澱粉粒子	澱粉粒子	澱粉粒子	澱粉粒子
C56	生の澱粉粒子の集合					
C58	下地物粒子	石膏	白堊	白堊	石膏	石膏
C65	細胞の中心からずれた細胞空孔	中心からずれている			中心からずれている	中心からずれている
C66	細胞の中心にある細い細胞空孔	細い		細い		細い
C67	太い細胞空孔		太い		太い	太い
C68	繊維末端のほつれ	ほつれている	ほつれている	ほつれている	ほつれている	
C69	土壌粒子	粘土・砂	粘土・砂	粘土・砂	粘土・砂	粘土・砂
C70	土壌粒子			塩		塩

顕微鏡観察(2)

	楼蘭出土紙，スウエン・ヘディン	AGR83	AGR84	AGR85	AGR86	AGR87
	スウェーデン国立民族学博物館番号	1903.26	1903.26	1903.26	1903.26	1903.26
		301	302	303A	307	309A
	繊維原料					
C01	細い繊維と太い繊維の混合	混合	混合	混合	混合	混合
C02	単一の粗い未分散繊維		粗い繊維		粗い繊維	粗い繊維
C03	繊維の幅平均　11-13μ	12μ				
C04	繊維の幅平均　14-20μ		16μ	18μ	17μ	17μ
C05	繊維の幅平均　21-26μ					
C06	繊維の最小幅　4-6μ	5μ	5μ	6μ		5μ
C07	繊維の最小幅　7-8μ				8μ	
C08	繊維の最小幅　9-17μ					
C09	繊維の最大幅　18-29μ	21μ	29μ		29μ	
C10	繊維の最大幅　30-39μ					
C11	繊維の最大幅　40-70μ			40μ		45μ
C12	繊維の長さ平均　1.2-3.5mm	3.59mm	2.40mm	2.22mm	2.01mm	2.59mm
C13	繊維の長さ平均　3.6-5.5mm					
C14	繊維の長さ平均　5.6-8.9mm					
C15	繊維の最小長さ　0.4-1.9mm	1.92mm	1.25mm	1.30mm	0.95mm	1.30mm
C16	繊維の最小長さ　2.0-4.0mm					
C17	繊維の最小長さ　4.1-6.7mm					
C18	繊維の最大長さ　2.5-7.0mm	5.16mm	5.25mm	3.85mm	4.50mmm	3.75mm
C19	繊維の最大長さ　7.1-13.0mm					
C20	繊維の最大長さ　13.1-14.5mm					
C21	繊維幅	様々	様々	様々	様々	様々
C22	繊維端・ゆるやかな尖形・尖形	尖形	尖形	尖形	尖形	尖形
C23	繊維端・丸い		丸い	丸い	丸い	
C24	繊維端・箒状		箒状	箒状		
C25	繊維端の表面・滑らか					
C26	繊維端の表面・少しなみうっている				波打っている	波打っている
C27	繊維表面・滑らか		滑らか	滑らか	滑らか	滑らか
C28	繊維表面・うね状になった縦の筋		縦のうね	縦のうね		
C29	繊維の構造の乱れ	乱れてる	乱れてる			
C30	単繊維上の斜め横断模様					
C31	単繊維上の横断模様	横断	多数			
C32	単繊維上の短い横断模様	多数	多数	多数		
C33	繊維の膨潤	膨潤	膨潤	膨潤	膨潤	膨潤
C34	繊維の縮れ	縮れ				縮れ
C35	繊維一次壁のゆるみ	ゆるんでいる				
C36	繊維一次壁のゆるみ・折れ曲がっている					交叉して折れている
C43	繊維間の非結晶物質					
C45	散在する繊維間の非結晶物質	散在			散在	散在
C49	繊維原料・箒状化した繊維		箒状化	箒状化	箒状化	箒状化
C50	繊維原料・高度に箒状化した繊維					
C51	植物体一部の星型結晶集合　単一	単一				
C52	植物体一部の星型結晶集合　複数	複数				
C53	植物体一部の角柱状結晶　単一					
C54	植物体一部の角柱状結晶　複数					
C55	単一の生の澱粉粒子	澱粉粒子		澱粉粒子		澱粉粒子
C56	生の澱粉粒子の集合					
C58	下地物粒子		石膏	石膏	石膏	石膏
C65	細胞の中心からずれた細胞空孔	中心からずれている	中心からずれている	中心からずれている	中心からずれている	中心からずれている
C66	細胞の中心にある細い細胞空孔	細い	細い	細い	細い	
C67	太い細胞空孔		太い	太い	太い	太い
C68	繊維末端のほつれ	ほつれている	ほつれている	ほつれている	ほつれている	ほつれている
C69	土壌粒子	粘土・砂	粘土・砂	粘土・砂	粘土・砂	粘土・砂
C70	土壌粒子					

顕微鏡観察(3)

	楼蘭出土紙，スウエン・ヘディン	AGR88	AGR89	AGR90	AGR91	AGR92
	スウェーデン国立民族学博物館番号	1903.26	1903.26	1903.26	1903.26	1903.26
		309B	309C	309D	310	317B
	繊維原料					
C01	細い繊維と太い繊維の混合	混合	混合	混合	混合	混合
C02	単一の粗い未分散繊維			粗い繊維	粗い繊維	粗い繊維
C03	繊維の幅平均　11-13μ					
C04	繊維の幅平均　14-20μ		15μ	18μ	18μ	18μ
C05	繊維の幅平均　21-26μ	21μ				
C06	繊維の最小幅　4-6μ		5μ	6μ		
C07	繊維の最小幅　7-8μ				8μ	8μ
C08	繊維の最小幅　9-17μ	12μ				
C09	繊維の最大幅　18-29μ				27μ	29μ
C10	繊維の最大幅　30-39μ	37μ	37μ	36μ		
C11	繊維の最大幅　40-70μ					
C12	繊維の長さ平均　1.2-3.5mm	2.08mm	2.50mm		2.55mm	2.62mm
C13	繊維の長さ平均　3.6-5.5mm			3.8mm		
C14	繊維の長さ平均　5.6-8.9mm					
C15	繊維の最小長さ　0.4-1.9mm	1.45mm	1.4mm	1.5mm	0.95mm	1.15mm
C16	繊維の最小長さ　2.0-4.0mm					
C17	繊維の最小長さ　4.1-6.7mm			4.9mm		
C18	繊維の最大長さ　2.5-7.0mm	3.00mm		6.4mm	6.4mm	5.25mm
C19	繊維の最大長さ　7.1-13.0mm					
C20	繊維の最大長さ　13.1-14.5mm					
C21	繊維幅		様々	様々	様々	様々
C22	繊維端・ゆるやかな尖形・尖形		尖形	尖形	ゆるやかな尖形	
C23	繊維端・丸い	丸い	丸い	丸い	丸い	丸い
C24	繊維端・箒状	箒状		箒状		
C25	繊維端の表面・滑らか		滑らか	滑らか		
C26	繊維端の表面・少しなみうっている					
C27	繊維表面・滑らか		滑らか	滑らか	滑らか	滑らか
C28	繊維表面・うね状になった縦の筋	縦のうね	縦のうね		縦のうね	縦のうね
C29	繊維の構造の乱れ			乱れてる	乱れてる	乱れてる
C30	単繊維上の斜め横断模様					斜め
C31	単繊維上の横断模様			横断	多数	
C32	単繊維上の短い横断模様				多数	多数
C33	繊維の膨潤			膨潤	膨潤	
C34	繊維の縮れ		収縮			
C35	繊維一次壁のゆるみ	ゆるんでいる				
C36	繊維一次壁のゆるみ・折れ曲がっている					
C43	繊維間の非結晶物質					
C45	散在する繊維間の非結晶物質					
C49	繊維原料・箒状化した繊維		箒状化	箒状化		箒状化
C50	繊維原料・高度に箒状化した繊維	高度に箒状化	高度に箒状化		高度に箒状化	
C51	植物体一部の星型結晶集合　単一					
C52	植物体一部の星型結晶集合　複数					
C53	植物体一部の角柱状結晶　単一					
C54	植物体一部の角柱状結晶　複数					
C55	単一の生の澱粉粒子			澱粉粒子		澱粉粒子
C56	生の澱粉粒子の集合					
C58	下地物粒子	石膏	石膏	石膏	石膏	石膏
C65	細胞の中心からずれた細胞空孔			中心からずれている	中心からずれている	中心からずれている
C66	細胞の中心にある細い細胞空孔	細い	細い	細い	細い	
C67	太い細胞空孔					太い
C68	繊維末端のほつれ	ほつれている	ほつれている	ほつれている	ほつれている	ほつれている
C69	土壌粒子	粘土・砂	粘土・砂	粘土・砂	粘土・砂	粘土・砂
C70	土壌粒子					塩

顕微鏡観察(4)

	楼蘭出土紙，スウエン・ヘディン	AGR93	AGR94	AGR95	AGR96	AGR97
	スウェーデン国立民族学博物館番号	1903.26	1903.26	1903.26	1903.26	1903.26
		319A	321A	321B	322L	322M
	繊維原料					
C01	細い繊維と太い繊維の混合	混合	混合	混合	混合	混合
C02	単一の粗い未分散繊維	粗い繊維				粗い繊維
C03	繊維の幅平均　11-13μ					
C04	繊維の幅平均　14-20μ	19μ	15μ	14μ	16μ	19μ
C05	繊維の幅平均　21-26μ					
C06	繊維の最小幅　4-6μ		5μ	6μ		5μ
C07	繊維の最小幅　7-8μ				7μ	
C08	繊維の最小幅　9-17μ	13μ				
C09	繊維の最大幅　18-29μ	27μ		23μ	26μ	
C10	繊維の最大幅　30-39μ		30μ			
C11	繊維の最大幅　40-70μ					51μ
C12	繊維の長さ平均　1.2-3.5mm		3.4mm		1.2mm	1.6mm
C13	繊維の長さ平均　3.6-5.5mm			4.0mm		
C14	繊維の長さ平均　5.6-8.9mm	6.6mm				
C15	繊維の最小長さ　0.4-1.9mm		1.8mm	1.8mm	0.6mm	1.1mm
C16	繊維の最小長さ　2.0-4.0mm					
C17	繊維の最小長さ　4.1-6.7mm	6.4mm				
C18	繊維の最大長さ　2.5-7.0mm	6.9mm	5.8mm		2.8mm	2.8mm
C19	繊維の最大長さ　7.1-13.0mm			7.9mm		
C20	繊維の最大長さ　13.1-14.5mm					
C21	繊維幅	様々	様々	様々	様々	様々
C22	繊維端・ゆるやかな尖形・尖形	尖形	尖形	尖形	尖形	
C23	繊維端・丸い	丸い	丸い	丸い	丸い	丸い
C24	繊維端・箒状	箒状		箒状	箒状	
C25	繊維端の表面・滑らか	滑らか			滑らか	滑らか
C26	繊維端の表面・少しなみうっている			波打っている	波打っている	
C27	繊維表面・滑らか	滑らか	滑らか	滑らか	滑らか	滑らか
C28	繊維表面・うね状になった縦の筋		縦のうね	縦のうね	縦のうね	縦のうね
C29	繊維の構造の乱れ	乱れてる	乱れてる	乱れてる		
C30	単繊維上の斜め横断模様		複数			
C31	単繊維上の横断模様	多数		横断		多数
C32	単繊維上の短い横断模様					
C33	繊維の膨潤	膨潤	膨潤	膨潤	膨潤	
C34	繊維の縮れ			縮れ	縮れ	縮れ
C35	繊維一次壁のゆるみ					ゆるんでいる
C36	繊維一次壁のゆるみ・折れ曲がっている					
C43	繊維間の非結晶物質					
C45	散在する繊維間の非結晶物質					
C49	繊維原料・箒状化した繊維	箒状化	箒状化	箒状化		箒状化
C50	繊維原料・高度に箒状化した繊維				高度に箒状化	
C51	植物体一部の星型結晶集合　単一					単一
C52	植物体一部の星型結晶集合　複数					
C53	植物体一部の角柱状結晶　単一					
C54	植物体一部の角柱状結晶　複数					
C55	単一の生の澱粉粒子	澱粉粒子		澱粉粒子		澱粉粒子
C56	生の澱粉粒子の集合					
C58	下地物粒子	石膏	石膏	石膏	石膏	石膏
C65	細胞の中心からずれた細胞空孔	中心からずれている	中心からずれている		中心からずれている	
C66	細胞の中心にある細い細胞空孔	細い	細い	細い		細い
C67	太い細胞空孔		太い			
C68	繊維末端のほつれ	ほつれている	ほつれている	ほつれている	ほつれている	ほつれている
C69	土壌粒子	粘土・砂	粘土・砂	粘土・砂	粘土・砂	粘土・砂
C70	土壌粒子		塩			塩

顕微鏡観察(5)

		AGR98	AGR99	AGR100
	楼蘭出土紙，スウエン・ヘディン	1903.26	1903.26	1903.26
	スウェーデン国立民族学博物館番号	327C	331A	333A
	繊維原料			
C01	細い繊維と太い繊維の混合	混合	混合	混合
C02	単一の粗い未分散繊維			
C03	繊維の幅平均　11-13μ			12μ
C04	繊維の幅平均　14-20μ	14μ	18μ	
C05	繊維の幅平均　21-26μ			
C06	繊維の最小幅　4-6μ	6μ	7μ	4μ
C07	繊維の最小幅　7-8μ			
C08	繊維の最小幅　9-17μ			
C09	繊維の最大幅　18-29μ			28μ
C10	繊維の最大幅　30-39μ	36μ		
C11	繊維の最大幅　40-70μ		52μ	
C12	繊維の長さ平均　1.2-3.5mm	2.2mm	2.2mm	
C13	繊維の長さ平均　3.6-5.5mm			4.7mm
C14	繊維の長さ平均　5.6-8.9mm			
C15	繊維の最小長さ　0.4-1.9mm	1.0mm	0.9mm	1.9mm
C16	繊維の最小長さ　2.0-4.0mm			
C17	繊維の最小長さ　4.1-6.7mm	4.7mm		
C18	繊維の最大長さ　2.5-7.0mm		3.5mm	
C19	繊維の最大長さ　7.1-13.0mm			7.3mm
C20	繊維の最大長さ　13.1-14.5mm			
C21	繊維幅	様々	様々	様々
C22	繊維端・ゆるやかな尖形・尖形	尖形	尖形	尖形
C23	繊維端・丸い	丸い	丸い	丸い
C24	繊維端・箒状	箒状	箒状	
C25	繊維端の表面・滑らか	滑らか	滑らか	滑らか
C26	繊維端の表面・少しなみうっている		波打っている	
C27	繊維表面・滑らか	滑らか	滑らか	滑らか
C28	繊維表面・うね状になった縦の筋	縦のうね	縦のうね	
C29	繊維の構造の乱れ	乱れてる	乱れてる	
C30	単繊維上の斜め横断模様			
C31	単繊維上の横断模様	多数	横断	横断
C32	単繊維上の短い横断模様			
C33	繊維の膨潤	膨潤		膨潤
C34	繊維の縮れ	縮れ		縮れ
C35	繊維一次壁のゆるみ		ゆるんでいる	
C36	繊維一次壁のゆるみ・折れ曲がっている			
C43	繊維間の非結晶物質			
C45	散在する繊維間の非結晶物質	箒状化		
C49	繊維原料・箒状化した繊維			箒状化
C50	繊維原料・高度に箒状化した繊維			
C51	植物体一部の星型結晶集合　単一			
C52	植物体一部の星型結晶集合　複数			
C53	植物体一部の角柱状結晶　単一			
C54	植物体一部の角柱状結晶　複数			
C55	単一の生の澱粉粒子			
C56	生の澱粉粒子の集合			
C58	下地物粒子	石膏	石膏	白堊
C65	細胞の中心からずれた細胞空孔	中心からずれている		
C66	細胞の中心にある細い細胞空孔	細い	細い	細い
C67	太い細胞空孔	太い		
C68	繊維末端のほつれ	ほつれている	ほつれている	ほつれている
C69	土壌粒子	粘土・砂	粘土・砂	粘土・砂
C70	土壌粒子			

顕微鏡観察(6)

		AGR101	AGR102	AGR103	AGR104	AGR105
	楼蘭出土紙，オーレル・スタイン	OR8212	OR8212	OR8212	OR8212	OR8212
	大英図書館，東洋インド部門コレクション番号	480 M169	481 M170	482 M171	483 M172	484 M173
	繊維原料		(資料なし)		(資料なし)	(資料なし)
C01	細い繊維と太い繊維の混合	混合		混合		
C02	単一の粗い未分散繊維	粗い繊維		粗い繊維		
C03	繊維の幅平均　11-13μ					
C04	繊維の幅平均　14-20μ	14μ		14μ		
C05	繊維の幅平均　21-26μ					
C06	繊維の最小幅　4-6μ			4μ		
C07	繊維の最小幅　7-8μ	7μ				
C08	繊維の最小幅　9-17μ					
C09	繊維の最大幅　18-29μ	22μ				
C10	繊維の最大幅　30-39μ			30μ		
C11	繊維の最大幅　40-70μ					
C12	繊維の長さ平均　1.2-3.5mm	1.29mm		1.70mm		
C13	繊維の長さ平均　3.6-5.5mm					
C14	繊維の長さ平均　5.6-8.9mm					
C15	繊維の最小長さ　0.4-1.9mm	0.5mm		1.2mm		
C16	繊維の最小長さ　2.0-4.0mm					
C17	繊維の最小長さ　4.1-6.7mm					
C18	繊維の最大長さ　2.5-7.0mm	2.25mm		2.65mm		
C19	繊維の最大長さ　7.1-13.0mm					
C20	繊維の最大長さ　13.1-14.5mm					
C21	繊維幅	様々		様々		
C22	繊維端・ゆるやかな尖形・尖形	尖形		尖形		
C23	繊維端・丸い	丸い		丸い		
C24	繊維端・箒状	箒状		箒状		
C25	繊維端の表面・滑らか	滑らか		滑らか		
C26	繊維端の表面・少しなみうっている	波打っている		波打っている		
C27	繊維表面・滑らか	滑らか		滑らか		
C28	繊維表面・うね状になった縦の筋	縦のうね		縦のうね		
C29	繊維の構造の乱れ					
C30	単繊維上の斜め横断模様	斜め		斜め		
C31	単繊維上の横断模様	横断		横断		
C32	単繊維上の短い横断模様					
C33	繊維の膨潤	膨潤		膨潤		
C34	繊維の縮れ	縮れ		縮れ		
C35	繊維一次壁のゆるみ	ゆるんでいる		ゆるんでいる		
C36	繊維一次壁のゆるみ・折れ曲がっている					
C43	繊維間の非結晶物質					
C45	散在する繊維間の非結晶物質					
C49	繊維原料・箒状化した繊維					
C50	繊維原料・高度に箒状化した繊維	高度に箒状化		高度に箒状化		
C51	植物体一部の星型結晶集合　単一					
C52	植物体一部の星型結晶集合　複数					
C53	植物体一部の角柱状結晶　単一					
C54	植物体一部の角柱状結晶　複数					
C55	単一の生の澱粉粒子	澱粉粒子				
C56	生の澱粉粒子の集合					
C58	下地物粒子	石膏		石膏		
C65	細胞の中心からずれた細胞空孔	中心からずれている		中心からずれている		
C66	細胞の中心にある細い細胞空孔	細い		細い		
C67	太い細胞空孔	太い		太い		
C68	繊維末端のほつれ	ほつれている		ほつれている		
C69	土壌粒子	粘土・砂		粘土・砂		
C70	土壌粒子	塩				

表6-3　顕微鏡観察

スウェン・ヘディンコレクション及びオーレル・スタインコレクションの楼蘭繊維の実験的同定，スウェーデン国立民族学博物館及び大英図書館所蔵

		叩解又は再生繊維		未叩解繊維			
スウェン・ヘディンコレクション							
AGR77	1993.27.1	苧麻		桑			雁皮・沈丁花
AGR78	1993.27.2	苧麻	大麻・亜麻	桑		稲わら	雁皮・沈丁花
AGR79	1993.27.3	苧麻	大麻・亜麻	桑		稲わら	雁皮・沈丁花
AGR80	1993.27.4	苧麻	大麻・亜麻	桑		稲わら	雁皮・沈丁花
AGR81	1993.27.5	苧麻	大麻・亜麻	桑		稲わら	
AGR83	1903.26.301		大麻・亜麻	桑		稲わら	雁皮・沈丁花
AGR84	1903.26.302	苧麻	大麻・亜麻	桑			雁皮・沈丁花
AGR85	1903.26.303A	苧麻	大麻・亜麻				雁皮・沈丁花
AGR86	1903.26.307	苧麻	大麻・亜麻	桑	竹	稲わら	
AGR87	1903.26.309A	苧麻	大麻・亜麻	桑	竹		
AGR88	1903.26.309B	苧麻	大麻・亜麻	桑			
AGR89	1903.26.309C	苧麻			竹		雁皮・沈丁花
AGR90	1903.26.309D	苧麻	大麻・亜麻		竹		雁皮・沈丁花
AGR91	1903.26.310	苧麻	大麻・亜麻			稲わら	
AGR92	1903.26.317B	苧麻		桑			雁皮・沈丁花
AGR93	1903.26.319A	苧麻	大麻・亜麻	桑			
AGR94	1903.26.321A	苧麻	大麻・亜麻	桑		稲わら	雁皮・沈丁花
AGR95	1903.26.321B		大麻・亜麻	桑			雁皮・沈丁花
AGR96	1903.26.322L	苧麻	大麻・亜麻		竹		雁皮・沈丁花
AGR97	1903.26.322M	苧麻	大麻・亜麻	桑			雁皮・沈丁花
AGR98	1903.26.327C	苧麻	大麻・亜麻		竹		雁皮・沈丁花
AGR99	1903.26.331A	苧麻	大麻・亜麻	桑			雁皮・沈丁花
AGR100	1903.26.333A	苧麻	大麻・亜麻	桑			雁皮・沈丁花
オーレル・スタインコレクション							
AGR101	OR.8212.M.169	苧麻	大麻・亜麻	桑		稲わら	雁皮・沈丁花
AGR103	OR.8212.M.170	苧麻	大麻・亜麻	桑		稲わら	雁皮・沈丁花

6-4　スウェーデン国立民族学博物館所蔵未発表楼蘭出土文書

　今回の分析で初めに取り上げた5点の資料は，ヘディンコレクション所収の楼蘭文書に関する出版物には，従来なぜか掲載されていなかった（この点については本書第II部資料編5冨谷論文参照）．したがってここで，それら5点の未発表楼蘭出土文書の目視および顕微鏡分析結果が全体として，他のスウェン・ヘディンコレクションおよびオーレル・スタイン卿コレクション楼蘭出土文書の分析結果と一致するかどうかを明らかにすることは，興味深いことである．
　特に未発表楼蘭出土文書に関して目視による比較分析を行い，あらまし以下の結果が得られた．

1. 調査した28点の文書のうち，5点の未発表楼蘭出土文書を含む11点の文書は，縦の寸法は完全である．5点の未発表楼蘭出土文書の縦寸法は，225〜250ミリメートルの範囲になり，これは，218〜262ミリメートルと表示されている他の6点の縦寸法と齟齬をきたさない．
2. 5点の未発表楼蘭出土文書のうち，2点の文書に糸目痕が観察される．今回分析したのこりの文書には，糸目痕は観察されない．
3. 未発表楼蘭出土文書および分析を行った他の楼蘭出土文書はそのどちらにも，特徴的な簀の目痕が3cm当り14〜17本観察される．
4. 分析調査した文書は共通に，紙の表面に艶がない（ざらっとしている）．紙の色は，砂色がかったねずみ色を基調として粘土色がかった茶色，薄い黄白色の範囲にある．未発表文書の色は，薄い黄色が2点，砂色がかったねずみ色が1点，粘土色がかった茶色が2点である．つまり，それら5点の未発表楼蘭出土文書の色は，オーレル・スタインコレクションの楼蘭文書の色と似通っている．

　未発表楼蘭出土文書と今回分析を行った他の楼蘭出土文書の顕微鏡分析を比較した結果として，以下のことが明らかになった．

1. 走査型電子顕微鏡による分析の結果，5点の未発表楼蘭出土文書を含む23点の文書に石膏や白亜が混ざっているまたは下地として含まれているのが観察された．
2. 未発表楼蘭出土文書のうちの4点を含む13点の文書に，澱粉粒子が顕微鏡分析により確認された．
3. 主として3〜5種類の植物を利用して叩解した繊維と水に溶かして柔らかくした繊維を混ぜ合わせる．これが未発表楼蘭出土文書，および分析を行った他の楼蘭出土文書の両方に共通する紙質の特徴といってもよい．

文書料紙の科学分析を行った結果，スウェン・ヘディン将来未発表楼蘭出土文書と，他の楼蘭出土文書の間には，いくつかの小さな相違点は認められるものの，両者の間には，大きな乖離は認められない．したがって，製紙技術，繊維原料，および製造年代に関し，いささかなりとも違いを示唆するかのごとき発見はなかったといえよう．

6-5　製紙技術の発達に関する考察

　楼蘭出土文書を目視調査したところ，取り上げた28点のうち26点の文書に，葦を編んだ筵の漉簀による簀の目痕がみられた．簀の目痕がついた部分は紙が薄く，多少不規則な線となって現れている．紙槽に浮かべて使用する，固定した簀床を持つ紙すき器に用いられている粗織りの布の跡がついた文書は，ひとつもない．このことは，紙の形成過程で使用する紙すき器に，葦を編んだしなやかな筵を用いたことを示す．

　分析検査した楼蘭出土文書のうちの2点のみに，葦を編んだ筵の編み糸の跡が鎖状の線となってついた糸目跡や，その筵を支える細木による縞模様の漉むらが観察された．それはおそらく，紙の繊維が均一に分布していないからであろう．時代を下った敦煌文書やサカ文書に見られるような，糸目痕や細木による漉むらよりも，楼蘭文書では簀の目痕のほうがより目につく．しかし，何故，糸目痕や細木による漉むらがほとんど観察されないのか，別の理由も考えられる．紙の表面を滑らかで均一にするために，葦を編んだ筵の上に薄い織物を敷いて用いたのかも知れない．そのような漉簀を使用した場合，糸目痕や細木による漉きむらは薄くなるか，目につかない程度になるが，和紙 —— 細い竹や葦を編んだ筵の上に絹を一枚敷いた漉簀を用いる —— に似た，簀の目痕が残るのである．

　文書が断片であるため，楼蘭文書料紙をつくるのに用いた紙すき器の大きさをはっきりと知るのは難しい．特に，紙すき器の幅は，オーレル・スタイン卿コレクションの楼蘭文書の目視による検査をロンドンの大英図書館で2000年4月初旬に試みるまで，謎であった．当初，わずか4点の断片だが，それらの断片に書かれていた書体が似ていたことから，選んで分析されることになった．それらの4点の断片は，他の楼蘭出土の文書3点と一緒に2枚のメリネックスのシートに固定されており，4ヶ所の考古学的発掘地から出土したものである．目視による検査の過程で，書かれている文字の筆跡がよく似た断片がさらにもう1点見つかり，その1点を加えた，合計5点の断片を精密に突き合わせ，各痕跡や画線を繋ぎ合わせたところ，最終的には，書かれている文字や罫線が表面，裏面ともに一致し，また紙の縁も横幅や縦がまったく欠けていない，325ミリメートル×230ミリメートルの大きさのほぼ完全な一つの文書に復元できたのである．（図6-16-A，6-16-B）

　楼蘭出土の完全な紙の寸法がこうして初めて測定されたことによって，紙すき器が，楼蘭出土文書で用いられたどちかというと真四角なものから，敦煌文書やサカ文書料紙の製造で用いられたわずかに大きく，横長の長方形の紙すき器へと，また糸目痕や細木

による漉むらの縞模様が多少はっきりと付く葦や細い竹を編んで造った簾を利用するように発展したことを窺い知ることができる.

　今回の分析で取り上げた楼蘭文書料紙の紙質は，大きく三つに分類することができる．厚く，不透明な紙質．薄く，不透明な紙質．そして，半透明な紙質である．どの文書の保存状況も良好で，おそらく，光や湿度，物理的な損傷から何世紀にもわたって守られてきたからに相違ない．楼蘭文書料紙は多くの場合，裏面が幾分フェルト状になっているのに対して，表面は滑らかである．しかし，紙の表面により光沢を持つ後の敦煌文書やサカ文書に比較すると，楼蘭文書料紙の表面は艶がない．

　取り上げた6点の資料で，紙の裏面に刷毛で掃いた跡が観察されたのだが，このことは，紙がまだ湿っている間に紙すき器から剝がした後，堅いものの表面に貼り付け，刷毛を用いて紙の表面を平らにしてから，紙を乾燥させたことがわかる．3点の文書の裏に残っている木構造の痕や壁の木目痕が，その刻印ともいえる．

　顕微鏡分析によると，ほとんどの文書に石膏の微粒子が含まれているのが観察されるが，その石膏が紙の不透明度を増すと同時に吸湿性を減らす目的で，パルプ間の隙間を埋めるものとして加えられたのか，或いは滲み止めや艶だしの目的で乾燥した紙の表面の下地として加えられたものなのか，はっきりとはわからない．墨が滲んだ所は観察されないが，墨が紙の裏面にまで浸透していることは，紙の仕上げ加工として施した石膏や白堊を用いた下地と滲み止め，艶だしなどの処理がともに組み合わさって，墨が滲むのを防いだとも考えられる．

　走査型電子顕微鏡による検査の結果，土壌に含まれる各物質の存在が明らかになった．検査した楼蘭文書のすべてに粘土や砂の粒子が，また，6点の文書に塩が観察された．顕微鏡分析した2点のスタインコレクションの楼蘭文書断片について言えば，元々は一枚の紙だったものである．にもかかわらず，予想に反して，塩が観察されたのは，そのうちの一方の断片のみであった．5点のスタインコレクションの楼蘭文書断片の紙質や外観を詳細に目視検査した結果，肉眼的にはまったく差異が認められなかったのだが，それらの文書断片は何百年にもわたって異なる場所，土壌にそれぞれが埋められていたがため，顕微鏡検査を行って初めて判明するような差異が生じていたのである．

　ほとんどの資料において，繊維の分布が均一だとは言えない．それは，未叩解繊維と叩解繊維が均一に混合していないことや，繊維の漉水や静置に充分な時間をかけていないためであろう．顕微鏡検査で，13点の資料に生の単一の澱粉粒子が観察され，トロロアオイ（黄蜀葵）から抽出した樹粘液に類似した紙薬，もしくは澱粉抽出液を用いた紙の艶だし兼滲み止め剤を紙の仕上げ加工で使用したことを示している．

　楼蘭文書料紙の繊維原料は，2種類以上の植物の繊維を混ぜ合わせたもので，それらの繊維は未叩解である場合と，叩解されている場合の両者が認められる．取り上げた文書は共通して，未叩解のものと多少なりとも叩解された繊維の両方を含んでおり，3，5種類の異なる植物からとった様々な状態の繊維が混在しているというのが典型的なものである．苧麻，大麻，亜麻の叩解もしくは再生繊維またはその両方が，未叩解の桑，竹，稲わら，雁皮，沈丁花などの繊維と配合されているのが観察される．しかし，含まれている繊維原料を正確に鑑定するには，もしそれが可能だとすれば，参考資料の純粋

な繊維をさらに研究する必要があるだろう．現段階では，限られた検査資料を実験的に鑑定したにすぎない．

　麻類などの篩部繊維のなかには，簡単に箒状化するものもある．ボロ布や衣類の再生繊維の場合は，叩解すると繊維はある程度，もしくはかなりの程度，箒状化する．背面に，糸状により合わさった繊維が観察された資料が2点のみあった．未叩解繊維がそのまま残っているものと，かなり箒状化した叩解繊維が混合しているというのが，楼蘭文書料紙の繊維原料の特質である．このかなり箒状化した叩解繊維は，繊維構造が非常に乱れており，また結晶物質と非結晶物質が繊維間にまばらに存在することから，未叩解繊維より膨潤している．

　これらの観察結果は，完全に個々の繊維に分解するために篩部素材をかなり激しく突き砕いたということと，その叩解処理の後，繊維を念入りに幾度も水洗いしたことを示す．楼蘭文書料紙には粗い繊維束と夾雑物を含んでいることや，繊維の分布が不均一であることから，後の敦煌文書やサカ文書——繊維の分別が充分行われて均質であり，繊維分布も均一である——と比較し，繊維の分別を注意深く行わず，また紙の形成段階でパルプの漉水に充分な時間をかけずに製造されたようである．

　繊維の分布が不均一で粗い繊維束があり夾雑物も含まれてはいるが，これらのごく初期につくられた中央アジアの楼蘭文書料紙は，紙製造に特に適した選り抜きの繊維原料でつくられており，言うに言われぬ高貴な美しさと優れた紙質を備えた完璧な紙といえよう．この生産技術を土台に，すでに充分実用化されていた製紙技術はさらに完成された製紙工芸へと発展し，紙製法の知識はシルクロードに沿って他の文化圏へと広まったのである．

6　楼蘭古紙の科学的分析

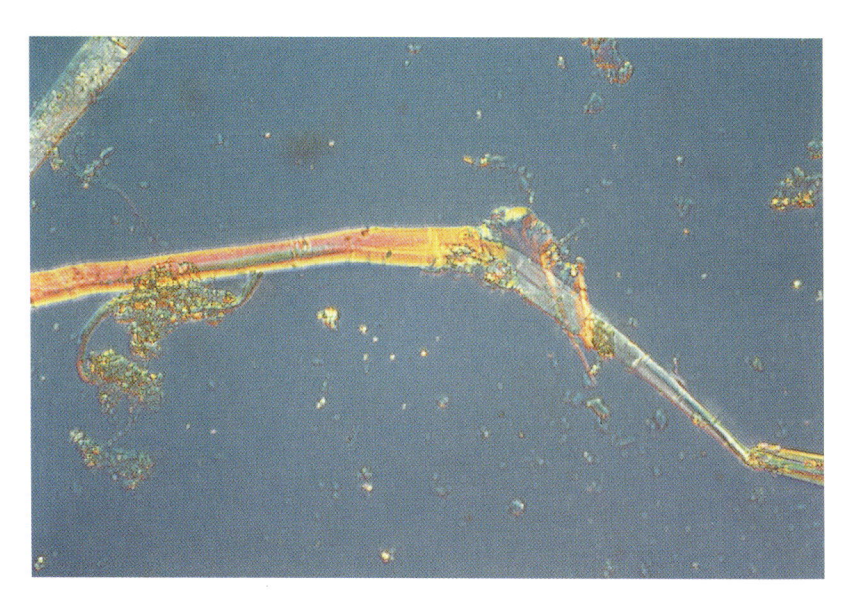

図6-1　スウェン・ヘディンコレクション：
1993-27-1　未発表文書＜A-1＞,＜A-2＞
(AGR 77)

図6-2　スウェン・ヘディンコレクション：
1993-27-2　未発表文書＜B＞（AGR 78）

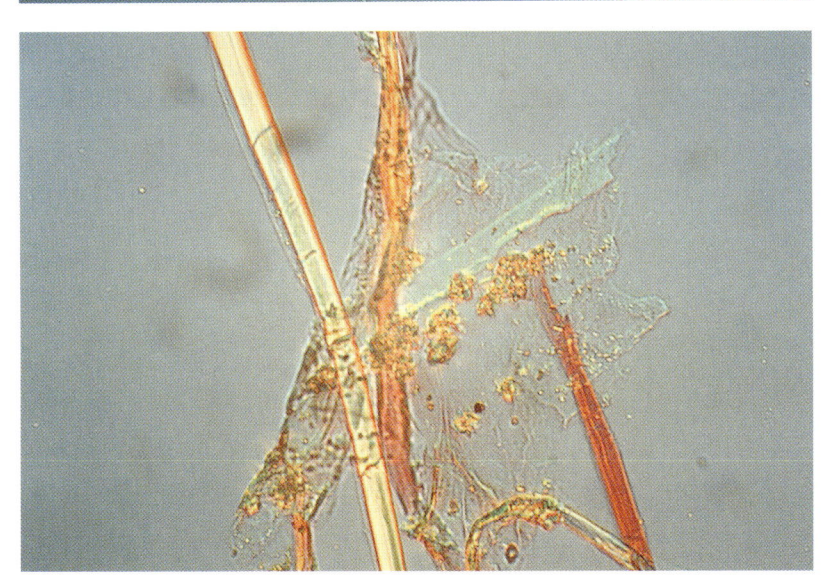

図6-3　スウェン・ヘディンコレクション：
1903-26-301　Co. I-1（AGR 83）

II部　資料編

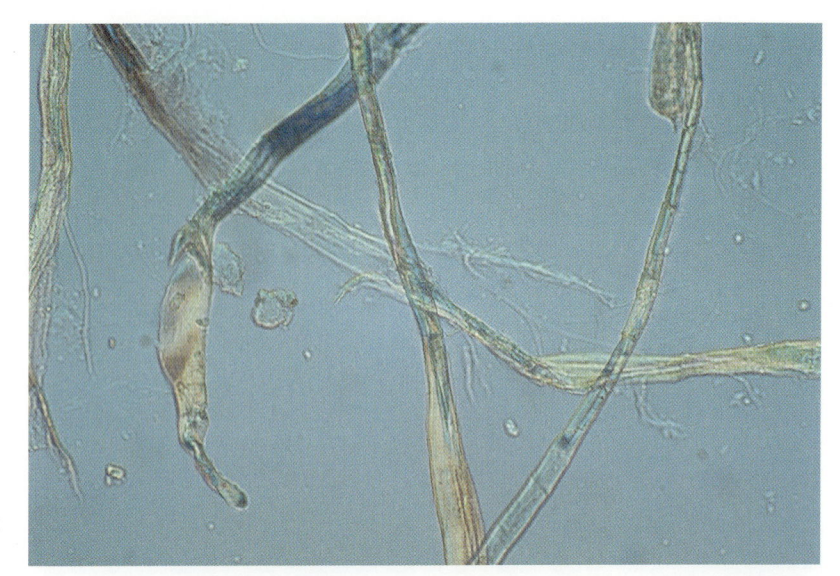

図6-4　スウェン・ヘディンコレクション：
1903-26-302　Co. I-2 (AGR 84)

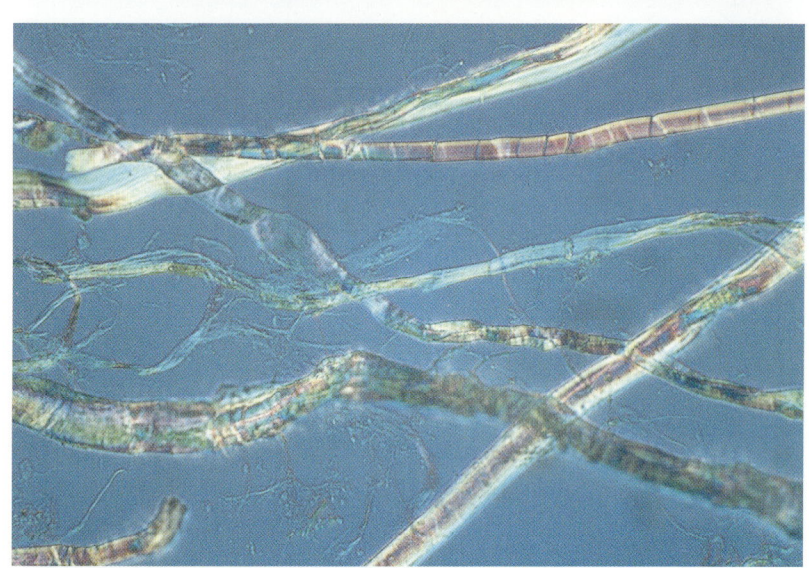

図6-5　同上

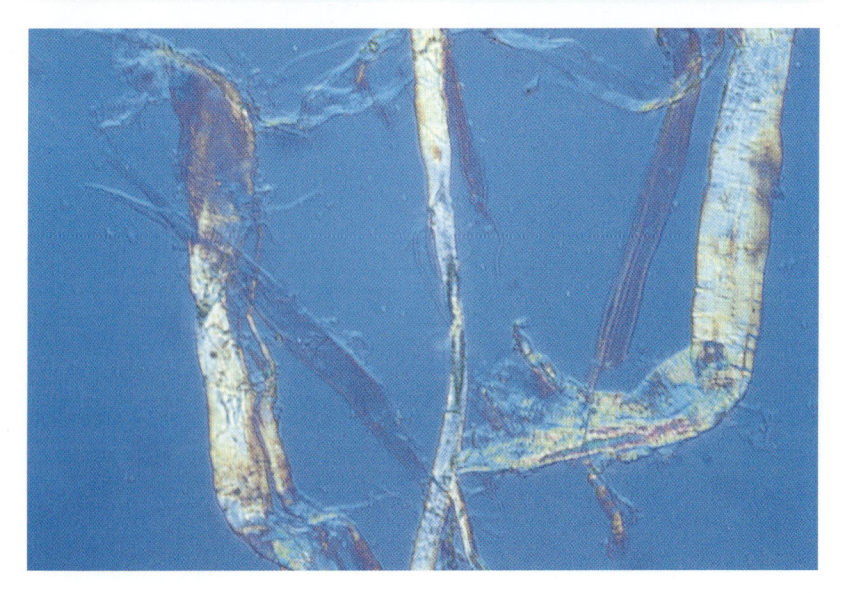

図6-6　スウェン・ヘディンコレクション：
1903-26-303 A　Co. I-3, 1 (AGR 85)

6 楼蘭古紙の科学的分析

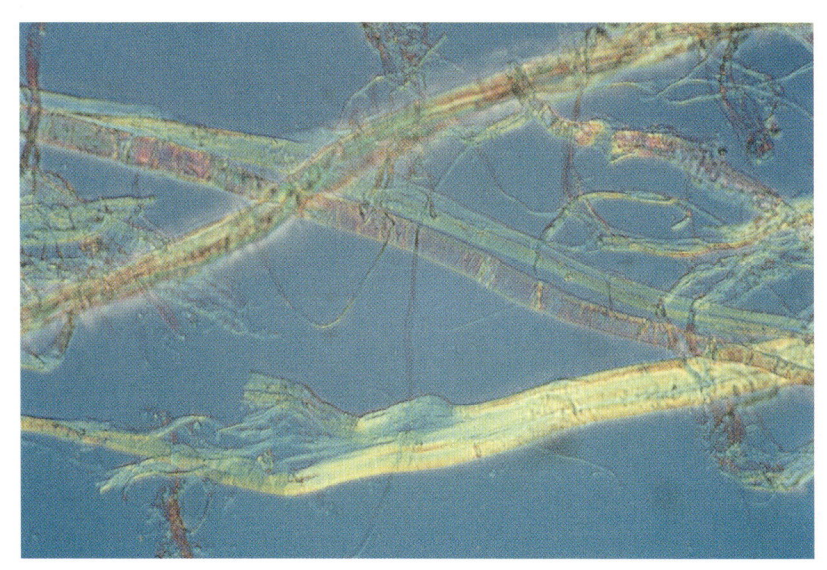

図6-7 スウェン・ヘディンコレクション：
1903-26-309 C　Co. I-9, 1C (AGR 89)

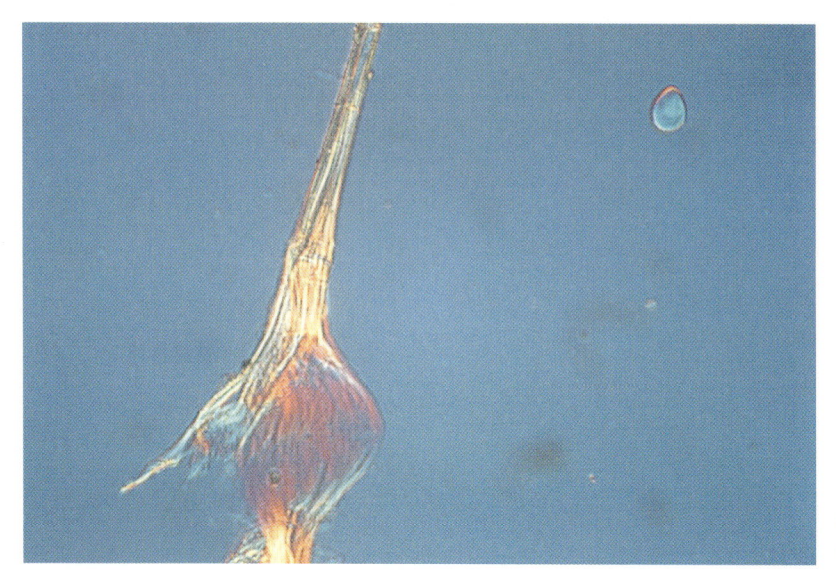

図6-8 スウェン・ヘディンコレクション：
1903-26-310　Co. I-10 (AGR 91)

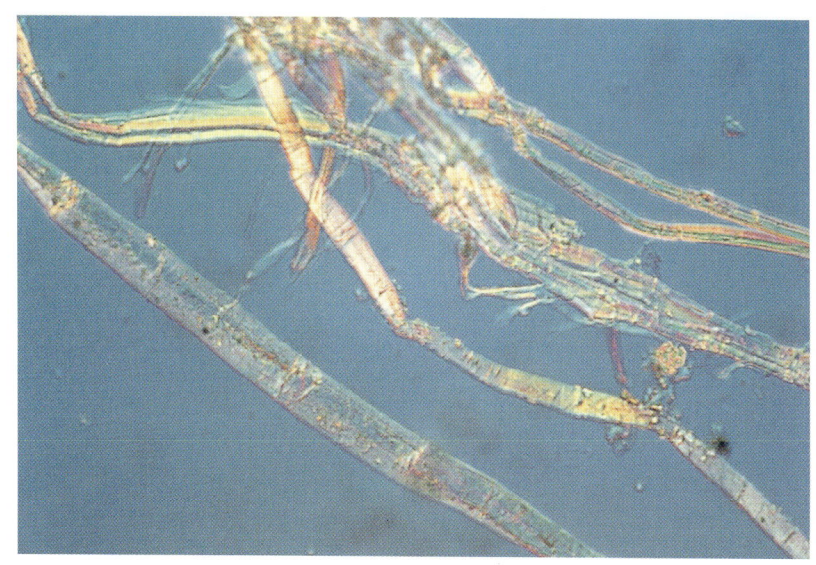

図6-9 スウェン・ヘディンコレクション：
1902-26-317 B　Co. I-17, 1 (AGR 92)

II部　資料編

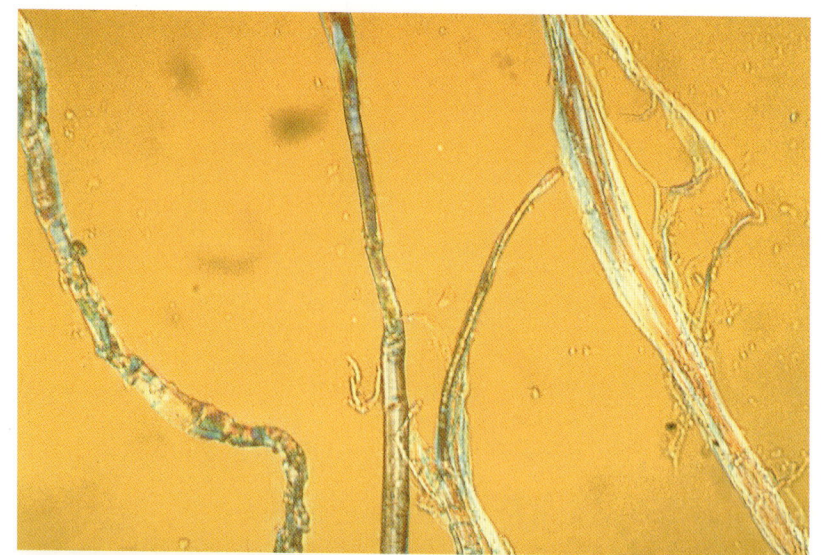

図 6-10　スウェン・ヘディンコレクション：
1903-26-319 A　Co. I-19, 1（AGR 93）

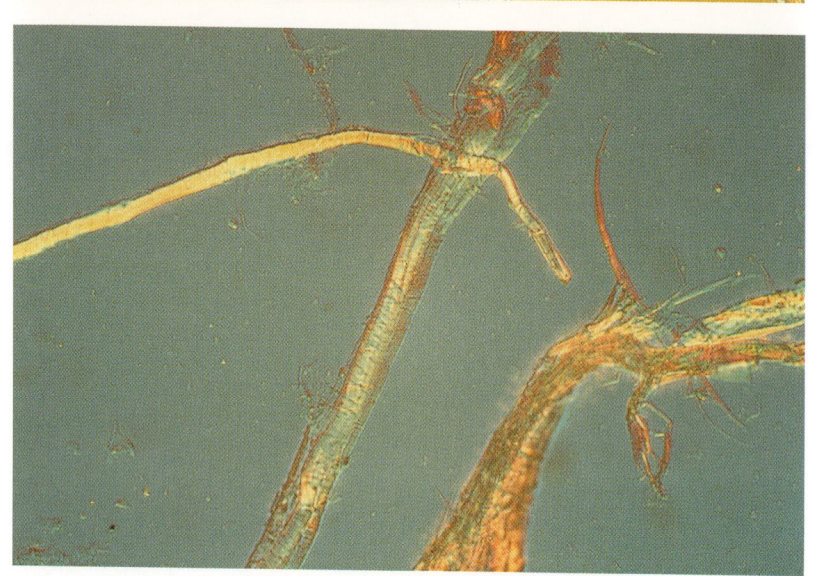

図 6-11　スウェン・ヘディンコレクション：
1903-26-327 C　Co. I-27, 2（AGR 98）

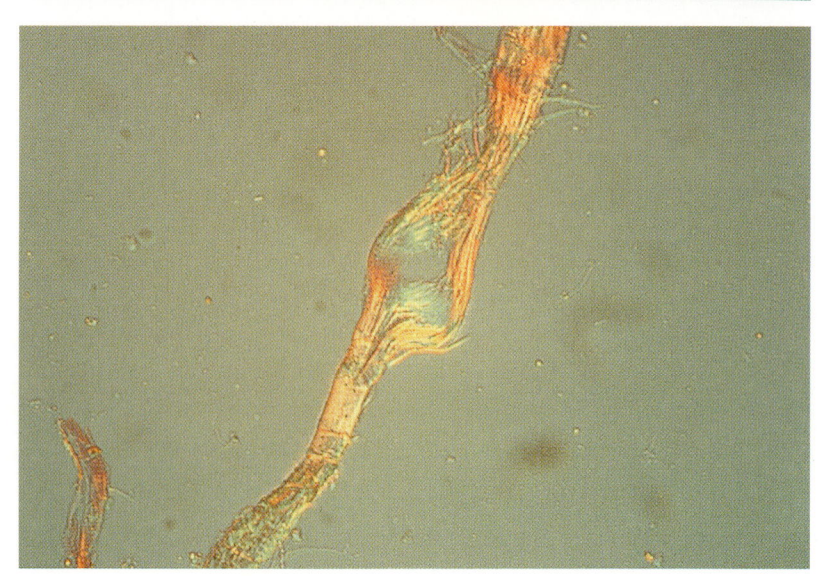

図 6-12　スウェン・ヘディンコレクション：
1903-26-331 A　Co. I-31, 1A（AGR 99）

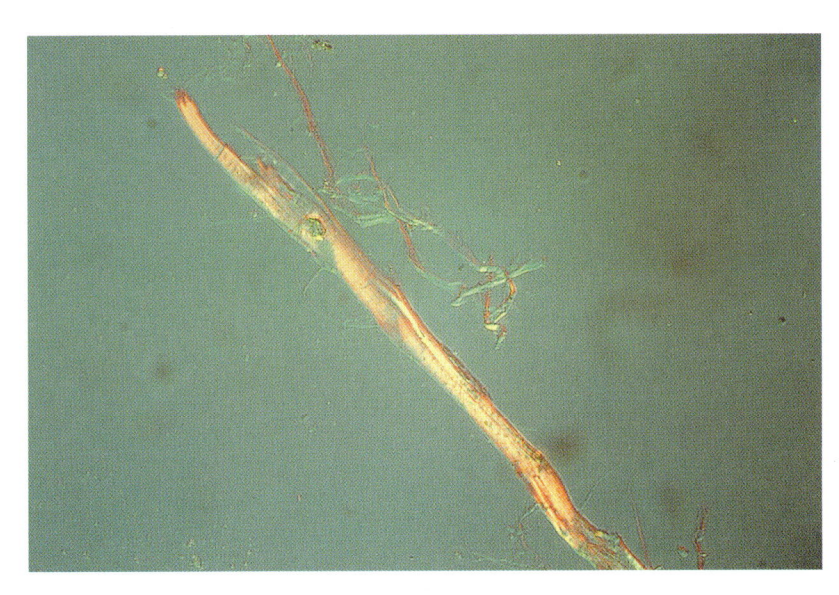

図6-13 オーレル・スタインコレクション：
OR 8212. M. 169, site number.: L. A. IIx 04.
（AGR 101）

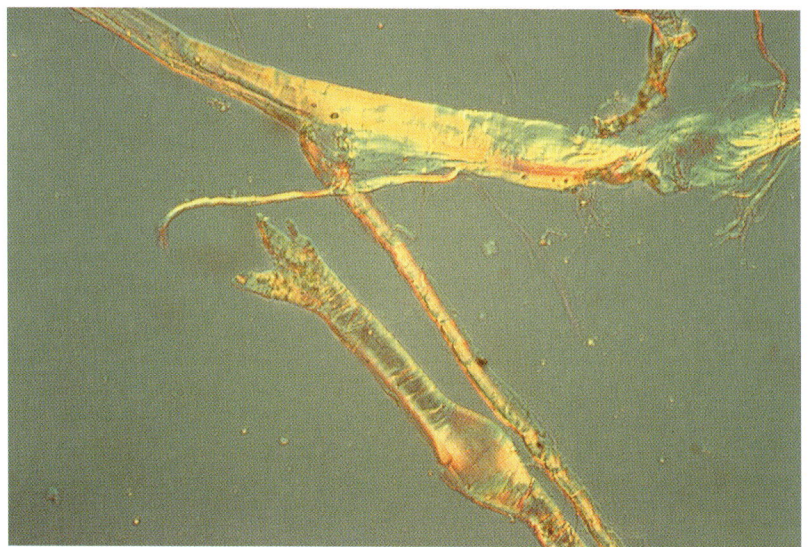

図6-14 オーレル・スタインコレクション：
OR 8212. M. 171, site number.: L. c. i. 017.
（AGR 103）

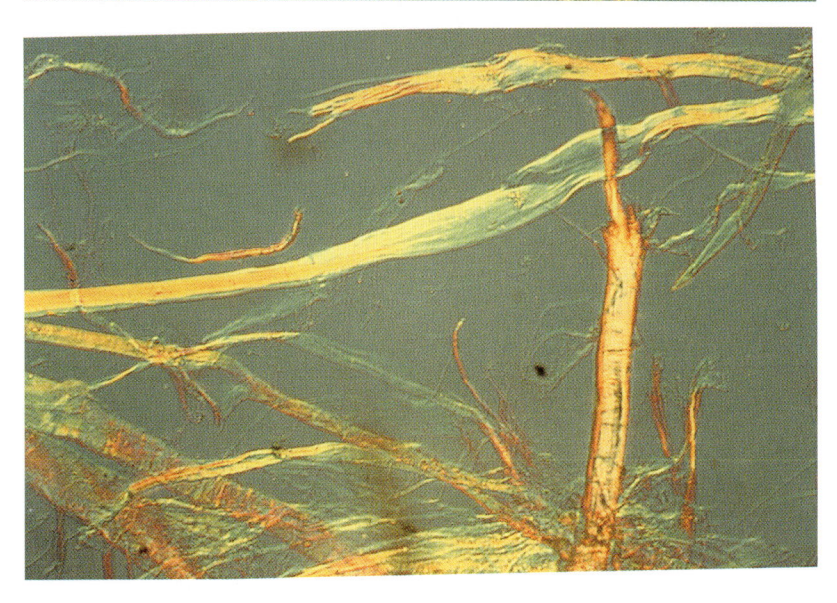

図6-15 同上

II部 資料編

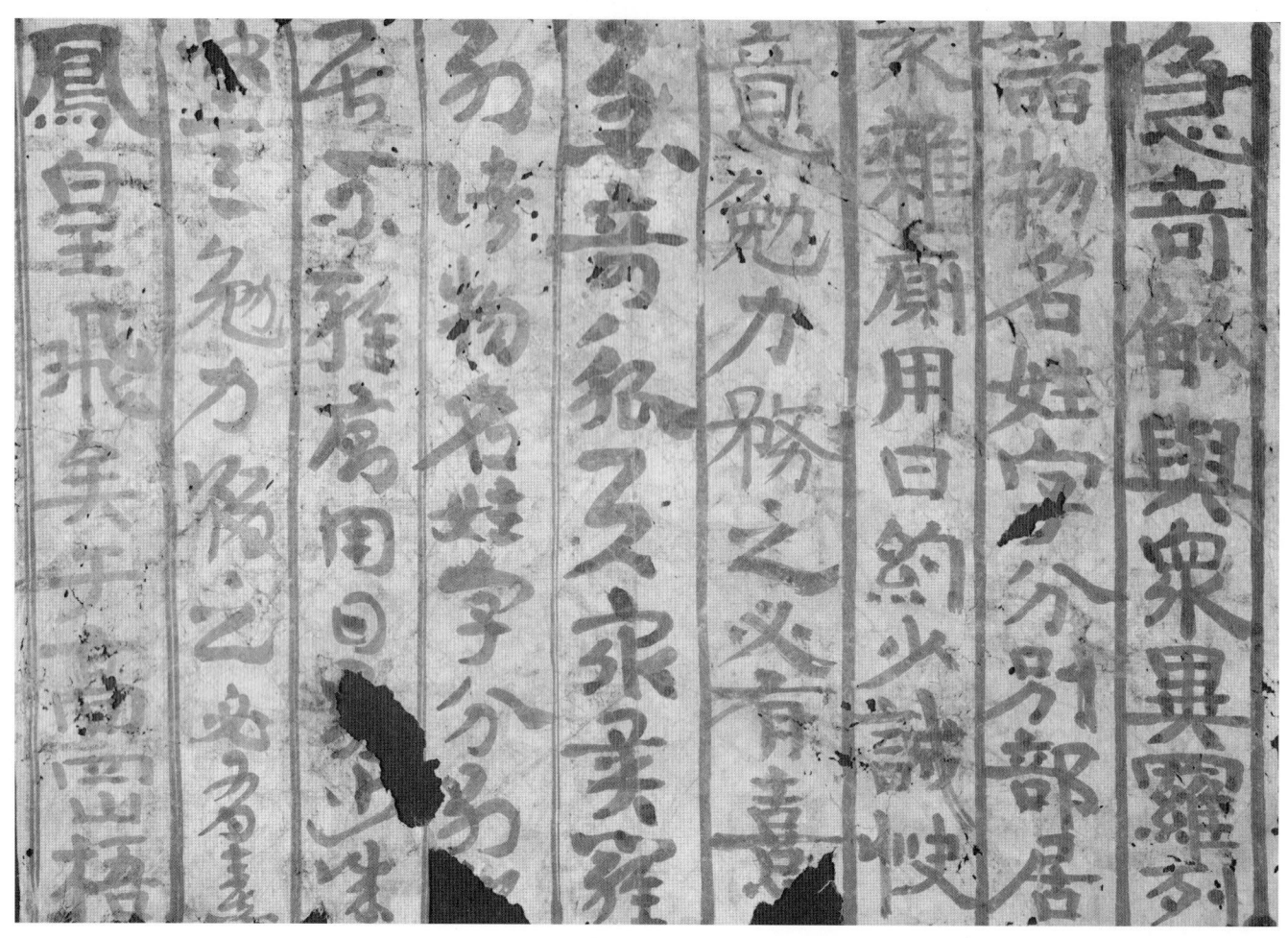

6-16-A

図6-16 分析の過程で，オーレル・スタインコレクション楼蘭文書のうち5つの断片が，ほぼ完全な一つの文書に復元された．当初，書かれていた書体が似ている4枚の断片を選んで分析することになったが，目視による検査の過程で，書かれている文字の筆跡がよく似た断片がさらにもう1点見つかり，その1点を加えた合計5点の断片を精密に突き合わせ，各痕跡や画線を繋ぎ合わせた．その結果，書かれている文字や罫線が表面(A)，(B)ともに一致し，また紙の縁も横幅や縦がまったく欠けていない，325ミリメートル×230ミリメートルの大きさのほぼ完全な一つの文書が復元されたのである．

AGR 105, OR 8212, 484, M 173
AGR 104, OR 8212, 483, M 172
AGR 103, OR 8212, 482, M 171 * test sample taken
AGR 102, OR 8212, 481, M 170
AGR 101, OR 8212, 480, M 169
* test sample taken

点線部分が断片と断片の境界

6 楼蘭古紙の科学的分析

6-16-B

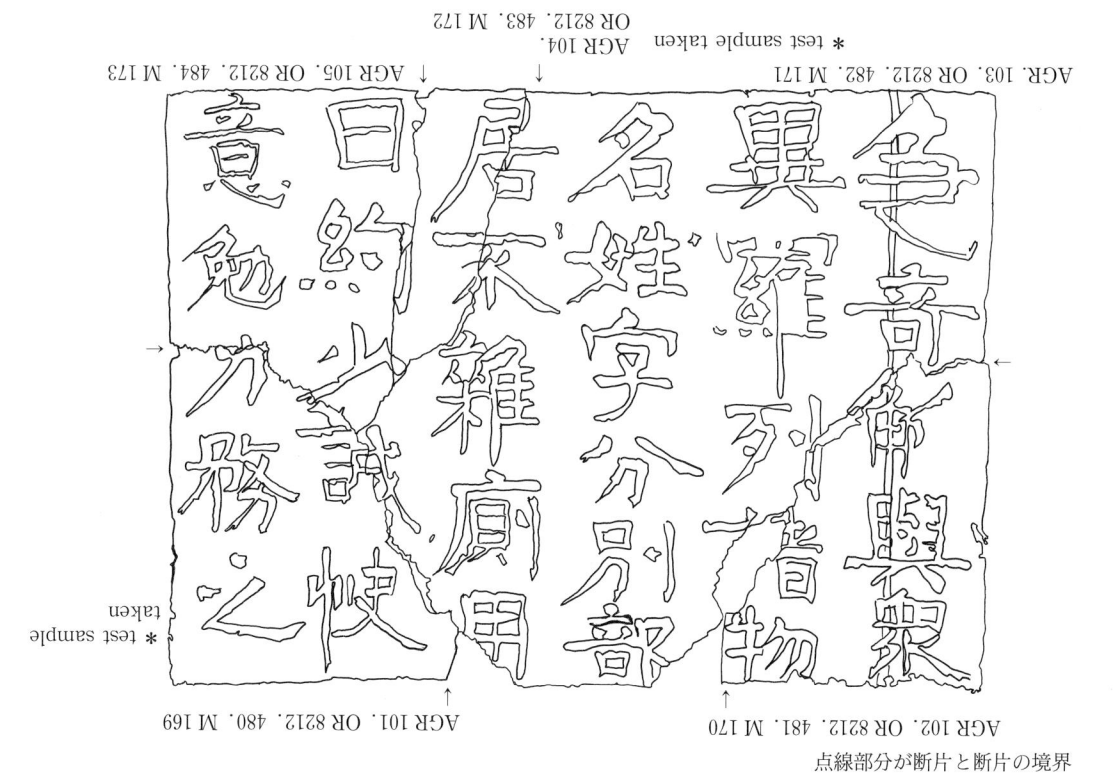

急就奇觚與眾異
羅列諸物名姓字
分別部居不雜廁
用日約少誠快意
勉力務之

AGR 103, OR 8212, 482, M 171
AGR 104, OR 8212, 483, M 172
AGR 105, OR 8212, 484, M 173
AGR 101, OR 8212, 480, M 169
AGR 102, OR 8212, 481, M 170
* test sample taken

点線部分が断片と断片の境界

第III部

———— * ————

研究編

7 鄯善国の興亡
楼蘭の虚実
Prosperity and Disintegration of Shan Shan 鄯善: Truth and Falsehood of Lou-Lan 楼蘭

梅原　郁
Kaoru Umehara

7-1　はじめに

　私がここで与えられた役割は，「楼蘭・Lou-lan」と「鄯善国」について，主として日本人のこれまでの研究成果をふまえ，本書刊行の背景となった共同研究で生じたいくつかの疑問点を述べることである．読者の多くは，中央アジア史はもとより，漢代や魏晋南北朝史を専門にしていない私が，何故このような問題に関わるのかという疑念を抱かれるであろう．詳細は省くが，私自身は別の問題意識で，ここ 10 年近く，スウェン・ヘディンやオーレル・スタインが楼蘭遺跡から持ち帰った文書類の実物を，ストックホルムとロンドンで少しずつ見る作業を続けている．その過程で，日本や中国の研究者の楼蘭，鄯善，あるいはカロシュティー文書についての論考[1]をも勉強させていただいた．その結果，私なりに腑に落ちない，あるいは賛同できない部分が少なからず生じてきていた．この共同研究に参加させて貰った機会に，そうした疑問を提出し，私見を述べさせていただくことは，世に言う"愚者の一得"にならないかと考える．実は私は，私の専門分野である宋代の文豪欧陽脩の「易童子問」にあやかって，この小稿の題名を「楼蘭童子問」としたかったのだが，本書の編者から一蹴されてしまった．ここに蛇足を書き加えるのは，私の意のあるところを汲んでいただきたいためにほかならない．

7-2　楼蘭・その地理的位置

　現在学界で「LA」と通称されている楼蘭故城[2]は，1980 年の中国調査隊の報告によれば，北緯 40 度 29 分，東経 89 度 55 分の地点にあるという[3]．これは 1901 年 3 月 3 日，最初にこの地を調査したスエーデンの探検家スウェン・ヘディンのそれと，経度で 5 分，緯度で 3 分程食い違っている．それはともかくとして，果てしない砂漠の広がる中国新

疆省維吾自治区の東南部，かつてはかなりの広さだった内陸湖ロプ・ノール（蒲昌海）の西岸に位置していたこの町が，単に学問の分野にとどまらず，一般の人々からも絶えず興味をもって取り上げられているのは，やはりそれなりの理由を持っているからであろう．

　楼蘭は文字通り砂漠のなかのオアシスである．しかしそれは，いわゆるシルク・ロードを形成する東西トルキスタンのオアシス都市国家群（前漢では36，後漢では55といわれる）とは，やや性格を異にしている．タクラマカン砂漠（タリム盆地）の北と南には，千古の雪を頂く高い山並，すなわち天山山脈と崑崙山脈が長く東西に走っている．そこから流れ出る水脈の多くは，最後はタクラマカン砂漠の北部を流れるタリム河か，南部を西から東に走るチェルチェン河に合流する．タリム河の主流は，高度8000メートルのヒマラヤ山塊に発源する葉爾羌（ヤルカンド）河である．むろんこれ以外に和田（ホータン）河をはじめとして，無数の中小河川が天山・崑崙の谷から流れ下り，砂漠のなかに吸い込まれてゆく．さて，最大のタリム河は，中下流部分だけの長さが，現在でも2000キロメートルと計測されている．タクラマカン砂漠の北縁に沿って東に向かう主流と並走するように，その北側を支流の孔雀河（コンチェン・ダリヤ）がかなりの水量を持ちつつゆっくりと東流する．東経88度付近でタリム河の主流は急に流路を南に転ずるのに対し，コンチェン・ダリヤはそのまま東進し，やがて東経90度線を越えて大きな内陸塩湖のロプ・ノールに流れ込んでいた．ただしこの河の流れは不安定で，1934年のヘディン調査当時，あるいはそれ以後も水流はあったのだが，現在では上流庫爾勒でのダム建設・灌漑水路の拡大などにより，下流では一滴の水もなくなっている．ロプ・ノールは少なくとも漢代以前には，かなりの面積を持つ大湖だったと考えられるが，やがてコンチェン・ダリヤ，さらには南のチェルチェン河の水路・水量の変化に伴ってその規模を縮小し始める．こうしたロプ・ノールの伸縮が，19世紀の「彷徨る湖」の論争を巻き起こし，結局は1934年のスヴェン・ヘディンの踏査によって，ひとまず決着がつけられたことは，周知の事実であろう．

　ロプ・ノールの西岸，コンチェン・ダリヤに近接した隊商中継都市として，楼蘭は漢代より遙かに古い時代から，重要な役割を担っていたに相違あるまい[4]．というのは，紀元前の1000年以前の殷墟の墓室から，夥しく出土する玉器類の原料の産地が，遠く崑崙山脈の麓のホータン（于闐）周辺と推定されるためである．1980年に刊行された「婦好墓」の発掘報告でも，この1墓だけで756点の玉器が記載されているが，それらの産地は，いまのところ，中国内地では特定できず，ホータン産の玉と酷似することが指摘されるのが通例になっている．降って漢代に入っても，新中国の考古学発見のなかで話題をさらった，中山靖王劉勝夫妻の金縷玉衣の玉片もまた上質のホータンの玉と推定されている．ではそれらの貴重な玉は，数千キロメートルの砂漠を越え，どのようにして東の端の中国にもたらされたのであろうか．

　玉が東に運ばれるとき，楼蘭の占める位置は極めて重要な意味を持っている．それは単に，東西貿易路の中継地といった表現では済まされぬ性格を背後に隠していたといってよかろう．漢代に至って，初めて漢文文献に姿を現す「禺氏の玉」とか，"鄯善国（この場合は前漢半ば以後の楼蘭を指す）は玉を出す"といった記述は，従来から言われている

ように，現在の甘粛省回廊一帯や楼蘭が，玉と深い繋がりを持ってきた象徴的表現と認めてよいだろう．当時，西から来て中国を目指すキャラバンを組むことのできる最後の地点，逆に東の中国から行って，最初に水と食料が手に入る地点，それが楼蘭に他ならなかった．つい最近まで，新疆省の砂漠地帯，否甘粛省でも蘭州以西では，平常は駱駝が最も普遍的な交通手段であった．盗賊など外敵からの防禦のためもあるが，主としては経済効率からいって，東の敦煌と西の楼蘭を結ぶキャラバンは，100人のメンバーに駱駝300頭程度で編成されていたと言われている．

　いったい，楼蘭から中国内地の西端の入り口である敦煌（玉門関）までの距離は，直線に直して約380キロメートルある．そのちょうど中間あたりの八一泉と呼ばれるあたりから西は，まともな水場（井戸）がなく，おまけにヘディンが命名した「ヤルダン」（中国名は白龍堆）の地帯に入る[5]．楼蘭を取り囲む砂漠一帯では，想像を絶する北東の強風が吹きまくり，砂や土が抉りとられて，高さ数メートルから数十メートルにも達する灰白色の堤防状の帯が，数え切れぬほど並行して連なっている．この灰白色の死の世界のなかに入ると，眺望はまったくきかなくなる．風向きのため，ヤルダンの多くは東北から西南に向かって列んでいる．したがって西南より東北あるいはその逆のルートをとれば，まだしも通過しやすいが，東南から西北方向となると，何重にも連なった迷路のようなヤルダン群を上下するという，極めて困難な行動を余儀なくさせられる．現在でも，このヤルダン群のなかには，徒歩か駱駝以外入り込むことはできず，いったん道を間違うとただちに生命に関わる場所である．このことは，1980年，敦煌から西へこの地域を踏破した中国の調査隊の記述のなかに，実感を持って読者に迫る描写が見られる．そのような難所を越えてまで，楼蘭・敦煌間のルートが開発され，多くの犠牲を払って維持されてきたのかという基本点に，我々はまず十分注意しておく必要があろう．このルートを辿るキャラバンは，上述のように人間100人に駱駝300頭を使用すると仮定しよう．駱駝1頭の平均積載量は170キログラムといわれる．食料と水は行程が進むにつれて減少するから，駱駝の負担も軽減されはしようが，敦煌から楼蘭まで，仮に17日で行くとして，水と食料運搬のため3分の1，つまり100頭の駱駝が必要になる．あとキャンプ用の最低限の必需品を除いて，最も重要な交易品が載せられることになる．いうまでもなく隊長と特殊な人間，料理人以外は駱駝に乗れぬから，キャラバンは380キロメートルを17日，つまり一日22キロメートル強のスピードで進んだと計算して大過なかろう．こうしたキャラバンの頻度などについては，まったくわからない．ただ，敦煌からのキャラバンは敦煌（玉門関）と楼蘭の間だけを受け持ち，楼蘭から先は，別の非中国人主体の隊商や貿易商人に荷物を渡したと仮定しておくのが無難であろう．長沢和俊氏の指摘するように，"鄯善（楼蘭）は玉を出す"との『漢書』の表現は，前漢時代までの中国での西方の知識が，楼蘭でとどまっていた一つの証拠になろう．それは同時に，西域と直接交渉を持った中国人隊商が，多くは楼蘭から引き返したことをも意味する．後世の地図を眺めていると，八一泉から東南に進路をとり，ロプ・ノールの南側からミーランに達するルートが記されている．現在，ジープなどを使う調査隊は，陽関から東南進して途中でこのルートに乗り，南山に沿ってホータンなどを目指す．しかし，少なくとも後漢時

代までは，この一帯におけるチベット系民族の跳梁，岩石地帯や河川の横断と駱駝の問題などの障害によって，このルートはそれほど大きな意味を持っていなかったと見なして誤りなかろう．

7-3　文献に見える前漢時代の楼蘭

7-3-1　前漢の楼蘭

　主として『漢書』に，楼蘭はどのように描写されているかを中心にして，基本的な事柄を列記することから始めたい．それらについての史料は限られており，かつ誰でも知っている事柄だと言われるかも知れない．しかし，私見では，この誰でも知っている史料が最も重要な問題の鍵を握っているのではないかと思われる．

　『史記』の「匈奴伝」に，前漢文帝の4年（176 B.C.），それまで河西回廊一帯に勢力を張っていたイラン系の「月氏」（禺氏）を，匈奴の冒頓単于が夷滅し，楼蘭・烏孫など西域26国を自己の支配下においた記事が見える．これが「楼蘭」なる漢字の初出である．この当時は，蘭州から敦煌に向かう後世の河西回廊一帯とて，まだ匈奴の勢力下にあり，西方交易の主導権は彼らに掌握されていた．140 B.C.武帝即位の後，とりわけ張騫の西使と相継ぐ匈奴征伐，その結果としての115 B.C.以降の河西四郡の設置などによって，前漢の西域経営は格段に活況を呈し始めた．そして西への交通のキー・ステーションとしての「楼蘭」が，漢人たちに明確に意識され始める．

　楼蘭を筆頭にした西域諸都市は，ブームに乗って押し寄せる，使節とは名乗るものの，必ずしも上等ではない中国人たちを嫌い，どうせ漢人は本格的には攻めてはこないだろうとかをくくり，使節たちを冷遇しがちであった．そこで武帝は，さきに匈奴討伐に功労を樹てた驃騎将軍趙破奴に，使節になって虐待された王恢を助けさせ，楼蘭王を討たしめた．破奴は軽騎700を率いて楼蘭を攻撃し，その王を捕虜とした．

　『史記』の驃騎将軍列伝には，

> ここにおいて，漢は亭障を列ねて玉門に至る．楼蘭すでに漢に降伏，貢献せるを聞き，匈奴は兵を発してこれを撃つ．ここにおいて楼蘭は一子を遣わして匈奴に質し，一子を遣わして漢に質せり．

と記す．ここでも明らかなように，東から来る漢の力が，まだ楼蘭を完全に包み込むに至らない状況のもとでは，楼蘭は漢と同じ程度に匈奴にも庇護を求めつつ，身の保全を計らねばならなかった．このあと2-30年続くこうした楼蘭の基本戦略は，やがて武帝の匈奴征圧，タクラマカン砂漠を越えた大規模な大宛遠征などによって大きく変化する．漢の勢力が急激に西に拡大した初期，後方撹乱を狙った匈奴は，楼蘭に漢への反逆に協力させようと企てる．太初3年（102 B.C.），その態度を武帝に詰問された楼蘭王は，

> 小国は大国の間にあって，両方に帰属する姿勢をとらなければ，自からを安んずることはできない．できれば国を徙して漢の地に入居したい．

と正直に申し出ている．ここから推測できることは，楼蘭は重要な場所であるといってもわずか700騎の兵隊で国王を虜にでき，平均100人単位の西方への漢の使節が通過すれば，その負担に苦しみ，漢と匈奴の両方に人質（質子）を出して，辛うじて命脈を保っていた小国だった点である．それは同じタリム盆地にあるといっても，亀玆や于闐などよりずっと小さな，足腰の弱い存在だったと考えてまず間違いなかろう．この点は後に問題とするクロライナ王国を扱うとき，重要な関わりを持ってくる事柄である．

『漢書』「西域傳」では，

> 地は沙鹵にして，田少なく寄田す．穀は旁国に仰ぐ．

と，簡略ながらその国情を正確に書き残している．中国の学者たちも強調するように，おそらく有史以前から現在に至るまで，楼蘭をとりまくそうした環境は，水がなくなった問題を除くと，本質的にはほとんど変わっていないのではなかろうか．西域の孔道における楼蘭の役割は，あくまでも玉門関から最短距離にある，水と食料の供給地（キャラバンの中継地）にすぎず，それとて，まだ他の交通路が開発されていない時代といった，一定の限度内での話だったことを留意しておかねばなるまい．

> 白龍堆に当たり，水・草に乏し．常に発導を主さどり，水を買い糧を担い，漢使を送迎し，またしばしば吏卒の寇する所となる．

という「西域傳」の記事は，雄弁に楼蘭の立場と国情を写し出しているといってよい[6]．

武帝の治世においては，楼蘭はまだ完全には漢に帰属せず，時には西域交通のネックとさえなりかねぬ状況だった．かくてはならじと，武帝を継いだ昭帝の元鳳4年（77 B.C.），大将軍の霍光は平楽監の傅介子らを遣わし，楼蘭王安帰を計略にかけて，酒席で殺害してしまう．この結果，漢はさきに人質にしていた安帰の弟尉屠耆を楼蘭王の地位につけ，国号を「楼蘭」から「鄯善」に改めさせる．ここで注目すべき新たな事態が生じる．おそらくかなり長く長安にいたと推測される新楼蘭王の尉屠耆は，

> 自分は長らく漢にいて，いま国に戻っても支援してくれる者がいない．前王の子に殺される危険性もある．国内の伊循城という場所は，肥沃で美しい所である．漢が一将を派遣し，そこで屯田して穀物を蓄積し，自分を援護して欲しい．

と，申し出た．そこで昭帝は，司馬1人，吏士40人を遣わし，伊循城で耕作を始め，新王を助けて楼蘭の鎮撫と統治をはかった．その後，ここにはあらためて都尉が派遣されたと伝える．

この『漢書』「西域傳」の記事の冒頭には，

> 鄯善国，本名楼蘭，王は扞泥城に治す．

という一文が載っている．以上の史料を綜合して，これまで「鄯善」「伊循 (修) 城」「扞 (抒) 泥城」の位置とその相互・相関関係をめぐって，色々な説が立てられて来ている．おおまかに整理すると，それらは次のように区分できよう．

① 楼蘭＝鄯善＝扞泥城で，伊循城の場所は必ずしも明らかではない．王は一貫してもとの楼蘭におり，のちにそこがクロライナ王国の首府になる (榎一雄，長沢和俊氏)．
② 鄯善＝扞泥城＝ミーラン，伊循城＝チャルクリク，すなわち両者を南道のチェルチェン川流域に持ってゆく (藤田豊八，大谷勝真，松田寿男，内田吟風氏)[7]．
③ ②と結果的には似てくるが，尉屠耆が中国から帰ったとき，国都を南に遷した．したがって楼蘭は鄯善国の領域内にはあるが，国都は南の扞泥城で，その東に伊循城がある．いずれもチェルチェン河の流域に位置する (中国の研究者の大勢)．

こうした基本的には北か南かという二つの見解によって，楼蘭・鄯善の問題が論議されるわけだが，そこに後漢以後の文献や，ローラン，ニヤ発見の紙，木簡に書かれた文字資料，特にカロシュティー文字が加わって議論を複雑なものとしている．

7-3-2　鄯善国をめぐって

最初に問題にすべきは「鄯善」なる国名である[8]．元鳳 4 年 (77 B.C.)，長安出発に当たり，尉屠耆は「鄯善国王」と刻した印章と，宮女を夫人として賜ったとある．恐らく，現在でも実物を見ることのできる「滇王国」や「倭奴国」などの印と類似した印章が授与され，それと同時に和蕃公主にも似た形で，中国人の女性が妃として押しつけられた．尉屠耆自身は，多分十数年長安で暮らしたと推定されるから，中国語や漢字には不自由しなかったであろう．しかし，妃とその周辺や司馬・吏士たち，まして兵卒らは，現地やその言葉をほとんど理解できなかったに違いあるまい．それはさておき，繰り返すが上記「西域傳」には，

鄯善国，本名楼蘭，王治扞泥城．

となっている．現在までのところ，ほとんどの研究者は，鄯善国，楼蘭，扞泥城の三者を等号で結ぶ暗黙の了解で議論を進めてきているように見える．しかし，鄯善＝楼蘭，楼蘭＝扞泥城と分解してみると，果たしてこの等号が疑問なく成立するのだろうか．このなかで確実な命題は，鄯善国の国都＝扞泥城だけではあるまいか．この場合，次のような想定が可能になろう．

① 伊循城の漢の軍事力に護られた尉屠耆の居城はどこであったのか．さしあたって，伊循城，古楼蘭，第 3 の場所の 3 個所が想定できるが，後述するように，漢の軍事基地伊循城に居た可能性は低い．
② 古楼蘭には，傅介子の闇討ちにあった前王の弟つまり新王の叔父や，新王を快く思わぬ分子が少なくなかったはずである．それらの勢力は，いちおうは伊循城の漢の

武力で抑えられる．しかし王族間の暗闘は漢の力では解決できなかったろう．
③ 漢が前王を殺してまで楼蘭の主導権を握ろうとしたのは，そこが依然として西域経営の要衝であったからに他ならぬ．この後間もなく，漢が都護府を設けたコルラに行くには，どうしても楼蘭を除外できない．昭帝の施策も当然西方への交通路の安全保障が第一の目的であったはずである．したがって傀儡の尉屠者が，うまくそこに収まってくれればよいが，②の理由でそれも困難が予測される．

以上のような推測にもとづくと，尉屠者とその周辺の親漢グループを，南方の然るべきオアシスに遷し，反対派は古楼蘭に閉じ込めて，伊循城の武力の威嚇のもと服従させるか，もしくはその逆が考えられる．しかし後者だと，虎を野に放つに似て，南道の入り口において別の問題を生じかねない．そこで，尉屠者らのほうがチェルチェン河地方の新しいオアシスに移り住んだ．それとはハッキリ書いてはいないが，中国の学者の論考では，大筋で上のような想定をしているように推測される．

榎一雄氏の丹念な考証によって，鄯善国の国都である扜泥城（扜泥・灌泥）は，後述するカロシュティー文書では khvani, kuhani など国都，城砦を意味する言葉を，漢字に転写したものだとされる[9]．事実 Burrow 氏をはじめとした英訳では，khvani に The Capital の訳をあてている．鄯善＝扜泥城＝khvani は，文字の上ではその通りだとしても，私には次のような疑問が拭い切れない．

① khvani という言葉そのものは，中期インド=アーリアン語の北西インド方言，すなわちプラークリットではなく，東トルキスタン地方のイラン系の土語と考えられる．さすれば，古くから楼蘭が国都＝khvani と呼ばれていた可能性はまったくは否定できぬにせよ，鄯善国出現まで，楼蘭を扜泥城あるいはその近似の漢字に充てた例はない．そして，ずっと遅れた3-4世紀のカロシュティー文書のなかで，khvani が使用されている事例は，赤松明彦氏によれば，現存12例の大部分が Niya Site, わずかが Endere 発見にかかり，khvani が直接楼蘭と結びつく証拠は，少なくとも現時点では見られないと言われる[10]．
② 「西域傳」を眺めていると，各国の王都を叙述する場合，例えば亀茲国，王は延城を治す，とか，車師前国，王は交河城を治す，のような例もいくつかはあるが，大抵は，且末国，王は且末城を治す，とか，精絶国，王は精絶城を治す，と国名と都城の名が一致している．もし鄯善国の国都が古楼蘭だったならば，なぜ「西域傳」は，鄯善国，王は楼蘭城を治す，と素直に書かず，本名楼蘭などという異例の文字を挿入したのであろうか．
③ 「西域傳」に挙がっている城の名は，すべて王乃至首長の治所である．理屈を言えばそれらすべてを khvani と表現してもおかしくはない．それが何故鄯善国に限って「王は国都城を治す」などといった，あまり論理的でない表現を使うのか．

以上のような疑問を設定してあらためて従来の研究を振り返ると，楼蘭＝鄯善という

大前提のなかに，問題が潜んでいるのではないかという気がしてくる．それは私の「何故漢は楼蘭をわざわざ鄯善国と改めたか」という，根本的な疑問とも無関係ではない．

私も，中国の学者の多くと同様に，77 B.C.年に戻ってきた尉屠耆は，敵の多い楼蘭を離れ，南方チェルチェン河に沿ったどこかに居城を設定したのではないかと推測する．ただそれを証明する直接の証拠はない．しかし，まず「鄯善」という「チェルチェン」に近い名称や，それ以後のこの国の歴史的推移を併せ考え，あるいは3世紀以後の残存史料との整合性を考慮すると，楼蘭＝鄯善国都に固執する立場より，そちらのほうが蓋然性が高いのではないかと思われる．この場合，私も，鄯善国は最初から一つのオアシスを指すのではなく，むしろエリアの名称と考えるのが適切ではないかと思う．旧楼蘭にとどまった王の血筋をひいた有力者が，その地の人たちから依然として王の扱いを受けていたとしても不思議はない．

一方，チェルチェン河沿いに新しく設けられた新鄯善国の国都は，この地方の昔からのオアシスと重なれば，当然先住者との間に摩擦が起こるだろう．そこで，必要最低限の国都つまり khvani を建設した．旧来の地名や，まして新しく鄯善城と名乗るべくもないこの城は，しかたなく都城あるいは城砦と呼ばれ，それが扜泥城と音写された．後世は知らず，少なくとも当初は，そこはチャルクリクやミーランの既存のオアシスそのものではなく，それらに近接した地点だったではないだろうか．

鄯善乃至鄯善国を一定の広さのエリアの名称であり，楼蘭はそのなかに含まれるスポット，いくつかのオアシス，諸集落のなかの一つと考えると，文字資料の読み方も随分楽になるように感じられる．のちに言及するが，中国本土では，昭帝の元鳳4年以後は，公式の文献から「楼蘭」の二字はほとんど姿を消す．しかしそれは，楼蘭を鄯善に改称したという，中国側の一方的政策にもとづく結果にすぎず，現地の楼蘭でそこの住民が自分たちの場所を「鄯善」と言っていたことには必ずしもならない．後漢の班超と班勇，そして東晋の法顕が，中国からやって来て最初に足跡を印した場所は，まず楼蘭と考えるべきであろう．しかし記録にはそこは鄯善と表記されている．中国の文献では，ほとんどの場合，昭帝以後は楼蘭を鄯善と表記する．しかし実際には鄯善とあっても，それが常に楼蘭を指すとは限らない厄介な事態をも生じる．

現在，中国から発行されている『中国歴史地図集』の第2冊を見ると，西漢の「西域都護府」の図では，チェルチェン河の南岸，いまの若羌に扜泥を充て，その東に小さく伊循を入れる．また東漢の同じく「西域都護府」の図では，若羌に灌泥を充て，伊循は削除している．そして両図ともに楼蘭の表示はなく，鄯善はチェルチェン河一帯の，かなり広いエリアとして記載されている．扜泥城を現在の若羌とする点と伊循城の問題を除くと，ほぼ私が想定している状況と一致しているといってよい．

7-3-3 伊循城はどこか

次に「西域傳」に登場する伊循城（伊修城）について考察を加えたい．ただしこの場合も，すべて前漢時代の史料だけしか使わないことを，あらかじめお断りしておく．

尉屠耆の帰国に際する「西域傳」の記述を見て，誰しも次のような疑問を抱くであろ

う．

① 派遣された漢の司馬 1 人と吏士 40 人[11]，そして兵卒たちは尉屠耆と一緒の場所にいたのであろうか．
② 伊循城を"その地は肥美なり"と尉屠耆は言うが，そのような場所がもとの楼蘭と，どのような位置関係に存在していたのだろうか．

　伊循城の問題を論じるに当って，我々は一つの前提条件を設定しておかなければなるまい．前漢時代いな後世においても，東トルキスタンのオアシス国家群は，おおむね弱小国家で，特に軍隊組織・兵器・戦法など，総合的軍事力では，中国にまったくといって良いくらい太刀打ち出来なかったことがそれである．したがって，オアシス同士の揉め事，北からの匈奴の侵入に対処するためには，漢の軍事力の庇護がどうしても必要だった．後漢から三国・晋代と，執拗なまでに都護の設置を求め，あるいは貢献と質子をいれて肩書きを求めたのも，経済的な問題もあったかも知れぬが，自己の存続のためには，"中国の核のカサ"が必要だったからに他ならない．
　伊循城は最初は，司馬と吏士によって経営されていたが，「西域傳」は続いて，

　　その後さらに都尉を置く．伊循の官置はこれより始まるなり．

という注目すべき一文をつけ加えている．この伊循都尉は，西域諸国のそれぞれのオアシスにおける現地人に与えた肩書きではなく，漢王朝が直接漢人を任命したものであったことは間違いなかろう．伊循城に，敦煌や玉門関と同様に，漢の辺防体制の柱である「都尉府」が設置されたことは，そこが漢王朝の直接の軍事的な枠組みに組み込まれたことを予測せしめる．前節でも触れたように，漢の真の意図は，尉屠耆を楼蘭に送り込み，北緯 40 度線に沿った，北道の安定を図ることにあったろう．しかし，傅介子によって前王は殺害できても，その事後処理がむつかしいことは，漢側とて承知していたに違いない．そこで，できるだけ楼蘭の反漢勢力を刺激しないため，軍事力行使の限界距離の地点に駐屯地を設けたと私は考える．このような想定のもとでは，伊循城がミーランあたりにあっては，あまり意味をなさなくなる．
　1930 年，黄文弼はロプ・ノール北端，湖に突き出した半島の突端の土垠といわれる場所から，前漢時代晩期と推定される木簡を発見したが，そのなかに，

　　伊循都尉左（以下欠）　　　　　　　　　　　　　　　　　＜簡 10＞
　　伊循卒史黃廣宗　二（以下欠）　　　　　　　　　　　　　＜簡 11＞

の二簡が含まれていた．しかし彼は，ミーラン地方に伊循城があるとする，当時の中外学者の趨勢からか，出土地点を伊循城とは考えなかったようである．伊循＝土垠の説を最初に唱えたのは長沢和俊氏であるが[12]，氏もまた現代中国研究者の見解に圧されてか，あまり強くはそれを主張されていないように感じられる．しかし，ことを前漢時代だけに限ると，上に縷説した通り，伊循城をミーラン付近に持ってゆくと，では古楼蘭

はどうなったのかといった疑問を筆頭に，いくつか説明のつかない点がでてくる．例えば，『漢書』巻 79 の馮奉世傳には，宣帝の本始年間 (73-70 B.C.) 烏孫の活躍により匈奴が北に撃退され，漢があらためて西域経営に乗り出そうとするときに，大約次のような記事が見えている．

> 前将軍の韓増は馮奉世を推挙し，衛侯・使持節つまり公式の使節として，大宛諸国の賓客を送り，伊修（伊循）城までやって来た．ところが，都尉の宋将は，莎車の強盛を述べたて，匈奴もこれに乗じ，鄯善より西は交通が杜絶していると言った．

この史料から，当時伊循城に確かに宋将という名の都尉がおり，その彼方に鄯善があったことがわかる．私はここで言われている鄯善は，楼蘭に違いないと思う．もしこの伊循城をミーラン付近とすると，鄯善から西の交通が杜絶しているとする文章の意味が曖昧になってくるのではなかろうか．馮奉世の話は，あくまでも玉門関から西進し，古楼蘭を間近に控える，ロプ・ノールの北あたりに位置する漢の都尉府での出来事でなければ，辻褄が合わなくなる．なお，肩水候官の治所といわれる，エチナ川南部の大湾から，次のような興味深い木簡が発見されていることも，つけ加えておかねばなるまい．

詔伊循候章□卒曰持楼蘭王頭詣敦煌留卒十人女訳二人留守　　　　　　　　　　　<303.8>

第二節で述べたように，傅介子が謀略により楼蘭王を殺害したあと，「西域傳」では，

> 傅介子はそのまま王嘗帰（安帰）の首を斬り，傳を馳せて闕に詣り，首を北闕の下に懸ける．

と書いている．この木簡の記事は楼蘭王嘗帰の首級の長安への伝送と関係するとみて間違いなかろう．ただ，伊循候章□卒が十分に理解できない．釈讀に誤りがあるかも知れぬが，尉屠耆が伊循城を言う前に，すでに伊循候といった表現のある点はやはり注意しておいて，今後の考究を待ちたい．

では私自身が伊循城をどこと考えているのかといえば，楼蘭の東北方向，北緯 40 度線に沿ったロプ・ノール北辺という以外は答えようがない．それは広い意味では土垠近辺と言ってよいだろう．中国の学者たちは，この土垠の遺趾にこだわり，烽燧とか駅遥とかいった議論が行われ[13]，いまのところは駅站ということで落ち着いているようである．1980 年の中国調査隊の報告では，土垠の北には東西に走る大道があり，またその西南面すなわち楼蘭城の東北方向には，周囲約 100 メートル，高さ 2 メートルの城壁も存在し，これは伊循屯田と関連した穀物備蓄施設・居盧倉の可能性があるという．ただ居盧倉の位置は，後述の『魏略』の記事とも関連し，安易に土垠周辺とはきめられない．そうした諸点を綜合して，これら遺趾全体と遠くない場所が，伊循城，より正確には伊循砦ではなかったのだろうか．そこには，当初は司馬 1 人と，吏士 40 人，その下に兵卒が 300 人程度配置されており，彼らによって食料自給のために屯田が開かれた．おそらくその水は土垠でロプ・ノールに注ぎ込む鉄板河を利用していたことであろう．

宣帝の神爵3年 (59 B.C.) 匈奴日逐王の帰順によって，漸く北道にも漢の威が及び，周知のように，鄭吉が烏塁城に西域都護として着任する[14]．しかし漢の西域への影響力は決して強いものとはいえず，すでにそれ以前から，羌侯狼何は匈奴の兵をかりて鄯善，敦煌を攻撃するなど，漢の西方への働きかけはむしろ退嬰の傾向を見せる．宣帝後半以降，後漢の光武帝の半ばに至る約90年の長い間，中国側の文献は，鄯善・楼蘭のことはもとより，西域の事実についての記事が，極端に乏しくなってしまう．『後漢書』の「西域傳」は，この間の推移を，

> 哀帝・平帝の間，お互いに分割しあって55国となる．王莽が帝位を簒い，西域の侯王を貶易し，これより西域は怨み叛き，中国と遂に絶ち，ならびにまた匈奴に役属す．

と述べ，さらに明帝の永初16年 (73 A.D.)，すなわち班超の登場に至って，初めて，

> 西域絶ちてより65年，ようやくまた通ず．

と，後漢だけでも半世紀は，この方面とまともな交渉がなかったことを書き記す．とりわけ，光武帝の初期，西方との交通が杜絶していたことは，懸泉発現の膨大な木簡においても，建武5年から25年までは空白になっている[15]ことでも，十分に裏付けられよう．この間に，中国にとって西方への第一の要衝だった楼蘭も，支配層を中心に様変わりをしたであろうし，またそこを保護・監督すべき伊循城も変化を余儀なくさせられたであろう．尉屠耆は，伊循を楼蘭と違って肥沃な美しい場所だと言ったが，現実には伊循の屯田が必ずしも成功したとは思えない．後世，そこに屯田が設けられた形跡はなく，おそらく前漢末の早い時期に，伊循都尉麾下の漢兵は撤退し，屯田は永久に放棄され，その場所も忘れ去られたのではあるまいか．

7-4　後漢時代の鄯善と楼蘭

7-4-1　後漢初期の西域と鄯善

前漢王朝を簒奪した外戚王莽は，独特の主義と論理をふりかざし，匈奴はじめ西域諸国に混乱を生ぜしめると同時に，彼らの反感をも買った．いったんは中国に背き匈奴に色目を使った西域諸国も，匈奴の厳しい収奪に我慢が出来ず，やがて光武帝の後漢王朝が成立すると，前漢と同様に都護府を設置してもらい，そのカサの下で安堵を望む動きが活発化した．

それより先，前漢末期から，東トルキスタンでは，南道の西端近く，ヤルカンド川に沿った莎車の活動が目立ってくる．『後漢書』の「西域傳」によれば，前漢元帝の時代，任子 (人質) として長安で生活した経験を持つ莎車王の延は，親中国派でその典法をならい，「世々中国をたてまつって背くこと無かれ」，と言っていたと伝える．前漢末の天鳳5年 (18 B.C.) 延がなくなり，息子の康が立つ．後漢光武帝の建武5年 (29 A.D.)，河西大

将軍竇融は中央からの命令の形で，彼を漢莎車建功懐徳王・西域大都尉に任命し，西域55国が皆これに帰属した．4年のち康は没し，その弟の賢が継ぎ，東の西夜と，于闐を越えた拘彌の両国を武力で征服して王を殺し，自分の兄弟をそれぞれ王とした．建武14年(38)，賢は鄯善王の安とともに使者を洛陽に派遣して貢献した．「西域傳」は，

> ここに至って西域始めて通ず．

と記す．すでにパミール以東，主としては南道沿いの諸国（オアシス）を勢力下に収めた莎車王賢は，建武17年(41)にも使者を寄越し，西域都護の職を求めてきた．光武帝の下問を受けた大司空の竇融は，延以来の莎車王の忠勤を評価し，賢に西域都護の印綬や旗幟を授けんとした．しかし時の敦煌太守裴遵は，「夷狄に大権を与え，また諸国を失望させるべきではない」，と正論を吐き，その実施を阻止した．賢はこの処置に怨念を抱き，自ら「大都護」の称号を使って諸国を服属させ，匈奴風に単于と号して，その驕慢横暴の度をつのらせた．この莎車王賢の勢力拡大を危惧した，鄯善，車師をはじめとした16国は，建武21年(45)質子を入れて漢に貢献し，都護の設置を懇請した．これに対し光武帝は，「中国がやっと平定できたばかりで，外事に手を出す余裕はない」，との理由で，質子を送り返そうとしたが，これまた裴遵の建策で，彼らは敦煌に留め置かれた．

翌建武22年(46)，漢が都護，同時に軍隊を派遣してこないと読んだ莎車王賢は，鄯善王安に手紙を送り，漢との交通路を遮断するよう要請した．安が承諾せずその使者を殺すと，激怒した賢は，兵を率いて鄯善を攻撃する．安は迎撃したが敗退し，自らは山中に逃げこみ，賢は1000人余りを殺掠して引き上げた．この年の冬には賢は北道の大国亀茲をも併せ，ますます強国となる．莎車とそれに力を貸す匈奴の圧力のなかで，鄯善王はまたしても質子を漢に送り，都護の要請を繰り返した．しかし，このときもまた光武帝の返事は，「大兵を出すわけにはいかぬ．諸国の力が思い通りにゆかなければ，どこにつくのもご自由」，というつれないものであった．かくして，鄯善も北の車師も，再び匈奴を頼るしかなくなってしまう．

後漢の初め，以上のように『後漢書』に叙述される「鄯善」は，ではどこであったのだろうか．このなかで一つ注目されるのは，建武22年の賢の鄯善攻撃である．この時鄯善王のいた場所は果して楼蘭だったのだろうか．そこでは，例によっていくつかの仮定が設定できるであろう．

① 当時はまだ北道の亀茲や焉耆は，莎車の勢力下には完全には入っていない．したがって賢がヤルカンド，タリム河に沿って楼蘭を攻撃する可能性は低い．
② 逆に莎車は南道の拘彌国までは，確実に勢力下に置いている．南道に沿ったオアシスを通って兵を進めるには，ほとんど抵抗は皆無であろう．しかしチェルチェン河流域から楼蘭に向かうには，補給や交通路の問題にかなりの困難が予想される．
③ 賢に打ち破られた鄯善王安は山中に逃亡した，とある．この山中を楼蘭の北にあるクルク・タグと考えられなくはない．しかし，楼蘭に住む人が，その前に立ちはだかるヤルダン群を越え，いかに必死といえ，そんな場所に逃げ込むだろうか．これ

はチェルチェン河より南の阿爾金山脈の山中，つまり南山という可能性のほうが高い．

このように推測すると，莎車王賢が攻撃した場所は，南道のチェルチェンあるいはミーラン付近の，いわゆる「扞泥城」だったのではないかということになる．無論鄯善の版図というか地域内に，古来の楼蘭城が存在していたことは，あらためて断るまでもあるまい．

7-4-2　班超・班勇と楼蘭・鄯善

これまでも述べたように，私は，何故「楼蘭」を「鄯善」と改めたかという点にこだわっている．そこで，後漢時代の漢字文献で，この二つがどのように現れるかを丹念に洗い出してみた．その結果，『後漢書』傳37の班超と班勇親子の傳が，あるヒントを提供してくれているように感じる．

班固の弟として，名家の出でありながら，貧窮の生活をしていた班超は，張騫や傅介子のように，西域で自己の名を揚げることを夢見ていた．明帝の永平16年(73)，奉車都尉竇固のもと，敦煌から北西にあたる伊吾(現ハミ付近)で匈奴と戦い功労を樹て，その手腕を買われて，従事郭恂とともに，わずか36人の部下と西域に赴く．最初に到着した「鄯善」で，折りしも来合せていた匈奴の使者たちを，"虎穴に入らずんば虎子をえず"と奇襲攻撃をかけて全滅させ，鄯善王を味方にするとともに，威名を西域諸国に轟かせた．この場合の鄯善は，章懷註が"昭帝の元鳳4年に改めた元の楼蘭である"というように，ロプ・ノール西北の「楼蘭」である可能性が高い．班超傳の記述から，そこに鄯善王がいたことは疑いなく，さすれば鄯善の国都はこの時楼蘭だったということになる．ただ，この当時北道は焉耆，亀茲ともに匈奴の強い影響下にあり，このあと疏勒を目指した班超は，于闐経由の南道をとらなければならなかった．したがって，匈奴の使者を殲滅したこの「鄯善」は楼蘭以外の場所でなかったとは言い切れない．前漢時代には北道と南道の分岐点としても，楼蘭は大変重要だった．しかし，後漢以後の文献を見ていると，両漢書の「西域傳」の記載順がそうであるように，比重は明らかに「南道」に移っている．この点も「楼蘭」「鄯善」を扱うとき，留意すべきことではなかろうか．

班超が西域に足を踏み入れたと同じとき，「西域傳」の于闐国の条には，次のような記述が見えている．

> 明帝の永平年間(16年)，于闐の将軍休莫覇は莎車に叛旗を翻し，于闐王として自立した．彼の死後，兄の子の廣徳が継ぎ，遂に莎車を滅亡させ，その国はますます強盛となった．精絶の西北より疏勒に至る13国は，すべて服従した．

それに続いて，

> 鄯善王もまた始めて強盛となる．これより南道は葱嶺より以東は，この二国だけが大国だった．

と書き留める．同じ事実を「西域傳」の冒頭では，

> （莎車王）賢の死後，小宛，精絶，戎廬，且末は鄯善の併わすところとなり，渠勒，皮山は于闐の統ぶるところとなる．悉くその地を有す．

と叙述している．とまれ，その後の班超の超人的活躍により，和帝の永元3年(91)，彼は西域都護に任命されて，亀茲に治所を置き，永元6年には焉耆をも撃破して，ここに西域50余国，悉く質子を入れて内属する状況を現出した．しかしこうした事態は，そのほとんどが班超個人の人間性とその才能によって齎されたものだった．西域で31年を過ごした彼が，永元14年9月(102)，71歳の生涯を閉じると，後任の都護任尚や段禧らは，その職務を全うできず，安帝の永初元年(107)，都護府が廃止されると同時に，西域も事実上放棄され，またも匈奴勢力の南下を招く．

さて，鄯善の様子が次に文献に現れるのは，班超のあと一時杜絶えた西域との交通を再開させた，その子班勇の活躍と関係してである．これより先，安帝の元初6年(119)，敦煌の長史索班は1000人余りの兵士を率いて伊吾に屯田し，北匈奴の防衛拠点とした．そのため，車師前王と鄯善王が漢に来降したのだが，数か月のち匈奴と車師後部の攻勢で，索班は打ち破られ，漢に協力していた車師前国と鄯善は窮地に陥る．そこで敦煌太守の曹宗は匈奴攻撃と同時に，西域進出をも建策するが，鄧太后はすぐには承認しない．何回か開かれた御前会議では玉門・陽関を閉じて防禦する消極策が優勢だった．曹宗に代わって敦煌太守となった張璫は三つの対策を上奏したが，そのなかに，鄯善の兵5000人を発して車師後部を脅かすとか，鄯善などを悉く塞下に収納するといった意見が述べられている．この部分に関するだけでは，どうも彼らの意識では，鄯善と楼蘭は重なっているようにも見える．しかし，班超の三十数人の部下に制圧されたり，匈奴の恐怖に怯えたりする鄯善が，単独で兵士5000人を調達できるとは少々信じがたい．それはともかく，この時班勇自身も抜本的な西域対策を具申している．その提言のあらましは次のような内容であった．

① 護西域副校尉を敦煌に置き，またよろしく西域長史を遣わし，500人を率いて楼蘭に屯し，西のかた焉耆・亀茲の径路に当り，南は鄯善・于闐の心胆を彊くし，北は匈奴を扞ぎ，東は敦煌に近くす．
② いま鄯善王尤還は漢人の外孫なり．もし匈奴志を得れば，尤還は必ず死されん．これらは鳥獣と同じといえども，また害を避くるを知らん．もし出でて楼蘭に屯し，ここをもってその心を招附すれば，愚おもえらく便なりと．

こうした上奏を議題に取り上げた政府では，尚書の陳忠が積極的に西域進出に賛成した．それでもなお曲折があり，結局班勇が西域長史に任命され，弛刑の兵士すなわち囚人部隊500人を率いて，楼蘭ならぬ高昌に近接した柳中に屯駐したのは，延光二年(123)夏のことであった．その翌年正月，班勇は楼蘭に至るが，班勇傳は次のように言う．

> 勇至楼蘭，以鄯善帰附，特加三綬．

上記班勇の論議のなかでは，「楼蘭」と「鄯善」が使い分けられていることが注目される．それは父子二代にわたって，当時西域の事情に最も精通していた彼の言葉ゆえにいっそう重要な意味を持っているであろう．なかでも，①の"南は鄯善・于闐の心胆を強くし"という部分が目につく．榎一雄氏は，この史料を，

> これは一見鄯善（即ち扞泥城）が楼蘭の南方に在ったような感じを与えるであろう．しかし，これは（鄯善の首都である）楼蘭に屯して，南（方に拡がっている）鄯善の領域を控制する意味で，決して楼蘭と鄯善とが別所であったことを意味しているものではない．

と解釈され，さらに延光3年の記事には，「班勇が柳中から楼蘭に至って鄯善王を賞賜したもので，これによれば鄯善王は楼蘭に居り，そこに来た班勇によって三綬を加えられたのである．」という理解を示されている[16]．前者について言えば，文章全体の構成からみて，これは楼蘭という地点を中心とした東西南北を念頭においており，たとえ楼蘭が鄯善の一部であったとしても，この場合は楼蘭より南西，于闐との間にある鄯善国ないし鄯善領域を指し，楼蘭に鄯善王がいた証拠にはなりにくい．後者すなわち延光3年の記事について言うと，私がわざと原文で引用した理由は，文中の"特加三綬"がよく判らないためである．同じ記事は『資治通鑑』巻50にも見え，胡三省は"三綬はまさに王綬に作るべきか"と註している．ここでいう綬がどのようなもので，かつ貰った人物が間違いなく鄯善王とは断言できないが，この史料を鄯善王が楼蘭にいた直接の証拠とするには，これまた不確定要素が含まれる．私とて鄯善国の首都が楼蘭でなかったと断定できる史料をもっているわけではない．だが，1世紀の末から2世紀初めにかけて，楼蘭から且末，精絶に及ぶかなり広い範囲にわたり鄯善王国が主導力を持ち，漢の側でも北匈奴や車師後部への軍事力の一部を彼らに期待していたことは間違いなかろう．楼蘭は疑いなく鄯善王国の極めて重要な城市であり拠点であった．しかしそこが常に王城であったかどうか，私はやはりいま暫らく疑問として保留しておきたい．

延光3年以後，柳中に屯田を設けて根拠地とした西域長史班勇の活躍は続く．彼は父親と違って，一部漢兵を含むとはいえ，大量の西域諸国兵を動員し，力で制圧する方策を使った．匈奴や車師後部を撃ち，順帝の永建2年 (127) 最後まで抵抗した焉耆を降し，ここにまたも亀茲，疏勒，于闐，莎車など17国が漢に使いを送って服従する情勢となる．

それから間もなく班勇は亡くなるが，西域長史や戊己校尉などの活動を伝える文字は，その後も西域傳に散見する．その最たるものは，順帝の元嘉元年 (151) 于闐での出来事である．西域長史の趙評は癰を患い于闐で客死した．遺体を引き取りに来た息子が，于闐と仲の良くなかった隣の拘彌国で，「趙評は于闐王に毒殺された」と吹き込まれる．敦煌に戻った息子は太守の馬達にそれを告げる．翌年西域長史になった王敬は，拘彌でまたも于闐王殺害の謀略を耳打ちされ，功名に駆られてその仇討ちを実行し，于闐王の建を殺すが，自分も生命をおとす．この事件で，敦煌太守の馬達は，諸郡の兵を発して于闐を攻撃しようとしたが，桓帝は許可せず，達を更迭してしまった．ただ，それから20年

もあと，霊帝の熹平4年(175)，于闐王の安国が拘彌を攻撃し，その王とともに多数の人民をも殺害した．そこで戊己校尉と西域長史は，各々兵を発し，拘彌の質子定興を王に輔立した．このような事柄を書き連ねる理由は，少なくとも南道に関する限り，敦煌から拘彌，于闐までは，後漢の後半，かなりの安全性と頻度をもって中国からの使者や人間が往復できたことを確認しておきたかったからに他ならない．桓帝から霊帝という後漢末の衰退期にあっても，敦煌から于闐への南道の中間に位置する「鄯善国」のなかのオアシス都市は，とりたてて騒ぎも起さずに，漢に協力的な態度をとり，また，拘彌や于闐も国王は漢王朝から名前を貰い，質子を送って少なくとも建前上は帰属・友好関係を保持していたと考えて大過なかろう．この時期には，まだ南からのインド系移民の影響は漢字文献による限りほとんどみられない．

さらにここで触れておかねばならぬのは，漢の屯田の問題である．班勇は確かに奏議のなかで西域長史を派遣し，500人を率いて楼蘭に屯田することを提言している．しかし実際には，彼が西域長史として屯田を開いた場所は，楼蘭より遥か北東のトルファンに近い柳中であった．では楼蘭に屯田がなかったかといえば，その存在を一概には否定できない痕跡が『後漢書』の楊終傳に残っている．

> 建初元年(76)，大旱魃で穀物が騰貴し，楚・淮陽・済南の獄では何万という徒辺刑徒が出た．彼らは遠く絶域に屯駐させられ，人々は怨んだ．そこで楊終は次のように上奏した．(中略)「加うるに，北は匈奴を征し，西は三十六国を開くをもって，頻年服役し，転輸煩費なり．また遠く伊吾・楼蘭・車師・戊己に屯し，民は土思を懐い，怨みは辺域に結ぼる．(中略) 今伊吾の役，楼蘭の屯，久しくして未だ還らざるは，天意にあらざるなり．」章帝はこれに従い，徒者に還えるを許し，悉く辺屯を罷めた．

建初元年といえば，班超が西域経営に乗り出してから間もなくの時期である．この記事では，専ら天災と食糧危機のため激増した犯罪者（徒刑者）の処置として，いわば一石二鳥を狙って辺境の屯田策が実施され，楼蘭もそのなかに含まれていたかのように見える．しかし少なくともこの記事では，そうした屯田は速やかに廃止されたようにも書かれている．

のちの晋代の楼蘭屯田と関係して，このような後漢時代の屯田政策の動きは，いちおう注意しておく必要があろう．

7-5 楼蘭・鄯善発現文字資料をめぐって

7-5-1 魏晋時代の楼蘭・鄯善

後漢末の中原の動乱は，再び中国と西域の交渉を杜絶させたはずである．『三国志』魏書本紀の，文帝（曹丕）即位後まもない黄初3年2月(222)の条に，

鄯善，亀茲，于闐王，各々遣使奉献す．この後，西域遂に通じ，戊己校尉を置く．

という一条があり，また同書の東夷伝に，

魏興り，西域尽くは至るあたわずといえども，その大国，亀茲，于闐，康居，烏孫，疏勒，月氏，鄯善，車師の属，歳として朝貢を奉ぜざるはなし．ほぼ漢氏の故事のごとし．

と見える．しかし，『三国志』のなかには，この他には鄯善・楼蘭の記載は，次に引く『魏略』を除いては検出できない．

『後漢書』の「西域傳」では，『漢書』のそれをほとんど踏襲しつつ，次のようにお馴染みの定型的記述を載せる．

鄯善より葱嶺を踰え，西の諸国に出ずるには両道あり．南山の北に傍い，河に循いて行き，莎車に至るは南道たり．南道は西のかた葱嶺を踰えれば大月氏，安息の国に出ずるなり．車師前王庭より北山に随い，河に循いて西行し，疏勒に至るは北道たり．北道は西のかた葱嶺を踰え，大宛，康居，奄蔡に出ず．

ちなみに，ここでいう鄯善は楼蘭と特定できるであろう．ところが，『三国志』の「東夷傳」に引用されている『魏略』の「西戎傳」になると，漢代と様子が変わってくる．まず，「敦煌から玉門関を経て西域に入るには，これまでは二道だったが，いまは三道である」と断ったのち，次のように説明を加える．

玉門関から西出し，①婼羌を経て西に転じ，葱嶺を越え，県度を経て大月氏に入るのが南道．②玉門関より西出し，都護井を出て三隴沙の北頭を回り，居盧倉を経，沙西井から西北に方向を転じ，龍堆を過ぎて故楼蘭に至り，西に転じて亀茲に至り，葱嶺まで達するのが中道．③途中まで中道と同じだが，三隴沙と龍堆を避け，五船の北に出て高昌へ向かうのが新道．

ここで我々は，敦煌を出発して西に向かう新しい幹線ルート二本の存在を知らされるわけになる．すなわち，①の婼羌は，『漢書』「西域傳」で，"陽関に最も近い1800里の距離にあり，西南に辟在し孔道に当らぬ"と，鄯善より前にかかれている場所に相違ない．

このルートは，玉門関から西出といっているから，現在の陽関から南西方向へ，阿爾金山脈に沿う道ではなく，楼蘭への道の中途から西南に砂漠を横切り，ロプ・ノールの南側を経てチェルチェン河に沿う旧来の南道に繋がるものと考えて大過あるまい．一方③のほうは，漢代を通して，最も強く広汎に匈奴勢力の影響を受ける地方であり，伊吾，高昌などの経営が漢にとっても必須となっていた．『魏略』のいうこの新道は，『漢書』「西域傳」の車師後国の項に見える，"元始年間（1-5 A.D.）戊己校尉徐普が白龍堆を避け，かつ距離を短縮するため開拓した"とされるものに相違ない．

『魏略』の記述から直接導き出されるのは，「楼蘭」の西域交通上持ってきた重要性の変化であろう．少なくと漢代においては，玉門関から一路西に向かい，白龍堆の難所を越え，ロプ・ノールの北側を経て楼蘭に達することが，東トルキスタン，西域を目指す

唯一の孔道といってよかった．したがって楼蘭の重要性も自ずからきまっていた．しかし，北部における匈奴とその後押しを受ける車師国，あるいはとかく反漢的な行動に走りがちな焉耆や亀茲の影響で，楼蘭から北緯40度線を西進する北道は利用しにくくなる．一方南道の諸国，鄯善，拘彌，于闐などはおおむね漢に友好的で，この方面のルートは比較的安定していた．しかし，南道の難点は楼蘭までの白龍堆と，さらに楼蘭からチェルチェン河までの難路である．現に1998年，日中共同楼蘭調査隊に参加された長沢和俊氏も，車が通らなくなった最後の20余キロメートルのヤルダン地帯の徒歩の艱苦を特筆しておられるではないか．さすれば，最初から，ロプ・ノールの東を西南行してミーラン方面に出ても苦難は大同小異で，距離が短いだけ有利ということになろう．この『魏略』の「西戎傳」は楼蘭の役割が相対的に下落したことを物語る点で，極めて貴重な史料だと私は思う．なお付け加えると，『魏略』の文章の続きに，次のような一行が載せられている．

　　　南道を西行すれば，且志国，小宛国，精絶国，楼蘭国，皆な鄯善に并属するなり．

　榎氏はそこに見える楼蘭国について，「これは順序から見て，精絶国（即ちニヤ遺蹟）の西方に位置する筈である．この方面に類似の地名を求めるとすれば，西域記12に媲摩（Uzun-tani）城の北の故城として記されている曷労落迦城がそれに当るであろう．これはRaurukaの音訳と考えられ，音の似ている所から楼蘭国とされたのであろう．西域記によると媲摩川から東行すること二百余里で尼攘（Niya）城に至るとあり，曷労落迦城はニヤの西北に位置していたことになる．ニヤはカロシュティ文書のNinaで鄯善国の領域の中にあったと考えられるので，その西北の曷労落迦城も鄯善の支配下にあったと考えてよい．魏略はこれを楼蘭と音訳したために，所謂楼蘭遺蹟を故楼蘭とし，これと区別したのではあるまいか」と一見綿密な考証を加えておられる[17]．しかし話はそのような面倒なことなのだろうか．
　『魏略』の文章は，『後漢書』「西域傳」の「小宛，精絶，戎盧，且末，鄯善の并すところとなる．」を真似て書いたものであることは容易に予測できる．この文章でも国名の順序は，必ずしも東から西へ整然と並んではいない．ましてや，唐代の『大唐西域記』にあるからといって，漢代の文献史料に一度も登場してこない，曷労落迦城（Rauruka）に誰もが知っている同じ表記の楼蘭を充てることなどがありえようか．『魏略』がロプ・ノール楼蘭の楼蘭を古楼蘭と書いて，この楼蘭と区別するといわれても，あまり説得力はなかろう．私は古楼蘭と楼蘭国はまったく同じ場所で，『魏略』の著者は，先の南道の叙述が婼羌以降何もないのを補足する気持ちで，鄯善の範囲にあるオアシスを，思いつくままに列挙したものにすぎないと理解しておきたい．
　後漢末，特に184年の黄巾の乱以後，それに続く三国時代の中原の争乱のなかにあっては，上記『三国志』の記事は，いわば表向きの建前論にすぎず，それまでのような西域との交渉は，とりわけ王朝レベルではかなり後退せざるをえなかったであろう．ただ，後漢時代に西域に派遣され，あるいは辺域での屯田生活に馴染み，その地に居着いた恰好の漢人の一群，特に犯罪者たちは，中原の政変のため，ただちにその行動を変えると

は限るまい．戦乱の中原や，新しく異民族が跳梁し始めた河西回廊一帯よりも，自然条件は厳しくても，楼蘭などのほうがましだったかも知れない．そして，中原王朝が少しでも安定の気配を示すと，西域諸国のいくつかが，ただちに旧来の関係の再現を希望して来るのも，そうした底流をふまえているのであろうと推測される．文帝（司馬懿）の西晋が国を建てて十数年をへた太康四年(283)，鄯善国が質子を遣わして入貢し，晋は彼に帰義侯を仮與したという『晋書』武帝本紀の記事は，その一端を窺わせる．

ところで，ここまでは，20世紀に入って，楼蘭やNiya Siteで新しく発見された，紙や木に書かれた文献資料については，ほとんど触れなかった．しかし時代が晋代に下がると，そうした史料が中心材料になって来る．そこで，特に楼蘭について，基本的な事項を若干書いておきたい．

スウェン・ヘディンが1900年3月28日，偶然の機会から遺跡を発見し，翌年3月3日，再びそこに引き返して調査の結果，初めて晋代の紙文書や木簡が出現した[18]．かなり大きな城壁で囲まれ，現在でも高い佛塔や，官署跡，住居址などが散在する「LA」と呼ばれる遺蹟がその場所に他ならない．ところで，この「LA」はおそらくは漢代の楼蘭城の場所であり，その後も引き続き「楼蘭」と言われ続けた所であろうと，私は考えている．しかし，ここでは，より慎重を期して，単に「LA」と呼ぶときは，ヘディンやスタインが晋代の文書類を発見した地点に限定しておきたい．この遺跡「LA」については，ヘディン，スタインがそれぞれ詳細な調査報告を公刊し，1980年の中国調査隊もその概要を発表している．細部の異同は暫く措き，大部分はすでに崩壊している城壁は，東333.5西327南329北327メートルのほぼ正方形をなす．したがって周回は1316.5メートルという計算になる．ここが，3世紀に晋が屯田を設けた「楼蘭」だったことは動かない．しかし，そこを本当に「扜泥城」と別称していた確実な同時代の証拠はなく，また鄯善国の国都であったと断定できる材料も，必ずしも十分ではないように思われる．

ところで，1901年1月の末，ニヤの遺跡を調査したオーレル・スタインは，ここで有名な

　　泰始五年十月戊午朔廿日丁丑敦煌太守……　　　　　　　＜N. xv. 326＞

と，

　　晋守侍中大都尉奉晋大侯親鄯善焉耆亀茲疏勒　　　　　　＜N. xv. 931 a＞

の木簡を発見した．泰始5年は先の太康4年より前，晋の建国後間もない269年に当たる．遠く洛陽を離れた南道のニヤ（精絶）は，当時鄯善国の勢力範囲だったと思われるが，そこにまで新王朝「晋」の名が伝えられ，やがてその国から質子が洛陽に送られて来ている事実は，同じく鄯善の勢力下にあった西域の門戸楼蘭も，後漢末から三国時代の動乱期を何とか切り抜けて，再び中国内地と交渉を持つようになっていた証明になろう．ちなみに，後者の木簡に書かれた，守侍中大都尉の官名は，それより先，三国魏の黄初3年(222)以降，西域との交渉が再開されたあと，車師後王に賜った守侍中号大都尉の称号が，晋に入っても踏襲されたとして誤りなかろう．

3世紀後半の晋の西方への進出乃至その影響力の行使は，1901年のスタインのニヤでの漢字木簡発見よりももっと直接に，奇しくも同じ年の3月，ヘディンの「LA」での文書類発見によって，いっそう確実となった．ヘディンはこのとき「LA」で，155点（紙文書35，木簡120）を採取し，やや遅れて，1906年，1914年の二回にわたり，スタインも同じ「LA」地域で312点の漢字文書を手に入れた．それらのなかで，中国の紀年を含むものが，ヘディン14点，スタイン29点にのぼる．紀年の上限は，嘉平4年（252）もしくは景元4年（263）で，下限は建興18年（330）に及んでいる．約60-70年にもおよぶ長い期間，楼蘭，鄯善，精絶などの西域オアシス国家では，中国の何らかの影響が継続し，特に楼蘭では，多分太和年間以後「西域長史」が設置されて軍兵が常駐し，かなりの規模で屯田も行われていたことは疑いない事実であろう．

　楼蘭発現の文字資料が語る，晋の屯田が行われた時期から3-40年のち，後秦の姚萇の弘始元年（399），長安を発って天竺へ求法の旅にのぼった僧法顕と楼蘭のこと[19]をも，参考のためにつけ加えておく必要があろう．彼は敦煌を出て鄯善（楼蘭）に至るまでの道中を次のように描写する．

> 敦煌太守の李浩は供給して沙河を度らしむ．沙河中に多く悪鬼・熱風あり．過（遇？）えばみな死し，一も全つたきはなし．上に飛鳥なく，下に走獣なし．望を遍ねくし目を極めて，度る所を求むれども，擬する所を知るなし．ただ死人の枯骨をもって標識となすのみ．行くこと十七日，計るに千五百里ばかりにして，鄯善国に至るを得．その地は崎嶇薄斉（一作瘠）なり．俗人の衣服は粗ぼ漢地に同じきも，ただ氈褐を以って異なれりとなす．その国王は法を奉じ，四千余僧あるべし．悉く小乗の学なり．諸国の俗人および沙門は，尽く天竺の法を行うも，ただ精麁あり．これより西行し，経る所の諸国，類むね皆是の如し．ただ国々の胡語同じからず．しかれども出家の人は皆天竺の書と天竺の語を習う．ここに住まること一月，復た西北行すること十五日にして傷夷国（焉耆）に到る．

法顕は楼蘭から西に道を進めて焉耆に至る．そこから彼は西南に進路をとり，「行路のうちに居人なく，沙行の艱難，経る所の苦しみは，人理比ぶるなし」という，悲惨な1か月の行程を乗り切って漸く于闐国に辿り着く．『法顕傳』を長々と引用したわけは，このなかに楼蘭あるいは鄯善国についての，色々な問題が凝縮しており，榎，長沢両氏の見解への疑問とも深く関わっているために他ならない．そのことは後に再び触れるであろう．

7-5-2　カロシュティー文書とクロライナ

　20世紀に入って開始された，スウェン・ヘディン，オーレル・スタインの二人を主としした，ニヤ・サイト Niya Site ならびに LA（故楼蘭周辺）の遺跡調査とその発見物は，我々の前に，それまで予想もしなかった，多様な新しい文字資料をもたらすことになった．なかでも注目すべきは，総計760点以上にのぼるカロシュテイー文書の資料であろう．B.C.3世紀頃からA.D.3世紀まで，主として西北インドのガンダーラ地方で使用されていた，中期インド＝アーリアン語の方言（プラークリット）が，カロシュテイー文字

で書き残されて，東トルキスタンの各地から発見されたのである．書かれた文書の大部分は，3次に及ぶスタインの努力によってニヤ・サイトから出土し，楼蘭のLAとLBの遺跡からは約40点が採取されている．なお，1960年の中国調査隊は，ニヤで66点のカロシュテイー文書を発見したと伝えられるが，その詳細は，残念ながら未発表である．いずれにせよ，この数多くのカロシュテイー文書は，ロンドン，ニューデリー，などに分散収蔵され，ボイヤー氏に始まりラプソン氏に至る，主としてイギリスの研究者の手でその解読が進められてきた．その結果，カロシュテイー文書には六人の王の名が現れ，うち一人の于闐王を除くと，五人の王の治世は合計88乃至96年にわたることが明らかにされた．ケンブリッジ大学のブラフ氏は，その年代を最長で西暦236年から321年であろうと推定した．これに対して，榎一雄氏は256年から341年に，長沢和俊氏はさらにそれを上に引き上げて，203年から288年の間におこうと主張されている[20]．カロシュテイー文書はその数量がかなり多いにもかかわらず，それ自身が西暦の何時の時代のものかを直接には語ってくれない恨みがあり，内外の学者がその比定に苦労を重ねることになる．最も早い長沢説によれば，後漢の末，すでに曹操の傀儡と化していた献帝の建安8年(203)から，西晋武帝の太康9年(288)までの期間にあたり，最も遅い榎説で，三国魏も終わり近い高貴郷公髦の甘露元年(256)から，五胡の時代に入った，前涼の苻健の頃，341年までとされる．ここでは詳細を省き，必要とあれば先学の諸論考を参照していただくこととして，このカロシュテイー文書における各王の在位年代と，その間の中国の文献史料との比較について，いくつかの問題を取り上げるにとどめる．

上記諸説の間のこまかな相違は暫らく措き，3世紀中頃から4世紀初めまで，少なくともNiya Site（精絶）は，カロシュテイー文字を公用語とする五代の王の統治下に置かれ，それが中国でいうと三国の末から西晋時代と並行していた事実は，いまのところだいたい認められていると言ってよかろう．

こうした状況のなかで，研究史上極めて大きな一石を投じられたのが榎一雄氏であった．氏は1965年『オリエント』8-1・2号に発表された「鄯善の都城の位置とその移動について」において，以下のように自説を開陳される．特に重要な発言であるため，その結語の全文を掲げることにする[21]．

① 漢代の楼蘭国の都城楼蘭（クロライナ）は国名が鄯善と改められても依然楼蘭にあった．扞泥城は扜泥城とするのが正しく，それは都城を意味するkuhani, khvaniの音訳で，クロライナの別名である．楼蘭（クロライナ）が所謂楼蘭遺址に当たることは，出土の支那文文書のみならず，カロシュティー文書からも確認される．

② カロシュティー文書によると，そこに出てくる5人の王，Pepiya, Tajaka, Aṃgoka, Mahiri, Vaṣmanaの中，最初の2人についてはその王都は不明であるが，Aṃugoka, Mahiri両王の時には明らかにクロライナにあり，Vaṣmanaについては少なくともその治世第8年以前のある時期に都がクロライナにあり得たことが推定される．

③ 鄯善国関係の遺蹟から出土したカロシュティー文書は，571・590・640号文書に施

された封泥の印「鄯善□尉」が Caḍ'ota (ニヤ遺蹟) の大官が用いたものと考えられること，699号のカロシュテイー文書とその紙背の支那文文書との関係，ヘディンが所謂楼蘭遺蹟から採集した支那文文書 (I, 19, 7) の楼蘭主国均那羨がクロライナの主国即ち上級行政官 (rajadareya mahatva) (の一人？) であった Kuṃnaṣena (Kunaṣena) と見られることから，鄯善国に関する文書である．

④ そしてこれらカロシュティー文書は所謂楼蘭遺蹟から出土した支那文文書と年代的にも並行していると考えられ，紀元330年代からそれ以前の少なくとも86年或いは99年に亘っていると見るべきである．中でも五王の最後の Vaṣmana は支那記録に331年又は335年に鄯善王であったと記す元孟 (友孟？ 天孟？) 又は元礼 (天礼？) に当たる可能性がある．

⑤ 鄯善の都城はクロライナから一時 Caḍ'ota に移った形跡があるが，水経注に引かれた釈氏西域記の記事によると，4世紀の或る時期注浜河の南方に移った．それは漢代以来の伊循城 (沙州伊州地志残巻の古屯城，今のミーラン方面) の附近にある新伊循城 (沙州伊州地志残巻の今屯城，その他の記録の七屯城，大屯城) (ミーラン方面) である．そしてそれはさらに北魏の太平真君2, 3年 (441-2) の頃，石城鎮東方の鄯善城に，続いて石城鎮そのもの (チャルクリック方面) に移動したらしい．

また，同じ1965年の8月，『石田博士頌寿記念東洋史論叢』に発表された，「楼蘭の位置を示す二つのカロシュティー文書について」では，まずヘディンとスタインが「LA」で発見した紙文書のなかから，「楼蘭」の二字を持つ史料12点を取り出し，それらは，250年から345-6年にわたる間のものであり，その出土地「LA」が楼蘭で，文書の示す年代から，少なくとも4世紀の中頃まで，そこが繁栄していたことが認められるとされる．

さらに，かつて王国維が提起した，楼蘭の字が文書に見える場所は楼蘭ではない，という見解を否定し，楼蘭の字が残る文書は概ね下書きで，「LA」を楼蘭と見なして差し支えないと強調される．こうした前提に立って，榎氏は，「LA」から出土した No. 696 と No. 698 の二つのカロシュティー文書を詳細に検討し，楼蘭遺址＝「LA」が，クロライナすなわちクロライナ王国の首都であることを証明できたとされる[22]．

また榎氏は，4世紀末に楼蘭に足跡を残した法顕の記事に拠って，1967年の「法顕の通過した鄯善国について」(『東方学』34) で，上記論点の⑤を改め，4世紀最末期でも，鄯善国 (クロライナ王国) の国都は楼蘭にあったとされた[23]．

それにもかかわらず，榎氏はなおその論文のなかで，主としてニヤ発見の漢字木簡に依拠しつつ，鄯善王はニヤ遺蹟の地方にいたこともあり，それは，4世紀の初め，西域情勢の変化により，東方からの攻撃を避けやすい Caḍ'ota すなわちニヤ地方に遷ったもの，と推定されている[24]．

こうした榎説にのっとり，それをさらに多方面にわたって敷衍，拡大して論じたのが長沢和俊氏である．氏は何回も砂漠の廃墟であるニヤ・サイトや楼蘭に自ら出かけられ，

ヘディンや，スタイン同様，現場の空気を吸い，その実地踏査をふまえ，かつ漢字資料とカロシュティー文字資料を十分に使われて，『楼蘭王国の研究』なる700頁を超す力作をものにされた．そのなかに論及されている事柄のうち，この小論の関係する部分だけを，これまた要約してみたい．

① 王のいる所は大都 Mahamta nagara，または首都（城）Kuhani と呼ばれ，この Mahamta nagara は，文書 No. 678 からクロライナ（Lou-Lan, L. A.）を指すことは明白である[25]．

② 榎一雄教授は『漢書』巻 96 上・西域傳に見える鄯善国の都扜泥城は，実は扞泥城の誤であり[26]，この扞泥城こそ，Kuhani もしくは Khvani の音訳とされたが，正に鉄案と言うべきであろう．すなわちカロシュティー文書のいわゆる大王 Maharaya は鄯善王に他ならず，その王都 Kroraina は扞泥城なること明らかである．つまりこの文書の時代に，大王はクロライナの王廷にいて，遠くニヤに至る王領を支配していたのである[27]．

③ 3-4 世紀の鄯善王国にはプラークリット語による公文書をカロシュティー文字で記録し，法制・慣行その他にインド的な要素を持つ，クシャン王朝の植民国家があったと考えざるをえない．

④ 前 77 年に前漢が設立した鄯善王国（仮に鄯善第一王国と名付けたい）は，2 世紀の後半にクシャン朝文化を持つ移民団に滅ぼされ，この移民団を中核とする鄯善第二王朝が成立したと考えざるをえない．そしてこの王朝は在来の鄯善人を支配してクロライナに首都をおき，プラークリットを公用語として複雑な官僚制を持つ王国であった．国王はクシャン朝風に「大王，王中の王，偉大にして戦勝者であり，徳篤く正法に任じた国王陛下，天子アムゴーカ」（No. 579）といったクシャン朝風の称号を用いていた．領内各地には自から任命した地方長官チョジボー Cojhbo を派遣し，ロプ湖周辺からニヤ遺跡に至る広袤 900 キロメートルに及ぶ大領土を支配していた．しかし実際に文書をよく読んでみると，徴税はなかなかスムースにゆかず，わずかな外敵スピ Supi の侵入にも脅かされ，弱小国家の悲哀がまざまざと看取される．

⑤ この他，僧団組織あるいは駅伝組織などを取り上げて，自説を補強されている．

7-5-3 クロライナ王国とその都

先に，7-3-1 の終わりの①において，私は，榎，長沢両氏の，楼蘭＝鄯善＝扞泥城説を紹介した．それがここに至って，さらにイクオールを付け足し，「LA」＝クロライナ王国の国都となってきている．榎氏から長沢氏へと継承拡大されていった，故楼蘭＝鄯善＝扞泥城＝「LA」＝クロライナ王国首都説は，果たして本当に鉄案なのであろうか．

榎氏の所説は，私見によればかなり多くの仮説を含み，その論証方法も，失礼ながら状況証拠的資料を仮定の糸で綴り合わせ，それらを結論に帰納して行く傾向が顕著である．したがって，同じような資料と論法を使って，まったく逆の仮説も十分作り出せるはずである．そのような問題が出てくる最大の理由は，出土文書の取扱いに由来すると思われる．少し以前までは，ニヤ，ローラン発現のカロシュティー文書は，その書かれ

た時代さえ判然とせず，榎氏自身それを南北朝から隋唐初めに比定しておられたくらいである．一方，ヘディンとスタインが発見した晋代の楼蘭漢字資料は，時代も場所も明らかで「LA」≒楼蘭と直結している．問題はこの両者の組み合わせ方であろう．榎氏の方法は，両者の並行関係を，限られた文字の上だけで何とか証明しようとする方向にウエイトが置かれすぎているように私には感じられる．その具体例をいくつか挙げてみたい．

[１] 上記榎氏の論点③で挙げた，「楼蘭国主均那羨」というヘディン採取の紙文書断片＜19-7＞にもとづく氏の解釈は，まことに見事な考証と論旨の展開だと感服する[28]．ここでは便宜上，４項目に分け，若干原文に手を加えて列記してみたい．

① ここに言う均那羨とは，ニヤ出土のカロシュティー文書にしばしば現れる Kuṃunaseṇa, Kunaseṇa などと同じ名を漢字で表記したものに相違ない．
② 主国は国の政務を司る人の意でなければならず，楼蘭主国は楼蘭の政務を司る人を意味する．これはカロシュティー文書に例の多い，rajadaraga, rajadareya に相当する．
③ 楼蘭そのものも鄯善王国の raja の一つ（中央主国）で，そこにその行政を担当する，おそらく何人かの rajadareya があり，楼蘭主国均那羨はこのクロライナの rajadareya (mahatva) の一人であると考えられる．
④ Kuṃunaseṇa またはそのヴァリアントはニヤ遺蹟出土の文書には頻出している．この名の存在は，いわゆる楼蘭遺蹟出土の支那文文書とニヤ遺蹟出土のカロシュティー文書との内容的関連性を示すものとして頗る重要である．

この榎氏の論証は③を除くと間然とするところがないように思われる．榎氏は行論のなかで，「別に，raja, rajya, rājya（王国）は，鄯善支配下の領域全体を指すのではなく，嘗っては王国として独立していたが，その後併合されて鄯善王の支配した諸国（魏略西戎傳の精絶・小宛・且末，カロシュティー文書の Cad'ota, Nina, Saca, Calmadana）を指していること，トオマス氏の指摘している通りである」と述べておられる．さすれば，楼蘭はまさしくこの条件に該当し，rajadareya の均那羨がその地にいて少しも不思議はない．しかし，③で言われる「raja の一つ（中央王国）」とか，「何人かの rajadareya がいた」ということは，あくまでも榎氏の想定にすぎず，それを直接裏付ける史料はどこにもない．否むしろ如上の考証と論旨の展開からすれば，Niya Site か，そこと関係の深い場所に根拠地を置き，カロシュティー文字を使用する鄯善王国が，その領域の最も東北端の楼蘭（クロライナ）を一つの raja と見なし，そこにいわば総督のような責任者を派遣してきており，それがこのときは均那羨だった．それを中国側では単に「主国」と呼んでいたとなるのではなかろうか．榎氏のように，楼蘭すなわちクロライナに「クロライナ王国」の首都があったに違いないという前提を取り去ると，この注目すべき史料の意味するところもかなり変ってくるのではないだろうか．

また榎氏は均那羨の上に書かれている「楼蘭主国」の「主国」についても蘊蓄を傾け

られ，『周禮』の「司儀」の主国，あるいは『禮記』「聘儀」の二つの用例を引き，そこでは受聘国の責任者すなわち卿（の主席にあるものか）を指しており，カロシュティー文書の raja daraga は正しくこれに当るとされる．しかし普通に考えると，班超のような特別な教養を持つ人物は別として，楼蘭のような異域で任につく漢人や書記が，中国でもあまり普通ではないそのような古典の言葉を，意識して非中国人の高級役人に当てはめるものだろうか．均那羨は上に述べたように，鄯善国領邦全体のなかの一つの raja を受け持つ，言ってみれば地方オアシス派遣の責任者に他ならない．それら一つ一つのオアシスを中国風に「国」と表現するのであれば，その責任者は「主国」となるであろう．つまり「主国」は典故などとは関係の薄い，むしろ単純な呼び名なのではないのだろうか．そうであるとすれば，楼蘭にはプラークリットを公用語として使う，原住，移住を問わぬ非漢人の集団が存在した．しかし彼らの上には国王はおらず，主国つまり rajadareya 一人がいたにすぎない．こうした仮定に立つと，榎氏の「楼蘭そのものも鄯善王国の raja の一つ（中央王国）で，そこにその行政を担当するおそらく何人かの rajadareya がいた」とする推測は成立しにくくなろう．この均那羨の紙資料によって，逆に，楼蘭にはクロライナ国王などはおらず，単に鄯善国の行政責任者の主国がいただけである．したがってそこは首都などではなく，鄯善の領域の一点にすぎなかったという論旨も抽出できる筈である．

［2］　7-5-2で挙げた榎氏の論点④を次に取り上げよう．カロシュティー文書に残る五人の王の年代を，榎氏は 330 年以前に置かねばならぬとされ，331 年もしくは 335 年すなわち東晋の咸和年間，楊宣に降った鄯善王元孟（または元禮）は五王の最後に当る Vaṣmana (V̇aṣmana) と同一人ではないかと疑われる節がないではないとし，以下のように論を進められる[29]．

> 『晋書』巻86の張駿傳や『十六国春秋』（前涼録，元禮に作る）によれば，元孟，元禮はどちらが正しいのか明らかではないが，元孟が正しいとすると，孟は Vaṣmana の mana に近い．元は或いは犮（音跋）などの訛で Vas を写したものではあるまいか．或いは Vasubandhu を天親の訳している例のあることから推すと，Vasu- との音の類似から Vas- をも天と訳し，天孟をあてたものを元孟と誤ったものであろうか．またサンスクリット語で man- に「（他人を）尊重する，尊敬する，（他人に或る）名誉を与える」などの意味のあることを考えると，Vaṣmana を *Vaṣuman- と解し，これを天禮と訳し，それが元禮と誤られたのではあるまいか．このようにして，もし元孟が Vaṣmana に当るとすれば，五王の実年代の下限は 331（又は 335）年に及んでいることになる．

こうした榎説に対して，長沢氏は特にご自身の見解を述べてはおられないが，馬雍氏の「新疆新出佉盧文書的断代問題」から，「古代訳音では n は増したり削ったり自由で，元 uan と van は極めて容易に転換できるから，Va を元であらわすことは可能である」との説明を紹介されている．この馬氏の意見は，中国の研究者に広くとりいれられており，穆舜英氏なども，「最後の一人の国王伐色摩那（原文 Vaṣmana）は『晋書』中に記載する鄯善王元孟で，元孟はつまり伐色摩那の対音である」と明記している．ちなみに，孟凡

人氏らをはじめとした中国の学者たちは，それら漢字王名をすべて胡語の原文音写としているけれども，私にはやはり承服しがたい点がある(30)．

　私は内外の碩学たちの専門的議論を批判する学力，知識は全くないが，根本的なところで，ある疑問を拭い切れない．それは両漢書，とりわけ『後漢書』の「西域傳」や班超，班勇傳を繰り返し読んでみた感触と関係する．そこには，鄯善は勿論，于闐，莎車，亀茲，疎勒などの諸国の，王または有力者の氏名記述について，あるきまりが存在していたような印象を受ける．例えば莎車王建が，亀茲王，烏塁王に立てた則羅と馴鞬，あるいは拘彌王の橋塞提などは，紛れもなく原名を漢字に転写したものに違いない．このような人たちについては，漢字音写がどのような原音に当るのか比定考證を行うのは当然の方法であろう．

　ところがここで漢文史料が「鄯善王元孟」としている元孟は，果して原音の名前を漢字に写したものなのであろうか．後漢の中国文献においては，タリム盆地とその周辺で活動したオアシス国家の王の名前を，例えば莎車王延，康，賢，于闐王廣徳，成国，建，拘彌王興，成国のように，一字もしくは二字の漢字で記載することが通例である．彼らは，いずれも原則として漢の都護府などの設置を請願し，貢献を行い質子を送って来る国々の王である．そうしたオアシスの王に対し，漢はその忠勤を形式的ながら認める名前を与え，したがってまた漢代の漢文史書には，その名前が書き残されている．そこで与えている名前は，いずれも漢側の評価を反映した文字が使用されていると考えてよかろう．さすれば，ここで問題とされている「鄯善王元孟」を莎車王建や于闐王廣徳と同じ次元で扱えないのだろうか．ましてや，後漢以後は鄯善は最も親中国の国である．元といい孟といい，両方とも中国では筆頭，最初を意味する吉祥語である．それは漢と一番親密な関係を持つ鄯善の王に与えるにふさわしい名前の一つである，とは考えられないのだろうか．少なくとも，Vaṣumana と元孟を何とか一致させようと，あの手この手を使って不確定要素を加上してゆくよりも，私の素朴な疑問のほうが自然なように思われる．後漢の永元6年(119)，班超が焉耆を討って，やっと擁立した王の名前もやはり「元孟」である．これも Vas, Van, Uan と mana, man などを足したものと考え，あるいは強引に字をあらためて解釈されるのだろうか．カロシュティー文書のなかの五人の王を，何とかして漢字文献の王の名と一致させようとする意図と努力は十分すぎるほど理解できる．だがその前提として，私が抱くような素朴な疑問に対する説得力のある回答が準備されていないと，論議が些か砂上の楼閣となりはしないだろうか．

[3]　7-5-2の⑤で，榎氏は，鄯善の都城はクロライナから一時 Caḍ'ota に移った形跡がある，と述べられている(31)．ことの当否は暫らく措き，氏がそうした発言をしなければならない漢字史料が二種類残っている．一つは鄯善国とカロシュティー文書を論じる諸家が必ず触れる．Niya Site 出土の No. 571, No. 590, No. 640 文書の漢字印泥の問題である．シャヴァンヌはこの印泥の四字の漢字を「鄯善郡印」と読み，それが暫らく経承されたが，榎氏は，実物の一つをインドで調べられ，「印」は「尉」と読むべきで，「郡」は「都」の可能性が高いと訂正された．私どもも，本書刊行の背景になった共同研究で，何回かニュー・デリーに出向き，かなりの数のニヤ出土のカロシュティー文字文書を実

見したが，漢字封泥を持つ三点の実物は結局は見せて貰えなかった．長沢氏はここでも，3世紀に鄯善郡が置かれた可能性を論じる先の馬雍氏の論考を引用し，「鄯善郡尉」もありうると示唆されている(32)．しかし私は，この印は，漢代に中国から与えられた「鄯善都尉」の印だからこそ意味があるのだと解釈したい．

『漢書』「西域傳」では，パミール以西や小国を除き，主なオアシス諸国の各条に，中国風の官職名を列挙している．例えば，輔国侯としては于闐王の弟仁，疏勒で班超の中国召還を嘆いて自殺した都尉黎弇などの具体例によって，その稱呼を与えられた者が原則的に非漢人だったことは，ほぼ間違いなかろう．この点はスタインが『中央アジア踏査記』のなかで，この篆字を刻んだ印は，東方にある現在のロプ地区鄯善を管轄していたシナの役人の印である，といっているのは不正確ではないかと思われる．「西域傳」に見える官職名のうち，左右都尉や単なる都尉は，諸国の軍関係者にばらまかれたろうが，鄯善と亀茲の撃車師都尉などは特定の目的を持っていたと想像される．そうしたなかで，国名をつけるのは，鄯善都尉と精絶都尉の二つにすぎない．Niya Site 発見のこの三個の文書が，3世紀のものとすれば，耕地と婦人の売買についての請取証明書と，土地取得証明書に，鄯善都尉が立ち会って封印したことになる．それは，非漢人の鄯善都尉が，前漢以来ずっと存続し，その本来の職責はいざ知らず，依然として鄯善王国の上級官員として，そのポストを守り，印章を使用していたことを物語る．それと同時に，もしかれがそのときニヤにいたとすれば，かつてそこにいた筈の精絶都尉はなくなっている可能性もあり，『後漢書』「西域傳」冒頭の，精絶，且末などは鄯善の并すところとなるという叙述と繋がりを持つかも知れない．

多くの論者は，後半の二字が都尉か郡尉か論証しようとし，都も郡も通例の篆字と少し異なる点に苦労している．しかし，その問題は例えば次のように考えられないものだろうか．前漢の後半，鄯善国の高官に鄯善都尉の官職名が与えられ，それにもとづき，彼の封印を捺した公文書（木簡）が送達された．長い月日の経過とともに，木製の印章は当然磨耗し，たびたび作り代えられねばなるまい．最初はよいとして，更新が度重なり，おまけに，もし非中国人が見真似で印章をつくれば，正しい篆字から外れてむしろ当たり前ではないのか．私はこの印章の四字は，「鄯善都尉」であることが最もふさわしく，またそうあるべきだと思っている．榎氏は，「カロシュティー文書の封泥に施された支那文も，あとで触れる王族間の宝石贈与の文書も，支那趣味の一つの現われとみてよいであろう，」と比較的軽く片づけておられる．アテネ・アルキス像を筆頭にギリシャの多様な神々の姿を印した封泥自身には，確かに行政的意味は希薄かも知れない．だが，Amgoka 王の 17 年の文書に捺された鄯善都尉の印は，紛れもなく Niya Site に存在して上級役人によって使用されていたのである．それだけでは，鄯善国の首都がこの地にあり，また王がここにいたという直接の証明にはもちろんならない．しかし，鄯善都尉の封泥は，単に支那趣味として使われていただけとも思えない．とまれ最低限，当時の鄯善都尉は楼蘭にはいなかったとだけ言えれば，それで満足すべきかも知れない．

いま一つスタインが Niya Site で発見した漢字史料のうち，現在の段階では未解決部分を含むけれども，何らかの関わりがあると推測させる資料がある．シャヴァンヌの解説するニヤ出土の木簡 No. 940 から No. 947 がそれで，早く王国維も『流沙墜簡』で取

り上げている．最長82ミリメートル，最短62ミリメートル，幅11-13ミリメートルの下端に切り込みのある，小型の8個の木簡は，現在の荷札と同様に，片面には送り主の名と送り物の内容，片面上端にあて先の人物が記入されている．そこで出てくる王や王夫人は当然精絶国の支配者と考える王国維は，精妙な隷書で書かれたその文字を，後漢末永平以後のものとする．しかし長沢氏は，その頃はすでに氏のいうクロライナ王国の全盛期で，精絶国はほぼ完全にその支配下にあり，また文書の書体から見ても，おそらくは永平以前のものと見なければならぬ，と言われる．ただこの木簡に記されている，

> 休烏宋耶，謹以琅玕一，致問小大子九健持　　　　　　＜No. 947　N. xiv. iii. 6.＞
> 君華，謹以琅玕一，致問且末夫人　　　　　　　　　　＜No. 944　N. xiv. iii. 10.＞

などが，琅玕の産地に近接している精絶で，王族や高官から王たちへの贈物の名札として，誰に依って，何故漢文で書かれたのか，あるいはここに登場する漢人，非漢人の名前，さらには且末から精絶の王家に嫁いで来ているらしい皇女など，将来の究明を待つ多くの謎が秘められており，その結果次第では，いわゆるクロライナ王国問題と関係が生じるかも知れない．

［4］　次に7-5-2で挙げた長沢氏の見解のうち，二点について，私の疑問を提出してみたい．氏の著書では，第十二章を「鄯善王国の駅伝制について」と題し，鄯善王国には王領内の各オアシスを点綴する駅伝制があり，官吏が置かれ，大王の命令により，Cojhboの命令一下，使節の護衛や道案内に従事したことを論証されている．その際，氏が拠り所とされる史料は，ニヤN. i. 遺址発見のカロシュティー文書No. 14である．そこには次のような記述がある．

> 大王陛下記す．余はチョジボー・ビマヤとソータムガ・リピペーヤに次の如く訓令する．サメーカは我々に対し，彼がKhotanへ使節に赴くと報告した．Calmadanaから彼ら（Calmadanaの人々）は彼に護衛をつけ，彼はSacaまで行った．Sacaから彼ら（Sacaの人々）は彼に護衛をつけ，彼はNinaまで行った．NinaからKhotanまでの護衛はCaḍ'otaが準備すべきである．（下略，一部原文表記省略）

長沢氏は，この文書はサメーカなる男が，クロライナ（楼蘭）からホータン（于闐）に使いするため，大王がCaḍ'ota (Niya site) のCojhbo BhimayaとSoṭhaṃga Lpipeyaに護衛準備を命じた命令書であるとされる．そして結論的には，当時の南道における鄯善王国の版図はKrorainaから遠く西南900キロメートル，Caḍ'otaやNinaに及んでいたらしく，Khotanとの境界は拘彌国（精絶国の西460里）であった．この間Caḍ'otaをはじめいくつかのオアシスがあったが，これらのオアシスはそれぞれ駅逓の如き役割を果たし，Kroraina—Calmadana—Saca—Caḍ'ota—Nina—Khotanの順で結ばれていた．Caḍ'otaその他各オアシスには，常時護衛や道案内人，武装監視兵などが待機しており，彼らは王からの命令がCojhboやSoṭhaṃgaに到達すると，ただちにCojhboらの命によって国使に従ってゆかねばならなかったのである，という説明を下されている[33]．

南道オアシスを結ぶ鄯善の駅逓の存在とその考証については，一点を除くと，長沢氏の論旨は妥当であろう．ところがその一点が大問題なのである．氏はまず，サメーカなる男がクロライナからコータンに使いするとされ，ついで鄯善国の版図が Kroraina から Caḍ'ota まで 900 キロメートルに及んだとし，最後に Kroraina―Calmadana 以下の駅逓路を挙げられる．だが No. 14 の文書は，Calmadana すなわち且末と推定されるオアシスから先のことしか書いていないのではなかろうか．全行程中の最も難所であり，それゆえにこそ特に駅逓の完備していなければならぬ筈の Kroraina からチェルチェン河に出て Calmanada に至る記述が何故省かれているのか．そこは鄯善国＝クロライナ王国の中心地帯だから省略してあると言われたとしても納得がゆかない．その十分な説明がなければ，このカロシュティー文書だけで，Kroraina から Khotan への駅逓の存在を語るには無理がある．楼蘭＝クロライナ王国の首都とされる長沢氏の大前提を外してしまうと，この No. 14 の文書は，Calmadana に最も近い，その東隣のオアシスから Khotan までの駅逓を書き付けたもので，逆に Calmadana の東に近接した場所こそが，鄯善国の王のいる Khvani であるとさえ推定できるのではあるまいか．

　私は 7-4-3 の終わりで，後漢の末においても，南道の于闐までは，漢の西域長史をはじめとして，中国と相互にかなりの程度の往来があったことを示唆したつもりである．この場合，南道のオアシスには，常時それ相応の駅逓，宿泊，補給の準備がなされていたに相違ない．さもなくば，拘彌で亡くなった西域長史の遺体を，息子が敦煌から遙々引き取りに行くことなど不可能だったろう．オアシスを結ぶ通商・交通路の安定は，諸国にとって極めて重要な事柄であり，後漢をさらに遡っても，駅逓の整備は常に行われていたに相違はなく，鄯善国もそれを踏襲，整備して使用していたことを，この史料は物語るにすぎないと思う．

　次に長沢氏の議論で気になるのは仏教教団の問題である．氏は著書の第十六章「楼蘭王国の庶民生活覚え書」のなかで「チャドータの仏教」なる一節を設けてそれを論じておられる[34]．その際中心になる史料は，ニヤ出土のカロシュティー文書 No. 489 である．そこには，以下のような記事が載っている．

> 天子ジトゥムガ・マハギリ（マヒリ）大王陛下の十年の十二月十日，（欠）クバニ (khuvane-mci クロライナ) 僧団はチャドータの僧団の規則を定める．（欠）見習僧は長老に配慮を払わず，彼らの老僧に不従順と聞き及んでいる．この点につき，以下の規則が天子によって，僧団に布告される（下略）．

そしてこの文章では，教団の活動に非協力的な僧への罰として，段階をつけて絹をとりたてられることが規定されている．
　これをもとにして長沢氏は次のように解説を加える．

> カロシュティー文書の大部分はニヤ遺址から出土しているので，ニヤ遺址以外の僧団の動静については明らかではない．しかしニヤ遺址は楼蘭王国の極西に位置しているので，われわれは他のオアシス（チェルチェンやエンデレ等）の僧団もニヤの僧団と同じような

関係にあったと類推することができよう．即ちニヤ遺址（チャドータ）の僧団をはじめ，ミーラン，ヴァシュ・シャーリ，チェルチェン，エンデレ等の僧団も，おそらくクロライナ僧団の管理を受け，その関係はあたかもわが奈良時代の東大寺と国分寺の如き関係であったろうと思われる．そこで首都クロライナにはもっとも大きな教団があり，寺院群があったものと考えられる．しかし現実にはクロライナの寺院址は，必ずしもその遺構が明確でなく，ミーランの寺院址にくらべ，出土品も多くない．それはこの地方にその後七世紀頃まで，相次いでいろいろな民族が定着し，時には仏教寺院を破壊したためであろう．

　ここの議論でも，クヴァニ＝クロライナ＝楼蘭＝クロライナ王国の国都を根底に置くから問題が生じてくることになる．もしクヴァニを単に鄯善の首都としたならば，話しは違ってくる筈である．なるほど「LA」にはいまも巨大なストゥパとおぼしき遺蹟[35]が目立ち，周囲に仏寺の遺址も残存している．そこでは，ヘディン，スタイン，そして最近の中国調査隊に至るまで，できる限りの調査，発掘が実施されてきている．それにもかかわらず，南道のニヤやミーランなどで発見されたような，ガンダーラの要素を濃厚に含んだ仏像や壁画などは，いまのところその片鱗も窺えない．もしそこがインド北部と深い繋がりを予測させるクロライナ王国の首都であったならば，ニヤやミーランでスタインが数多く採取したような遺物が，より多く発見されてもよいであろう．おまけにニヤからミーランの遺蹟を，限なくといってよいほど調べ上げたスタイン本人が，楼蘭の調査を二回も行っているのである．彼がそこにクロライナ王国の首都，あるいはガンダーラ佛教美術の匂いを嗅いでいなかったことは確かであり，そのことはやはり尊重すべきであるように私には思われる．そうした観点に立てば，長沢氏の言われるような，オアシス諸国を国分寺とし，楼蘭の東大寺がそれらを統括するような教団の存在も疑わしくなってくる．

　クロライナ，楼蘭の仏寺や僧団を語るとき，7-5-1 の末尾にその原文を載せた法顕の記録を忘れることはできない．榎氏は最初は，のちに触れる『水經注』の記事に拠って，340年代以後鄯善国の首都が楼蘭からミーラン方面に移動したとされた[36]．しかし，法顕の旅行記を見て，法顕はロプ・ノール北方を通過していわゆる楼蘭遺址に至ったもので，そこは紀元400年依然として鄯善国の王都として栄えていたと見られる可能性が多い，と自説を訂正された．果してそれでよいのであろうか．

　法顕の鄯善についての記述ではとりあえず次の点が問題であろう．

　　その国王は法を奉じ，四千余僧あるべし．

　榎氏も長沢氏も，最初の一句は，鄯善王が法顕の訪れた楼蘭に鄯善国王がいたことを自明の前提とされている．しかし，法顕は1か月そこにとどまったにもかかわらず，王やその周辺のことに一言も言及していない．おまけに，その国王以下の文章は鄯善領域全体の概論とも言うべき筆調で，それまでの楼蘭そのものの自己の見聞とは書き方を異にしているように感じられる．事実，榎氏は続く一句を，「この四千余僧は所謂楼蘭遺址からニヤ遺蹟に及ぶ鄯善王治下の諸国について言ったもので，鄯善の首都だけについての数字ではない」と言っておられる．しからば，のちの于闐国の記事と同様に，国王は

仏法を奉じていたとここは書いてあるだけで，国王がそこにいたことを直接証明する史料には使えないのではないか．私はスタインや賀昌群氏のように，法顕が訪れた鄯善が，南のチェルチェン河方面であるとは思っていない．彼が鄯善（この場合は楼蘭）から焉夷国（焉耆）に向かい，人のあまり通らないホータン河沿いのルートをとって于闐に辿り着くのも，あるいは最初からの予定の行動だったように思える．

　法顕の記述のなかで他に注意すべきは，やはり，「その地は崎嶇薄瘠，俗人の衣服は粗ぼ漢の地とおなじ，ただ氈褐を以って異となすのみ」という描写であろう．楼蘭の自然環境と住民の生活は，漢代否それ以前からそれほど大きくは，ことによるとまったく変わっていないようにみえる．そのような場所へ，南道一帯を勢力下に収めている鄯善国が，何を好き好んで首都を持ってくるのであろうか．もしそこが3-4世紀に繁栄を誇ったというクロライナ王国の首都であったなら，いかに衰微していたとはいえ，法顕ももう少し何か書きようがあったのではないか．現にあとの于闐国の条では，「その国は豊楽で，人々も大いに賑わっていた」と言っているではないか．

7-5-4　楼蘭は王国の首都か

　何回も繰返すように，榎，長沢両氏の立論は，基本的に「楼蘭＝「LA」＝扞泥城＝鄯善国（クロライナ王国）の首都」とする図式で成り立っている．その根拠が，榎氏の「楼蘭の位置を示す二つのカロシュティー文書について」であることは良く知られていよう．この論文では，LA. vi. i. 0234 の No. 696 と，LA. iv. ii. 3 の No. 678 が駆使されている．この二つの文書は，榎氏の論文はもとより，本書第II部資料編3の赤松論文にもあらためて全文が収録されているからここでは省略して，榎氏の結論だけを引用したい．まず No. 696 文書では，

> 　　この手紙はクロライナから某地に出張中の息子がクロライナにいる父に出したもので，駱駝の売買に関する報告，必要とする書類があれば蒐集すること，命令のあり次第クロライナに帰りたいが，情報はその際持ち帰ること等を伝えていることが判る．言い換えれば，この手紙の出土地は即ちその受取人のいた所で，それはクロライナと考えてよいのである(37)，

と言われる．

　また No. 678 文書は，Camaka (Cimaka) なる人物が Yapgu なる者に土地を譲渡した証明書で，その土地の位置を記して，

> 　　クロライナにおける，大都市の南側にある土地 (kroraiṁnaṃmi mahaṃta nagarasa dach'ina śitiyaṃmi bhuma)

と言っているのは，この文書の出土した場所がクロライナの一部に属することを明瞭に物語っている．なかでも kroraiṁnaṃmi の一語こそ文書の出土地が楼蘭であることを決定する鍵というべきものである．右の句はおそらく「クロライナと呼ばれる地方の，

大都市即ち首府（城内）の南側の土地」の意味で，大都市すなわち首府もまたクロライナとよばれていたに相違ない，と説明される[38]．

榎氏の二つの文書の他に，長沢氏も引用されている「LB」出土の No. 706 文書，

> 偉大なる大王記す．コリ官とムルデーヤと沙門のアナンダとに（与えられる）．わたし大王により，クロライナにおいて，チャラカの家族は，このカンジャカラ．カラシュダサに譲渡された． ＜LB. iv. v. 1. +vi. 1.＞

の他，ニヤ発見の以下三点のカロシュティー文書にクロライナの文字が見える．該当部分だけを挙げておこう．

> No. 370：私たちの農場にクロライナ人の男たちが泊まるために居りました．
> ＜N. xv. 322＋39＞
> No. 383：そしてこの証文は，クムセーナの口によって，……クロライナ人の……証人．
> ＜N. xv. 343.＞
> No. 277：タクティー形の木簡に，駱駝のリストらしき文字がならぶ．そのなかに「クロライナ人たちの」という項目がある． ＜N. xv. 92. a＞

さて，No. 696 文書は，ラプソン氏と榎氏との間に若干のくい違いがあるが，ここでは榎氏の解釈をとれば，クロライナはこの文書が発見された「LA」＝楼蘭を指すといえるだろう．厄介なのは No. 678 のほうである．繰返すと，

> クロライナ人でチャマカという名のチャルマダ在住の者が，クロライナにおける大都城の南側にあるクロラ地三ミリマ容量分をヤプウに売った．

と書かれている文書の，「クロライナにおける大都城の南側（の土地）」なる一句から，クロライナがクロライナ王国の王のいる首都であるという事実がひきだせるだろうか．

No. 696 文書のキー・ポイントは，大都城（mahaṃta nagara）が国王のいる城を指すかどうかという点にかかっている．赤松明彦氏の教示によれば，カロシュティー文書で，この mahaṃta nagara は，他にニヤから出た No. 5, No. 296, No. 155, No. 250, No. 469 の5点に見られる由である．その5点に共通する特色として，いずれも通例では発信地や日付の書かれていない楔形木簡であるにもかかわらず，そこには「何年，何月，何日，大都城の王廷において（または大都城において）」の表記が見られる．例えば No. 155（＜N. iv. 134＞）の楔形木簡の上部一枚は，表に，チョジボー官のクラナヤとショータンガ官のリペーとに与える旨の表書きがあり，その裏に，6番目の年，5番目の月，2番目の日，大都城の王廷において，と記される（本書第III部研究編9赤松論文「楼蘭出土のカロシュティー文書について」）．

バロー氏はこの大都城に，The great city is Kroraina. の註をつけていられる．こうしてみると，榎氏が，文書の「クロライナと呼ばれる地方の大都市すなわち首府（城内）の南側の土地」から，大都市（首府）もクロライナと呼ばれ，そこがクロライナ王国の国

都として繁栄した場所＝楼蘭というように演繹していかれてもおかしくはない．

　榎氏の論証方法はこの場合も，文字史料をあらゆる次元から解析する遣り方で，直接同じ方法では反論しにくい構造になっている．ここも，該当史料にもとづく限りでは楼蘭はクロライナ王国の首府という方向になるであろう．だが，一歩引き下がって，別の角度からよく考えてゆくと，どうしても納得できない疑問が次々と湧いてくる．他方長沢氏は，榎氏と違い，ご自身の見聞その他の諸要素を数多く織り込んで，楼蘭ないし鄯善国のことを細大洩らさず論じておられ，その労作は大変有用なのであるが，議論の基盤を榎氏の説に置かれているため，時々首をかしげざるをえないケースが生じてくる．

　私はここまで，伏線として何回か，楼蘭をめぐる自然環境についての文献史料を挙げてきた．また，

　　且末より以往は皆五穀を種え，土地草木，畜産作兵，略々漢と同じ（『漢書』「西域傳」）．
　　莎車，疏勒は田地肥広，草牧饒衍にして，敦煌，鄯善の間と比らべられず（『後漢書』「班超傳」）．

あるいは伊吾の地を指して，

　　地は五穀，桑麻，葡萄に宜ろしく，その北また柳中あり，皆膏腴の地（『後漢書』「西域傳」）．

などと書かれているのと比較してみると，楼蘭は厳しい自然環境と，甚だ貧弱な生産性しかない土地のような印象を拭えない．

　1988年，日中共同楼蘭探検隊のメンバーとして，長沢氏とともにこの地を踏んだある地質学者の「ここでは農業はできないですよ」という発言に対し，長沢氏は晋代の屯田の存在を例に反論し，また「LA」西側には2キロメートルにわたって無数の胡楊の枯木が立ち並ぶことを強調し，その環境が現在よりも良好だったと主張されている[39]．勿論コンチェン・ダリヤの河道と水量の変化は決定的要因ではあるにしても，楼蘭の地質と自然環境は，お義理にも恵まれた場所とは言えないだろう．そんな所に，南道のまだしも豊かな生活条件のなかに領域を設定していた，旧クシャン王朝の移民を含む鄯善王国が，何が良くてわざわざ国都をもってくるのだろうか．領域のなかで最も繁栄しているかに見えるCad'ota（ニヤ）まで，楼蘭から900キロメートルもある．東京からなら広島という距離で，しかも普通の道などまったくない砂漠と荒地だけがその間に横たわっている．どのように整備された行政，法制があったのかは判らないが，砂漠に点在するオアシスを結ぶ王国が，領域東北端の貧しい場所に国都を設定するどのような必然性があったのだろうか．政治，軍事，経済の面で，そこが最も適しているならばそれもありえよう．しかし，この時期の楼蘭に，そうした適性は皆無ではなかったかと私は思う．

　長沢氏は「楼蘭王国の庶民生活覚え書」の一章のなかで，人妻を恋した男が，チャドータからクチャへ必死の逃亡をした事後処置の文書を挙げられている[40]．

大王陛下記す．チョジボー・ソーンジャカに次の如く訓令する．ザギモーヤが言うにはか
　　つて彼は妻と一緒にクチィ（亀茲）の王国に逃れた．しかし大王の愛により，彼らは当地へ
　　戻ってきた．私（大王）はこの件について熟慮していた．この夫と妻とはチャドータに住ま
　　わすこととした．彼らはヤヴェー村のキルメに付属された．＜No. 632　N. xxix. 1. 13＞

　この他「チャドータの犯科帳」でも長沢氏は各種の窃盗，婦女暴行，樹木伐採などの犯罪を列挙されて，王の判断や罰則規定を述べられる．だが，このような零細かつ日常的な事件について，その報告がたとえ一部にせよ900キロメートルも離れた楼蘭に齎され，そこにいる王の決断でことが決められるなどということは，何としても信じがたい．もしそれが可能な行政なり司法なりの組織が存在していたとすれば，楼蘭＝クロライナには，一定の規模の官署と人員も必要であったろうし，彼らの家族，生活も小規模なもので済むとは思えない．

　晋の屯田が設けられ，500人程度とはいえ，中国人中心の兵隊や家族がいるなかに，クロライナ王国の行政や軍事の組織が，いかなる形で共存していたのであろうか．もしそうした状況であったのなら，「LA」で発見された晋代の紙文書や木簡に，あのような平穏無事な言辞ばかりが並んでことが済むものだろうか．いかに西域への影響力が低下したとはいえ，中国側にしても，南道一帯に勢力を広げる鄯善国の国都が楼蘭にあり，王の命令一下，官員たちが属領内の行政をコントロールしていたならば，そのことを無視し，一言も自分たちの記録に書きとめておかないことが起こりうるだろうか．こうした私の疑問に対し，それは誤りでクロライナ王国の国都がここにあったとする根拠が，No. 678文書一つで，それとて本書で赤松氏が指摘するように，疑義を差し挟む余地があるとすれば，やはり再検討がなされてよいのではないだろうか．

7-5-5　クロライナ王国とは？

　それでは，3-4世紀，クシャン王朝の移民が西北インドから流入し，ニヤやクロライナにカロシュティー文字の文書を残し，またミーランで代表されるような，ガンダーラ様式の仏教遺跡を作り上げた国の首都は何処にあり，またその国は何と呼ばれていただろうか．それについての私自身の見解を述べなければならないであろう．

　長沢氏は西北インドからの移民団が，五人の王を支配者として作った王国を「第二鄯善王国」と名づけ，後漢までの「第一鄯善王国」はクシャン王朝の移民によって滅ぼされたと推測しておられるようである．

　　「第二鄯善王国」を成立させたクシャン朝の移民団は，その移動についての具体的記録は一
　　切見られないが，おそらくカニシカ王の抬頭によって，政権を奪われたクシャン第一王朝
　　の人々が，新天地を求めて楼蘭地方に進出していったものと思われる．

と述べて[41]，その時期をカニシカ王の治世（144-173）中に置く．こうした移民のことは中国文献にまったく現われないが，長沢氏は『後漢書』「西域傳」の拘彌国の記事から，少なくとも175年までは，クシャン朝の影響は拘彌国以東つまり鄯善には及んでいなかっ

たとされる．続いて氏は 7-5-1 で挙げた『魏略』「西戎傳」によって，2 世紀末，3 世紀初め頃成立した「第二鄯善王国」が，ほぼ第一王国の版図を継承したことは明らかであるとした上で，7-5-2 に掲げた氏の論点③④のような解説を加えられることになる．

私はいくつかの夾雑物を取り除き，3 世紀前半の，いわゆるクシャン王朝移民なるものの，東トルキスタン東部地域における痕跡について，確実と思われる部分だけあらためて列記してみたい．

① インド，西方，中国などの要素を混淆した尊称を冠する五人の王の存在．
② カロシュティー文字で表記した公文書の使用．
③ ニヤからチェルチェンまでの比較的詳細な住民の生活状況の描写．
④ 南道地域のおけるガンダーラ風の仏教美術の点在．
⑤ 楼蘭はクロライナと呼ばれ，カロシュティー文字の使用領域に入っていた．

例によってここでも素朴な疑問の提出から始めよう．国都が楼蘭（クロライナ）かチェルチェン河流域かはさて措き，77 B.C. 年の改称以来の「鄯善国」すなわち長沢氏のいう「第一鄯善王国」が，3 世紀に入ってクシャン王朝の移民の侵入で滅ぼされ，新しい人々の手で「第二鄯善王国」が建設されたという想定が正しいのであろうか．さしたる反論の材料にはならぬが，『漢書』「西域傳」の鄯善から且末，小宛，精絶，戎盧に至る諸オアシスの戸口と兵力をあらためて一瞥してみたい．鄯善の領域とされるこの五国の合計戸数は 2670，人口は 2 万 1735，勝兵は 4232 にすぎない．しかもその 7 割は鄯善のものである．こうした数字は，同時に且末以下の 4 オアシスで養いうる人間の限界をも表わしているだろう．鄯善の首都は別かも知れないが，ガンダーラ地方より遙かに劣悪な条件の砂漠の真中へ，かなりの数の移民が押しかけ，武力でそこを制圧して新しい王朝を樹立したりするだろうか．鄯善領域より西の拘彌と于闐は，両国で合計戸数 6640，人口 3 万 9340 と倍近い規模の国で，鄯善諸国とはレベルが違う．そこにクシャン王朝の移民が，鄯善領域ほど入りにくかった理由は，たとえば使用言語の問題を含めて別に考えねばならないが，鄯善第一王朝を滅ぼすほどの組織と装備を持った少なからぬ移民を，果してより強力なこの両国が，黙って東に通過させたのだろうか．

ぜんたい，この南道一帯はクシャン移民が来る遙か以前から，イラン系，トハラ系の言語が濃厚に浸透しており，まったく次元の異なる中国系の言葉より，プラークリットやガンダーラの文化は比較的容易に受け入れられたのではなかろうか．クシャン王朝の移民は大挙してこの地方に押しかけ，既存の勢力を滅ぼしたり，追い出したりしたのではなく，予想より遙かに少ない人たちが，徐々に住み着いていったのではないかと私は想定していた．本書スタファン・ローゼン論文の 8-4-2 の節ではそのことがより具体的・専門的に論じられている．こうしたところへ，心強い味方が現れた．中国の楼蘭・鄯善研究者のなかでも活躍が目覚しい孟凡人氏がそれである．氏は『楼蘭鄯善簡牘年代学研究』の第七章に「貴霜統治鄯善和于闐是虚構的仮説」の一章を設け，この問題を論じるが，その一部に，私のまったく気ずかなかった指摘がなされている．その主張の内，注意すべきものだけを挙げてみたい．

① いわゆるクシャン王朝の遺民が東トルキスタンに入ったとすれば，それはササン朝のArdashr I 世がクシャン王朝を滅ぼした 237 年以後のことである．

② 3世紀の 30-40 年代以降約 100 年の間，ニヤやローランでカロシュティー文字が使用されたことは顕著な現象だが，それを書いた書記（書吏），はとりわけアムゴーカ王以前では，父子相伝の傾向が目立つ．こうした文字の書ける人間が甚だ限定されていた証拠にできるだろう．

③ 同じプラークリットといっても，鄯善のカロシュティー文字で書かれているそれは，多くの土着語の要素を混在させ，クシャン王朝の人たちが直接運んできたものではない．

ニヤ発見の晋簡のなかに見える月支国胡支住の名前（＜N. xv. 53. 191.＞）や，楼蘭晋簡に胡支得，支胡薄成，支胡管支のように，少なからぬ支胡＝大月氏＝クシャン王朝人の名前が，しかも晋の兵士として残ることは，彼らが少しずつ鄯善領域内にはいりこみ，その最下層の人たちは傭兵となっていたことを物語るのではないか．さすれば，クシャン王朝の滅亡前後から，移民が東トルキスタンに流入して来たといっても，各種各層の人たちが，少しずつやってきて，その能力に応じてオアシスの先住民に同化していった．遠く故国を失い，やむなく東トルキスタンに辿り着いた彼らが，一致して先住の「鄯善第一王国」を滅ぼしたなどとはどうも想像しにくい．だからこそ，鄯善国の政治活動のなかでも，クシャン人が重要な役割を果たしていた記事はほとんどない，とする孟氏の意見にも同意したくなる．私はカロシュティー文書に眼を奪われて，何か旧来の鄯善国全体がクシャン王朝化してしまったような錯覚に陥ってはならないと思う．

ただ，カロシュティー文書に記載されている 5 人の王名は，榎氏は現地の言葉の音写とは違うと指摘されるし，ローゼン氏もそれが何語にもとづくか不明だといわれる．さすれば，まず何よりもその言語学的性格の分析が必要だし，彼らが楼蘭に都し，たとえ一時期にせよ，クロライナ王，クロライナ王国と呼びうる実体をどの程度まで持っていたか，といった点についての追求も，今後の宿題として残されているかと思われる．

これまで縷説してきたことは，先学の研究を読んで，私なりに抱いた疑問点を整理した上で，若干の問題提起を行ったものに過ぎない．ではその結果として，私自身が「鄯善」あるいは「楼蘭」の場所を具体的にどのように考えているのか，と反問されて当然であろう．現在のところ，それについては，私なりの「仮説」を持つに過ぎないと言わざるを得ない．その「仮説」も，先行研究や，周知の諸資料を組み立てて作ったものであり，文献あるいは遺物の確たる裏付けを伴うものではない点は，正直にお断りしておかねばならない．

「楼蘭」（古楼蘭，L. A. とその一帯）は，ここで取り扱った時期にあっては，私は幾つかの文明の接点だったと考えている．新石器時代からそこに住み着いていた原住民たち，そして前漢時代の楼蘭国の人々の問題は，今後の考古・人類・言語その他の諸学の総合による解明が必要であろうが，とりあえずは，トクハラ系の言葉を使用する，東トルキスタン北部（北道）と関係が深い住民が集団を形成していたと想定しておこう．この「楼蘭」は，東西貿易の接点にあるという地理的位置から，まず西方のイラン系を主とした文明と交渉を持ち，同時に東方の中国文明（漢字文化）と関わった．そこに北からの遊牧

民族（匈奴）や，南のチベット系民族の圧力が加わり，一番遅れてインド系（ガンダーラ系）の文明が影響を及ぼした．しかし，これら東西南北の文明は，どれか一つが「楼蘭」を制圧し，その文明がここで突出する状態にはならなかったと言って良いであろう．最も楼蘭に近い大国は，言うまでもなく東の中国ではあるが，それとて，一時の例外を除き，楼蘭を直接支配したといった表現を使うのは適切ではあるまい．すでに詳説したように，もし3世紀後半のある時期に，東トルキスタンの東半分を領域とする，クシャン朝の移民を中核とした「クロライナ王国」がここを首都としたならば，上記のバランスは，たとえ一時的にせよ大きく崩れるはずである．そうした状況を，如何に分裂・弱体化したとはいえ，中国側が全く放置あるいは無視することがあり得ようか．また，これも繰り返しになるが，もしこの王国の主導者たちが，インド北部，ガンダーラ地方の移民集団であったとすれば，いかなる現実的メリットと展望を持って，彼らにとって，多くの条件で馴染みの薄いこんな場所に「国都」をもってきたのであろうか．

最初の7-3-1において，私は「鄯善」の位置について，従来の内外研究者の三つの見解を列挙しておいた．私自身は，それら折衷したような「仮説」を描いている．これまた何回か繰返したように，古くからの「楼蘭」という地点からは，自発的には「鄯善」という呼称は生まれてこないであろう．それは77 B.C.に中国側が強制的に与えた名称に過ぎない．その意味が「善善」の中の一字を「鄯」という新字で置き換えたかどうかは判らないが，私は中国側のイメージとしては，やはりチェルチェン河一帯をも包含する現実と希望をふまえた命名ではなかったかと想像する．しかしこの名称は「楼蘭」の元からの住民たちには，必ずしも素直に受容されなかったことは，晋代の出土文書に「楼蘭」の文字しかないことでも推測できよう．また，7-3-3で述べたように，私は「伊循城」は，漢の都尉府のある場所と想定するから，それが，遠く離れたチェルチェン河流域にあったという説には，賛意を表し難い．そこで，確証はないが，尉屠耆が中国から帰った時の「楼蘭」の国内事情と，漢王朝つまり中国側の思惑を想像して，旧楼蘭が二つの核に分けられたのではないかと考えてみた．それは，7-3-1で挙げた中国の研究者たちの見解③と，一部で重なり合うことになろう．より具体的に言うと，漢側では，東トルキスタンの北道，南道の両者に強い影響力を及ぼすため，それに適合する「鄯善」という国名を選び，それを「楼蘭」に押し付けた．それと同時に，別の拠点を南道の入口にあたるチェルチェン河沿いに設定する戦略をとった．その場所は，②・③の論者のいうチャルクリク，ミーランか，その間のどこかと想定する以外，現在のところでは確定できない．ただ，漢代のこの時期以前，この周辺には，然るべきオアシス集落あるいは都市がなかったことは，「西域傳」が鄯善の次に且末を置くことからも見当違いではなかろう．多分，漢側にしても，あるいは「楼蘭」の尉屠耆派，反尉屠耆派にしても，チェルチェン河沿いの新しい場所に，現住者と摩擦を起すような名称を附けることは避け，「国都」を意味するkhvaniの名でそこを呼び，それが漢字で表記される場合には，「扜泥城」となったのではあるまいか．かくして，『漢書』の「西域傳」は，旧楼蘭と，南道東部の扜泥城の二つの核を持つ，「鄯善国」の叙述を書き残した．より判りやすく言うと，「鄯善」という二字には，① 楼蘭（L.A.及びその周辺）② 楼蘭から，主としてはチェルチェン河流域，のちにはNiya Siteまで拡大した領域　③ その領域の中心になる都城＝扜

泥城，と中味が分かれる．漢字文献では，これらを区別せずに，その時に応じて同じ「鄯善」の二字を充てるから，後世では理解しにくい結果を生じることになる．

　さて，以上の私の「仮説」は，鄯善国には一人の王がいて，然るべき政治組織や確固とした国都を持ち，領域全体を統治していたわけではなかろう，という前提に立っている．従って，榎氏や長沢氏のように，クロライナ王国とその首都クロライナと言われても，もうひとつイメージが湧かないのである．3世紀の後半，確かに「鄯善」は「于闐」と並んで南道を東西に二分するほど，その勢力圏を拡大していた．しかし，それは中国の王朝のような組織形態を確立していたとは限るまい．"クロライナの繁栄"とか"整備された行政や駅伝制度"といった表現が間々使われるが，それらは，あくまでも相対的なもので，東トルキスタン，特に南道のオアシス群を統括したり，あるいはオアシス内部で行政を行う際には，誰がやっても似たり寄ったりという性格のものではなかったのだろうか．少なくとも私には，「クロライナ王国」や「第一次・第二次の鄯善王国」といわれても，それほど立派な組織や軍事・経済・行政の能力を持った主体の存在を想定できないのである．

　前漢昭帝の元鳳4年の尉屠耆送還以後，国名は「鄯善」と改めれ，それまで通り「楼蘭」がその国の中心オアシスとなっていたことは私も認めたい．ただ，鄯善国自体は，内部事情や漢の思惑などが絡み合い，その勢力範囲を南道の東部，チェルチェン河流域に拡大し，そこにも核を作って，その影響力を西に広げていった．その場合，古楼蘭に残った首長と，扜泥城の首長との関係，あるいは時代による古楼蘭と扜泥城（新鄯善）の関わりは，現在の段階では，私はそれについて語るに足る資料をもたない．それと同時に，南道に領域を拡大した「鄯善」が，たとえば精絶（Niya Site）を傘下におさめたとして，果してそこに自らの王都を遷したのか，といった問題についても，なお検討すべき多くの疑問が横たわっている．クシャン朝の移民によって，東トルキスタン東南部一帯を領域とする「クロライナ」王国が建設され，ある期間にせよ「楼蘭」がその国都となったという見解も，現在のところでは，やはりひとつの「仮説」と見做しておいて良いかと思う．

7-6　残る諸問題

3世紀後半の晋代に入ると，『晋書』巻3の武帝本紀に

　　太康四年八月（283），鄯善国，子を遣わし入侍す．それに帰義侯を仮す．

と記載される以前，すでにニヤから，泰始五年（269）年の記年を持つ木簡が発見されていることは既述の通りである．しかしこの時期まで，零細な漢字文献史料をつないで行なってきた楼蘭，鄯善の研究は，ここに至って大きく様相を変える．言うまでもなく，ヘディンとスタインが「LA」とニヤから膨大な文字史料を齎し，そのなかに直接「楼蘭」を語

る同時代資料が，これまでと比較にならぬ量で我々の目前に並べられたために他ならぬ．

　ヘディンは楼蘭の「LA」で零細な断片を併せて紙文書180点以上，木簡120点，スタインは同じ「LA」を中心として漢字文書312点を発見し，その他有名な「李柏文書」や中国調査隊発見の物を加えると，かなりの分量となる．このなかで記年のあるものが，ヘディン14，スタイン29点を数えるが，その上限は三国魏の嘉平4年(252)か景元4年(263)，下限は東晋成帝の咸和5年(330, 西晋の建興18年という中国では実際にない年号を使用)に及ぶ．長沢氏の著書では第4章から第6章までを，この出土資料を中心にした研究にあてておられ，他にもいくつかの論考が発表されている．本書では，こうした出土資料については，冨谷至氏が取り扱うことになっており，私はこれ以上深入りしないが，コンラディ以後，あまり実物に則した研究はされておらず，私の気がついただけでも若干の疑義が指摘できるので，今後機会があればそうした問題にも言及してみたい．

　ただここで一つだけ言っておきたいのは，特に紙文書に限って言えば，それがでてくる18点のすべてにわたって，地名は「楼蘭」と記されており，「鄯善」と表記するものは，まったく見られない．この事実は，私のこの小論の根底に横たわる重要な事柄である．前漢の後半，77 B.C.年以後，楼蘭国は鄯善国と改称された．したがって中国では国もその国都も「鄯善」と呼ぶマニュアルが一般化している．そこからこれまで繰り返し検討したように，鄯善国の国都が楼蘭ではないと疑われる事態も生じる．ところが，3世紀半ばから少なくとも70年間，この地にいた中国人はそこを「楼蘭」と呼び，「鄯善」といっていない．中国文献が，上記「班勇傳」を数少ない例外として，「鄯善」の文字を繰返すなか，400年もの長きにわたって，現地では「楼蘭」が使い続けられていたことは否定できないだろう．「楼蘭」は「楼蘭」であって，「鄯善」でも「扜泥」(クヴァニ)でもない，という現地の人たちの気持ちが私の耳に伝わってくるようである．

　晋が楼蘭地域に屯田を設け，わずかながらも兵員を置いて，西域経営の橋頭堡としていた状態も，4世紀初め，肝腎の司馬氏が洛陽から江南に遷ると，当然糸の切れた凧となってしまう．ヘディン発見の最後の記年文書に，実際にはありもしない西晋愍帝の建興18年の年紀が書き残されていることも，その間の事情を伝えていると言えよう．4世紀半ば以降になると，河西一帯に勢力を扶植した前涼の張駿，ついで前秦の苻堅，その将呂光，さらに5世紀に入って，涼州を根城とした沮渠氏らが，鄯善をいわば窓口として，西域との交渉，争いを繰り広げる．この期間はカロシュティー文書に残された5人の鄯善王の時代に比定されるため，榎氏は丹念に漢文文献を引用して一種の年表を作られ，また内田吟風氏も，独自の視点から，五胡・北魏時期の鄯善を中心とした出来事を洗い出しておられる[42]．それら先学の業績にこまかくは立ち入らぬが，やはり私なりに言葉を挿し挟んでおきたい事柄がいくつかある．

① 張駿の将楊宣にしても，呂光，そして北魏の董琬・高明の場合も，この時期の西方への進出は，焉耆，亀茲などの漢代北道のオアシスを目標とし，鄯善はそこへの入り口として位置づけられているような印象を強く受ける．つまり，後漢以後の南道の優越に翳りが生じ，再び北緯40度線を西に向かうルートが重視され始めるように

思われる．さすれば，五胡から北魏にかけて，「鄯善」として中国文献に現われる場所はそこが「楼蘭」を指す可能性が高いことになろう．

② 永初3年（422）鄯善王比龍が涼州の沮渠蒙遜に入朝した記事が『宋書』巻98に見える．それから16年のち，太延4年（438）今度は鄯善王の弟延者が北魏に入朝している．この時期には，鄯善，涼州の沮渠氏，北魏の間に外交の駆け引きが繰返されていたようで，結果的には沮渠無諱の鄯善攻撃の事態を招く．『魏書』巻99では，太武帝の大平真君2年のこととして，

無諱遂に流沙を渡らんと謀り，安周をして西のかた鄯善を撃たしむ．鄯善王恐懼して降らんと欲す．たまたま魏の使者，勧めて拒守せしむ．安周遂にともに連戦するも，克つあたわず，退きて東城を保つ．三年春，鄯善王比龍西のかた且末に奔り，その世子すなわち安周に従う．鄯善大いに乱る．無諱遂に流沙を渡る．士卒渇死する者太半，仍りて鄯善に拠る．

と書き，『宋書』巻98では，同じ出来事を元嘉18年11月（441）にかけて，

弟安周・五千人を遣わして鄯善を伐つも，堅守して下らず．十九年四月，無諱自ら萬余家を率い，敦煌を棄て，西のかた安周に就く．未だ至らずして鄯善王比龍四千余家を将って走る．因りて鄯善に拠る．

私はこの史料は，鄯善，楼蘭に関して極めて重要な意味を持つように思えるが，寡聞にして，深くそれを論じた日本の研究者を知らない．五胡の諸族が，その時々の状況に応じて，驚くほど遠距離を移動することは間々見られるところである．この場合も北魏との関係で，涼州から敦煌へ，さらに新天地を求めて鄯善へと砂漠を渡ったことは沮渠氏の立場にたてば，不思議でないかも知れない．しかし，鄯善にとっては予期せぬまさに天地のひっくり返るような出来事だったろう．沮渠安周の5000人という兵力は，たとえその半分が渇死したにせよ，それまででは想像できない大兵力である．この第一次攻撃に対しては，居合わせた北魏の使者の提言で，からくもそれを凌いだものの，翌年沮渠無諱自身が何と部族全部とおぼしき"萬余家"を引き連れ，鄯善の東城にいた安周と合流するとなると，鄯善王比龍が4000家余りを連れて，且末に逃げだしたのも無理のないところである．

5世紀も半ば近いこの時点での「鄯善」は，比龍が兎も角も一時は沮渠安周の攻勢を防いだことといい，また無諱が万余家を連れて，名にし負う難路を越えてきた場所，そしてその後間もなく高昌に赴いた無諱の行動などから，「楼蘭」の可能性が極めて高い．さすれば，それらは鄯善国の首都は楼蘭だったという議論の蒸し返しの材料になるかも知れない．だが，77 B.C.年からこのときまですでに500年以上の歳月を経過しているのである．北道，南道諸国の栄枯盛衰は目まぐるしく変わっており，この時期の北道の優勢だけと関係させて，楼蘭がずっと変らずに鄯善国の国都であり続けたと主張するわけにはゆくまい．私は，5世紀，滅亡間際の鄯善国では，中心が楼蘭にあったのではないかと指摘しているにすぎない．

③ その他，有名な「李柏文書」についても，まだ問題は未解決としてよかろう．森鹿三氏の絵解きが鮮やかだったことも手伝って，中国の研究者の多くも，「LA」南方 50 キロメートル近くの「LK」つまり海頭に西域長史が移動したと論じている．しかし「李柏文書」の出土地を「LK」とすることには，日本では当初から疑義がもたれており，近年の片山章雄氏の詳細な分析によって[43]，やはりその出土地は「LA」ではないかという意見が有力になっている．私もそれに賛同するものである．

多分お気づきのように，私はこの小論で，個々の問題の証明については，できる限り時代の近い史料を使い，後世の文献や書物に依拠しない原則をとったつもりである．ところで，鄯善国とその首都が，ロプ・ノールの西南，ミーランもしくはチャルクリク地方にあったとする論者は，通常以下の三つの文献を証拠に使われる．北魏酈道元の『水經注』巻二の河水と，スタインが敦煌から将来した，唐末光啓 2 年 (886) 書写の『沙州・伊州地志』残巻 (<S. 376. 1>)，そして唐代後半，宰相賈耽の編纂とされる『皇華四達記』(『新唐書』巻 43 下，地理志所収) がそれである．まず，現行の『水經注』では次のように記す．

　　且末河東北流，逕且末北，又流而左会南河，会流東逝，通為注賓河，注賓河又東逕鄯善国北，（治伊循城），故楼蘭之地也，（中略）其水東注沢，沢在楼蘭国北，（治扜泥城），其俗謂之東故城，（中略）釈氏西域記曰，南河自于闐東迤北三千里，至鄯善，入牢蘭海者也．

これを素直に読めば，いわゆる南道に沿って西から東へと流れるチェルチェン河の南に伊循城と扜泥城があり，後者は当時東故城と呼ばれるとともに，その北に沢つまりロプ・ノールがあったことになる．(7-3-1) の②の藤田，松田氏らの立論はこれにもとづくが，長沢氏は強くそれに反対される．その論拠は二点にまとめられよう[44]．

① 『水經注』がインドならびに中央アジアの河川の叙述に際し，依拠した『釈氏西域記』なる書物には，しばしば現実と乖離した記述が見られる．その筆者道安も酈道元自身も自らこの地方に足を踏み入れてはおらず，南河など存在しないものを書き加えている．
② この文章から，酈道元の入れごとと思われる『漢書』「西域傳」の語句を取り去ると，
　　又曰且末河東北流，逕且末北，（中略）注賓河又東逕鄯善国北，（中略）其水東注沢，沢在楼蘭国北，其俗謂之東故城．
となってしまう．このため，『水經注』の記事を信用して，伊循城や扜泥城の位置を湖南地方に持ってくると，大きな誤りを犯すことになる．

また榎氏はこれに付け加えて，東故城が『水経注』当時（六世紀初頭）の実名で，これを扜泥城に比定したのは，『水經注』の著者か，或いは著者の拠った別の所傳の何れかであって，それが何処まで信ぜられるかは明らかではない．つまり東故城は注賓河がロプ・ノールに注ぐ付近にあったとしても，扜泥城の位置を示しているとすることはできない，と述べておられる．

Ⅲ部　研究編

　　次に二番目の,『沙州・伊州地志』残巻を,羽田亨氏の論文から引用したい⁽⁴⁵⁾. なお〔 〕は訂正,（ ）は双行の原注である.

  石城鎮東去沙州一千五百八十里去上都六千一百里　本漢樓
  蘭国漢書西域傳云地沙鹵少田出玉傅介子既殺
  其王漢立其第〔弟〕更名鄯善国隋置鄯善鎮隋乱其
  城遂廃貞観中康国大首領康艶典東来居此城
  胡人随之因成聚落亦曰典合城其城四面皆是沙磧（上元二年
  改為石城鎮隷沙州）屯城西去石城鎮一百八十里鄯善質子尉屠耆
  帰単弱請天子国中有伊脩城城肥美願遣一将屯田
  積穀得衣〔依〕其威重漢遣司馬及吏士屯田伊脩以鎮之
  即此城是也胡以西有鄯善大城遂為小鄯善今屯城也
  新城　（東去石城鎮二百四十里康艶典之居鄯善先脩此城因名新城漢為弩之〔支〕城）
  蒲桃城（南去石城鎮四里康艶典所築種蒲桃於此城中因号蒲桃城）
  薩毗城西北去石城鎮四百八十里康艶典所築其城近薩
  　毗沢山険阻恒有吐蕃及吐谷渾来往不絶
  鄯善城周廻一千六百四十歩西去石城鎮二十歩漢鄯善城
  　見今摧壊　幡仙鎮　（故且末国也漢書西域傳云去上都六千八百二十里隋置且末郡上元
  三年改幡仙鎮）

　　最後に賈耽の記述も記しておきたい. 彼はおそらく当時存在していた上のような地方志をも参照して, 8-9世紀のこの地方の状態を描写したものと推定される.

  又一路, 自沙州寿昌県西十里, 至陽関故城, 又西至蒲昌海南岸千里, 西経七屯城, 漢伊修城也, 又西八十里, 至石城鎮, 漢楼蘭国也, 亦名鄯善, 在蒲昌海南三百里, 康艶典為鎮使以通西域者, 亦西二百里, 至新城, 亦謂之弩支城, 艶典所築, 又西経特勒井, 渡且末河五百里, 至幡仙鎮, 故且末城.

　　長沢氏は, 賈耽は漢代とは異なった唐代の交通路により, 地方志の叙述を誤解してこの地方の地理を論じているので, この記事によって漢から晋代の楼蘭国の歴史地理を論ずることは到底許されないのである, と強い調子で批判されている⁽⁴⁶⁾. 確かに賈耽の文章はロプ・ノール南岸に焦点があるように読め, 安易には使用できないだろう. しかし, この唐代の二つの文章はそれなりに興味深い内容を秘めているように私には感じられる.
　　これまで, 研究者の多くは, 前漢時代の扜泥城, 伊循城の位置を論じる補助史料として, これらの文章を扱い勝ちだったのではなかろうか. そうした目的はいちおう後ろにやって, 原文を素直に読むと中々役に立つことが書いてあるように思われる. 以下まず『沙州・伊州地志』の要点を箇条書きにしてみたい.

① 石城鎮は東方沙州に至る1500里, もと漢の楼蘭国である.
② 隋はそこに鄯善鎮を設けたが, 隋末の動乱で廃棄された.
③ 唐の貞観年間, 康国（サマルカンド地方）の大首領康艶典がここに来て居住し, 胡人た

ちが集落を作り，典合城といった．城の四面は沙磧である．
④ 上元2年 (675) 石城鎮と改名し，沙州に属した．
⑤ 屯城は西方の石城鎮を去ること180里，漢の伊修城である．西に大鄯善城があるため，胡人はこれを小鄯善といった．
⑥ 新城．石城鎮の西240里，康艶典が最初の拠点とした．漢の弩之〔支〕城である
⑦ 蒲桃城．石城鎮の南4里，康艶典がここで蒲桃（ぶどう）を栽培した．
⑧ 薩毗城．西北方の石城鎮は480里，康艶典が築いたが，薩毗沢に近く険阻で，恒に吐蕃や吐谷渾が往来する．
⑨ 鄯善城は周囲1640歩，石城鎮の東20歩にあり，漢の鄯善城だが現在崩壊している．
⑩ 幡仙鎮は漢の且末国，隋の且末郡で，上元3年 (676) 幡仙鎮に改められた．

この地志では，該当の場所や城を基点にして方向を書いており，普通は東〜〜を去ることというところを，東〜〜に去くところと理解したほうがわかりやすい．これらのうち，④の屯城（賈耽の七屯城か？）＝伊修〔循〕城（鄯善小城），石城鎮＝古楼蘭（鄯善大城）の記事や，崩壊しているが，鄯善城の規模を周囲1640歩と書き残し，あるいは東南方の薩毗城の記事で，隋から唐初の南道東部の手がかりを残す部分などが貴重であろう．この地志が唐代のある程度の真実を伝えているとすれば，賈耽の『皇華四達記』の記事とて，「西至蒲昌海南岸千里」と「在蒲昌海南三百里」の二句に惑わされず，特に前者の「南」を「北」に読み替えれば，そこに書かれている事が全部誤解とも言い切れないであろう．賈耽の当時の先入観念として，ロプ・ノールの南側の交通路の存在が頭に有り，こうした文章になったかも知れない．私が唐代の二つの史料もそれなりに興味があるとする所以である．

7-7 おわりに

5世紀後半の沮渠氏，拓跋族の北魏，そして蠕蠕（芮芮）の波状的な，しかも従来経験したことのない大規模な武力攻勢によって，鄯善国や楼蘭は壊滅的な被害を蒙ったに相違ない．沮渠無諱が部族万余家を引き連れて楼蘭にやって来たということは，当時の楼蘭の戸数の少なくとも倍以上の外敵が襲って来たことになる．敦煌からの砂漠・白龍堆の難路を生死をかけて乗り越えて来た彼らが，食糧や衣料を十分持っていたわけではあるまい．彼らはまるで蝗の大群さながらに楼蘭に襲い掛かったに違いない．其の時楼蘭にいた鄯善王比龍以下，それでも4000家の人たちは，とりあえずは且末に避難するが，沮渠の後には後門の狼に等しい北魏が襲来してくる．太平真君6年 (445) の万度帰の攻撃で，鄯善王真達は洛陽に拉致され，間もなく北魏は漢人の韓抜を鄯善王に任じ，中国風の郡県制を施行しようとさえしている．中国の研究者たちは，「楼蘭」は何故消滅したかという問題を，様様な角度から論じている．交通路，自然環境，経済要素など，原因は当然複合的である．しかし私は3世紀半ば以降の，東アジア全体を襲った，北方諸民

族を中心とした民族交代の巨大な流れのなかに，否応なしに巻き込まれたことが，最大の原因であったように思われる．ここでいう諸民族のなかでも，河西で活躍した五胡の一派と，北魏をはじめ，蠕蠕（芮芮），丁零らがこと鄯善の消滅には主要な役割を担い，南西の吐谷渾や吐蕃もそれに結果的に協力したと言えよう．

　前節 7-6 の終わりで，私は 4 世紀後半以後，とりわけ 5 世紀に入って，中国の文献に現われる「鄯善」が「楼蘭」と一致するケースが多くなるようであると指摘した．それは取りも直さず，ずっと以前から，鄯善国の国都が楼蘭にあった証拠ではないか，という意見も当然出て来て不思議ではない．ただそれに関しては，いま少し慎重に考えてみる必要がありそうである．77 B.C. 年から，楼蘭が事実上消滅するとされる 490 年頃まで，600 年に近い歳月が経過している．その間数多の歴史的事件がこの地をめぐって生起していたであろう．何よりもまず，クロライナ王国，その象徴ともいえるカロシュティー文字を公用語として使用していた状況は，一体どうなってしまったのであろうか．カロシュティー文書の出現が 3-4 世紀のニヤやクロライナの歴史研究に，過大とも思えるインパクトを与えたとすれば，その消滅もまた大事件で，その背後の事情が明らかにされなければ片手落ちになろう．

　いわゆるクシャン王朝・ガンダーラ風文化の名残は，南道のミーランまでは，明白に残されている．繰り返しになるが，北の楼蘭がその圏内に果してどの程度まで入っていたのであろうか．榎説によれば 4 世紀の半ば近く，長沢説では 3 世紀末に置かれる，クロライナ王国第 5 番目の王 Vaṣmana の治世の終わりに何が起こったのだろうか．それは南道沿いのオアシス，とりわけ且末から東のチェルチェン河一帯の自然環境の急変だったかも知れぬし，王国内部の政治，経済的諸要素が誘因だったかも知れない．そうした問題を一切無視して，鄯善国の国都は，楼蘭＝クロライナにあり続けたとするのは，やはり短絡的ではないだろうか．何よりも，遅くとも 4 世紀半ばを待たずして，カロシュティー文字による公文書は姿を消し，その後の時代に継承されていない．それより先，明らかに漢人と非漢人（そのなかにはいわゆるクシャンの遺民も含まれる）が共存していたニヤや楼蘭においてさえ，極めてわずかな例外を除き，カロシュティー文字は紙に書かれず，漢人はカロシュティー文書の書かれた木の書写材料を使用しなかった．中国の紙漉き技術が西方に伝わったとされるより 400 年も以前に，楼蘭で中国の紙が非漢人に伝わるチャンスがあったにもかかわらず，そうした痕跡はまったく見られなかった．そのような点からも，3 世紀に楼蘭に来ていたいわゆるクロライナ人と，4-5 世紀の鄯善国人の間に，ある隔たりを想定してむしろ当然ではないか．すでに述べた通り，私は鄯善国において楼蘭は，常に国都ないしそれに準ずる歴史的，経済的に重要なスポットだと考えている．そこにはおそらく中国人たちが構築した，オアシスには不似合いな巨大な城壁が廻らされ，漢人と雑多な非漢人が適当に区分を作って共棲していたに違いない．だが，楼蘭から精絶まで 900 キロメートル，その間のいくつかのオアシスを属領化していた鄯善王国の首都が，其処にあったかどうかに，疑義を差し挟んでいるだけである．

　内田吟風氏は，洛陽から出土した「魏故精虜将軍河州刺史臨沢定侯鄯使君墓銘」なる興味深い史料を紹介されている．氏は前節 7-6 の②③で挙げた鄯善王の比龍が，墓誌で

は鄯善王籠として現われ，『魏書』巻四下，太武帝の太平真君6年（445），成周公万度帰が鄯善を襲い，その王真達を捉えて京師に戻ったとする記事に出てくる「真達」が，この墓誌銘の主人公鄯乾の父親に相違ないとされる．そうした事実から推すと，沮渠氏の攻撃で，いったん且末に逃れた鄯善王比龍の苦難はなおとどまることなく，その息子は辛うじて楼蘭に戻ったものの，今度は北魏の侵攻を受け，自身が洛陽に拉致される破目に陥った．その子乾が漢人風の生活をそこで送り，異国の土に葬られたとあっては，国人たちの離散も想像に難くはない．北魏の時代にあってさえこの状況であるから，引き続く五世紀末の蠕蠕（芮芮），丁零（高車）と北からの異民族の波状攻撃が加わると，

　　鄯善は丁零の破る所となり，人民散尽せり　　　＜『南斉書』巻59　芮芮虜）．＞

という始末となる．また鄯善と関係浅からぬ南道の且末も，入竺僧宋雲が通過した神亀元年（518）には，吐谷渾に制圧され，城民は100家にすぎないという惨状を呈している．このような客観的情勢のなかで，生き残った鄯善人たちは，以前から縁のあった伊吾・哈密地方に新天地を求め，鄯善鎮，納職県で新しい生活を開始する．この時点に至って鄯乾やその他鄯善の人たちが，「鄯善」の「鄯」に愛着を示していることは，やっと「楼蘭」の2字が人々の頭から消えたことをも間接的に物語っているのではあるまいか．

註
(1) 日本人研究者の筆頭は，榎一雄，長沢和俊両氏であろう．榎氏のそれは，「楼蘭の位置を示す二つのカロシュティー文書について」（『石田博士頌寿記念東洋史論叢』1965），「鄯善の都城の位置とその移動について」（『オリエント』8-1.2, 1965），「法顕の通過した鄯善国について」（『東方学』第34輯, 1967）の3論文で，いずれも『榎一雄著作集』第一巻（汲古書院, 1992）に収録されている．小論で引用するときは，上の順序で，「榎Ⅰ論文」，「榎Ⅱ論文」，「榎Ⅲ論文」の略称を使い，『著作集』のページ数を入れる．一方長沢氏の論考は，『楼蘭王国史の研究』（雄山閣出版, 1996）としてまとめられている．小論の引用に際しては，『長沢著書』と略称し，これもページ数を入れておく．また，最近の中国の研究者の業績で，小論と関係のあるものは，穆舜英・張平編の『楼蘭文化研究論集』（新疆人民出版社, 1995）収録の諸論文だが，これは『楼蘭論集』と略する．それとは別に，孟凡人氏に『楼蘭新史』（光明日報出版社, 1990）と，『楼蘭鄯善簡牘年代学研究』（新疆人民出版社, 1995）がある．ただ，小論では，ヘディンやスタイン，黄文弼氏らの調査報告や紀行，それらにもとづくコンラディやシャヴァンヌ氏他の諸研究の引用は明示せず，またカロシュティー文書についての，トーマス，ブラフ氏以下の諸研究なども，すべて本書の赤松論文（資料編2, 研究編9）に譲って，ここでは明示しないことをお断りしておく．
(2) この小論では，いちおう慎重を期して，ヘディンやスタインが採取した，晋代の紙・木簡文書の，楼蘭地方における主たる出現場所を「LA」と呼ぶ．その場所が前漢時代77 B.C.年以前の故楼蘭，あるいはそれ以後の鄯善国の城市としての楼蘭と重なり合うか否かについては，態度を保留する．ただし，「LA」と故楼蘭は別の場所だったとしても，決して離れた所ではないであろう．また本論で二回でて来る楼蘭発見の紙・木簡文書の数は，こまかな断片をも加えた総数であり，場合によっては『長沢著書』などと一致しないこともあり得る．
(3) 穆舜英『神秘的古城楼蘭』（新疆人民出版社, 1987），伊藤敏雄「近年の楼蘭調査とその周辺の遺蹟」（『歴史研究』30, 1993）．
(4) 以下の記述は『長沢著書』71 p, 85 p, また675 p以下を参考にしている．
(5) 註(3)の穆舜英著書の第三章，楼蘭考古途中．なお白龍堆については，嶋崎昌氏に「白龍堆考」（『隋唐時代の東トルキスタン研究』東大出版会, 1977所収）の専論がある．
(6) 近着の『文物』2000-5の「敦煌漢代懸泉遺址発掘簡報」のなかに，西域関係の簡牘が

少し紹介されている．其のなかに，于闐王以下千七十四人とか，精絶王諸国凡客四百七十人といった具体的数字が目に付く．彼らはすべて楼蘭経由で敦煌にやって来たことであろう．
(7) 藤田豊八「西域研究」の第一章「扜泥城と伊循城」(『東西交渉史の研究』西域篇　岡書院，1933 所収)，大谷勝真「鄯善国都城考」(『市村博士古稀記念論叢』1933)，松田寿男，ベルマン『楼蘭』(平凡社，東洋文庫　1，1963) の解説，内田吟風「第五世紀東トルキスタン史に関する一考察 —— 鄯善国の散滅を中心として」(『古代学』10-1，1968)．
なおここで一つお断りをしておきたい．小論では，伊修と伊循，扜泥・扞泥・灌泥をすべて同じとして，その時々の史料の表記によって，適当に使い分けている．伊修と伊循については，藤田豊八氏ら，扜泥と扞泥については榎氏が (「榎Ⅱ論文」，119 p) 詳細に論じておられるので，必要な場合はそちらを参照されたい．
(8) 松田寿男氏は，平凡社の『アジア歴史事典』の「鄯善」の項で，鄯善の意味は不詳とされているが，長沢氏は，漢により善く善い国という意味で善善国とされ，同じ字を二つ並べられないので，新しく鄯の字を作って鄯善とした．あるいはこの国の南部を貫流するチェルチェン・ダリヤの音をとったものであろう，と言われる (『長沢著書』80 p)．「善を善とし」という用例は，『公羊伝』や『荀子』に見えるほか，丁度この時代ものとしては『春秋繁露』や『漢書』の「霍光伝」にも出てくる．後者について，顔師古は，「善を善とするとは，善人を褒寵するを謂うなり」と注している．これらによれば，新王の赴く楼蘭に，漢側が与えた名として相応しいという議論もできよう．なお，本書ローゼン論文の 8-4-3 諸地域の地名でも，この問題に言及されている．
(9) 「榎Ⅱ論文」71-74 p．
(10) 赤松明彦本書論文 (資料編 3，研究編 9) 参照．
(11) 榎氏は「西域傳」の司馬 1 人，吏士 40 人だけが漢兵として派遣されたように書いておられるが，他の多くの事例から推して，兵卒は別に 300 人程度はいたであろう (「榎Ⅰ論文」70 p)．
(12) 『長沢著書』81 p，673 p．
(13) 例えば『楼蘭論集』の孟凡人「羅布淖爾土垠遺址試析」．
(14) 西域都護についての『漢書』の神爵 3 年の記事は当然信用できず，都護の称はそれより数年以前に遡って見られるが，ここではごく一般論として扱っておく (「榎Ⅱ論文」113 p，注(7)参照)．
(15) 註(6)の『文物』13 p．
(16) 「榎Ⅱ論文」72 p．
(17) 「榎Ⅰ論文」65 p．
(18) 詳しくは『長沢著書』の第一・第三章を参照されたい．
(19) これらについては，長沢和俊『法顕傳　訳注・解説』(雄山閣出版，1996) の 7 p 以下と，「榎Ⅲ論文」に詳しく述べられている．
(20) 『長沢著書』の第十・十一章，297-342 p．
(21) 「榎Ⅱ論文」111-112 p．
(22) 「榎Ⅰ論文」
(23) 「榎Ⅲ論文」135 p．
(24) 「榎Ⅱ論文」101 p．
(25) 『長沢著書』第七章 258 p，第十章 309 p，311 p．
(26) 「榎Ⅱ論文」101 p，116 p 以下．
(27) 『長沢著書』310 p．
(28) 「榎Ⅱ論文」87-90 p．
(29) 「榎Ⅱ論文」96 p．
(30) 『長沢著書』337 p，註(1)の孟凡人著書，第七章第三節，穆舜英「古楼蘭文明的発現及研究」(『楼蘭論集』) 7 p．
(31) 「榎Ⅱ論文」80 p．
(32) 『長沢著書』337-8 p．
(33) 『長沢著書』343 p 以下，特に 345 p，347 p．
(34) 『長沢著書』434 p 以下．
(35) 当否はべつとして，「楼蘭古城歴史地理若干問題的検討」(『楼蘭論集』76 p) において，陳汝国氏は，楼蘭の象徴ともいえる高い仏塔遺址は，じつは烽火台だという新説を提起している．
(36) 「榎Ⅱ論文」108 p，「榎Ⅲ論文」148 p．
(37) 「榎Ⅰ論文」59 p．

⑱　「榎Ⅱ論文」61 p.
⑲　『長沢著書』666 p，なお，李江風「楼蘭王国的消亡的糸路変遷与気候関係」（『楼蘭論集』）をはじめ，楼蘭の自然環境の厳しさに論及する中国学者は少なくない．
⑳　『長沢著書』426 p 以下．
㉑　『長沢著書』第三章 116 p 以下，特に 119 p.
㉒　註(7)の内田論文．
㉓　片山章雄「李柏文書の出土地」（『中国古代の法と社会』栗原益男先生古稀記念論集，汲古書院，1988）．
㉔　『長沢著書』第七章の「鄯善王国の歴史地理」，特に 253 p．なお『水經注と西域の地理，とりわけ其の引用する『釈氏西域記』の性格と問題点については，『長沢著書』第八・九章で詳細に論証されている．また「榎Ⅲ論文」でもかなりの紙数を割いてその問題を論ずる．
㉕　羽田亨「唐光啓元年書写沙州・伊州地志残巻に就いて」（『羽田博士史学論文集』上巻（東洋史研究会，1957 所収）．
㉖　『長沢著書』第七章，253-255 p．

8 西域南道東部地区に関する諸問題
主としてヤルトングース・ダリヤについて
Some Problems Concerning the Eastern Part of the Southern Silk Road

スタファン・ローゼン
Staffan Rosén

8-1 はじめに

　広大なユーラシア大陸に位置する中国の西域は，人類の歴史がどのように進展したか，また「地中海」と「中国」という地球上の二大文化発祥地の間で，どのように文化交流が繰り広げられたかを我々が理解するのに，最も魅力的であるばかりでなく最も重要な地域の一つである．ここ1世紀で，徐々に我々の理解は深まり，これらの二大文化中心地は，これまで考えられていたようにそれぞれの地域で固有に発展したわけではなく，また歴史的に互いに孤立していたわけでもないということがわかってきた．それどころか，考古学は，少なくとも第一千年紀おそらくは第二千年紀にまでも溯って西洋の西端と極東との間で交流があったという議論の土台を実際の資料から提供したのである．同様に，言語学的分析を通じて，インド＝ヨーロッパ語族と中国人たちとの交流が非常に古くからあった事を示そうとする努力も行われている．考古学的および言語学的資料の分析は，様々な解釈の余地を多く残していることは言うまでもなく，これらの問題をめぐる学問的論議に，結論が出されるのはまだまだ先のことであろう．

　中国の歴史記述のなかで，西域——中央アジア，後に「東部トルキスタン」，「新疆」もしくは単にタリム盆地として知られることになる地域——に光があてられ始めるのは，紀元前2世紀からである．ギリシャ，ローマ，ビザンチンの歴史家達もこれらの辺境の地に関して，多少の知識をもっていたようであるが，かれらの著書のなかにみえる情報は，少なくともパミール(Pamir)および葱嶺(Cungling)山脈東部地域に関する限り，おぼろげで間違いも含んでおり，信頼するには余りに断片的で解釈しにくいものである．したがって，19世紀末に始まり20世紀の間じゅう続いた考古学上の偉大な発見をまってはじめて，過去2500年間にわたっての西域が芸術，文化民族，政治上の面でどれほど複雑で，また歴史的に重要かということが最終的に明らかになったのである．

　最初の重要な発見は，タクラマカン(Taklamakan)砂漠南縁に位置する様々なオアシス国家をかつて結んでいた古代の道に沿って行われた．ダンダンウィリク(Dandan öilik），カラドン（Karadung），ニヤ（Niya），楼蘭などの地名は，時をおかずにアジア史や言語史学者の間で，周知の言葉となった．ほどなくタクラマカン砂漠北縁の地名もそれに加わり，東京，カルカッタ，セント・ペテルスブルグ，ストックホルム，ロンドン，ベルリン，パリの博物館の中央アジアコレクションは，互いの探検の跡を追うかのようにタリム（Tarim）盆地の至るところで繰り広げられた様々な探検が将来した資料によって，その数を増していく．1950年代になってくると，中国人考古学者および歴史学者が西域の研究で指導的役割を果たし始め，1980年代には，中国と外国が共同して行う考古調査が組織され始めた．特に，最近に行われた新疆省の考古学研究にあたっては，考古学的に「真空」なヤルトングース・ダリヤ（Yar Tonguz Darya）という地域に注目が集まったのである．タリム盆地の南東部を流れるこの川は，東にエンデレ・ダリヤ（Endere Darya）が，西にニヤ・ダリヤ（Niya Darya）が隣接している．これら両方の川沿いには重要な考古学遺址が存在しており，これはシルクロード南道沿いの主だった川について同様なのだが，しかしヤルトングース・ダリヤ流域にはそのような考古学的な痕跡がない．このような不可解な状況から，王炳華教授率いるウルムチ（Urumchi）の考古学研究所の中国人考古学者は，スウェーデン側にヤルトングース・ダリヤの調査探検を呼びかけ，その結果，スウェーデン・中国合同考古調査班が1994年に編成されたのである．探検は1994年の10月から11月にかけて順調に行われ，とりわけ，最北の集落ジグダ・ボルン（Jigda Bolung）の北，砂漠のなかに古い集落を発見するという成果をあげ，この遺跡の今後の詳細な考古学的発掘が待たれるところである．

　本稿の目的は，一つには，ヤルトングース・ダリヤと直接にそれに繋がるその周辺に，また，もう一つにはシルクロード南道東部，つまり，ヤルトングース・ダリヤが地理的にも，歴史的にも重要な役割を果たしている地域に，直接，間接に結びついた地理的，歴史的ないくつかの問題を考察することである[1]．

8-2　ヤルトングース・ダリヤとそのデルタ地域

　1890年にかの有名な「バウアー（Bower）文書」が発見されて以来，タリム盆地のタクラマカン砂漠外縁に沿って重要な考古学遺跡が存在するということは，広く認められた事実となった．亀茲（クチャ Kucha）の骨董市場でのバウアーの発見は，砂漠の北辺と南辺の外縁に沿う古代の「シルクロード」の支道沿いで繰り広げられることになる本当の意味での財宝探しレースの開始合図でもあった．かつてシルクロードに文化的に重要なこれらの道が存在したということは，少なくとも一部の学者の間では19世紀の末の段階では周知のことであった．しかし，砂漠から絶賛に値する考古学資料そのもの——とりわけ，かなり古い文字資料——が出土する可能性が突然明らかになった事により，これらの辺境の，そして当時はほとんど近づくことが不可能だったアジアの心臓部が，世界中の学者の注目するところとなったのである．学問的にも，また探検家としても，開拓者であり草分け的存在だった一人が，スウェーデン人の地理学者でもあり，探検家でも

あったスウェン・ヘディン（Sven Hedin, 1865〜1952）に他ならない[2]。彼は，タリム盆地をその活動の地としたまさに最初の西欧人の一人であるが，まもなくオアシスを結ぶ「長大な道」からはなれ，当時神秘に包まれ未知であった砂漠奥地の探検に全精力を傾けるに至る．彼の主目的は純粋に地理学的なことであったが，歴史分野に関しても，優れた知識の持ち主であり，それは，ひとつに彼のドイツ人の先生であり助言者であるリヒトホーフェン（Baron Ferdinand von Richthofen, 1833-1905）から受けた教育によることは[3]間違いなかろう．彼は用意周到で，天賦の「鉄のエネルギー」を持ち合わせ，そしてとりわけ幸運に恵まれたため，ダンダンウィリク（1896），カラドン（Karadung 1896），楼蘭（1900）という重要な考古学遺跡——それらはタリム盆地のいわゆるシルクロード南道に沿って，あるいは直接結びついて存在していた——を発見することができたのである．これらの発見や彼が作成した彼自身の探検ルートの優れた地図が，行く手をはばむ困難なルートを進むヘディンの後継者達にとって，道を拓くこととなる．ヘディンの後継者のなかでは，ハンガリー生まれでインドに暮らし，やがて英国に帰化したオーレル・スタイン（Marc Aurel Stein, 1862-1943）が最も著名で，彼は大規模な探検を数回行い，踏査した地域の主として考古学的調査に力を注いだ．スタインの不朽の旅行記は，現代の考古学者にはある面では不完全に思えるかも知れないが，現在でも，タリム盆地に関する考古学研究の基盤の一つをなしているといってよい[4]．その後数十年間，1930 年代に至るまで，他にも数名の研究者や探検家達が程度の差こそあれ，この地域で調査を行うことになる．——E. ハンチントン（E. Huntington）(1876-1947), S. F. オルデンブルク（S. F. Oldenburg）(1863-1934), A. フォン・ル・コック（A. von le Coq）(1860-1930), A. グリュンヴェーデル（A. Grunwedel）(1856-1935), P. ペリオ（P. Pelliot）(1873-1945), E. トリンクラー（E. Trinkler）(1896-1931), そしてヘディンと彼の多数の共同者である——しかし 1948 年以降は，この地域における考古学研究は，すべて完全に中国政府当局の下で，中国またはウイグル地区の学者だけ，あるいは彼らと外国の考古学者チームとの共同の形で行われている．特に 80 年，90 年代は，中国とフランス，または日本チームとの共同考古学プロジェクトが開始され，多くの貴重な成果を挙げている．1950 年代以降，タリム盆地における考古学の学術的成果の圧倒的多数は中国側でなされ，発表されてきたのである[5]．

　20 世紀に発表されたこれらすべての成果によって，楼蘭からチェルチェン（Cherchen），ニヤ（Niya），ケリヤ（Keriya），ホータン（Khotan），ヤルカンド（Yarkend）を経てカシュガル（Kashgar）に至る道は，第一千年紀前半，西洋の西の端と極東とを結ぶ複合的交通路システムのなかの極めて重要な交通路の一つであったことが明らかになった．しかし，この，シルクロードの特別な部分である南道は，北道に比較するとその歴史は新しく，その重要性も北道に劣る事は否めない．南道は，何らかの理由で，おそらくはやくも 4 世紀にはシルクロードの一部としての機能を停止したと思えるのである．衰退の理由，それは南道の各地区が地理学的に正確にどこに位置していたのかが解らないという問題と同様，いまなお，はっきりとは解明されていない．拙稿の後半で，この難解な問題に再びふれることになるであろう．

　人類の集落がみなそうであるように，南道沿いのオアシス集落の存続は全面的に水の

スウェン・ヘディン，1905 年

入手にかかっていたのであり，これらの水源の地理的な配置こそが，集落がどのように発展するかを決める決定的な要因であった．この不毛の地は比較的水に乏しいのであるから，主に人々が住む集落が発展したのは，主に，砂漠の南にそびえる崑崙山脈の氷河を水源として，そこから真っ直ぐ北にタクラマカン砂漠の流砂の海に流れ込む何本かの川の流域であった．これらのなかでほんの一部の川が，砂漠を貫流するだけの規模をもち，最終的に，砂漠の北縁沿いを東西方向に流れるタリム川に合流することができる．他の小さい川はすべて，砂漠を数百キロメートル足らず流れた後，砂のなかに消えてしまうのである．それからさらに地下を，暫くは伏流していることは知られているが，最終的にその流れも完全に途絶え，ポプラやタマリスク（どちらの植物も，次第にか細くなっていく水源から必要な水を確保するため，かなりの深さまで根をはりめぐらすことができる）といった草木でさえも次第に少なくなるということ以外，これといった目立った風景は認められなくなるのである．

　この砂漠地域を考古学的に考察するすべての場合に忘れてはならない，いま一つ決定的に重要な地質学的現象がある．それは，砂漠の南を流れる川が，不規則な間隔でその流れの方向を東に変える傾向があり，流れを変えるたびに新たな川底を刻み，かつての川筋を多かれ少なかれ乾燥した川床として残すということである．多くの場合，見たところ水が涸れているかつての川筋も，ある距離は地下に水が流れており，この事は，古い川底に沿ってポプラやタマリスクが比較的繁茂していることから容易に理解することができる．

　タクラマカン砂漠の南部を流れる川がこのように東方に移動する原因は，いまなお盛んに論議されている事で，いくつかの仮説が唱えられている．なかでも主なものは，

　　a）川が移動するのは，ほとんど年間を通じてこの地域に吹いている特異な風が原因で，この風が，砂を川の西側に吹き寄せる結果，畢竟，川は新しい流れを求めざるをえない．
　　b）川が移動するのは，土地の隆起による．その土地の隆起は川の東側より西側のほうが大きいために，川は東に「ひっくり返らざるをえない」[6]．

という，二つの仮説である．この現象の自然の原因が何であれ，考古学的研究のために地形を「解釈」しようとする場合，川の移動の否定すべくもない結果を考慮しなくてはならない．かかる事実から単純にいえることは，古い川床が新しい川床に比べて，西にあればあるほど，その川は古いということであろう．

　この不明瞭な現象をさらにいっそう複雑にしていることがある．それは，一部の川は，まさに逆の方向，つまり東から西に移動する傾向があるという，ある種驚くべき事実を認めざるをえないことである．ただし，この逆の動きは，かなり最近の現象であるかも知れず，報告されているのは，いまのところ砂漠南部を流れるニヤ・ダリヤ，エンデレ・ダリヤの二本の川だけである[7]．問題になっているこれらの「例外的」な川の移動は，ここ150年ぐらいの間におこったに違いない．定説に反するこのような川の動きが，どのような物理的，地質学的理由で起きているのか，今後，科学的にきっちりと立証されねばならないだろう．川筋が東から西に移動している川がほんの数例あるからといって，

一般的な西から東へ移動するという法則が覆るものではないけれども，この現象はすでにスタインより前に，ロシア帝室科学アカデミーが編成しペヴツォフ（M. V. Pevtsov）が率いる大規模な中央アジア探検に，地質学者として参加したボクダノヴィッチ（K. I. Bogdanovič）が気づいていたのである．崑崙山脈とタリム盆地の山岳学と水系に関する彼の研究のなかで，ボクダノヴィッチは以下のように述べている

> カシュガリア（＝タリムの盆地 S. R.）(Kashgaria＝Tarim basin, S. R.)，ティズナブ（Tiznab），エルンカシェ（Yurung kash），カシ（Khashi）ダリヤ，ルェシェアイスイ（Lü-shuai sui），ニヤ・ダリヤ，トランホジャ（＝ヤルトングース, S. R.）(Tolang khodja)，クェテル（Kütel）ダリヤ，トクリフレン（Togriguleng），コイクムレン（Kökmuren），チェルチェン・ダリヤ，その他多数の川について，二つの長くのびた段丘が形成されているのが認められる．上段の段丘は通常，海抜1000メートルの高さで続き，後鮮新世の有機堆積物のれき岩と堆積物でできている．カシ・（Khashi）ダリヤ，ギャンツ・サイ（Gyandzh-sai），ニヤ・ダリヤ等の多くの川において，これらの段丘がはっきり残っており，かつてそこを流れていた川は現在の川筋と若干異なっていた事，つまり川が西に外れていた事を，明確に示している．トラン・ホジャやボスタン・トグラク（Bostan-toghrak）のような，現在は個々に独立している川のなかには，かつて一つの川で，したがっていわば現在より短いがもっと太い流れであったものもある．すなわち，トラン・ホジャの上流は，アスツン・タグ（Astyn Tagh）山脈を通っていたと考えられる．
>
> サリク・トゥス（Saryk tus），アクス（Ak su）（ボスタン・トグラク），トグリクレン（Toghrikuleng）（北麓）などのような川の，崑崙山脈南麓沿いの上流部分は，当時はまだ山脈全体に取り囲まれた地域を流れており，周囲の渓谷より高い所に湖があり，有機堆積物の沈積物が形成した土地であり，そこからの川は現在は流れから遠くに位置している盆地に注いでいた．現在も残っている聖廟の周辺地域に，水平湖をみることができ，まわりの渓谷から流れてくる何本かの小さな川が，そこに注ぎこんで神秘な外形の湖として時を過ごしてきた[8]．

シルクロード南道の発達を考察する際に決定的なもう一つの自然現象は，砂漠はゆっくりと，だが確実に新たな土地を呑み込み，南西，南，南東の方向に拡大しているということである．1500年前には，砂漠の南端から多少の距離だったところも，必然的に今日では砂漠の奥深く，砂漠の端からかなりの距離のところとなっているだろう．これから本稿で，特にチェルチェンとホータンの間における古代の南道の地理的位置を考察する際に，これらのすべての問題に立ち戻り考えねばならないだろう[9]．

先に述べた事柄を考慮すると，特にシルクロード南道沿いに現代になって再発見されたすべての歴史的遺跡が，川床やその他の水路のすぐ近辺に存在しているということは驚くにあたらない．これらの川床は，通常，問題になっている川の昔の，したがって西にずれた川筋なので，いまではたいていの場合，干上がっている．砂丘の移動が原因で，常に地形が作り変えられるので，多くの場合，その地域にかつて川がどのように流れていたかを正確に判断する事は困難であるといわねばならない．したがって，例えば1896年にヘディンによって最初に発見されたダンダンウィリクは，最も近くを流れる川，ケリヤ・ダリヤからかなり離れていたが，にもかかわらずその川の支流，あるいは少な

とも支流の伏流水を水源とする井戸水によって水を得ていたはずである．事実，ホータン・ダリヤ（于闐河）とその東に位置するすべての主だった川には，"それぞれ"の流域に遺跡が見つかっている．すなわち，カラドンはケリヤ・ダリヤ沿い，尼雅（精絶 Jingjue，ニヤ）は尼雅河（ニヤ・ダリヤ）沿い，エンデレは，エンデレ・ダリヤ（Endere Darya）沿いという様に．また，大規模なオアシス，且末（チェルチェン）は，ここ20年で，非常に重要な考古学的遺跡であることが判明したが，この遺跡も且末河（チェルチェン・ダリヤ）流域にある．

　この意味で，ニヤ・ダリヤとエンデレ・ダリヤの間に位置し，今日ヤルトングース・ダリヤとよばれる（漢語で雅尼通克則または亜瓦通古孜）比較的大きい川が，ごく最近まで考古学的に何もない地域であると考えられてきたことは，確かに奇妙である．この川流域にはまったく考古学的遺跡が発見されておらず，この川を古い歴史資料が語る史実ともはっきりと結び付けることができない．この不可解な事実は，周辺地域が文化的にも，社会的にもかなり発達していたことだけでなく，ヤルトングース・ダリヤがシルクロード南道沿いの当時は交通量の多い道に位置していた事実から見ると，腑に落ちないのである．一つにエンデレ・ダリヤとヤルトングース・ダリヤの距離，また一つにヤルトングース・ダリヤとニヤの距離を考慮すると[10]，この川が頻繁に往来する巡礼僧や商人達に，自然が用意した旅の途中の宿泊地を提供しなかったはずがない．自然条件がこのように整っていることから，ラングル langar（ペルシア語源の現代ウイグル語の「宿」）のような所が，時を経てより大きな集落へと発展するということは確かに考えられる．しかしもとよりそれを，ヤルトングース・ダリヤに当てはめることができないのは明らかであるし，古今の歴史的史料がこの川について沈黙しているという特異なヤルトングース・ダリヤの状況にあって，この砂漠の川とその歴史を，我々が現有の資料から可能な限り引き出し，詳しく考察するのは価値があることにちがいない．

8-2-1　ヤルトングース・ダリヤの地理 —— 地質学的特徴および植物

　今日一般的にヤルトングース・ダリヤと呼ばれるこの川は，この地域を流れる他の川同様，崑崙山脈の，もっと特定すると，ウズ・タグ（Uzu Tag）とよばれる崑崙の北斜面の氷河を水源とする[11]．通常通り，ヤルトングース・ダリヤは多くの支流（ウイグル語で普通 sai と呼ぶ）から水を集めているのだが，これらの支流は，山脈に続いて広がる平地の様々な地点で本流に合流し，大きさの点でも，また水を供給するという重要性の点からしても一様ではない川がなす河川体系ができあがる．ヤルトングース・ダリヤの河川全体は，およそ北緯36°6′と38°，東経83°2′と83°5′の間に位置する．ウズ・タグからジグダ・ボルン（Jigda Bolung）におよぶ本流の川床は，全長165キロメートルである．本流の山岳地帯およびすぐそのふもとに広がる平地を流れている部分は，東から西に順に，*Haji-qosh-sai*，*Qotaz-öldi-chap*，*Yulghun-bulaq-sai*，*Süget-sai* の名でよばれている[12]．

　山脈のふもとから北の方角は，基本的に砂漠であるが，砂の質は一様ではなく，山のすぐ近くは破礫層，北に数キロメートル入ったあたりで砂へと変化している．砂が主な地域ですら，その砂の種類は様々である．砂礫地帯と，チェルチェンとニヤ間の今日の

幹線路に挟まれた地域の砂は，より細かく小麦粉のような砂で，例えばいわゆる砂漠用のトラックであっても，自動車を使うのが難しく，場合によっては平らな土地でもまったく車では進めないことさえある．幹線道路が川と交叉する所に現在かかっている橋のそばのある宿 langar の以北では，一般的にわずかに「重い」タイプの砂になり，砂漠のさらに奥地の砂に似たものになっている．宿 langar およびヤルトングース・ダリヤ東岸のさらに北からはかなりの大きさの砂丘が一面に続き，一方西岸側は基本的に砂丘はないが，なかには高さが2〜3メートルもある無数の砂錐（砂丘）で埋め尽くされている．砂錐とは，大きく複雑な地上にはりめぐされた根——ほとんどの場合ポプラ——を土台として，その植物の根の間に砂がたまって塔のようになったものである．植物が生えている地帯は川の両側とも200〜500メートルで，植物の種類は，予想通り，ほとんどがポプラとタマリスク（toghrak）である．終点のオアシスであるジグダ・ボルンまで，植物の密生の度合いは変化するが，ずっと続いて生育している．タマリスクはところによって，非常に繁茂しているのでスタインが度々彼の報告書のなかで「タマリスクジャングル」と呼んだその名にふさわしい．植物地帯は，ずっと末端のオアシス，ジグダ・ボルンまで途切れず続き，そのオアシスのすぐ北から，かなり大きい砂丘となり，事実上植物がまったく生えていない砂漠が始まるのである．

　川は，数度北西に傾くものの，だいたい南北に流れている．ヤルトングース村から鳥ならひととびの45キロメートル離れたところで，現在のヤルトングース・ダリヤは2つに分かれ，その一つは明らかに北西の方向に新たな流れとして，もう一方の古いほうの本流は北東の方向に流れている．ジグダ・ボルンからさらに北に続く川幅はわずか2〜3メートルとなり，数キロメートルばかり水流を保つものの，どちらの支流も，砂のなかに消え入ってしまうのである．

ヤルトングース，トランホジャの上流：ヘディンスケッチ（ヘディン財団資料）

自然環境が歴史を通じてどのように変化したかについて，特にヤルトングース・ダリヤに関する情報がまったくなく，したがって我々がニヤ・ダリヤとエンデレ・ダリヤのメソポタミア（二つの川に挟まれた地域）を，ひとまとまりに考えるのもそれなりに理解できよう．

そこに暮らしていた人々が少数であったということを根拠に，我々は，何らかの物理的環境が原因で，人々がヤルトングース・ダリヤ流域には定住する気にならなかったか，または，ヤルトングース・ダリヤは多数の定住者を維持することができなかったと仮定する事ができるだろう．有史以来ヤルトングース・ダリヤは，このような状況であったに相違なく，人が住めなかった原因は，今も昔も何らかの顕著な（地球物理学的）環境状況によると推測してもよかろう．最も考えられる要因は，一つに水質自体，もう一つは，ヤルトングース・ダリヤ下流の支流が，その流れの方向を変える，という顕著な傾向があり，それが農業に依存している定住者にとって極めて対応しにくかったからではないだろうか．水質に関しては，約1世紀前にハンチントンがホウ砂，苛性カリや塩分の含有率が並外れて高いという事実を述べている[13]．スタインは1906年に，川の塩分に関して疑問を表明したが[14]，1994年にヤルトングース・ダリヤを訪れた中国・スウェーデン探検隊メンバーは，1905年のハンチントンの観察を確認する機会が幾度もあった．1901年と1913年にスタインが述べている如く．ヤルトングース・ダリヤは，その終着の流れを突然変えるということは，同メンバーによる1994年の調査でも，それらの川筋が突然に変化したことを立証するかのように，数多くの小さな川床が残っているのを見つけることによって，確認したのである．

8-2-2　現代の旅行者の報告におけるヤルトングース・ダリヤ

他地域と比較して，ヤルトングース・ダリヤを訪れた旅行者はほとんど皆無に近く，したがって信頼できる旅行記，その他の記録の数は，非常に数が少ない．確認できる限りでは，19世紀末最後の10年間にこの地で活動した西洋人旅行者のうちでハンチントン (Ellsworth Huntington)[15] とスタインだけが[16]エンデレ・ダリヤからニヤへの途中，ヤルトングース・ダリアとその北端の集落を訪れ，一方プルジェワルスキー (N. M. Przhevalski 1839〜1888) がロプノールからニヤへ行く途中に，崑崙山脈山麓に沿って山道を行き，ヤルトングース川をその源にかなり近い上流で横切った．さらに，1889年にはロシアのもう一人の探検家，M. V. ペヴツォフ (M. V. Pevtsov, 1843-1920) が[17]，ニヤからの途中に別の方角からヤルトングース川に到達し，同じような行程をデュトルイユ・ド・リン (Detreuil de Rhins)[18] が1883年に，また，西北考査団が1930年に通っている[19]．

これらの旅行者のうち，プルジェワルスキーとペヴツォフ（ボクダノヴィッチ）だけが，この川に関するある程度の情報を残している．その情報は，短いものではあるが，この地域を旅した西洋人の，最初の記述であるため，大変興味深いものである．プルジェワルスキーと彼のグループは[20]，プルジェワルスキーが1885年に「Russkij khrebet」（ロシア連山）と名付けた，またの名をアクカル・チャキル・タグ (Ak. Kar Chakil Tagh)[21]

N. M. プルジェワルスキー

という山脈に沿って西方，さらにニヤに向かって進んだ．メルヤ (Mölja) 川 (プルジェワルスキーがメルヤ (Mölja) と名付けた) を越え，さらに西方へ 37 ベルスタ (露里，1 ベルスタ＝1.067 キロメートル) 進んで，彼らはエンデレ・ダリヤ (プルジェワルスキーはボスタン・トグラク (Bostan-tugrak) と呼んだ) に着いたのである．

　　川と低部チェルチェン道が交わる所に，エンデレ集落があり，さらに 25 ベルスタ下ったところに，聞くところによると 20〜30 家族が暮らす村があり，農業を営んでいる．

と，プルジェワルスキーは記している．彼の記述はさらに以下のように続く．

M. V. ペヴツォフ

　　我々は，非常な困難と戦いながら，ボスタン・トグラク川 (Bostan-tugrak) に沿って，その急斜面の峡谷を進み，2 隊を組んで 34 ベルスタ進んで，トラン・ホジャの新しい跡に到達した．道は良かった．もっとも，ほとんどのところがそれまで同様，砂道であるが，我々は行く手を阻む大きな渓谷に出くわす事はなかった．にもかかわらず，4 頭の疲労した駱駝を見捨てなければならず，ロプ・ノールを出てから見捨てた駱駝の合計は 19 頭となり，残る 45 頭の駱駝も，そのほとんどが，悪い状況だった．山のふもとから広がる砂漠平原は，それまでのようにアステミア (*Astemia*)，ユーロティア (*Eurotia*)，ルオムリア (*Reaumuria*) の 2〜3 フィートほどの比較的背の高い茂み，まれには，ムレスズメ (*Caragana*) やカリゴン (*Calligonum*) などのブッシュで覆われていた．動物ではカラスルティ (*Khara-sulty*) のみか，ほんとに稀にウサギに遭遇した．鳥はといえばハシナガサバクガラス (*Podoces Hendersoni*) かノドグロノビタキ (*Saxicola atrogularis*) のみ，時にサケイ (*Syrrhaptes paradoxus*) しか飛んでいなかった．我々が越えたところでは，トラン・ホジャ川は，海抜 8400 フィートの渓谷を流れており，水深は 800〜1000 フィートであった．上り下りの傾斜が急なため，駱駝にとっては，とても大変な行軍であった．以下に述べる渓谷は，ほんとんど完全に不毛で，その幅は 10〜20 サージェン (1 サージェン＝2.134 メートル)．渓谷の両側は，急勾配の礫質の壁で，その高さは 150〜200 フィート，ところによって渓谷の幅はわずか 3〜5 サージェン (6.39-10.65 メートル，SR) に狭まり，したがって川は文字通り回廊のなかを流れるのである．トラン・ホジャ川の大きさは，我々が見たようにひとりカラ・ムラン (Kara-muran) やメルヤ (Mölja) にとどまらず，隣のボスタン・トグラクと比較しても小さい．にもかかわらず，我々が聞いた話では，トラン・ホジャ川は，チベット高原から流れてきているという．別の情報によると，その川はボスタン・トグラク (Bostan-tugrak) 同様，同じ雪解け水を水源とする川だともいう．かく情報が矛盾して錯綜している混乱状態のなかから，何らかの結論を導きだすのは，困難というより，ほとんど不可能であり，通訳者なしとあってはなおさらのことだった．自分の目で確かめるのも不可能で，連日，砂ぼこりをついてやっとのことで歩み続けた．低部チェルチェン道は，ヤルトングースの集落の所でトラン・ホジャ川に交わる．川に沿って，さらに 25 ベルスタ下ると，集落アンジャラ (Anjala) に牧草地があると聞いた．アンジャラでは，2 軒の「Sakel」(一種の山小屋) があり，自分の動物を連れて，オアシスニヤ出身の羊飼いが暮らしている．上記の川のいずれにも，少なくとも我々が横切った場所に関して言えば，魚はまったく生息していなかった．ボスタン・トグラク川とトラン・ホジャ川に挾まれた山々のなかを高部チェルチェン道を南に向かって 15 ベルスタほどいったところに，東トルキスタン人全員に崇められている聖なるイマム・ジャファルサディ (Imam Jafer-Sadyk) 修道女が埋葬されているウンチェリク・パシム (*Unchelik-pashim*) (または，ウンチェリク・

カーム（*Unchelik-khanym*））聖廟がある．この聖廟は湧泉（*stream valley*）というところにあり，その隣には100軒ほどの小屋が建っている．信者は，多数，近隣のオアシスのみならず，カシュガルからも来る．そこのは次のような伝説が伝わっている．その修道女は，彼女を殺したいと思っている中国人に追われ，山中に逃げ込んだ．そして，現在聖廟が建っている所で追手に捕まったとき，彼女は自分のハンカチを取り出して山の一つに向かってそれを振った．すると，山が口を開き，その聖なる若い娘を自らの内に招じ入れたのである．しかし，彼女が逃げ込んだ後，運の悪いことには助けた娘のお下げ髪を挟んで山が閉じてしまったのである．今日でも，信者の人達の目には，挟まったこのお下げ髪の端が見えるという．まさにその岩から小川が流れているのだが，その流れは赤や白，黄色の小さな石灰岩を運んでいる．信者達は，それらの石を大変有難がり，それらの石は，今日まで山のなかで，人の罪を泣き悲しんでいる，岩に隠れている聖人の涙であるというのである．この聖廟を過ぎ，トラン・ホジャの川床に沿ってさらに行くと，土地の人の言うのには，チベット高原にはその昔，すでに述べた「車の道」があり，今日でさえ，ロシア連山のどこか別のところを越えるより，ここを越えるほうが便利かも知れない．むろん駱駝なしで．

M. V. ペヴツォフによって，1889〜1890年にロシア帝室地理協会下で組織された東トルキスタンや北部チベットへの大規模な探検は，プルジェワルスク（カラコルム）(Karakol) からカシュガルへの道を辿り，さらにヤルカンド，ホータンを経てニヤへと進んだ．ニヤから崑崙山脈に沿ってさらに東に，チェルチェンの南西，崑崙山脈のなかに位置するロシア連山に至る．道中，探検隊はヤルトングースの上流を越え，その一員であった地質学者のK. I. ボグダノヴィッチ (K. I. Bogdanovič) は，彼の探検報告書の第2巻のなかで，この川について大変興味深い情報を提供しているのである．

　崑崙の南斜面で，我々は5，6本の川の上流を発見し，それらの川は，タリム盆地の砂漠に流れ込んでいる．崑崙の南麓沿いに沿って，いくつもの小さい非常に塩分濃度の高い湖（Shor Köl, Khangyet köl, Dash köl, ほか不凍湖やその他の）発見することができたが，それらの湖の水源は，崑崙の南麓の雪解け水である．これらの湖のいくつかは，例えば Khangyet Köl と Dash köl，などは，最上流から切り離されたものにすぎない．前者は，Saryk tus（トラン・ホジャ）川で，後者は Ak su（ボスタン・トグラク）川が分断してできた湖なのである．他の湖，例えば Shor köl 湖はおそらくはるか古代の小さな閉鎖した入り江のなごりで，Saryk tus 川の入り江とケリヤ・ダリヤの入り江の両方から，土地が高くなっている部分によって分離されたものであろう[22]．

崑崙山脈沿いの川が地質学的にどのように形成されたか，その歴史を論考し，ボグダノヴィッチは次にように結論した．

　一言でいって，タリム盆地の川はみな，本流のヤルカンド・ダリヤも，そのかつての支流もともに，それぞれの渓谷を新たに——あるものは平地にのみ（ヤルトングース・ダリヤ），またあるものは平地と山中の両方に——形成している．崑崙山脈を，ユルンカシュ川 (Yurung kash)，ケリヤ・ダリヤ，トラン・ホジャ，ボスタン・トグラクやチェルチェン・ダリヤが貫流しているということは，崑崙山脈の斜面の発達が，北側と南側とで違うことから説明できる．
　気候状態は，崑崙山脈の南北側とも，後鮮新世期にあっても，今日と同様の，余り乾燥

していない状態であった．川に水を供給しているのは，昔も今も，もっぱら北斜面の水源であり，南斜面の水が川に流入していたのは，現代に入った初めの時期だけであり，南斜面の水源は，とるに足りない小さな湖となる傾向をはっきりと示しつつ，川とは直接に結びつかなくなる．崑崙山脈の南斜面の水が，山脈北側の河系に流入していた以前は，現在，崑崙山脈のなかにある渓谷のなかには，小さな湖がある地域や，岩屑堆積物の地域 —— この地域を北西チベット高原と呼ぶことが可能かも知れない —— にかつて含まれていたものもある．トラン・ホジャ (Saryk tus) やチェルチェン・ダリヤ渓谷の一部は，どちらもチベットの特徴を示している[23]．

我々は，次にさらに重要な情報を，1905年にヤルトングース・ダリヤの下流地域を訪れたハンチントン (Ellsworth Huntington) から得ることができる[24]．彼の報告は，「約50人ほどの，おとなしい人々がその全人口」である小さな村「ヤルトングース」を除くと，ほとんど見捨てられてしまったヤルトングース・ダリヤ流域の様子を述べている．彼はあたりの風景を観察して，「平坦な土地が延々と続き，満々とした水は，農地のむこう1～2マイルの所で砂のなかに消滅している」と記述している．彼はさらに，今日のシルクロードから北に70キロメートルほどに位置するジグダ・ボルンの住民の生活に関して，以下のような大変興味深い詳細な報告を残している．

> 我々が会った住民は少数の羊飼いだけだった．彼らは1860年頃から住み着いている．ここ数年，一部の住民は少し農業を営んでいるが，少なくとも3年ごとに土地を休ませるか，または2～3年連続して耕作し，土地がやせたら放棄するというやりかたである．恒久的に同じ土地を耕作するという農業は不可能である．

ハンチントンによると，1860年という年は，ヤルトングース・ダリヤ下流沿いに暮らしている現在の住民が，いつ頃からこの地域に定住したのかという問題に関わる重要な年である．1860年になるまで，この地域に定住者はいなく，ジグダ・ボルンで行われている耕作活動は，この地方の政府か清朝政府主導で進められた定住プロジェクトの結果であるらしい．このことは，1860年になるまでこの川沿いに，実際に，長い間誰も住んでいなかったということを，さらにはっきりと示唆しているようだ．ハンチントンは，最後に以下のように記している．

> ヤルトングース・ダリヤは，私が探検した他のどの川よりも，気候変動をはっきりと示している．先ず第一に，イベヒムが廃墟を発見した古代の大規模な農村ハイヤベグ，そこでは恒久的な農業が不可能な今日の小規模な牧畜村落との著しい対比が，川の水の塩分濃度が高くなったことを示している．第二番目に，昔の川の流れは，ハイヤベグに流れるものも含んで，みな現在の流れよりも5～20マイル長く，当時はどの川も川岸に沿って広い範囲に植物が生えていた．もっともいまでは，何世紀にもわたって死にたえているが．そして最後に，過去5年間，村民達は支流をせき止めて，すべての水が本流に流れるようにし，その本流ができるだけ遠くまで流れるようにしたが，それにもかかわらず，枯れた葦 —— 水の供給量の変化に最も敏感に対応する種類の植物である —— で一杯の，もはや水の流れていない川床は，今日の河水が氾濫した限界線よりも越え，さらに20マイル以上にわたってのびている．枯れたタマリスクやポプラも，ほとんど同じくらいの所まで広がって

いる．このことは，川が大幅に後退したことを如実に物語る．

オーレル・スタインは，ヤルトングース・ダリヤの下流を1908年と1913年の，二度訪れている．2回とも，この川が彼の主目的ではなく，したがってニヤから，彼がもっと関心を抱いていたエンデレ周辺の遺跡への通り道にすぎないこの地域に関して，むしろ短い報告しか残してはいない．ヤルトングース・ダリヤとその周辺地域に関して割いている紙面は限られてはいるのだが，その情報内容は比較的充実したものといえる．スタインと彼の同行者達は，現在の川筋の西にある古代の川床をいまも取り囲んでいる「森」を通って，西からヤルトングース・ダリヤに到達し，その後さらに乾いた河床に沿って北上して，末端の集落，ヤルトングース入植地（Tarim）——別の名をジグダ・ボルンという——に着いた．スタインは以下のように述べている．

2月17日，ヤルトングース川に沿って進んだが，この川は山に近い上流部の名は，トランホジャで，その下流は砂のなかに消滅している．川幅は，我々がキャンプをしたハイアベグの付近で30ヤードほどあったがその先，徐々に狭まり，その間に川筋は小刻みに何度も曲がりながら北へコースをとっている．一方，植物がはえているところは，土手に沿って帯状に続き，初めはその幅が狭いが，我々のキャンプ地の手前，約6マイルの辺りで，トクラクジャングルに入るまで徐々に広くなっている．さらに，わずかに下ったところアリクアクシ（運河の入り口）というぴったりの名で呼ばれているところで，何本もの見事な木が目印の地点に，手ごろな"岸"があり，さらに約13マイルほど北に位置するヤルトングース入植地の畑の細い灌漑水路に水を導くのに役立っている．このあたりでは，川は，川幅わずか約10ヤードほどになり，ここから北北西に向きを変え，明らかに左岸をさらに深く砂山のなかに，西に向かってえぐっている．2マイル下ったことろでは，水流は冬の間は流れを止めるようである．我々が真北に行進を続けた森，少なくとも幅3マイルはある大きく広がった森は，いまも夏の洪水が届くのである．この森のなかを古代の本流の川筋が走っているが，その川床には，浅い窪みにいまも氷が薄く張っている他は，水は流れていない．カラ・スレゲで，最初の開墾地を過ぎた後，再び砂漠となり，若い低木が繁茂している．さらに北に2マイル進んで我々は，ヤルトングース入植地の名で知られる現在のオアシスに到着した．このオアシスでは，広い土地のなかで小麦やからす麦や綿花などをつくる所有地が点在している．

スタインによるこの記述は，重要な点ではすべて，1994年の中国・スウェーデン共同探検隊が遭遇した状況とぴったり一致している．当然，開墾耕作地の状況は，スタインが1908年と1913年に訪れたときでも，事実変化していたように，スタイン以来，何度も変化してきているが．

以下は，我々がスタインによって知ることができたヤルトングース入植地（タリム）の小さな集落の歴史に関する貴重な情報である．彼は，一人の住民から「小さな集落」が形成されたのは，スタインが訪れたわずか40年ほど前の，ニアズ・ハキム・ベグの時代であったことを聞いた．この情報は最初の住民がヤルトングースもしくはジグダ・ボルンに来た年であるとハンチントンが考えた1860年（前述参照）とぴったり一致する．川が流れを予想を越えて変化すること（前述参照）と，それが集落の「開墾」というべき耕

作に及ぼす問題を考察した結果，スタインは，この集落の農業の将来性について以下のように判断したのである．

> もっとも個人的観察と，現地で得た情報から判断して，充分な労力を投じて運河と堤防を系統だてて維持し，拡張するならば，この地域の耕作を大幅に増大させることができることははっきりしている．もしも，現在少なくとも3～5マイルの幅で8マイルの長さにわたって茂っているうっそうとしたジャングルを農地に変えることができたならば，ヤルトングース川末端のオアシスの状況が，イマム・ジャファルサディ南方の古代遺跡周辺にかつて存在していたと思われる状況と近いものに，当然成ったと見て差し支えがない．比較的大きな集落にとって，砂丘が迫ってくることよりも川が気ままに流れを変えることのほうが，はるかに継続的な脅威である可能性が大きいと考えられるのである．

1994年に，ヤルトングースを訪れた中国・スウェーデン共同探検隊が確認できたと思われることに関する限り，少なくとも「開墾地」については，状況は1908年にスタインが述べている状況と変わらなかった．

8-2-3　1994年の中国・スウェーデンヤルトングース・ダリヤ探検

すでに述べたように，ヤルトングース・ダリヤが考古学上「真空」であることに，20世紀初めの最初の西洋の旅行者達は注目したが，その後，この問題は解決されないままであった．1994年の初頭，かつて盛んだった新疆考古学の分野におけるの中国とスウェーデンの共同活動をいま一度活性化すべく，中国とスウェーデン当局の間で話し合いが行われ，ヤルトングース・ダリヤに沿って共同で考古学的調査探検を実施することがその結論としてまとまった．調査探検は，1994年の10月から11月にかけて実施され，探検チームは3人のスウェーデン人と7名の中国—ウイグル人のメンバーで構成された．ウルムチからベース・キャンプのニヤまでと，そこからヤルトングース・ダリヤ末端の集落ジグダ・ボルンに至るまで自動車が使用され，そこからは，13頭の駱駝からなるキャラバンを用いたのである[25]．ジグダ・ボルンを発つ前に，3人の土地の老人たちに，村の西か北に何か「廃墟」つまりコネ・シャール（Kone shahr）のようなものが存在するかどうか念入りにインタビューを行った．

中国・スウェーデン共同探検隊は，まずヤルトングース・ダリヤ本流の西岸に沿ってヤルトングース・ラングル（宿）から末端の集落であるジグダ・ボルン〔スタインはヤルトングース入植地（タリム）と呼んだ〕までの調査を進めたのである．探検隊は，ジグダ・ボルンから進路を西にとってニヤ・ダリヤへの中間地点まで進み，ヤルトングースの昔の川床を調査した．古代の川床の最西端に達したところで北に向きをかえ，さらに川床に沿って北東に20キロメートル行った地点で，かつて人が定住していた明らかな痕跡を我々はついに発見したのである．それまで考古学者にとって未知だったその地点は，とりあえずコネ・シャール（Kone shahr）（古城）という作業上の名がつけられた．だが探検の主目的が調査のみである事，水の供給が限られている事，限られた時間しか自由に使えない事などの理由で，その地点が古代の集落である事が明らであるにもかかわらず，

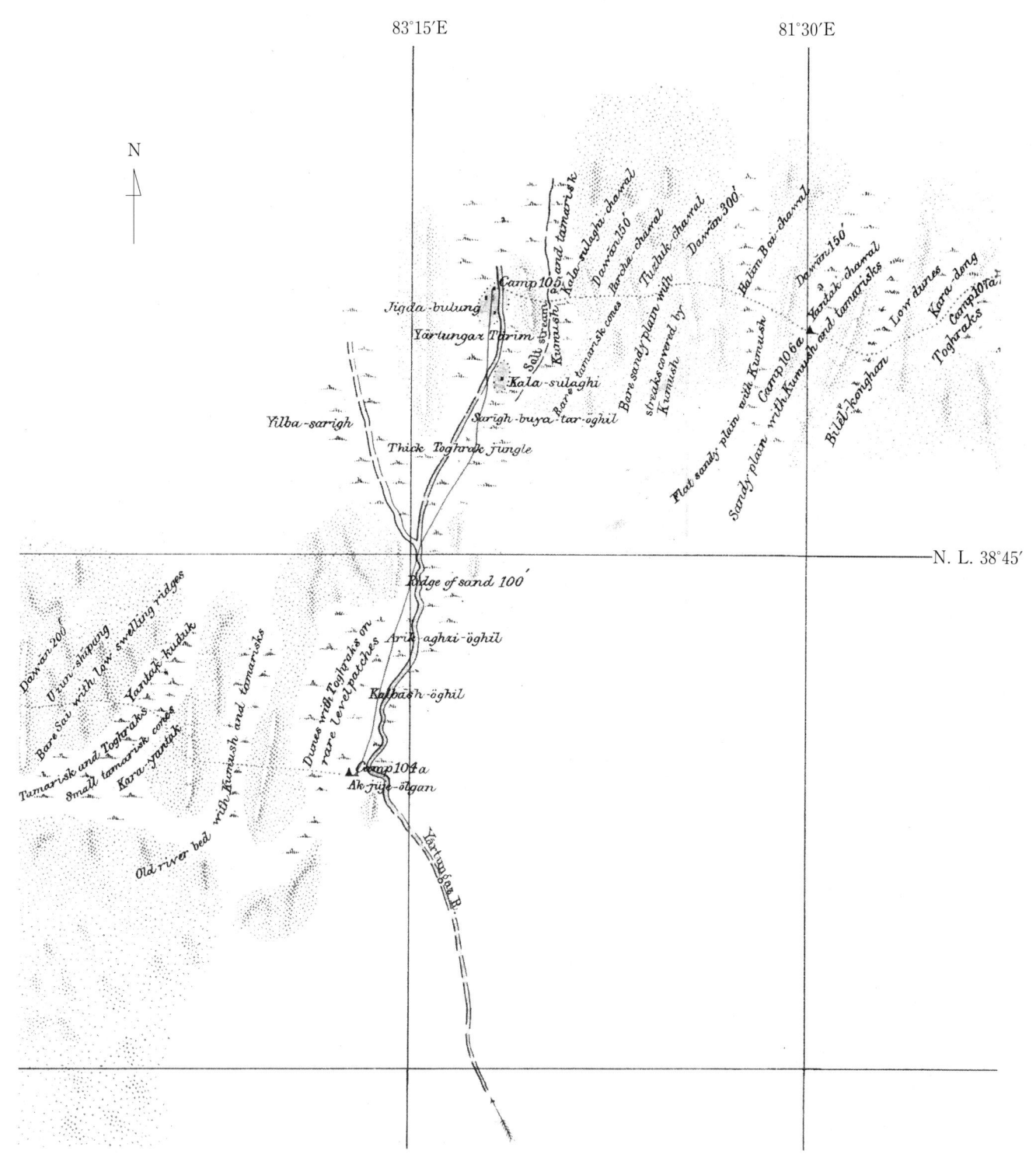

ヤルトングース・ダリヤ（スタイン『セリンディア』巻5地図，40番"Endere"の一部を拡大）

予備的な調査のみしか行えなかった．それでも住居にほぼ間違いないと考えられる比較的小さい建物の基礎部分の跡を 40 ヶ所確認することができた．周辺の景観を調査した結果，その集落はかつて中規模の川の流域に位置し，その沿岸地域は開墾され農業が営まれていたことを窺い知ることができた．現時点で，その集落がいつの時代のものかはっきりと述べる事は不可能であるが，川が「消えて」以来かなりの時が経っているのは間違いないので，その集落がニヤやエンデレで発見された「類似の」遺跡と多かれ少なかれ同時代のものであると仮定するのは，それほど無理なことではなさそうである．この問題の最終的な答えは，今後の詳細な考古学調査を待って初めて出されるに違いない．

　探検の最終段階として，川の上流に沿ってヤルトングース・ラングル（宿）の南の地域の調査が行われた．川沿いにさらに南に数キロメートル行き，その後どちかというと東西方向に流れる別の干上がった河道に沿ってさらに 3〜4 キロメートル進んだ．このヤルトングース・ダリヤの 2 番目の調査では，漢時代に新疆でよく見られた濃い茶色の粗雑な陶器の破片が散在している以外は，考古学上興味深いものは何も発見されなかった．

　ヤルトングース・ダリヤの中国・スウェーデン共同探検はおそらく，答えを提供する以上に疑問を提起したといわねばならない．しかし，ある一点に関し，非常に重要な成果をあげたのである．それは，ヤルトングース・ダリヤにもその川沿い「集落」があり，そしてヤルトングース・ダリヤがずっと「真空」状態——かなり昔からおそらく 19 世紀半ばまで続いたと思われていた人が住んでいない状態——ではなかったことが，疑う余地なく判明した点である．コネ・シャールが放棄された理由は，その地点の詳細な考古学調査が行われるまでは依然として不明であることは，言うまでもない．しかし，そのような詳細な調査が完了するまで，川の水質，あるいは，予想外の川筋の変化，またはその両方などといったある種の自然状況が，コネ・シャールが放棄された一因かも知れないと考えてもよいであろう．したがって，何か別の原因を示唆するはっきりとした証拠が出るまで，「ヤルトングース遺跡」が，シルクロード南道の東部に沿った他の集落（5.2 参照）とほぼ同時期に放棄されたという仮説と矛盾をきたすことは，いまのところ何もないのである．

8-3　Yar Tonguz Darya（ヤルトングース・ダリヤ）——歴史と考古学

8-3-1　前近代中国・中央アジア史料におけるヤルトングース・ダリヤ

　ヤルトングース・ダリヤおよびその東部近隣のエンデレについて直接論及した記事は，中国正史のどこにもみられず，清代の史料（各種の地理書）のなかでわずかに触れられているにすぎない．このことは，西でニヤ・ダリヤ，東でチェルチェン・ダリヤによって境界がくぎられた同地域が，すでに漢の時代から西域南道に含まれる地域・部分であり，そこは中国王朝の関心をそれほど引かなかったということを示している．それは，この地域に中国の利益を危うくする，つまり中国にとって注意する必要がある組織だった独立した統治組織が一つもなかったからであると仮定して間違いないであろう．そのこと

は，ヤルトングースに関する限り，まったく無人とまでは言えないものの，人が非常にまばらにしか住んでいなかったということからも容易に説明がつこう．エンデレについては，重要な集落であったときもあり，また，後の時代には重要な軍事駐屯地でもあった．現在のエンデレの北にある廃墟や，南部タリム盆地がチベットに占領され次に中国に支配されていた間，それなりの役割を担っていた昔の要塞がそれを物語っている．

　ヤルトングース・ダリヤが結局トルコ以前（ウイグル以前）で何と呼ばれていたか，現在のところ何の情報も見当たらず，この川に関して参考となる史料を，西域南道沿いの様々な地点ホータン，チェルチェン，ミーラン（Miran），ローラン（Loulan）から将来されたカロシュティー（Kharoshti）や漢文の文献のなかに見つけようとすることは，所詮，非常に困難である[26]．この種の文書に関して我々が解っている事から判断して，これらの文書のなかにヤルトングース・ダリヤに関する多くの情報を見つけることは期待出来ないだろう．というのも，それら文書はすべて，自分達のごく周辺に関係する行政，軍事，または家庭の事を扱った，非常に「土着性の濃い性格」であり，近隣地域に関する情報を与えることは，皆無に近い．2，3の例外もあるとして，ヤルトングース地域に関する限り役にたたないのである．ただ，この点に関しては，文書の更なる研究や新たな資料の発見が，前近代ヤルトングースの歴史を覆っている闇のカーテンを開くに役立つさらなる情報をもたらすかも知れない．

8-3-2　漢文史料

8-3-2-1　中国正史

　すでに述べたように，中国正史のなかに，直接ヤルトングース地域やエンデレ（Endere）に言及した記事は見当たらない．もっとも，ニヤとチェルチェンについて言えば，すくなくとも前近代歴史書において，たびたび登場するが，得られる史料は非常にわずかである．限られている史料のなかで前漢，漢時代の西域南道の状況に関する限り，『史記』，『漢書』，『後漢書』はなんといっても最も重要な史料だと言えよう．また，西域南道沿いに19，20世紀に行われた考古学上の発見の裏付けや解釈をするのに主に利用されたのも，これらの史料であった．『漢書』，『後漢書』を読むにあたって，清の学者，王先謙（1842-1917）の注釈が，最も詳しくまた有益であるが，大体において，彼の『漢書補注』のほうが，『後漢書集解』より多少有用であるものの，しかし，どちらの注釈書も，西域南道というこの特定地域の歴史を理解するのに，決定的な手助けとなるかと言えば，必ずしもそうではない．

　『後漢書』以降の歴史書に関しては，史料を2つのグループに分けることができる[27]．一つ目のグループ（『三国志』から『北史』）はそれでも，西域南道東部に関する情報をいくらか含んでいるが，二つ目のグループ——『旧唐書』から『明史』——は，西域南道東部に関する情報をほとんど含んでいない．前者（つまり『三国志』から『北史』）では，タリム盆地の南東地域に関する記述が次第に稀薄になっていくのに気づくことができる．これらの史料にみえる西域南道東部地区に関するわずかの情報は，明らかに型にはまったものになり，後に編纂された歴史書のなかで頻繁に「再利用」されているのである．し

がって，例えば『魏書』巻102に初めて登場した，砂漠の旅行者が遭遇する問題や，危険に関する記述 (以下の346頁を参照) は，一言一句違わず『周書』巻50と『北史』巻97に再び登場している．このグループの歴史書のなかには，質が劣るものが含まれており，その事実を示す一例が『梁書』巻54にみえる．チェルチェンに関する明らかに間違った奇妙な記述であり，── これは『南史』巻79に，繰り返されているが ── 以下のような内容をもつ．

> 末国，漢世且末国也，勝兵万余戸，北与丁零，東与白題，西与波斯接，……其王安末深盤，始通江左，普通五年，遣使来貢献，
> 末国は，漢時代の且末国である．現役兵が一万世帯以上いる．北は丁零，東は白題，西は波斯に接している，……彼らの王，安末深盤は，梁の武帝普通5年に，江南王朝と通じ，使節を派遣して，貢献した．

この本文は多少変化して，『通典』巻191にも繰り返されている．たとえ，鄯善と両者が同一であると認めたとしても ── それは用語体系の観点からはおよそ正しいとは考えられないが ──，この一節が提供する情報を正確なものとして受け入れるのは困難である．丁零が暮らしていたのは，バイカル湖とエニセイ川に挟まれた地域であったし，彼らは，一般的にはキルギスの祖先と考えられている[28]．この地域が，鄯善王国と直接接触があったことはまず有りえないし，もし末国という地名が，今日のチェルチェン周辺地域のこととしての狭義の一般的意味だとするならば，なおいっそう，有りえないことである．チェルチェン「王国」の西が波斯に隣接しているというのも，まさに驚きである．波斯の地名は，どの前近代の史料でも通常，ペルシア (Persia) かパーズ (Pars) のことをさすが，ここでは明らかに波知のことを意味している．『北史』巻97にみられるように，宋雲によっても述べられている，鉢和 (Wakhan) の南西に位置する場所である[29]．たとえそれが正しいとしても，鄯善または末国が波斯・波知のどの部分とであれ国境を共有しえたと考えるのは困難である．正史のこのグループにおいて認められる情報の混乱と，きまりきった記述の繰り返しは，唐王朝最初の一世紀のこれら歴史書の編纂者達にとって，西域南道東部がもはや余り関心のない地域であったということを明確に物語っているのである[30]．

中国正史の最後のグループ (『旧唐書』～『明史』) には，西域南道東部に関する記述はほとんどみられない．ホータンは，『旧唐書』巻198と『宋史』巻490の二つの史書に記事がみえるが，それを別にすると，タリム盆地のなかで我々が対象としている西域南道東部地域は，西域の「沈黙の区域」となっている．かかる意味で，『新唐書』に，特にとりわけホータンに関する記載がないという事実は注目に値する．どの年代記も，実質的には天山沿いの様々な国家に関する記述が少なくとも一つはあるのだが，この事実もまた，砂漠の南向こうに比較して，天山のほうが相対的により重要と見なされていたことを示しているといえよう．

したがって，24の正史のうち，初期のものが，我々が主にここで関心を寄せている時代である漢王朝から唐までの，タリム盆地およびその周辺地域の地理，政治状況に関する情報を与えてくれる最も重要な歴史史料なのである．

各種の中国正史は，その構成も質も異なり，したがって書かれている内容を鵜呑みにせずに，注意深く使う必要がある．それらの史料から，ヤルトングース地域に直接関係する情報を得ることはできないものの，ニヤ-チェルチェン周辺地域の歴史的背景や地理，民族，政治状況に関する貴重な情報は，知ることができる．かかる方向において，本稿で問題にしている時代のヤルトングース周辺の状況がどのようなものであったかを判断するに，役に立つものとなろう．

8-3-2-2 前近代の中国旅行記

　正史を除いて，5世紀から10世紀の中央アジアに関する我々の重要な情報源は，中国から中央アジアを経てインドに行った何人かの前近代の旅行者による旅行記である．最も時代の古いゆえに，多くの点で最も参考となる巡礼僧は，法顕 (337-422) であるが，訪ねた各地の仏教王国に関する彼の記録はかなり簡潔なもので，目的地に着くこと以外に，彼は道中あまり他のことに興味をもっていなかったと思える．法顕の通った道は，が中国からインド，さらにその先への大旅行を行ったのは399年から413年の間であった．彼の辿った経路はある程度詳細に解っているが，そのうちで，まさに我々が関心をもっている地区に限っていえば，偶然とはいえ，あまりはっきりしたことがわからない．解っている事は，法顕が楼蘭に到着し[31] ―― 彼が同地をそう呼んでいるので ――, その後ホータンに向かったということである．彼の旅行記によると奇妙な事に，楼蘭から南西に向かったはずのところを予想に反して，北西に進んで傷夷と呼ばれるところへ向かい，そこからホータンへ行った．傷夷は，一般的に焉耆，今日のカラ・シャールのこととされ[32]，それは十分説得力をもつことであるが，このことは，前近代の巡礼僧が，西域南道の我々が関心を寄せている部分，つまり（チェルチェン，エンデレ，ヤルツングース，ニヤ）を通らなかったのだということを意味する．とまれ，彼が記した記録に，西域南道のその部分に関する記述はみえないのである．法顕が西域南道東部に沿って旅をしなかったというこの明白な事実は，シルクロードのこの部分が4世紀の終わりから5世紀の初めの間に衰退している状態に置かれていたと考えざるをえないもう一つの事例といえる．

　有名な巡礼僧玄奘 (600～664)[33] は，629年から645年の16年間かかってインドと中央アジアを旅し，中国への帰路，ヤルトングース―エンデレ―チェルチェン地域を訪れた．彼はおそらく，644年の終わりか645年の初めに西域南道東部を通ったのであろう．648年に完成し皇帝に献上した『大唐西域記』の最後の部分で，玄奘はホータン，ホータンから都貨邏（エンデレ）を経て楼蘭に行く道について短く記述をしている．旅行記のこの部分で，少なくとも表面的には，いま問題にしているこの地域に関心を示し，以下のように記している．

> 400里以上行くと，古えの都貨邏国 Duhuoluo (Tokhara) に到達する．この国には長い間，人が住んでおらず，町は廃墟と化している．ここから東に600里以上行くと，古えの折摩駄那国，つまり，沮末に到着する．高い塀に囲まれてはいるが，人影はまったくない．さらに北東に1000里以上行き，古えの納縛波国に着く．楼蘭の領土に他ならない．

　多くの論議がこれまで交わされた玄奘のこの一節は，少なくとも，彼が実際に西域南

道を通ったこと，また彼が折摩駄那 —— 明らかに古代の「Calmadana」，つまり現在の
チェルチェン —— に到着したという事実は，とりもなおさず，彼が折摩駄那への途中，
ヤルトングース，つまり彼は何も言及していないこの地域を越えたに違いないというこ
と，この二つを語っているのである．とまれこの玄奘の短い記述は，大変興味深いもの
とせねばならない．というのも，ヤルトングースのすぐ隣，つまりエンデレに関する二
つの重要な情報を我々に提供しているからである．

　ニヤから都貨邏まで旅した，その距離に関する彼の記事により[34]，この場所がオーレ
ル・スタインが1901年に発見したまさにその場所ではないとしても，現在のエンデレに
非常に近いところであるのは動かないということが明確である．「その地域がまったく放
棄されており，またその状態になって久しい（国久空曠，城皆荒蕪）」という玄奘による情
報は，少なくとも隣接する川から西方の地域がどんな状態だったかを知る手がかりを
我々に与えてくれよう．かくして我々が得たエンデレ地域に関する情報を基に，ヤルト
ングース下流に沿って1994年に発見された集落（コネ・シャール Kone shahr）がエンデ
レ集落とほぼ同時期，つまり，紀元後3世紀も終わりに近い頃に放棄されたのかも知れ
ないという仮説を出せるのではないだろうか．この推定はヤルトングースの集落を，西
域南道東部沿いの他の集落と同一線上において考えたものであり，問題の解明はヤルト
ングース集落跡の完全な考古学的に発掘に待たねばならない．ただ，はっきりしている
と思われるのは，タリム盆地における中国支配が再確立した結果[35]，玄奘が訪れたわず
か10〜20年後に，エンデレ地域はいわば「復活」したのであるが，それと同じようなこ
とはヤルトングース沿いの集落ではまったく起きなかったということである．

8-3-2-3　清時代の中国史料

　清時代（1644-1911）とそれに続く数年間の期間，西部地域を含む大部の地理書が，官
撰，私撰ともども，企画され出版された．かかる事業は，言うまでもなく，それまでの
伝統的様式をそのまま受け継いだものに他ならない．すでに唐代において『西域図志』
という書名もった100巻からなる書が作られたのであるが，それは今日ではすでに散逸
書となっている．ただ，その書は，隋の裴矩（557〜627）撰の『西域図記』3巻 ——それ

表8-1

書　名	巻　数	成書	著　者
［欽定］皇輿西域図志	48＋4	1762	傅恒等
西域聞見録	8	1777	七十一（椿園）
西陲總統事略	12	1808	汪延楷
西域水道記	5	1816	徐松
新疆識略	12＋1	1821	徐松
西域考古	48	1847	俞浩
新疆回部紀略	12	1882	慕璋
新疆大記	6	1886	闞鳳楼
新疆四道志	1	1890	［佚名］
新疆志稿	3	1908	鐘広生
新疆図志	116＋1	1911	王樹枏，等

も逸書となっている——なる別の書にもとづいて作られたと言ってよいかも知れない(36)．

　清代のこの種の最初の大事業は，乾隆帝（1736〜1795）の勅によって編纂された52巻の『欽定西域図志』であった．同じ主旨で編纂された116巻の『新疆図志』と言う名の書は，1911年に出版され，この分野では最も大部な専著であるという栄誉をかち得た．この二つの立派な地理書の狭間に，範囲・規模・特徴を異にした多数の書が編まれてきた．表8-1は，そのすべてを網羅しているわけではないが，清代の知見にもとづく西域もしくは西部領域，新しい疆界＝新疆に関わる地理書の主だったものといってよかろう．

　ヤルツングース・ダリヤについて，他に何か歴史的，もしくは地誌的な史料はないかということで，かかる文献を手にしてみたのであるが，得るところは誠に貧弱だといわねばならない．ヤルトングースは，地理の上での実在性からいえば，左程注目されなかったのであり，さらに，歴史学，民族学に関する限り，それにも増して注意を引かなかったと思える．

　一例を挙げよう．『皇輿西域図志』は，タクラマカン南部の川や湖については，言及させず，その24巻から28巻に至る5巻——それは「水」にあてているわけだが——で意味する「川と湖」とは，すべてタリム盆地北部に集中している．とりもなおさず，清朝が政治的かつ経済的に重要だと考えているタリム盆地の地域はどこかということを，それは示唆しているに他ならない．同様のことどもは，他の文献のなかにも反映されているのだが，ひとり『新疆四道志』，——それは1890年あたりに完成し，公けには印刷に付されなかったのだが(37)——はヤルトングースについて，簡単ではあるが直接的な記述がなされており(38)，『新疆図志』水道は，その条を逐語的に繰り返し述べるにとどまる．

　しかしながら，清代に編纂された西域をめぐる一連の大部の野心的な地理書にあっても，実際はヤルトングース一帯についての，地理的かつ社会的状況を語るに，ほとんど役に立たないということ，認めねばならないのである．

8-3-3　中国以外の中央アジアの史料

　最後に，前近代中央アジアの一部の地域に関する知識を我々に提供する異なるタイプの史料として，つまりタクラマカン砂漠外縁沿いのいくつかの新旧ルート沿いの遺跡，またはその周辺で発掘された，紙や木に書かれた行政または私文書がある．西域南道沿いで発見されたこのような類の文書は，大きく分けて4種類，漢文の文書，カロシュティー文字文書，コータン・サカ語（コータニーズ）の文書，チベット語の文書である．漢文の文書は，西域南道沿いのほとんどの場所——すなわちホータンから楼蘭にかけて——で発見されている．カロシュティー文字の文書は，楼蘭—チェルチェン—ニヤ—ケリヤに限定される地域内の様々なところで発見されている．一方，コータン・サカ語（コータニーズ）の文書は，西域南道東部地区——すなわちダンダンウィリクやマザール・タグ（Mazar tagh）を含むドモコ-ホータン地域——に集中している．楼蘭ではトカラ語で書かれた文書も多数見つかっており，それは楼蘭が国際色豊かな都市であったことの十分な証拠に他ならない(39)．最後に，多数のチベットの文書が，ミーラン（Miran）から，遠

くマザール・タグまでの西域南道東部地区で発見されている．これらの文書は，もっぱら木に書かれたもので，タリム盆地がチベット支配下にあった時代，すなわち9～10世紀に属する．すべての文書のなかで，3世紀に溯る漢文文書が最古のものであると思われる．カロシュティー文書の年代は，230年～350年の時期にあたり，一方コータン・サカ文書は，主に8～9世紀の時代に係る．これらの文書は特定の地方または個人的な性質のものなので，それらの文書のなかに，いま我々が考察しているタリム盆地の地区に関する参考史料を見出すのはむずかしい．しかしながら，この種の文書はたえず新たに発見されており，我がヤルトングース・ダリヤに関する何らかの史料が発見される可能性は皆無だとは言えないであろう[40]．

8-3-4 ニヤとエンデレに挟まれたヤルトングースの考古学的位置

オーレル・スタイン卿が西域南道沿いに画期的な発見をして以来，ケリヤ・ダリヤ，ニヤ・ダリヤ，エンデレ・ダリヤの下流域に沿って重要な考古学的遺跡があることは，すでに広く知られていた．過去20年の間，これらの遺跡は徹底的に考古学的に調査され，その学術的調査結果がしかるべく発表されている[41]．この「図式」に当てはまらない唯一の例外が，ヤルトングース・ダリヤであり，この川沿いには前近代集落の考古学的な痕跡がいままでまったく見当たらなかったのである．この特異な事実に，「古代の遺跡」らしきものを捜してヤルトングースの下流の砂漠地域をめぐり歩いたスタイン，ハンチントンたち二人は，かなり以前にこの状況に気づき，そのことについて言及している[42]．この点に関するハンチントンの説明は，極めて不可解なものだといわねばならない．まだニヤにいる間に，「ニヤの東に位置するヤルトングース川に，他の川で発見されるような廃墟が存在しているに違いないという結論に達したのである」と，彼は報告している．かくして彼は，砂漠のはずれにあるいくつかの廃虚を知っているとされる，イブラヒム（Ibrahim）とかいう地元のガイドの援助を求めることになる．しかし，最終的には，彼は廃墟を一つも発見できず，探索を断念した．ハンチントンは報告書のなかではっきりと，実はイブラヒムが懇願者を喜ばす為に，廃墟に関する話をでっち上げたと述べているが，驚くことに，彼は，さらに以下のように続けているのである．

> 後に，我々は本当に，我々が思っていたより50～60マイル上流に溯ったところに存在する廃墟について知っている男を見つけた．私自身は後戻りする事は出来なかったが，上手に自分で書いた小さな地図と自分が持ち帰った壺の破片をことのほか自慢しているイブラヒムをその地点にやらせた．

残念ながら，これがハンチントンから我々が得た情報のすべてである．もしもハンチントンが，イブラヒムが発見したと明言している「地点」に関してもう少し詳細に述べたならば，非常にはっきりとしたことが解ったであろうに[43]．

スタイン（Serindia, p. 271，注5）は，ハンチントンが述べた地点を捜そうと努力し，その点では彼は成功したが，彼の報告はハンチントンに比べ，わずかに役立つものにすぎなかった．

ハンチントン教授が、「ハイヤベク：古代の大規模な農村」であると述べ、彼が聞いた所では末端の集落から約50〜60マイル上流の地点にあるはずの件の「廃墟」を、私は訪ねる事が出来なかったと、ここに記したほうがよかろう。しかし、私の助手であり、不幸な運命が待ち受けていたナイク・ラム・シン (Naik Ram Singh) に廃墟を求めて探索することを申し付け、1908年に、彼をその地から盲目になって戻ってくる結果になるミーランへと出発させたのである。ニヤからチェルチェンへ行く途中、彼はちゃんとその場所を訪れ、廃墟が川床に近く、キャラバンの路の南から約6マイルのところに在るのを発見したのである。彼はその廃墟を、そこには建物の跡はなく、壊れた粗製の陶器の小片が散乱し、所々土地が侵食している小さな「Tati」（遺物散布地）だと説明した。彼が持ち帰った7点の標本はすべて、屋根なし炉床で焼いた、均質に混合していない粘土で作られた手製の粗製の陶器であり、陶器の外側には、普通縦の溝がついていて、内側は黒っぽいねずみ色である。この種の粗製の陶器は、遠く今日に至るまで長い間、地元で使うものとして広くタリム盆地の東部地区で生産されてきたようである。現在の我々の知識では、このような破片からは、いつその「Tati」が利用されていたのかその時代に関する信頼できる情報を得ることができない。

この短い言及から、しかしながら、スタインがこのなかで述べている「遺跡」が、1994年に中国・スウェーデン共同探検隊が発見した地点と同一ではないということが明らかにわかる。この遺跡に関して述べられている状況も、全般的な描写のいずれもが、1994年に発見された遺跡と一致しないのである。

したがって、スタインとハンチントンのいずれも、探索に失敗したと結論せざるえない。残念なことに二人ともさらに詳細な調査は行わなかった。というのも、いずれにしても彼ら二人ともが、川の北の砂漠では何も発見できないという地元の情報提供者からの情報によって、ある程度先入観を植えつけられることになったと思われるからである。以来、ヤルトングースは考古学者達から置き去りにされ、結局のところ、おそらく西域南道沿いの最も名の知られていない大きな川と言っても過言ではないものとなったのであろう。事実、この地域の地方史のなかにこの川に関する記事を捜そうとするならば、ヤルトングース・ダリヤは、考古学上のみならず実際のあらゆる他の観点からしても、無名の地であることが一目瞭然となろう。新旧、いかなる地理、歴史資料のなかにも、この川に関する記事を捜すのはまことに難しい。ヤルトングース・ダリヤが考古学的に「空白」であること、また一般的に無名である事、両者は、ある意味で相互に関係しているのか、あるいは何か共通の原因による結果なのか、それともその両方なのだろうか、かかる懸念を抱くことから入っていくことは、至極当然のことではないだろうか。

8-3-5　1〜5世紀におけるホータン―ニヤ―チェルチェンを結ぶ道の地理的位置

砂漠にある新石器時代の遺跡の組織だった大規模な考古学調査を行わずして、これら初期の遺跡を結んでいた道が究極的にどのようなものであったかを推測するのは、明らかに尚早とせねばならない。そのような交通路がたとえ存在していたとしても、砂漠の

なかの単なる通り道にすぎなかったのかも知れないし，考古学的にその路を復原することは不可能である．一方，同様のことが，後の時代の道，つまりエンデレ，ヤルトングースとニヤ遺跡（精絶）を経由して，チェルチェン（且末）とケリヤ（于田）＝カラドン？をかつて結んでいたのではないかと考えられる道にもあてはまる．質の劣る出版物ではあるが中国の年代記や，その他の文書に記載されている道，少なくとも数世紀の間利用されたことは間違いない道でさえ，考古学的に復元することは不可能である．とにかく，紀元後2〜3世紀の間利用された西域南道は，チェルチェンとケリヤ（カラドン）またおそらくケリヤからホータン（レーワクを経由して）までの範囲に関する限り，現在の南道のかなり北に位置していたようである．ただホータンからさらに西は，考古学的にもその他の理由によっても，いまよりも古いもっと北よりを通る道があったとは考えられない．ダンダンウィリクが，東西に走る道でケリヤ・ダリヤの東の「遺跡群」の一部であったとは，とても考えられないのである．そうではなく，ダンダンウィリクはスタインが仮定していたように，その初めから孤立した前哨地であった可能性が高い．そのような状態で，ダンダンウィリクは主道と「関連性をもって」いたのであり，問題はホータンが，この離れた集落に必要な水を供給した古い水路と密接な関係にあったのかということである．水が供給されたのは，ケリヤ・ダリヤの本流から別れた支流または運河を通ってなのか，それともスタインが推測したように，当時は今日の流れよりもはるかに北方を伏流していた「ケリヤ・ダリヤ」(Chira darya) に接続した運河システムを通して行われたのか，それはこの遺跡と直接関係をもつ周辺地域を注意深く，詳細に調査してはじめて明らかになるだろう[44]．

いずれにしても，西域南道が，現在のルートもしくは崑崙やアスツン・タグ（Astin tagh）山脈山麓沿いを走っていたという仮説は，およそ納得できるものではない[45]．例えば，保柳睦美教授は，西域南道はこのあたりでは砂漠地形を避け，ゆえにもっと南の経路を取ったと明確に論じている．さらに，同氏は進んで，昔の精絶「王国」をまったく異なる位置に考え，精絶「王国」は，天山南道沿いの亀茲の周辺にあったと考え，このことは，彼が主張する西域南道のルートを裏付けるためのほとんど前提条件となっている．氏のもとづくところは，もっぱら，この地域のランドサット衛星による地図の分析に由来する地理学的考察と，『漢書』巻96の亀茲国の条「南与精絶，東南与且末，西南与杆彌，北与烏孫，西与姑墨接」の解釈といってよかろう．氏の考察は，今日認められている考古学的証拠の多くを無視しているばかりでなく，『漢書』の条文の解釈もとうてい是認するわけにはいかない．『漢書』の記述から，スタインが最初に提唱して以来これまで考えられてきたように，精絶を「ニヤ遺跡」と同一であると見るに問題はないからである．保柳説をめぐっては長沢和俊教授の著書『楼蘭王国史の研究』のなかで，その誤りが証明され，詳細に説得力をもって論じられているので，これ以上言及する必要はないであろう[46]．

事実，西域南道は，実際砂の深い砂漠を通っているのであって，崑崙やアスツン・タグ山脈の外縁北部に広がる砂礫の砂漠に沿って走っているのではないということは，少なからざる明確な記述を，我々は中国正史と初期の行歴僧伝本文のなかにみることができる．8-3-2-2に引用した『魏書』と『大唐西域記』の本文をもう一度参照していただき

たい．

　西域南道沿いの様々な場所に関する記述は，『史記』から 2 種の『唐書』まで，中国正史にしばしばみえるが，ほとんどの史料も，南道沿いの各地の間の距離がどれほどであったかについては詳細な情報を残していない．記載されているのは，概して対象とする場所から中国首都までの距離か，あるいは西域に置かれた中国政庁長官の居所までの距離，もしくはその両方である[47]．唯一の例外は，『新唐書』巻 43 の地理志で，そこでは，鄯善とホータンを結ぶルート上に位置するそれぞれの場所と，いくつかの場所同士の距離に関するかなり詳細なリストが見えるのである．当然のことながら，『新唐書』のリストは，数多くの地名を含んでおり，そのうちのいくつかは，はっきりどこのことなのか分からないし，なかにはまったく見当がつかないものもある．表示されている距離も，おそらく全行程 (つまりチェルチェン―ホータン間) の距離を意識したものではなく，部分的なものにすぎず，問題が多い．その結果，原文に示されている数字をもって計算しうる里程の全長は，いずれの換算値によってメートルに換算したとしても，余りに短すぎるのである[48]．

　しかし，西域南道沿いの各地の距離に関しては，我々はこの他にも 2 冊の，同様のタイプの情報を含んでいる文献を適宜利用する事ができる．それらは中国からインドに行った二人の旅行者の報告書で，両者とも行き帰りのいずれかに，西域南道を通ったのである．仏教僧宋雲は中国からウドゥヤナまで旅をして戻り (516-522)，一方，同じく巡礼僧の玄奘は，一世紀後の 629-645 に中国，インドを往復した．両者とも旅をした距離に関する詳細な史料を我々に提供しているのである．宋雲の場合は鄯善からホータンまで，玄奘の場合はホータンから鄯善であった．『新唐書』の記事とは異なり，この二人の巡礼仏教僧が与える情報はともに完全で，その間に矛盾はないが，一方で，地名の記載に関していえば『新唐書』のほうが多く，『新唐書』が 13 ヶ所であるのに対し，宋雲の旅行記が 5 ヶ所，玄奘の場合が 6 ヶ所である．これら 3 つの史料に見られるのすべての地名に関する情報を整合させるのは，決して簡単な仕事ではない．表 8-2 は，私が試みに，史料から得た知見を並べてみたものだが，不明な点も多くあり，この問題に関する新たな研究結果に照らし合わせて今後訂正する必要があることはいうまでもない．『旧唐書』の距離はその史料に書かれている通りに表示しているが，さらに研究を重ね，はっきりとしたことが分かるまで，その数字をそのまま受け入れることはできないということ，あらかじめ断っておかねばならない．納縛波と新城の地名が同一地を表わすということについては，私の意見では，納縛波が語源的に確実にサンスクリットもしくはプラークリットの nava (new) の漢語訳をその一部に含んで出来上がったと思う[49]．カールグレンの *Grammata Serica Recensa* (KGS 695 h と 231 j) による納縛という文字は，*nập-p'iwo/nâp-p'iu* であり，我々がここで扱っている地名が，漢語訳されたインド語の地名であることの裏付けとなっており，その地名は全体として明らかに「新しい都市」，つまり漢語の「新城」を意味しているに他ならない．

　宋雲と玄奘が訪ねた国に関して残した一般的な情報は，その量がかなり限られており，またそれぞれに偏りがある．したがって，宋雲は上記の距離に関するもの以外に，他には実質的には余り価値のある情報を提供していない．一方，玄奘のほうはいくぶんか情

表8-2(51)

宋雲	玄奘	旧唐書	比定	里数		
地名	地名	地名		宋雲	玄奘	旧唐書
鄯善		石城鎮	Shanshan			
	納縛波	新城				200
		特勒井				
左末城	折摩駄那	且末河	チェルチェン Cherchen (Darya)	1640	1000	
末城(?)	都貨邏		エンデレ Endere			500
		播仙鎮			600	
		悉利支井			400	
		兲井				
		勿遮水				
	泥壤城		Niya ニヤ			
		蘭城守捉				500
		移杜堡				
悍摩城	媲摩城	彭懷堡	Uzun Tati ウズタチ	22	200	
		坎城守捉				
于闐	于闐	于闐	Khotan/Yotkan ホータン	878	300	300
			(里総数)	2540	2500	1500

報量が多く,ここで特に注目したい条文は,以下のものである.

> ここから(都貨邏)東に600里以上行くと,古代の王国折摩駄那に着く.そこは涅末〔沮末の仮借〕と呼ばれる国である.ここから北東にさらに100里以上行くと,納縛波という古い国に到着する.この国は,楼蘭の領土である.
> この近隣の山,谷,土地に関してここでは詳述できない.国民の気質は野蛮で洗練されておらず,礼儀作法もまちまちで,嗜好も必ずしも同じではないのであり,かかる事柄をすべて検証しつくすことはむずかしく,起こったことすべてを思い起こす事は必ずしも容易とは言えないのである(50).

この条文では,二つの点が特に重要である.折摩駄那(すなわちチャルマダナ Calmadana,別名チェルチェン(且末))は涅末と同一であり,また納縛波は楼蘭と同一であるとみているということである.オーレル・スタインは,「納縛波は,そのむかし,ロプ・ノールの周辺地域のことをさし,地図をみると,チェルチェンのオアシスはロプ・ノールの南西,ロプ・ノールとニヤのほぼ中間に位置する」としてこの考えを支持した.しかし,必ずしもこのことは,納縛波が,スタインが発見した遺跡 L. A. がそうであると見なされるかの楼蘭と,同一であるということを意味する必然性はないだろう.

8-4 西漢,東漢時代のヤルトングース・ダリヤ地域の民族と言語

8-4-1 歴史的視点からみたニヤとエンデレ——チェルチェンにはさまれた地区の民族構成

紀元後最初の3世紀間におけるニヤ—ヤルトングース—エンデレ-チェルチェン地域の民族構成がどうようであったか．それは今後の解決を待たねばならない多くの問題をかかえた複雑な問いである．その全体像を把握するためには，我々は，史料のなかでアジアのこの地域にもスポットライトが照らされ始めた紀元前2世紀のなかほどに溯って，タリム盆地全体を腑瞰する必要があるだろう．

紀元前2世紀に数々の民族移動がおこり，それは数世紀にわたって表面化した一連の連鎖反応を通して，タリム盆地，またはその西に民族，政治上の少なからぬ変化を引き起こしたのであった．我々が，これらの民族移動がどういったものであり，それがもたらした政治的変化の様態につき史料を得ることができる源泉は，ほとんどの場合，正史[52]と司馬光が編纂した便利な書物である『資治通鑑』である[53]．

西洋側の資料，とりわけギリシャ，ビザンチンの史料——ヘロドトス (Herodotos, 約484～420 BC) からテオフィラクトス (Theophylaktos Simocatta 598 AD 頃) に至る史料は，確かに中央アジアの歴史を理解するに役立つ重要な補完史料だといってよかろう．ただ，対象となる場所が西に傾けば，それだけ情報量もおおく，記載も正確となり，東に行けば行くほど，その内容が曖昧にまた正確さを欠く事実は，周知の通りである．ヘロドトスは，黒海の北，スキタイ人 (Scythians)，カスピ海の北，サルマタイ人 (Sarmatians)，さらにアラル海の南，マッサゲタイ人 (Massagetae)，さらに東に行って，イセドネス人 (Issedones)，アリマスポイ人 (Arimaspians) 等については，一般的ではあるものの，かなり多くの紙面を割き記述しているが，それより遠くに行けば行くほど，記された「事実」は荒唐無稽で信じがたいものとなっている．プトレマイオス (Claudius Ptolemy, B. C. 2 世紀初) の有名な世界地誌は，中国まで及んでいるが，地の果てのその国について，確かなことを記しているわけではない．アレキサンダー大王 (Alexander the Great) は，インドへの道を「開いた」が，その背景に位置するところ，パミールは古代西洋の歴史叙述には，曖昧で想像を基にしたものでしかなかった．中国との境がどこにあるのかという知見についていえば，今日の新疆の北部とすることは，確かに真実性をもつものではあるが，かかる知見は確かなものとして解釈することはできず，極めて限定された知識の上に成り立ったものでしかない．とまれ，西域南道に関する実質的な史料は，ギリシャの歴史書では欠落していたと言うほうが無難であろう．ただ，中国とギリシャ両方の史料がある程度補完的関係をもちつつ，時には，中国側史料の曖昧な部分に西洋側の史料の気まぐれな光が当たって，より理解できるようになったり，またその逆の場合おこったことを指摘しておかなくてはなるまい．

最終的に中央アジアに民族移動をもたらした政治的原動力の回転主軸は，中国と匈奴との関係であった．中国と匈奴は，紀元前2世紀初頭から約半千年紀にわたって，東ア

ジアおよび中央アジアに君臨したとびぬけて強大な政治勢力であり，両者の間で繰り広げられた覇権をめぐる闘争こそが，最終的にそのうちの一方が，アジア大陸東部における政治的最大勢力となっていく過程そのものであった．西漢王朝の中国皇帝は，結局は西域での権力争いにのめりこむ断を下したが，それは単に政治上のために帝国の国境をはるか西方にまで広げようとしたからではなく，もっと理解しやすい現実的な理由からでしかなかった[54]．西漢初期の西域は，その大部分が匈奴に隷属して依存していたと同時に，また匈奴にとっての重要な（最も重要な？）経済基盤であり，中国との戦争においてもそれが匈奴の主たる財源となっていた．したがって，躊躇のなかにあった西漢武帝（140～86 BC）が，遂に紀元前 139・138 年に行動を起こす事を決定し，匈奴に敵対していた月氏に同盟を求めたのは，しかるべき戦略的理由にもとづいたものであった[55]．その結果，中国西部と中央アジアで外交，軍事両面で無数の権力の争いが繰りひろげられ，そのほとんどは，卑屈な貢物が絡んだ贈収賄や，殺人，反逆であり，それはタリム盆地全体とそこにある無数のオアシス国家の支配権をめぐってしのぎを削った両者の闘争の深刻さを反映しているに他ならない．西域の政治状態がこのようであったために，必然的に，こういった小さいオアシス国家はみな，紀元前 1 世紀の後半から，おおむね恒常的に中国か匈奴，そのどちらかの側に従わざるをえなかったのである．しかしながら，実際の意図とは裏腹に，このことは結果として西域における対立する強権が消えてしまったということにはならず，むしろ問題になっている小オアシス国家が，服従しているその時々の強国に，貢ぎ物や時には重税を支払わねばならない状態を招いたに違いない．中国または匈奴が支配権を及ぼすことは，畢竟，当時にあってその土地を支配していた豪族が，直接間接の政治的政策を通じて，自分達がもっていた強権を失ってしまうことになったのである．しかし，そのようなことは，土地の下層の人々には，たまたま戦闘に巻き込まれでもしない限り，普通は関係のない事柄であった．これらの小オアシス国家に匈奴か中国が四六時中居続けたというわけではなく[56]，大多数の土地の人々は，中国または匈奴の文化，言語の影響をほとんど受けなかったと考えて問題ないであろう．にもかかわらず，西域南道沿いのほとんどすべてのオアシス国家で，漢語がある程度知られていて，実際に使われていたと言う事実を，我々は認めざるをえない．紙または木に漢語で書かれたかなり多数の文書が何よりの証拠であり，これらの文書は，ホータンから楼蘭までの西域南道沿いほとんどの主要な遺跡で発見されているのである[57]．ただ，漢語の知識があって実際に使用していた人々の数は極めて限定されていて，彼らはその土地の統治機関に属する役人か，かなりの率で西域南道沿いのすべての主要な場所で発見されている限られた漢人社会に属する人達のことだったと考えられる．これらのオアシス国家における匈奴の影響に関しては，言語的なものその他，我々は全くと言ってよいほど有効な資料をもっていない[58]．匈奴の言語がわからないばかりでなく（もし何か存在したとして？），匈奴とオアシス国家間の直接のやり取りの形跡となる文書も，全然残っていないのである[59]．

次に，南道に関わるいくつかの言語の考察に移ることにしよう．膨大な数のいわゆるカロシュティー文書がカラドン，ニヤ，エンデレ，チェルチェン，楼蘭の遺跡で発掘されたことは広く知られている．これらカロシュティー文書とは，プラークリットという

おおまかには北インド型と定義されている言語を，カロシュティー文字を用いて書いた文書であり[60]，この言語，および文字はガンダーラ Gandhara（クシャーナ Kushana?）帝国からおそらくは2世紀にタリム盆地に広まったらしい．それは明らかに，南道沿いに西から東に広まり，最終的には北道沿いのオアシスにも及んだのである．カロシュティー文書は，基本的には，各種の行政事項を書き記す手段として用いられたが，私的な目的にもある程度使われた[61]．この点に関連して，カロシュティーがある地域で使われていたからといって，必ずしもそこの人々が「インド人」とは限らないこと，また，彼らが日常のコミュニケーション手段としてプラークリットのある型のみを使用したとは限らないということを指摘しておかねばならない．

　西域南道沿いで発見された文書で，別の重要な言語グループがあったことを示しているのが，主にホータン地域で発見されたサカ文書である．紙と木の両方があるこれらの文書は，主にホータンで出土したため，そこにかかれている言語は，しばしばコータン・サカ語または単にコータン語とよばれる．この言語はイラン言語の北部グループに属し，第二千年期を迎える頃にはすでに廃れてしまった[62]．サカ語を話す人々は，ホータンとその周辺地域を除くと，カシュガルの北東マラルバシ（現在の巴楚）やトムシュクに住んでいた．したがって，タリム盆地の西部地区，すなわちマラルバシからカシュガルやホータンにかけての居住地域は，サカ語を話す人々が多数を占めていたと考えてよいであろう．サカ族がいつ頃これらの地域に移動してきたのか，その正確な時期を知るのは困難であるが，『前漢書』によると，「塞」（上古および中古音 SəK/SəK または *sag/sài*：KGS 908）とよばれるサカ族は，紀元前2世紀にイリ川沿いのイリ渓谷や大湖イシク湖（Issyk Köl）の沿岸に住んでいたという．大月氏が紀元前165年の後ほどなく匈奴に破れて西に移動することを決定し，北道を進んで最初にイリ渓谷に定住した．このことは，すでにそこに住んでいたサカ族がその地から移動せざるをえなかったことを意味する．漢文史料，考古遺物，あるいは出土文字資料などから得た情報から判断すると，サカ族は様々な方角に移動し始めた（往往為数国）．

　サカグループの人々のうち，かなりが南に移動し，罽賓（Jibin）とよばれる「王国」を建設したようである[63]．また，『漢書』巻96が，カシュガル（疏勒）の北西に位置する休循（Xiuxun），捐毒（Yuandu）と呼ばれる王国がすべてサカ系であると記述しているところをみると，サカ族の他のグループは西に移動したと思われる[64]．『漢書』は，ホータン地域がサカ族に占有されることを招いたサカ族の移動について，決して詳しく言及しているわけではないので，『漢書』によって全容を知ることはできないことは明らかである．同様に，ホータンとカシュガルに挟まれた地域に関する詳細もわからないが，この地域では，例えばヤルカンド（Yarkend）という重要な都市もまた，サカが紀元前165年頃大月氏に敗北した後，時をおかず南に移動し，サカの支配下に置かれることになったことは間違いない．

　サカ族の初期の歴史や西洋の古代歴史書に記されたスキタイと彼らの関係，また北インドにおける彼らの更なる発展の歴史というような，膨大で複雑な問題をここでは取り上げるつもりはなく，ただサカ族が，タリム盆地北部に居住していたのは，彼らがタリム盆地西部や南部に登場した時期――おそらくは紀元前2世紀以降――よりも早い時期

に溯ると述べるにとどめておこう(65)．タリム盆地の南西または，南部地域におけるサカの文化，政治的支配は最終的に，トルコ（ウイグル Uighur）がタリム盆地全域を支配下におさめたことにより崩壊した――「トルコ化」というこの過程は，第一千年期の終焉とともにそれは完了したと見なされている．

　タリム盆地や北道東部沿いでは，別のインド＝ヨーロッパ語族のグループが影響力をもっていた．今日そのグループは一般的に，「トカリアン」（トカラ人）とよばれており，彼らはクチャ（Kucha），トルファン（Turfan）という二つの重要なオアシス地域のあたりに集中していた．言語学者はすでに20世紀初頭にトカラ語を，AとB，二つの語に分類し定義付ける事に成功したが，それはあらまし，クチャ語とトルファン語の二つで代表されるものであった．最近，楼蘭出土のトカラ語資料に特異な見える特徴から，もう一つの方言C，すなわち楼蘭に住むトカラ人が使用していたトカラ語の楼蘭方言の存在を考えるべきなのではないかという議論が，インド・ヨーロッパ語学者の間で起こりつつある(66)．この議論は，楼蘭そして，おそらく鄯善王国の他の場所にも，かなりのトカラ人の住民がいたと考えねばならないことを示している．したがってトカラ人の「影響圏」は，クチャからカシュガル（Karashahr），トルファンを経て楼蘭まで広がっていたといえよう．インド語を「読み書き」，おそらく「話し」もする人口は，楼蘭からミーラン，チャルクリク，チェルチェン，エンデレ，ヤルトングース，ニヤ，ケリヤの地域で優勢であった．ケリヤの西は，ホータン，ヤルカンド，カシュガル，マラルバシ，トラムシュク地域を含めて，サカ人口が優勢であり，当然，サカ語が話されていた地域であろう．タクラマカン砂漠を取り囲むこれらの主要なオアシスのほとんどには，中国人集落も散在していた．中国人集落は，西部より東部に古くから存在し，その数も多かった．タリム盆地の最初の中国人定住者は，おそらく紀元前1世紀に最初に楼蘭・鄯善王国に定住し，その後数世紀の間に徐々に西に広がったのだろう．残念ながら，漢から唐時代に至るタリム盆地における漢人人口に関する人口統計研究が充分行われているとはいえず，これらの地域にあって，数の上では少数であった漢人たちは，土地の人々から離れて生活し，すくなくとも離れて埋葬された傾向が見て取れる．かかる傾向は，楼蘭において最も顕著であり，同地で，この慣行を立証する考古学的調査が，1930年代から1980年代に何回かにわたって行われてきたのである(67)．

　楼蘭から回収した文書が，いくつかの言語（プラークリット，漢文，トカラ語）で書かれた多様なものであることは，この都市の多民族的性格を示す豊富な証拠といえよう．楼蘭が，中国と西域を結ぶ交通量の多い「中道」沿いの，地理的に中央に位置していたことを考えると，その地域において，楼蘭が政治，軍事的中心地であったというその立場は，容易に理解することができるだろう．したがって，楼蘭がその最盛期に，交易，商業に関わる人々に限らず，様々な職種，地域，血統の人々を引き付けたということは，驚くには当たらない．ペルシア人の私信だが，ヘブライ文字で書かれた文書が，スタインによって1900年にレーワク（Rewak）で発見されたが(68)，これは第二千年紀初めの一世紀における，南道沿いの暮らしにみえる多民族的性格を雄弁に語る証拠といえよう(69)．

　漢，隋時代の南道沿いの人口統計学からの状況を簡単に概観するにあたり，最近チェ

ルチェン地域で発見された「コーカソイド Caucasian」的容貌のミイラがもたらした多くの問題に触れないわけにはゆかない．南道沿いの状況を理解するために，特に興味深いのは，いわゆる「チェルチェン人」が発見された事である．それは顔に刺青をした，非常に保存状況のよい中年のコーカソイド人種のミイラである[70]（図 8-N）．彼は，肉体的特徴，衣服ともに，トカラ人が住んでいたとされる地域，すなわち主にカラ・シャール―トルファン地域や楼蘭・鄯善王国近くの地域で発見されたミイラに非常に似ていることから，トカラ人の典型である可能性があると考えられている．もし，彼とトカラ人との関連が，さらに研究が重ねられ，将来実証されることができたなら，そして彼が，故郷から遠く離れて死んで埋葬された孤独な異邦人ではなくて，むしろ自分と同種の人々が暮らす地域社会に属していたことが示されたとしたら，チェルチェン人の発見は，紀元前第一千年期にまで遡ったタリム盆地におけるトカラ人たちの，そしておそらくは月氏の分布に関して，重大な問題を提起することになるであろう．実際，チェルチェン近くのザグンルクで発見され何体かのミイラが，最終的にこの複雑な問題を解決する手がかりを提供してくれるかも知れない[71]．

　トカラ人が月氏と同一かどうかということに関する複雑な問題は，まだ最終的に決着がついていない．そのなかには当然，月氏がどんな言語を話していたのかという重要な問いが含まれている[72]．もしいままで多くの論議が重ねられてきた月氏＝トカラ人という等式を支持できるものだとしたら，我々は月氏をインド・ヨーロッパ言語（つまり，トカラ語）を話すグループと見なさねばならないし，もしこの仮説が認められないということが証明されたとすると，今度は月氏が本当に使っていた言語を確定するという，いっそう困難な課題に直面することになろう[73]．

　しかしながら，このことに関して我々が目指すところに，より直接的に結論を与えてくれるのは，玄奘の旅行記のエンデレに関する刮目すべき短い一節である．玄奘は，エンデレを「かつての都邏国」（都邏故国），すなわち「古代のトカラ国」と呼んでいる．この見逃すことができない記述を説明しようと，あるいはそれに何とか整合性をもたせようと，数年にわたって多大な努力と英知が注がれてきたのである．学者のなかには単純に，この情報は間違って伝えられたか，さもなくば支持できないもの，したがって無視せねばならぬと公言してはばからない者もいた[74]．根拠のない先入観からくるこの種の主張がはらむ危険性は，オットー・フランケ（Otto Franke）が 1904 年に自信を込めて断言した以下の言葉によく表れている．

　　中央，東アジアに白人がいたという仮定はしたがって，古代に関する限り，最終的に妄想と諦めねばならない[75]．

　彼は，漢文にこの問題に関する記事がほとんどないという理由でそう考え，したがって，我々がしかと手にしているわずかの史料をも捨ててしまおうとするような結果を引き出したのである．

　それから 75 年ほどたって，彼が中央アジアにおける存在を否定した「金髪の人種」のまさに典型的例証が，保存状況のよいミイラというかたちで，三千年期の間眠っていた砂漠の墓から発見されることになるとは，フランケ博士は想像すらできなかったであろ

う．フランケ博士の偏見はさておき，重要なのは，我々がタリム盆地における民族分布を理解しようとする際に，これらの発見がもつ意味である．もしも玄奘による観察を無下に退けるという過ちを繰り返すまいと心に決めるなら，我々は，トカラ人と見なされている民族の一群がエンデレ地域に暮らしていた可能性があるという考えを受け入れなければならない[76]．この考えは，チェルチェン周辺地域で発見された「トカラ人に似た風貌」のミイラのことを合わせ考えると，それなりに説得力をもつことになる．そしてヤルトングース地域も，この南部「トカラ」圏におそらく含まれていた可能性がある．ただ，考古学的なものも含めて決定的な証拠がないので，暫くは，この複雑な問題に結論は出さず，今後さらに決定的な証拠が得られるのを待つのに甘んじなくてはならないであろう．タリム盆地南部地区にトカラ人が住んでいた可能性があるという仮説に関して，憶測はいくらもできようが[77]，しかし現段階でこの問題をさらに詳細に掘り下げようとすることはほとんど意味がない．最終的な解釈が──もしそれが下されるとして，また下された場合には──どのようなものになるのか，当然それは「トカラ人＝月氏」という等式をめぐる議論の結論にかかわってこよう．もしも，その等式が受け入れられるなら，『漢書』巻96に述べられている紀元前165年かその直後の小月氏の南方への移動が，とりわけ関心がもたれるであろう．同書によると，匈奴が月氏を攻撃して彼らの王を殺し，その頭蓋骨で杯を作った後，月氏の大部分（同書は，後に大月氏と書かれている）は，西方に移動し，最終的に大夏（つまり，バクトリア）に服従した[78]．残りの少数派は，「（他の者達とともに）行くことができず，南山羌に庇護を求めた．彼らは，小月氏と呼ばれた」（其余小衆不能去者，保南山羌，号小月氏）．なぜ小月氏が大月氏とともに行くことができなかったのか，その本当の理由について，史料の記述はどちらかというと曖昧であり，この点に関して憶測しても詮無いことであろう[79]．彼らが「南山羌に保った」ということしかわからない．この状況下で，「保」という語は正確には，どういった意味なのか．言うまでもなく，小月氏は，何らかの形で羌の下に庇護を求めたのだが，それは，彼らが実際に羌の支配する地域に移動したことをも意味するのか，あるいは，ここでいう「保」とは，羌の集団から離れて暮らす集団が政治上の保護のみを受けることを意味するのであろうか．それとも，彼らはチェルチェン（ヤルトングース？）地域に移動し，すでに（少なくとも紀元前第一千年期の初頭以来）同地域に暮らしていた彼らと（言語的に？　あるいは他の点でも）関係のあるグループに合流したのであろうか[80]．これに関連して興味深いのは，344年にクチャで生まれた仏教経典の有名な翻訳者鳩摩羅什が翻訳したもののなかで，サンスクリットの「トカラ」(Tukhara)を小月氏と訳した，つまり，小月氏は5世紀初頭には，まだ都邏と結びつけて考えられていたということを示していると思われる事実である．この場合，都邏が，大月氏が建設したバクトリアにおける「トカラ」に当てはまるとは思えない．小月氏は，大月氏が西方に行くより先に，大月氏から分離したということ，また小月氏は，大月氏がバクトリアに建設した王国とまったく関係がなかったということは，広く知られている．したがって，鳩摩羅什が示唆した都邏は，後に玄奘が訪れたのと同じ都邏，つまり，今日のエンデレであると仮定しなければならない．

　さらにこれとは別の推測を導く史料を，『後漢書』列伝78に見出す事ができる．そこ

では，小宛，精絶，戎盧，且末が鄯善に帰属しているとされている（小宛，精絶，戎盧，且末，為鄯善所并）．エドワード・プーリブランク（Edward Pulleyblank）の興味深い説を引いてみよう．

　　ここで述べられている「小宛」は，我々が先に考察した小月氏と対を成している．同様に，「小月氏」は「大月氏」と対をなし，「小宛」は，「大宛」と対比している．大宛の大の文字は通常，音訳の一部であって，大きいという意味の形容詞ではないと見なされているので，「小宛」は実際は，「小大宛」の短縮形と理解されるべきである．なぜ小大宛が小宛に短縮されたのかといえば，省略に従わねば『小さい大きい宛』という矛盾した意味の奇妙な名前になるからだということで，容易に理解できよう(81)．

プーリブランクはまた言う．

　　大宛も中国上古音，daj^h-ʔuan，もしくはda^h-ʔuan，それは元々ギリシャ語の$τοχαροι$，サンスクリットの$tukhara$にもとづく*$taxwār$の転写ではないか．したがって，小大宛は"Little Tokaharians"のことを意味し，『後漢書』巻88が彼らを精絶の前（すなわち東）に置いているという事実を考えると，小宛をエンデレと同一であるとするのは，雑にすぎるとはいえ，正鵠を射ているといえるかも知れない．

プーリブランクの説は，今日のエンデレに位置する「都邏故国」に関する玄奘の報告に照らしてみると，実に説得力があると思える．

さらに後の史料のなかに，Zhungyun 仲雲（異なる形として Zhungyun 衆雲 MC $tśiung\text{-}jiuən$，種温 MC $tśiwong\text{-}\text{'}uən$）という名のロプノールの南に住む月氏の別の子孫に関する史料がみえる．このグループは，10世紀のトルコ語史料では Chungul の名で知られているが，この名については，ジェームス・ハミルトン（James Hamilton）が詳しく論じている．彼は，確かな言語学知識にもとづいて Zhungyun (MC $d\text{'}iung\text{-}jiuən$)，čungul，čumuda のすべての形をまとめて，それらを*čugun, čunul もしくは*čumul と定義付けられる一つの，そして同一の源の変形と考えた(82)．ハロルド・ベイリー（Harold Bailey）卿は，これを民族名 cimuda と結び付け，「cimuda」とは，特にホータン文書（KT 2, 113, 82）のなかにみえるが，そこでは元の cimuda は削除され，削除された語の下に，漢化ホータン語の namä-śana（漢語では南山）と書き直されているという(83)．もしも，この対応に首肯すれば――反対の理由は私には見当たらないが――，それは，一つに，月氏と羌が住んでいた場所であることがわかっている南山との密接な関係を強く示唆することであるし，また一つに，この文書（KT 2, 113, 82）が南道沿いに発見されたという事実から，(小)月氏のグループが，その地方の記録に跡を残すほど重要な規模で，そこに，おそらく10世紀に至っても住んでいたという考えがいっそう確実性を増すことであろう．

かかる新たな「解釈―問題」はすべて，チェルチェンにおける最近の考古学上の発見によって将来されたものだが，更に決定的な資料が今後発見され，正しく分析されてはじめてその答えを出すことができよう．

8-4-2　社会・言語学的状況

　西域南道沿いの複雑な民族構成に関して解った事から判断して，同地域の社会言語も同様に複雑だったと考えてよかろう．西域南道沿いの大きなオアシスでは，すべての場所で「主要な」その地方固有の言語が一つあり，その他さらに一つ以上の少数派言語が用いられているという多言語状態であった．各集落には，少なくとも二カ国語以上に通じた階層がいたに違いないと考えられる．また，大規模なオアシスは，様々な血統をもつ民族で構成されていたと考えてよかろう．

　前節で，紀元一世紀のタリム盆地では，主要なインド＝ヨーロッパ諸語が広く使われていたことを述べた．すなわち，カラ・シャールから楼蘭を含めてトルファンまでのタリム盆地北部ではトカラ語が，マラルバシからホータンまでのタリム盆地南部および南西部ではイラン語族ホータン・サカ語が用いられていたとのである．ホータンから楼蘭にかけての西域南道地区で，どのような言語が使われていたか，あまりはっきりとは解らない．発掘された文書の大多数から判断すると，主要な書き言葉は北インド語のガーンダーリー・プラークリットであり，ただ，西域南道の西部地区では，サカ語も頻繁に登場し，またサカ語は，楼蘭もしくは鄯善においても，そう珍しくなかったであろう．ガーンダーリー・プラークリットがどの程度日常語として使われていたのか，またどの程度書き言葉としてだけ使用されていたのか，それを知るのは難しい．楼蘭では，トカラ語がよく使われていたであろうという事を考えると，ガーンダーリー・プラークリットとトカラ語の関係が如何であったか，それは無視できない問題であり，今後の最終的な解明が待たれる．問題となる言語は異なるが，他の言語についてもチャルクリク，チェルチェン，ニヤなどでも楼蘭と同じ状況であったと推測してよかろう．既述の如く，チェルチェンでは，土地固有の言語は，トカラ語（月氏）であったのだが，その他に，書き言葉，そしておそらくは話し言葉としてもプラークリットも使われていたであろう[84]．ガーンダーリー・プラークリットがタリム盆地に，特に鄯善王国に登場した詳細な経緯は，ほとんど知られていない．考えられる妥当なところは，紀元175～202年――まさに中国側正史のなかに，西域に関する記載が見当たらない年代である――のある時期に起きたクシャーナ朝によるタリム盆地占領の結果であったのかも知れないが[85]，いずれにしても，ガーンダーリー・プラークリットが鄯善王国に伝わった歴史も，またその後鄯善王国でどのように機能したか，それらの問いも今後の解明を待たねばならない．

　プラークリットと，その地方固有の言語ともども，もしくはどちらか一方と相まって，漢語は公私両用に広く使用されていたのだろう．漢語で書かれた文書は，その種の文書が発見された場所に暮らしていた中国人が書き，使用したと考えてよかろう．予想に違わず，漢語で書かれた文書の多くは，軍事に関わる内容のものであるが，様々な地方官署で漢人書記が雇われていたこと，また，外交に関する公的文書の多くが漢語で書かれていた可能性があるであろう．

　この地域に仏教が伝来した結果，典礼用のための宗教言語として，最も広くよく使われていたサンスクリット語が導入されることになる．様々な書体で書かれたサンスク

表8-3

	于闐	ダンダンウィリク	ドモコ カダリク ファルハードベグ ヤイラキ	尼雅	エンデレ	楼蘭	ミーラン
漢字文書	○	○		○		○	
カロシュティー文書				○		○	
コータン語文書		○					
トカラ語文書						○	
チベット語文書					○		○
サンスクリット文書	○	○	○				○
ソグド語文書						○	
突厥語文書							○
その他		○					○

リット語の文書が，タリム盆地の「インド＝ヨーロッパ語族」地区の，文字通り全域から発掘されている．

　上で述べた点のいくつかの点を統括するのに，西域南道沿いの主要な遺跡で発見された様々な出土文書が，どのような言語で書かれたものかを表にまとめてみるとわかりやすい (表8-3)．すこし時代が下ると，ソグド語，チベット語，トルコ語で書かれた文書が登場してくる．我々が今回対象としている地域から出土したソグド文書は，同地域を訪れた通りすがりの旅人か，あるいは，そこに一時的に居を構えた者が書いたか，さもなくば受け取った手紙であろう．多数発見されたチベット語文書は，8世紀から9世紀の間タリム盆地がチベットに占領されていた結果であり，一方，トルコ文書は，6世紀以降西域でトルコの勢力が増大しつつあったことを反映している．なお先に指摘したように，「カロシュティー」という用語は，言語的には北インドで使われていたプラークリットの一つの型を示すものである．

8-4-3　諸地域の地名

　第一千年期におけるタリム盆地の多民族的特徴は，その地域の地名によく表われている．タクラマカン砂漠外縁で，それぞれの地域で主に使われていた土地固有の言葉はその地域の地名に刻印されていることは言うまでもない．タリム盆地が「トルコ化」された後——この変化は第一千年期が過ぎた頃には完了したと見なされているが——，トルコ（ウイグル）の地名は，あたかも絨毯を敷いたようにこの地域全体に，つまり西はカシュガルから東は鄯善やハミまで，くまなく広がったのである．この過程で，弱小の非トルコ的地名は永遠に消え去ってしまったのではないかと考えて差し支えない．ただ一部の大きな王国やオアシス国家では，トルコが優勢なのにも関わらず，古い昔からの名前が生き残り，そのなかのほとんどは今日でも使われ続けている．こういった状況にあっても，残念ながら残ったのは地名だけで，かつてその地名を成立させた言語環境そのものは，より強力な政治性をもった言語の「新参者」の圧倒的な影響力に呑み込まれたの

である．かくして，いわば，西域に敷き詰められたトルコ語の絨毯のところどころに穴があり，その穴からトルコ化以前の地名がのぞき見えているという状態になったのである．

　状況がかなり複雑なのは，西域の主要な場所のほとんどが，「土地固有の」言葉による名前——それがトルコ語であれ前トルコであれ——の他に漢語地名ももっているということである．地名の「漢語化」は，すでに前2世紀に始まり，おそらく現在も継続しているであろう．結果的に，同一の場所が二つ，時に三つの異なる言語——我々が扱っているのがどの種の資料なのか，またいつの時代を問題にしているかによって，どの地名になるか決まるのだが——で表わされるのである．特に，漢語地名を時代を通じて言語学的に検討しようとすると，事柄は非常に複雑である．楼蘭やチェルチェン，エンデレ，ニヤから出土した文書は，各民族グループが他の民族グループの使っている地名と平行して，「自分達固有の」命名を使っていたことがはっきりしているのである．

　概して言えば，中国でない場所に漢字名を付けるやり方には，いくつかの原則に従って行われた．あるところには，「普通の」命名法が，つまり，対象とする場所に顕著な，あるいは関連したある種の自然の特徴を何らかの形でどうにであれ表現した名前を付けたのである．これとは別に，土地固有の言語でつけられている漢語でない地名を，なんとかうまく漢語とその文字をつかって音訳して，漢語の地名に転化したところもある．いまひとつは，漢語の地名は，その土地の非漢語名が有する意味を翻訳したものも認められる．地名の多くは，その背景が断片的にしか解らないので，それが果たしてどのタイプに属するのか決めるのが容易ではない．ましてやそれがもつ「語源」に至っては，なおいっそう困難だといえる．いかにそれが難しいかを示す格好の例が，前77年以来，鄯善の名でも知られ[86]，またその「地方」では，常に土着語プラークリット（？）の名で，クロライナ（Kroraina）と呼ばれていた[87]，かの有名な都市であり国家である楼蘭に他ならない．

　鄯善なる地名は，この都市国家を名付けるために特別に新たに「作られた」名称であることはほぼ間違いなかろう．鄯善という文字は特別にこの目的のために造字され，この地名全体は事実上，「善い，卓越した」を意味する「善」という文字を核にして作られており，何か善い，肯定的な概念をもっているかの如くに思える．楼蘭の場合と同様に，鄯善（KGS 205 a によると，$\hat{\jmath}ian\text{-}\hat{\jmath}ian/\check{z}i\ddot{a}n\text{-}\check{z}i\ddot{a}n$）[88] もこの地方で使われていた名称を音訳したものである可能性もある．上古音および中古音の-n はしばしば外国語の-r を音訳するのに使われたことからすれば[89]，$\hat{\jmath}ian\text{-}\hat{\jmath}ian/\check{z}i\ddot{a}n\text{-}\check{z}i\ddot{a}n$ をチェルチェンの古代音——おそらく今日のJärjän またはCärčän に類似した形であっただろう[90]——をそれらしく音訳したものと見ることもできるのである．Loulan（楼蘭）の古い名称に関しては，土着語の名前「クロライナ Kroraina」を音訳しようとした名前である可能性は否定できない[91]．カールグレンによる復原では，楼蘭の文字は，*glu-glân/ləu-lân とされ[92]，上古音の子音の連続音を考えると，少なくとも言語学的には，楼蘭がクロライナ Kroraina の音訳であるという可能性をまったく否定するものではないと思われる．これに関連して，Staël-Holstein 文書にコータン-サカ語での raurata ——がみえ，これが*glu-glân/ləu-lân と Kroraina の両方に関連しているということは興味深いことである[93]．プラー

クリット（？）と漢語上古音の形である *glu-glân の音節初めの子音群は，中古音の lǝu-lân (Mod. Ch. loulan) とコータン語の raurata では，いずれの場合もなくなっており，そのことは少なくとも，コータン型が「プラークリット」型より時代が新しく，おそらく漢語中古音の lǝu-lân に近い漢語型にもとづいているという可能性すらあることを示唆している．

　かつて古代鄯善王国の領土だった場所の地名で，他に問題が多い目立ったものといえば，チャルマダナ (Calmadana)，サチャ (Saca)，エンデレ (Endere)，ニヤ (Niya)，チャドータ (Caḍ'ota) であろう[94]．

　玄奘は，『大唐西域記』のなかでチャルマダナを折摩駄那（上記 8-1.3 参照）として述べており，確かな根拠にもとづいてチャルマダナはチェルチェンと同一であるとしている．クロライナの場合と同じように，チャルマダナが既存のどの言語，言語グループに由来するのか，簡単には解らない．チャルマダナはカロシュティー文書に圧倒的に多くみられ，したがってインド語に由来するのではないかと考えることができるが，そのような解釈はインド学者には決してすんなり受け入れられないだろう．ジェームス・ハミルトンはチャルマダナ calmadana（折摩駄那，中古音 tśiät-muâ-d'â-nâ）を Čarčan のインド形，または中国語型──且末（中古音 tsʼia-muât）と見なした．これは極めて妥当と思えるが，čerčen/čärčän/čarčan の解明しきれない語源上の帰属を未解決のままに残しているといわざるをえない[95]．

　同じことが，明らかに同一の場所を意味するサチャとエンデレの両地名についても当てはまる．玄奘の旅行記 (cf. 1.3) が明らかにしているように，*tuhara（漢語: Duhuoluo 都貨邏）という形で，この場所についての第三の民族名があがっている．トカラ人が究極的に月氏にしろ，そうでないにしろ，*tuhara は，明らかに民族名「トカラ人」と関係があるに相違ないが，サチャとエンデレの由来は，依然としてはっきりしない[96]．

　ヤルトングース川を西に進むと，ニヤとチャドータという地名に遭遇するが，両者ともその起源は不明である．ニヤ尼雅（上古音 *niǝr-ngȧ，中古音 ńi-nga）または Niyang 尼壤（上古音 *niǝr-ńiang，中古音 ńi-ńźiang）と漢語として音訳される前の地名を，「インド化」したならば，Caḍ'ota になったという可能性はほとんどない．Caḍ'ota と結びつく地名として最も可能性があるのは，精絶──これのカールグレーン復元における上古音形式は *tśieng-dźʼiwat（中古音 tśiäng-dźʼiwät）──である．言語学的にいって，このように対比するのはそれなりに説得的ともいえるが，さらに言語学的証拠が出るまでは，もっともらしい，つまり，そうである可能性が高いという仮説の域を出るものではない．別にベイリー (H. W. Baily) はチャドータという語は，イラン語に由来すると考えたいようであるが[97]，この仮説も，いま暫くは憶測としか見なすことができない．

　西域南道沿いのさらに西，今日まで存在し続けている少なくとも二つの非漢語，および前トルコ地名，ホータンとケリヤがある．ケリヤの由来は依然として不明であるが，一方ホータンは明らかにサチャ語に由来していることを疑う余地はない[98]．先に指摘したように，多くの前近代の非漢語および前トルコ語地名が永遠に消えてなくなったことは否定できないが，最も運のよいものは最適な判断のよすがとなるべき漢語名のみを残しているものもある．

ヤルトングース川周辺の地名の状況をかく概観しただけで，すでに前2世紀以来，西域南道の楼蘭・鄯善からホータン沿いの地域に広く住んでいたのは，圧倒的に（しかし，おそらく排他的にではなく）インド＝ヨーロッパ語族系の非漢人であったことを示している．したがって，音訳された漢語のなかに，元の地名が隠れてしまっている場合がよくあるものの，この地域の非漢語地名は，それが例えば純粋な漢語やトルコ語（ウイグル）名より古い時代のものであることを示しているといってよいであろう．このことは陳腐な主張かも知れないが，以後の考察にとって，極めて重要な結論を含んでいるため，ここで確認しておかねばならない．

ヤルトングース・ダリヤ沿いの地名の状況を見てみよう．この川自体は，異なる4つの名前で知られている．ヤルトングース・ダリヤ（Yar Tonguz Darya），トラン・ホジャ（Tolang khodja），アクタシュ・ダリヤ（Aqtash-darya），サリュク・トゥス（Sarik tus）と．これら三つの名前すべてはウイグル（トルコ）起源で，それぞれ，ヤルトングース・ダリヤ（*Yar Tonguz Darya*）「渓谷に野生のブタがいる川」，トラン・ホジャ（*Tolang khodja*）は固有名詞，アクタシュ・ダリヤ（*Aqtash-darya*）は「白い石の川」，サリュク・トゥス（*Sariq tüz*）は「黄土平原」を意味する．これら四つの名前がつけられた時代が最終的にそれぞれどれぐらい離れているかはっきりさせることはもはやできない．20世紀初頭の西洋の旅行家による報告は，トラン・ホジャの名が圧倒的に上流に，一方ヤルトングース・ダリヤは下流に使われたことを示している．ヘディンの中央アジア地図（NJ 44）に従えば，アクタシュ・ダリヤは，ヤルトングースと置き換えてもよかろう．『新疆四道志』（8-3-2-3既述）に見える史料は，地名と河水名とも，常に区別が截然とついているわけではないからか，いささか混乱をきたしている．河名が"漏れ出して"その結果，地名になる，もしくはその反対のことがおこり，それが『新疆四道志』の条文に認められるのである．つまり，明らかに地名だとして処理されているものが，他の史料では河水名と考えられているのである．哈爾哈什河[99]の記載の下に，河は「ニヤの町の東385里，トラン・ホジャの南に源を発す．アスツン・タグ（AstinTagh）東のサリュク・トゥス（Sariq tuz）で，北に流れを変え，180里ほどでトラン・ホジャに到り，そこから再び西北に転じて，180里ほど流れてヤルトングースに到る．さらに40里ほど流れて，流沙のなかに消える」[100]．ここでは，トラン・ホジャ，サリュク・トゥスは，場所の名称として書かれ

表8-4

地名	意味
Ak-jüje-ölgan	白鶏の死んだ場所
Kalbash-öghil	牛の頭蓋が入った家畜小屋
Yilba-sarigh	？
Sarigh-buya-tar-öghil	黄色いBuyaの小さな家畜小屋
Kala sulaghi	家畜の水のみ場
Yar tunguz-Tarim	ヤルトングースの耕作地
Jigda bulung	オリーブの曲がりかど
Kala sulaghi-chawal	あちらこちらの家畜の水のみ場
Helyabeg	（個人名Helya＋官職名Beg）

ているが，他の史料（8-1　8-2参照）などでは，河の名としてこの名があがっているのである．

すでに8-2-1で述べたように，ヤルトングースの四つの主な支流の名前もまた，純粋にウイグルに由来（注(12)参照）している．この川沿いには他の地名は，確認されず，この川と今日の西域南道とが交叉する地点である Yar Tonguz darya という名前は，従来から言い伝えられて来たものにならって，おそらく現代になって付けられた（ウイグル系ペルシア）名であろう[101]．同地はかつて人が住んだ形跡をまったく示していないのである．川のさらに上流，スタインの地図，『セリンディア』40番は，ヤルトングース・ダリヤに直接関係をもつ10余りの地名を載せており，そのすべてがトルコ語に由来している．南から北にかけてそれらの地名は，表8-4の如くである（スタインの綴りによる）[102]．

ヤルトングース沿いの地名をこのように概観した結果，この川とその近隣周辺に非トルコ語，あるいは漢語地名の名残がまったくないのが解ろう．すべてウイグル語に由来した地名で，したがってそれらの地名が，およそ紀元後1000年より古いことは有りえないし，後の史料においてですら記述がないので，むしろもっと新しいと考えてもよいかも知れない．すなわち，この点においても，ヤルトングースは，いま問題にしている時代よりずっと古い時代に溯った段階から居住者がいたことが地名の上で知られる周辺の川，そういった川とは異なっているのである．もし，ヤルトングースの下流に沿ってしかるべき居住地があったとしたら，それは早い時期に放棄されたに違いなく，したがって事実上，歴史上の記録にも，その地域の地名にも何の痕跡も残さなかったのである．タリム盆地の川沿いの「耕作に適する，もしくは開墾された土地」に見られる地名にが有する原理は，件の場所が耕作地である，もしくは昔から耕作地であったことを物語ることは言うまでもないが，ただ，もとよりそれは，かかる土地の歴史に関しては，何も手がかりをも与えてはくれないのである．ヤルトングースはおそらく19世紀の後半——ハンチントンとスタインが得た情報によるとジグダ・ボルンの居住地が作られた時代——になるまで，基本的に人が住まない状態だったに違いない．

8-5　鄯善とホータンの間のヤルトングース

8-5-1　鄯善とホータンの間の政治上の境界

少なくとも紀元前2世紀以来，西域南道沿いの政治の舞台は，西はホータン，東は楼蘭・鄯善という土地の二つの「強国」によって支配されていた．また短期間の間，ヤルカンドという小さな国家が抬頭し，政治的に力を強め，タクラマカン砂漠の南北外縁に沿った近隣地域に対し，領土拡大の戦争すら起こす．これらの在地の強国が政治的にこの地域を支配していたのではあるが，例えば精絶のような弱小政治国家は，4世紀に同国が放棄されるまで，つまり基本的に西漢，東漢時代から晋王朝まで，しっかりとした政治，行政上の独立を保持していたようである．かかる状況であったことは，小国家が自分達の「王」を戴き，地方行政組織が王室の下に直属していた事実によって裏付けら

れよう．主に現地の行政言語であるガーンダーリー・プラークリット（カロシュティー）と漢語で書かれていた数多くの文書——それは地方行政が事実，土地の役人によって行われていた事実を裏付ける豊富な証拠を示すのだが——はいくらでも示すことができるが，にもかかわらず，これらの小規模国家の政治的影響力は，直接の主従関係にある大国との関わり合い，およびそれ以上に対中国との関係の間で，着実に低下していたのである．このような小国の政治的な存在感の減退は，若羌や且末，精絶等の国について，『前漢書』には，各々短い記述がみえるのに，『後漢書』では楼蘭からの途上の中継地として付加的にしか言及されておらず，それぞれの名称に王国・国家を示す「国」の語がもはや付けられないという事実が如実に示している[103]．小国家と地元「強国」との関係は，主に経済（税），軍事，「外交政策」の面でのそれに他ならない．二つの「超大国」，匈奴と漢帝国が「西域」諸国に関わってくる場合は，主に地元の「強国」を通して行ったと考えられる．一部の小規模なオアシス国家には，規模の差はあれ，漢人の地方社会が存在していた．元来，これらの漢人地方社会は，軍事駐在地や外交「使節」と結びついていたが，この漢人地方社会が，商業や貿易を主に目的とする人々の流入によって徐々に大きくなっていった可能性も忘れてはならない．これは，精絶や且末——などから出土した文書のなかに，地方行政や商取引きに関する文書（たいていは木にかかれている）があることからも説明できよう．

　かくして我々は，匈奴と漢「超大国」，「地元の強国」，そして「小さなオアシス国家」が関わった3層の階層からなる権力構造を考えなくてはならない．かかる権力構造のそれぞれの階層間にある人々の関係が正確にはどのようなものだったのか，よりいっそう詳細に考究すれば，あらましは，中国正史やタリム盆地で発見された文書から得られる資料を通じて，かなり明らかになろう．もし，楼蘭・鄯善王国が文字通り，「国家」と称されるのに，理論上必要な条件を満たしているとするならば，その国の「中央」と「地方」社会の間の関係がどのようなものであったのか，歴史に興味がある政治学者にとっても，何らかの興味ある課題を提供することは間違いない．

　西域南道沿いの二つの地元「強国」が支配していた領土についていえば，それは，その道沿いの居住範囲を必要に応じて包摂する広い帯状の形にならざるをえなかった．楼蘭・鄯善王国の北の境界線は，北西に位置する今日のティケンリク（Tikenliq）の北部地域に達し，東に塩沢も含むロプノールの北部と東部の地域を含み，ミーランとチェルチェンの南西へとのび，果ては西方にケリヤ・ダリヤにまで及んでいた．ケリヤ・ダリヤの西では，同じような形でホータン王国が広がり，ヤルカンド（莎車）やソロク（疏勒）王国が睨みをきかせる北の部分を除くと，多かれ少なかれ鄯善王国の形をそのまま映したものであった．すでに述べたように，ホータン王国の影響力は，65 B. C. 年にヤルカンド王国が一時興ったことで後退したが，ヤルカンドが漢が率いる1万5000の地元兵の手で破られ，その王の首が長安に送られた後，領土境界線は戦前の状態に戻ったと考えられる[104]．その結果，ホータンと鄯善の「国境」はニヤ（精絶）の西のどこか，今日の民豊の西100キロメートルほどに位置するケリヤ・ダリヤあたりであった可能性が非常に高い．これらの「国境」がどのようなものだったのか，決定的なことを述べるのは難しい．出入国を監視したり，関税や税金を徴収する今日の国境という意味では，それは国境はな

かったようである．私の知る限り，地方の記録のなかに，国境の厳格な管理を認め伝えるものはなく，むしろ，「国境」とは，それぞれが従属する国（「強国」）に対して忠誠を誓う，最前線の前哨地に設けられた従来からの境界線として理解するほうがよかろう．したがって，伝統的な意味で厳格な「国境」とうよりも，むしろはっきりしている「勢力圏」というほうが，正鵠を射ているかも知れない．

　以上見てきたように，ヤルトングース・ダリヤ地域が楼蘭・鄯善の「国境」の範囲内に確かにあったこと，またヤルトングース・ダリヤ沿いに集落が存在していたとしたら，それら初期の集落はすべて，政治，軍事，経済的に鄯善・楼蘭王国に依存していたに違いないことは明らかである．

8-5-2　政治，文化上の国境

　タリム盆地は，少なくとも過去2500年の間，長くはなかったにしろ世界の偉大な宗教，知性，芸術の潮流の多くが混じりあう，巨大な坩堝であった．古くは，ペルシア，ガンダーラ，インド，ギリシャ，ローマ，ビザンチン，中国にその基盤をもつゾロアスター教，仏教，ネストリウス派キリスト教，マニ教，イスラム教，儒教，道教が，様々な時代にタリム盆地の様々なところで共存し，その結果，様々な内容と表現が土地の芸術に生まれた[105]．西域南道沿いも，この長期にわたる複雑な変化を生んだ一部分であった．特に，仏教芸術の分野ではダンダンウィリクやレーウァク，カラドン，ニヤ，エンデレ，ミーランなどの南道沿いの様々な遺跡で，3世紀に行われた考古学的発掘により見事な素晴らしい資料が発見されたのである．ただ，過去20年間の発掘を通じて明らかになった資料をとおして，我々は初めて，西域南道沿いに生まれた絵画や彫刻の諸派を生み出すに寄与した芸術史的影響力，その根源が那辺にあるのかを考究すべきスタートラインについたといってもよいかも知れない．研究はまさに始まったばかりで，中国・フランス合同考古学事業にあってフランスチームによる報告書がその興味深い初歩的結果を示しているにすぎない．この報告書によると，最終的にはカラドンに関しては，主に南，つまりインドに由来する芸術歴史的影響力が組み合わさった可能性が高く，一方西洋，つまりギリシャに由来する「特徴」は，それほど強くは現れていないという結論が導き出されているのであろう．さらに東に位置するミーランでは，状況は逆のようである[106]．よく知られているように，ミーランから持ち帰った絵画のなかには，驚くべき「西洋的な」，ほとんどローマの香りが漂っている例がいくつかある[107]．これらの初歩的な観察は，より広範な内容で徹底的な調査が行われてはじめて，紀元後第一千年期の前半における南部シルクロードの「真の姿」を求めて，複数の領域の研究者たちが合わせようとしている巨大な知的パズルの貴重な断片であることがわかるであろう．

　もし，さらに広範な内容に関しても，フランスチームの観察が正しいということになれば，これは当然ヤルトングース地区にとっても重要な意味をもつ結論となるであろう．芸術における歴史上の各派の間には，対象に挙げられているまさに遺跡そのものと個別限定的に一致した，潜在的な一線が画されていたのか．あるいは，先に論考した政治上の「境界線」が，芸術各派の境界という観点でも何らかの役割を果すのか．さらに問

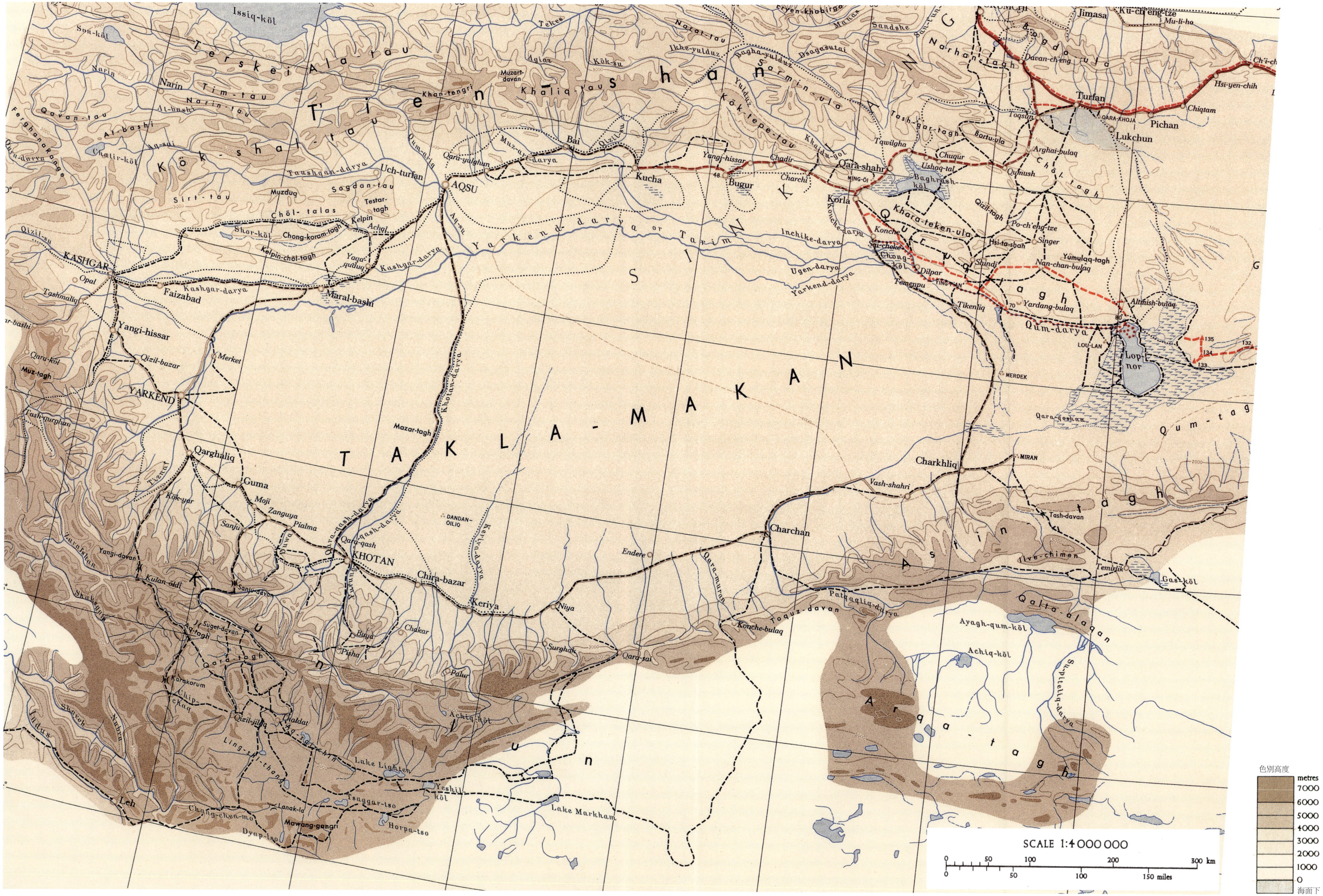

Sven Hedin *History of the expedition in Asia 1927–35*, Part III （一部分）

うべきは，実質的に居住者がいなかったヤルトングース・ダリヤという「真空」地域が，西域南道沿いの異なる文化"ゾーン"間の分断線としての役割を演じたといえるのかどうかである．以上の問題とそれに付随する問題は，ヤルトングースをくまなく考古学的に調査して初めて，完全な解答が得られるであろう．

8-6　西域南道の崩壊

8-6-1　タリム盆地の道路システム

いわゆるシルクロードは[108]，中国とローマを結ぶ連絡路であるといういささか単純な見方をすれば，事実，様々な程度に，様々な時代に，様々な目的で使われた総合的な道路システムといえよう[109]．今日では，シルクロードが中国本土を越え朝鮮半島と日本に繋がっていたことも明らかにされている[110]．中国の歴史学者孟凡人は，彼の著書『楼蘭新史』のなかで，シルクロードの誕生は交易とは無関係で，純粋に「中国」の政治，軍事上の必要性から生まれたと論じている[111]．純粋に中国史の観点だけから見るならば，この意見はある程度理解できるが，もっと広い視野で考えるなら，我々がここで問題にしているような，極めて広い範囲にわたる交易路が初めてできたという複雑な経過がその背景にあるなかで，かかる単一の論理的な政治性のみを取り上げ強調しすぎるのは，賢明でないようにおもわれる．地方レベルで人間の創意とエネルギーが関わった前近代の「市場の力」をも，十分に考慮せねばならない．

道路システムがいかに複雑かは，タリム盆地——あるいはもっと広くそして歴史的にもっとよく使われてきた用語を使うなら，中華帝国の西域——を通る部分の「シルクロード」がどのような区別をもっていたのかという状況が，如実に物語ろう．いくつかに分かれる道路システムの各支線道路は，いずれも河西回廊の玉門の西，現在の安西から始まる[112]．一番北のルートは，安西からハミ，さらにトルファン，ウルムチへ，そしてさらに天山山脈の西北を通る．漢文史料では，この路を天山北路「天山山脈の北の路」と呼び，一方，安西から始まって敦煌，さらに砂漠地形のなかをロプ・ノール（蒲昌海），楼蘭へ進む支線道路は，そこから，カラ・シャール（焉耆）（あるいは，おそらく今日のコルラ），クチャ（亀茲），アクス（姑墨）そしてカシュガル（疏勒）に至る．この道は，漢文史料で天山南路，つまり「天山山脈の南の路」と呼ぶ．漢文史料では時折，これらの道をともに西域北路（西域の北の路）と呼ぶが，厄介なことには，いうところの西域北路は，実際は，二本の「北」ルートのうちでの南路のことだけを意味している．そして最後に，南西に楼蘭から西へ，チェルチェン，エンデレ，ヤルトングース，ニヤ（尼雅），ケリヤ（于田），ホータン（于闐），ヤルカンド（莎車）を経てカシュガル（疏勒）に至る第三の道がある．この道が西域南路（日本では西域南道）すなわち「西域の南の道」と呼ばれることは，別に不思議ではなかろう[113]．

これら3本の道のなかでは，北の2本の道が，ともに最も古く，また最もよく利用され，中国王朝からことに注目され，それゆえに，何世紀にもわたって，西域南道の場合

よりも多くの痕跡を漢文史料に残してきたのであろう．確かに，天山北路は紀元前に遡ること第二千年期の昔からすでに西洋と中国を結ぶ路の役割を果たしたといってよかろう[114]．それらの北の路はその後，より「古代シルクロード」の時代，つまり紀元前2世紀から紀元後10世紀に至るまで引き続き利用されたが，その頃の北路の交通量は，天山山脈の南を通っている路に比べると，明らかに少なかった．中国の政治家，商人，ひいては宮中の図書館での年代記編者の目は，南道が衰退し，幹線道としての役割を失ったかなり後でさえ，多かれ少なかれ常に天山南路のほうに注がれてきたのである．事実，このタクラマカン砂漠北部の地域に，中国王朝は，20世紀に至るまでもずっと関心をもち続けてきた．そのように，この地域が継続的に注目された理由は，「政治」に他ならない．中華帝国の北西に位置するこれらの国境地方は，「敵側」から容易に近づくことができ，また常に定住者 —— その多くは必ずしも，帝国に友好的ではなかった —— に大なり小なり役に立ってきたからである．

この地域の権力は，歴史を通じて頻繁に変わり，ある民族あるいは政治単位から別のものへ移り，そのすべてはいずれにせよ中国朝廷の政策決定者の手にゆだねられねばならなかったのだが，結局のところは，外交的手段で収拾するか，もしくは軍事手段によって抑圧する必要があった．この地域における，最後の主たる非中国政権は，17世紀から18世紀の間に中国清王朝と西域における将来の主導権をめぐり厳しい争奪戦を展開した，ジュンガルハンであった．1759年，清がオイラートに対して最終的に勝利を収めた事で，当時，中国はタリム盆地全体に対する支配権を確実なものにしたように思えた[115]．しかし，わずか1世紀の後に，ヤクブ・ベク（Jakub Beg）の反乱（1864-1875）が，再び中国の利権を新疆と現在の名でよばれる地域から締め出してしまったのである[116]．最終的に，ヤクブ・ベク体制に勝利を収めたにもかかわらず，1948年に共産主義者がとってかわるまで，中国は，この地域の支配を事実上取り戻す事ができなかった．

これらの事実により，なぜ清政府の関心がタリム盆地の北部に集中したのか，その背景を窺い知ることができる．この事態が，「タリム盆地北部が過度に重要視されていた」ことを明白に示す多数のその地志（通志，図志，道志等）の内容に明確に反映しているのである[117]．

前述のことにより，西域南路（西域南道）がシルクロードの主要な交通路として栄えたのは，非常に限られた期間であったことがすでに明らかになった．事実，西域南道は，すでに紀元3世紀が終わる頃には使われなくなり始め，いずれにせよ4世紀の末にはその機能を終了したと考えられる．以下に掲げるいくつかの重要な事柄から，このように解釈することができる．

1）オーレル・スタイン卿は，遺跡を探検調査しているときにすでに，その遺跡が放棄されたと考えられる時期を，とりあえず推測した．その後の調査は，彼の最初の推測を変更する必要がないことを示している．したがって，我々は遺跡が放棄された時期を，敢えて表8-5のように考えてよいかも知れない．

放棄された時期が，各々8世紀と4世紀の二つのグループにはっきりと分かれていることが，西域南道の境界線をはっきりと示している．すなわち，西域南道の西部地区の

表8-5

遺跡名	放棄された時代
Dandan öilik ダンダンウィリク	8世紀末
Farhad beg Yailaki ファルハド・ベグ・ヤイラキ	〃 (118)
Balawaste バラワステ	〃
Khadalik カダリク	〃
Kara dung カラドン	4世紀初
Niya(119) ニヤ	4世紀末
Endere エンデレ	4世紀末及び8世紀末
Loulan ローラン	4世紀末

遺跡では，東部地区沿いの遺跡より，およそ半千年期にわたって人が暮らしていた．これに加えて，ホータンやヤルカンドのような規模の大きな集落は，決して放棄されずむしろ拡大し続けて，現代に至るまで西域の歴史を通じて，引き続きそれなりの政治的役割を果たしているということを付け加える必要がある．

中国考古学者とともにカラドンやニヤ遺跡で活動したフランス，日本両国の考古学グループは，それぞれさらに古い新石器時代の遺跡を，現地点の発掘地域に関連した砂漠の北，奥深くで発見する事ができた．このこともまた，砂漠のなか，あるいは砂漠の外縁に沿った居住地が，ある長い期間たつと，南に移動せざるえない，または，そうするほうが都合が良かったということを明らかに示している．

2）この地域を実際に訪れての重要な報告書は，644年か645年に中国への帰途エンデレを通った中国の巡礼僧玄奘によって書かれている．彼の記録は，エンデレ地域が「遠い昔」に放棄され，当時人がまったく住んでおらず砂漠となっていたことを明白に示している．彼の旅行記のなかの該当する節は，以下のようである．

> 400里以上行くと，古代都邏王国（Duhuoluo）に着いた．この国は砂漠になっていて，荒涼としている．町はすべて廃墟と化し，人気はない(120)．

考古学的な証拠から，玄奘が通ったときには，この地はすでに3世紀以上放棄されていたことを示している．旅行記に書かれたこの情報は，現代の考古学的情報をはっきり裏付けるものであるがゆえ，極めて貴重である．玄奘が述べたDuhuoluoが今日のエンデレと同一であることは，もはや疑う余地がなく，両者を同一と見なす根拠は，オーレル・スタイン卿が，すでに彼の最初のエンデレの調査に関連してはっきりと確信をもって説明しているのである(121)．なお, Duhnoluoの地名の利用に関しては, 8-4-1-1を参照されたい．

3）西域南道を通る旅行者が遭遇した一般的な困難については，前近代の様々な史料に，数多くの記述がみられる．例えば，『魏書』は，且末の北西の砂漠地域を旅する状況を以下のように生き生きと記述している．

> 且末の西北には数百里にわたって流沙が広がっている．夏には，熱風が旅人を悩ませる．風が吹いてくると，ラクダだけがそれを感じ取り，立ち上がって鳴き声をあげ，口と鼻を砂のなかに入れる．人間はいつもそれでもって予知し，毛布で鼻と口をおおう．風は疾風の如く吹き，じっとそれが吹き終わるのを待つばかり．もしそのそなえがなければ十中八九命を落とす事になる(122)．

この一節は，最初に『魏書』に，それからほとんど一字一句そっくりと『周書』と『北史』に繰り返され，内容は，一般のよく利用された道という印象を反映していたものとはとても言いがたい．同様の描写をもつ史料は，この地域の初期の旅行者が記した報告書，なかでも最も重要なものとして，この地を644年から645年に旅行した玄奘の記述から得ることができる(123)．

> ここより東のほうに向かえば，大砂漠に入ることになる．流沙はゆるやかに動き，風の吹くままに，集合離散を繰り返す．人の通った跡はなく，かくしてしばしば路に迷う．みはるかす茫々として，自分がいったいどこに向かっているのかわからない．旅人はただ動物の遺骨をその道標とするしかない．水草は乏しく，熱風が吹きすさび，風がいったん吹くと，人も動物も何が何だかわからなくなり，精神的におかしくなる．時には歌う声が，時には泣き声が聞こえたり，目も耳も，ぼんやりしていて，どこにいけばよいのかわからなくなり，その結果，命を落としてしまうのである．悪魔の所業としか言いようがない．
> 　　　　　　　　　　　　　　　　　　　　　　　　　　　　　　　　『大唐西域記』巻12

4）砂漠が南に拡大するということが一因で，西域南道の東部地区が余り利用されなくなっていったというのは良く知られている事実である．いずれにしろ，このことが，この限られた道の評判をよくしたなどということは毫も言えないであろう．ただ，かかる現象が，西域南道の利用が減少するのに事実上決定的な役割を果たしたという可能性も低い．問題の西域南道のこの地区は，すでに漢時代には，完全に砂漠のなかを行く道になっていて，砂漠の南縁までの距離がどれほどかということは旅人にとって，たいして影響のあることでも，また関心事でもなかったに違いない（本書の附録地図A　衛星写真参照）．むろん一般的にいって，移動する砂丘や舞あがる砂は，大規模な流沙が連なる地域，あるいはそういった地域に直接隣接するところの居住者にとって，常に大問題であった．住居地や，農地，灌漑水路を砂から守る為に，たゆまぬ努力を重ね，移動する砂丘との戦いに明け暮れるのは，この地に暮らす人達の生活の，有史以来の厳しい現実である．時には，人々は砂に敗北し，居住地を放棄しなければならなかった．西域南道東部地区沿いの集落のなかでも，大規模なものが消えると，当然長期的には，西域南道沿いの交通に支障をきたすことになる．それは途中で水や食料の供給を確保することが期待できないので，出発地点からか，少なくとも非常に遠いところから運んでこなければならなくなったことを意味する．今日でも，タクラマカン南縁の川に沿った末端の小さなオアシスでは，砂との戦いが昔と同じように続いている——1994年の中国・スウェーデン共同探検隊のメンバーは，ヤルトングース川の末端のオアシス，ジンダ・ボルン（Jigda Bolung）に滞在中に，まさにこのことを実感する機会が幾度となくあったのである．

5）しかしながら，西域南路が終焉した最も重要な理由は，ロプノールの振り子現象と，それによって生じた，楼蘭オアシスの放棄による，いわば「ドミノ効果」とでも名付けたい状況であるといってよかろう．最終的に楼蘭オアシスが完全に消滅してしまったことは，中央アジアから例えばカシュガルをめざす旅行者にとって深刻な状況を招いた．漢時代は，旅行者には長城の西端の門，玉門関から3つの異なる道を選択できたのであった．ハミやトルファンを経由する最も北の道（いわゆる伊吾路），ミーラン，チャルクリクを経由する南の道，それからロプ湖の北端を経由してまっすぐ楼蘭にいく中道，いわゆる「楼蘭道」である[124]．これら3つの選択肢のなかで，楼蘭道と伊吾路は，南道よりよく利用された．西漢時代には，匈奴の活動によって伊吾路の安全が時々脅かされたため，当時は楼蘭へ行く中道がはるかに良く利用された．東漢時代には，状況が変わり，伊吾路の状況のほうがよくなったが，時折思い出したかのように匈奴の暴虐がぶりかえした結果，交通量は，一定していたわけではなかったのである[125]．楼蘭からは，尉犁（カシュガルの南）と亀茲を経由して北西に進む路と，チェルチェン，精絶を経て南西に行く路とに分かれる．これらの選択肢のなかでは，中間の道が断然距離が短かく，旅行者には最も旅行しやすい道だった．というのも，北の道を選ぶということは，先ず，最初にまっすぐ西に向かって，それから北西，さらに南西に進んでトルファンにいくというかなりの回り道を意味し，一方南の道も，カズ・コル（Ghaz Köl）を経由してそこから北西にあがってミーランにいくというかなりの回り道だったからである．カシュガル（疏勒）までのシルクロード各区間の距離を比較すると，表8-6の如くになる[126]．

楼蘭オアシスが，玉門関から若羌または，尉犁に至る道の適切な宿泊地ではもはやなくなった段階で，この中道を選ぶという動機も，楼蘭から若羌を経て，さらに西に行くという選択も消えてしまった．西域南道は安全とは見なされず，困難で，広範囲にわたって人の住んでいないところを通っていた．もし，それでも玉門から若羌へいくのに中道，または南道を選ぼうとする者は，目的地に着くまでに困難で危険な旅を続けねばならないだけでなく，経済的に貧しく，ましてやともかく放棄されかかっていたに違いない集落を経由して，他の道をいくよりも長くて苦しい砂漠の旅を覚悟しなければならなかったであろう．漢代から，中国の軍隊はたとえ比較的少数の部隊の場合でも，この地を通過するとき，必要な量の食料を得るのが困難だったということがわかっている[127]．3, 4世紀頃，若羌から于闐にかけて存在した小規模なオアシスが，いかに経済的に貧困だったのか，この地を通過する人々は強く感じていられたに違いない．かかる経済的貧困さによって，旅人が旅を続けるのに必要な食料を補給するに支障をきたすことに時折なってしまったと見なしてよかろう．かかる点を考慮すると，3世紀以降の旅行者が，西域南道を選ぶ場合には，常に非常に強い理由があってのことだったと言わねばならない．

表8-6

	ルート名	距離	所要日数
1	北道	2100km	9週間
2	中道	1700km	7 〃
3	南道	1900km	8 〃

この意味で，天山北路を利用するほうが，ずっと快適な旅行だったのである．天山北路は，そのほとんどが砂ではなくて砂利路であるが故，砂の多い南の路より物理的にましな路だというだけでなく，天山北路沿いのオアシスは，南道沿いのオアシスより人口も多く，経済的にも豊かだったからである．はやく漢時代にかかる状況であり，またこの状況は，後漢王朝崩壊の後2，3世紀のうちに，大きく変化したとは考えられない．このことを語る史料として，『漢書』巻96に記載された，タリム盆地のそれぞれ南縁，北

表8-7

	国名	比定	戸	口	勝兵	口/戸	口/勝兵
西域南路	鄯善	Loulan/Kroraina	1.570	14.100	2.912	8.9	4.8
	若羌	Charkhlik	450	1.750	500	3.8	3.5
	且末	Cherchen	230	1.610	320	7	5
	精絶	Niya site	480	3.360	500	7	6.7
	于闐	Khotan	3.300	19.300	2.400	5.8	8
	皮山	Guma	500	3.500	500	7	7
天山南路	尉犂	Karakum	1.200	9.600	2.000	8	4.8
	焉耆	Karashahr	4.000	32.000	6.000	8	5.3
	烏塁	Bugur/Luntai	110	1.200	300	10.9	4
	亀茲	Kucha	6.970	81.317	21.076	11.6	3.8
	温宿	Uch Turfan	2.200	8.400	1.500	3.8	5.6
	疏勒	Kashgar	1.510	18.647	2.000	12.3	9.3

縁に沿って進む二つの路沿いの人口分布状況を見てみよう（表8-7）．

　口/戸の欄は，一世帯当たりの家族の平均人数を示し，一方最後の口/勝兵の欄は，兵士一人に対する人口の割合を示す．口/勝兵の数が小さければ小さいほど，その国の経済力が大きいことを示す．つまり，兵士一人を，少ない人民で維持することができるのである．西域南道に関する限り，これら最後の二つの欄の数が互いに非常に接近してるが，一方，天山南路沿いの国ではその数の開きが大きく，おおむね，兵士の数のほうが，一家族の平均人数より明らかに小さいということに注目したい．これに関連して，より重要なこと，それは天山南路は人口密度の高い多くの場所，例えば，カラクム，カラ・シャール，クチャ，トルファンなどを擁し，カラクムからカシュガルへの道に沿って，それらはほぼ等間隔で点在していたということであろう．上述の四つの町だけでも，12万人を軽く超える人口を誇る．これらは，西域南道沿いの状況とは雲泥の違いをみせ，西域南道においてこのような人口密度の高い場所を見つけることはできない．とりわけ東部地区は，比較的脆弱な人口基盤の上にたっており，たとえ，楼蘭やホータンのような比較的大きな町をとってみたとしても，その全人口は4万5000人程度でしかない．このように，得られる史料は，天山路は，中国内地と西域の交流の幹線道を発展させ，それを維持するため必要とされる物理的，経済的な前提条件を兼ねそなえていたということを雄弁に語っているのである．つまるところ，中国王朝が，前2世紀にタリム盆地のオアシス国家と交渉をもち始めたそのごく初期の頃から，天山南路のほうを政治上また戦略的に重要であると考えていたという事実は，我々には至極当然のこととして理解できると

いわねばならぬ．

　前述のことをふまえて，西域南道が主要な交易路として崩壊したその原因は，同地域が全般的に乾燥したことや川の流れが気まぐれに変わったために，様々な集落が徐々に放棄されることとなったとういうことだけに起因するのではないとみるのが妥当と思える．むしろ，西域南道の衰退は，気候，地質物理学的，経済的，政治的要因が組み合わさったものに係り，それらが一つに合わさって南道の主要幹線路としての機能を減殺してしまう効果を生じさせたことがいまや明らかになったのではないだろうか．

　西域南道が主要な交易路として機能しなくなったと述べる場合，その言葉を余りに文字通りに解釈してはならない．もちろん，古来の道に沿った交通がまったく完全にとだえたという意味ではないし，そのようなことは有りえない．当然，西域南道は地方レベルで利用され続けたし，時には先述の，有名な巡礼僧玄奘のような流浪の旅人が利用した．加えて西域南道は，必要となれば軍事目的にも使用されたのである．8世紀から9世紀にチベット人によってタリム盆地が征服されたことによって，件の道の利用はかなり増加することになったに違いない．そう考えられるのは，エンデレの塞で発見されたチベット語の文書や絵が[128]，西域南道のこの地区において軍事活動が活発であったに違いないことを示していることが，事柄の証明に与って力あったからに他ならない．9世紀にチベットが敗北した後，再び中国が同地域に影響力を及ぼすようになった時期にも，同様に西域南道の利用が増大した[129]．13世紀においてすら，西域南道はまだ利用されていたことが，かの有名な旅行家マルコ・ポーロ ── 1270年代に，西域南道を通ってカシュガル（疏勒）から中国の奥地に旅をした ── によって証明されている．

8-6-2　西域南道崩壊がニヤ─ヤルトングース─チェルチェン地域に与えた影響

　西域南道の崩壊について考察する際，この道は，我々がしばしばシルクロードと好んで呼んでいる隊商路の長大な交通システムの一つの支線路であったことを忘れてはならない．つまり，先ず何よりこれらの道は，物品（資本）や思想を，西洋の端と極東の間のみならず，沿道の各地の間に運ぶ交易路であった．沿道の地域にとって，そこを通っている道がどんなに経済的に重要なものか，いくら評価しても過度にすぎることはなかろう．たとえ地方レベルであっても，交易というものは，富と豊かさをもたらすのであり，交易資本のほとんどが，中国本国向けで，また事実，最終的に中国本国に落とされるわけではあったにせよ，タリム盆地のシルクロード沿いのオアシス国家も，そのビジネスの分け前にあずかり，物，金，思想がからんだ交易という複雑なゲームにおいて，重要な役割を担っていたことは周知の通りである．それゆえ，西域南道の東部地区に沿って3世紀末に向かって起きた交易路の崩壊は，当然のことながら長期的には，この地域に深刻な経済的影響を与えたに違いないということは，容易に理解されよう．北道にくらべ，西域南道の経済基盤が弱いということについては，すでに考察した．旅行者や隊商が常に通過している事で生ずる何らかの経済効果がなくなるということは，すでに不安定になっていた状況をいっそう悪化させたであろうし，そのような状況下にあった同地

域は深刻な経済的悪循環に陥ったのである．

　西域南道の東部地区は，主要幹線道路として機能しなくなったが，西部地区，つまりホータン（于闐）とカシュガル（疏勒）の間の部分は，それまでの機能をかなり保持したに違いない．その理由は明白で，于闐が地理的に有利な位置にあることから，カラコルム山脈を通ってインドからさらに中国に至る，重要な最初の中継点であり続けたからに他ならない．3世紀末まで，中国に向かう旅行者は于闐から東へ精絶に向かって進んだのであろう．4世紀からは，インドから中国に至る道は，その方角を変え，于闐から東へ直進するのではなく，むしろ于闐河，そしておそらくは莎車河の川床を利用して，姑墨（今日のアクス Aksu）にまっすぐに向かい，天山南路に沿って旅を続けたのであろう．ホータン・ダリヤ（于闐河）もヤルカンド・ダリヤ（莎車河）も，水量が多く，少なくとも晩春の雪解けの時期にはタリム川の所まで届くだけの水量をたたえていたと考えられる[130]．たとえタリム川に合流するところまで届くだけの水量がないときですら，川床が有効な交通路の役割を果たしたのである（図8-L）．西域南道東部地区がまだ盛んに利用されていた時期，すでに少なくとも于闐河は，姑墨と亀茲への重要な交通路であり，「近道」であったと考えてよかろう．そういう役割として，川床の存在意義が無くなってしまうことは，決してなかったという考えは，とある世紀のとある時期にホータン・ダリヤを，ホータンから170キロメートルばかり下った戦略的に有利な位置にあるマザール・タグの山頂に，立派な砦がつくられたという事実によって確認できよう[131]．この砦から，川床を行き交う交通を効率よく監視することができ，少なくとも10世紀まで使用されたこの砦のまさに存在そのものが，于闐の川床がこれらの新世紀にわたり，重要な交通路であり続けたことを雄弁に我々に示しているのである（図8-M）．

　チェルチェン―ヤルトングース―ニヤと結ばれる地域を含む西域南道東部地区は，政治的にも経済的にも西域南道の「弱い地区」であり，西域南道の特にこの地域が，20世紀になるまで中国の「忘れられた地域」のままであったことは，おそらくそれほど驚くべきことではないと言ってよい．

8-7　結　論

　これまでの節で，多くの問題が提起されたが，それらの問題はヤルトングース・ダリヤと，地理的もしくは文化的にヤルトングース・ダリヤが属している周辺地域に，直接または間接的に関わるものであった．本稿は，それらの問題に解答を出す以上に，より多く，問題を提起することになってしまったかも知れない．しかしながら，私は本稿が，西域南道東部地区全般そして，特にヤルトングース・ダリヤ周辺の「メソポタミア」（川に挟まれた地域）がどのように発展したのかを決定した最も重要な歴史的特徴の，少なくとも概略を提示できたのではないかと考えたい．考察したことの要点は，以下のようにまとめることができよう．

　ヤルトングース・ダリヤ下流地域にも，かつて前近代の集落が存在した．その時期の

確定は，今後の課題である．

ヤルトングース・ダリヤの集落は早い時期に放棄されたようである．それが，周辺地域が放棄されたときと同時期であるかどうかは，今後，さらに詳細な考古学的研究を重ねるうちに解明されるであろう．

チャルクリクとエンデレそしておそらくヤルトングースも含むこれらの川に挟まれた地域に，トカラ人または月氏の血を引く人々が住んでいた可能性がある．これらの人々がこの地域にやって来た民族移動は2回あり，最初の波が紀元前第一千年期の初めか，それ以前，次の民族移動の波は紀元前2世紀であろう．

チャルクリクとニヤ一帯の地名に関して，言語学上の基本的な問題がまだ数多く解決されないままであるが，それらの問題を解決することで，この地域の民族の歴史を解明するに大きな手助けとなるであろう．

ヤルトングース地域の人口が少なかったことは，そこを取り囲む周辺地域の様々な芸術上の流派を隔離する「知的境界線」の拡大を助長したと考えられる．

楼蘭・鄯善とホータンを結ぶ主要幹線道路は，砂漠の各「遺跡」を最短で結ぶルートに沿っていたのであって，アツスン・タグや崑崙山脈山麓を走っていたのではない．

西域南道が崩壊したのは，乾燥化だけがその原因のすべてではなく，ロプ・ノールの塩化や道路の物理的劣悪さ，沿道の南部オアシス集落の経済基盤の脆弱さなど，複数の要因が相互に絡み合った結果である．

以上に挙げた事柄は，ヤルトングースおよび西域南道東部地区について将来，研究を進める上でどこに重点を置くべきか，その指標となると言ってもよかろう．

註

(1) 以下本稿において，中国語の書き換えは，漢語拼音システムによった．『廿四史』，『資治通鑑』および『通典』からの引用は，北京中華書局発行の，1960～70年代の，各々1956 (1996) および1988年版に拠る．なお，一般的に地理的な名称は，それが存在する場合は，非中国語型の本来の言語型を用いた．しかし，内容に応じて，明解さのために新旧の地名を付記したところがある．

(2) 本書のホーカン・ヴォルケストによる報告（第I部1），参照．

(3) 参照．Ferdinand Freiherr von Richthofen, *China*, Band1, Berlin 1877, 第IX章 "Fernere Entwicklung der Kentniss des eigenen Landes bei den Chinesen"，ならびに第X章 "Entwicklung des Verkehrs zwischen China und den Völken im Süden und Westen von Central-Asien". これらの章の内容は今日ではまったく時代遅れであるが，しかし，リヒトホーフェンのこの先駆的著作 *magnum opus* が刊行された直後には，若い世代の地理学者たちにとって非常に示唆に富むもので，この分野では，経験にもとづいた研究と歴史学的研究の両方を組み合わせることの必要性を示した．かかる意味で，彼の労作の重要性は，いくら評価しても，しすぎるということはない．

(4) M. Aurel Stein, *Ancient Khotan. Detailed Report of Archaeological Explorations in Chinese Turkestan*, 2 vols, Oxford 1907;
同, *Serindia. Detailed Report of Explorations in Central Asia and Westernmost China*, 5 vols, Oxford 1921;
同, *Innermost Asia. Detailed report of Explorations in Central Asia, Kan-su and Eastern Iran*, 4 vols, Oxford 1928.

(5) 新疆地方に関する中国考古学活動の，1979～1996年代の総括については，新疆文物考古研究所編，『新疆文物考古新収穫』1979-1989（烏魯木斉 1995）ならびに新疆文物考古研究所・新疆維吾爾自治区博物館編『新疆文物考古新収穫』1990-1996（烏魯木斉 1997），参照．

ポターニン（G. M. Potanin）

グルジマイロ（G. E. Grum-Grzimajlo）

オブルチェフ（V. A. Obruchev）

(6) K. I. Bogdanovič, Труды Тибетской экспедицаи 1889-1890 под начальством М. В. Певцова, Часть II, St. Petersburg 1892, pp. 87-117 の K. I. Bogdanovič, Геологическия изследования в Восточном Туркестане, 参照.

(7) Stein, Ancient Khotan, p. 419, 参照.
「ヤルトングースの水流の末端を私が最後に訪れた5～6年前に，この川の末端近くの川筋 ── Jigda-bolung から「2～3 Tash」で，消滅するといわれていた ── は，その主流は西方に向きをかえる傾向をはっきりと示していた．この変化の結果，運河の先頭に横たわる「帯状の流れ」は，農耕地帯が必要とするほどの水を，しかるべき季節に十分に供給できなくなった」．

(8) K. I. Bogdanovič, 同, pp. 112-113 参照.

(9) タクラマカンのシルクロード地帯の地理学的状況全般に関する考察については，保柳睦美『シルクロード地帯の自然の変遷』（柳原書店 1976）参照.

(10) エンデレ（Endere）とヤルトングース langar（宿場）間の距離は約60キロメートル（約145里）で，ヤルトングース langar と現在のニヤ（Niya）（民豊）間の距離は約65キロメートル（約157里）である．1里=415メートルとして計算した．

(11) Sven Hedin, History of the Expedition in Asia 1927-1935. Parts 1-4, Reports from the Scientific Expedition to the North-Western Provinces of China under the Leadership of Dr. Sven Hedin, Publications nr 23-26, Stockholm 1942-1945.
Hedin's Central Asia Atlas NJ44, XIf-g において，山の名は，Uzu tagh とするが，それはおそらく Uzun tagh（長大な山）の転化であろう．

(12) Sven Hedin Central Asia Atlas, NJ44, XIf-g. 参照.
これらの川の名前を翻訳すると，"メッカ巡礼者の二重砂レキ砂漠"，"ヤクが死んだ峡谷"，"砂レキ砂漠のタマリスクの泉" および "ヤナギのある砂レキ砂漠" となるか．著者はこれらの名前の翻訳について Gunnar Jarring 教授に感謝する．

(13) Huntington, The Pulse of Asia, p. 195,「私はニヤ（Niya），ヤルトングース（Yartungaz），およびエンデレ（Endereh）などの川の下流を探検するのに五週間を費やした．これら3本の川は共通して，長年にわたって気象変化が起こっているという決定的と思われる証拠を示している．ケリヤの600～700マイル東方にある国々は，すべて非常に過疎であり，したがって我々は，川の大きさ，含有塩分，生命の分布などに対する，人為的な要因を完全に排した純粋に物理的原因による影響を正確に評価することが可能である．」
同上．p. 212にも，「川の水は飲むことが出来るが，甘みのあるまずい味であった．塩分濃度が高いので ── 普通の塩分と炭酸ソーダの他に私の推測では硼砂，炭酸カリウムを含んでいる ── 最初に植物が生育しているのがみられる地域であっても，人間が居住するのは不可能であろう．」

(14) Stein, Serindia, p. 271, note 5

(15) Ellsworth Huntington, The Pulse of Asia. A Journey in Central Asia illustrating the Geographic Basis of History, Boston and New York 1907, pp 210 ff.

(16) Stein, Ancient Khotan, Detailed Report of Archaeological Explorations in Chinese Turkestan, Vol 1, Oxford 1907, pp 417 ff. 同, . Innermost Asia, Vol 1, pp271 ff.

(17) N. M. Przeval'skij От Кяхты на истоки Жёлтой реки, Исследование северной окраины Тибета и путь через Лоб-нор по бассейну Тарима. Четвертое путешествие в Центральной Азии [From Kyakhta to the sources of the Yellow River. Investigations of the Northern fringes of Tibet and the road through Lob-Nor along the Tarim basin. The Fourth journey to Central Asia], St. Petersburg 1888, pp 378 ff. 参照.
これに関連して，19世紀後半に行われたロシアのその他の探検について若干述べておく必要があろう．各々の探検について，それぞれ数巻からなる権威ある報告書が刊行されている．しかし，それらはロシア語で書かれているため，西洋のみならず日本の探検報告書に比べ知名度が低く，利用されることが少なかった．
　プルジェワルスキー（Przhevalski）は中央アジアに大規模な探検を4回行っているが，上記のものを除くと，1878年に出版した報告書のみがタリム盆地に関するものであった．プルジェワルスキー（N M. Przheval'skij）От Кульджи за Тянь-шань и на Лоб-нор. Путешествие 1876-1877 гг. [From Kuldja over Tien Shan and to Lob-nor. The journey 1876-1877], St. Peterburg 1878. この報告書には，探検をロプ・ノールで終了したため，西域南道については何も記されていない．
　次の大規模な探検はポターニン（G. M. Potanin）が率いるものであり，彼は次の報告を残している．

Очерки северо-западной Монголии. Результаты путешествия 1876-1877 гг. [*Concise descriptions of North-Western Mongolia. Results of the journey of 1876-1877*], 4 vols, St. Petersburg 1881-1883. この探検の主目的は主としてモンゴル北東部であってタリム盆地を主な対象としていない．彼は，彼の第二回目の探検の成果を *Тангутско-тибетская окраина Китая и Центральная Монголия. Путешествие 1884-1885 гг.* [*The Tangut-Tibetan borderlands of China and Central Mongolia. The journey of 1884-1885*], S. Petersburg 1893. として出版している．この場合も，探検行程はまったくタリム盆地から外れていた．

1889-1890 年に M. V. ペヴツォフ (1843-1920) はロシア帝室地理院 (Imperial Russian Geographical Society) による東トルキスタンと北部チベットへの探検を行った．この探検はホータンからニヤを経てチェルチェンの南西，崑崙山岳地帯の"ロシア連山 (Russkij Khvebet)"に行っているので，その途中ヤルトングースを通ったことになる．この探検は，M. V. ペヴツォフにより *Труды Тибетской экспедиции 1889-1890 гг.* [*Reports of the Tibetan Expedition 1889-1890*], St. Petersburg 1892. というタイトルで報告されている．第二巻は地質学者 K.I. ボクダノヴィッチにより書かれ *Геологическия изследования в Восточном Туркестане* [Geological investigations in Eastern Turkestan]，という副題がついている．この報告書はヤルトングース川（上を参照）について詳細に報告している．

別の大規模な探検が 1890 年代にグルジマイロ (G. E. Grum-Grzimajlo 1860-1936) によって行われ，彼は 1896〜1907 年に *Описание путешествия в Западный Китай* [*Description of a journey to Western China*], St. Petersburg 1896-1907. 3 巻を刊行している．このなかではヤルトングース地方に関する記事はみられない．

ロボロフスキー (V. I. Roborovskij 1856-1910) はプルジェワルスキー率いるチベットへの探検のメンバーであったが，その後，別の中央アジア探検を組織し，そのリーダとなった．それらのなかで，最も重要な探検は，1893〜1895 年の東部天山と南山の探検である．この成果は，次のタイトルで 3 巻刊行された． *Труды экспедиции Императорского Русского Географического Общества по Центральной Азии, совершенной в 1893-1895 гг. под начальством В. И. Роборовского* [*Reports of the expedition of the Imperial Russian Geographical Society to Central Asia, performed in 1893-1895 under the leadership of V. I Roborovskij*], St. Petersburg 1990-1901. この探検は，ヤルトングース地方にまでは行ってない．

最後に 1892〜1894 年のオブルチェフ (V. A. Obručev 1863-1956) による探検に触れなければならない．この探検は北部新疆と南山に関するだけで，その成果は次の題目で刊行された． *Центральная Азия, Северный Китай и Нань-Шань* [*Central Asia, Northern China and Nan Shan*], 2 vols., St Petersburg 1900-1901.

(18) J. -L. Detreuil de Rhins, *L'Asie Centrale et regions limitrophes*, Paris 1889.

(19) Sven Hedin, *History of the Expedition in Asia 1927-1935. Parts 1-4*, Reports from the Scientific Expedition to the North-Western Provinces of China under the Leadership of Dr. Sven Hedin, Publications nr 23-26, Stockholm 1942-1945, 参照．

(20) N. M. Przeval'skij, *От Кяхты на истоки Желтой Реки Исследование северной окраины Тибета и путь через Лоп-Нор по бассейну, Четвертое путешествие в Центральной Азии*, St. Petersburg 1888, pp. 378 ff.

(21) Sven Hedin Central Asia Atlas J45-I/Ivg, 参照．

(22) K. I. Bogdanovič, *Геологическия изследования в Восточном Туркестане, Труды Тибетской экспедиции 1889-1890 гг. под начальством М. В. Певцова*, Часть II, St. Petersburg 1892 所収, p. 43.

(23) K. I. Bogdanovič, 前掲, pp. 114-115.

(24) Ellsworth Huntington, *The Pulse of Asia*, pp. 210 ff, この論文は，ハンチントンが唱えた気候変化と当該の地域に与える影響の理論を喧伝する基礎となったものである．彼の考えは，性急で根拠が希薄な一般化の上に組まれたのものだが，その事が，かれの研究活動において，時に問題を生じさせたとおもえる. Geoffrey J. Martin, *Ellsworth Huntington - His Life and Thought*, 1973, 参照．

(25) 探検の簡単な概略は，Staffan Rosén, "The Sino-Swedish Expedition to Yar-tonguz in 1994" (Mirja Juntunen and Birgit Schlyter, *Return to the Silk Routes. Current Scandinavian Research on Central Asia*, London 1999, pp. 59-72). スウェーデン語での詳細は，Joakim Enwall, "Mot Yar-tonguz-Den svensk-kinesiska Taklamakan-expeditionen 1994" (*Orientaliska Studier* 86-87, Stockholm 1995, pp. 3-34) 参照．
ただ，上記の論考，および本段落，そのいずれも 1994 年中国・スウェーデン合同探

検隊の正式報告ではないことを注記しておく．正式のそれは，直接それに関わる中国側報告者との協力のもとで，執筆され出版されるだろう．

(26) 例えば，楼蘭出土のカロシュティー文書は鄯善王国内の各所間で取り交わされた文書のようである．しかし，これらを解釈するのは大変困難である．基本的に同じ事が楼蘭その他の場所で出土した漢時代の木簡についても言える．カロシュティー資料についてのさらなる詳細については，本書掲載の赤松論文（資料編2及び研究編9）を参照されたい．漢時代の木簡についての概説は，Michael Loewe, *Records of Han Administration*, 2 vols, Cambridge 1967, 永田英正『居延漢簡の研究』（同朋舎 1989），冨谷 至「漢簡」（『中国法制史』基本資料の研究）（東京大学出版会 1993）をそれぞれ参照されたい．

(27) グループⅠ：1．『史記』 2．『漢書』 3．『後漢書』．
グループⅡ：4．『三国志』 5．『晋書』 6．『宋書』 7．『南斉書』 8．『梁書』 9．『陳書』 10．『魏書』 11．『北斉書』 12．『周書』 13．『隋書』 14．『南史』 15．『北史』；グループⅢ：16．『旧唐書』 17．『新唐書』 18．『旧五代史』 19．『新五代史』 20．『宋史』 21．『遼史』 22．『金史』 23．『元史』 24．『明史』

(28) 余英時 "The Hsiung-nu", *The Cambridge History of Early Inner Asia*, Cambrige 1990, p. 120, ならびに Denis Sinor, *Inner Asia. A Syllabus*, Indiana University Publications, Uralic and Altaic Series, Volume 96, p. 92, 詳細については, O. Maenchen-Helfen, "The Ting ling", *Harvard Journal of Asiatic Studies*, vol. 4, 1939, を参照．

(29) Eduard Chavannes, "Voyages de Song Yun dans l'Udyana et le Gandhara", *Bulletin de l'École Française d'Extrême-Orient*, Tome III, Hanoi 1903, p. 405.

(30) 時代を下った歴史書が，古い史料を再利用したり，また再利用にあたって時に厳密さを欠いていることは，西域南道東部地区に関する事項のみに限らないということは，よく承知している．そのことは，唐王朝初期に編纂されたいくつかの中国正史——おそらく最も典型的なものは『南史』ならびに『北史』——すべてについて言える特徴である．しかし，こういったことは，西域南道東部地区に関する事項についてはいえるが，西部地区に関する事項については当てはまらないということに，留意しておかねばならない．西域南道東部地区に関する詳細な記述が無いが，西部のホータン（于闐）については適切な考察がされている場合が数例ある．ホータンは20世紀を迎える段階になっても，文化的にも，また交通の面でも重要な中心地として変わらない．

(31) 例えば, Stein, *Serindia*, p. 334, note 4, には次のように言う．
「Dr. Herrmann, *Seidenstrassen*, p. 106, には，陽関から傷夷までの距離が，まずロプ・ノールの北楼蘭まで，そこから，南西に折れて，かつて傷夷が位置していたと彼が考えているチェルクリク（Charkhlik）までの道筋で計算されたと考えている．地図で考えると，このような道筋はかなりの迂回路であり，チェルクリク Charkhlik 地域と敦煌間の通行に関する限りでは，砂漠を直行するかアルティン-タグ（Altin-tagh）沿いをいく短距離が常に好まれたという物理的な条件からすると，疑問が多いものである．法顕が——彼は，楼蘭の集落を通過するという当時は放棄されていたルートを進めなかったに違いない——敦煌から鄯善までいくのに17日を要しただろうことは注目すべきだろう．この日数は，私が砂漠のなかを直進して Abdal から敦煌まで行くのに要した相当長い日数とまったく同じである」

(32) 烏夷という地名は法顕の記録にのみみられるようである．しかし，烏耆と表わされている場合もある．（参照．Watters, On Yuan Chwang's Travels in India, vol. 1, p. 46）．この町の普通の中国名は焉耆であるが，*Aqini* 阿耆尼というのもあり，これは現地語 *Argi*. の "sanscritization"（Skt. *Agni-*）のようである．この地名のその他の型ならびに語源的考察については，H. W. Bailey, *Khotanese Texts. Vol. VII*, Cambridge 1985, pp 1-6, "*Argi and Kuci*", 参照．

(33) 元奘という名前もみられる．二つ名前があることに加えてラテン文字で音訳するときに多岐にわたる方式・基準があるので，この中国の巡礼僧を表わすのに，欧米の文献には混乱や不明瞭が起こる．彼は決まって，*Hioun Thsang, Huan Chwang, Yuên Chwǎng, Hiuen Tsiang, Hsüan Chwang* および *Hhiien Kwan*. などとよばれる．しかしこれらが，すべてではないかも知れない．

(34) 本文中の「四百餘里」は，魏および晋の正史の1里を434.16メートルとする換算にもとづくと173.65キロメートルとなり少々長すぎる．それ以前の秦ならびに東漢時代の1里＝414.72メートルの換算によると165.75キロメートルとなり，道の屈曲を考慮するとニヤとエンデレ間の実際の距離にかなり近いに違いない．法顕の述べている尼攘 Niyang は，だいたい現在のニヤもしくは民豊 Minfeng の位置に間違いないと考え

られ，当時すでに放棄されていたニヤ遺跡，精絶ではないであろう．

(35) A. Stein, *Serindia*, p. 277, 参照．

(36) Shoshin Kuwayama "Historical Note on Kapisi and Kabul in the sixth-Eigth Centuries" *Zinbun, Annals of the Institute for Research in Humanities, Kyoto University*, Nr 34(1), Kyoto 1999, p. 31 参照．

(37) これまで刊行されていなかった文献の影照本が『中国方志叢書』，西部地方 12巻の叢書のなかに，『新疆省，新疆四道志』（成文出版社，台北 1968）528頁の書名をもって出版された．『新疆図志』は，1983年に北京民族文化宮から複製本が出された．

(38) この条の原文は，注 (100)，参照．

(39) B. A. Litvinskij (ed), Восточный Туркестан в древности и раннем средневековье. Этнос, языки, религии, Moskva 1992.

(40) ヤルツングース・ダリヤ付近に関係すると思われる remena なる地名を考慮すべきこと，赤松教授の教唆を受けた．この地名は，本書資料編2 赤松論文が引く 122, 124, 376, 251 文書に見える．確かに，remena は，エンデレとニヤの間にあったと考えらる．もし，今後の考察によって，この興味深い見解が実証されるならば，我々は，いま一つの lominama という地名 (122 文書)，それが remena の別称である可能性を考慮に入れねばならないだろう．かかる地名に関して，赤松教授のご教示に感謝したい．

(41) Corinne Debaine-Francfort and Henri-Paul Francfort, "Oasis irriguée et art bouddhique ancien à Karadong: Premier résultats de l'éxploration franco-chinoise de la Keriya", *Académie des inscriptions & belles-lettres: Compte rendus des séances de l'année 1993 novembre-décembre*, Paris 1993．また，『中国日本共同尼雅遺跡学術調査報告書』，巻1・2，（仏教大学 1996-2000）．なお次も参考にされたい．新疆文物考古研究所編『新疆文物考古新収穫』1979-1989,（烏魯木斉 1995）および 新疆文物考古研究所・新疆維吾爾自治区博物館編『新疆文物考古新収穫』1990-1996（烏魯木斉 1997），新疆維吾爾自治区文物事業管理局等編『新疆文物古迹大観』（烏魯木斉 1999），438 pp.

(42) Huntington, *The Pulse of Asia*, p. 210, Stein, *Serindia*, p. 271 参照．

(43) イブラヒム Ibrahim が目的を達成できなっかたことに関して，ハンチントン Huntington は，イブラヒムが「水の無い砂漠を9日探索し，少しばかり陶器類が残ってはいるが，住居跡はまったく見当たらない古代の遺跡を発見した」と断言したと述べている．ハンチントンは，イブラヒムの話を十分根拠があるのかどうか，信用できないとしているが，我々には，もちろんのこと，今日判断する手段はない．しかし，カラドン Karadung ならびにニヤ遺跡の北に石器時代の遺跡があることが今日判明している事からすると，イブラヒムの話は荒唐無稽のこととも思えず，もう少し真剣に受け止める価値があるかも知れない．

(44) Stein, *Ancient Khotan*, p. 285 参照．

(45) 保柳睦美「シルクロードの南道に関する再検討」（月刊『シルクロード』514, 1979），保柳睦美「西域の滅びた町と河川の縮小」（『地学雑誌』741・2 1965），保柳睦美『シルク・ロード地帯の自然の変遷』（古今書院 1976）参照．

(46) 長沢和俊「古代西域南道考」（『楼蘭王国史の研究』雄山閣 1996），pp. 571-589．

(47) このようなデータは非常に長い距離に関するものであり，長距離の表示のものほど不正確で信憑性が低いということは，言うまでもない．この事実は，漢文史料中に記載されている数値が「概数」だということがよく表わしているのである．したがって，他の場所からの距離を示しているそのような，大雑把な数値から推論するという方法を用いて，2点の距離の差を求め，調べているある場所からある場所までの距離とする場合は，かなりの誤差や不正確さを考慮に入れるべきである．この方法は，西域の歴史地理に関する古い文献ではしばしば用いられている（とりわけ Albert Herrmann の *Die alten Seidenstrassen zwischen China und Syrien*, Berlin 1910），然し結果は常に控えめに受け取られている．

(48) 表 8-1, 参照．

(49) M. E. Chavannes, "Voyage de Song Yun dans l'Udyana et le Gandhara (518-522 p. C.)", *Bulletin de l'Ecole Française d'Extreme-Orient*, Tome III, Hanoi 1903, pp. 390-391, note 9, 参照．

(50) 従此東行六百餘里．至折摩駝那故国．即涅末地也．城郭巋然．人煙断絶．復此東北行千餘里．至納縛波故国．即楼蘭地也．推表山川．考採境壤．詳国俗之剛柔．繋土之風気．動静無常．取捨不同．事難窮験．非可仰説．隨所遊至．略書梗槩．挙其聞見．記諸慕化．斯故日入已来．咸沐恵沢．風行所及．皆仰至徳．混同天下．一之字内．豈徒単車出使．通駅万里者哉．（『大唐西域記』巻 12)

(51) 表8-1の距離に関して，里のキロメートルへの換算は，時代により値が異なることを考慮して以下の換算にもとづいている．
    宋雲　　　1里=502 m　　　2540×502=1,275,080 m=1275.08 km
    玄奘　　　1里=531.18 m　　2500×531.18 m=1.327.950 m=1327.95 km
    旧唐書　　1里=559.8 m　　 1500×559.8 m=839.700 m=839.7 km
(52) 特に，『史記』，『前漢書』，『後漢書』，『三国志』『晋書』および『魏書』．
(53) 司馬光 (1019-1086) のこの著作は1085年に完成しており，403 B. C. -960 A. D. の期間を扱っている．中国正史にみられない情報もある程度扱っており，そのことから，この本の価値を高めている．
(54) 『資治通鑑』巻17, および『漢書』巻61, 参照.
(55) このことは，匈奴に対抗する協定を取り付けるために，月氏に外交使節を派遣したことに始まった．外交使節の張騫は139・138 B. C. に派遣されたが，匈奴に10年間捕らえられ，中国に帰国できたのは126 B. C. であった．彼による報告は『史記』巻123張騫伝にみられる．
(56) 例外は楼蘭ならびに烏塁およびその他の場所，時にクチャであった．すなわち中国の都尉ならびにその他の長官がいたところである．匈奴もまた，漢文史料では，僮僕都尉 (奴隷担当指揮者) とよぶ，「西域」の長官を，Yanqi と Yüli (Kalmagan?) の間に B. C. 60 まで置いていたが，60年に，漢朝の軍事および政治担当である，漢の役人西域都護府 (西域の防衛司令長官官署) が取って代わった．
(57) Edouard Chavannes, *Les documents chinois découverts par Aurel Stein dans les sables du Turkestan oriental*, Oxford 1913, および Henri Maspero, *Les documents chinoise de la Troisieme expédition de Sir Aurel Stein en Asie Centrale*, London 1953, 参照．

楼蘭文書に関しては，August Conrady, *Die chinesischen Handschriften und sonstigen Kleinfunde Sven Hedins in Lou-lan*, Stockholm 1920, 日本書道教育会議『スウェンヘディン楼蘭発見残紙木牘』，『残紙書法選』2巻, (1988), 『楼蘭漢文簡紙文書集成』巻1-3, (天地出版社　2000), 参照.
(58) 言語学的に Xiongnu 匈奴の言語を分類する様々な試みが，前近代の中国正史のなかに埋もれている数少ない匈奴語の材料をもとに行われた．匈奴語がそう多くなかっただけでなく (ほとんどが地名や役職名), それらが漢語に音訳されていて，その語の元のかたちがともすれば頗る不明確になっている．そういう意味でおそらく最も匈奴の言語としてはっきりしているのは，『漢書』匈奴傳のなかに見られる単于の正式な称号である「撐犁孤塗単于」であろう．この称号は，普通，よく知られている Turkic-Mongolic の概念である tengri を反映していると見なされている，撐犁という要素を包含していると解釈されている．(最も新しくは，小谷仲男，『大月氏．中央アジアに謎の民族を尋ねて』(東方選書34　東方書店　1999)．この比較は，妥当なのかも知れないが，言語学的な関連の証明にはおそらく役に立たないだろう．というのは，この種の言葉の使い方は，系統を異にする言語間でも借用されがちだからである．しかしながら一方，匈奴語が，今日我々がアルタイ語類と呼ぶものに属していたという可能性は決して否定できないものの，ただ，アルタイ語との関連は，例えば最初に l- があるとか，最初に子音群があるとかという言語学的特長を考えれば，弱くなる．この問題に関する正面からの考察として，E. Pulleyblank, "The Consonantal System of Old Chinese II, *Asia Major*, n. s. Vol. IX, part 2, London 1962, pp. 239-265, がある．この論文では，匈奴語は Yenissei グループの言語に属すると提唱されている．Pulleyblank の説にたいする反論が，Omeljan Pritsak, "The Hsiung-Nu word for" Stone", *Tractata Altaica. Denis Sinor dedicata*. Wiesbaden 1976, pp. 479-485 (Omeljan Pritsak, *Studies in Medieval Eurasian Hisory*, London 1981 のなかで再版) であり，そこでは，Yenissei-Ostyak の歴史について我々が現在持っている不完全な知識では，3-4世紀の Yenissei-Ostyak 語型を復原することは不可能であるし，比較することはいっそう不適切と論じ，むしろ，次のように結論に達する．「逆に，総て，匈奴の語句と，European Huns や Bolgarian の言語グループ —— その Chuvash 語 (チュヴァシ語) は今日まで残っている —— を結びつけるられる可能性がある」と．しかしながら，Pritsak は，Pulleyblank の考察，すなわち，前述した語頭の l-および語頭の子音群については何も触れていない．疑問は未解決のままである．
(59) 匈奴と中国との外交書簡はほとんどまったく漢語で行われたようである．単于の宮廷では，捕虜を取ったり，多数の中国からの逃亡者などのおかげで，漢語を運用できる人間にことかかなかった．中国正史のなかに，匈奴から漢廷に送られた数通の書簡がみえる．しかしながら，これらの書簡は，我々の手に入るのは漢語で書かれているが，

おそらく，元々長安の宮廷に送られたときの言葉であろう．このような書簡の最も有名なものが『漢書』巻34にみられるが，そのなかで冒頓単于は皮肉っぽくまた挑発的に中国の未亡人の呂大后にプロポーズを行っているのである．

(60) 東トルキスタン（"新疆"or西域）についての文献において，20世紀初頭以来，「カロシュティーKharoshti文書」という場合，のその"Kharoshti"は言語であって文字ではないかの如くにいうことが普通であった．このいささか正確さを欠く命名が定着し，また今日では益々多数の形式的にも機能的にも有名な文書集成（その数は増え続けている）で用いられている．したがって，その誤謬をあえて変えても無意味であろう．

(61) E. J. Rapson and P. S. Noble, *Kharoshti Inscriptions discovered by Sir Aurel Stein in Chinese Turkestan*, Oxford 1929, ならびに赤松教授の本書所載論文を参考のこと．

(62) R. E. Emmerick, *A Guide to the Literature of Khotan, 2nd ed.*, Tokyo 1992, 参照．

(63) Jibin 罽賓，について『漢書』巻96には，次の史料がみえる．
「罽賓国，王治循鮮城，去長安萬二千二百里．不属都護．戸口勝兵多，大国也，東北至都護治所六千八百四十里，東至烏秅国二千二百五千十里，東北至難兜国九日行，西北與大月氏，西南與烏弋山離接．……罽賓地平，温和，有目宿，雜草奇木，檀，槐，梓，竹，漆，種五穀，蒲陶諸果，糞治園田．地下溼，生稲．冬食生菜．其民巧，雕文刻鏤，治宮室，織罽，刺文繡，好治食．有金銀銅錫，以爲器．市列．以金銀爲錢，文爲騎馬，幕爲人面．出封牛，水牛，象，大狗，沐猴，孔雀，珠璣，珊瑚，璧流離．它畜與諸国同」

E. Chavannes と S. Lévi ("L'itinéraire d'Ou-K'ong". *Journal Asiatique*, n. s. tome VI, Paris 1895, pp. 371-384.), S. Lévi 重版 "Note additionelle: Le Kipin, situation et historique", *Jounal Asiatique*, ns tome 6, Paris 1895, pp. 371+384; S. Lévi, Notes et rectificative sur le Kipin", *Journal Asiatique*, n. s. tome 7, Paris 1896, pp. 161-162), において，罽賓は Kashmir (Kashmira) と同一であるとされている．現在そのことは，疑う余地の無いことは E. Pulleyblank が *Asia Major*, n. s. 9 (1962), p. 218 のなかで，罽賓 $kie\bar{\imath}$-$pyin$ の中古音がそれ以前の $kā(t)s$-$pīn$ (*-en) — それは，*$kaspir$ を経て，$kasmir(a)$ を音訳するのに使用された — に遡る事をはっきりと示したからである．

罽賓と同一とする場所が，史料によって異なるという重要な示唆を白鳥庫吉が *Memoirs of the Research Department of the Toyo Bunko*, nr 2, 1928 のなかの，"A Study on the Su-t'ê 粟特", pp. 128-13 で示している．

Shoshin Kuwayama "Historical Notes on Kapisi and Kabul in the Sixth-Enghth Centries" *Zinban, Kyoto University*, Nv34(1) Kyoto 1999, pp, 25-77, では，「隋の罽賓 Jibin は唐のそれとは違う」と明快に論ずる．

(64) 『漢書』巻96「昔匈奴破大月氏，大月氏西君大夏，而塞王南君罽賓．塞種分散，往往爲数国．自疏勒以西北，休循，捐毒之属，皆故塞種也．」

(65) H. W. Bailey は $saka$-$rāja$ 'King of the Saka' という意味の $saka$-$rāja$ — 彼はこれを 'Yarkend' に対する古い名前と結びつけている — という称号があったことに注目したが，その考えは，さらにヤルカンド Yarkend がサチャ Saca 支配地域に属していたのではないかということにも繋がるものである．参照．H. W. Bailey, "The Kingdom of Khotan", *Papers on Far Eastern History*, Vol. 4, pp. 1-16, (Canberra), 1971.

(66) Douglas Q. Adams, "Mummies", *The Journal of Indo-European Studies*, Vol. 23, Numbers 3 and 4, 1995, pp. 399, 340, 参照．

(67) 楼蘭で行われた各種の考古学的活動に関する概略については，孟凡人，『楼蘭新史』pp, 3-8, 穆舜英・張平『楼蘭文化研究論集』（楼蘭文化研究叢書　烏魯木斉　1995）ならびに Folke Bergman, *Archaeological Researches in Sinkiang*, Reports from the Scientific Expedition to the North-Western Provinces of China under the Leadership of Dr. Sven Hedin, VII Archaeology 1, Stockholm 1939, などを参照．

(68) Stein, *Ancient Khotan*, Oxford 1907, p. 306 sqq 及び Plate CXIX; 参照; 又，Bo Utas, "The Jewish-Persian fragment from Dandan-Uiliq", *Orientalia Suecana*, Vol. XVII, Uppsala 1968, pp. 123-136.

(69) 梅原教授の本書論文（第III部研究編7），参照．

(70) J. P. Mallory and Victor H. Mair, *The Tarim Mummies. Ancient China and the Mystery of the Earliest Peoples of the West*, London 2000, 352 pp., これは，これまでの研究成果のなかでこの問題に関する最も参考にすべきものといえる．

また，Elizabeth Wayland Barber, *The Mummies of Ürümchi*, MacMillan, London 1999；及び以下の論文 *The Journal of Indo-European Studies*, Volume 23. Nrs 3-4, 1995: Victor H. Mair, "Prehistoric Caucasoid Corpses of the Tarim Basin" (pp. 281-308); Paul T. Barber, "Mummification in the Tarim Basin" (pp. 347-356); Xu Wenkan, "The Discovery of the Xinjiang Mummies ans Studies of the Origin of the Tocharians" (pp. 357-370)及び Paolo Francalacci, "DNA Analysis of Ancient Desiccated Corpses from Xinjiang", (pp. 385-398). も参照.

(71) 何德修および金琴香「且末県紮洪魯克墓葬」1989年清理簡報（新疆文物考古研究所　新疆維吾爾自治区博物館編,『新疆文物考古新収穫1990-1996』, 烏魯木斉　1997) pp. 325-337, 新疆維吾爾自治区文物事業管理局　等編『新建文物古迹大観』（烏魯木斉 1999) pp. 40-48, 参照.

(72) この問題に関する, 初期(1950年)の論文であるが, 詳しい総説として, 榎一雄「メンヘン-ヘルフェン氏「月氏問題の再検討」」（『榎一雄著作集』第一巻　中央アジア史Ⅰ, 1992) pp. 349-359, 参照.

(73) 繰り返し指摘されていることであるが, 月氏は単一民族ではなく, むしろいくつかの民族グループで構成されていたらしい —— 各々の民族グループは, 自分達独自の言語を話していたが, それは必ずしもインド=ヨーロッパ系言語であるとは限らない. このような仮説は, もちろん妥当であるが, しかし月氏の言語に関する問題を決して解決するものではない. たとえ月氏だけが, 自分たちの政治組織の最も優位な最上層であったとしても, 彼らの多民族同盟状態を維持する為に, 彼らが自分達の言語 —— 最上層の言語としてのみではあるが —— を使用しなかったと確信する根拠はない. このことに関連してさらに,『史記』から『新唐書』までの中国正史の記述は, このような仮説を余り裏付けてはいないということを指摘する必要がある. 事実, 時に中国の歴史はこのような問題に, 非常に詳細な情報を与えるものである. 例えば,『漢書』巻96「大月氏徙西臣大夏而烏孫昆莫居之故烏孫民有塞種大月氏種云……」. ここでは, 烏孫に住む塞種族と月氏種族のことが指摘されている.

(74) Albert Herrmann, "Die Westländer in der chinesischen Kartographie", Sven Hedin, *Southern Tibet*, Vol VIII, Stockholm 1922, pp. 89-386, 参照.

(75) Otto Franke, *Beiträge aus chinesischen Quellen zur Kentniss der Türkvölker und Skythen Zentralasiens*, Abhandlungen der Königlichen Preussischen Akademie der Wissenschaften, Berlin, 1904, p. 20.

(76) もしくは, H. W. Bailey のいう "pseudo-Tokharians",

(77) 例えば, W. M. Mcgovern, *The Early Empires of Central Asia*, Chapel Hill 1939, pp. 479 f. 参照.

(78) 大月氏, の移動については, 桑原隲蔵,「張騫の遠征」,『東西交通史論叢』（京都 1932), pp. 1-117, および小谷仲男,『大月氏. 中央アジアに謎の民族を尋ねて』（東方選書34, 東方書店　1999) pp. 47-53. を参照.

(79) 王先謙は,『漢書補注』のなかで, 小月氏が生残った理由に関するてがかりとして,「其羸弱者南入山, 阻依諸羌居止」, すなわち,「弱きものは南に"行き"山に入り, 全面的に羌にたより, そこにとどまった」と述べている. 彼はさらに,「彼らは羌と通婚（遂與共婚姻）し, 霍去病将軍は西河（川の西方）を手に入れ湟中を開いた. 月氏は漢に降伏し, 張掖でともに暮らした. 彼らは, "義なる従順な野蛮人"といわれた.」(霍去病取西河地開湟中, 月氏来與漢人錯居在張掖者, 号曰義従胡).

この言葉は,『後漢書』列伝77「湟中月氏胡」のなかの一節にもとづいており, 一見したところ, 小月氏がチェルチェン（Cherchen）地域で羌と関係なく居住していた可能性があるという考えに矛盾するようにみえる. しかしながら, チェルクリク Charklik 地域ならびにその西方の地域は, 当時明らかに羌の影響下にあったこと, ならびに,［小］月氏のグループが, 漢人に"楽勝し", 漢の影響下にある地域に住み着いていたという事実は, 若羌（ならびに, おそらく隣の Cherchen）に, 月氏の血をひく人々が住んでいたという可能性をかなり裏付けるものであろう. 地名の若羌の語源も, この考えをいっそう, 確かなものに導くであろう.

(80) これに関連して, チェルクリクの, 最も古い資料に見られる古い中国名, すなわち, 若羌または婼羌の成り立ちを考察しなければならない. この地名は, Qiang 羌族（？）の名前を含むことは明らかで, その前に何かの限定がついている. 若（KGS 777a ńiak/ńźiak）または婼（KGS 777k *îˆniak/îˆiak）が, ここでは, 正確に何を意味するのかについては, 将来の研究に待たねばならぬが, カールグレンの *Grammata Serica Recensa*, 777a での説明, すなわち「髪を振り乱し手を上に伸ばし跪いている男の姿, これは典型的な, 負けて降参している武士の姿」によって, 問題の漢字は明らかに, "服従した野蛮人の種族"を意味している可能性がある適切な漢語といえよう.（左図, 参照）

この民族名に由来する地名が, いずれにせよ羌に関連があるに違いないという考え

は,『魏略』(『三国志』巻30魏志裴松之注所引)の一節がその根拠となろう.

「敦煌西域之南山中, 従婼羌. 西至葱嶺数千里, 有月氏餘種葱茈羌, 白馬, 黄牛羌, 各有酋豪, 北與諸国接, 不知其道里広狭. 伝聞黄牛羌種類, 孕身六月生, 南與白馬羌隣.」 ── 数千里にわたって, 若羌から西方の葱嶺に至る, 敦煌西域の南山の山々には, 残りの月氏グループすなわち葱此羌, 白馬羌, 黄牛羌が暮らしている. どのグループにもリーダーがいる. 北方は, いくつかの国々と接している. これらの国々への道のり, それらの国々の大きさは未知であった. 伝え聞くところでは, 黄牛羌の種族は生まれるまでの妊娠期間は6か月と言われ, そして南方は白馬羌に接しているという. ──

この一節で, 月氏が, いくつかの羌族の一つと考えられていることは特筆すべきで, 羌と月氏が明らかに近い関係にあることを雄弁に語っている.

然し, 忘れてならないのは, この関係は主として政治的, 社会的なものであり, 月氏が羌の血を引いているのわけではない. さらにわかっていることは, これらの月氏-羌グループは若羌から葱嶺山脈にかけた広い地域に暮らしていたということである. この地域はチェルクリク(若羌)のみならずCherchen, Endereおよびヤルトングースも含む.

この一節の扱いにおいて, シャバンヌ(Edouard Chavannes) "Les pays d'occident d'apres le Wei lio", *T'oung Pao*, Serie II Vol 6, 1905, pp. 526-527 は若羌を地名としてでなく民族名として訳している ("depuis les *Jö K'iang* 若羌 jusqu'aux monts Ts'ong-ling...") ── これは歴史的には正しいかも知れないが, 漢時代から若羌は地名として確立しているという観点からすると, その本文通りという確証はない. 清末民初の学者盧弼に拠る1936年出版の『三国志集解』のなかでは,「羌」の語源を,「羌本西戎卑賎者主牧羊故羌字従羊人」, すなわち「羌は元々西戎の低い階層に属し, 人々は主として羊の放牧を行っていた. したがって, 羌という漢字は羊'sheep'と人'man'からできている」という. 漢字の形によるこの説明にはそれなりの真実性がありそうだが, 羌にあてられた音声(KGS 712a *$k'iang/k'iang$) は, 元々は, その地方固有の地名を表わそうとしたに相違ない.

(81) Edward Pulleyblank, "Why Tocharians?", *The Journal of Indo-European Studies*, Vol. 23, Numbers 3 and 4, 1995, pp. 424-425.

(82) James Hamilton, Le pays des Tchong-yun, Čungul, ou Čumuda au Xe siècle, *Journal Asiatique*, Tome CCLXV, fasc. 3-4, 1977, pp. 351-379, 参照.

(83) H. W. Bailey, *Indo-Scythian Studies, being Khotanese Texts Vol. VII*, Cambridge 1985, p. 8.

(84) ここの論点, およびそれに関連したものとしては, J. P. Mallory and V. H. Mair, *The Tarim Mummies. Ancient China and the Mystery of the Earliest Peoples from the West*, London 2000, pp. 102-131 参照.

(85) Edward Pulleyblank, "Why Tocharians?", *The Journal of Indo-European Studies*, Vol. 23, Numbers 3 and 4, 1995, p. 422.

(86) 『漢書』巻66西域伝,『資治通鑑』巻23.

(87) "Kroraina" の語源ははっきりしない.

(88) Pulleyblankによるjień jień, dian dianの復原については;参照, Asia Major IX, 1962, p. 109.

(89) James Hamilton, "Autour de manuscript Staël-Holstein", *T'oung Pao*, Vol. XLVI, Livr. 1-2, 1958, m pp. 121-122, 参照.

(90) James Hamilton, "Le pays des Tchong-yun, Čungul, ou Čumuda au X siècle", *Journal Asiatique*, Tome CCLXV, fasc. 3-4, 1977, pp. 358-361, 参照.

(91) この考えは, 最初にAurel Steinが提唱した. *Serindia*, Oxford 1921, p. 415f.

(92) Berhard Karlgren, *Grammata Serica Recensa*, Stockholm 1957, nr. 123k and 185n.

(93) James Hamilton, "Autour du manuscript Staël-Holstein", *T'oung Pao*, Vol. XLVI, Livr. 1-2, 1958, p. 122, 参照.

(94) 本書第II部2, 赤松教授の論文を参照.

(95) James Hamilton, "Autour du manuscript Stael-Holstein", *T'oung Pao*, Vol. XLVI, Livr. 1-2, 1958, p. 121, "

(96) H. W. Baileyは tuhara/θογαρα をイラン語に由来, およびそれに関連したイラン民族名 gara <IE g^{w}er- 'call; greet'. にまつわる型, (参照. H. W. Bailey, *Indo-Scythian Studies being Khotanese Texts Vol VII*, Cambridge 1985, pp. 136-137) >. と考える立場をとっている. Baileyのこの考えに対する批判につては, Douglas Q. Adams, "Mummies", *The Journal of Indo-European Studies*, Vol. 23, Numbers 3 and 4, 1995, p. 402, note 5. Douglas Q. Adams, "Mummies", *The Journal of Indo-Eur-*

opean Studies, Vol. 23, Numbers 3 and 4, 1995, p. 402, note 5. を参照

(97) Bailey, 同, p. 80, 参照.

(98) Paul Pelliot, *Notes on Marco Polo*, Vol, 1, Paris 1959.

(99) 哈爾哈什河＜Uig. Qaraqaš?＞の名については, 問題が多い. それは, 河川系全体に用いられる名称であるとも考えられる. もし, Qaraqašの訳,「黒い石もしくは宝石」が正しければ, それは, Aqtaš「白い石, もしくは宝石」の対語となり, すでに知見する所にこれは属す. そうであれば, 二つの名称は, もとは河の, それぞれ異なる所を示したものとなろう. ホータン付近, Yurungqaš Darya and Qaraqaš Darya, その名も,「白い宝石の河」「黒い宝石の河」との名をそれぞれもっている.

(100) 『新疆省, 新疆四道志』に,「哈爾哈什河在城東三百八十五里其源出托蘭烏佳南大金廠東色勒克妥思山北流一百八十里至托蘭烏佳又折而西北流一百八十里至牙通古斯又流四十里伏於戈壁.」

(101) Gunnar Jarring, *Central Asian Turkic Place. Names. Lop Nor and Tarim Area: An Attempt at Classification and Explanation Based on Sven Hedin's Diaries and Published Works*, Reports from the Scientific Expedition to the North-Western provinces of China under the Leadership of Dr. Sven Hedin, VIII: 11 Ethnography, Publication 56, Stockholm 1997, 参照.

(102) 標準の表記, 例えば Gunnar Jarring's の地名辞典, によれば, すでに注釈にも述べたが, 以下のようにそれぞれ記されることになろう. *Aq-jüje-ölgen, Kala-bash-ögkil, Yilgha sariq*(?), *Sariq-buja-tar-ögkil, Kala sulaghi, Yar-tonguz-tarim, Jigda bolung* (or*Yigda bolung*), *Kalla-sulaghi-chawal, Helya Beg*.

(103) 『後漢書』列伝 78, 参照.

(104) 『漢書』巻 79 馮奉世伝「南北道合萬五千人進撃莎車攻抜其城. 莎車王自殺, 伝其首詣長安」.

(105) 中央アジア全般ならびに特にタリム盆地における芸術混融の影響に関する研究に, 最近韓国においても, 重要で質の高い投稿が見られる —— ソウルの国立中央博物館に所蔵されているいわゆる大谷コレクションの一部が, 中央アジアの芸術史研究の発展を推進する役割を果たしているようである. 参照, 例えば, 權寧弼『실크로드 미술 중앙아시아에서 한국까지』, 서울 1997, 318 pp. ; および ; 関丙勳が『美術資料』(国立中央博物館, Seoul) に発表した数編の資料「国立中央博物館藏 베제크릭 壁畫 위구르 銘文 試釋」(55, 1995, pp. 119-155 梅村 坦と共著);「国立中央博物館藏 투르판 出土文書管見」(56, 1995, pp. 156-180);「国立中央博物館藏 투르판 出土墓塼管窺」(57, 1996, pp. 95-130) および国立中央博物館藏 투르판出土 伏羲女図攷」(61, 1998, pp. 21-62). ソウルの大谷コレクションについては, 関丙勳「ソウル国立博物館所藏の大谷コレクションについて」(『東西交渉』通巻 25 号, 1988), 参照.

(106) Corinne Debaine-Francfort and Henri-Paul Francfort, "Oasis irriguée et art bouddhique ancien à Karadong: Premier résultats de l'éxploration franco-chinoise de la Keriya", *Académie des inscriptions & belles-lettres: Compte rendus des séances de l'année 1993 novembre-décembre*, Paris 1993.

(107) M. A. Stein, *Serindia*, Vol. IV, Plates XL-XLI, Oxford 1921, 参照.

(108) シルクロード, *Silk Road* という名称は, ドイツの地理学者 Ferdinand von Richthofen の造語であり, ドイツ語の *Seidenstrasse*, を訳したものである (参照. 注 2).

(109) H. W. Haussig, *Die Geschichte Zentralasiens und der Seidenstrasse in vorislamischer Zeit*, Darmstadt 1983, 318 pp. 参照.

(110) 權寧弼『실크로드 미술 중앙아시아에서 한국까지』Seoul, 1997, p. 318 参照. また, 長沢和俊『東西文化の交流：新シルクロード論』(白水社 1979) 第 7 章,『海を渡って来た人と文化, 古代日本と東アジア』(京都文化博物館, 1989),『シルクロード往来人物辞典』(東大寺教学部編, 1989) を参照.

(111) 孟凡人『楼蘭新史』(光明日報出版社 1990) p. 44, 参照.

(112) 漢王朝時代におけるタリム盆地の道路の詳しい記述については, 参照. 黄文弼,「両漢通西域路維之変遷」,『西域史地論叢』(上海 1981), pp. 76-81, 参照.

(113) 『欽定西域同文志』, 東洋文庫叢書第十六, 東洋文庫 1964, 巻 1-13, 参照. および北方の二つの道については, 特に松田寿男『古代天山の歴史地理学的研究』(早稲田大学出版部, 1956) pp. 6-9 および 409-410.

(114) J. P. Mallory の興味あるシナリオについては "Speculations on the Xinjiang Mummies", *The Journal of Indo-European Studies*, Vol. 23, Numbers 3&4,

(115) Fall/Winter 1995, pp. 371 ff. J. P. Mallory, 参照.
(115) И. Я. Златкин, *История Джунгарского ханства* (1635-1758), Moskva 1964; pp. 422-463 参照.
(116) Kim Hodong, *Muslim rebellion and the Kashghar emirate in Chinese Central Asia*, 1864-1875, Ph. D. diss., Harvard University, 1986, 参照.
(117) 本稿の 8-3-2-3, 参照.
(118) MM によれば (*L'Asie Centrale. Histoire et civilization*, Paris 1977, pp 199-200) 芸術史の上から言えば、その遺跡はおそくとも5〜6世紀に遡るもののようである.
(119) ニヤ (Niya), 楼蘭 (Loulan) とここでいうのは,「ニヤ遺跡」(精絶),「楼蘭遺跡」(スタイン遺跡番号 LA) をそれぞれ意味する.
(120) 行四百餘里・至都邏【賭貨羅】故国・国久空曠・城皆荒蕪.
(121) Aurel Stein, *Ancient Khotan*, p. 435.
(122) 『魏書』巻 102.
(123) この地方の、早い時代の旅行者法顕（4 世紀末〜5 世紀初め）も、西域南道に言及し、鄯善王国を訪ねている。彼はこのルートについてほとんど何も詳しい情報を残しておらず、ただ鄯善王国については,「鄯善国其地崎嶇薄瘠」, すなわち「この国はでこぼこで起伏が多く表土の薄い やせ地である」との関連記事を述べているにすぎない.
(124) 玉門関と敦煌からタリム盆地に至る三つの主要道路（天山北路，天山南路と西域南道）を、多少とも、より詳細に分析すれば、若干異なる結果が導き出されることになろう。すなわち、例えば、孟凡人は彼の著書『楼蘭新史』p. 47 で、上記の三つに玉門関から横坑と龍堆を経て高昌に至る道を加えた四つの道を示している。最も南の道に関して、彼はその青海からの道を其の東方の Charkhlik 若羌にむすんでいる.
(125) 孟凡人, 前掲書, p. 54
(126) Albert Herrmann, *Dia alten Seidenstrassen zwischen China und Syrien*, Berlin 1910, p. 115
(127) 『漢書』巻 61 李広利伝（『資治通鑑』巻 21）, 参照. そこには、将軍李広利 (?〜88 B. C.) が紀元前 103 年に、西域南道沿いに行軍する彼が率いる軍隊のために食料を探そうとしたときの問題に関連している
(128) L. D. Barnett and A. H. Francke, "Tibetan Manuscripts and Sgraffiti discovered by Dr M. A. Stein at Endere", Aurel Stein, *Ancient Khotan* 所収, pp. 548 ff.
(129) Christopher Beckwith, *The Tibetan Empire in Central Asia: a history of the struggle for great power among Tibetans, Turks, Arabs and Chinese during the early Middle Ages*, Princeton 1993, 281 pp., 参照.
(130) 馬大正，王嶸，楊鎌編『西域考察與研究』（烏魯木斉 1994）. ニルス・アンボルト (Nils Ambolt) が 1931 に作成した河川図，参照.（Nils Ambolt, *Relative Schwerkraftsbestimmungen in Zentralasien*, Reports of the Sino-Swedish Expedition to the North-Western Provinces of China II: 2, Stockholm 1948, 所収）
なお林梅村,「漢唐和田河的古代交通」(『漢唐西域与中国文明』, 文物出版社, 北京 1998) pp. 211-226, 黄文弼『塔里木盆地考古記』(中国田野考古報告集, 考古学専刊, 丁種第三号, 科学出版社, 北京 1958) pp. 42 ff. も参照.
(131) A. Stein, *Serindia*, pp. 1286-1291.

III部　研究編

8-A　砂漠：ジグダ・ボルン西
　　（ホーカン・ヴォルケスト撮影）

8-B　ジグダ・ボルン北西の砂丘
　　（ホーカン・ヴォルケスト撮影）

8-C　ジグダ・ボルン北西の大砂丘
　　（ホーカン・ヴォルケスト撮影）

8　西域南道東部地区に関する諸問題

8-D　ヤルトングース・ダリアの乾いた河床
　　（ホーカン・ヴォルケスト撮影）

8-E　ヤルトングース・ダリア
　　（ホーカン・ヴォルケスト撮影）

8-F　ヤルトングース・ラングル
　　（ホーカン・ヴォルケスト撮影）

III部　研究編

8-G　ジグダ・ボルンでの駱駝のキャラバン
　　　中央：ホーカン・ヴォルケスト
　　（ホーカン・ヴォルケスト撮影）

8-H　仔駱駝，ジグダ・ボルン北西の砂漠にて
　　（ホーカン・ヴォルケスト撮影）

8-I　ジグダ・ボルンのターミナル入植地
　　（ホーカン・ヴォルケスト撮影）

8　西域南道東部地区に関する諸問題

8-J　ジグダ・ボルン西北：
　　　コネ・シャール
　　　（ホーカン・ヴォケキスト撮影）

8-K　コネ・シャール付近の住居跡から発見され
　　　た家屋の柱．支えているのは著者．
　　　（ホーカン・ヴォルケスト撮影）

III部 研究編

8-L　ホータン・ダリヤの乾いた川床：何世紀にもわたってホータンとアクス間の交通路として利用された．（スタファン・ローゼン撮影）

8-M　ホータン・ダリヤ流域，マザール・タグの砦跡（スタファン・ローゼン撮影）

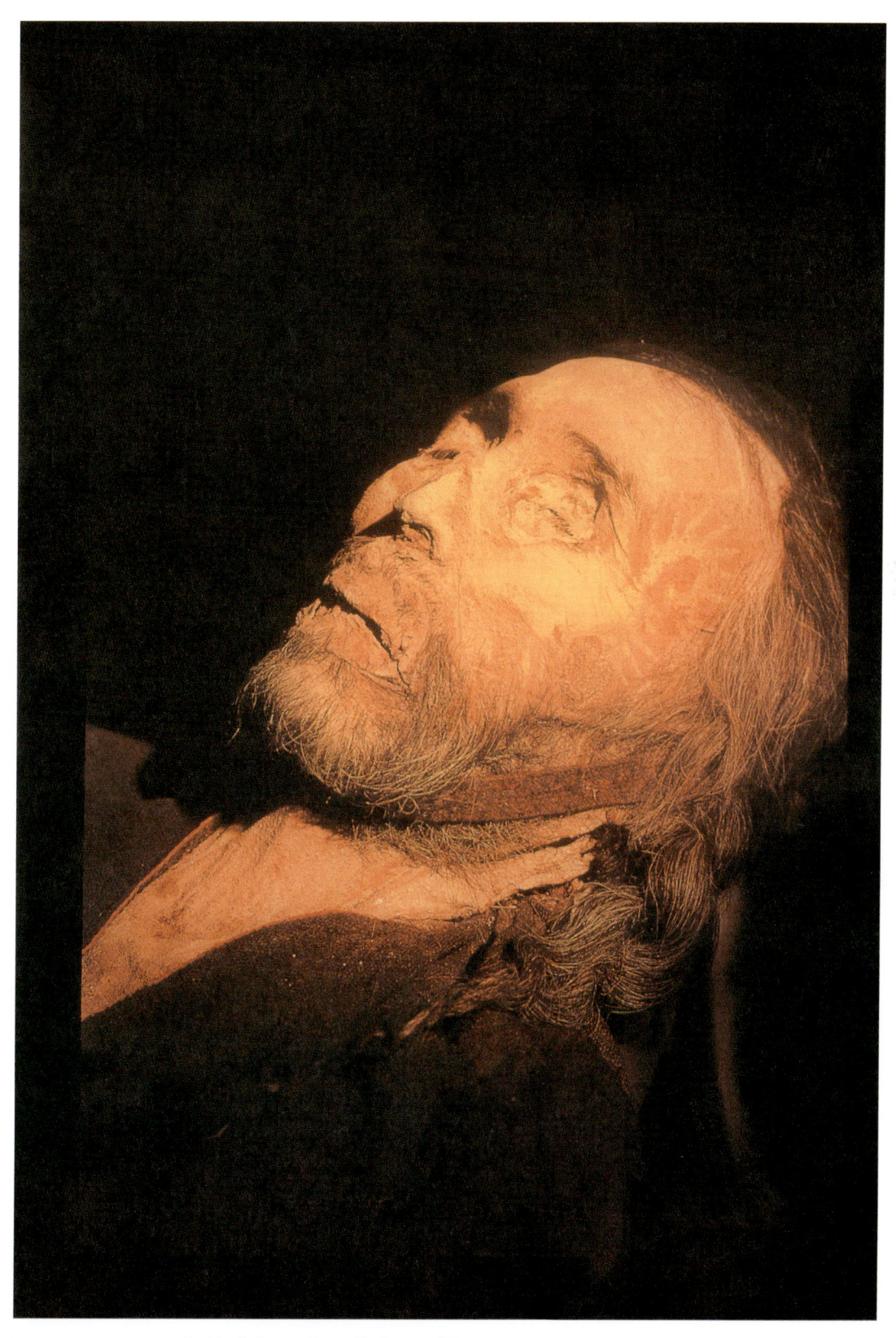

8　西域南道東部地区に関する諸問題

8-N　"チェルチェン"人のミイラ
("Discover Magazine" U. S. A，本書 330 頁注 (70) 参照)

9 楼蘭・ニヤ出土カロシュティー文書について

On the Kharoṣṭhī Documents from Lou-Lan and Niya.

赤松　明彦
Akihiko Akamatsu

9-1　はじめに

　本稿は，オーレル・スタイン (Aurel Stein) によって，楼蘭遺址およびニヤ遺址からもたらされた「カロシュティー文書」(しばしば「ニヤ文書」とも呼ばれる) について，従来の研究をもとにその特徴を概観するとともに，より精緻な文書の読解を試みることによって，そこに見出される諸事象が内包する古代インド的文化要素を明らかにしようとするものである．

　スタインは，内陸アジアの踏査行を，「大英帝国インド政庁の命令の下に」(under the orders of H. M. Indian Government) 3 度にわたって行ったが，彼が将来した「カロシュティー文書」の全体は，KI. I-III において見ることが出来る．まず，KI. I (1920) は，1900 年から 1901 年にかけて行われた最初の踏査行の際に，ニヤ遺址から発見された文書群 (No. 1-427) を載せている．この 1 回目の踏査行のスタイン自身による記録が，*Ancient Khotan* (1907) である．次に KI. II (1927) は，1906 年から 1908 年にかけての第 2 回の踏査行の結果，ニヤ，エンデレ，楼蘭の各地域の遺址から発見された文書群 (No. 428-708) を載せている．この第二回目の記録は，*Serindia* (1921) として知られている．さらに，KI. III (1929) が，1913 年から 1916 年にかけて行われた第三回目の踏査で，新たにニヤおよび楼蘭の遺址からもたらされた文書群 (No. 709-757) を載せている．この 3 回目の記録が，*Innermost Asia* (1928) である．この KI. III には，ハンチントン (Ellsworth Huntington) によってニヤ遺址で得られた文書 (No. 758-763) も載せられ，さらにはラプソン (E. J. Rapson) によって周到に用意されたほぼ完全な用語索引と，「カロシュティー文書」に現われる「王とその在位期間」の表がつけられている．

　KI において「カロシュティー文書」を解読し，カロシュティー文字からローマ字 (音声記号) への転写を行ったのは，ボイヤー (A. M. Boyer)，セナール (E. Senart)，そしてラプソンであったが，前 2 者はパリにおり，後者はケンブリッジでその作業にあたった．第一次世界大戦をはさんでのことである．「カロシュティー文書」の大部分は，木簡であ

る．しかも封泥・封印つきのものもある．原資料の扱いには細心の注意が払われたに違いない．実際，封泥・封印つきの木簡についてはパリには送られなかった．かくしてスタインが将来した「カロシュティー文書」のほぼすべてが転写され，原資料もおそらくその大部分がロンドンの大英博物館にいったん保存されたと思われる．その後，India Office の指示で，これらの原資料は二つの部分に分けられ，一方は大英博物館にそのまま保存されるが (現在は The British Library の India Office 部門が管理している)，他方はインドに返されることとなった．1930 年 10 月に荷積みされたようである．現在 The British Library の India Office 部門の閲覧室に，"List of Kharosthi etc. Documents of Sir Aurel Stein's Three Central Asian Expeditions, Packed for Dispatch to India, OCT. 1930." というタイトルのついたリストが保存されているが，それによれば文書数でおおよそ 290 点の木簡が荷積みされたことがわかる．これらは最初ニューデリーにある The Central Asian Antiquities Museum に収蔵され，後に国立博物館に移されて，現在はその中央アジア考古室 (スタイン室) の管理の下に保存されている．

　筆者は，幸いにして何度かの調査の結果，The British Library 所蔵の「カロシュティー文書」については，おそらくそのすべてを精査することが出来たし，ニューデリーの国立博物館所蔵分も上記リスト分の所蔵確認と 3 分の 1 ほどの調査，さらにはリストに載っていないものも数点収蔵されていることを確認することが出来た．その詳細については補遺の「カロシュティー文書現況一覧」を参照願いたい．ただしそれでもまだかなりの数の所在未確認のものがある．Mukherjee (1996：41) によれば，ニューデリーの国立博物館は，'556 Kharoṣṭī inscriptions from Chinese Central Asia (including 80 fragmentary ones)' を現在所蔵しているという．さらに現在約 31 (あるいは 33) の文書の所在が不明であると言っている．この数字が資料の点数を示しているのか，文書数を示しているのかがわからないのであるが，いずれにせよそこでは，現在 'A Descriptive Catalogue of Central Asian Kharoṣṭī Inscriptions in the National Museum' が準備中であり，このカタログで初めて紹介され翻訳されるものも多くあることをアナウンスしているので，この出版が待たれるところである．

　以下においては，このスタイン将来の「カロシュティー文書」を中心に，その再調査・研究を通じて得られた成果を明らかにしたい．

　なお，本文中で使用した略号および文献については，本書第 II 部資料編 2「楼蘭・ニヤ出土カロシュティー文書の和訳」の 2-4 節を参照されたい．

9-2　楼蘭・ニヤ出土カロシュティー文書研究の現在
――インド学的観点から

　「カロシュティー文書」とは，楼蘭遺址からニヤ遺址に至る西域南道沿いのオアシス都市遺跡より出土した文書類で，カロシュティー文字で書かれたものを指す．そこにカロシュティー文字で記されている言語は，現在では「ガーンダーリー」(Gāndhārī，すなわち「ガンダーラ語」) と呼ばれることが多い，中期インド＝アーリアン語つまりプラーク

リットのひとつで「北西部インド方言」である．先に第II部資料編2において示したように，この「カロシュティー文書」は大部分が行政文書——王からの命令書，地方行政官の通信，土地や奴僕の売買証文（権利書）など——である．この「カロシュティー文書」が3世紀から4世紀の時代のものであることは確かである．つまりこの時期，西域南道沿いの各地域では，西はホータンから東は「楼蘭」と呼ばれ中国側から「鄯善」とされた地域に至るまで，少なくとも行政目的の言語としてはインド系の言語が使用されていたのである．このようなインド系言語つまりカロシュティー文字とプラークリットの広範囲にわたる使用の事実を前にして，スタインは次のように述べている．

> かくして我々は次のような疑問に向き合っているのである．このようなインド系言語の広範囲にわたる使用は，部分的には，紀元後の最初の数世紀の間，ヒンドゥークシュの北と南の両地域で覇権を握った有力なインド＝スキタイ（月氏）が，タリム盆地で暫くの間及ぼしたかに思える政治的な影響の結果ではなかったのか．あるいはまたより重要なものでさえあるが，同じ時期にオクサスの地域から東方へと布教されていった仏教に伴って及ぼされた文化的影響の結果ではなかったのか，という疑問である．この種の疑問に対する確かな解答を与えようとするにはいまだ時期尚早である．(*Serindia*, I : 243)

スタインが「時期尚早」と言ってからほぼ1世紀が経とうとしている．その間すぐれた学者たちによって「カロシュティー文書」について多くの研究成果が積み重ねられてきた．果たしてそれらの成果が，このスタインの疑問に明確な解答を与えることになったのかどうか，その点への関心も含めて，ここでは主としてインド学の分野からの成果を研究史的に見ておきたい[1]．

9-2-1　スタインとラプソン

スタインの中央アジア踏査の報告書三部作すなわち，*Ancient Khotan* (1907)，*Serindia* (1921)，*Innermost Asia* (1928) の全11巻は，「カロシュティー文書」研究の出発点であり，常にそこに戻るべき帰着点でもあると言ってよいかも知れない．報告書と言うにはあまりにも浩瀚でしかも詳細な記述に富む真に天才の仕事というにふさわしいものである．（スウェン・ヘディンもまた同様に天才であった．）この三部作は，後の研究において，しかしながら必ずしも十分に読まれているとは思えない．特に日本人の研究においてはそうである．現時点では，筆者もまた十分に読んだとは言えないが，さまざまなページを読みかえすたびに，すでに重要なことがそこで言われ，指摘されていることを知らされるのである．そして上述のように，スタインによって持ち帰られた「カロシュティー文書」は，ラプソン他によって編集解読され KI. I-III においてその全容が研究者に知らされることになった．この KI の第3巻目が出版されたのと同じ年 (1929) に，カロシュティー碑文研究の歴史において最も重要な位置を占めるコノウ (S. Konow) の著作 *Corpus Inscriptionum Indicarum*, vol. II, part I, *Kharoshṭhī Inscriptions with the exception of those of Aśoka*, Calucutta が出版されている．

9-2-2 バロー

　KI に載せられた個別的な文書を対象に多くの研究が発表されたが，なかでもバロー (T. Burrow) は，1937 年に *The Language of the Kharoṣṭhi Documents from Chinese Turkestan*, Cambridge を出版し，「カロシュティー文書」に関するそれまでの研究成果をまとめ，その言語的特徴を明らかにするとともに，行政用語として使われている特別な語彙—その多くはイラン語系の借用語であるが—の意味・概念を提示した．そして 1940 年には *A Translation of the Kharoṣthi Documents from Chinese Turkestan*, The Royal Asiatic Society, London を出版し，KI 所収の「カロシュティー文書」の全訳を発表した．逐語訳とも言うべきその英訳はかなり正確なものである．

9-2-3 リューダース

　バローと同じ時期ゲッチンゲンのリューダース (H. Lüders) もまた一連の「カロシュティー文書」を対象とした研究を発表している．インド文献学と文化史的方法が見事に融合したその仕事は，まず No. 565 文書を対象にして，1933 年に発表される．"Zur Geschichte des Ostasiatischen Tierkreises" (in *Philologica Indica*, 727-751.) がそれである．No. 565 文書は，いわゆる「十二支」の暦で，「第一の星宿は＜ネズミ＞という名，その日にはすべての物事をなすべし，成就す」といったことが記述されているが，これを詳細に分析解読し，その起源を探究したのがこの論文である[2]．さらに 1936 年には，"Zur Schrift und Sprache der Kharoṣṭhī-Dokumente" (in *Kleine Schriften*, 369-387.) および "Textilien im alten Turkistan" (in *Kleine Schriften*, 445-480) を発表し，1940 年には，"Zu und aus den Kharoṣṭhī-Urkunden" (in *Kleine Schriften*, 405-439) を発表している．いずれも精緻な語彙研究とそれにもとづいたいくつかの文書についての解釈が示されている．

9-2-4 ブラフ

　第二次世界大戦後カロシュティー研究＝ガーンダーリー研究に新たな金字塔を築いたのはブラフ (J. Brough) である．1962 年に出版された *The Gāndhārī Dharmapada: edited with an introduction and commentary*, (London Oriental Series, Vol. 7.) London: Oxford University Press は，学界におけるガーンダーリー研究，とりわけ仏教プラークリット研究の新たな出発点となったものであり，この書を参照することなしには，これ以後，中期インド語＝プラークリットについて語ることは不可能とまで言われる仕事である．そしてまた，1965 年に発表された "Comments on third-century Shan-shan and the history of Buddhism," BSOAS 28: 582-612 は，「カロシュティー文書」(「ニヤ文書」) の年代を，漢文木簡に記述される歴史的事実の照合と，カロシュティー文書に記載される王 (鄯善王) について割り出されるその在位期間の関係から，236 年から 321 年までの

ものとして決定した有名な論文である(3). 同時にまたこの論文は, 2世紀半ばから4世紀にかけての中央アジアにおけるクシャーナ朝インドと後漢末期の中国との関係を論じ, 政治面と文化面 (特に仏教の問題) においてそれを明らかにした点でも重要なものであった. 2世紀半ばの中央アジア地域における国家行政面でのプラークリットとカロシュティー文字の広範囲にわたる使用は,「影響」の結果ではなく, 2世紀半ばから当該の地域がクシャーナ朝に実際に組み入れられたと, 端的に説明可能なものであり, 中国の支配力が低下したのに応じて, クシャーナ朝のパミール以東への勢力の伸張があったと考えるべきものであるとするのである. ただしこのクシャーナ朝の支配は長くは続かず, 3世紀半ばには, この地域では帝国の支配から独立した群雄の割拠する時代を迎える. すなわちこの時期こそが,「カロシュティー文書」に現われる西域南道のオアシス都市群が, それぞれに支配者をいただく時期であり,「カロシュティー文書」成立の最初期にあたるのである. これは同時に中国が再度西域経営に乗り出した時期でもあった. ここでブラフは, アンゴーカ王 (Aṃgoka) 17年からの王のタイトルの変化に注目する. この年から王のタイトルとして新たに'jiṭugha'が加わるのである. これが「侍中」に一致することに着目した彼は, アンゴーカ王17年を263年に想定して, 西晋の始まる265年には, アンゴーカ王は中国の支配下に入っていたとするのである. アンゴーカ王の治世は長く38年続く. マヒリ王 (Mahiri) は, おそらく283年にこれを継ぐが, 中国側は忠誠のしるしとして新王から人質をとる. それが太康4年(283)8月の「鄯善国遺子入侍」(『晋書』) の記事にあたる. マヒリ王の治世は28年間. 早くとも311年にヴァシュマナ王 (Vaṣmana) がこれを継ぐ. ヴァシュマナ王の治世は11年間. したがって321年頃が「カロシュティー文書」の下限となるのである. 1970年に発表された "Supplementary notes on third-century Shan-shan," BSOAS 33: 39-45 は, 上の論文とほぼ同じ頃発表された榎一雄 (1963)(4): "The location of the capital of Lou-lan and the date of Kharoṣṭhī inscriptions," Memoirs of the Research Department of the Toyo Bunko, No. 22, 125-71 と, ローウェー (M. Loewe) が1969年に発表した "Chinese relations with Central Asia, 260-90," BSOAS 32: 91-103 への応答であり, 基本的に先の論文の主張を補強するものである.

9-2-5 フュスマン

カロシュティー碑文およびガーンダーリー文献の研究は, 進捗著しいものがある. コノウの研究が発表された1929年から1989年までの研究史についてまとめ評価したものに, フュスマン (G. Fussman) が1989年に発表した "Gāndhārī écrite, Gāndhārī parlée," (in Caillat, C. (1989): *Dialectes dans les litteratures indo-aryennes*. Publications de l'Institut de Civilisation Indienne, serie in-8, fasc. 55. Paris: College de France.) がある. 仏教が中国に入ったときに漢訳された仏典の原本の多くが, サンスクリットではなく「ガーンダーリー」で伝えられたものであったであろうということは, 上述のブラフの論文 (Brough 1965: 586-588, 607-611) でも詳しく論じられ,「ガーンダーリー」を媒介言語としてインド文化が北西部インドから中央アジアを経て中国へと伝えられたという説(5)は, 近年学

界の定説に近いものとなっているが，フュスマンはこれに対して，サンスクリット仏教文献がすでに1世紀にはインドの西北部に存在していたこと，1世紀から2世紀にかけてのカロシュティー碑文中には，サンスクリットから借りたいくつかの語形がすでに見られることなどを顧慮すべきことを主張している．初期仏教の言語については，1980年に出版された *Die Sprache der ältesten buddhistischen Überlieferung, The Language of the Earliest Buddhist Tradition* (Symposien zur Buddhismusforschung, II), Herausg. von H. Bechert, Abhandlungen der Akademie der Wissenschaften in Göttingen, Phil.-Hist. Klasse, dritte Folge n° 117, Göttingen. に収載された諸論文，とりわけカヤ (C. Caillat) の論文 "La langue primitive du bouddhisme" が参考になるが，カヤにはまた1992年に発表された "Connections Between Asokan (Shahbazgarhi) and Niya Prakrit?" IIJ 35: 109-119 があり，バローの LKhD への追加的注記を行っている．

9-2-6 林梅村

最近の15年間で「カロシュティー文書」に関連して最も多くの研究成果を発表しているのは林梅村である．林は，中国の最も著名なサンスクリット学者である季羨林の弟子である．近年の成果は1988年の『沙海古巻』(文物出版社)，1995年の『西域文明』(東方出版社)，1998年の『漢唐西域与中国文明』(文物出版社) にまとめられている．冒頭に示したスタインの疑問と関連して彼の主張を取り上げるならば，175年から220年の間に，クシャーナ朝すなわち月氏の数千の人々が流民となってトカリスタンあるいはガンダーラ地方から東方へと移入し，彼らのうちの数百人は洛陽にまで達したと考えられること．残りの人々がタリム盆地のオアシス諸国家に散らばってそこで生活することになったこと．これがインド系言語ならびに文化要素の中央アジアから中国にかけての流通の原因であるとするのである．

9-2-7 サロモン

カロシュティー研究あるいはガーンダーリー研究は，近年劇的な変化を見せている．1994年9月，The British Library の Oriental and India Office Collections 部門は，カロシュティー文字の仏教経典を含む29巻からなる樺皮文書を篤志家の援助を得て手に入れた．最古のインド写本であり仏教写本である．1996年メディアを通じてこのニュースは世界に配信され，学界はこれを興奮をもって受けとめた．この写本については，サロモン (R. Salomon) が1999年に出版した報告書 *Ancient Buddhist Scrolls from Gandhāra*: The British Library Kharoṣṭhī Fragments, London がある．仏教の初期の歴史の書き換えを迫るかに思える写本の発見は，しかしこれだけに止まらなかった．以後続々とこの種の写本がマーケットに現われるのである．それらについての詳しい情報は，松田和信の報告[6] から得ることが出来るが，そのなかには，カロシュティー文字で貝葉に書写されたガーンダーリーの『大般涅槃経 (Mahāparinirvāṇasūtra)』(2世紀) といったものもあり，いずれの漢訳にも一致しない未知のヴァージョンであるとのことである．

最初に掲げたスタインの疑問は，いったんブラフの研究などによってある程度の解答を得られたかに思えたが，いまや再び解答を与えるには「時期尚早」の段階にあると言うことができるであろう．

9-2-8　孟凡人，榎一雄，長沢和俊

以上，インド学の立場から「カロシュティー文書」をめぐる研究史を述べてみた．無論その他にも歴史学の立場から，孟凡人の『楼蘭新史』(1990年, 光明日報出版社)や『楼蘭鄯善簡牘年代学研究』(1995年, 新疆人民出版社)のようなすぐれた成果も発表されている．また同じく歴史学の分野で日本人のものとしては，榎一雄が1965年に発表した，「楼蘭の位置を示す二つのカロシュティー文書について」(『石田博士頌寿記念東洋史論叢』: 107-125．また『榎一雄著作集』第一巻: 51-66.)があり，また「鄯善の都城の位置とその移動について」(『オリエント』8-1/2:．また『榎一雄著作集』第一巻: 67-120.)があるし，長沢和俊が1996年にそれまでの成果をまとめて出版した『楼蘭王国史の研究』(雄山閣)もある．

9-3　文書の形態と出土地点について

「カロシュティー文書」の形態については，KI. I-III において，各文書がすでにいくつかの形態に従って分類されている．いまその分類に従って主なものを並べてみるならば以下の如くである．各形態は，実際にはその文書の性格・内容と密接に連関しているのであるが，それについての詳しい説明は後の論述に譲るとして，ここではおおまかな特徴を述べるにとどめておきたい．

9-3-1　文書の形態

a　楔形木簡 (Wedge-shaped tablet) [図 9-1]

この形態の木簡はその文書中で，「この kilamudra が届いたならば」とそれ自身に言及されていることから，kilamudra と呼ばれていたことがわかる．この kilamudra とは，スタインによってすでに AKh: 368 で説明されている通り，サンスクリットの 'kīla (ka)'「くい」あるいは「くさび」('wedge') の意味の語と，'mudrā'「印章」また「封印」('seal') の意味の語の2語からなる合成語で，スタイン自身は，'wedge [-tablet] and seal' と説明している．本書中では，その訳語として「楔形封印命令書」をあてた．王の命令・政策決定を簡潔かつ至急に伝えるためのものである．写真を見てわかるように，完全なものは，2枚1組よりなり，上蓋の表には封泥と封印を伴って，宛名にあたるものが記されている．特に上蓋の表は美しく仕上げられており，インドでよく見る白檀木を使った出来のよいペーパーナイフのように見えるものもあった*1．本文は下板の表か

*1
楔形の形態は至急の命令を迅速に伝えることを目的とするこの種の命令文書にふさわしいシンボリックな形態であるが，この形態をとった理由はおそらく別のところにあったと思われる．上板は溝が掘られ，その溝に沿って紐で縛られ封泥・封印で厳重に封がされているように見えても，実は下板は，先端の紐を切りさえすれば，先端から逆の方向にずらし抜きとることによって，中の文面を容易に見ることが出来るのである．籾山明教授と共にこの点は幾度も実物について確かめたところである．この点から見て，形態は類似していても，中国の「検」からの影響をこの楔形木簡に言うことは難しいであろう．

III部　研究編

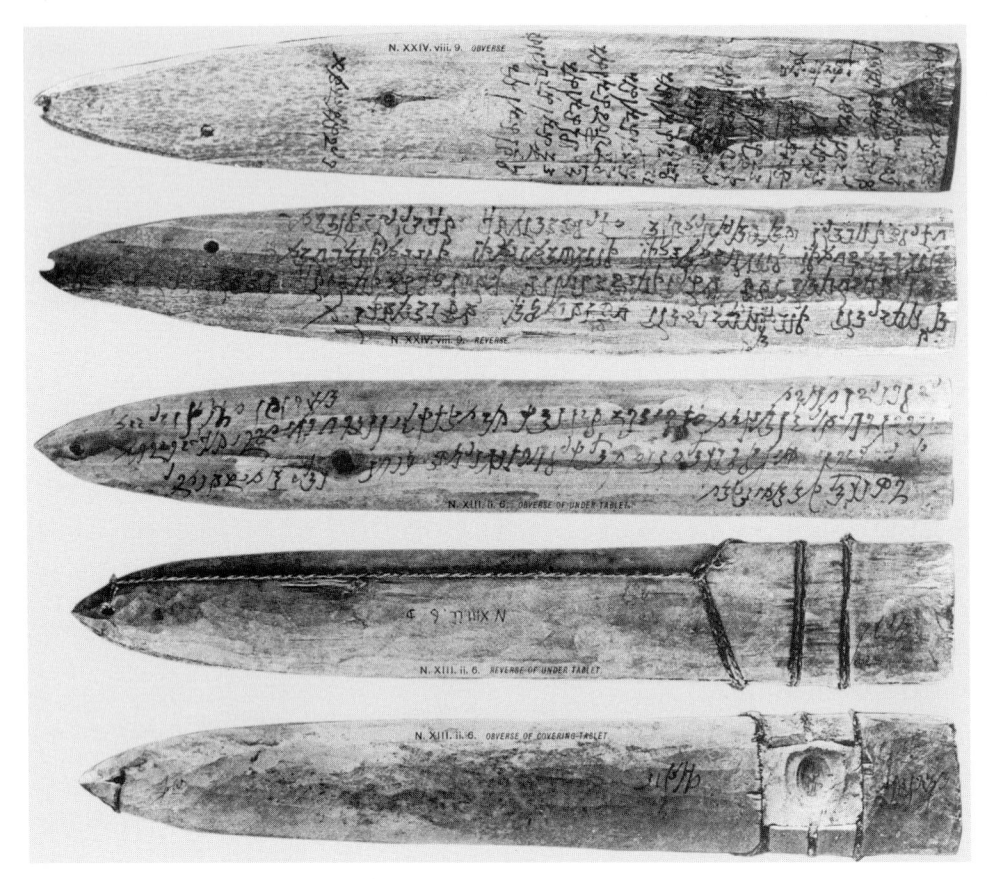

図9-1
楔形木簡の例．上の2葉は No. 523 の木簡で下板の表と裏の写真．下の3葉は No. 435 の木簡で，下板の裏，上板の表（封泥・封印が見える）の順番で上から並んでいる．

ら書き始められ，上蓋の裏へと続く．下板の裏には「某々の件」と文書の内容に関わる人物名を記してインデックスとしているが，このインデックスは明らかに本文とは違う手で書かれており，役所における文書保管の際に記されたものであろうと思われる．出土した「カロシュティー文書」のなかで文書数としては最も数が多く272を数える．ただし KI で 'Wedge-shaped' とされていても内容・形態的にこれに属さないものは，ここでは「その他の木簡」に分類している．

b　矩形木簡（Rectangular tablet）［図9-2］

　上下2枚よりなり，上蓋のほうが下板にはめ込まれるようにして組み合わされる．封泥・封印を伴い，しっかりと紐で綴じ合わされて「未開封」の形で出土したものもある．この形態の木簡には内容的には大きく分けて2種類のものがある．ひとつは証文・権利書の類で，「某々において注意深く保管されるべきもの」(dharidavo, dharidavya, daridavo；＝Skt. dhārayitavya) という表書きを伴う．もうひとつは，主として高官の間のやりとりの手紙で，「某々において解かれるべきもの」(vyalidavo, vyālidavo, vyalidavya) という表書きを伴っている．特に証文として使用されたものは，上下の板がピッタリと精巧に組み合わさっており，その独特の形態とともに大変美しいという印象を持った．写真に示したものは，証文の矩形木簡である．矩形木簡は出土文書数では楔形木簡についで多く200近くを数える．

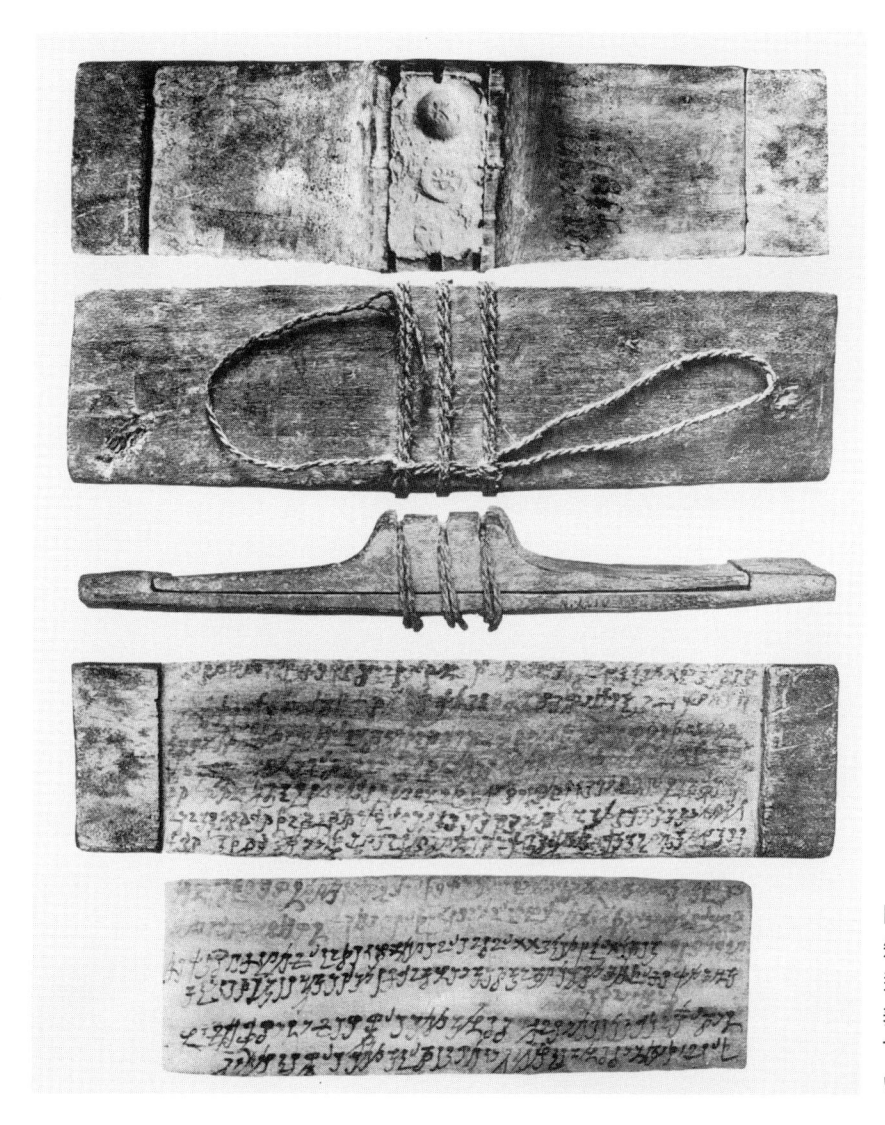

図 9-2
矩形木簡の例. No. 582 の木簡で典型的な証文である. 上から, 上板の表 (封泥・封印), 下板の裏, 側面, 下板の表, 上板の裏の順番で並んでいる.

c　タクティー形木簡 (Takhtī-shaped tablet) [図 9-3]

　タクティーというのは, 取っ手のついた一枚板のパン切り用まな板のような形で, インドで書写板に使われているものである. この型の木簡は全部で 14 出ている. リストのようなものもあれば, No. 399 や No. 514 のように雑記帳と言ってよいようなものもある.

d　長方形木簡 (Oblong tablet) [図 9-4]

　長方形の一枚板. 物品リストに使用されている他, 私信などに使用されている例も見られる. 文書数としては 150 近くある.

e　皮革文書 (Document on leather) [図 9-5]

　王が命令を記した長文の手紙である. 楔形木簡が簡潔に王の命令を伝える至急便であるならば, この皮革文書は, その楔形封印命令書 (kilamudra あるいは anadi-kilamudra) によって伝えられた命令のより詳しい内容を伝えるもの (livistarena anadilekha) で, 別

III部 研究編

図 9-3
タクティー形木簡の例. 真中の2葉が, No. 399の木簡で, 発信人・あて先文面の異なる3通の手紙が, 両面にそれぞれ異なった手で書かれている.

図 9-4
長方形の木簡の各種. 1枚板で, いくつかのコラムに分けて帳簿や表のような使い方をしている.

9 楼蘭・ニヤ出土カロシュティー文書について

図 9-5
皮革文書の例．上が No. 362 の文書の全体．右下の写真がその文書が，実際に出土したときの折りたたまれた状態．

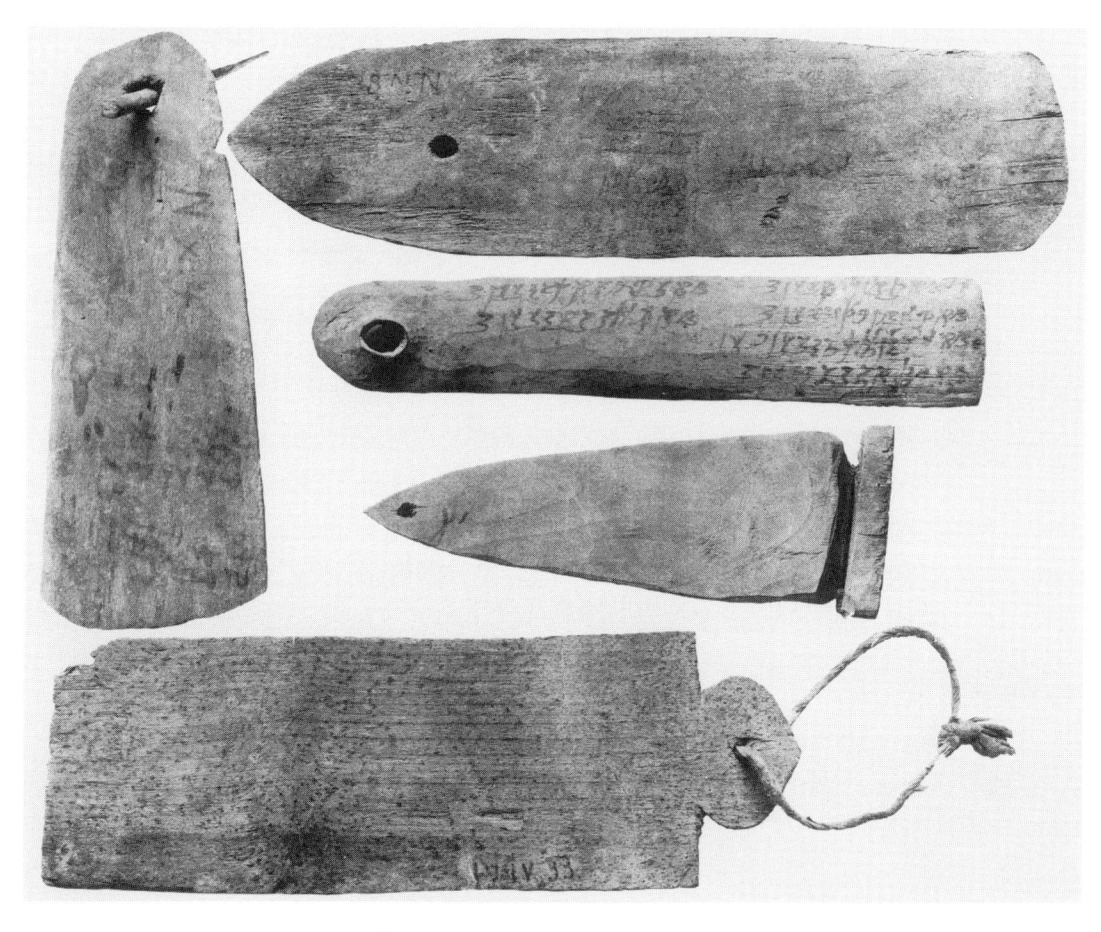

図 9-6
その他各種の形態の木簡の例．

便で届けられたと思われる．この皮革文書は，N. V. xv からのみ 23 枚が見つかっており，出土地点の特異性を特徴付けるもののように思える．また，その多くが書き出しに定型文を伴っていることも特徴である．スタインによれば，羊の皮だとのことである．

f　その他の形態の木簡 (Other wooden tablet) [図 9-6]

木切れや棒切れ，あるいは杖状のものなどがある．物品リスト，物品ラベルなどに使われている．

g　紙文書 (Document on paper)

いわゆる楼蘭遺跡 (L. A., L. B.) だけから出土している．内容から見れば多く私信に使用されたと思われる．

9-3-2　出土地点別各種文書分布状況

表 9-1 に示すのは，カロシュティー文書を上記の形態別に分類し，その出土点数の分布を，スタインが発掘した地点ごとに示したものである．

この表を見てみると，木簡の出土件数は，N. I. i, N. I. iv, N. V. xv, N. XXIV. viii が際立って多いことがわかる．また，L. A. と L. B. からは，カロシュティーの紙文書が見つかっていることが注目される．そこで，これらの地点を特異地点として特に取り上げて，文書の形態別のその地点での出土状況を示す表 9-2 とグラフ 9-1 を示そう．

これらの特異出土地点ごとの特徴を挙げるならば，おおよそ次のようになるであろう．

(a) N. I. i：楔形木簡に限って大量に出土．
(b) N. I. iv：各種の木簡が出土．楔形木簡は比較的少数．矩形木簡はすべて高官間の公的文書で，証文は出土していない．長方形の木簡も多数出土．
(c) N. V. xv：各種の木簡に加えて，漢文の木簡がカロシュティー木簡とともに出土したことが注目される．またこの地点からのみ，皮革文書も出土している．また矩形木簡は，高官間の公的文書とともに，年・月・日を明示する「証文」も出土している．
(d) N. XXIV. viii：矩形木簡のうちの「証文」にあたるものが，完全な形で，つまり封印されたままの未開封の状態で 24 対発見されている．
(e) L. A. ii：カロシュティーの木簡はほとんど出土していない．紙のカロシュティー文書が発見されているのが注目される．

さて以上のような出土地点ごとの文書の形態の違いは，それぞれの場所にあった行政機関の性格の違いを反映していると考えることも可能であるが，例えば N. V. xv についてスタインが「古代の紙屑籠」と言っているように，カロシュティー木簡に混じって漢文木簡も出土し，さらには皮革文書も出れば，またガラスの破片，象牙のサイコロ，布切れ，骨，古代の汚物などが雑多に出ているのであり，その地点自体は不要品の廃棄場

表9-1 各種カロシュティー文書の出土地点分布

地区	楔形木簡	矩形木簡	タクティー形木簡	長方形木簡	皮革文書	その他の形態の木簡	紙文書	漢文文書
N.I.I	59	2	1	4	0	2	0	
N.I.ii	2	1	0	0	0	0	0	
N.I.iii	0	0	1	0	0	0	0	
N.I.iv	9	30	2	35	0	18	0	
N.II.v	1	2	0	5	0	7	0	
N.III.vi-ix	7	7	0	4	0	1	0	
N.III.x	8	10	1	0	0	3	0	
N.IV.x-xiv	1	5	2	1	0	3	0	
N.V.xv	77	52	2	25	23	9	0	49 (wood).
N.V.xvi	0	0	1	0	0	0	0	
N.VI.xvii	3	1	0	0	0	0	0	
N.VII.xviii	2	0	0	4	0	3	0	
N.VII.xix	1	0	0	0	0	0	0	
N.X.xxi	0	5	0	1	0	1	0	
N.IX	0	1	0	0	0	0	0	
Niya,lmarr	3	2	0	1	0	0	0	
N.XII	0	1	0	0	0	1	0	
N.XIII.I	1	0	0	0	0	0	0	
N.XIII.ii,iii	6	7	0	0	0	3	0	
N.XIV	0	0	0	0	0	1	0	
N.XV.I	1	1	0	1	0	1	0	
N.XVI.I	0	0	0	1	0	0	0	
N.XVII	0	0	0	0	0	1	0	
N.XVIII.I	0	1	0	0	0	0	0	
N.XIX.I	0	0	0	0	0	1	0	
N.XIX,iii	0	0	0	1	0	1	0	
N.XX.iv	0	0	0	0	0	1	0	
N.XXI	0	0	0	1	0	0	0	
N.XXII.I,ii	1	0	0	4	0	3	0	
N.XXII.iii	11	1	0	4	0	1	0	
N.XXIII.I,ii,i	9	7	0	6	0	0	0	
N.XXIV.ii-v	2	1	2	4	0	0	0	
N.XXIV.viii	26	28	1	12	0	10	0	
N.XXIV.ix-	0	0	0	2	0	0	0	
N.XXVI.I,ii	4	2	0	14	0	4	0	
N.XXIX.I,ii,i	6	8	0	3	0	0	0	
N.XXX,I	8	10	1	3	0	1	0	
N.XLV.I	17	1	0	0	0	1	0	
E	0	2	0	2	1	1	0	
L.A.I.ii	0	0	0	2	0	1	2	
L.A.II.ii,v	1	0	0	1	0	0	0	
L.A.III.I,ii	0	0	0	0	0	2	0	
L.A.IV.ii,iv	3	4	0	2	0	3	0	
L.A.V.I,ii	0	1	0	1	0	1	0	
L.A.ii	1	0	0	1	0	2	6	
L.A.VII.I	0	0	0	1	0	0	0	
L.A.IX.I	0	0	0	1	0	0	0	
L.B.IV.I,ii,iv	2	2	0	1	0	0	1	
T.XII	0	0	0	0	0	0	1(fine silk)	

表9-2 各種カロシュティー文書の地区別分布

地区	楔形木簡	矩形木簡	タクティー形木簡	長方形木簡	皮革文書	その他の形態の木簡	紙文書	漢文文書
N.I.I	59	2	1	4	0	2	0	0
N.I.iv	9	30	2	35	0	18	0	0
N.V.xv	77	52	2	25	23	9	0	49
N.XXIV.viii	26	28	1	12	0	10	0	0
L.A.I.ii	0	0	0	2	0	1	2	
L.A.IV.ii,iv	4	4	0	2	0	2	0	
L.A.ii	1	0	0	1	0	2	6	300
L.B.IV.I,ii,iv	2	2	0	1	0	0	1	

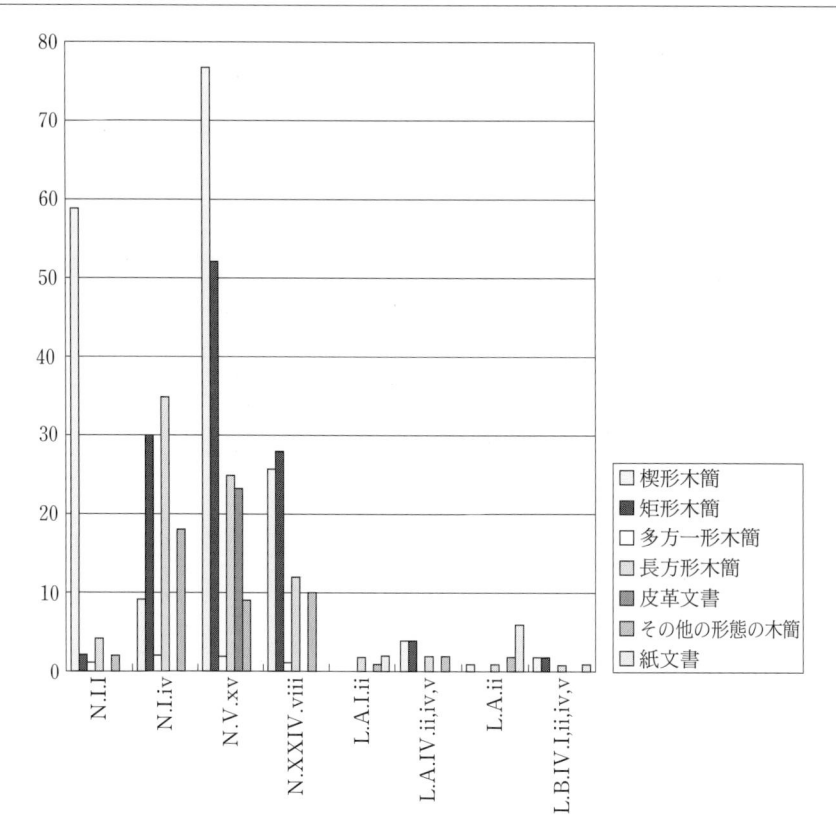

グラフ 9-1
地区別の文書形態分布グラフ

に他ならない．もちろんそれゆえにこそ，「泰始五年」(269年) の紀年を持った漢文木簡と同じ場所から発見されたカロシュティー木簡を，同じ時代に属するものと考えることが出来たのであり，そこからカロシュティー木簡成立のおおよその年代を確かなものとして，我々は信じることが出来たのであるが．また，N. XXIV は，よく知られているように「秘密の隠し場所」である．そこでこれらの出土地点の違いを，それぞれ所掌の任務を異にする行政官庁の跡であるなどとは考えずに，そこから出土する文書類の年代を割り出し，主要官庁の移動という視点からこれを解釈したのが孟凡人 (1999：301-306) である．

孟凡人はすでに1995年に『楼蘭鄯善簡牘年代学研究』(新疆人民出版社) を発表し，カロシュティー文書の一々について，それが所属する年代を確定することを試みている．これは，カロシュティー文書の紀年については目下のところ最も信頼しうる研究である．

この紀年研究にもとづいて，孟凡人はまず N. XXIV 地点から出土した木簡がアンゴー
カ王の時期からマヒリ王の中期に属するものであること，それゆえ N. XXIV はこの時
期のチャドータの主要官庁であったとする．それに対して，N. V. xv の住居址を代表的
遺構とする N. V 地点は，アンゴーカ王の中期からマヒリ王の晩期にかけてのチャドー
タの主要な官庁であったとするのである．そして「チャドータ州の主要官庁は N. XXIV
から N. V へと移転した．移転後の N. XXIV は主に各種の訴訟事件の審議を中心とし，
N. V は主として各種の公務の処理を行ったが，両者は平行した時期が存在し，この期間
におそらくは比較的明確な分業が行われ，2 つの官庁が形成されていたのであろう」(孟
凡人 (1999：305)) と言うのである．孟凡人は，この官庁の移動の背後に，「アンゴーカ王
17 年」の時期における変化があったであろうことをほのめかしている．

　筆者は，カロシュティー文書に記載される紀年や内容だけからではなく，その形態，
例えば木簡の仕上げの特徴や先端部分の角度など，あるいはまた文字の特徴やその変化
などさまざまな要素を考慮して，カロシュティー文書のすべてを年代順に並べることが
出来ないものかと考えたが，あまりにもバラツキがありすぎてこれは不可能であること
がわかった．目下のところ孟凡人の研究が最もすぐれている．

9-4　記載内容に見るカロシュティー文書の特徴

　文書の形態は，それぞれの記載内容に対応するものであること，つまりその文書の性
格に応じて，それぞれの形態が多くの場合決定されていたことがわかっている．まず，
次の文書を見てもらいたい．

No. 160 (N. iv. 139. 矩形木簡下一枚 AKh., p. 395, Pl. XCVI.)
───────────────────────────────────────
　神々と人々によって愛され敬われし，見目麗しき，親愛なる兄弟の，ともにチョジボー
官のリペーヤ様とリムス様とに，タスチャ官のクナラとスナカとが敬礼いたします．
御身体の無病息災を祈念いたします．多大無量［の御長寿］を［祈念いたします］．次の
ように［記します］．そちらからあなた様はチャトナをこちらに送りました．水と種の
件です．耕作を行うためにです．私はこちらで［王からの］楔形封印命令書 (kilamu-
mtra) を読みました．この楔形封印命令書には水と種については何も言及がありませ
ん．高官の老人たちは次のように言っています．農地の使用権はサチャにいるチョジ
ボー官のリペーヤに与えられた．［しかし］水と種は与えられなかったと．どれぐらい
の農地がかの天子様 (devaputra) のもとから受け取られたかに応じて，そのようなこ
と［すなわち水と種の授与］については，あなた様の権限に属します．そちらに水と種
に関する何らかの証文 (hasta-lekha) があるならば，あるいは詳細に記した命令の手
紙 (levistarena anati-lekha) があるならば，それは捜されてこちらに送られるべきで
す．もしそのようなものがそちらにないならば，そちらから水と種の費用が送られる
べきです．そうすればこちらで耕作がなされるでしょう．また高官［の老人］たちが次
のように言っています．サルピカがこちらに居たときは，彼が土地を供給し，サチャ

の人々が種と水を供給し，カトマたちが耕作を行うと．そのための配慮があなたによってなされるべきです．

この文書からは，王からの命令の伝達と行政に関わって，それぞれ固有の名前で呼ばれていたいくつかの文書が存在していたことがわかる．上の文書自体は，矩形木簡で，サチャのチョジボー官（州長官）であるリペーヤとリムスに対して，耕作に関わる水と種の給付に関連して，別の州の高官であるクナラとスナカから発信された公用文書である．まずこの文書中に言及される文書の種類を列挙すると次の如くである．

(a) kila-mudra (-mutra, -muṃdra, -muṃtra)「楔形封印命令書」：anadi-kilamudra (anadi-kilamuṃtra, anati-kilamudra)「命令告知 (ājñapti) 楔形封印命令書」とさらに詳しく言及されている場合 (No. 262, No. 296, No. 309) もある．

(b) anadi-lekha (anati-)「命令の手紙」，「命令告知書」：上の文書に見るように，「詳細に記した命令の手紙」(livistarena anati-lekha＝Skt. lipi-vistareṇa ājñapti-lekha) と言われている場合 (No. 4, No. 165, No. 310, No. 375) もある．皮革文書を指してこの呼び名が使われている．

(c) hasta-lekha「証文」：語形はサンスクリットのままである．サンスクリットの語彙としては，「手書き」，「肉筆」を意味している．「直筆の手紙」あるいは「一筆とっておく」といった場合の「一筆」にあたるだろう．

(a)と(b)はもっぱら王の側からの手紙（命令告知書）である．また(c)は王による裁定の結果として何らかの権利・保証が与えられたことを証明するものである．これに対して，高官，官吏の側からの王への報告を伝える手紙として次のものがある．

(d) vimñati-lekha (viñati-)「報告の手紙」：この語は，大部分が後に見る皮革文書のなかに現われるもので，「報告の手紙を送るべし」と王が命じるだけでその具体的な形はわからない．ただ次の2例のみが例外で，特に後者は L. A. から出土した紙文書であるが，「報告の手紙」の唯一の実例である．ただし，それは，王への「報告の手紙」ではなく，高官である父への息子からの「報告の手紙」である．

No. 494 (N. xxiii. ii. 5+i. 13. 楔形木簡上下二枚 Ser. I, p. 256, 255.)

［上：表］タスチャ官のラパヤと，チョジボー官のクラナヤとパトラヤ，ショータンガ官のリペーとに与えられるべきもの．［下：表］偉大なる大王が記す．タスチャ官のラパヤと，チョジボー官のクラナヤとパトラヤ，ショータンガ官のリペーとに命令を与える．以下のごとし．いま，ここに，そちらの汝のところから報告の手紙 (vimñati-lekha) が持って来られた．次のように言っている．パギナが，「略奪と破壊」(alota vilota) より以前にモークシャプリヤに対して［貸し付けられた］金の負債 (ṛna) を取り立てている，と．こちらでは，法は確立していて，コータンナ（ホータン）人たちによる略奪と破壊より以前になされた授受貸借は新たに吟味されえないということになっている．この楔形封印命令書がそちらに届いたならば，ただちに，面と向かって，注意深く，吟味されるべきである．コータンナ（ホータン）人たちによる［上：裏］略

奪と破壊より以前のものについて，モークシャプリヤに対しては，パギナが負債を取り立てているのかどうかと．これについては，モークシャプリヤに対しては，パギナには授受貸借の関係はないのであって，それを手にする権利はないのである．もしさらに別の係争があるならば，王廷において面と向かって決定があるであろう．第8番目の年，5番目の月，16番目の日．Deviae Peta avana において．オグ官の……言葉（命令）によって．［下：裏］モークシャプリヤの件．

No. 696 (L. A. vi. ii. 0234. 紙文書 Ser. I, p. 436, Pl. XXXIX)

［表］尊敬すべきお方，親愛なる父上，偉大なるグシュラ官であるバティガ様の御足下に［わたくし］ヴァスデーヴァは敬礼し，御身体の無病息災を祈念いたします．さらに幾度も幾度も多大億百千無量［の御長寿］を［祈念いたします］．さて次のごとく報告します (viñati)．私はクロライナからここにやって来ました．そして私は rete ラクダたちを連れてきました．今日に至るまで，買うことも売ることもありません．このことをあなたの足下に私はお知らせします (vidita karemi)．私はクロライナに帰りたい．そちらにあなたについてのニュースがあるならば，その通りに私に手紙をあなたは送らなければなりません．父上＝グシュラ官のクロライナに，私は持って行きましょう――あなたが行かなければならないときに．そしてまた，私たちに対する，この村からの王国の税金は，天子 (deva-putra) の足下からお許しを得たものです．いまや奴隷たちのひどい苦しみを，こちらでは，高官たちが作り出しています．その理由によって，グシュラ官のプンヤシャとともに，……がなされなければなりません．これで，3度目のグシュラ官の足下への報告の手紙 (vimñati-lekha) を私は送ります．そちらからは何一つ聞いていません．親愛なる長兄のバティシャマ様の……．［裏］尊敬すべきお方のグシュラ官……ヴァスデーヴァは敬礼します．……

(e) prati-lekha「返答の手紙」．これは次の皮革文書 No. 376 文書のなかに出てくるものである．この文書のなかにもいくつかの文書の呼び名が挙がっている．

No. 376 (N. xv. 333. 皮革文書 AKh., p. 409, Pl. XCII.)

汝は報告の手紙 (viñati-lekha) を送らなかった．第二の事 (biti karya)．ホータン人たちがレーメーナに対して騎馬による強奪を行った．ナマタの息子のナンマラジュマを連れ去った．汝は沈黙したままである．第三の事 (triti karya)．至急便 (sapachaka-lekha「翼のある手紙」?) が行った．ツァカの住民を準備するようにとの［内容で］．汝は何もしないままにした．汝は住民を準備させなかった．スギタがそちらに命令の手紙 (anati-lekha) を持っていった．第一番目の日に，手紙を汝は読んだ．第三番目の日に，人々を橋まで送った．……．第四の事 (caturtha karya)．以前には，月ごとに，伝令（配達人）たちが来た．汝は伝令たちを留めたままにしている．それで，諸々の用務のために，まさしく汝がこちらで至急なすべきことについて，汝は［こちらに］来なければならない．［さもなければ］いったい何が［汝に］起きるか私の知るところではない．オープゲーヤが返答の手紙 (prati-lekha) を要求した．汝のために手紙が出されたはずである．それで私は彼を留めた．返答の手紙は手にされていなかった．この私の手紙から詳細に事を知った者と［汝は］なるに違いない．この手紙を読んだならば，ただちになすべきことがなされるべきである．

それでは以下に形態ごとの文書の特徴,定型表現などを,その具体例を示すことによって見てゆきたい.

9-4-1 楔形木簡について

まず典型的な楔形木簡の具体例を二つ示す.

No. 1 (N. i. 8+1 楔形木簡上下二枚 AKh, p. 386)

[上:表]チョジボー官(州長官)のタンジャカに与えられるべきもの.[下:表]偉大なる大王が記す (mahanuava maharaya lihati).チョジボー官のタンジャカに命令を与える (maṃtra deti).以下のごとし (sa ca).いま,ここに (ahuno iśa) リペーヤ (Lṕipeya) が次のように訴え出ている (garahati, Skt., garhati).この者の牛2頭を,サチャの兵士たちが連れ去った.1頭を彼らは返してよこした.1頭を彼らは食べてしまったと.この係争 (vivada, Skt., vivāda) は,面と向かって (samuha, Skt., saṃmukham),注意深く (anada),吟味されるべきである (prochidavya).王法に則って決定がなされるべきである (yatha dhaṃena niče kartavo).そちらでは (atra) 汝は宣告しないように (na paribujiśatu, 2nd Sing. Fut. of pari-budhya-te).手に入ったもの(証拠物件) (hastagada) は,こちらに (iśa) 発送されるべきである (visajidavya, Skt., visarjitavya).

No. 11 (N. i. 13+54 楔形木簡上下二枚 AKh, pp. 386, 388)

[上:表]チョジボー官のイタカとトンガ官のヴクトに与えられるべきもの.[下:表]偉大な大王が記す (mahanuava maharaya lihati).チョジボー官のイタカとトンガ官のヴクトとに命令を与える (maṃtra deti).以下のごとし (sa ca).いま,ここに (ahono iśa),リペーヤが次のように訴え出ている (garahati).この者には,アピサエーという名前の養女に関して,クンゲーヤとの係争 (vivada) があると.この楔形封印命令書がそちらに届いたならば (yahi eda kilamuṃdra atra eśati),ただちに (pratha),そちらで (atra),注意深く (anada),吟味されるべきである (prochidavo).宣誓と証人とによって (śavatha sa sachiyena),以前からの法 (purva dhaṃa) に則って,[上:裏]養女の代価がある[べきである].その通りに (iṃthu, Skt., ittham) 決定がなされるべきである (niče kaṭavo).もし,別様であるならば (yadi aṃñatha siyati),そちらでは (atra) 汝は宣告しないように (na paribujiśatu).手に入ったもの(証拠物件) (hastagada) は,こちらの王廷に (iśa rayadvaraṃmi) 送られるべきである (visajidavo).[下:裏]シュヴァタンガ,リペーヤ,クンゲーヤの件.

上の2例を見てもわかるように,kila-mudra と呼ばれる楔形木簡は,一般に次のような定型句を伴って,王からの命令が記される.

(1)「偉大なる大王が記す.Xに命令を与える.以下のごとし.」(mahanuava maharaya lihati X maṃtra deti sa ca)
(2)「いま,ここに,Yが次のように訴え出ている/報告している.」(ahono iśa Y (a) garahati / (b) vimñaveti yatha...)

(3)「この楔形封印命令書がそちらに届いたならば」(yahi eda kilamudra atra eśati)
(4)「ただちに，そちらで，面と向かって，注意深く，吟味されるべきである」(pratha atra samuha anada prochidavo)
(4)′「ただちに，この係争が宣誓と証人とによって，面と向かって，注意深く，吟味されるべきである」(pratha eda vivada śavathena sachiyena samuha anada prochidavo)
(5)「王法に則って決定がなされるべきである」(yatha dhameña niće kartavo)
(6)「そちらでは汝は宣告しないように．手に入ったものはこちらの王廷に送られるべきである」(atra na paribujiśatu hastagada iśa rayadvarammi visajidavo)
(7)「こちらで面と向かって訴え出るならば，決定があるであろう」(iśemi samuha garahiṣyati niće bhaviṣyati)
(7)′「こちらで面と向かって決定があるであろう」(iśemi samuha niće bhaviṣyati)

さて(5)の文「そちらでは汝は宣告しないように．手に入ったもの(証拠物件)は，こちらに送られるべきである」は，従来の解釈とは異なるものである．この一文は，従来次のように解釈されてきた．

T. Burrow: "If you do not get clear about it there, they are to be sent here the King's gate (court) under arrest." (LKhD: 66)

林梅村：「汝若不能澄清此案，応将彼等拘捕，送至本廷」(『沙海古巻』：34)

長沢和俊：「もし貴下がそこでこの事件を解決できなければ，彼らを拘留して当地へ送らねばならない．」(『楼蘭王国史』：429)

後二者は，おそらくバローの翻訳に従ったものであろうから，いまバローの翻訳を問題にして，ここでの解釈を論じてみたい．

まず，'na paribujiśatu'であるが，これは二人称単数未来の動詞に否定詞がついたものである．字義通りに読めば，ここでこれを "If......" と条件節で解釈しうる可能性はない．本来は，'yahi'の語があったのが，ここでは脱落していると考えるのかも知れないが，この一文は，定型句の一つであり，ニヤ出土木簡でこの定型句を持つもののすべてがこの形式であり，'yahi'を伴うものはない．したがって，「もし……」とこの定型句を読むことはできないと筆者は考える．また'pari-buj＜Skt. pari-budh'の意味であるが，もともとは「明瞭に理解する」を意味したであろうが，Skt. paribodhanaなどの用例を考えれば，「宣言する，判決を下す」といった意味ではないだろうか．そして，ここで言われているのは，「もし確かな判決を下すことができないのであれば」ということではなくて，判決を下すことは，王の権限であるがゆえに，「そちらでは勝手に判決を下さないように」と禁止の命令を行っているのであると理解したいのである．

次に，「手に入ったものは，こちらに送られるべきである」(hastagada iśa visajidavya)であるが，まず'hastagada'の語は，字義通りには「手に入ったもの」の意味である．これが果たして「逮捕拘留した者」を意味するかは甚だ疑問である．主格と対格の語は，

単数形も複数形も同形であるからここでの文脈からは，それをいずれかに限定することはできない．従って，'they'という限定もここでは疑問である．'visajidavya'の語は，Skt.では，'visarjitavya'であり，「送られるべきである」の意味である．この一文に関連しては，'ede uta cavala Lpipeyaṣa hastaṃmi Calmadanaṃmi viṣajidavo'が参考になる．この一文の意味が，「これらのラクダはすぐにリペーヤの手でチャルマダナに送られるべきである」であることは明らかである．この一文から見れば，'visajidavo, visajidavya'の語は，かなり大きなものを「送る」場合でも使われうることがわかる．さらに，'yati aṃñatha siyati atra na paribujiśati hastagada iśa rayadvaraṃmi viṣajidavya niče siyati'(No. 433)を参考にするならば，この一文が，「もし別様であるならば，そちらでは判決を下さないように．手に入ったもの（証拠物件）は，こちらの王廷（rayadvara, Skt. rāja-dvāra）に送られるべきである．判決があるであろう．」を意味することから考えて，先に指摘したように，この定型句は，勝手な判決を地方の長官がなす事を禁止し，判決は王の権限であり，必ず王によって下されるべきことを命じるものであると考えるのが妥当であると言えよう．

最期に，'iśa'が，「ここ，こちら」，すなわち「王の居所」であることは，上の参考文からも明らかである．ただし，では「王の居所」は何処かという問題は，検討を要する問題である．単純にこれを首都＝「クロライナ」＝L. A. とすることができないことは，別に論じる通りである．

さらに別の楔形木簡を見てみよう．

No. 4 (N. i. 4+47 楔形木簡上下二枚 AKh, pp. 386, 388.)
　　　［上：表］コリ官（王牧官）のルトラヤ（rutraya）に．［下：表］偉大なる大王が記す．コリ官のルトラヤに命令を与える．以下のごとし．こちらから，詳細に記した命令の手紙（livistarena anati-lekha）が行った．そちらから10頭のラクダをチャルマダナに送るようにと．もしラクダを［まだ］汝が送っていなかったのであれば，その場合はそれらのラクダは，［汝の］手でチャルマダナに送られるべきである．

これは，文中に「詳細に記した命令の手紙」(livistarena anati-lekha) の語句を含む文書の例である．楔形封印命令書は，このように簡潔に王からの命令を伝え，あるいはまた督促し，緊急に用務が処理されるべきことを伝えるものであった．

さて上に楔形木簡の定型句について見た．ニヤ遺址から出土したカロシュティー文書のうち，楔形木簡の文書数は約270を数えるが，この定型句に見る通り，楔形封印命令書には，発信地と発信年月日が記されないのが通常である．ところが，発信の日付と場所の両方が文書の末尾に記されている文書が8点，場所のみのものが1点，発信場所の記述はないが日付が見えるものが4点存するのである．まずそれらを要点とともに列挙しておこう．

No. 5 (N. i. 11+5.) 　受信者：「コリ官ルトラヤ」　日付：26年2月21日　場所：「大都城の王廷において」(mahaṃtanagara rayadvaraṃmi)［マヒリ王26年］

No. 155 (N. iv. 134.)　受信者：「チョジボー官のクラナヤとショータンガ官のリペー」　日付：6年5月2日　場所：「大都城の王廷において」［ヴァシュマナ王6年］

No. 193 (N. vi. 14.)　受信者：「オグ官クシャナセーナとチョジボー官リペー」　日付：11年3月28日　場所：「ナヴァカ村において」(deviyae naṿaka avanaṃmi)（「天子自らによって命令が与えられた」(sve devaputrena anati dita)と末尾に記されている．）［ヴァシュマナ王11年］

No. 213 (N. xv. 2.)　受信者：「コリ官ルトラヤ」　日付：26年2月9日　［マヒリ王26年］

No. 236 (N. xv. 26＋16.)　受信者：「チョジボー官のイタカとトンガ官のヴクト」　日付：21年1月21日［マヒリ王21年］

No. 250 (N. xv. 46.)　受信者：「コリ官のルトラヤ」　場所：「大都城の王廷において」［マヒリ王の時期］

No. 296 (N. xv. 119＋361.)　受信者：「チョジボー官ソーンジャカ」　日付：10年2月4日　場所：「大都城における王廷において」［マヒリ王10年］

No. 469 (N. xxii. iii. 2.)　受信者：「ショータンガ官リペー」　日付：29年1月24日　場所：「大都城の王廷において」［マヒリ王29年］

No. 494 (N. xxiii. ii. 5＋i. 13.)　受信者：「タスチャ官のラパヤ，チョジボー官のクラナヤとパトラヤ，ショータンガ官のリペー」　日付：8年5月16日　場所：「ペータ村において」(deviae peta aṿanaṃmi)［ヴァシュマナ王8年］

No. 497 (N. xxiii. ii. 8.)　受信者：「チョジボー官のクラナヤとショータンガ官のリペー」　日付：9年3月22日　場所：「ヤヴェー村において」(deviae yaṿe aṿanaṃmi)［ヴァシュマナ王9年］

No. 629 (N. xxix. i. 10.)　受信者：「チョジボー官のソーンジャカ」　日付：4年6月2日　場所：「オグ官のアヌガヤの村において」(deviyae ogu anug̱aya ni aṿanaṃmi)［マヒリ王4年］

No. 641 (N. xxxvii. i. 3.)　受信者：「チョジボー官のクラナヤとショータンガ官のリペー」　日付：(年不明) 11月6日［ヴァシュマナ王の時期］

No. 735 (N. xiv. i. 013.)　受信者：「チョジボー官のソーンジャカ」　日付：6年2月7日［マヒリ王6年］

以上である．出土地点はさまざまである．［　］内に示したのは，当該文書に記載される紀年と高官の名前とから割り出された，文書の属する王の時期である[7]．いまここに示した発信年月日と発信場所を持つ楔形封印命令書を見て気づくのは，発信場所を「大都

城の王廷」とするものが5件あるということである．また，それ以外の発信場所はすべて「〜村」(aṽana) であるということである．さらに，これらの文書の所属する時期がマヒリ王からヴァシュマナ王の時期，つまり3世紀末から4世紀前半の，カロシュティー文書の年代としては最後期にあたるということである．楔形封印命令書は必ず王が直接に命令を記すものである．王が発信者であることは間違いない．このことを考慮するときいくつかの疑問が浮かんでくる．

(1) なぜこれらの楔形封印命令書だけに発信場所が記されたのか？（例えば同じように「チョジボー官のクラナヤとショータンガ官のリペー（ヤ）」を受信者とする楔形封印命令書でも他の約30件は定形に準じて発信場所も発信年月日も記してはいない．）
(2) なぜ発信場所が「大都城の王廷にて」と「〜村にて」に限られるのか？（なぜ「サチャにて」とか「クヴァニにて」といった州都や首都を記したものがないのか？）
(3) 「大都城」(mahaṃtanagara) とはどの地を指しているのか？
(4) なぜこれらの文書がマヒリ王とヴァシュマナ王の時期，つまりカロシュティー文書の年代からすれば最後期のものばかりなのか？

まずマヒリ王からヴァシュマナ王の時期について考えてみよう．この時期すでに，鄯善王の独立性はまったくなくなっており，完全に中国の統治下にある．またホータンをはじめとする周辺地域からのチャドータなどへの侵略はいよいよ激しいものであったことが，No. 494（前出）などに記載される内容からも知られる．このことから考えて，上記の楔形封印命令書に発信地と発信時が記されているのは，おそらく王がその居所を変えて移動していることを物語るものであろう．

それでは「大都城」とは何処であるのか．従来はこれを首都であるクロライナとしてきた．しかしながら発信地が「首都」であるならば，わざわざ王の命令書にそれを記す必要はないであろう．王の命令書に王が現に居る場所を記す必要があったからこそそれが「大都城」と記されているのである．記す必要のない場合には，同じ宛名を持つ他の楔形封印命令書が如実にそれを示すように発信地も発信時も記さないのである．「大都城」(mahaṃtanagara) とは，固有名詞ではなく一般名詞である．「大都市」は複数あり，それは「村」(aṽana) と対照的な場所たりうる．チャドータやチャルマダナの州都もまた「大都城」でありえたはずである．上に列挙されたもののうち「村」を発信場所とする命令書は，それぞれ別々の村の名前を挙げている．あるいは「大都城」もまたそれぞれに異なっているかも知れないのである．いずれにせよ「大都城」が「首都」＝クロライナに限定されうるものでないことだけは確かである．

9-4-2　矩形木簡について

矩形木簡には内容的に見て2種類あることはすでに述べた．その内，高官間のやりとりの手紙については，先に示したNo. 160が例となる．そこに見るように，用件を述べ

るに先立って美辞麗句を並べ，相手のご機嫌を伺う定形句が記される．

(1)相手の名前に付ける美辞麗句としては次のものがある．

    priyadarśana（＝Skt.）：「見目麗しき」
    priyadevamaṃnuśa（Skt. priyadevamanuṣya）：「神々と人々に愛されし」
    devamaṃnuśasaṃpujita（Skt. devamanuṣyasaṃpūjita）：「神々と人々によって敬われし」
    sunamaparikirtita（Skt. sunāmaparikīrtita）：「そのよき名によってよく知られし」
    pracachadevata（Skt. pratyakṣadevatā）：「現人神のごとき」
    pracachabodhisatva（Skt. pratyakṣabodhisattva）：「現前の菩薩のごとき」

などである．これらの表現はアショーカ王碑文をはじめ古代インドの文書中に普通に見られるものである．

(2)ご機嫌伺いとしては多くの場合次の定形句を伴う．

    divyaśarirārogya preṣeti/saṃpreṣeti bahu aprameyaṃ：「［発信者某々は，］御身体の無病息災と，多大無量［のご長寿］を祈念いたしております．」

次に我々は典型的な証文（hasta-lekha）の例を見ることにしたい．

No. 582（N. xxiv. viii. 85. 矩形木簡上下二枚 Ser. I, p. 261, Pll. XX, XXI）［前出，図 9-2］

［上：表］
この約定（pravaṃnaga）は沙門イピヤ所有の土地に関するもの．ショータンガ官のラムショーツァにおいて注意深く保管されるべきもの．

［封印：下側］
この封印は，オグ官のジェーヤバトラとチャンクラ官の……とチョジボー官のソーンジャカのもの．

［下：表］
20番目の年，4番目の月，22番目の日．偉大なる大王，ジトゥガ，アンゴーカ王，天子の，このときに．沙門でイピヤという名の者が，ここチャドータに在住で居る．彼は，ショータンガ官のラムショーツァに対して，ミシ地の25クタラを売った．以前はミシ地であった．それ以後はこの土地はアクリ地となった[(8)]．ショータンガ官のラムショーツァからは土地の対価として，沙門イピヤは，3頭の馬（？）（añsa）を15ムリ分として受け取った[(9)]．これはイピヤによって受け取られた．その土地に対して，彼らは平等に同意した．いまからは，その土地では，ラムショーツァが主権者となった．種をまくことも，耕すことも，贈り物として人に与えることも，交換することも，やりたいことはなんでも好きなようにすることができるだろう．
そしてこの件に関する証人は：チャドータの比丘教団．また証人，州の責任者で元老（kitsaitsa）のヴァルパ，そしてカーラ官（皇太子）のカラムツァ，ヴァス官のアチュニヤとチャディヤ，チャルマダナのチョジボー官スールヤミトラ，クラゲーヤとヴキム

ナ，そしてヤトマ官のプギタである．

[上：裏] 今後この土地に関して何かを言ったり，争ったり，不服を言ったりして，再度この件を王廷に持ち込んでも，それは何の権威もないおろかな訴えである．この書面──約定証文 (pravaṃnaga) は，私──書記のタマスパの息子で書記のモーガタによって，高官たちの命により書かれたもの (likhidaga) である．権威は一生の間．この証文は沙門イピヤの要請で，紐を切った．ヴァス官のチャディヤ．

[別の手で後の書き加え．写真では最下段の板の3行目からで，墨色が濃くなっている．]
4番目の年，2番目の月，28番目の日．偉大なる大王，ジトゥガ，天子の，マヒリヤ王の，このときに，チャドータにおける [この件に関わる] 係争を吟味した．オグ官のジェーヤバトラ，チャンクラ官のチャタラガ，チュヴァライナ官のティラパラ，そしてともにチョジボー官のソーンジャカとヴァナンタとである．いま，ヴァス官のヴギチャと書記のラマシュツォーが訴え出たのである．これなる証文 (ṣulga lihidaga) が証拠 (pramana) となった．種の四分の一はヴギチャによって彼自身のものとして獲得されるべきである．それからの残りの穀物と土地とは書記のラマシュツォーが獲得すべきである．

写真で見てわかるように全体はひと続きの文章であるが，ここでは内容をまとまりごとに分割して示してみた．

まず上蓋の表には，短い辺を横に長い辺を縦にして，上部に右から左へと何に関わる証文で，誰によって保管されるべきものかが記される．真中あたりに封泥と封印がある．写真では3個の封印が見える．その下に，「この封印は某々のもの」と記される．

下板の表から本文が始まる．まず年月日，ついで王の名前が称号とともに記される．ここでは 'jitugha'「侍中」の称号が出ることに注意．そして本文である．本文の終わりでは権利が述べられ，それについての証人が列挙される．

さらに，上蓋の裏に文章が続き，そこでは，この証文が「私，某の息子で書記の某によって，某の命によって，書かれたもの」と記載される．最後に有効期間が記される．

通常であれば，このあと紐で縛られて封印されて保管され続けることになるはずである．それゆえ未開封のままの矩形木簡が見つかるのである．しかしスタインもカタログで注記しているように，開封されたあとがある証文も同じ場所から見つかっている．いったん開封され再度封印された証文もあるのである．目下の証文は，一度開封されたことが内容からもわかるものである．また「某の要請で，紐を切った」とも記されている．そして新たに，日付と王の称号名前が記されている．これによれば，初めの日付がアンゴーカ王の20年，後の日付がマヒリ王の4年であるから，およそ20年の時を経て再び開封されたわけである．そのあとこの証文が証拠となって，権利の保証がなされたことが記されている．封印も再度押されたわけであり，オグ官のジェーヤバトラとチャンクラ官のチャタラガ (この名前は表の書名欄では読めないが，本文の記述でわかる)，そしてチョジボー官のソーンジャカという再度の審理を行った役人の封印が押されているのである．

ここではこの証文が 'ṣulga lihidaga' 呼ばれていることに注意すべきであろう．リューダースはこれを「書かれた売買証文」としているが (Lüders 1936：652-654)，この語句全

体で「証文」を意味すると考えてよいだろう．というのも'lihidaga'の一語で，名詞として「証文」を意味している用例も多く見られるからである．

　ここに見る証文の形式が，古代インドの法典に述べられているものと基本的に一致するものであることについては，後の 9-6-2 で述べることにする．

9-4-3　皮革文書について

皮革文書の典型的な例を次に示す．

No. 362 (N. xv. 310. 皮革文書 AKh, p. 408, Pl. XCI.) ［前出，図 9-5］
　偉大なる大王が記す．チョジボー官のサマセーナとプゴーに命令を与える．以下のごとく私が書くことを汝は知らねばならぬ．[王が] 国務のために (rajakicasa kridena＝Skt. rājya-kṛtyasya kṛtena) 命令をひとたび与えたならば，[汝は] 昼も夜も，熱心に，国務に専念しなければならない．警備は注意深く守られなければならない．もしケーマとコータンナからのニュースが何かあるならば，そのままこちらに報告されなければならない．またいま，スヴェータ官のコーサはコータンナへ使節として送られた．この者はまた，チャルマダナから家族・眷属の者たちを率いて来た．そちらのチャドータに住まわせるためにである．コーサの家族・眷属の者たちは決してコータンナに行かせてはならない．そちらチャドータにこそ留めおかれるべきである．汝，州責任者 (rajadharaga＝Skt. rājyadhāra) の世話の下におくように．決して辱めるようなこと (paribhava) がないように．何か不足のものがあるようなことになったならば，必ず適切に世話されなければならない．コータンナから彼が戻ってきたときには，こちらに［その者たちを］連れてくるであろう．……．第 8 番目の月，17 番目の日．チョジボー官のサマセーナとプゴーとに与えられるべきもの．

　上に見る皮革文書中，「偉大なる大王が記す．」から「もしケーマとコータンナからの……」という一文までが，やや長文であるが，皮革文書（皮革に書かれた詳細な内容を持つ王の命令書）の冒頭を飾る決まり文句となっている．例えば No. 272 でも，「偉大なる大王が記す．チョジボー官のソーンジャカに命令を与える．以下のごとく私が書くことを知らねばならぬ．命令を私が国務のために与えたならば，[汝は] 昼も夜も，熱心に，国務に専念しなければならない．また警備は，命を捨てる覚悟で，注意深く守られなければならない．ケーマとコータンナからのニュースが何かあるならば，そのまま，われ大王の足下に，報告の手紙 (vimñadi-lekha) が送られなければならない．」とほとんど同一の文が記されている．しかもこの種の定型文は，皮革文書以外にはその例を見ないものである．

　この皮革文書が，「詳細に記された命令の手紙」(livistarena anadi-lekha) に該当するものであろうことは，例えば次の皮革文書を読むことによってわかる．

No. 291 (N. xv. 112. 皮革文書 AKh., p. 404.)
　[表] 偉大なる大王が記す．チョジボー官のサマセーナとプゴーに命令を与える．以下

のごとく私が書くことを汝は知らねばならぬ．[王が]国務のために命令をひとたび与えたならば，[汝は]熱心に国務に専念しなければならない．また警備は，命を捨てる覚悟で，注意深く守られなければならない．ケーマとコータンナからのニュースが何かあるならば，そのまま，われ大王の足下に，報告の手紙 (vimñadi-lekha) が送られなければならない．さて，以前にそちらから [の税として] は，kuvana 穀物が 350 ミリマ (milima) 割り当てられた．ヤトマ官のポールコータがそちらに送られたが，彼らはそれの 3 分の 1 [120 ミリマ] をクヴァニ (首都) (kuhani) へと運ぶだろうと考えたからである．この命令の手紙 (eda anadi-lekha) が汝の所に届いたならば，ただちにその穀物が至急集められなければならない．40 頭のラクダは，juthi 二つと sahini ひとつからなる合計 3 ミリマずつの荷物がそれぞれに準備されなければならない．[残りの] 3 分の 2 [230 ミリマ] は，ピサリに寄託されるべきである．とにかく先に準備された 15 頭のラクダが，ワイン [の運搬] 用に用いられるべきである．これらのラクダたちは，軍人たちから徴集されるべきである．……11 月 14 日．[裏] チョジボー官のサマセーナとプゴーへ．

この文書中で「この命令の手紙」とこの命令書自体を指して言っていることから，これが「命令の手紙」と呼ばれるものであることが理解される．ちなみにこの文書中で，「報告の手紙」を送ることを命じていることにも注意すべきであろう．「報告の手紙」(vimñati-lekha) に言及するのは大部分がこの種の皮革文書である．

以上，形態に従って，各文書を特に定形句に注目しながら見てきた．形態に固有の特徴を持つ 3 種類の文書を見てきたが，これらの特徴は多かれ少なかれ古代インド文化的な要素であるということが出来る．

9-5　楼蘭出土カロシュティー文書について

楼蘭出土カロシュティー文書については，ほぼそのすべてを資料編において訳出した．ここでは楼蘭出土カロシュティー文書のうちの 2 点 (No. 696 と No. 678) にもとづいて，L. A. 遺址＝楼蘭＝クロライナとし，さらにそれが「クヴァニ」でもあり「大都城」でもあるとした，榎一雄博士の説を再検討しておきたい．さらにヘディンによってもたらされたカロシュティー文書について見ておきたい．

9-5-1　「楼蘭」の位置について

かつて，榎一雄は，「楼蘭の位置を示す二つのカロシュティー文書について」(『石田博士頌寿記念東洋史論叢』1965 所収，『榎一雄著作集』第一巻，51-66) と「鄯善の都城の位置とその移動について」(『オリエント』8-1・2, 1965 所収，『榎一雄著作集』第一巻，67-120) の両論文において，楼蘭の位置と，鄯善国の都の場所について論じ，その際カロシュティー文書のいくつかを分析して，その立論の根拠とした．

この榎説は，ヘディンが1900年に発見し，スタインが1906・1914年に調査したいわゆるL. A. 遺跡が，（1）「楼蘭」(Lou-lan) であること，（2）カロシュティー文書にでる「クロライナ」(Krorayina) であること，さらに，（3）「クロライナ」は首府でもあること，（4）カロシュティー文書に出るアムゴーカ (Aṃgoka) 王とマヒリ (Mahiri) 王は，「クロライナ」を居城としており，それゆえ楼蘭遺跡 (L. A.) は王国の首府であったこと，（5）それは，紀元3世紀頃の「鄯善国」の都にあたることの以上5点を明らかしようとしたものであった．

以下においては，榎が論拠としたカロシュティー文書の一々について再度検討し直し，果たして実際にそのような結論が導きうるかを論じることとする[10]．当該の文書そのものはすでに資料編において訳出し，さらには若干の問題点についてもすでに触れているので，適宜そちらを参照されたい．

a　No. 696 (L. A. vi. ii. 0234. 紙文書) に関連して

榎はこのカロシュティー紙文書に見られる次の二つの文から，L. A. がクロライナに他ならないことの証明を試みている．

(1) ahu krorayinade iśe agatemi

これをサンスクリットに還元すれば，次のようになり，日本語訳は以下の通りである．

Skt: ahaṃ krorayinād iha āgataḥ+asmi.
わたしはクロライナからここにやって来た．

ちなみに，バローの翻訳は，I came here from Krorayina. であり，まったく問題はない．

(2) ahu ichami krorayina nivartanae

これをサンスクリットに還元すれば，次のようになり，日本語訳は以下の通りである．

Skt: ahaṃ icchāmi krorayinaṃ nivartitum.
わたしはクロライナに帰りたい．

バローの翻訳も，I wish to return to Krorayina. であり，これもまったく問題はない．

この二つの文を含む文書は，ヴァスデーヴァという名の息子が，彼の父でグシュラ官のバティガに，近況を報告するために送った私信である．この文書は，L. A. より出土した．この2点は事実である．この二つの事実と上の二つの文の内容から，榎はまず次のように断言する．

> ヴァスデーヴァが（父のいる）クロライナから某地に来て，そこから再びクロライナに帰りたい旨を父に書送ったわけで，この手紙の出土した所が父のいたクロライナに他ならないことを示している（『著作集』56頁）．

この手紙が，下書きである可能性や写しである可能性もあるだろうし，どこからかこの出土地 L. A. に持ち込まれた可能性もあるだろうが，いまこの点は問題にしない．それらを問題にすることは，目下の議論そのものを不可能にするからである．ただし，この文書が，紙に書かれたものであり，カロシュティー文書のなかでは紙文書は極めて稀で断片も含めて9点しかなく，そのすべてが楼蘭（L. A. から8点，L. B. から1点）から出土したものであることは注意しておかなければならないだろう．

さて，上の榎の断定には一つの大きな問題がある．「（父のいる）クロライナ」，「父がいたクロライナ」とする点である．榎の断定は，クロライナに父がいることを前提として，この手紙がクロライナにいる父に出されたものであり，この手紙が出土したのが L. A. であるがゆえに，L. A.（つまり楼蘭遺址）がクロライナであると断定しているのである．榎は，上に引用した一文に続けて，バローの英訳では文意が通じないと思われる箇所について分析を行い新たな解釈を試みているが，そこでも「父がクロライナにいること」が前提とされている．榎が分析の対象とした原文は次のものである．

> yo atra tahi paḍivati bhav. yati emeva/mahi lekha viṣarjeyasi pitu guśurasa krorayinaṃmi aniṣyami yaṃ kalaṃmi tahi gaṃdavya bhavati.

この一文は，バローによれば次のように英訳されている．

> Whatever news there is of you there, you should send me a letter. I will bring it to my father the guśura in Krorayina, at the time you have to go.

榎が特に問題に感じたのは，後半の部分，とりわけ 'at the time you have to go' の部分である．バローの英訳に対する榎の日本語訳をみると，英訳の後半部分を先ず榎は次のように理解したらしい．

> 父 guśura（官職又は身分の名）にクロライナに［私は］持って行くであろう，貴下が行かなければならない時に（『著作集』57-8頁）．

榎は，バローの英訳のままでは，'you'（受信人）と発信人の「父」とが同一人であることを理解することが難しいと考えたようである．そこで上の一文を文法的に分析した上で，次のような解釈を提示している．

> 私は，その情報をクロライナにいる guśura［である，発信人の］父に持って行くだろう，貴下（父）の所に貴下（父）の命令によって私が帰る時に（『著作集』58-9頁）．

この解釈は，文法的にかなり無理な解釈である．特に後半部分の yaṃ kalaṃmi tahi gaṃdavya bhavati は，バローの英訳にもあるように，「あなたが行かなければならない時に」を意味し，それ以外の解釈はありようがない．榎は，'tahi' という二人称の代名詞の属格（与格にも対応）を処格（「貴下の所に」）ととり，'gaṃdavya' という Gerundive 形（「行くべき」，「行くであろう」を意味する）を，「或人をその人以外の人の意志によって行か

しめることを意味している」として Causative の意味を持つとした上で，「貴下の所に貴下の命令によって私が行かせられる時」と解釈するが，文法的にはこの解釈はまったく支持することができないものである．

　榎がこのような無理な解釈を試みた理由は，「父がクロライナにいる」ことを無条件に前提としているがゆえである．いま，「父がクロライナにいる」ことを前提とせず，目下の一文を，文法的に厳密にかつ字義通りに読むならば，次のようになる．（バローの英訳は，'it' を補っている点を除いて，正確である．）

> 私は，父のグシュラ官がクロライナにいるときに，持って行くであろう —— あなたが行くであろうときに．

つまり，グシュラ官である父がクロライナに来たときに，その父に何らかの情報を持って行くであろうことを，クロライナを居所とする発信者である息子が旅先から書き送ったものであると考えられる．ちなみにグシュラ官は，オッグ官とならぶ高官で，王に次いでその名が挙がる最高位の官職である．ニヤから出土した木簡類に何例か見える．王廷にいる王の側近であることは間違いない．

　さて以上見てきたことから明らかなように，この手紙だけから，この手紙の出土地（L. A.）が，「クロライナ」であることは結論できないのである．この手紙の受取人である「父」が，この手紙を受け取ったときにクロライナにいたことは保証されないからである．

b　No. 678 (L. A. iv. ii. 3. 矩形木簡上下二枚) に関連して

　この文書は，土地の売り渡しに関わる証文で，L. A. から出土したものである．榎は，この文書をもとに，L. A. がクロライナであると同時に，クロライナが首府であることを明らかにしようとした．榎は次のように断言する．

> 殊に土地売買に関する契約・訴訟等の文書は例外なくその出土地域に関するものである．こうした事情を考えると，『クロライナの大都市』内の土地売買について述べたこの文書は，その出土地がクロライナの大都市（即ち首府）か，少なくともそれに極めて近接した地域であることを示していると信ぜられる（『著作集』62頁）．

榎がこの結論を導いたのは，文書中の次の二つの文による．

(1) kroraiṃci camaka nāma calmadanaṃmi vastavya.

バローの英訳は次の通りである．

There is a man of Krorayina called Camaka domiciled in Calmadana.

榎はこれを次のように解釈している．

> これはクロライナ即ち楼蘭の人で，Calmadana 即ち且末 (Cherchen?) に育った Camaka (Cimaka) がヤプウ (Yapgu) に土地を売渡したこと，……を証明したもの……（『著作集』60頁）．

つまり，この一文は，当事者である Camaka が，この文書が書かれた当時クロライナに住んでいることを示すものであり，それゆえこの文書の出土地はクロライナでなければならないことになるとされるのである．しかしながら，榎が「〜に育った」と訳している原文の語 'vastavya' は，これをサンスクリットに戻すならば，'vāstavya' であり，「住民，現に住している者」を意味する語である．また，'kroraimci' は，複数形で，「クロラ（イナ）という国・地方に所属する人，クロライナ人」の意味である．したがって，目下の一文は次のように解釈しなければならない．

　　クロライナ人で，チャマカという名のチャルマダナ在住の者

したがって，この一文からわかるのは，当事者チャマカが，チャルマダナという場所に住んでいることであって，クロライナに住んでいることではない．したがって仮に，証文の出土地がその証文に記された土地に一致する，あるいはその当事者の居住する場所に一致するとするならば，この文書の出土地は，「チャルマダナ」であるとしなければならないことになってしまうのである．

次に，榎が「クロライナ」を首府と断じる根拠となった一文を検討しよう．

(2) se cimaka kroraimnammi mahamta nagarasa daćhina śitiyammi bhuma.
　　バローの英訳は次の通りである．
　　This Cimaka……(situated) on the south side (daćhina śitiyammi) of the great city [in Kroraina].

榎が指摘するように，バローはここでは，「何故か kroraimnammi の一語を脱している」（『著作集』61頁）が，彼の LKhD：125 の śitiyammi の項では，'Land in Kroraina on the right-hand side of the great city' と正しく翻訳している．

さて榎は，この一文をまず，

　　クロライナにおける，大都市の南側にある土地（『著作集』61頁）．

と理解した上で，これを次のように解釈する．

　　右の句はおそらく『クロライナと呼ばれる地方の，大都市即ち首府（城内）の南側の土地』の意味で，大都市即ち首府もまたクロライナと呼ばれていたに相違ない（『著作集』61-2頁）．

この解釈には，二つの問題がある．一つは，「大都市」を首府と言いかえる点であり，もう一つは，「大都市」と「クロライナ」を等号で結ぶ点である．まず，「大都市」と訳されたもとの原語は，mahamta nagara であるが，先に楔形封印命令書を見た際に述べた通り，これはまさに「大きな都市」あるいは「大きな都城」を意味するだけのものであって，それをそのまま「首府」すなわち「王の居城」を意味するととることはできないのである．目下の矩形木簡以外には，「大都城」の語を出す文書は，すべて先ほど見た

楔形木簡であって，いずれも文書の発信場所を示すために文書の末尾に使用されているものである．その際述べたように，「大都城」がそのまま「王の居所としての首都」を意味するのであれば，そこでわざわざそれを記す必要はないのである．

また，原文の kroraimnaṃmi は，処格の語であり，「クロライナにおける，クロライナにある」を意味する．一方 nagarasa は，属格の語であって「都市の」を意味している．つまりそれぞれの語の格は異なっており，両者を同格にして等号で結ぶことはできないのである．

おそらくこの榎の考えは，ラプソンが，KI III：324 で，'We must therefore, look for some city or state which was the recognised head of a group of 'kingdoms'; and we find the clue in the expression mahaṃta nagara, 'the great city', 'the capital', which in inscr. no. 678 is either identified with, or included in, Kroraiṃna (Lou-lan).' と言っているのを受けたものであるに違いない．

ラプソンはここで，カロシュティー文書に出る'raja'の語を論じ，サンスクリットの rājya「王国」にあたるこの語が，チャドータやチャルマダナといった「州」（王国を構成するいくつかの部分地域）を指示するものであることを指摘した後に，上の結論を述べている．つまり，紀元前77年の鄯善国成立以後は，「楼蘭」(Krorayiṃna, Krorayina) もまた「州」(raya) のひとつとして，鄯善国王統治下の一地域を指しうるものであることを言った上で，この No. 678 における「mahaṃta nagara がクロライナと同一でありかつクロライナに含まれるような表現＜クロライナにおける大都城＞」の謎を解く鍵を，そこに見出しているのである．榎博士の断言は，おそらくこれに依拠したのであろう．

以上のことから，「クロライナを首都」とすることに関しても，榎によるいま見た考察だけからでは明らかにできないことが判明したであろう．

以上は，榎の論文「楼蘭の位置を示す二つのカロシュティー文書について」における論拠を検討してきたものであるが，もう一つの論文「鄯善の都城の位置とその移動について」でも，クロライナが王の居城であること，すなわちクロライナが首府であること，そしてそれが楼蘭遺跡 (L. A.) であることは，ほとんど自明の如く扱われている．

目下の時点で，われわれが言えることは，「クロライナ」は広い領域を持った地域名称（あるいは国名）として使われていること，それゆえ「クロライナにおける王である私によって」(Cf. maya maharayena kroraiṃnaṃmi) のような文は，「クロライナ国の王である私」を意味しえても，「クロライナという首府に住む私」を意味するものではないと言わざるをえないのである．

「クヴァニ」についてはすでに資料編の翻訳において論じた通りである．「クヴァニ」を「クロライナ」と，それゆえ L. A. と直接結びつけることを許す根拠となる文書はない．

9-5-2　民族学博物館所蔵カロシュティー文書［図9-7］

スウェーデン国立民族学博物館には，ヘディンによって将来された紙文書と木簡各1点のカロシュティー文書が保管されている．その写真は，ラプソンによってなされた解

III部　研究編

図9-7
スウェーデン国立民族学博物館
所蔵のカロシュティー木簡

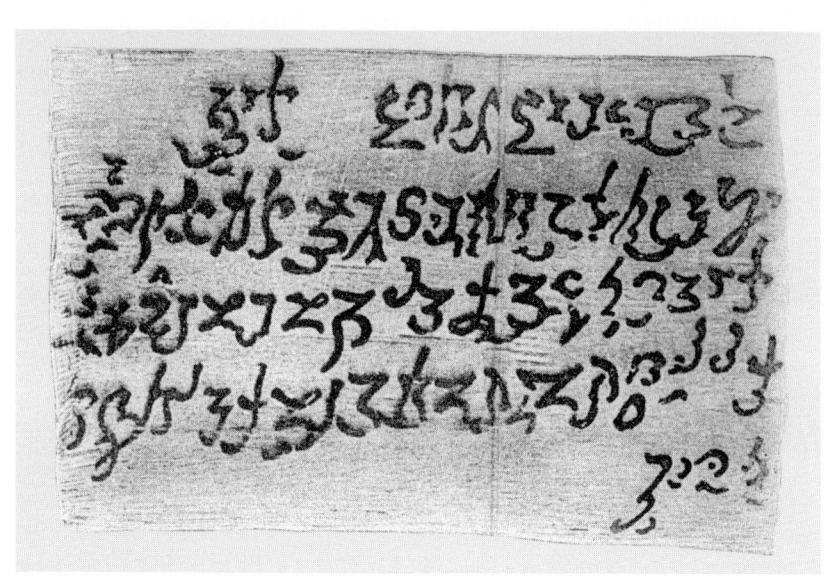

読とともに、コンラディの報告書（A. Conrady: *Die chinesischen Handschriften-und sonstigen Kleinfunde Sven Hedins in Lou-lan*, Stockholm 1920）の末尾に載せられている。スタインのものとの関連で今回調査を行ったので、その結果を報告しておく。

a　紙文書 (Paper document)

ラプソンが、"No translation seems possible" と記すように、解読不可能である。

b　木簡 (Wooden tablet)

この木簡は、たて4.3 cm、よこ6.6 cm、厚さ2〜4 mmの長方形の一枚板で、スタインによってニヤおよび楼蘭から将来されたカロシュティー木簡に比べると異様に小型である。表面は滑らかに仕上げられており、片面にカロシュティー文字が5行にわたって

書かれ，反対面は何も書かれていない．次に示すラプソンの解読では，左端が欠如したもののように見られているが，いずれの行も単語の語形は完結しており，最初からこの大きさにカットされたものと見たほうが自然である．ニヤから大量に出土したいわゆる矩形木簡の上蓋の部分（表面に封泥部分を持つ）とも違う．図9-7（写真121 b）から受けるカロシュティー文字についての印象は，比較的明瞭であるにもかかわらず，その形が美しくなく基線が一定しておらず，非常に稚拙な手で書かれたもののように思える．しかしながら，これは写真による歪みのせいであり，実物の文字は，カロシュティー文字の標準形を示しており，まったく普通の文字である．次に先ずラプソンによる釈読と翻訳を示す．

［釈読］

(1) pratyachadevatasa koriyasa pādābhyām (broken)

(2) budhanaṃdi divyaśarirārogya paripruchati (broken)

(3) .. (pa; tha.).. [tu kha].. (ti; thi.). ity artha tuma bhaṭaraganu [tidage] (broken)

(4) miṃ ma maṃ danu kaṭavo kaṭari var. nagaṃmi ca ma ri śrr [ga] (broken)

(5) prahatavo

[Rapsons Note]: The translation of lines (1), (2) and (5) is clear. In lines (3) and (4) some words are certain; but no connected translation seems possible. The tablet has been broken in two; and only the right half has been preserved.

［翻訳］

(1) "To the feet of Kori, a visible deity ——

(2) Buddhanandi enquires after the health of his divine body ——

(3) ——

(4) ——

(5) to be sent."

本文一行目の二番目の単語 koriyasa（「コーリヤの」）と，三番目の単語 pādābhyām（「両足に」）の間には，二文字分ほどの空白があり，また三番目の単語の後にも，三文字分ほどの空白がある．この空白を入れるのは，「甲の御足に，乙は敬礼します」という書き出しを持つ私信に共通する定型書式である．一行目から二行目はそのような私信の定型書式にのっとったもので，日本語に翻訳すれば，「現前の神のごときコーリヤ様の御足に，わたくしブッダナンディは，［敬礼し，］御神体の無病息災を祈念いたします」となる．「足下に」のあとに，発信人の名前が入り，そのあとに「敬礼する」にあたる namasyati という単語を持つ場合もあれば，この語を省略するものもある．したがって目下のヘディン将来分の木簡の1・2行目は，私信の冒頭におかれるご機嫌伺いの定型表現であることが明瞭である．しかし，通常ならその後には，本題が書かれるのだがこの木簡の3・4行目は，ラプソンの上記注にもある通り意味のとれないものである．語形の文法的特徴としては，長音が表記されていることと，スタイン将来分のものに見えるものより，表記される語形がよりサンスクリットの語形に近いことを指摘することができるだろう．実物を検討した結果，文字から受ける印象では，この木簡がニセモノである可能性はな

いと思われるが，実際に私信としてブッダナンディからコーリヤに出されたものである可能性は低いと思われる．いずれにせよ，ヘディンがもたらしたカロシュティー文書は以上の2点のみである．

9-6　ニヤ出土カロシュティー文書に見るインドと中国

ここではカロシュティー文書に記載される2・3の事柄を取り上げて，そのうちにいかなる古代インド的文化要素を見出すことが出来るかを論じておきたい．そして最後に，カロシュティー文書中に現われる「中国」への言及に触れておくこととする．

9-6-1　文書の種類

カロシュティー文書それ自体のうちに言及される文書の種類として5種類のものがあることを先に見た．(a) kila-mudra と呼ばれる「命令告知書」(anadi-kilamudra)，(b)「命令の手紙」(anadi-lekha)，(c)「証文」(hasta-lekha)，(d)「報告の手紙」(vimñati-lekha)，(e)「返答の手紙」(prati-lekha) の5種類であった．

これとよく似た形で王の命令や政策を伝える文書の名前を挙げるテキストとして，われわれは，古代インドの帝王学の書として有名なカウティリヤの『アルタ・シャーストラ』(『実利論』)(B. C. 4c － A. D. 4c)を持っている．そこでは次のごとき詔勅の種類が列挙されている．

> 告知書 (prajñāpana-lekha)・命令書 (ājñā-lekha)・贈り物の文書 (paridāna-lekha)，また特典付与文書 (parīhāra-lekha)・権限委譲文書 (nisṛṣṭa-lekha)，事件に関する文書 (prāvṛttika)，返書 (prati-lekha)，そして旅行布告 (sarvatraga)，以上が勅令 (śāsana) である．(『アルタ・シャーストラ』2.10.38.)[11]．

そして「告知書」が伴うべき文面は次のようなものとされている．

> 『この者によって報告された』(anena vijñāpitam)，『このように彼 (王) は言った』(evam āha)，『もし真実が［そこ (報告) に］あるならば，引き渡されるべきである』(tad dīyatām ced yadi tattvam asti)，『彼は王のそばで，よき行いを告げた』(rājñaḥ samīpe varakāram āha)．これらが種々に示された告知書 (prajñāpanāḥ)［のかたち］である．(『同上』2.2.39.)．

以下それぞれの文書について定義のようなものが述べられている．カロシュティー文書の多くが，王の命令や政策を伝達するものであったり，公文書であったりするわけだから，同様の性格を持つ文書類が，同じような形式や文言を具えることになるのも当然であろう．しかし，カロシュティー文書のうちに言及される文書の形態のうちに，この

『アルタ・シャーストラ』で言われているような文書の特徴の反映を見ることも，決して間違った態度ではないと思われる．

9-6-2　宣誓と証人，および証文

何らかの係争（vivada）がある場合，それが宣誓（śavatha）と証人（sachi）とによって吟味されるべきことを命じるのも，王による命令の告知のひとつであり，楔形封印命令書のなかに定型的にそれが出てくることはすでに見た通りである．念のためにもうひとつ文書を見てみよう．

No. 6 (N. i. 6＋62 楔形木簡上下二枚 AKh, pp. 386, 388)
─────────────────────────────
　　［上：表］チョジボー官のシャマセーナ（samaśena）とプゴー（pugo）とに与えられるべきもの．［下：表］偉大なる大王が記す．チョジボー官のシャマセーナとプゴーとに命令を与える．以下のごとし．いま，ここに，リペーヤが次のように報告している．この者たちはこちらで，ソーチャラとの間に牝ラクダに関する負債がある．いま，ソーチャラが証人（sachi）を立てていると．この楔形封印文書がそちら届いたならば，ただちに，大宣誓（mahaṃta śavatha）がなされるべきである．これらソーチャラの証人たちの宣誓がなされなければならない（śavatha śavidavo）．そのようなやり方によって，決定がなされるべきである．［上：裏］そちらで汝は宣告しないように．手に入ったもの（証拠物件）は王廷に送られるべきである．こちらで，面と向かって，決定があるであろう．［下：裏］リペーヤの件．

　「宣誓」（śavatha：英語'oath'）と翻訳している語は，サンスクリットで'śapatha'である．この語は，「誓い」と「呪い」をともに意味しうる語であるが[12]，古代インドの法典類などにおける訴訟審理の規定に出てくる「宣誓する」（śapathaṃ śap-/śapathaṃ kṛ-）という用語の場合，それはちょうど「くかたち」のような，神意にかけて事（こと）・人（ひと）の正邪を判別する方法，つまりは神明裁判（ordeal）に与ることを言う．そこで以下において詳しくカロシュティー文書中の用例を検討し，併せて古代インドの法典類に記述される規定を参照してみたい．

　まずカロシュティー文書中，とりわけ王からの命令を通知する楔形木簡のうちに頻繁に現われるのは「この係争は，宣誓によって，証人によって，面と向かって，注意深く，吟味されるべきである」（eda vivada śavathena sachiyena samuha anada prochidavo）という定型句である．この定型句表現の他に次のような用例を見ることが出来る．

(1) No. 17：śavatha śavidavo「宣誓が宣誓されるべきである（宣誓さるべきである）」．
(2) No. 144：sachiyana śavatha śavidavo hoati「証人たちの宣誓が宣誓されるべきであった」．
(3) No. 216：sachiyena śavathena śavatha śataṃti「彼らは，証人によって，宣誓によって，宣誓を，宣誓した」．
(4) No. 345：śavatha śavita「彼は，宣誓を宣誓した」．
(5) No. 358：ede jaṃna śavatha śavāvidavya「これらの者たちは，宣誓を宣誓させられ

るべきである」．

(6) No. 436：tasa prace śavatha śata「その件に関して宣誓を宣誓した」．

「夢を夢見る」(dream a dream) のごとき表現なので，以上いずれの表現も「宣誓する」というに等しいのであるが，おそらくは神判をあおぐ何らかの行為を伴っての宣誓がそこで行われたがゆえに，名詞目的語の'śavatha'と動詞の'śav-'とが連結して使われているのである．

それではこの「宣誓」に関する古代インドの法典類における規定を見てみよう．古代インドの法典としては今日においても有名なものに『マヌ法典』と『ヤージュニャヴァルキヤ法典』がある．それらの成立年代については種々の説があって未定であるが，内容的に見て紀元前2世紀から紀元後2・3世紀の間に成立してきたものと思われる．その内，『ヤージュニャヴァルキヤ法典』に次のような規定が見られる．

> [訴訟において人・事の] 正当性を立証する手段 (pramāṇa) は，証文 (likhita) と占有 (bhukti) と証人 (sākṣin) とであると言われている．これらのいずれもが存在しないときには，神判 (divya) のうちのいずれか [が立証手段] であると言われる[13]．(『ヤージュニャヴァルキヤ法典』2.22)

また『マヌ法典』では次のように言われている．

> 証人がいない事件において，両者が相互に言い争い，正確に真実を知りえないときは，宣誓（シャパタ）を用いても [真実を] 摑むべし．(『マヌ法典』8.109，渡瀬信之訳)[14]

また，

> 燃える火が彼を焼かず，水が彼を浮かばせず，あるいはすぐに災いに見舞われないときは，彼は宣誓に関して潔白であると知るべし．(『同上』8.115)．

ここに見るように，宣誓・神判には幾種類かのものがあり，赤熱した鉄球を手で持って運ばせたり，水に潜らせたりして真実を証明させたのである．カロシュティー文書中に見られる「宣誓」もおそらくはこの種の行為を伴ってのものであったろうと思われる．

次に「証人」について見てみたい．「証人」についても，『マヌ法典』では8.60～8.78に規定が見られる．カロシュティー文書中では，証人の名前が並ぶ場合，例えば先の証文 (No. 582) では，「チャドータの比丘教団」がまず先頭に現われ，続いて，「州の責任者で元老」(rajadareya mahatva kitsaitsa) のヴァルパ，そして「カーラ官（皇太子）」(kāla) のカラムツァ，「ヴァス官」(vasu) のアチュニヤとチャディヤ，チャルマダナの「州長官」(cojhbo) スールヤミトラ，クラゲーヤとヴキムナ，そして「ヤトマ官」(yatma) のプギタと続いている．あるいはまた別の証文 (No. 574) では，「オグ官」(ogu)，「コリ官」(kori)，「元老」(kitsatsa) と続いている．官位上の位階と身分上の位階が混じっているようだから，必ずしも高いほうから順番に並んでいるわけではないかも知れないが，いずれにせよ高官，高位にある者が証人となっている．誰が証人になれるかについては，『マ

ヌ法典』は,

> 家長で,息子を有し,かつ土着の人間であるクシャトリア,ヴァイシャ,シュードラの出身者は,原告に要請されたとき証言する資格を有する.窮迫時でないときは誰でもなれるわけではない(『同上』8.62)

と言った上で,証人になれる者なれない者を列挙しているが,高位高官に限るものではないようである.また「王は証人となりえない」,「印を持つ者(学生,苦行者),[世俗との]関係を断った者もなりえない」(『同上』8.65)とされている.もっとも,『ヤージュニャヴァルキヤ法典』を見てみると,そこには「苦行者」(tapasvin)が証人となりうることが述べられている(『ヤージュニャヴァルキヤ法典』2.68).必要な証人の数は,最低3人で,これは両法典ともそのように規定している.

さて最後に「証文」について見ておきたい.証文の典型的な例(No. 582)は先に見た.いま,『ヤージュニャヴァルキヤ法典』が述べる「証文」の規定を挙げるならば次の通りである.

> [証文には]年,月,その半分(パクシャ),日,名前,生まれ,族姓,学系,自らの父の名前などが記される.財産項目が記述完了したら,債務者は自らの手(sva-hasta)で名前を記入すべし.「ここに(atra)上に(upari)書かれている(lekhitam)のが,某の息子(putra)である私の(me)考え(mata)です」と.そして証人たちは,父の名前を先にして,「これについて(atra)私(aham)某が証人(sākṣin)です」と自らの手(sva-hasta)で書き込むべし.かれら[証人の人数]は奇数であるべし.「これは,両者に要請された(ubhayābhyar-thita),某の息子,私某によって,書かれたもの(likhitam)である」と書記(lekhaka)は最後に書くべし.証人たちがいなくても,自らの手で書かれた(sva-hasta-likhita)証文(lekhya)は,いずれも証拠(pramāṇa)であると伝えられる.ただし強制的にまたはペテンにかけて作成されたものは除く」(『ヤージュニャヴァルキヤ法典』2.85-89)[15].

「カロシュティー文書」で「証文」は,hasta-lekha と呼ばれている.「手書き」である.上の文でも「自分の手で書く」と繰り返されるのが注目される.しかし,ここでとりわけ注目されるのは書記の署名の部分である.先の証文では,「この書面——約定証文は,私——書記のタマスパの息子で書記のモーガタによって,高官たちの命により書かれたものである」(eṣa lekha pravaṃnaga likhidaga mahi tivira tamaspa putrena tivira mogatasa mahatvana anatena)と書かれていた.他の証文(No. 415, No. 419, No. 436, No. 437, No. 569, No. 571-3, No. 582, No. 592 etc.)でも,同じような定形句が記されている.上に見た古代インド法典の規定に見事に従った実例だと言うことが出来るだろう.「カロシュティー文書」は,カロシュティー文字と西北インド方言であるガーンダリーの鄯善国内における流通を示すものであるが,この広がりに関しては,書記の役割を評価すべきだとの考えもある[16].つまりこれらの文字と言語を扱う「書記」こそ(だけ)は,西北インド人に違いないというわけである.それゆえ,書記に関わる部分に古代インドの文化要素が典型的に現われてきても決しておかしくないとは言えるだろう.ただいず

れにせよここには，インド古代の法典類や文学作品などを通じて抽象的・理論的にしか知られてこなかった事柄の，具体的な社会での反映を見ることが出来るのであり，「カロシュティー文書」は，古代インドを対象に考察を重ねる研究者にとって，極めて興味深い具体的事例を提示する数少ない実例として注目さるべきものなのである．

9-6-3　カロシュティー文書のなかの「中国」

本書第Ⅱ部資料編2の翻訳において「中国」に言及するカロシュティー文書を集めたが，カロシュティー文書のなかに現われる「中国」あるいは「中国人」に対する観念を見ることによって，当時の国家のあり方が見えるかも知れないと期待したからであった．繰り返しになるが，いくつかの文書を再度見てみよう．

No. 35 (N. i. 49. 楔形木簡上一枚 AKh., p. 388)

> チョジボー官のビマヤとショータンガ官のリペーに与えられるべきもの．スギタは禁止されるべきである．いま，中国からの (cinasthanade) 商人たち (vaniye) がいない．[それゆえ]いま，絹の負債（売買価格？）(paṭa ṛna) は吟味されるべきではない．ラクダに関しては，タムチナが非難されるべきである．中国から商人たちが来たときに，絹の負債が吟味されるべきである．争いがあるならば，王廷において，面と向かって，決定があるであろう．

ここには，商取引の相手としての「中国からの商人」を，自分たちとは違う別の地域から来ていると見ている意識があるとは言えるだろう．ただし，中国（秦）は絹の産地としては古くからインドでも有名で，『アルタ・シャーストラ』(2.11.114) では，「中国産 (cīna-bhūmi-ja) の中国絹布 (cīna-paṭṭa)」への言及があるから[17]，ここでも「絹」との関連で「中国」と言われているのかも知れない．ブラフは，ソグド商人たちが，鄯善国から来た者たちを指して「インド人」と言っていた可能性があることに言及し，その一方で上の文書に出る「中国」(cinasthana) が，ソグド人が使う'cynstn'に一致することを指摘している (Brough 1965：605)．つまり，ソグド人にとっては一方は「インド人」他方は「中国人」であったと言うことである[18]．

次の文書を見てみよう．

No. 686 (L. A. iv. v. 12. Oval-topped tablet. Ser. I, 435, Pl. XXXVIII.)

> [表：A欄] (1)……　……は行かされた (nikasitae: niṣ+kas-'to go', 'depart, go away')．(2)……の牛はオーピンタ地域 (opiṃtemci：pl.) の中国人たちの下へ行かされた．(3)……の牛はコータン (khodani?) からの使者たちの下へ行かされた．(4)……の牛はチャルマダナ地域 (calmadanemci：pl.) の中国人たちの下へ行かされた．(5)……の牛はランガが連れて行った．(6)……の牛はトリアクシャの下へ行かされた．(7)カヤンダガの牛はトリアクシャの下へと行かされた．(8)……の牛はトリアクシャの下へ行かされた．(9)……の牛はニヤ (？) にいる中国人たちの下へ行かされた．[表：B欄] (1)タガチャの牛は中国人たちの下へ行かされた．(2)オーナカの牛はチョジボー官のクニ

タの下へ行かされた．(3)スマガンタの牛はチンゴーが連れて行った．(4)クーナの牛はトリアクシャの下へ行かされた．(5)クンパラの牛はパキアの下へ行かされた．(6)ショータンガ官のプゲーナの牛は中国人たちの下へ(7)行かされた．

ここでは「〜地域の中国人たち」と現われてくるのに注意したい．各地域に中国人のコロニーでもあったのであろうか．

「カロシュティー文書」には，数多くの個人名が現われるが，沙門の名前（法名）を除けば，インド人の名前に還元することが出来そうな名前はほんのわずかしかない．これはまた職官の名称が非インド語的で，なかにはイラン系の言語に還元可能なものもあるが，大部分はクロライナ特有のものと考えられるのと同じ傾向を示しているものである．そこで中国人の名前についてはどうであろうか．例えば次の文書を見てもらいたい．

No. 324 (N. xv. 158. 矩形木簡下一枚 AKh., p. 406)

第4番目の年，偉大なる大王マイリ，天子の，第3番目の月，第13番目の日のこのときに，……(mahap [o] ……bulena kuṣena 不明)スピたちがチャルマダナにやって来た．彼らは国土を略奪した．住民を拉致し去った．ヴァス官のヨーヌの奴僕であるサムルピナという名の者を，スピたちは捕まえた．そして中国人のシュガシヤ (cina-sġaṣiya) に贈り物として与えた．中国人のシュガシヤはこちらから男の代価として2スタテル金貨 (suvarna satera 2) と2ドラクマ銀貨 (trakhma 2) を払った．［したがって］その男は，シュガシヤのものとなったのである．(na cimaga 不明)［その男］自身の［もとの］主人であるヴァス官のヨーヌは，その男を，自身に取り戻したいと望んではいない．そしてこの男を他人に売り渡す許可がシュガシヤに与えられた．これに関連して，中国人のシュガシヤはこの男をカトゲに売った．この男の代価として……一本の弓であった．中国人のシュガシヤは正しく売った．カトゲは正しく買った．今後は，……．

「中国人シュガシヤ」と何度も繰り返されるが，これは「チナシュガシヤ」が個人名の如くに扱われた結果である．この男はいつも「チナシュガシヤ」と呼ばれていたのである．しかし，「チナ」が「中国人」を意味しなくなっているわけではない．「シュガシヤ」だけで現われる用例も別にあり，また他の用例でも以下の通りのものがあるからである．

No. 80 (N. iv. 9. Parabolic tablet AKh., p. 391)：「中国人カンチゲーヤ」(ciṃna-kaṃcgeya)

No. 255 (N. xv. 54. 長方形の板 AKh., p. 401.)：「中国人アルヤサ」(ciṃna aryasa)

No. 446 (N. xiii. iii. 6. Label-like tablet Ser. I, p. 249.)：「中国人チャトーナ」(cina catona)

No. 544 (N. xxiv. viii. 38. Label-like tablet Ser. I, p. 259.)：「中国人プギタ」(ciṃna pġita) ちなみに，このプギタという名前は，先のNo. 582の証文のなかの証人としてヤトマ官のプギタとして出ている者と同一人物と思われる．

このうち「中国人カンチゲーヤ」は漢文文書に「兵支胡管支」(Ch. 892)と出る人物の名前に近いものがあるようだがそれ以外のものはまったくわからない．識者の助言を待ちたい．

　以上「カロシュティー文書」に見える限りでの「中国」への言及を見てみた．この文書が記されているのがプラークリットであり，その限りでは，そのなかにインド的な文化要素が見出されるのは当然といえば当然である．職官名にしろ人名にしろより積極的に漢文資料との照合を試みることこそが重要であり，今後の課題であると言えるかも知れない．

註

(1) ここで「インド学」的観点というのは，基本的にサンスクリットおよびプラークリットの言語研究に基礎を置き，それらの言語によって覆うことの出来る範囲をひとまず「インド」の概念によって把握することを認める立場である．したがって，先に，「ガーンダーリー」(「ガンダーラ方言」)と言い，「北西部インド方言」と言ったが，ガンダーラも北西部インドも，現在の政治地図上ではいずれもパキスタンである．しかしそれを「古代パキスタン」と呼ぶことはしない．同様のことは内陸アジア地域についても言える．中国の研究者のなかには，おそらく先のスタインの疑問を疑問としてさえ認めない立場もあるだろう．しかし「西域」の諸地域が常に「中原」の支配下にあったことを前提にして論を進める立場はインド学にはないのである．

(2) 林梅村 (1990)：「十二生肖源流考」，『西域文明』，111-129 (原載『瞭望』) は，この No. 565 文書を論じて，秦簡に見える『日書』(暦) が漢代においてガーンダーリーに翻訳されたものだと主張している．

(3) この論文は「カロシュティー文書」の年代決定の方法を提示した点で画期的なものであった．これ以後，榎一雄の「256年～343年」説，孟凡人の「242年～330年」説，林梅村の「229年～324 (346) 年」などが提出されるが，いずれも方法論的にはブラフのものを踏襲している．

(4) ブラフは，この榎論文について，"In spite of the date on the title-page, the article in question did not appear until 1966." と注記している．

(5) Cf. Bernhard, F. (1970): "Gāndhārī and the Buddhist Mission in Central Asia," Añjali, O H. de A. Wijesekera Felicitation Volume, Peradeniya. 55-62.

(6) 最新の報告としては，松田和信：「バーミヤン渓谷から現われた仏教写本の諸相」(『古典学の再構築』第7号，平成12年7月) がある．

(7) 文書の時期の確定にあたっては，孟凡人 (1995：358-362) を参照した．

(8) 「ミシ地」(misi)，「アクリ地」(akri) ともに不明．土地用地の種類を言っていると思えるがよくわからない．

(9) 土地の対価としてどれほどが適当であったのかわからない．他の文書では，例えば4歳の馬1頭＝40ムリ (No. 580)，3歳の馬＝30ムリ (No. 495) といった例がある．そうすると3頭の馬だと100ムリ前後になるはずである．しかしここでは15ムリとなっている．「馬」の訳が誤りだとして，「15ムリ」が適当だとすれば，土地は安いロバ (No. 598) 1頭の値段である．また「馬3頭」分だとすれば，高い．

(10) ちなみに孟凡人 (1990：168-232) も林梅村 (1998：279-304) もともに，楼蘭古城 (L. A.) は西域長史府であり，決して楼蘭国や鄯善国の国都ではなかったこと．「クヴァニ」すなわち鄯善国の国都である扞泥城は，チャルクリクであることを立論して，榎説を否定している．実はこの説は，スタイン自身が当初から認めていたものに近いものである．本稿では，榎説に対して消極的な否定 (「そうは言えないだろう」) しか行っていないが，基本的にスタインの想定を支持するものである．

(11) 上村勝彦訳『実利論—古代インドの帝王学』(上・下)，岩波文庫，p. 127 参照．

(12) 「宣誓」(śapatha) については，インド学の分野ではホプキンス (E. W. Hopkins) やリューダース (H. Lüders) による詳細な研究がある．近年のものとしては，八木徹 (1998)：「宣誓 —— 文法学の視点から ——」『インド思想史研究』10：5-17) がある．

(13) 京都大学人文科学研究所において井狩彌介教授を代表とする『ヤージュニャヴァルキヤ法典』の共同研究班 (「古典インドの法と社会」班) が，1991年4月から1995年3月

まで組織されていた．そのときの担当者である渡瀬信之によって配布されたドラフト(1992年7月17日付)を参照した．また同じ共同研究班において，証人，証文に関連する個所(YS 2. 65-94)は船山徹(1992年10月9日)によって，宣誓・神判に関わる個所(YS 2.95-113)は八木徹(1992年11月20日)によって担当されたが，その際に配られたドラフトもここでは参照している．

(14) 渡瀬信之訳『マヌ法典』，中公文庫，p. 247.
(15) 前註(12)に述べた船山徹作成のドラフト参照．
(16) 書記と行政に関わる役人だけがカロシュティー文字とガーンダリーを使用していたのであり，それが「カロシュティー文書」として残っているのだという立場もありうる．
(17) 『アルタ・シャーストラ』の成立は紀元前4世紀説もあるが，『マヌ法典』に先立つもののやはりおおよそ紀元前2世紀から紀元後2世紀の成立と考えられている．
(18) Brough (1965：606) はまたこれとの関連で，中国側から言えば，楼蘭出土の漢文木簡に出る「月支」は，この鄯善国の住人をさして使われていたのではないか考えている．

III部　研究編

補遺：カロシュティー文書現況一覧

分類No.	発掘地点	保存場所	所蔵分類番号	型
001 N.1.8+1	N.I.I	Delhi		W
002 N.1.2	N.I.I	Delhi		T
003 N.1.3+76	N.I.I	Delhi		W
004 N.1.4+47	N.I.I	Delhi		W
005 N.1.11+5	N.I.I			W
006 N.1.6+62	N.I.I	Delhi,on display		W
007 N.1.9	N.I.I			W
008 N.1.9a	N.I.I			O
009 N.I.10+60	N.I.I	Delhi		W
010 N.1.12	N.I.I	Delhi		W
011 N.1.13+54	N.I.I	Delhi		W
012 N.1.14	N.I.I	Delhi		W
013 N.1.15+107	N.I.I	Delhi		W
014 N.1.16+104	N.I.I	Delhi		W
015 N.1.17	N.I.I	Delhi		W
016 N.1.18	N.I.I	Delhi		W
017 N.1.19+66	N.I.I	Delhi		W
018 N.1.20	N.I.I	Delhi		W
019 N.1.22+7	N.I.I			W
020 N.1.23+lman J.S.I.190a	N.I.I	Delhi		W
021 N.1.24+180	N.I.I	Delhi		W
022 N.1.25	N.I.I	Delhi		W
023 N.1.26	N.I.I			W
024 N.1.28+48	N.I.I			W
025 N.1.29+38+40	N.I.I			R
026 N.1.32	N.I.I			W
027 N.1.33+41	N.I.I			W
028 N.1.34	N.I.I			W
029 N.1.35+81	N.I.I			W
030 N.1.37	N.I.I			W
031 N.1.39+106ab	N.I.I			W
032 N.1.42+57	N.I.I			W
033 N.1.43+30	N.I.I			W
034 N.1.44	N.I.I			R
035 N.1.49	N.I.I			W
036 N.1.50+58	N.I.I			W
037 N.1.51+21	N.I.I	Delhi		W
038 N.1.52+72	N.I.I			W
039 N.1.53+68	N.I.I			W
040 N.1.55+46	N.I.I			W
041 N.1.56	N.I.I			Spearhead-shaped
042 N.1.59+120	N.I.I			W
043 N.1.61	N.I.I			W
044 N.1.63	N.I.I			W
045 N.1.64	N.I.I			W
046 N.1.65+31	N.I.I			W
047 N.1.67	N.I.I			W
048 N.1.70	N.I.I			W

049 N.1.71+87	N.I.I			W
050 N.1.73	N.I.I			W
051 N.1.74	N.I.I			W
052 N.1.75+80	N.I.I			W
053 N.1.78	N.I.I			W
054 N.1.79	N.I.I			W
055 N.1.82+77	N.I.I			W
056 N.1.83	N.I.I			W
057 N.1.84	N.I.I			W
058 N.1.85	N.I.I			W
059 N.1.100+109+III	N.I.I			R
060 N.1.101	N.I.I			O
061 N.1.103	N.I.I			W
062 N.1.105	N.I.I	Delhi,on display		W
063 N.1.108+27	N.I.I			W
064 N.1.110	N.I.I			W
065 N.1.112	N.I.I			O
066 N.1.113	N.I.I			O
067 N.1.114	N.I.I			R
068 N.1.122	N.I.I			W
069 N.ii.1	N.I.ii			R
070 N.ii.2	N.I.ii	Delhi,on display		W
071 N.ii.3+1.45	N.I.ii			W
072 N.iii.1	N.I.iii			T
073 N.iv.1	N.I.iv			O
074 N.iv.3	N.I.iv			O
075 N.iv.4	N.I.iv			O
076 N.iv.6	N.I.iv			Oth Wedge-shaped
077 N.iv.7	N.I.iv			R
078 N.iv.8	N.I.iv			O
079 N.iv.8a	N.I.iv			O
080 N.iv.9	N.I.iv			Oth Parabolic
081 N.iv.11	N.I.iv			Oth Tablet
082 N.iv.12	N.I.iv			Oth Stick-like
083 N.iv.13	N.I.iv			R
084 N.iv.14	N.I.iv			R
085 N.iv.14a	N.I.iv			Oth Stick-like
086 N.iv.15	N.I.iv			O
087 N.iv.17	N.I.iv			O
088 N.iv.17b	N.I.iv			R
089 N.iv.18	N.I.iv			R
090 N.iv.20	N.I.iv			Oth Wedge-shaped
091 N.iv.21	N.I.iv			R
092 N.iv.22	N.I.iv			Oth Stick-like
093 N.iv.23	N.I.iv			Oth Stick-like
094 N.iv.25	N.I.iv			O
095 N.iv.29	N.I.iv			O
096 N.iv.29a	N.I.iv			O
097 N.iv.30+40	N.I.iv			R
098 N.iv.31	N.I.iv			O
099 N.iv.32	N.I.iv			R

100	N.iv.33	N.I.iv			T
101	N.iv.34	N.I.iv			R
102	N.iv.34a	N.I.iv			Oth Inscribed
103	N.iv.35a	N.I.iv			O
104	N.iv.36	N.I.iv			O
105	N.iv.39	N.I.iv			O
106	N.iv.41+127	N.I.iv			O
107	N.iv.42	N.I.iv			O
108	N.iv.43	N.I.iv			O
109	N.iv.44	N.I.iv			O
110	N.iv.45	N.I.iv			O
111	N.iv.46	N.I.iv			T
112	N.iv.47	N.I.iv			O
113	N.Iv.48	N.I.iv			R
114	N.iv.50	N.I.iv			R
115	N.iv.51	N.I.iv			O
116	N.iv.52	N.I.iv			O
117	N.iv.53a	N.I.iv			O
118	N.iv.54	N.I.iv			O
119	N.iv.55	N.I.iv			R
120	N.iv.56	N.I.iv			Oth Stick-like
121	N.iv.57	N.I.iv			O
122	N.iv.59	N.I.iv			O
123	N.iv.60	N.I.iv			O
124	N.iv.80	N.I.iv			W
125	N.iv.81	N.I.iv			Oth Wedge-shaped
126	N.iv.82	N.I.iv			R
127	N.iv.83	N.I.iv			R
128	N.iv.84	N.I.iv			R
129	N.iv.99	N.I.iv			Oth Stick-like
130	N.iv.100+101	N.I.iv			R
131	N.iv.102	N.I.iv			O
132	N.iv.103	N.I.iv			Oth Stick-like
133	N.iv.104	N.I.iv			O
134	N.iv.105	N.I.iv			W
135	N.iv.108	N.I.iv			W
136	N.iv.109+111	N.I.iv			W
137	N.iv.113	N.I.I			O
138	N.iv.114	N.I.iv			R
139	N.iv.115	N.I.iv			R
140	N.iv.116+133	N.I.iv			R
141	N.iv.118	N.I.iv			Oth Stick-like
142	N.iv.119	N.I.iv			W
143	N.iv.120	N.I.iv			W
144	N.iv.121+107	N.I.iv	Delhi,on display		W
145	N.iv.122	N.I.iv			R
146	N.iv.123	N.I.iv			Oth Stick-like
147	N.iv.124	N.I.iv			O
148	N.iv.125	N.I.iv			O
149	N.iv.126	N.I.iv			Oth Tablet nearly square
150	N.iv.128	N.I.iv			R

151	N.iv.129	N.I.iv			O
152	N.iv.130+106	N.I.iv			R
153	N.iv.131,a,b	N.I.iv			R
154	N.iv.132	N.I.iv			O
155	N.iv.134	N.I.iv			W
156	N.iv.135+117	N.I.iv			W
157	N.iv.136	N.I.iv			Oth Wedge-shaped
158	N.iv.137	N.I.iv			W
159	N.iv.138	N.I.iv			R
160	N.iv.139	N.I.iv			R
161	N.iv.140+110	N.I.iv			R(S.Akh),M(KI)
162	N.iv.141+58	N.I.iv			R
163	N.iv.142	N.I.iv			O
164	N.iv.143	N.I.iv			R
165	N.iv.144	N.I.iv			R
166	N.iv.145	N.I.iv			R
167	N.v.3	N.II.v			Oth
168	N.v.4	N.II.v			Oth
169	N.v.6	N.II.v			Oth
170	N.v.6a,b.	N.II.v			Oth
171	N.v.8	N.II.v			W
172	N.v.9	N.II.v			Oth
173	N.v.10	N.II.v			O
174	N.v.12	N.II.v			Oth
175	N.v.13	N.II.v			O
176	N.v.14	N.II.v			Oth
177	N.v.15	N.II.v			R
178	N.v.16	N.II.v			O
179	N.v.17	N.II.v			O
180	N.v.18	N.II.v			R
181	N.v.20	N.II.v			Oth
182	N.vi.1	N.III.vi			W
183	N.vi.2	N.III.vi			R
184	N.vi.3	N.III.vi			R
185	N.vi.4	N.III.vi			W
186	N.vi.6	N.III.vi			R
187	N.vi.7	N.III.vi			R
188	N.vi.8	N.III.vi			W
189	N.vi.10	N.III.vi			W
190	N.vi.11	N.III.vi			R
191	N.vi.12	N.III.vi			O
192	N.vi.13	N.III.vi			W
193	N.vi.14	N.III.vi			W
194	N.vi.15	N.III.vi			W
195	N.vii.1a,b	N.III.vii			R
196	N.viii.1	N.III.viii			O
197	N.viii.2	N.III.viii			R
198	N.ix.1	N.III.ix			W
199	N.ix.2	N.III.ix			O
200	N.ix.3	N.III.ix			O
201	N.x.2	N.IV.x			R

202 N.x.2b	N.IV.x			Oth
203 N.x.2c	N.IV.x			T
204 N.x.3	N.IV.x			T
205 N.x.4	N.IV.x			O
206 N.x.6+5	N.IV.x			R
207 N.x.7	N.IV.x			R
208 N.x.8	N.IV.x			R
209 N.xi.1	N.IV.xi			Oth
210 N.xii.1	N.IV.xii	Delhi		Oth
211 N.xiii.1	N.IV.xiii			R
212 N.xiv.1	N.IV.xiv			W
213 N.xv.2.	N.V.xv	London	OR8211/1480	W
214 N.xv.3.	N.V.xv	London	OR8211/1483	W
215 N.xv.4.	N.V.xv	London	OR8211/1484	O
216 N.xv.5.	N.V.xv	London	OR8211/1485	R
217 N.xv.6.	N.V.xv	London	OR8211/1486	W
218 N.xv.6a.	N.V.xv	London	OR8211/1487	W
219 N.xv.7.+194.	N.V.xv	London	OR8211/1488+89	W
220 N.xv.8.	N.V.xv	London	OR8211/1490	W
221 N.xv.11	N.V.xv	London	OR8211/1493	Oth Wedge tablet
222 N.xv.11a.	N.V.xv	London	OR8211/1494	R
223 N.xv.12a,b	N.V.xv	London	OR8211/1495+96	W
224 N.xv.13	N.V.xv	London	OR8211/1497	W
225 N.xv.14+27	N.V.xv	London	OR8211/1498	O
226 N.xv.15	N.V.xv	London	OR8211/1499	W
227 N.xv.17.	N.V.xv	London	OR8211/1500	W
228 N.xv.17a	N.V.xv	London	OR8211/1501	W
229 N.xv.18	N.V.xv	London	OR8211/1502	W
230 N.xv.19	N.V.xv	London	OR8211/1504	W
231 N.xv.20	N.V.xv	London	OR8211/1503	R
232 N.xv.20a	N.V.xv	London	OR8211/1505	O
233 N.xv.22	N.V.xv	London	OR8211/1506	W
234 N.xv.23+150	N.V.xv	London	OR8211/1507	O
235 N.xv.24	N.V.xv	London	OR8211/1508	W
236 N.xv.26+16	N.V.xv	London	OR8211/1509+10	W
237 N.xv.28	N.V.xv	London	OR8211/1511	O
238 N.xv.29	N.V.xv	London	OR8211/1512	L
239 N.xv.30	N.V.xv	London	OR8211/1513	W
240 N.xv.31	N.V.xv	London	OR8211/1514	W
241 N.xv.32	N.V.xv	London	OR8211/1515	W
242 N.xv.33	N.V.xv	London	OR8211/1516	O
243 N.xv.36+170	N.V.xv	London	OR8211/1518	W
244 N.xv.38	N.V.xv	London	OR8211/1519	R
245 N.xv.40	N.V.xv	London	OR8211/1522	W
246 N.xv.41	N.V.xv	London	OR8211/1523	R
247 N.xv.42	N.V.xv	London	OR8211/1387	L
248 N.xv.43	N.V.xv	London	OR8211/1524	L(fragment)
249 N.xv.45	N.V.xv	London	OR8211/1525	R
250 N.xv.46	N.V.xv	London	OR8211/1526	W
251 N.xv.47	N.V.xv	London	OR8211/1527	W
252 N.xv.50+200	N.V.xv	London	OR8211/1534	R(fragment)

253	N.xv.51	N.V.xv	London	OR8211/1528	W
254	N.xv.52	N.V.xv	London	OR8211/1535	W
255	N.xv.54	N.V.xv	London	OR8211/1529	O
256	N.xv.55+81	N.V.xv	London	OR8211/1530	O(fragment)
257	N.xv.56	N.V.xv	London	OR8211/1536	R(fragment)
258	N.xv.57	N.V.xv	London	OR8211/1531	O
259	N.xv.63	N.V.xv	London	OR8211/1533	R(fragment)
260	N.xv.64	N.V.xv	London	OR8211/1538	W
261	N.xv.65	N.V.xv	London	OR8211/1539	R
262	N.xv.66	N.V.xv	London	OR8211/1540	W
263	N.xv.67	N.V.xv	London	OR8211/1542	W
264	N.xv.68	N.V.xv	London	OR8211/1543	Oth Wedge-shaped
265	N.xv.71	N.V.xv	London	OR8211/1544	W
266	N.xv.76+181	N.V.xv	London	OR8211/1541	Oth Tablet
267	N.xv.77	N.V.xv	London	OR8211/1546	W
268	N.xv.80	N.V.xv	London	OR8211/1549	O(fragment)
269	N.xv.83	N.V.xv	London	OR8211/1550	Oth Tablet(fragment)
270	N.xv.84	N.V.xv	London	OR8211/1551	W
271	N.xv.87+308	N.V.xv	London	OR8211/1552	R
272	N.xv.88	N.V.xv	London	OR8211/1553	L
273	N.xv.89	N.V.xv	London	OR8211/1555	W
274	N.xv.90	N.V.xv	London	OR8211/1554	W
275	N.xv.91	N.V.xv	London	OR8211/1556	W
276	N.xv.92	N.V.xv	London	OR8211/1557	W
277	N.xv.92a	N.V.xv	London	OR8211/1558	T
278	N.xv.95	N.V.xv	London	OR8211/1559	R
279	N.xv.96+325	N.V.xv	London	OR8211/1560	W
280	N.xv.97	N.V.xv	London	OR8211/1561	W
281	N.xv.98	N.V.xv	London	OR8211/1562	W
282	N.xv.99	N.V.xv	London	OR8211/1563	Oth Lath-like
283	N.xv.101	N.V.xv	London	OR8211/1564	L(fragment)
284	N.xv.102	N.V.xv	London	OR8211/1565	W
285	N.xv.103	N.V.xv	London	OR8211/1566	R(fragment)
286	N.xv.105	N.V.xv	London	OR8211/1567	W
287	N.xv.107	N.V.xv	London	OR8211/1568	W
288	N.xv.108+113	N.V.xv	London	OR8211/1569+70	W(?)R.
289	N.xv.110	N.V.xv	London	OR8211/1571	L(fragment)
290	N.xv.111a	N.V.xv	London	OR8211/1572	R(fragment)
291	N.xv.112	N.V.xv	London	OR8211/1574	L
292	N.xv.114	N.V.xv	London	OR8211/1575	L(fragment)
293	N.xv.114a	N.V.xv	London	OR8211/1573	W
294	N.xv.115	N.V.xv	London	OR8211/1576	W
295	N.xv.118	N.V.xv	London	OR8211/1577	W
296	N.xv.119+361	N.V.xv	London	OR8211/1578	W
297	N.xv.121+79	N.V.xv	London	OR8211/1547+48	W
298	N.xv.122	N.V.xv	London	OR8211/1580	Oth Lath-like
299	N.xv.122a	N.V.xv	London	OR8211/1579	Oth Label-shaped
300	N.xv.124	N.V.xv	London	OR8211/1583	W
301	N.xv.126	N.V.xv	London	OR8211/1582	O(fragment)
302	N.xv.128	N.V.xv	London	OR8211/1581	R(fragment)
303	N.xv.129	N.V.xv	London	OR8211/1585	O(fragment)

III部　研究編

304	N.xv.130	N.V.xv	London	OR8211/1584	O(fragment)
305	N.xv.131	N.V.xv	London	OR8211/1586	R
306	N.xv.132	N.V.xv	London	OR8211/1587	W
307	N.xv.134	N.V.xv	London	OR8211/1590	R
308	N.xv.135	N.V.xv	London	OR8211/1591	W
309	N.xv.136	N.V.xv	London	OR8211/1592	W
310	N.xv.137	N.V.xv	London	OR8211/1593	W
311	N.xv.138	N.V.xv	London	OR8211/1594	R
312	N.xv.140	N.V.xv	London	OR8211/1595	W
313	N.xv.141	N.V.xv	London	OR8211/1596	O
314	N.xv.142＋147＋148＋302	N.V.xv	London	OR8211/1597	R
315	N.xv.143＋301＋321	N.V.xv	London	OR8211/1598＋99	W
316	N.xv.146	N.V.xv	London	OR8211/1600	O
317	N.xv.149	N.V.xv	London	OR8211/1601	L(fragment)
318	N.xv.151	N.V.xv	London	OR8211/1602(2pi	R
319	N.xv.153	N.V.xv	London	OR8211/1603	R
320	N.xv.154	N.V.xv	London	OR8211/1604	R
321	N.xv.154a＋157	N.V.xv	London	OR8211/1607(2pi	R
322	N.xv.155	N.V.xv	London	OR8211/1606	R
323	N.xv.156	N.V.xv	London	OR8211/1605	R
324	N.xv.158	N.V.xv	London	OR8211/1609	R
325	N.xv.159	N.V.xv	London	OR8211/1608	R
326	N.xv.160	N.V.xv	London	OR8211/1610	R
327	N.xv.162	N.V.xv	London	OR8211/1611	R
328	N.xv.163	N.V.xv	London	OR8211/1612	R
329	N.xv.164	N.V.xv	London	OR8211/1613	L
330	N.xv.165	N.V.xv	London	OR8211/1615	R
331	N.xv.166	N.V.xv	London	OR8211/1614	R
332	N.xv.167	N.V.xv	London	OR8211/1617	R
333	N.xv.168	N.V.xv	London	OR8211/1616	L(fragment)
334	N.xv.172＋174	N.V.xv	London	OR8211/1618	O
335	N.xv.173＋06	N.V.xv	London	OR8211/1619	R
336	N.xv.175a	N.V.xv	London	OR8211/1621	R
337	N.xv.177	N.V.xv	London	OR8211/1622	O
338	N.xv.178＋183＋186	N.V.xv	London	OR8211/1623	R
339	N.xv.179	N.V.xv	London	OR8211/1624	W
340	N.xv.180	N.V.xv	London	OR8211/1625	W
341	N.xv.182	N.V.xv	London	OR8211/1626	L
342	N.xv.184	N.V.xv	London	OR8211/1627	O
343	N.xv.185	N.V.xv	London	OR8211/1628	T
344	N.xv.187	N.V.xv	London	OR8211/1629	W
345	N.xv.190＋10＋86	N.V.xv	London	OR8211/1491＋92	R
346	N.xv.193	N.V.xv	London	OR8211/1632 1？	R
347	N.xv.195	N.V.xv	London	OR8211/1630	W
348	N.xv.196	N.V.xv	London	OR8211/1631(2pi	R
349	N.xv.197	N.V.xv	London	OR8211/1632 2？	L
350	N.xv.199	N.V.xv	London	OR8211/1633	O
351	N.xv.201	N.V.xv	London	OR8211/1634	L
352	N.xv.202	N.V.xv	London	OR8211/1635	W
353	N.xv.204	N.V.xv	London	OR8211/1636	O
354	N.xv.206	N.V.xv	London	OR8211/1637	O

355 N.xv.300	N.V.xv	London	OR8211/1639	W
356 N.xv.303	N.V.xv	London	OR8211/1640	W
357 N.xv.304	N.V.xv	London	OR8211/1641	L
358 N.xv.305	N.V.xv	London	OR8211/1642	L
359 N.xv.306	N.V.xv	London	OR8211/1644	W
360 N.xv.307	N.V.xv	London	OR8211/1645	W
361 N.xv.309	N.V.xv	London	OR8211/1646	R
362 N.xv.310	N.V.xv	London	OR8211/1643	L
363 N.xv.311	N.V.xv	London	OR8211/1647	W
364 N.xv.312	N.V.xv	London	OR8211/1648	W
365 N.xv.316	N.V.xv	London	OR8211/1650	R(fragment)
366 N.xv.317	N.V.xv	London	OR8211/1649	W
367 N.xv.318	N.V.xv	London	OR8211/1651	W
368 N.xv.319	N.V.xv	London	OR8211/1652	L(fragment)
369 N.xv.320	N.V.xv	London	OR8211/1653	R
370 N.xv.322+39	N.V.xv	London	OR8211/1520+21	R
371 N.xv.323	N.V.xv	London	OR8211/1654	W
372 N.xv.329	N.V.xv	London	OR8211/1655 2	L(fragment)
373 N.xv.330	N.V.xv	London	OR8211/1656	R
374 N.xv.331	N.V.xv	London	OR8211/1657	W
375 N.xv.332	N.V.xv	London	OR8211/1658	W
376 N.xv.333	N.V.xv	London	OR8211/1655 1	L
377 N.xv.334	N.V.xv	London	OR8211/1660	R
378 N.xv.335	N.V.xv	London	OR8211/1659	O(fragment)
379 N.xv.336	N.V.xv	London	OR8211/1661	L(fragment)
380 N.xv.338	N.V.xv	London	OR8211/1662	R
381 N.xv.340	N.V.xv	London	OR8211/1664	W
382 N.xv.342	N.V.xv	London	OR8211/1663	O
383 N.xv.343	N.V.xv	London	OR8211/1666	R
384 N.xv.344	N.V.xv	London	OR8211/1665	R
385 N.xv.346	N.V.xv	London	OR8211/1668	L
386 N.xv.347	N.V.xv	London	OR8211/1669	W
387 N.xv.350	N.V.xv	London	OR8211/1670	L
388 N.xv.352	N.V.xv	London	OR8211/1672	W
389 N.xv.354	N.V.xv	London	OR8211/1671	R
390 N.xv.355	N.V.xv	London	OR8211/1673	R
391 N.xv.356	N.V.xv	London	OR8211/1674	W
392 N.xv.357	N.V.xv	London	OR8211/1675	R
393 N.xv.359	N.V.xv	London	OR8211/1676	W
394a N.xv.360	N.V.xv	London	OR8211/1677	O(fragment)
394b N.xv.363	N.V.xv	London	OR8211/1678	W
395 N.xv.01,b	N.V.xv	London	OR8211/1680	Oth Fragment of tablet
396 N.xv.04	N.V.xv	London	OR8211/1681	W
397 N.xv.05	N.V.xv	London	OR8211/1354	W
398 N.xv.07	N.V.xv	London	OR8211/1353	Oth Lath-like
399 N.xvi.2	N.V.xvi	London	OR8211/1355	T
400 N.xvii.1	N.VI.xvii	London	OR8211/1357	W
401 N.xvii.3+2	N.VI.xvii	London	OR8211/1356+58	R
402 N.xvii.12	N.VI.xvii	London	Missing1	W
403 N.xvii.01	N.VI.xvii	London	OR8211/1361	W
404 N.xviii.1	N.VII.xviii	London	OR8211/1363 1	O

405 N.xviii.1b	N.VII.xviii	London	OR8211/1363 2	Oth
406 N.xviii.2	N.VII.xviii	London	OR8211/1362	Oth
407 N.xviii.3	N.VII.xviii	London	OR8211/1360	Oth
408 N.xviii.4	N.VII.xviii	London	OR8211/1366	W
409 N.xviii.5	N.VII.xviii	London	OR8211/1365	O
410 N.xviii.6	N.VII.xviii	London	OR8211/1364	O
411 N.xviii.7	N.VII.xviii	London	OR8211/1368	O
412 N.xviii.8	N.VII.xviii	London	OR8211/1367	W
413 N.xix.1	N.VII.xix	London	OR8211/1369	W
414 N.xxi.1	N.X.xxi	London	OR8211/1370	R
415 N.xxi.2+3	N.X.xxi	London	OR8211/1372+73	R
416 N.xxi.5	N.X.xxi	London	OR8211/1376	R
417 N.xxi.6	N.X.xxi	London	OR8211/1375	Oth
418 N.xxi.6a	N.X.xxi	London	OR8211/1374	O
419 N.xxi.7+4	N.X.xxi	London	OR8211/1377+80	R
420 N.xxi.8	N.X.xxi	London	OR8211/1378	R
421 N.xxiii.1	N.IX	London	OR8211/1381	R
422 Niya 22.I.1901.a	Niya and Imaa	London	OR8211/1382	R
423 Niya 22.I.1901.b	Niya and Imaa	London	OR8211/1383	W
424 Niya 22.I.1901.c	Niya and Imaa	London	OR8211/1384	R
425 Niya.I.iii.1901.	Niya and Imaa	London	OR8211/1385 1+2	O
426 Imaam J.S.25.I.1901.a	Niya and Imaa	London	Missing2	W
427 Imaam J.S.25.I.1901.b	Niya and Imaa	London	OR8211/1386	W
428 N.xii.01	N.XII			R
429 N.xii.I.1	N.XII.I			Oth
430 N.xiii.I.1	N.XIII.I			W
431 N.xiii.ii.1	N.XIII.ii			R
432 N.xiii.ii.2	N.XIII.ii			R
433 N.xiii.ii.4	N.XIII.ii			W
434 N.xiii.ii.5	N.XIII.ii			R
435 N.xiii.ii.6	N.XIII.ii			W
436 N.xiii.ii.7	N.XIII.ii			R
437 N.xiii.ii.8	N.XIII.ii			R
438 N.xiii.ii.9	N.XIII.ii			W
439 N.xiii.ii.10	N.XIII.ii			W
440 N.xiii.ii.11	N.XIII.ii			W
441 N.xiii.ii.12	N.XIII.ii			W
442 N.xiii.iii.1	N.XIII.iii			Oth
443 N.xiii.iii.2	N.XIII.iii			R
444 N.xiii.iii.3	N.XIII.iii			R
445 N.xiii.iii.5	N.XIII.iii			Oth
446 N.xiii.iii.6	N.XIII.iii			Oth
447 N.xiv.005	N.XIV			L
448 N.xv.I.2	N.XV.I			O
449 N.xv.I.3	N.XV.I			Oth
450 N.xv.I.4	N.XV.I			R
451 N.xv.I.5	N.XV.I			W
452 N.xvi.I.1	N.XVI.I			O
453 N.xvii.I.001	N.XVII			W
454 N.xviii.I.1	N.XVIII.I			R
455 N.xix.I.1	N.XIX.I			W

456 N.xix.iii.2	N.XIX.iii			O
457 N.xix.iii.3	N.XIX.iii			Oth
458 N.xx.iv.1	N.XX.IV			Oth
459 N.xxi.1.b	N.XXI			O
460 N.xxii.I.1	N.XXII.I			O
461 N.xxii.I.2a	N.XXII.I			W
462 N.xxii.I.2b	N.XXII.I			Oth
463 N.xxii.I.3	N.XXII.I			Oth
464 N.xxii.I.4	N.XXII.I			Oth
465 N.xxii.I.6	N.XXII.I			O
466 N.xxii.I.7	N.XXII.I			O
467 N.xxii.ii.1	N.XXII.ii			O
468 N.xxii.iii.1.a,b.	N.XXII.iii			W
469 N.xxii.iii.2	N.XXII.iii			W
470 N.xxii.iii.3	N.XXII.iii			W
471 N.xxii.iii.4	N.XXII.iii			W
472 N.xxii.iii.5	N.XXII.iii			O
473 N.xxii.iii.7+20	N.XXII.iii			W
474 N.xxii.iii.8+11	N.XXII.iii			W
475 N.xxii.iii.9	N.XXII.iii			R
476 N.xxii.iii.10a,b.	N.XXII.iii			Oth
477 N.xxii.iii.12	N.XXII.iii			O
478 N.xxii.iii.13	N.XXII.iii			O
479 N.xxii.iii.16+6	N.XXII.iii			W
480 N.xxii.iii.18	N.XXII.iii			W
481 N.xxii.iii.19a,b.	N.XXII.iii			W
482 N.xxii.iii.21a,b.	N.XXII.iii			W
483 N.xxii.iii.22	N.XXII.iii			O
484 N.xxii.iii.23a,b.	N.XXII.iii			W
485 N.xxiii.I.5	N.XXIII.I			O
486 N.xxiii.I.6+7	N.XXIII.I			O
487 N.xxiii.I.8	N.XXIII.I			W
488 N.xxiii.I.9	N.XXIII.I			R
489 N.xxiii.I.11	N.XXIII.I			R
490 N.xxiii.I.12	N.XXIII.I			R
491 N.xxiii.I.14+15	N.XXIII.I			W
492 N.xxiii.I.16	N.XXIII.I			W
493 N.xxiii.ii.1	N.XXIII.ii			R
494 N.xxiii.ii.5+1.13	N.XXIII.ii			W
495 N.xxiii.ii.6	N.XXIII.ii			R
496 N.xxiii.ii.7	N.XXIII.ii			R
497 N.xxiii.ii.8	N.XXIII.ii			W
498 N.xxiii.ii.9	N.XXIII.ii			O
499 N.xxiii.ii.10	N.XXIII.ii			O
500 N.xxiii.ii.11	N.XXIII.ii			O
501 N.xxiii.ii.12	N.XXIII.ii			O
502 N.xxiii.ii.13	N.XXIII.ii			W
503 N.xxiii.ii.14	N.XXIII.ii			W
504 N.xxiii.ii.15	N.XXIII.ii			W
505 N.xxiii.iii.1	N.XXIII.iii			W
506 N.xxiii.iii.2	N.XXIII.iii			R

507 N.xxiv.ii.2	N.XXIV.ii			W
508 N.xxiv.iii.1	N.XXIV.iii			O
509 N.xxiv.iv.2	N.XXIV.iv	D elhi		W
510 N.xxiv.v.1	N.XXIV.v	London	OR8211/1388	T
511 N.xxiv.vi.1	N.XXIV.vi	London	OR8211/1682	O
512 N.xxiv.vi.2	N.XXIV.vi	London	OR8211/1390	O
513 N.xxiv.vi.3	N.XXIV.vi	London	OR8211/1389	O
514 N.xxiv.vi.4	N.XXIV.vi	London	OR8211/1393	T
515 N.xxiv.vii.1	N.XXIV.vii	London	OR8211/1391 1+2	R
516 N.XXIV.viii.2	N.XXIV.viii.	London	OR8211/1392	W
517 N.XXIV.viii.3	N.XXIV.viii.	London	OR8211/1395	T
518 N.XXIV.viii.4+39	N.XXIV.viii.	London	OR8211/1396+97	W
519 N.XXIV.viii.5	N.XXIV.viii.	London	OR8211/1400	O
520 N.XXIV.viii.6+58	N.XXIV.viii.	London	OR8211/1402+ 03	W
521 N.XXIV.viii.7	N.XXIV.viii.	London	OR8211/1398	W
522 N.XXIV.viii.8	N.XXIV.viii.	London	OR8211/1399	O
523 N.XXIV.viii.9	N.XXIV.viii.	London	OR8211/1401	W
524 N.XXIV.viii.10+17	N.XXIV.viii.	London	OR8211/1404	W
525 N.XXIV.viii.11	N.XXIV.viii.	London	OR8211/1405	O
526 N.XXIV.viii.13+46	N.XXIV.viii.	London	OR8211/1408+09	W
527 N.XXIV.viii.14	N.XXIV.viii.	London	OR8211/1410	Oth Elliptical tablet
528 N.XXIV.viii.15+23	N.XXIV.viii.	London	OR8211/1411(2pi	W
529 N.XXIV.viii.18	N.XXIV.viii.	London	OR8211/1413	O
530 N.XXIV.viii.19+16	N.XXIV.viii.	London	OR8211/1412(2pi	W
531 N.XXIV.viii.21	N.XXIV.viii.	London	OR8211/1417	O
532 N.XXIV.viii.22+20	N.XXIV.viii.	London	OR8211/1414+15	W
533 N.XXIV.viii.24	N.XXIV.viii.	London	OR8211/1416	O
534 N.XXIV.viii.25	N.XXIV.viii.	London	OR8211/1418	O
535 N.XXIV.viii.27	N.XXIV.viii.	London	OR8211/1419	Oth Label-like
536 N.XXIV.viii.28	N.XXIV.viii.	London	OR8211/1421	O
537 N.XXIV.viii.29	N.XXIV.viii.	London	OR8211/1422	W
538 N.XXIV.viii.30+55	N.XXIV.viii.	London	OR8211/1423+24	W
539 N.XXIV.viii.32	N.XXIV.viii.	London	OR8211/1427	Oth Tablet made of cleft stick
540 N.XXIV.viii.33+12	N.XXIV.viii.	London	OR8211/1406+07	W
541 N.XXIV.viii.34	N.XXIV.viii.	London	OR8211/1428	Oth Tongue-shaped
542 N.XXIV.viii.35	N.XXIV.viii.	London	OR8211/1429	W
543 N.XXIV.viii.36	N.XXIV.viii.	London	OR8211/1732	Oth Label-like
544 N.XXIV.viii.38	N.XXIV.viii.	London	OR8211/1430	Oth Label-like
545 N.XXIV.viii.40+48	N.XXIV.viii.	London	OR8211/1431+32	W
546 N.XXIV.viii.41 a,b	N.XXIV.viii.	London	OR8211/1433	R
547 N.XXIV.viii.42	N.XXIV.viii.	London	OR8211/1437	Oth Stick-like
548 N.XXIV.viii.43	N.XXIV.viii.	London	OR8211/1434	W
549 N.XXIV.viii.44b	N.XXIV.viii.	London	OR8211/1436	R
550 N.XXIV.viii.45	N.XXIV.viii.	London	OR8211/1438	W
551 N.XXIV.viii.49	N.XXIV.viii.	London	OR8211/1439	W
552 N.XXIV.viii.50	N.XXIV.viii.	London	OR8211/1440	O
553 N.XXIV.viii.52	N.XXIV.viii.	London	OR8211/1442	W
554 N.XXIV.viii.53	N.XXIV.viii.	London	OR8211/1443	Oth Label-like
555 N.XXIV.viii.54	N.XXIV.viii.	London	OR8211/1444	W
556 N.XXIV.viii.56	N.XXIV.viii.	London	OR8211/1445	W
557 N.XXIV.viii.57	N.XXIV.viii.	London	OR8211/1447	Oth Label-like

558 N.XXIV.viii.59	N.XXIV.viii.	London	OR8211/1446	Oth Label-like
559 N.XXIV.viii.60	N.XXIV.viii.	London	OR8211/1448	W
560 N.XXIV.viii.61	N.XXIV.viii.	London	OR8211/1449	O
561 N.XXIV.viii.63+44a	N.XXIV.viii.	London	OR8211/1435	W
562 N.XXIV.viii.64+51	N.XXIV.viii.	London	OR8211/1441	W
563 N.XXIV.viii.65	N.XXIV.viii.	London	OR8211/1450	O
564 N.XXIV.viii.66+67	N.XXIV.viii.	London	OR8211/1451+52	W
565 N.XXIV.viii.68	N.XXIV.viii.	London	OR8211/1453	O
566 N.XXIV.viii.69	N.XXIV.viii.	Delhi		W
567 N.XXIV.viii.70+31	N.XXIV.viii.	London	OR8211/1425+26	W
568 N.XXIV.viii.71	N.XXIV.viii.	Delhi		R
569 N.XXIV.viii.72	N.XXIV.viii.	Delhi		R
570 N.XXIV.viii.73	N.XXIV.viii.	Delhi		R
571 N.XXIV.viii.74	N.XXIV.viii.	Delhi		R
572 N.XXIV.viii.75	N.XXIV.viii.	Delhi		R
573 N.XXIV.viii.76	N.XXIV.viii.	Delhi		R
574 N.XXIV.viii.77	N.XXIV.viii.	Delhi		R
575 N.XXIV.viii.78	N.XXIV.viii.	Delhi		R
576 N.XXIV.viii.79	N.XXIV.viii.	Delhi		R
577 N.XXIV.viii.80	N.XXIV.viii.	Delhi		R
578 N.XXIV.viii.81	N.XXIV.viii.	Delhi		R
579 N.XXIV.viii.82	N.XXIV.viii.	Delhi		R
580 N.XXIV.viii.83	N.XXIV.viii.	Delhi		R
581 N.XXIV.viii.84	N.XXIV.viii.	Delhi		R
582 N.XXIV.viii.85	N.XXIV.viii.	Delhi		R
583 N.XXIV.viii.86	N.XXIV.viii.	Delhi		R
584 N.XXIV.viii.87	N.XXIV.viii.	Delhi		R
585 N.XXIV.viii.88	N.XXIV.viii.	Delhi		R
586 N.XXIV.viii.89	N.XXIV.viii.	Delhi		R
587 N.XXIV.viii.90	N.XXIV.viii.	Delhi		R
588 N.XXIV.viii.91	N.XXIV.viii.	Delhi		R
589 N.XXIV.viii.92	N.XXIV.viii.	Delhi		R
590 N.XXIV.viii.93	N.XXIV.viii.	Delhi		R
591 N.XXIV.viii.94	N.XXIV.viii.	Delhi		R
592 N.XXIV.viii.95	N.XXIV.viii.	Delhi		R
593 N.XXIV.viii.96	N.XXIV.viii.	Delhi		R
594 N.xxiv.ix.1	N.XXIV.ix	Delhi		O
595 N.xxiv.x.1	N.XXIV.x	Delhi		O
596 N.xxvi.I.2	N.XXVI.I	Delhi		O
597 N.xxvi.I.3	N.XXVI.I	Delhi		O
598 N.xxvi.I.4	N.XXVI.I	Delhi		R
599 N.xxvi.I.5	N.XXVI.I	Delhi		W
600 N.xxvi.I.6	N.XXVI.I	Delhi		R
601 N.xxvi.I.7	N.XXVI.I	Delhi		O
602 N.xxvi.I.8	N.XXVI.I	Delhi		W
603 N.xxvi.ii.1	N.XXVI.ii	Delhi		W
604 N.xxvi.vi.1	N.XXVI.vi	Delhi		O
605 N.xxvi.vi.2	N.XXVI.vi	Delhi		O
606 N.xxvi.vi.3	N.XXVI.vi	Delhi		W
607 N.xxvi.vi.4	N.XXVI.vi	Delhi		O
608 N.xxvi.vi.5	N.XXVI.vi	Delhi		O

III部　研究編

609 N.xxvi.vi.6	N.XXVI.vi	Delhi		O
610 N.xxvi.vi.7	N.XXVI.vi	Delhi		O
611 N.xxvi.vi.8	N.XXVI.vi	Delhi		O
612 N.xxvi.vi.9	N.XXVI.vi	Delhi		O
613 N.xxvi.vi.10	N.XXVI.vi	Delhi		O
614 N.xxvi.vi.11	N.XXVI.vi	Delhi		Oth
615 N.xxvi.vi.13	N.XXVI.vi	Delhi		O
616 N.xxvi.vi.14	N.XXVI.vi	Delhi		Oth
617 N.xxvi.vi.15	N.XXVI.vi	Delhi		Oth
618 N.xxvi.vi.16	N.XXVI.vi	Delhi		Oth
619 N.xxvi.vi.17	N.XXVI.vi	Delhi		Oth
620 N.xxvi.vi.18	N.XXVI.vi	Delhi		O
621 N.xxix.I.2	N.XXIX.I	Delhi		W
622 N.xxix.I.3	N.XXIX.I	Delhi		R
623 N.xxix.I.4	N.XXIX.I	Delhi		R
624 N.xxix.I.5	N.XXIX.I	Delhi		R
625 N.xxix.I.6	N.XXIX.I	Delhi		R
626 N.xxix.I.7	N.XXIX.I	Delhi		W
627 N.xxix.I.8	N.XXIX.I	Delhi		O
628 N.xxix.I.9	N.XXIX.I	Delhi		O
629 N.xxix.I.10	N.XXIX.I	Delhi		W
630 N.xxix.I.11	N.XXIX.I	Delhi		W
631 N.xxix.I.12	N.XXIX.I	Delhi		O
632 N.xxix.I.13	N.XXIX.I	Delhi		W
633 N.xxix.I.14	N.XXIX.I	Delhi		R
634 N.xxix.I.15	N.XXIX.I	Delhi		R
635 N.xxix.I.16	N.XXIX.I	Delhi		R
636 N.xxix.ii.3 a,b.	N.XXIX.ii	Delhi		W
637 N.xxix.iv.2	N.XXIX.iv	Delhi		R
638 N.xxx.I.1	N.XXX.I	Delhi		W
639 N.xxxv.I.1a,b	N.XXXV.I	Delhi		W
640 N.xxxvii.I.2	N.XXXVII.I	Delhi		R
641 N.xxxvii.I.3	N.XXXVII.I	Delhi		W
642 N.xxxvii.I.4	N.XXXVII.I	Delhi		O
643 N.xxxvii.I.5	N.XXXVII.I	Delhi		W
644 N.xxxvii.iii.1	N.XXXVII.iii	Delhi		W
645 N.xxxvii.iii.2	N.XXXVII.iii	Delhi		R
646 N.xIi.1	N.XLI	Delhi		R
647 N.xIi.2	N.XLI	Delhi		T
648 N.xIi.3	N.XLI	Delhi		R
649 N.xIi.001	N.XLI	Delhi		R
650 N.004	Niya	Delhi		O
651 N.0025	Niya	Delhi		W
652 N.0026	Niya	Delhi		R
653 N.Ibr.1	N.XXVIII	Delhi		O
654 N.Ibr.001	N.XXVIII	Delhi		R
655 N.Ibr.003+008	N.XXVIII	Delhi		R
656 N.Ibr.005 a,b	N.XXVIII	Delhi		R
657 N.Ibr.006	N.XXVIII	Delhi		W
658 N.Ibr.007	N.XXVIII	Delhi		R
659 N.Ibr.0016	N.XXVIII	Delhi		Oth

9　楼蘭・ニヤ出土カロシュティー文書について

660 E.vi.009	E.vi	Delhi		Oth
661 E.vi.ii.1	E.VI.ii	Delhi		O
662 E.vi.ii.2	E.VI.ii	Delhi		Oth
663 E.vii.I.1	E.VII.I	Delhi		R
664 E.vii.I.2	E.VII.I	Delhi		R
665 E.Fort 001a	Endere Fort		Delhi	L
666 L.A.I.ii.1	L.A.I.ii	Delhi		O
667 L.A.I.ii.2	L.A.I.ii	Delhi		O
668 L.A.I.iv.5	L.A.I.iv	Delhi		Oth
669 L.A.I.iv.7	L.A.I.iv	Delhi		Paper
670 L.A.I.iv.0016	L.A.I.iv	Delhi		Paper
671 L.A.ii.ii.003	L.A.II.ii	Delhi		W
672 L.A.ii.v.5	L.A.II.v.	Delhi		O
673 L.A.iii.I.003	L.A.III.I	Delhi		Oth
674 L.A.iii.ii.3	L.A.III.ii.	Delhi		Oth
675 L.A.iv.001	L.A.IV	Delhi		W
676 L.A.iv.ii.1	L.A.IV.ii	Delhi		R
677 L.A.iv.ii.2	L.A.IV.ii	Delhi		R
678 L.A.iv.ii.3	L.A.IV.ii	Delhi		R
679 L.A.iv.iv.1	L.A.IV.iv	Delhi		R
680 L.A.iv.v.1	L.A.IV.v	Delhi		W
681 L.A.iv.v.3	L.A.IV.v	Delhi		O
682 L.A.iv.v.5	L.A.IV.v	Delhi		W
683 L.A.iv.v.6	L.A.IV.v	Delhi		Oth
684 L.A.iv.v.7	L.A.IV.v	Delhi		O
685 L.A.iv.v.9	L.A.IV.v	Delhi		W
686 L.A.iv.v.12	L.A.IV.v	Delhi		Oth
687 L.A.v.I.5	L.A.V.I	Delhi		
688 L.A.v.ii2	L.A.V.ii	Delhi		O
689 L.A.v.ii4	L.A.V.ii	Delhi		R
690 L.A.vi.ii.010	L.A.VI.ii	Delhi		O
691 L.A.vi.ii.061	L.A.VI.ii	Delhi		Oth
692 L.A.vi.ii.062	L.A.VI.ii	Delhi		W
693 L.A.vi.ii.064	L.A.VI.ii	Delhi		W ?
694 L.A.vi.ii.0102	L.A.VI.ii	Delhi		Paper
695 L.A.vi.ii.0103	L.A.VI.ii	Delhi		Paper
696 L.A.vi.ii.0234	L.A.VI.ii	Delhi		Paper
697 L.A.vi.ii.0235	L.A.VI.ii	Delhi		silk
698 L.A.vi.ii.0236	L.A.VI.ii	Delhi		Paper
699 L.A.vi.ii.0059	L.A.VI.ii	Delhi		Paper
700 L.A.vii.1	L.A.VII.I	Delhi		O
701 L.A.ix.I.1	L.A.IX.I	Delhi		O
702 L.B.iv.I.6	L.B.IV.I	Delhi		R
703 L.B.iv.I.7	L.B.IV.I	Delhi		R
704 L.B.iv.ii.1	L.B.IV.ii	Delhi		W
705 L.B.iv.iv.004	L.B.IV.iv	Delhi		Paper
706 L.B.iv.v.1+vi.1	L.B.IV.v.	Delhi		W
707 L.B.iv.v.3	L.B.IV.v.	Delhi		O
708 T.xii.a.ii.20	T.XII	Delhi		silk
709 N.027	Niya	Delhi		R
710 N.iii.x.1	N.III.x	Delhi		R

711 N.iii.x.2	N.III.x	Delhi		W
712 N.iii.x.3	N.III.x	Delhi		R
713 N.iii.x.4	N.III.x	Delhi		R
714 N.iii.x.5	N.III.x	Delhi		R
715 N.iii.x.6	N.III.x	Delhi		R
716 N.iii.x.7	N.III.x	Delhi		R
717 N.iii.x.8	N.III.x	Delhi		R
718 N.iii.x.9	N.III.x	Delhi		Oth
719 N.iii.x.11	N.III.x	Delhi		W
720 N.iii.x.12	N.III.x	Delhi		W
721 N.iii.x.13	N.III.x	Delhi		R
722 N.iii.x.14+10	N.III.x	Delhi		R
723 N.iii.x.15	N.III.x	Delhi		W
724 N.iii.x.16	N.III.x	Delhi		W
725 N.iii.x.17	N.III.x	Delhi		W
726 N.iii.x.18	N.III.x	Delhi		R
727 N.iii.x.19	N.III.x	Delhi		Oth
728 N.iii.x.20	N.III.x	Delhi		T
729 N.iii.x.21	N.III.x	Delhi		W
730 N.iii.x.22	N.III.x	Delhi		W
731 N.iii.x.23	N.III.x	Delhi		Oth
732 N.xIv.03	N.XLV	Delhi		R
733 N.xIv.I.001	N.XLV.I	Delhi		W
734 N.xIv.I.012	N.XLV.I	Delhi		W
735 N.xIv.I.013	N.XLV.I	Delhi		W
736 N.xIv.I.014	N.XLV.I	Delhi		W
737 N.xIv.I.015	N.XLV.I	Delhi		W
738 N.xIv.I.016	N.XLV.I	Delhi		W
739 N.xIv.I.017	N.XLV.I	Delhi		W
740 N.xIv.I.018	N.XLV.I	Delhi		W
741 N.xIv.I.019	N.XLV.I	Delhi		W
742 N.xIv.I.022	N.XLV.I	Delhi		W
743 N.xIv.I.023	N.XLV.I	Delhi		W
744 N.xIv.I.024+029	N.XLV.I	Delhi		W
745 N.xIv.I.025	N.XLV.I	Delhi		W
746 N.xIv.I.026	N.XLV.I	Delhi		W
747 N.xIv.I.028	N.XLV.I	Delhi		W
748 N.xIv.I.030+031	N.XLV.I	Delhi		Oth
749 N.xIv.I.036	N.XLV.I	Delhi		R
750 N.xIv.I.037	N.XLV.I	Delhi		W
751 N.xIv.I.038	N.XLV.I	Delhi		W
752 L.M.I.I.023	L.M.I.I	Delhi		Oth
753 L.M.ii.iii.04	L.M.II.iii	Delhi		Paper
754 L.A.iii.I.01	L.A.III.I	Delhi		O
755 L.A.vi.ii.057	L.A.VI.ii	Delhi		R
756 L.A.vi.ii.059	L.A.VI.ii	Delhi		silk bag
757 L.F.I.05	L.F.I	Delhi		W
758 K.1	Niya			O
759 K.2	Niya			W
760 K.3	Niya			W
761 K.4	Niya			R

762 K.6	Niya			Oth
763 K.7	Niya			Oth
764 N.I.106, a,b.＋N.I.39	See No.31			W
N.xv.345	N.xv	London	OR8211/1667	R,Chinese

10　漢代エチナ=オアシスにおける開発と防衛線の展開
Ancient Development and Defense Lines in Edsina Oasis

籾山　明
Akira Momiyama

10-1　はじめに

　本稿の目的は，漢代における辺境防衛と開発の実態を，簡牘資料と遺跡分布の両面から解明することにある．対象とする地域は，エチナ河 Edsen-gol の分岐した支流が，いまは干上がって存在しない居延沢 Chüyen-tse に流れ込む一帯，河川がゴビのなかに作り出したオアシスである．古居延沢と 2 本の烽燧線とによって扇形に区切られたこの地域を，本稿では以下ベリィマンに従いエチナ=オアシス Etsina Oasis と呼ぶことにする (Sommarström 1956：101 頁以下)．

　前半の 10-2, 10-3 節では，エチナ=オアシスにおける烽燧線の展開について概観する．この問題は居延漢簡の研究史を通して最も中心的なテーマの位置を占め，それだけに研究成果も少なくない．本稿もまた，そうした先行研究に多くを負うものであるが，烽燧相互の関係については従来とやや異なった角度から光を当ててみたいと考える．

　後半の 10-4, 10-5 節では，烽燧線が何を護っていたのかという問題を，長城の位置や信号の規定などから解明する．辺境社会論のいわばケース=スタディであるが，従来の漢簡研究ではともすれば看過されがちであった烽燧線とオアシス開発との関係を，正面から採り上げて論じてみたい．その結果，都へ伝えられる烽火，帝国全土を防衛する長城といった，これまで漠然と抱かれてきたイメージに，少なからず変更を迫ることになるだろう．

　資料の豊富なエチナ=オアシスを対象とした研究は，他の辺境地域を考える上でも参考となる．本稿では紙幅の制約もあり，他地域についてはまったく言及できないが，敦煌郡や朔方郡，五原郡などの長城地帯に関しても，同様のケース=スタディが可能であろう．本書の中心テーマとなる楼蘭地区もまた例外ではない．本稿の結びにおいては，漢の西域進出の一面を伝える土垠遺跡とその出土木簡について，エチナ=オアシスの事例を参照しつつ，いささかの私見を述べてみたい．

　本論に先立ち，若干の凡例を記しておく．

II部　研究編

　前漢時代のエチナ＝オアシスには，張掖郡下の部都尉の一つ，居延都尉府と呼ばれる軍府が置かれた．本文で以下「居延地区」と言う場合は，この居延都尉府の管轄区を指す．地理的には上述したエチナ河下流の扇形の地区，すなわちエチナ＝オアシスとほぼ重なる．対して，張掖郡下のもう一つの部都尉，肩水都尉府の管轄下にあるエチナ河中流域は「肩水地区」と呼ぶことにする．

　本文に引用する居延漢簡は，原則として下記の著録による．

労榦『居延漢簡考釈・図版之部』中央研究院歴史語言研究所，台北，1957年．
甘粛省文物考古研究所・甘粛省博物館・中国文物研究所・中国社会科学院歴史研究所『居延新簡』中華書局，北京，1990年．
簡牘整理小組『居延漢簡補編』中央研究院歴史語言研究所，台北，1998年．

　土垠出土漢簡（羅布淖爾(ロブノール)漢簡）の引用は，黄文弼 (Huang Wenbi) の報告書（黄1948）と『居延漢簡補編』付録の赤外線写真とにもとづく．また，旧居延漢簡の釈文は，次の書物を参考にした．

謝桂華・李均明・朱国照『居延漢簡釈文合校』文物出版社，北京，1987年．

　木簡の釈文に用いる符号は以下の通り．

　　□→1文字不鮮明，……→数文字不鮮明，▨→簡の断裂，〔　〕→推定による文字の補填，
　　＝→原簡の文が改行せずに連続していることをしめす，下線→別筆部分

　その他，簡頭の●や▨，文中の＝（再読符号）や乚・∨（読点の一種）などの印は，すべて原簡に付けられていたマークである．

10-2　部(1)── その編成

10-2-1　いわゆる「候」の不存在

　居延地区の防衛体制を，まず組織の面から整理してみたい．漢代の辺境防衛組織については，長い間，図10-1のような関係として理解されてきた．

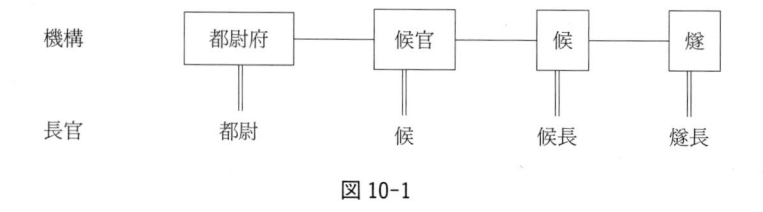

機構　　都尉府 ── 候官 ── 候 ── 燧

長官　　都尉　　　候　　　候長　燧長

図 10-1

このうち最末端にあたる燧すなわち烽燧についての記載は，例えば呑遠燧や執胡燧，第四燧といった固有の名を冠した形で漢簡中に無数に現れる．都尉府と候官についても同様に，肩水都尉府や甲渠候官といった名称から，その実在が証明される．都尉府・候官・燧の各機関が確かに存在したことは，木簡の記載から疑いない．ところが残った一つ，燧の上部機関として位置付けられた候については，いささか事情が異なっている．他の諸機関と異なり，その存在を直接証明する「○○候」の呼称は，漢簡のなかに見出されないのである．にもかかわらず候という単位を設定したのは，諸燧を統括する「候長」という職官が存在しているためであった．燧長が「燧の長」であるとすれば，候長とは「候の長」であるに違いない．諸燧を統括するからには，官制上の位置は燧の上・候官の下であろう．そう解釈した上での設定であった．したがって，候官と燧との間に候という単位を置くことは，本来ひとつの仮説にすぎない．だが，いつの頃からか，それが定説となってしまったかの感がある（藤枝1955，永田1980）．

ところで候については，かねてより興味深い事実が指摘されていた．先述した燧の固有名のなかには，第一から第三十八までの番号を冠した例が知られている．「番号燧」と総称される諸燧がそれである．一方，候の固有名──正しくは候長の固有名──にもまた，番号を冠した例が散見するが，それは候の場合は燧と異なり，特定の番号に限って現れるのである．米田賢次郎によれば，両者の対応関係は表10-1の通り．「候・燧」欄の数字は，その番号を冠した候ないし燧がみえる木簡（旧居延漢簡）の件数である．

表10-1 （米田1953による）

番号	1	2	3	4	5	6	7	8	9	10	11	12	13	14	15	16	17	18	19
候	2	1	0	18	0	1	0	0	0	12	1	0	0	0	0	0	6	0	0
燧	7	6	4	11	4	6	8	7	3	11	3	6	8	3	7	8	4	4	3
番号	20	21	22	23	24	25	26	27	28	29	30	31	32	33	34	35	36	37	以下略
候	0	0	1	8	0	0	0	0	0	0		0	0	1	0	0	0	0	
燧	3	4	7	7	3	7	4	5	7	3		3	1	3	3	4	5	5	

図版の公表された今日から見ると，数字の釈読に疑問の箇所も見受けられるが，その点はいま問うところではない．重要なのは，この表をもとに米田氏が提示した，候と候長に関する以下のような論点である（米田1953：59頁以下）．

①4・10・17・23というように燧6〜7個ごとに候が存在することは，「1候が5〜6個の燧を指揮する可能性」を示唆している．それはまた，次のような日迹（パトロール）の記録によっても裏付けられる．

☑候長充　六月甲子尽癸巳積卅日日迹従第四燧南界北尽第九燧北界毋越塞闌出入天田迹
　　　　　　　　　　　　　　　　　　　　　　　　　　　　　　　　　　　　＜6.7/A 8＞
　……候長の充．6月甲子の日から癸巳の日まで30日の間，第四燧の南界より第九燧の北まで日迹．塞を越え，みだりに天田を出入りした痕跡なし．

ここでは第四燧から第九燧に至る6燧が，1人の候長（おそらくは第四候長）の担当す

る哨戒区域となっている．

　②第四・第十・第十七・第廿三の各候について同一番号の燧がある事実からは，そこに燧長と候長とが同居していたか，または同一箇所に両機関が併置されていたことが推定される．いずれにしても，候と燧とは別の所に存在していたわけではない．なぜなら，もし両者が分離していたならば，候の番号がかくも飛び飛びに付されていることは不自然だからである．

　③候長充の木簡の記載には，「第四燧の南界より第九燧の北界まで」とみえている．とするならば，燧の番号は南から北に向かって付けられていたことになる．そして南端にある燧の番号「第四」は，他ならぬ候の番号でもあった．他の番号燧と候との関係についても同様であるとするならば，各候の番号は管轄下にある一群のなかで最も若いという原則が想定される．換言すれば，候は警戒地区の一番南にあって，それより北に位置する若干の燧を指揮していたことになる．

　④燧長の名籍を見ると，所属する都尉府と候官の名は書かれているが，候の名は現れない．例えば次の木簡がその例である．

　　居延甲渠第廿八燧長居延始至里大夫孟憲年廿六　　　　　　　　　　＜58.2／A 8＞
　　　居延都尉府甲渠候官所属の第廿八燧長，居延県始至里の大夫の孟憲，26歳．

　これはすなわち，燧長にとって候長が直属上官でないことを意味するのではないか．加えて，燧長が「詣官」すなわち候官に出頭する例は見られるが，「詣候」と記された簡が一枚もないことは，「燧に関する指揮を候官が直接とっていた証拠ではあるまいか」．
　米田氏による以上の指摘は，漢代エチナ＝オアシスにおける防衛線の展開を解明する上で，今日なお看過できない意義を持つ．ただし最後の論点④のみは，再検討を要するものと思われる．名籍類に候の名が明記されないという事実は注目に値するが，そこからただちに燧の指揮系統を論じることはできないだろう．何よりもこの説は先の論点①，すなわち１候が５～６個の燧を指揮していたという推定と矛盾する．ここはおそらく①の論点──それは表から無理なく読み取れる──のほうに，より客観性があるのではなかろうか．確かに，燧長が候長に下属することを明示する木簡は，その後の居延新簡を含めても見出されない．しかし，両者の指揮・監督関係を裏付ける資料であれば，例えば

　　鉼庭候長王護　　坐燧長薛隆誤和受一苣火適載転一両到□／　　　　＜EPT 65：228＞
　　　鉼庭候長の王護．燧長の薛隆が苣火一通を誤って受けたとがにより，罰として車一両に積
　　　んで……に到る．

といった，候長が燧長の過失の責を負わされている例が確認できる．それはすなわち候長の王護が燧長に対して，監督義務を有していたことの表われではないか．こうした例を見るならば，論点④は再考の余地がある．候名が名籍類に現れず，また「詣候」という表現が見当たらないのは，より端的に，候という組織そのものが存在しないためではあるまいか．もしそうであるとするならば，燧と候が同一箇所に併置されたという論点

もまた否定されよう．しかし一方，燧長が候長と同居していたという可能性は，なお検討すべき仮説として残るだろう．この問題は他の論点とともに，後段であらためて取り上げたい．

　文献を渉猟すると，防衛施設を「候」と呼んだ例は確かに存在する．例えば，後漢の初め，揚武将軍の馬成は「驃騎将軍の杜茂に代わりて障塞を繕治し」たが，そのさい「保壁を築き，烽燧を起こすこと，十里に一候」であったという（『後漢書』馬成伝）．しかし，この場合の「候」とは明らかに烽燧のことであり，燧の上部単位としてのそれではない．辺境の簡牘史料と同様，文献史料においても，烽燧を統括する「候」という機構は見出しえないのである．

　候という組織ないし機関が存在しないとすれば，では候長という職は一体どこに所属するのだろうか．この問題を考える上で注目に値するのが陳夢家の説である．陳氏によれば，候長は「部」と呼ばれる組織に属するという．その根拠となるのは次に引く檄の一節のように，候長を「○部の候長」と呼んでいる例である．

　　五月癸巳甲渠障候喜告尉謂第七部士吏候長等写移檄到士吏候長候史循行

　　　　　　　　　　　　　　　　　　　　　　　　　＜159.17＋283.46／A 8＞

　　　五月癸巳，甲渠障候の喜が尉に告げ，第七部の士吏・候長らに謂う．写移せる檄が届いたら，士吏・候長・候史は〔……を〕循行せよ．

これは候長が「部」に所属する証左ではないか．「部の長が候長であり，その副官もしくは属吏が候史である．そして士吏は，塞尉（候官の尉）の属吏が派遣されて部に駐在しているものであろう」というのが，陳氏の推定であった（陳1964：52頁）．

　1973〜74年の新居延漢簡の発掘は，陳氏の見解を裏付けることになった．とりわけ，A 8すなわち甲渠候官址が完掘されて，8000枚にのぼる大量の木簡が新たに出土した意義は大きい．ベリィマン発掘の旧簡からは十分に窺い知れなかった候官治下の諸燧の編成が，これによって明らかになったからである．また，問題の候長についても，部との関係がより明白になった．新旧居延漢簡に見える部と候長の名称を，A 8とP 1の出土簡に限って表10-2に列挙してみよう．数字はその名称が記された木簡の件数．A 8は甲渠候官，P 1は後述の通り甲渠第四燧の跡に比定される遺跡である．

　A 8遺跡から出土した，弩弓の弦と矢の数を記した帳簿には，萬歳部，第四部，第十部，第十七部，第二十三部，鉼庭部，推木部，城北部，呑遠部，不侵部の計10部の名称が見えている＜EPF 22：175-185＞．このうち推木部は臨木部の，城北部は誠北部の別名ないし訛誤であるから，実例の少ない第三，第七，白石の諸部を除けば，ほぼ表10-2と一致する．この10ないし14の部が甲渠候官の治下にあった部のすべてと考えてよい．

表10-2

	第三	第四	第七	第十	第十一	第十七	第廿三	甲渠	萬歳	不侵	鉼庭	呑遠	臨木	推木	城北	誠北	白石	障北
部	1	13	1	18	1	10	12	0	14	18	18	13	11	3	10	9	1	0
候長	0	34	1	33	3	14	21	46	25	26	26	31	22	1	16	4	0	1

＊「第十一部」「第十一候長」と釈読されている文字は，「第十七部」「第十七候長」の誤りの可能性がある

白石部はおそらく殄北候官治下の部であろう．また，「甲渠部」の名が見えない反面，「甲渠候長」の記事が頻出するのは，この候長の性格が特殊であったことを思わせる．その点はともかくとして，いま注目すべきは，ほとんどの場合，部名と候長名とが対応していることである．換言すれば，甲渠，障北の2例を除いたすべての候長は，同名の部を持っている．先述した「○部の候長」という表現とあわせて考えるならば，候長が部に属することは確実であると言ってよい．かくして，「候」という機構を想定しなくとも，候長の帰属を確定できたことになる．しかし，だからといってただ単に，従来の「候」を「部」に置き換えればすむわけではない．「第四燧が部である」といった認識では把握できない性格を，部は有していると思われるからである．次に解明すべきは，漢簡に「部」と呼ばれているものの実態であろう．

10-2-2　居延地区における部の編成

漢簡にいう部とは，どのような機構ないし組織なのであろうか．この問題を考えるに先立って，漢代の文献史料に見える「部」に一瞥を加えておきたい．「部」という文字は様々な語義を持つが，留意しておきたいのは次のような用法である．

- イ）以高第入為長安令．京師治理，遷冀州刺史．(朱)博本武吏，不更文法．及為刺史行部，吏民数百人遮道自言，官寺尽満． 　　　　　　　　　　　　　　（『漢書』朱博伝）
- ロ）案事発姦，窮竟事情，(田)延年大重之，自以能不及(尹)翁帰，徙署督郵．河東二十八県，分為両部，閔孺部汾北，翁帰部汾南． 　　　　　　　　　　　（同・尹翁帰伝）

イは，州刺史となって「部」を巡回していた朱博のもとに，吏民数百人が訴えを持ち込んできたという記事．いうところの「部」が刺史の管轄区域を指すことは疑いない．朱博の場合，具体的には冀州にあたる．ちなみに，朱博に先立って冀州の刺史となった張敞の伝では，任地に赴くことを「到部（部に到る）」，在任を「居部（部に居る）」と表現している．

ロでは，河東郡の太守となった田延年が，汾水を境として郡中の県を南北「両部」に分け，北を閔孺に，南を尹翁帰にそれぞれ管轄させている．郡を二分した各々を「部」と呼ぶとともに，その区域を管轄する行為もまた「部」と称したことがわかる．時に尹翁帰の官職は督郵，すなわち県の行政を監督する郡の属官であった．

いずれの例においても，権限の及ぶ特定の範囲を部と呼んでいる．「部に居る」とは，したがって，管区に着任しているという意味であり，部という施設に在駐しているわけではない．つまり部とは特定の役所や機関ではなく，範囲・領域を示す概念である．従ってそれは往々にして，管理・監察と結びついて現れる語であった．

こうした文献での用例をふまえて漢簡に目を転じたとき，まず注目されるのは先述した米田氏の論点①である．「侯」と呼ばれる機構の存在は否定されたが，一定の間隔を置いた燧の番号が候長の固有名に重なるという事実は動かない．このことは一人の候長が数個の燧を指揮していた可能性を示唆する．その範囲がすなわち候長の管轄する哨戒区

域に他ならぬことも，米田氏の指摘する通りであろうと思われる．候長の管轄する領域，それこそが漢簡に部と呼ぶものの実態なのではあるまいか．

そこで試みに，居延地区（居延都尉府管轄区）における候長の日迹範囲を表10-3に列挙してみよう．ここで資料となるのは，10-2-1項に引いた＜6.7＞簡のような候長の日迹簿である．「従～尽～（～より～を尽くすまで）」と表現された日迹の起点と終点とを矢印で示す．候史のみの日迹を記すものや簡の欠損で日迹の主体が不明な例も，参考までに表示してある．

表10-3

No.	日迹者	日迹範囲 南界		北界	簡番号
1	候長充	第四燧	→	第九燧	6.7/A8
2	候長武光・候史拓	第卅燧	→	餅庭燧	24.15/A8
3	呑遠候史李赦之	次呑燧	→	萬年燧	206.2/A8
4	（候）長富昌	呑遠燧	→	不侵燧	276.17/A8
5	?	?	→	第廿四燧	EPT4:62
6	?	?	←	第九燧	EPT6:22
7	候長鄭赦	不侵燧	→	當曲燧	EPT48:6
8	候長宜・候史拓	第卅燧	→	餅庭燧	EPT51:396
9	?	呑遠燧	→	?	EPT51:616
10	候長武光・候史拓	第卅燧	→	餅庭燧	EPT52:82
11	候長壽・候史勝之	第十燧	→	第十六燧	EPT56:22
12	候長充・候史誼	第四燧	→	第九燧	EPT56:25
13	?	第四燧	←	第九燧	EPT56:26
14	候長尊・候史長秋	不侵燧	←	當曲燧	EPT56:28
15	候長□	第廿三燧	→	第廿九燧	
	候長□	第廿三燧	→	第廿九燧	EPT56:32
16	?	萬歳燧	←	?	EPT56:272
17	?	第十燧	→	第十六燧	EPT56:285
18	（候長）宜	第四燧	→	?	EPT58:20
19	?	?	←	武賢燧	EPT59:152
20	?	第廿三燧	→	?	EPT65:355

一見して明らかなように，日迹範囲の南北いずれかの端に，表10-2に挙げた部の名称と同名の燧（下線を付した）が現れる．とするならば，そうした燧を一端に配した日迹範囲がすなわち部であると断定して，おそらく誤りはないだろう．例えばNo.11は，次のような日迹の記録を記した簡である．

候長寿候史勝之　　七月丙午日迹尽乙亥積卅日従第十燧南界尽第十六燧北界毋越塞天田＝
　　＝出入☑　　　　　　　　　　　　　　　　　　　　　　　　　＜EPT 56：22＞
　　候長の寿と候史の勝之．7月丙午の日より乙亥の日まで日迹すること30日間，第十燧の南界より第十六燧の北界まで，塞の天田を越えて出入り〔した痕跡〕なし．

ここにいう第十燧から第十六燧までの範囲が「第十部」に他ならない．したがって寿

の肩書きは，

　　　●第十候長寿甘露四年九月迹簿　　　　　　　　　　　　　　　＜EPT 56：282＞
　　　　第十候長の寿の甘露4年（50 BC）9月の迹簿

という表題簡に記される通り，「第十候長」となるわけである．番号を冠した他の部・燧についても同様に，［第四部＝第四燧〜第九燧］，［第廿三部＝第廿三燧〜第卅燧］のように，ひとまず推定することができる．また，表にみえない第十七燧から第廿二燧までについては次の断簡によって，［第十七部＝第十七燧〜第廿二燧］という編成であったことが推定される．

　　　☑第廿二燧南到第十七燧廿一里　　　　　　　　　　　　　　　＜188.25/A 8＞
　　　　第廿二燧から南のかた第十七燧まで21里

　さらに表10-3からは，部名と重なる特定の燧が，鉼庭燧を唯一の例外としてすべて南端に位置していることが看取される．このことは米田氏の論点③，すなわち「候が警戒地区の一番南にあってそれより北に位置する若干の燧を指揮していた」という推定を補強するだろう．むろん「候が…指揮していた」という表現を，「候長が…指揮していた」と改めた上でのことである．
　ただし，日迹の記録によって確定しうるのは，あくまで部の両端にすぎない．各部を構成する燧の内わけについては，番号燧といえども一概に判断できない場合があろう．例えば次の木簡は，右3分の1ほどが欠損しているが，第四燧に始まる第四部のなかに臨桐燧という非番号燧が一つ含まれていたことを示している．

　　　　　　　　第四燧長□望三百　　第九燧長張□□百
　　入三千　　　第五燧長張臨三百　　臨桐燧長王審三百
　　　　　　　　第六燧長徐武三百　　鴻嘉二年十二月壬申候長弘受　　＜EPT 50：12＞

とするならば先の推定は，［第四部＝第四燧〜第九燧＋臨桐燧］と修正されねばならない．つまり，第四部に属する燧は合計七つということになる．また，第一〜第三燧についても，これらの燧だけで部を構成したのでないことが，下記の木簡から窺える．

　　　　　　　　萬歳燧刑斉自取　　第一燧長王萬年自取
　　出銭三千六百　却適燧長寿自取　　第三燧長願之自取　　初元年三月乙卯令史延年付第三部吏六人＝
　　　　　　　　臨之燧長王紋自取候史李奉自取
　　　＝二月奉銭三千六百　　　　　　　　　　　　　　　　　　　　＜EPT 51：193＞

　第三部所属の吏に俸給を支給した際の記録で，割り符の形式をもった簡である．第二燧の見えない理由は定かでないが，第一・第三の両燧が非番号燧の萬歳・却適・臨之諸燧とともに第三部を構成していたことは疑いない．このように，部の内部構成を復元するにあたっては，個々の部ごとに関連資料の検討をかさねてゆく必要があるだろう．

そのような検討をかさねて居延地区における部の編成を解明した研究として，初仕賓，宋会群・李振宏，吉村昌之らの業績を挙げることができる（初 1991，宋・李 1994，吉村 1998）．そこでは表 10-3 にほとんど現れない非番号燧（実名燧）から成る部についても，漢簡を駆使してその編成が復元されている．個々の燧を現実の烽燧遺跡に比定するにあたってはなお慎重な配慮を要する部分もあるが，各部の編成や配置に関する限りおおむね妥当な見解が示されていると言ってよい．同時にまた，部の名と同一名称を持つ燧が，候長の在駐する，いわば部の代表となる燧であったことも，この間の研究で明らかにされた（永田 1995）．その根拠はＰ１から出土した次のような木簡である．

```
   ⊠虜矢銅鍭百完                        ＜EPS 4 T 2：103 A＞
   ⊠甲渠第四燧⌿                        ＜EPS 4 T 2：103 B＞
   ⌿……朔辛丑甲渠候護謂第四候長詔
   ⌿……            如律令           ＜EPS 4 T 2：30 A＞
      …朔，辛丑の日，甲渠候の護が第四候長の詔に謂う
```

前者は虜矢（弩弓用の矢）の矢尻百本に付けた楬で，Ｂ面の「第四燧」とは当該物品の保管場所を示す．また後者は甲渠候（甲渠候官の長）から第四候長に宛てた下行文書の断簡である．こうした木簡がいずれもＰ１から出土している以上，この遺跡は第四燧の跡であると同時に第四候長の駐在する場所でもあった可能性が高い．とするならば，先の米田氏の論点②にいう，候長が燧長と同居していたとの推定が支持されたことになろう．あわせて，＜EPS 4 T 2：30 A＞の表現からは，第四部の諸燧が甲渠候官の管轄下にあったことが推定できる．

このように部とは燧の集合体であり，居延地区の場合，代表となる燧名をとって部の名称とした．部の責任者である候長は，原則としてその代表燧に駐在したものと思われる．この候長と副官の候史，および所属各燧の燧長を併せた全体が，部の役人すなわち「部吏」ということになろう．そのことは，例えば次のような木簡によって裏付けられる．

```
                    候長呂憲奉錢千二百  終古燧長東郭昌奉錢六百  望虜燧長晏望奉錢六百
   出臨木部吏奉錢六千  臨木燧長徐忠奉錢六百  □□燧長六禹奉錢六百   ●凡吏九人錢六千   ＝
                    窮虜燧長張武奉錢六百  候史徐輔奉錢六百
                    木中燧長徐忠奉錢六百  武賢燧長陳通奉錢六百
   建昭五年十月丙寅甲渠尉史彊付終古燧長昌守閣卒建知付狀
                                                      ＜EPT 51：409＞
```

　　臨木部の吏の奉錢 6000 を支出．候長呂憲の奉錢 1200，臨木燧長徐忠の奉錢 600，窮虜燧長張武の奉錢 600，木中燧長徐忠の奉錢 600，終古燧長東郭昌の奉錢 600，□□燧長六禹の奉錢 600，候史徐輔の奉錢 600，武賢燧長陳通の奉錢 600，望虜燧長晏望の奉錢 600．吏 9 人の奉錢の合計 6000．建昭五年（34 BC）10 月丙寅，甲渠尉史の彊が終古燧長の昌に渡し，守閣の卒の建が立ち会った．

終古燧の次の判読しがたい燧名は母傷燧であろう（＜EPT 27：1＞）．ここに俸給の支

払い対象として列挙された［燧長7人＋候長・候史各1人］の合計9人が，臨木部所属の吏を構成しているわけである．ただし，部とはあくまで範囲を示す概念であり，候官や燧と異なり吏卒が配置された官署ではない．燧長や戍卒の名籍に部名が記されないのは，おそらくそのためであろう．

こうした部の命名方法，すなわち下部機構のなかの代表ひとつの固有名をもって上部機構の名とする制度は，内地における亭・郷の関係にも見られる．例えば，『水経注』に引く『陳留風俗伝』には，高陽県に餅郷と餅亭（睢水注），尉氏県に波郷と波亭，鴻溝郷と鴻溝亭，陵樹郷と陵樹亭，陳留県に裘氏郷と裘氏亭，扶溝県に帛郷と帛亭，匡城郷と匡城亭（以上，渠水注）といった例が見えているが，厳耕望によれば郷と同名の亭はその郷の治所となる「首亭」であるという（厳1951：65頁）．ここにいう亭は城垣をもった集落としての亭であろう．そうした亭を複数あつめて郷を編成し，代表となる亭名をもって郷の名としたわけである．『陳留風俗伝』に伝えるところが前漢時代まで遡りうるかは疑問であるが，編成原理の問題として考えるならば，部・燧の関係と同様であると言ってよい．

ここまでの検討結果を図示しておこう（図10-2）．候史の駐留箇所は不明であるが，とりあえず候長と並べて記入しておく．

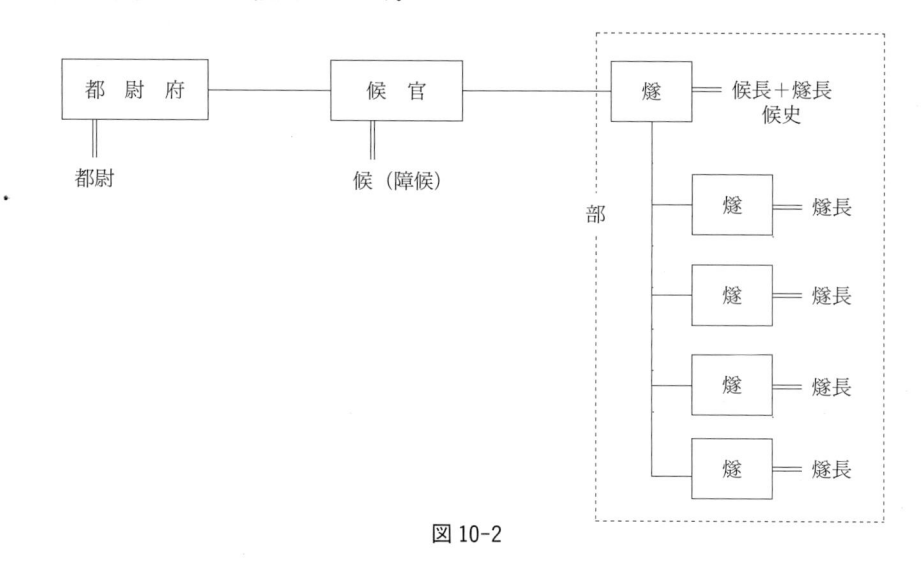

図 10-2

10-3 部(2)――その機能

部という組織は辺境の防衛体制のなかでどのような役割を担っていたのだろうか．この問題に関しては，つとに呉昌廉による箚記があり，部とは塞上の吏卒の循行（巡回），捕亡（逃亡者の逮捕），迹天田（天田の日迹），禁闌越塞（辺塞の侵犯禁止）などの便のために区画された警戒単位であるとの見解が示されている（呉1985）．しかし呉氏の論考は，部の人的構成に重きが置かれ，機能について詳細に検討されているわけではない．また，部という単位は警備の他に，郵書の受け渡しや信号の伝送，あるいは先述のような俸銭

受給の場面にも現れる．その役割は呉氏の指摘より，さらに広いものとなるだろう．本節10-3では以下，部という単位が機能する様々な局面について検討し，その設定理由を考えてみたい．

a．俸給

最初は俸給の受領について検討しよう．この点に関しては前節10-2で木簡2例を示したが，参考のため類例をもう1枚挙げておく．建昭3年 (36 BC) 5月3日付の，不侵部の吏に対する俸給支払いの記録である．

```
                    候長□□三月千二百        止害燧長赦之二月三月千
                    候史□□三月九百         馴望燧長□二月三月千二百     建昭三年五月＝
  出二月三月奉銭八千□百…
                    不侵燧長□□三月六百      止北燧長革二月三月千二百     不侵候長政／＝
                    当曲燧長□□二月三月千二百 察微燧長破奴二月三月千二百
  ＝丁亥朔己丑尉史弘付
  ＝候君臨                                                    ＜EPT 51：234＞
```

興味深いのは，この例をはじめ，＜EPT 51：409＞，＜EPT 51：193＞など部吏への俸給支払いを記した木簡が，いずれも側面に刻歯をもった割符の形をしていることである（図10-3）．それはこれらの諸簡が，支払いの現場で作成されて双方に保有される，一種の証明書としての機能を有していたことを意味する（籾山1995）．同時に候官側ではこれとは別に，支払い額と内訳のみを記した台帳を部ごとに作成し，編綴・保管しておいたものと思われる．下記の1枚は，おそらくそうした例であろう．

```
                   候長一人用銭千二百
  呑遠部五月吏奉四千八百
                   候史燧六人用銭三千六百         ＜EPT 51：208＞
  呑遠部5月の吏の奉銭4800．候長1人1200銭，候史・燧〔長〕6人3600銭．
```

これは刻歯を持たない，ごく普通の形態の木簡である（図10-4）．

受取りの形式には，この簡や前掲＜EPT 51：409＞簡のように候長や燧長が出頭する場合もあれば，吏が各自で候官まで出向く場合もあった（前掲＜EPT 51：193＞）．次に示す木簡は，部吏が俸給受取りのため候官に出頭したことを記す，いわゆる詣官簿の一部である（永田1973：466頁）．

```
  第廿三候史良詣官受部吏奉三月乙酉平旦入           ＜168.5＋224.13／A 8＞
  第廿三部の候史の良，候官に赴き部吏の奉銭を受け取る．3月乙酉の平旦に入る．
```

b．捕亡

次は逃亡者の逮捕について．居延漢簡に「捕亡」と熟した用語は見えず，呉氏もまた具体例を挙げていないが，念頭にあったのは下記のような木簡であろうと思われる．

```
  □審捕験亡人所依倚匿処必得＝詣□書毋有令吏民相率證任爰書以書言謹雑与候
```

図10-3（右）EPT 51. 234
図10-4（左）EPT 51. 208

史廉駅北亭長欧等八人戍卒孟陽等十人捜索部界中□亡人所依匿処爰書相率

<255.27/A 33>

……慎重に追捕せよ（？）．逃亡者の潜伏していそうな所を念入りに捜索して，必ず捕らえよ．捕らえたならば〔候官に〕連行せよ．逃亡者の潜伏なき場合は，爰書によって吏民に互いに証明させ，文書によって報告せよ，とありました．つつしんで候史の廉，ならびに駅北亭長の欧ら8人，および戍卒の孟陽ら10人と部内を捜索いたしましたが，逃亡者の潜伏している所は〔ありませんでした〕．以上，爰書によって互いに証明いたします．

前半の文章が欠けているため，逃亡者捜索の中心となった吏が不明であるが，候史以下を指揮している点からみて候長である可能性がつよい．文中にいう「部」も，捜索に亭長ら8名——そのなかには複数の燧長が含まれていたに相違ない——が当たっているところから，燧の集合体としての部であると考えてよいだろう．ただし，この木簡については，次のような例と合わせて理解する必要がある．

匿界中書到遣都吏与県令以下逐捕捜索部界中聴亡人所隠匿処以必得為故詔所名捕
重事＝当奏聞毋留如詔書律令　　　　　　　　　　　　　　　　　<179.9/A 33>

区内に潜伏……この文書が届いたら，都吏を遣わして県令以下の吏と追捕せよ．部内を捜索し，逃亡者の潜伏している所を聞き出せ．必ず逮捕せよ．詔書による指名手配は重要事件であり，奏聞に該当する．滞留してはならぬ．詔書律令の如くせよ．

<255.27>簡と同じくA 33の出土簡．文末の「如詔書律令」という文言から，逃亡者の逮捕を名指しで命じた詔書がこの前段にあったことがわかる（大庭1982a：160頁）．この簡でもまた「部界中を捜索」し逃亡者を逮捕するよう命じられているが，「県令以下と」追捕せよという指示からすれば，いうところの「部」は様々な機関の「管轄区」を意味する汎称であろうと思われる．辺境の烽燧地帯の場合，それは候長の管轄する部に該当する．次の1枚は，候長による捜査結果の報告書の書き出し部分．B面にある通り，2名の候史が書類の作成にあたっている．

元康元年十二月辛丑朔壬寅東部候長長生敢言之候官官移大守府所移河南
都尉書曰詔所名捕及鋳偽銭盗賊亡未得者牛延寿高建等廿四牒書到庚　　<20.12 A/A 33>

候史斉∨遂昌　　<20.12 B/A 33>

元康元年（65 BC）12月2日，東部候長の長生が申し上げます．候官より移送されてきた大守府経由の河南都尉の書に，詔書による指名手配ならびに銭の盗鋳や盗賊で逃亡中の牛延寿・高建らに関する書類24件〔を送る〕．届いたならば庚は……

このように逃亡者の指名手配にあたっては，内地・辺郡を問わず各級機関に対して管区内の捜索が命じられた．辺境の部における「捕亡」はその一環として位置付けられよう．

c．日迹

日迹については，まず前節10-2-2で引いた木簡を1枚示しておく．

候長寿候史勝之　　　七月丙午日迹尽乙亥積卅日従第十燧南界尽第十六燧北界毋越塞天田＝
　　　　＝出入☐　　　　　　　　　　　　　　　　　　　　　＜EPT 56：22＞

すでに述べたように（表 10-3　No. 11），これは第十部の候長と候史の，7月の1か月間における日迹の記録である．したがって，こうした簡は

　　　●鉼庭部建昭元年三月候長候史日迹簿　　　　　　　　　＜EPT 58：107＋92＞
　　　　　鉼庭部，建昭元年（38 BC）3月の候長候史日迹簿

という表題簡にある通り，部の「候長候史日迹簿」と呼ばれた簿録の本文であろう．一方，

　　　候長充　　　六月甲子尽癸巳積卅日＝迹従第四燧南界北尽第九燧北界毋越塞蘭出入天田迹
　　　　　　　　　　　　　　　　　　　　　　　　　　　　　　＜6.7／A 8＞
　　　　　候長の充．6月甲子より癸巳まで日迹すること計30日間，第四燧の南界より北は第九燧の
　　　　　北界まで，みだりに塞を越えて天田に出入りした痕跡なし．

のような候長単独の日迹記録（表 10-3　No. 1）は，「候長（日）迹簿」と呼ばれたらしい．下記の木簡は，その表題にあたる．

　　　●第十候長寿甘露四年九月迹簿　　　　　　　　　　　　＜EPT 56：282＞
　　　　　第十候長寿の甘露4年（50 BC）9月の迹簿

候長・候史による日迹の目的は，所轄の部の天田を全体として巡察することにあった．これに対して，戍卒の日迹簿もむろん存在するが，それは例えば，

　　　●第四燧建昭三年六月卒日迹簿　　　　　　　　　　　　＜EPS 4.T 2：4＞
　　　　　第四燧，建昭3年（36 BC）6月の卒日迹簿

という表題簡にある通り，「卒日迹簿」と呼ばれた．戍卒の日迹範囲が，候長・候史のそれと異なり，燧を単位とすることは，あらためて言うまでもないだろう．
　したがって部の段階では，管轄各燧における卒日迹簿と候長・候史の日迹簿とが集積される．しかるのち，両者は一括して候官へと提出された．次に示すのは，そうした簿録の表題である．

　　　●不侵部建始三年四月吏卒日迹簿　　　　　　　　　　　＜EPT 51：472＞
　　　●第廿三部建始二年二月吏卒日迹簿　　　　　　　　　　＜EPT 52：160＞
　　　●臨木部初元五年六月吏卒日迹簿　　　　　　　　　　　＜EPT 59：28＞

いずれもA 8すなわち甲渠候官からの出土であることに注意したい．
　ちなみに述べれば，候長・候史の日迹簿は，部内の異常の有無を伝えるだけにとどまらず，かれらの吏としての勤務評定にも関わっていた．そのため，各部から届いた日迹

簿のうち「候長候史日迹簿」は，候官で整理され，さらに上部の都尉府へと伝達されることになる．下記の木簡は，そうした簿録を送達した際の送信記録であろう．

  候長候史十二月日迹簿戍卒東郭利等行道貰売衣財物郡中移都尉府二事二封　正月丙子令＝
   ＝史斉封　　　　　　　　　　　　　　　　　　　　　　　　　　　　　　＜45.24/A 8＞
   候長候史の12月の日迹簿，および戍卒の東郭利らが郡中へ出張して衣服・財物を掛け売り
   した〔名簿〕を都尉府に送達．2項目2通．令史の斉が封印．

日迹簿とともに送られた「行道貰売衣財物郡中」とは，「卒行道貰買衣財物名籍」（＜EPT 56：265＞）と呼ばれる名籍と同類で，やはり部を単位として候官へ送られた．日迹簿と貰売衣財物名籍とが一緒に送られていることに，深い意味はないだろう．

d．循行

ついで循行について検討しよう．部を単位とした循行の記載は，例えば次のような断簡に見える．

  候長等各循行部厳告吏卒明画天田謹迹候常☐　　　　　　　　　　　　　　　＜EPT 5：59＞
   候長等は各々部を循行して，吏卒に対し，しっかりと天田をならし，巡察と見張りをぬか
   りなく，常に……するよう，厳しく教えさとせ．

「候長等」の内わけは，前節10-2-1で引いた檄に

  五月癸巳甲渠障候喜告尉謂第七部士吏候長等写移檄到士吏候長候史循行
                  ＜159.17＋283.46/A 8＞

とある通り，士吏・候長・候史の三者であろう．冒頭の士吏は候官から部へ派遣された吏である（陳1964：52頁）．候長・候史による日迹が天田という施設の見回りであるのに対し，循行は辺境防備の担い手である吏卒の督察を主とする．したがって，それは内地における刺史等の巡察に相当すると，ひとまずは考えてもよいだろう．

しかし前掲の木簡＜EPT 5：59＞は，候長等の職務についての一般論を述べているわけではない．2枚の簡を対照すると，前者の文章が後者のような檄の一部をなしていることに気付くだろう．とするならば，両簡に見える候長等の循行は，定期的な日常業務というよりも，警報等の発令に伴う非常時の巡回であった可能性が強い．そのことを証明する格好の木簡を1枚挙げよう．A 10（Wayen-torei）出土の長大な觚で，上端寄りの位置に封泥孔があり，その上部に宛名，下部には三面にわたって檄文が記されている．釈文は原簡にもとづく私釈[1]．長文のため原文に句読を打ち，文書ごとに段落を区切った訳文を添えておく．

  〔封泥孔上部〕広田以次伝行至望遠止
  〔A面〕十二月辛未，甲渠毋傷候長立候史佀人敢言之．日蚤食時，臨木燧卒佟人望見河西有
   虜騎廿亭北谿中，即挙蓬燔一積薪．虜即西北去，毋所失亡．敢言之．／十二月辛未，将兵

護民田官居延都尉償・城倉長禹兼行□╱
〔B面〕寫移．疑虜有大衆不去，欲並入為寇．檄到，循行部界中，厳教吏卒，驚蓬火，明天田，謹迹候＝望，禁止往来行者，定蓬火輩送，便兵戰闘具，母為虜所萃槧．已先聞知，失亡重事．母忽．如律令．／十二月壬申，殄北甲□
〔C面〕候長緱乚未央候史包，燧長畸等，疑虜有大衆，欲並入為寇．檄到，緱等各循行部界中，厳教吏卒，定蓬火輩送，便兵戰闘具，母為虜所萃槧．已先聞知，失亡重事．母忽．如律令． 〈278.7/A 10〉

広田燧より順次伝送して望遠燧まで．

① 12月辛未，甲渠毋傷候長の立と候史の偣人が申し上げます．蚤食時に臨木燧卒の恪人が，匈奴の騎馬二十騎ほどを河の西，亭北の地の谷あいに望見，ただちに蓬を挙げ，積薪一束を焼きました．匈奴はすぐに西北に去り，損失はありません．以上申し上げます．

② 12月辛未，将兵護民田官居延都尉の償と，……代行の城倉長の禹が〔……に告ぐ．……〕寫移．匈奴にはなお大勢あり，立ち去らずに合流して侵入し略奪をはたらこうとしている惧れがある．檄が届いたら，部の管区内を循行して，吏卒に対し，蓬火をおこたらず，天田をしっかりとならし，日迹・候望をぬかりなく，人の往来を禁じ，蓬火の伝送を正確に，戦闘の備えをすみやかにするよう，厳しく教えさとせ．匈奴に撃ち破られることのないように．あらかじめ周知徹底した以上，損失は重罪．忽せにしてはならぬ．以上，律令の如くせよ．

③ 12月壬申，殄北・甲〔渠両候官の……〕が，……候官の緱と未央，候史の包，燧長の畸ら〔に告ぐ〕．匈奴にはなお大勢あり，合流して侵入し略奪をはたらこうとしている惧れがある．檄が届いたら，緱らは各々部の管区内を循行して，吏卒に対し，蓬火の伝送を正確に，戦闘の備えをすみやかにするよう，厳しく教えさとせ．匈奴に撃ち破られることのないように．あらかじめ周知徹底したからには，損失は重罪．忽せにしてはならぬ．以上，律令の如くせよ．

　文中の「萃槧」とは「摧残」の仮借．毋傷燧は既述の通り臨木燧などとともに臨木部を構成する燧であるが，それが候長の固有名となっているのは，時期によって代表となる燧が異なったためであろうか．

　一読して明らかなように，檄の全体は，①毋傷候長・候史からの上行文書，②居延都尉・城倉長（ただし代行）から，おそらくは殄北・甲渠候官に宛てた下行文書，③殄北・甲渠候官から候長・候史（部名欠損）に宛てた下行文書，の3通の公文書で構成される．このうち伝達さるべき内容の核心となるのは③の部分だから，この檄は要するに管区となる部を循行して匈奴の侵入に備えるよう候長・候史に指示した文書に他ならない．かくして非常時の警戒体制は，候長・候史の循行を通して各部に周知徹底されたわけである．関連して，次の1枚も興味深い．

府告居延甲渠卅井殄北障候方有警備記到數循行教勅吏卒明薰火謹候
望有所聞見亟言有教　　　　　　　建武三年六月戊辰起府　〈EPF 22：459〉
　府より居延都尉府治下の甲渠・卅井・殄北各候官の障候に告ぐ．目下，警戒態勢下にあり．この記が届いたら，繰り返し循行し，吏卒に対して，蓬火をととのえ，見張りをぬかりなく，見聞きしたことは速やかに報告するよう教えさとせ．以上，通告する．建武3年

(27) 6月戊辰，府より発信．

　文中にいう「府」は，候官に対する直接の指令機関であるところから，都尉府を指すと判断される．とするならばこの木簡は，前掲＜278.7＞簡の②部分のような循行命令の，もうひとつの形式であるとみてよいだろう．こうした指示を受けた各候官は，③部分のような文書を部の候長に下達したわけである．以上のような例を見るならば，候長・候史らの「循行」が，刺史等の巡察とは契機を異にしていることが明らかになろう．

e．郵書

　文書の郵送と部との関係については，次のような断簡が注目される．

▨郵書失期前檄召候長敵詣官対状▨　　　　　　　　　　　　　　＜123.55/A 8＞
　　文書の遅配につき，檄を送って候長の敵を候官に召喚し，説明を求めた．

「郵書失期」とは，郵送に要した時間が規定を超えること．その責任を候長が問われているのは，所要時間が部ごとにチェックされていたからではあるまいか．下記の1枚は，この推定を裏付ける．

建昭四年四月辛巳朔庚戌不侵候長斉敢言之官移府所移郵書課挙曰各推辟部中牒別言会月＝
過書刺正月乙亥人定七分不侵卒武受萬年卒蓋夜大半三分付当曲卒山鶏鳴五分付居延収降＝
　　＝廿七日●謹推辟案
　　＝亭卒世　　　　　　　　　　　　　　　　　　　　　　　　＜EPT 52：83＞
　　　建昭4年（35 BC）4月30日，不侵候長の斉が申し上げます．候官から移送されて来た都尉
　　府の郵書課に疑問点を指摘して，「各々部中を調べて，案件ごとに報告せよ．月の27日に
　　参集」とありました．つつしんで過書刺を調べましたところ，正月乙亥の人定七分に，不
　　侵燧の卒の武が萬年燧の卒の蓋より〔郵書を〕受け，夜大半三分に当曲燧の卒の山に渡し，
　　鶏鳴五分に居延収降亭の卒の世に渡した，となっております．

　不侵燧の卒が萬年燧の卒より郵書を受け取ってから，当曲燧の卒が居延収降亭の卒に渡すまで，要所における時刻が明記されていることに注意したい．不侵・当曲両燧は不侵部の南北両端に位置する燧で，それぞれ萬年燧と居延収降亭とに隣接していた（吉村1998）．つまりこの簡では，不侵部内における逓送状況が問題となっているわけで（だから不侵候長が回答している），それはすなわち各部を単位に逓送の所要時間が記録されていたことの証左と言えよう．

　上記の簡に見える「過書刺」とは，李均明によれば郵書の逓送に関する事項を記した上行文書のことで，次のような木簡がその本文に比定されるという（李1987，1992）．

南書二封皆都尉章●詣張掖大守府　　●甲校　　　六月戊申夜大半三分執胡卒常受不侵卒楽
　　　　　　　　　　　　　　　　　　　　　　己酉平旦一分付誠北卒良
　　　　　　　　　　　　　　　　　　　　　　　　　　　　＜49.22＋185.3/A 8＞
　　南行きの文書2通，ともに居延都尉の印章で封，張掖大守府あて．「甲校〔別筆〕」．6月戊

申の夜大半三分に，執胡燧の卒の常が不侵燧の卒の楽から受け取り，〔翌朝〕己酉の平旦一
　分に誠北燧の卒の良に渡す．

　執胡・誠北両燧は誠北部の北と南の端だから，この簡は誠北部の過書刺ということに
なろう．こうした過書刺が部を単位として作成されたことは，下記のような表題簡から
も証明される．

　　●誠北〔部〕建昭五年二月過書刺☐　　　　　　　　　　　　　　＜136.18/A 8＞
　　●呑遠部建昭五年三月過書刺　　　　　　　　　　　　　　　　　＜EPT 52：72＞
　　●不侵部建昭元年八月過書刺　　　　　　　　　　　　　　　　　＜EPT 52：166＞

　ところで，この過書刺とよく似た名称の文書に，郵書課と呼ばれるものがある．李氏
によれば過書刺との違いは，郵送の記録に加えて評語が記される点にあるという．例え
ば次の木簡がそれである．

　　　　　　　　　　　　　三月癸卯鶏鳴時当曲卒便受収降卒文甲辰下餔
　書一封居延都尉章　詣大守府　時臨木卒得付卅井誠勢北卒参界中九十八里定行
　　　　　　　　　　　　　十時中程
　　　　　　　　　　　　　　　　　　　　　　　　　　　　　　　＜EPW：1＞
　文書1通，居延都尉の印章で封，張掖大守府あて．3月癸卯の鶏鳴時に当曲燧の卒の便が
　収降燧の卒の文から受け，甲辰の下餔時に臨木燧の卒の得が卅井候官治下の誠勢北燧の卒
　の参に渡す．区間内は98里，所要時間は10時間．規定通り．

文末の「中程（規定通り）」という語が評語にあたる．当曲燧と臨木燧との間には不侵・呑
遠・誠北・臨木の四つの部が含まれるから，この文書は部の上部機関にあたる候官の作
成であろう．おそらく候官では，各部から提出された過書刺をもとに評語を加えた郵書
課を作成し，都尉府へと提出したものと思われる．前掲＜EPT 52：83＞簡で都尉府が「挙
（疑問点の指摘）」の根拠としたのは，このような郵書課なのではあるまいか．
　ちなみに，1例のみにとどまるが，部を単位とした軍書課という文書も見えている．

　　誠北部建武八年三月軍書課●謹案三月毋軍侯駅書出入界中者…☐　＜EPF 22：391＞
　　誠北部の建武8年（32）3月の軍書課．案ずるに，3月には軍侯駅書で区内を往来したもの
　　はありません……

　おそらくは軍事文書の郵送に関する記録であろうが，「軍侯駅書」の内容が不明のた
め，詳しいことはわからない．また，文書の逓送と関連して，郵送手段としての駅馬の
管理についても部が責任単位となっていた可能性がある．例えば

　　●不侵部建武六年四月駅馬課　　　　　　　　　　　　　　　　　＜EPF 22：640＞

という木簡は，そうした文書の表題であろうと推測されるが，この場合も「駅馬課」の
本文にあたる簡が未詳なため，立ち入った検討は不可能である．

なお，郵書関係の木簡で言及される部は，実名燧から成るものに限られ，番号を冠する部名は現れない．その理由は，両種の部・燧の配置と機能とに関連して次節 10-4 で言及したい．

f．信号

文書の郵送と同様，信号の伝達状況もまた部を単位としてチェックが行われた．ただし現在のところ知られているのは，信号のなかでも「塢上表」つまり烽燧の塢に掲げた旗の合図に限られる．根拠となるのは，下記のような木簡である（薛他 1988）．

　　右後部初元四年四月己卯尽戊申塢上表出入界課　　　　　　　　　　＜74 EJT 10：127＞
　　　右後部の初元 4 年（45 BC）4 月己卯から戊申までの塢上表出入界課

A 32 肩水金関の出土簡で，写真が公表されていないため形態は不明であるが，書式から表題簡とみてよいだろう．先の「郵書課」から類推すれば，「塢上表出入界課」とは，烽燧の塢に挙げる旗の合図が管轄区域内を規定通り通過したかチェックする文書であろうと思われる．冒頭に「右後部」とあるのは，肩水右後部を単位として作成された「課」であることを示す．その本文は，やはり郵書課からの類推によって，次のような木簡に比定することができるだろう．

　　入亡人表一桓通南正月癸巳日下鋪八分時萬福燧卒同受平楽燧卒同即日日入一分半時東望＝
　　＝燧卒定軍燧長音界中世五里表行三分半分中程　　　　　　　　　　＜74 EJT 24：46＞
　　　亡人表一通を受信，南行き．正月癸巳の下鋪八分時に萬福燧の卒の同が平楽燧の卒の同から受信，その日の日入一分半時に東望燧の卒の定軍が燧長の音〔に伝送？〕．区間内は 35 里，表の伝達に 3.5 分．規定通り．

末尾に「中程」という評語の記されている点が郵書課と共通する．通常の郵書の逓送は 10 里を 1 時という規定であったのに対し，表の伝達は 10 里を 1 分，つまり 10 倍の速度で伝えるように定められていたことがわかる．「亡人表」とは逃亡者のあることを伝えるために挙げる表（旗）であろうか．とするならば，b 項で述べた逃亡者の捜索に際して（ないし先立って）送られた信号ということになる．

上記の木簡も残念ながら書写形式が不明であるが，旧居延漢簡に見える下記のような簡とおそらくは同一形式であろうと推定される．

　　出亡人赤表函一北　　　元康三年……　　　　　臨渠燧長……
　　　　　　　　　　　　　昏時四分時乗胡燧長□付□山燧長普函行三時中程　　＜502.3/A 35＞
　　　亡人表一通を発信，北行き．元康 3 年（63 BC）……臨渠燧長の……昏時四分時に乗胡燧長の某が某山燧長の普に伝達．所要時間は三時，規定通り．

北方向へ送られた赤い亡人表の記録．「函」とは「桓」と同義で，表を数える量詞であろう．右半分が欠損しているため通読は不可能であるが，前半部分には先の木簡と類似の文章が記されていたものと思われる[2]．

以上に述べた，俸給の受領から信号の伝送に至る諸項目が，部に関係した主な職務である．このように全体を通覧してみると，辺境防備にとって核心とも言うべき職務のすべてにわたって，部という単位が関係していることに気付くだろう．辺境の防衛体制にとって部がいかに重要であるか，もはや贅言を要しまい．同時に注意すべきは，それが多くの場合，防衛機構の管理・監督に関わる局面で問題となっている点である．辺境の防衛機構の末端を構成するのは，言うまでもなく烽燧であり，烽燧に配置された吏卒たちの日々のはたらきを通じて辺境の護りは維持されていた．こうした辺境防備の細胞とも言うべき烽燧を管理・監督するための組織が，すなわち部であった．したがって，より上級の機関，例えば都尉府の官吏などが巡察によって問題箇所を指摘する際も，下記の表題簡に見る通り部が単位になった．

●萬歳部四月都吏□卿行塞挙　　　　　　　　　　　　　　　　　　＜EPT 50：44＞
●第廿三部建始二年□月都吏戴卿▨　　　　　　　　　　　　　　　＜EPT 65：80＞

　2枚目の簡の欠損部分にも，おそらくは「行塞挙」に類した文字が記されていたものと思われる．「都吏」とはこの場合，都尉府の大吏（永田1989：407頁），「挙」とは問題点を指摘し責任を問い質すことをいう（裘1981：585頁以下）．
　それゆえ，部の指揮にあたる候長や候史は，部内の諸事全般にわたって責任を負った．10-2節に引いた，燧長による烽火誤認の責任を候長が負わされた例＜EPT 65：228＞は，その一端を示している．また，問題の多い資料ではあるが，「候史広徳坐罪行罰檄」と呼ばれる長さ82センチメートルもの長大な觚には，片面に各燧の不備が列挙され，もう片面には職務を怠った候史を弾劾する次のような文章が記されている．

候史広徳坐不循行部塗亭趣具諸当所具者各如府都吏挙部糒不畢又省官檄書不会＝日督五十
　　　　　　　　　　　　　　　　　　　　　　　　　　　　　　＜EPT 57：108＞
　　候史の広徳．罪状は，部を循行せず，亭の外壁塗装と諸々の具備すべき装備を備えるよう
　　促す点と〔に不備があること〕，各々都尉府の都吏が指摘する通り．部の軍糧も不備．また
　　官からの檄書をすてて集合の期日に参集せず．罰として杖打ち五十．

　候史の広徳が部内の循行を怠った結果，亭（烽燧）の外壁塗装や装備の不備が見過ごされ，それを視察に来た都吏に指摘されて弾劾を受けることになった．さきに「循行」の項で指摘した通り，候長・候史らの循行は候官からの檄によって指示された．「省官檄書」とは，その指示を無視したことをいう．部の責任を担う吏として最も基本的な職務を怠ったがゆえに，その罪も重いのであろう．

10-4　塞——辺境の防壁

10-4-1　文献に見える漢代の塞

漢代の史料をひもとくと，「塞」についての記載が少なからず目にとまる．そのなかには，例えば「五原塞」(五原郡の塞)「朔方塞」(朔方郡の塞)のように所在の郡名を冠する場合もあれば，「益寿塞」「鶏鹿塞」のような固有の呼び名と思われる例も散見する．漢簡に見える居延地区の塞を検討するに先立って，文献史料から判断しうる塞の実態について簡単に整理しておきたい．まずは史書に現れる漢代の塞名を郡別に列挙してみよう(表10-4)．

表10-4

郡　名	前　漢	後　漢
敦煌郡		昆侖塞（後漢書・明帝紀）
酒泉郡		酒泉塞（後漢書・竇固伝）
張掖郡		居延塞（後漢書・和帝紀ほか）
金城郡		令居塞（後漢書・西羌伝） 金城塞（後漢書・西羌伝）
隴西郡		隴西塞（後漢書・西羌伝）
安定郡	朝那塞（史記・孝文本紀）	
朔方郡	鶏鹿塞（漢書・匈奴伝下／ 後漢書・和帝紀）	高闕塞（後漢書・竇固伝） 朔方塞（後漢書・南匈奴伝） 大城塞（後漢書・南匈奴伝）
五原郡	五原塞（漢書・匈奴伝上ほか／ 後漢書・南匈奴伝） 光禄塞（漢書・匈奴伝下）	稒陽塞（後漢書・和帝紀） 西部塞（後漢書・南匈奴伝）
雲中郡	葛邪塞（漢書・匈奴伝上） 益寿塞（漢書・匈奴伝下）	
西河郡	眩雷塞（漢書・地理志下） 制虜塞（漢書・匈奴伝下）	
雁門郡	武州塞（漢書・匈奴伝上ほか）	平城塞（後漢書・竇固伝）
遼西郡		盧龍塞（三国志・武帝紀ほか）

このうち，例えば五原塞や朔方塞は，同じ郡に属する他の諸塞の汎称もしくは別称として用いられた可能性がある．また，史書には単に「塞」とのみ記す事例も頻出するから，この表が漢代に存在したすべての塞を網羅しているわけではない．しかし全体として，塞の存在箇所が辺郡に限られていることは読み取れるだろう．換言すれば，漢代の塞は帝国周縁の，周辺諸勢力と接する地域に位置しているわけである．周辺諸勢力とは

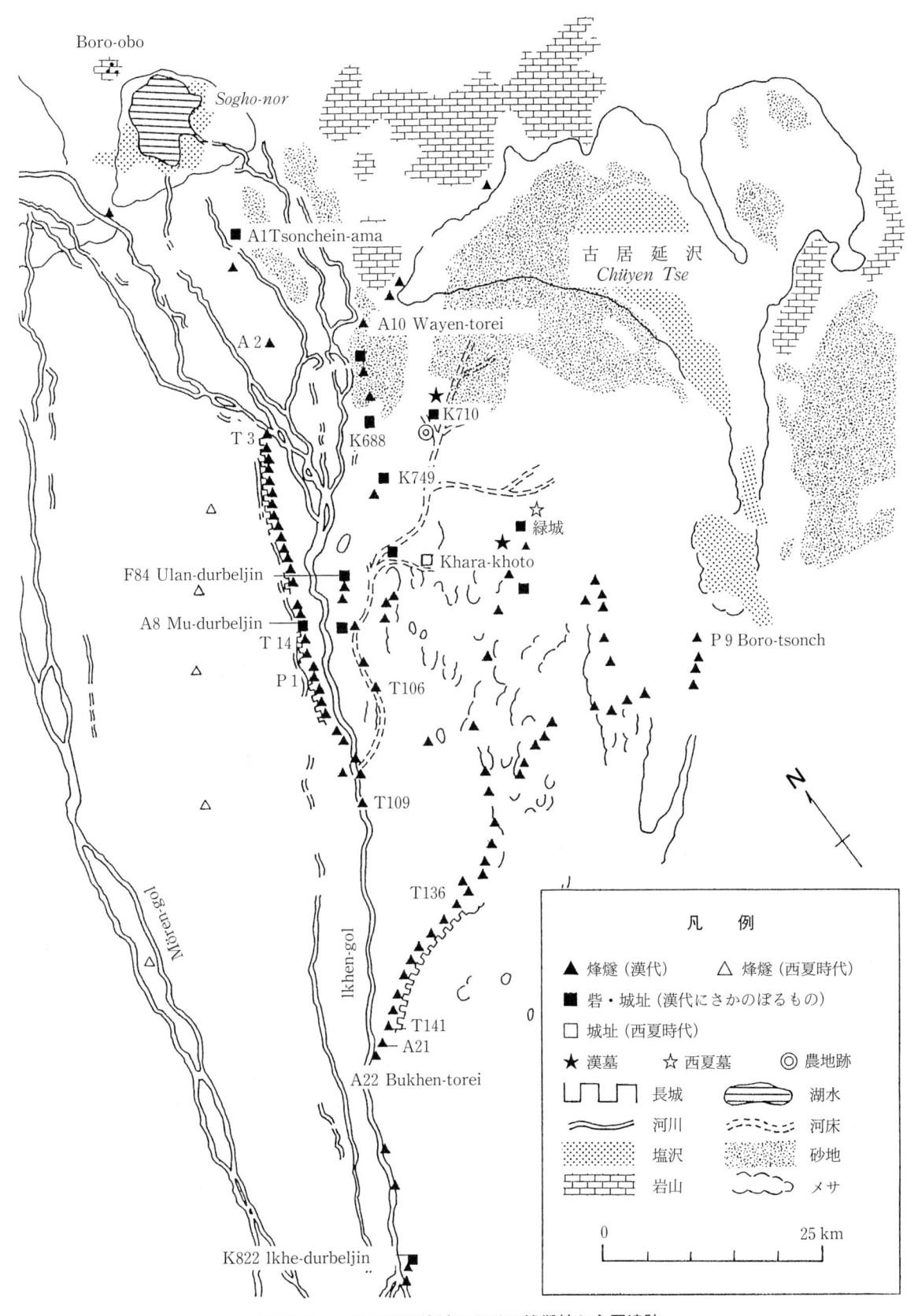

図 10-5 エチナ河下流域における烽燧線と主要遺跡

多くの場合，匈奴であるが，他に西羌や（隴西塞・金城塞他），烏丸に対する塞も散見する．例えば

> 太祖乃密出盧龍塞，直指単于庭．（『三国志』郭嘉伝）
> そこで太祖〔曹操〕はひそかに盧龍塞を出て，真直ぐに単于の居所へと向かった．

という例に見える「単于庭」は，烏丸のそれである．
　こうした辺境の塞が人工的な構造物であることは，次のような例から窺えよう．

> 是時漢東抜濊貊・朝鮮以為郡，……又北益広田至眩雷為塞，而匈奴終不敢以為言．
> 　　　　　　　　　　　　　　　　　　　　　　　　　　　　（『漢書』匈奴伝上）
> このとき，漢は東に向けては濊貊・朝鮮を征服して郡となし，……また北に向けてはさらに田地を広げ，眩雷に至って塞を築いたが，匈奴は口出ししようとはしなかった．
> 朔方以西障塞多不脩復，鮮卑因此数寇南部，殺漸将王．単于憂恐，上言求復障塞，順帝従之．　　　　　　　　　　　　　　　　　　　　　　　　　　　　（『後漢書』南匈奴列伝）
> 朔方以西の障塞の多くは修復されず，そのため鮮卑がしばしば南部の地を犯し，匈奴の漸将王を殺した．単于はこれを憂慮して，言上して障塞を修復するよう求めたので，順帝はこれに従った．

後者は後漢時代の半ば，鮮卑と漢に帰順した南匈奴との間に設けられていた塞である．いずれの例でも塞は構造物として現れる．より具体的な形状については，以下に示す郎中侯応の言葉が参考になるだろう．

> 起塞以来百有余年，非皆以土垣也．或因山巌石，木柴僵落，谿谷水門，稍稍平之，卒徒築治，功費久遠，不可勝計．　　　　　　　　　　　　　　　　　　　　（『漢書』匈奴伝下）
> 漢が塞を築いてより100年余りになりますが，そのすべてが土の壁というわけではありません．山の岩石や灌木の柵を用いたところもあれば，谷あいに堰を設けたところなどもあり，少しずつ築いていくため，その建設・保持にかかる工費の大きさは，計り知れないものがあります．

塞とは防壁のことであるが，その形態は地域によって異なっていたわけである．また，有名な馬邑の事件のおり，10万騎をひきいて武州塞に侵入した匈奴の単于が，野に家畜あるも人のいないことを怪しみ，烽燧を攻めて武州の尉史を捕らえたという記載によれば（『史記』韓長孺列伝），塞の付近には烽燧が設置され，武官が駐留していたことも明らかとなろう．

> 先帝哀辺人之久患，苦為虜所係獲也，故修障塞，飭烽燧，屯戍以備之．（『塩鉄論』本議）
> 先帝は，辺境の人々が長く苦しむさまを哀れみ，匈奴に捕らわれるのを苦痛に思われたので，障塞を修め，烽燧を整え，屯戍して備えとされたのである．

という表現は，上記のような塞の実態を念頭に置けばよく理解できる．

10-4-2 居延地区の塞と信号

a．構造物としての塞

　居延地区の塞を考えるにあたり，まず取り上げるべきは，「塞上烽火品約」と総称される一群の木簡である．A 8 甲渠候官の出土で，「卅井」を「三十井」と表記しているところから，王莽期の文書であると判断される．

●匈人奴昼入殄北塞挙二薫□煩薫一燔一積薪夜入燔一積薪挙塢上離合苣火母絶至明甲渠＝
　＝三十井塞上和如品　　　　　　　　　　　　　　　　　　　　　　＜EPF 16：1＞
　　匈奴が昼に殄北塞に侵入したら，薫を二つ挙げ，薫を一つ□煩（？）し，積薪を一つ焼け．
　　夜に侵入したら，積薪を一つ焼き，塢の上に離合の苣火を挙げ，明け方まで絶やすな．甲
　　渠塞・三十井塞も品約の通りに呼応せよ．
●匈人奴昼甲渠河北塞挙二薫燔一積薪夜入燔一積薪挙塢上二苣火母絶至明殄北三十井塞＝
　＝和如品　　　　　　　　　　　　　　　　　　　　　　　　　　　＜EPF 16：2＞
　　匈奴が昼に甲渠河北塞に〔侵入したら〕，薫を二つ挙げ，積薪を一つ焼け．夜に侵入した
　　ら，積薪を一つ焼き，塢の上に苣火を二つ挙げ，明け方まで絶やすな．殄北塞・三十井塞
　　も品約の通りに呼応せよ．
●匈奴人昼入甲渠河南道上塞挙二薫塢上大表燔一積薪夜入燔一積薪挙塢上二苣火母絶至＝
　＝明殄北三十井塞上和如品　　　　　　　　　　　　　　　　　　　＜EPF 16：3＞
　　匈奴が昼に甲渠河南道上塞に侵入したら，薫を二つと塢上の大表を一つ挙げ，積薪を一つ
　　焼け．夜に侵入したら，積薪を一つ焼き，塢の上に苣火を二つ挙げ，明け方まで絶やす
　　な．殄北塞・三十井塞も品約の通りに呼応せよ．

　後の2枚の木簡に見える「殄北三十井塞」とは明らかに「殄北塞と三十井塞」のことだから，最初の簡の末尾にいう「甲渠三十井塞」も「甲渠塞と三十井塞」を意味しているに違いない．とするならば，上記の3枚の木簡には，合計五つの塞が言及されていることになる．すなわち，殄北塞，三十井塞，甲渠塞，甲渠河北塞，甲渠河南道上塞，がそれである．このうち，甲渠塞は甲渠河北塞と甲渠河南道上塞とを併せた名称であろうから，実体として存在するのは，殄北塞，三十井塞，甲渠河北塞，甲渠河南道上塞の四塞ということになる．それらがいずれも，匈奴の侵入箇所として想定されていることに注意したい．

　では，これらの塞は具体的に，どのような施設だったのか．まず注目されるのは，殄北・三十井（卅井）・甲渠という塞名が，居延都尉府管轄下の三つの候官名と一致していることである．図示するならば次の通り．

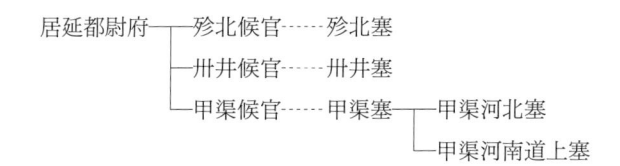

```
居延都尉府──┬─殄北候官……殄北塞
            ├─卅井候官……卅井塞
            └─甲渠候官……甲渠塞─┬─甲渠河北塞
                                  └─甲渠河南道上塞
```

三つの候官の遺跡は各々 A 1 (Tsonchein-ama), P 9 (Boro-tsonch) および A 8 (Mudurbeljin). 各塞の位置も, 三候官を遠く離れることはないだろう. この推定をもとに居延地区の烽燧分布図 (図 10-3) を検討すると, P 9 から西方 A 22 (Bukhen-torei) へと延びる烽燧線が卅井塞と, T 3 から T 21 に続くラインが甲渠塞と, それぞれ関係するらしいことに気付く. 殄北塞については明確な烽燧線を認めがたいが, ソゴ゠ノール南方から古居延沢西方の間に点在する烽燧群が, これと関係するのではないか.「甲渠」の名を冠する二つの塞については, 徐楽堯が現地踏査をふまえて指摘する通り, イヘン゠ゴル (Ikhen-gol) の北岸に並ぶ上記 T 3 から T 21 の線が河北塞, その対岸の T 108 から K 688 に向かう烽燧の並びが河南道上塞に, 各々関係するとみてよいだろう (徐 1984).

ただし, こうした燧の集合体ないし烽燧の列そのものが塞と呼ばれたのではない. そのことは例えば, 次のような冊書の一節を見れば明らかであろう.

廼今月三日壬寅居延常安亭長王閎＝子男同攻虜亭長趙	＜EPT 68：59＞
常及客民趙閎范翕一等五人倶亡皆共盜官兵	＜EPT 68：60＞
臧千錢以上帶大	＜EPT 68：61＞
刀劍及鈹各一又各持錐小尺白刀箴各一蘭越甲渠当	＜EPT 68：62＞
曲燧塞從河水中天田出●案常等持禁物	＜EPT 68：63＞
蘭越塞于邊關徼逐捕未得它案驗未竟	＜EPT 68：64＞

　　今月三日壬寅, 居延常安亭長の王閎と閎の息子の同, および攻虜亭長の趙常と客民の趙閎・范翕ら 5 人が逃亡した. みな共謀して官有の武器と現金千錢以上を盜み, 大刀劍および鈹を一ふりずつ身に帯び, 各々錐と小尺白刀〔？〕, 箴を一つずつ所持し, 勝手に甲渠当曲燧の塞を越え, 河辺の天田より脱出した. 案ずるに, 常らは禁帯出物を持ち, 勝手に塞を境界の関で越えた. 追跡するも未だ捕らえられず, 他の案験は終わっていない〔？〕, 云々

上記 6 枚は建武 6 年 (30 AD) 3 月の日付を持つ劾状の一部であると考えられるが, そのことはいま触れない. 注意すべきは文中の「蘭に甲渠当曲燧の塞を越え (蘭越甲渠当曲燧塞)」「蘭に塞を辺関徼で越え (蘭越塞于辺関徼)」といった箇所である. これはすなわち塞が乗り越えられる構造物であることを意味するのではないか. 燧の集合体であるならば, 「越える」という表現はそぐわないし, そもそも「当曲燧の塞」という特定の仕方はしないだろう. 10-3 節で触れた候長らの日迹簿の結びの部分に見える,「蘭に塞を越えて天田に出入するの迹なし (毋蘭越塞出入天田迹)」＜EPT 56：25＞「塞を越えて蘭に天田に出入するの迹なし (毋越塞蘭出入天田迹)」＜EPT 56：26＞といった常套句もまた, 塞が構造物であることを示唆する. 匈奴の侵入箇所に位置する構造物, それは前項 10-4-1 で述べた長城の類を措いて他にない.

かつてベリィマンは, エチナ河下流域を踏査した際に, 二箇所で長城の痕跡を確認している. 一箇所はイヘン゠ゴル西北岸で, そこでは「低く, かろうじて見分けられる二筋の礫石の塁壁が, 烽燧の西側に沿って続いて」いた (Sommarström 1956：37 頁). それはあまりに微かな隆起のため, 「人工の構造物か自然の産物か最初は戸惑うけれども, 烽台の列とぴたりと寄り添っているところから, 確かに人の手になるものに違いない」こと

が判断できるとベリィマンは述べている（Bergman 1945：123頁）。もう1箇所はP9から西へ走る烽燧線の西部にあたり，T 136から「長城（Limes wall）のかすかな痕跡が西へ向かって延び，九つの烽燧のわきを通ったのちに，エチナ河に近いT 141とA 21との間で消えている」のが確認されたという（Sommarström 1958：275頁）。前者が「塞上薫火品約」にいう甲渠河北塞（ないし，その一部），後者が卅井塞（ないし，その一部）に相当することは，ほぼ確実と言ってよい。烽燧線に沿って走るこの障壁こそ，漢簡に塞と呼ばれるものの実態であった。

ちなみに，甲渠河北塞については近年，甘粛省の考古学者たちによって詳しい観察がなされている（甘粛省文物工作隊 1984：67頁）。

> T 14烽燧から西へ33メートルのところに，東西に並んだ2列の「塞墻」が南北方向に走っている。塞墻は比較的明瞭で，東の墻は厚さ2メートル，西の墻は厚さ1.73メートル，墻と墻とは6メートル離れる。日乾し煉瓦を積んで土台としているが，石を基礎にしている箇所もある。

ベリィマンの見た「二筋の礫石の塁壁」は，防壁の土台であった可能性がある。他方，殄北塞や河南道上塞，卅井塞東部などでは，こうした防壁の跡は確認されていない。むろん将来，より精度のたかい調査によって検出されることもありうるが，この地区の塞が土塁ではなく木柵であった可能性も考慮すべきであろう。とりわけ卅井塞の東部一帯は，地形図を見るとメサ（風蝕崖）が広がる荒野であって，土塁を築くのは難しいように思われる。

土塁にせよ木柵にせよ，その内側には塞墻と平行して天田が設けられた。日迹の記録が多くの場合「蘭に塞の天田を越えて出入するの迹なし」「蘭に塞を越えて天田に出入するの迹なし」という常套句で結ばれていたことを想起したい。また，先に引いた冊書に見える「河辺の天田（河水中天田）」とは，イヘン＝ゴルを天然の防壁とした箇所に設けられた天田に相違ない。〔烽燧線＋塞（防壁）＋天田〕——この組合せこそ辺境防衛施設の基本構造であった。

ちなみに言えば，二つの甲渠塞のうち，河北塞に沿った烽燧線が主として番号燧から成るのに対し，河南道上塞ぞいの烽燧線は実名燧によって構成される（徐 1984，宋・李 1994）。この二種類の燧名が，木簡のなかでどのような職務内容とともに現れるかを通覧すると，番号燧には軍務関係の記載が目立つのに対して，実名燧には文書郵送の記録が圧倒的に多い。かつて市川任三は，この事実をもとに，番号燧が対匈奴防衛の前線である西側に，実名燧がその後方にあたる東側に位置するのではないかと推定した（市川 1963）。この推定の正しさは，その後の発掘調査と新居延漢簡の出土によって証明されたと言ってよい。防衛線としての河北塞烽燧線に対して，河南道上塞に沿った諸燧は文書逓送の郵亭（ポスト）としての役割も持っていた。「道上塞（道に沿った塞）」という名称は，古代の駅路に沿った塞であることを物語る。郵書に関する記載が実名を冠する部にのみ現れるという，10-3-3で指摘した傾向も，以上の事実をふまえるならば無理なく理解できるだろう。

しかしながら，以上をもって塞と烽燧線に関わる問題のすべてが解決したわけではない．冒頭に引いた3条の「薫火品約」を読み比べると，類似の文言が並ぶなかにあって，ただ1箇所，顕著な相違点のあることに気付く．それはすなわち，3枚目の＜EPF 16：3＞簡にのみ「塢上の大表」を挙げよという規定が見えていることである．言うまでもなくこれは，匈奴の侵入箇所を特定する ── 他ならぬ河南道上塞であることを知らせる ── という意味がある．甲渠塞の場合，匈奴は西北方からやって来る．したがって，河北塞に侵入したら二蓬を挙げ一積薪を焼く，東進して河を越え河南道上塞に侵入したらさらに大表一通を加える，という昼間の規定は，理に適っていると言ってよい．ところが反面，夜間の侵入に関しては，河北・河南とも「積薪を一つ焼き，塢の上に苣火を二つ挙げよ」とあるのみで，塞による区別が見られない．河北か河南かの判断は，夜間の信号に関する限り不可能であったことになる．もしそうならば，夜間における侵入箇所はどうして判別されるのか．また，そもそも昼・夜で信号の精度が違うのは何故なのか．こうした疑問が当然生じてくるだろう．この疑問は根底において，塞と烽燧とが何を護っているのかという問題と結びつく．次項では，この問題を解く前提として，烽燧に挙がる各種の信号について検討してみたい．

b．警報としての信号

漢簡に見える信号については，すでに初仕賓による詳細な研究がある（初1984）．新旧居延漢簡を駆使した初氏の論考に，とりたてて付け加えることはほとんどないが，以下の検討に必要な限りで概要を記しておくことにしたい．

まず蓬とは，烽燧の塢（望楼）に挙げる信号標で，敦煌清水溝の烽燧址T1で採集された木簡に（敦煌市博物館1996：370頁），

●蓬以布若葦為溝高五尺口径四尺索逢二
　蓬は布もしくは葦で籠を作り，高さ5尺，口径4尺，索逢は2本（2尺？）．

と見えるところから，円筒形をした筐状の標識であることが判明する．居延地区の蓬の形も，これと同様であろう．表については，その形態を記した簡が見当たらないが，前節10-3で触れた「候史広徳坐罪行罰檄」＜EPT 57：108＞に見える「表幣（表が破れている）」という表現から推すと，布製の旗ないし吹き流しの類であるらしい．しばしば「塢上」の語を冠して呼ばれるように，主として烽燧の囲壁の上に掲げられた旗であろうが，地上の竿に挙げたとおぼしき「地表」という例も散見する（＜68.109/A 8＞他）．塢上表と地表とでは，役割が異なっていたのであろう．これに苣火（たいまつ）と積薪とを加えた四種が，可視的な信号のすべてである．先に示した「塞上薫火品約」によれば，この4種類の信号を組み合わせることで，匈奴の侵入箇所を知らせる仕組みになっていた．

では，知らせる先はどこなのか．この点は意外なことに，従来ほとんど議論されていなかったように思われる．周知の通り史書のなかには，

胡騎入代句注辺，烽火通於甘泉・長安．（『漢書』匈奴伝上）

匈奴の騎馬が句注の辺境に侵入し，烽火が甘泉・長安に伝達された．

という事例が見える．しかしながら，居延のような辺境の地から，はるか長安まで烽火が伝わったところで，どう対応したらよいのだろう．上記の句注の例でさえ，

> 数月，漢兵至辺，匈奴亦遠塞，漢兵亦罷．（同上）
> 数か月して漢の兵が辺境の地までやって来たが，匈奴は長城から遠く離れてしまったので，漢兵も引上げた．

というありさまであった．辺境に挙がる信号は，はるばる都まで伝達される性質のものではない．以下に述べる通り，それは原則として都尉府を終着点としていた．匈奴の侵入に対しては，現地で処理することが原則であったわけである[3]．

だが，それにしても先の疑問は解決されない．侵入の報を受けると，都尉府からは騎兵が急派される．しかし，夜間の信号に河南・河北の区別がなかったとすれば，侵入箇所を特定することは不可能であろう．にもかかわらず，それで十分だったのは何故なのか．理由はおそらく，より詳しい情報が別個の手段で伝えられていたためだろう．その手段とは緊急文書，すなわち檄に違いない．現に「塞上蓬火品約」を通覧すると，次のような規定が目にとまる．

> ●匈奴人入塞候尉史亟以檄言匈奴人入蓬火伝都尉府母絶如品　　　　　　　　　　　　＜EPF 16：12＞
> 匈奴が塞に侵入したら，候と尉史〔候官の長と書記〕はすみやかに檄で匈奴の侵入を報告せよ．蓬火を都尉府に伝えて，絶やしてはならぬ．品約の通りに行え．

また，前節10-3で引いたA 10出土の檄の例でも，候長・候史が文書によって匈奴の侵入を都尉府に詳しく報告していた．各種信号と並行して，こうした文書による急報が，部から候官，さらには都尉府へと伝えられていたわけである．

文書は詳しく，信号は速い．文書と信号の「二本立て」による通報は，互いの長所を組み合わせた工夫であるとも言えるだろう．しかしながら，二つの通報手段が併用される理由は，単にそれだけではない．烽燧に挙がる信号には，特定の目的地に情報を届ける他に，もう一つ別の役割があった．この点に関して，興味深い木簡を1枚示そう．A 32肩水金関から出土した簡で，内容から檄の一部と判断される．

> 葆部界中民田官畜牧者見赤幡各便走近所亭障塢辟□☑
> 馬馳以急疾為故　　　　　　　　　　　　　　　　　　＜EJF 3：80＞
> ……に立てこもれ．部の管区内の民や田官で家畜を放牧している者は，赤い幡が見えたら，すみやかに近くの烽燧や候官，塢壁に走り込め．……速達，緊急事態扱い．

冒頭の「葆」字が「収葆」と熟した語の片割れであろうことは，例えば

> ☑畜産詣近所亭燧障塢辟収葆止行☑　　　　　　　　　　　　　　　＜539.2/A 33＞
> 家畜を……し，近くの烽燧や候官に行き壁内に立てこもり，通行を止めよ……

といった断簡から推測できる．「収葆」とは，烽燧や候官の壁内に立てこもることで，「（趙の李牧将軍は）匈奴が侵入するたびに，烽火の伝達をぬかりなく行い，ただちに"収保"して，戦おうとはしなかった（匈奴毎入，烽火謹，輒入収保，不敢戦）」（『史記』廉頗藺相如列伝）という場合の「収保」に同じ．匈奴による略奪を防ぐため，ひとたび侵入の合図があれば，人と家畜は最寄りの塢壁に逃げ込んだ．その合図として挙げたものが，「赤幡」すなわち1本の赤い旗であった．

「収葆」の合図となるのは，赤幡のみにとどまらない．李牧の例に見る通り，代表的な信号である苣火や蓬もまた，警報としての意味を持っていた．そのことは，漢簡によっても裏付けられる．次に示すのは，1981年に敦煌酥油土のD 38烽燧（スタイン未発見）で採集された簡である（敦煌県文化館 1984：10頁）．

> □通都水長常楽知火再挙逢未下吏収葆不得行而使吏卒伝送客許翁卿　　　　　　＜D 1363＞
> ……通．都水長の常楽は，火が再度挙がるか蓬が降ろされないかの場合，吏は収葆して通行できない規定であることを知りながら，吏卒に客民の許翁卿を送って行かせ……

「挙」字を用いている以上，「火」とは積薪ではなく苣火であろう．前後関係に不明な部分はあるものの，苣火と蓬とが収葆の合図になっていることは疑いない．先の「赤幡」と同様，信号が吏卒に対する警報としても機能していたことの証左と言えよう．

以上の事例をふまえた上で，先の「塞上蓬火品約」に目を転ずると，信号の持つ警報としての側面が見えてくる．何より注意されるのは，いずれの条文でも夜間の苣火の合図について，「明け方まで絶やすな（母絶至明）」との文言が添付されていることである．単なる都尉府への通報であれば，隣の烽燧に確認され次第——隣の烽燧が呼応して苣火を挙げるのを見極め次第——火を消してもよいはずである．実際，唐の兵部式では，「賊が10騎以下であれば小炬火を挙げ，次の烽台が応答し終わったら，すぐに火を消せ（賊十騎以下，即挙小炬火，前烽応訖，即滅火）」と規定されている（『武経総要』巻5）．にもかかわらず，蓬火品約が明け方まで挙げ続けよと定めているのは，火の消えぬ限り危険が去っていないむね警告するために違いない．昼間の蓬や表についても，それは同様であった．次に引くのは敦煌馬圏湾の出土簡であるが，蓬が降ろされない限り危険が去っていないと判断されたことを伝えている．

> ●望見虜塞外及入塞虜即還去輒下蓬止煙火如次亭未下蓬止煙火人走伝相告都尉出追未還＝＝母下蓬　　　　　　＜D 521＞
> 匈奴が塞の外にいるか，塞に入ったかするのを発見し〔信号を挙げ〕たが，匈奴がすぐ引き返してしまったならば，ただちに蓬を降ろし煙火を止めよ．もし次の亭燧がまだ蓬を降ろさず煙火を止めてもいなかったら，走って〔信号を止めるよう〕通告に行け．ただし，都尉が〔匈奴を〕追跡していったまま帰らない場合は，蓬を降ろしてはならない．

おそらくは「敦煌郡蓬火品約」＜D 520＞と総称される蓬火規定の一部であろう[(4)]．

こうした例を見るならば，昼間の信号が夜間に比べて詳しいことも頷けよう．それはすなわち，日迹や文書の伝送，家畜の放牧などのため，吏卒や民の往来が夜間よりずっ

と多かったために違いない．「塞上烽火品約」には，次のような規定も見えている．

●県田官吏令長丞尉見烽火起疾令吏民□薫□□誠勢北燧部界中民田〔官〕畜牧者□□…＝
＝…為令　　　　　　　　　　　　　　　　　　　　　　　　　　　＜EPF 16：15＞
　県や田官の吏，令・長・丞・尉らは，烽火の挙がるのを見たら，すみやかに吏民を……さ
　せ，誠勢北燧に……．管区内の民や田官で家畜を放牧している者は……

木簡の文字が不鮮明なため，全文の意味を正確に把握することはできないが，先に引用した肩水金関の出土簡＜EJF 3：80＞と同様，吏民と家畜の収葆を定めた条文であろう．烽燧に挙がる信号は，前方の烽燧への連絡のみならず，塞の内側に向けた警報の意味をも有していた．これが本節 10-4 の結論である．そしてそのことは，塞の護る対象が何であったかという問題へと，さらに発展してゆくだろう[5]．

10-5　オアシス ── 塞の内側

塞が護るものは何か．この問題を考えるために，まずは居延地区にどのような機関が存在したかを検討することにしたい．手がかりとなるのは，次のような下行文書の一部である．斜線の後に記された文書作成者に，掾や卒史といった肩書が見えているところから，都尉府の発給した文書であることがわかる．

☑□丞事謂庫城倉居＝延＝農延水卅井甲渠殄北塞候写移書到令□
☑□□□書如律令／掾仁守卒史□卿従事佐忠　　　　　　＜EPT 51：40＞
　……丞の職務を代行して，庫，城倉，居延県，居延農，延水，卅井・甲渠・殄北各候官の
　長に謂う．写し送るこの文書が届いたら……律令の如くせよ．掾の仁，卒史心得の某卿，
　従事佐の忠

文書の下達先として列挙されている諸機関のうち，「卅井・甲渠・殄北塞候」とは言うまでもなく居延都尉府治下の三候官で，防衛線のかなめとして多数の烽燧を統括していた．対して「庫」から「延水」までは，候官と同等ないしは上位に位置しながら，候望組織とは別系統に属している機関に違いない．では，それはどのような機関で，どこに置かれていたのか．以下に順を追って通覧してみよう．

a．庫・城倉

冒頭の二つ，庫と城倉については，すでに冨谷至と佐藤直人による論考がある（冨谷1996，佐藤1996）．両氏の研究を参照しつつ，若干の私見を交えて要点をまとめておこう．

まず最初に見える「庫」とは，居延都尉府に下属する庫であろう．すなわち，下記の木簡に見える「都尉庫」「居延庫」がそれである．

　　　　出弓韇丸七　　　　付都尉庫　　　　□　　　　　　　　　　　　　　　　＜28.19/A 8＞
　　　　　弓の韇丸〔矢筒〕七つを出す．都尉の庫に渡す．
　　　張掖居延庫卒弘農郡陸渾河陽里大夫成更年廿四　　庸同県陽里大夫趙勲年廿九賈二万九＝
　　　＝千　　　　　　　　　　　　　　　　　　　　　　　　　　　　　　　　＜170.2/A 21＞
　　　　　張掖郡居延都尉府の庫卒，弘農郡陸渾県河陽里の大夫の成更，24歳．庸人，同県陽里の大
　　　　　夫の趙勲，29歳．賈直2万9千．

　後者は，末尾にチェックの一印が記入されていることから，関所の出入記録であろう
と思われる．この木簡によれば，候官や燧と同じく庫にも卒が配備されていた．
　「都尉庫」と「居延庫」を除き，庫に固有名を冠する例はない．居延地区では庫という
機関が，都尉府所属の1箇所以外に設けられなかったためであろう．吏員としては長・
丞・掾・嗇夫・令史・佐などが木簡から確認される．庫長以下の吏員と卒とを配備した
一個の官署として，庫は組織されていたわけである．
　庫の役割は金銭・財物の保管と支給にあった．そのことは，次の表題簡から窺える．

　●元寿六月受庫銭財物出入簿　　　　　　　　　　　　　　　　　　　　　　＜286.28/A 8＞
　　　元寿（？年）6月に庫が受け入れた金銭財物の出入簿．

　庫が関与する財物としては，前掲の支給簿にいう「韇丸」の他──肩水地区の出土簡
であるが──弩弓を収納した例が見えている＜179.6/A 33＞．また，金銭出納の好例と
しては，尉史李鳳による「自言」簡を挙げることができよう（＜178.30/A 8＞，大庭1958：
638-9頁，籾山1992：24頁以下）．庫掾によって俸銭の支給を差し止められた李鳳が，その
不当を訴えた文書である．
　次に位置する「城倉」とは，居延都尉府に下属する穀物倉である．正式名称は「居延
城倉」＜62.55/A 32＞といい，吏民に対する糧秣や，吏への俸給としての穀物の支給など
をつかさどった．吏員としては長・丞・掾・嗇夫・令史・佐などの肩書きが見えており，
庫と同様，官署としての形態をなしていた．
　庫の場合と異なるのは，城倉以外の倉名が現れることで，例えば甲渠倉のような候官
名を冠した倉や，呑遠倉，収虜倉，第廿二倉のような燧名をもって呼ばれる倉などが知
られている．ただし，これらは単なる穀物貯蔵倉で，城倉のごとき吏員を有する官署で
はない（冨谷1996）．
　庫・城倉ともに，正確な地理的位置は不明である．陳夢家は，＜278.7＞簡（10-3節 d
項に引用）A面の「城倉長禹兼行□☑」の部分を「（居延）城倉長禹兼行（居延都尉）丞事」
と解した上で，「城倉は都尉府と同じ場所にあるから兼行ができた」のだと考える（陳
1964：46頁）．欠字部分の理解は正しいと思われるが，兼行を理由に機関の所在地を決め
ることはできない．なぜなら次の簡のように，肩水都尉府管轄下にある倉の長が郡府の
丞を代行するといった事例も見えるからである（佐藤1996：5頁）．

　　　三月丙午張掖長史延行大守事肩水倉長湯兼行丞事下属国農部都尉小府県官承書従事
　　　下当用者如詔書／守属宗助府佐定　　　　　　　　　　　　　　　　　＜10.32/A 33＞

3月丙午，張掖長史の延が大守の職務を代行し，肩水倉長の湯が丞の職務を兼行して，属
　　国，農・部都尉，小府，県官に下達する．書を承け事に従い，関連各官に下達せよ．詔書
　　のごとし．守属の宗助，府佐の定．

　言うまでもなく，張掖郡府は河西通廊の鱳得県に置かれている．庫の所在地についても同様に，職務の代行は必ずしも両機関の地理的近さを意味しない．

　ただし，城倉に関して言えば，その位置はやはり都尉府に近接していたのではないか．そう推定する根拠は，下記のような名簿の記載である．

　　省城倉卒名　　三堠卒王尊　　　　　　薛崇舎中春卿舎
　　　　　　　　第三十三卒魏崇　舎甲春卿舎　胡毒舎□掾舎　　　　　　　〈EPT 65：66〉
　　　城倉に出向した卒の名簿．三堠燧卒の王尊，第三十三燧卒の魏崇，甲春卿の宿舎に寄宿．
　　　薛崇，中春卿の宿舎に寄宿，胡毒，□掾の宿舎に寄宿．

　ここでは燧から出向した戍卒が，甲春卿や中春卿らの官舎に寄宿している．「卿」とは太守府や都尉府所属の吏に付けられる敬称だから，城倉に働く卒は都尉府に寄寓していたことになる．両機関が遠く離れていては想定しがたい事態であろう．なお，「城倉の卒」に言及した木簡はこの1例を措いて他になく，城倉に専従の卒が配置されていたのか，必要に応じて他の機関から徴発していたのかは不明である．

b．居延県

『漢書』地理志下，張掖郡居延県の項には，

　　居延沢在東北，古文以為流沙．都尉治．莽曰居成．
　　　居延沢が東北にあり，古い書物に流沙という．都尉の治所．王莽は居成という．

と注されている．漢簡によれば，確かに居延には県があり，内地の県と同様，県令のもとに丞，尉，掾，令史などの少吏が置かれていた．県の下部単位として郷里制が布かれた点も内地と同じ．何双全によれば，漢簡から確認できる居延県下の郷里の数は，郷が2，里が82であるという（何 1989）．さらにまた，いくつかの亭を管轄下に置いていたことが，次のような木簡から窺える．

　元延二年七月乙酉居延令尚丞忠移過所県道河津関遣亭長王豊以詔書買騎馬酒泉
　　敦煌張掖郡中当舎伝舎従者如律令　　／守令史詡佐褒　七月丁亥出　　〈170.3 A/A 21〉
　　　元延2年（11 BC）7月乙酉，居延令の尚と丞の忠が，通過する所の県・道・渡し場・関所
　　　に文書を送る．亭長の王豊を派遣し，詔書に従って酒泉・敦煌・張掖各郡中に騎馬を買い
　　　に行かせる．伝舎に宿泊し，従者を付けるべし．律令の如くせよ．令史心得の詡，佐の
　　　褒．7月丁亥に出関．
　居延令印
　七月丁亥出
　　　居延令の印で封．7月丁亥に出関．　　　　　　　　　　　　　　〈170.3 B/A 21〉

亭長の公用旅行にあたって発給された伝（通行証）ないしはその写しの簡である。卅井塞の西南端にあたるA21遺跡からは，この他にも前項で引いた庫卒の出入記録など関所に関わる木簡が少なからず出土しており，居延懸索関の所在地に比定されている（冨谷 1990：19頁）。上記の文書は，居延県の令が発行し封印している。おそらく旅行者の王豊は，居延県に属する亭の長であろう。

具体的な居延県下の亭名としては，以下の八つが確認できる。

彊漢亭＜100.22/A 33＞，高亭＜178.30/A 8＞，代田亭＜EPT 4：5＞，臨道亭＜EPT 52：7＞，収降亭＜EPT 52：83 他＞，博望亭＜EPT 68：36 他＞，常安亭＜EPT 68：59 他＞，攻虜亭＜EPT 68：59＞

いずれも「居延」の2字を冠することから，居延県下の亭と判断される。亭は時に燧の別称としても用いられるが，その場合は甲渠・卅井などの候官名を冠することはあっても，居延という県名や都尉府名を冠することはない。建築物としての亭の形状は烽燧に似る――それゆえ燧を亭とも称する――から，ベリィマンらの調査した烽台のなかには亭に比定しうる遺構も含まれている可能性があろう。

居延県は，居延・肩水地区の候官や燧に勤務する吏卒の本籍地であった。いま試みに，候長以下の下級官吏について出身県を調べてみると，表10-5のような結果が得られる。

一見して明らかなように，居延県の出身者が大半を占めている。注目されるのは燧長の場合で，居延都尉府管轄下の諸燧には居延県の出身者が――他方，肩水都尉府管轄下の諸燧には河西通廊諸県の出身者が――任用される傾向にあったことが読み取れる。つ

表10-5

	居延	觻得	屋蘭	昭武	氏池	漢中	合計
候　　　長	6	6		2			14
士　　　吏	3	2	1				6
令　　　史	3	3				1	6
尉　　　史	5						5
候　　　史	3	2					5
燧長（居延諸燧）	27				1		28
（肩水諸燧）		8	1	4	1		14

まり燧長という最下級の吏は，原則として最寄りの県から採用されたわけである。むろん一方には居延県出身の戍卒も存在する。こうした吏卒の家族が居延県に居住していたことは，あらためて言うまでもない。

居延県城の所在地については，以下の三つの説がある。

第一は，K 799 すなわち黒城（Khara-khoto）に比定する説で，次のような『元史』の記述を嚆矢とする。

亦集乃路，在甘州北一千五百里。城東北有大沢，西北俱接沙磧，乃漢之西海郡居延故城，夏国嘗立威福軍。　　　　　　　　　　　　　　　　　　　　　　　　　　（地理志三）

亦集乃路は甘州の北1500里にある．城の東北に大きな湖水があり，西北はすべてゴビに接
　　する．すなわち漢の西海郡居延故城であり，西夏国がかつて威福軍を置いた．

　「亦集乃」の「城」とは，マルコポーロの言う「砂漠の縁辺に位置するエチナEzina市」
のことで，黒城がその遺跡に当たる．つまり『元史』編纂者の見解によれば，黒城は漢
の居延県の故地に築かれたことになる．とりたてて根拠を示しているわけではないが，
あるいは先述した『漢書』地理志の記載が念頭にあったのかも知れない[6]．近人では労榦
がこの説に立ち，居延県城は武帝が路博徳に命じて築かせた遮虜障とともに黒城の地に
あったと推定している（労 1959：331-333頁）．
　第二は，陳夢家をはじめ，薛英群，景愛，宋会群・李振宏ら多くの研究者によって唱
えられている説で，エチナ=オアシス中心部のK 710を居延県城に比定する（陳 1963，薛
1991，景 1994，宋・李 1994）．宋・李両氏の場合，その根拠は次のような居延漢簡の記載
である（全文の引用は省略）．

　　官去府七十里
　　　　官は府を去ること70里　　　　　　　　　　　　　　　　　　〈EPS 4.T 2：8 A〉
　　☐官居延去候官九十里
　　　　居延は官を去ること90里　　　　　　　　　　　　　　　　　〈266.2/A 8〉

　ここに言う「官」とは甲渠候官，「府」とは居延都尉府のことだから，甲渠候官から居
延都尉府までは70里，居延県城はさらにその東方20里の場所に位置することになる．
甲渠候官がA 8 (Mu-durbeljin)であることは動かないから，とするとこの条件に合致す
る遺跡は，居延都尉府＝K 688，居延県城＝K 710という組合せ以外にありえない（図
10-D, E, G, H）．ちなみに陳夢家はK 688を遮虜障に当て，居延都尉府はA 8に候官と
併置されていたと想定したが，この説の成り立ちがたいことは，次のような郵書の記録
から明らかであろう．

　　府書委以甲寅舗時至候官到乙卯旦　　　　　　　　　　　　　　　〈EPT 50：165 A〉
　　　　甲寅の日の舗時に，都尉府の文書を候官に届けるよう委ね，乙卯の日の旦に届いた

　同一地点に併置されていたならば，文書の郵送にかくも時間を要するはずはないとい
うのが，宋・李両氏による批判である．なお陳氏の併置説に対しては，つとに永田英正
に批判がある（永田 1974）．K 688を居延都尉府に当てる説は，その立地条件を根拠に岳邦
湖によっても唱えられている（甘粛省文物工作隊 1984：83-84頁）．
　第三は，李井成によって提起された説で，黒城東方の緑城に比定する見解である（李井
成 1998）．

　　居延肩水里家去官八十里　　　　　　　　　　　　　　　　　　　〈EPT 3：3〉
　　居延中宿里家去官七十五里　　　　　　　　　　　　　　　　　　〈89.24/A 8〉

という漢簡の記載（全文の引用は省略）によれば，居延県城から甲渠候官A 8までは80里

＝33 キロメートルまたは 75 里＝31 キロメートル．この条件に合致する遺跡は K 710 ないし K 688 であるが，①城壁の周長 500 メートル余りで漢代の県城の規模としては小さすぎること，②エチナ＝オアシスの北部に片寄りすぎて周辺に農地を拓くには不適切なこと，の二つの理由から，いずれも候補地としては難がある．この点，A 8 から 31 キロメートルのオアシス中心部にあって，周囲に耕地の遺跡が広がり，周長 1205 メートルの城壁を持つ緑城こそが，居延県城にふさわしい．K 710 は居延都尉府，K 688 は遮虜障の跡に，それぞれ比定するのが適当であろう．――以上が李氏の説である．なお，K 710 を居延都尉府に比定する点では吉村昌之もまた同様であるが，李氏ともどもその根拠は示されていない（吉村 1998）．

では，三つの説のいずれが最も妥当であろうか．近年，現地を調査した台湾の羅仕杰は，GPS (Global Positioning System) による測定値をもとに，第二の説に賛成している（羅 1999）．羅氏はまず諸家の言及する各遺跡について経緯度を測定し，相互の直線距離を下記のように算出する．

甲渠候官→黒城＝16.29 km　　甲渠候官→K 710＝29.24 km
甲渠候官→K 688＝24.16 km　　甲渠候官→緑城＝27.99 km

第二説の箇所で引いた 2 枚の木簡によれば，甲渠候官から居延都尉府までは 70 里，居延県城までは 90 里．漢代の 1 里＝0.414 キロメートルとして計算すると，結果は次の通りとなる．

甲渠候官→居延都尉府＝28.98 km　　甲渠候官→居延県城＝37.26 km

漢簡に示す里数は道のりである可能性が高いから，とすれば上の条件に合致するのは，居延都尉府＝K 688，居延県城＝K 710 または緑城．黒城はいずれの可能性からも外される．県城の候補地のうち，K 710 は A 8 の東北方，緑城は東方にあるが，居延県と甲渠候官とを往来する文書が「北書」「南書」と呼ばれる以上，緑城は位置的に不適格であろう．――これが羅氏の主張である．参考までに，羅氏による GPS 測定値と我々が 1997 年に測定した結果とを表示しておく（表 10-6）．上段が羅氏，下段が我々の GPS 測定値であるが，両者の間に有意な差異は無い．

漢簡の記載と遺跡の分布状況とによる限り，この羅氏の見解が現時点では最も妥当なのではないか．緑城は興味深い遺跡ではあるが，居延県城の候補地として難点となるのは，河南道上塞に沿って並ぶ烽燧線から離れすぎていることであろう．例えば 10-3 節で引いた，文書郵送の問い合わせへの回答＜EPT 52：83＞によれば，居延収降亭の卒は当曲燧から郵書を受取っている．10-2-2 で触れたように，当曲燧は不侵部北端の燧で，河南道上塞に沿って並んだ郵亭の一つでもあった．とするならば，収降亭が属する居延県も，河南道上塞から遠く離れない場所に位置していたはずである．候補地としては，やはり K 710 が有力であろう．土地が農耕に適さないとの異論もあるが，K 710 西南郊一帯に耕地跡の広がっていることはつとに報告されている（Sommarström 1956：101 頁，および図 10-F）．城壁の規模の問題も，辺地においては周 400 メートルといった事例も皆無で

表10-6

地 点	経度（東経）				緯度（北緯）			
Mu-durbeljin (A8)	100	56	95	E	41	47	57	N
	100	57	03	574	41	47	32	956
K710	101	17	03	E	41	52	62	N
	101	17	00	931	41	52	36	385
K688	101	11	79	E	41	54	50	N
	101	11	47	769	41	54	30	557
黒 城 (K799)	100	08	54	E	41	45	95	N
	101	08	27	196	41	45	49	831
緑 城	101	16	57	E	41	43	80	N
	101	16	35	903	41	43	48	301

はなく，例えば遼東郡高顕県城の城壁などは周長わずかに420メートルであるという（劉1998：546頁）．他方，緑城の城壁は確かに大規模ではあるが（図10-A），城内に建築物の台基跡が検出できないことから，農地の跡ではないかとの疑問も呈されている（景1994：64頁）．むろん，周長500メートル余りの小さなK710の城内に80を超える里が置かれようはずはなく，居住区の一部は城外にも及んでいたと思われる．

c．居延農・延水

この両機関に関しては，裘錫圭に委曲を尽くした考証があり，文献・漢簡・漢印などの関連資料はほとんど網羅されている（裘1997）．ここでは煩を避け，裘氏の論考を中心に必要な限りで要点を整理しておくにとどめたい．

まず「居延農」とは，居延地区の屯田を管掌する田官で，「居延農令」ないし「居延農官」の省略形であろう．居延都尉すなわち部都尉の庇護のもとにあるところから，また「部農」とも呼ばれた．武帝時代，辺郡の屯田を管轄するために農都尉が設置され，河西地方では番和県に張掖農都尉が置かれた．居延農は，日勒県の日勒田官や肩水地区の騂馬田官とともに，張掖農都尉に下属する田官の一つであった．

居延農下の屯田組織は番号によって編成され，その正副長官は「第○長」「第○丞」のように序数を冠して呼ばれた．その1例は，例えば次の木簡に見える．

出□□□□□□一石四斗八升征和四年十二月辛卯朔己酉広地里王舒付居延農第六長延寿
　　　　　　　　　　　　　　　　　　　　　　　　　　＜557.8/A 10＞
……を1石4斗8升搬出．征和4年（89 BC）12月19日，広地里の王舒が居延農第六長の延寿に渡す．

この簡と同じくA 10 (Wayen-torei) から出土した木簡にはまた，代田倉・斥胡倉などの倉の名が散見する．例えば次の例．

入穈小石十四石五斗始元三年正月丁酉朔丁酉第二亭長舒受代田倉監歩　＜148.47/A 10＞
　穈（クロキビ）を小さな枡で14石5斗搬入．始元3年（84 BC）正月朔日，第二亭長の舒が

　　　　　　　　　代田倉監の歩より受け取る．

　「監」と呼ばれる責任者を持つこの倉は，農都尉の系列下にあって屯田による収穫を貯蔵した穀倉であろう（冨谷1996：15頁）．代田倉の名が，「辺郡および居延城」（『漢書』食貨志下）に試行された代田法と関係することは言うまでもない．「第二亭長の舒」とは，上の簡にいう「広地里の王舒」と同一人物である．

　この他漢簡には「右農」「左農」という方位を冠した事例も見えるが，「第○長」との違いは時期的なものであろうと裘氏は推定している．序数による呼称が武帝・昭帝期の簡に限って見えるのに対し，方位による呼称は宣帝期に多く現れる．「右農」「左農」のそれぞれがさらに前・後・左・右に分かれていたことは，「右農後長」＜EPT 51：191＞「左農右丞」＜EPT 51：308＞といった吏名から窺える．

　居延農の所在地については，先述したK 710西南郊外の耕区一帯が，有力な候補地である．関連して，興味深い木簡を1枚示そう．

　　徐子禹自言家居延西第五辟用田作為事　　　　　　　　　　　　　＜401.7 A/P 9＞
　　　　徐子禹が自ら言うに，家は居延の西の第五壁，耕作を務めとしている，と．

　裏面の記載は文字が不鮮明で文意を得ない．「居延」とは居延県城，「西第五辟」とは県城の西の耕区に近い塢の一つではないか．次の木簡にいう「塢壁」もおそらくは同様であろう．

　　掾庭謹責問第四候史敞第八燧長宗廼癸未私帰塢壁田舎　　　　　　　＜EPT 51：74＞
　　　　掾の庭が謹しんで第四候史の敞と第八燧長の宗とに問い質しましたところ，さきの癸未の
　　　　日に勝手に塢壁の田舎に帰り，〔以下欠〕

　「田舎」には「出作り小屋」の意味もあるが，この簡の場合は勝手に「帰」ったわけだから，むしろ「自宅」の謂であろう．ただし，そこに家族が同居していたかどうかはわからない．漢簡にはこの他「第十辟」の名も見えている＜EPS 4. T 2：51＞．居延県下の里のなかには，こうした郊外の塢壁も含まれていたのではないか．前節10-4-2で引いた「収葆」関係の木簡に見える「塢辟」も，同様の構造物を指す可能性が高い．また「第○辟」と序数で呼ばれるのは，田官配下の「第○長」と関係がないであろうか．一つの課題として指摘しておく．

　次に「延水」とは，水利をつかさどる水官である．漢簡によれば，丞（＜145.7/A 8＞他）・令史（＜26.16/A 8＞）などの吏員の他に，卒（＜231.28/A 8＞）や水工（＜EPT 65：474＞）が配備されていた．丞がいる以上，令もしくは長が置かれていたに相違ない．水工とはおそらく，官営工房における工人等と同様，特定技能をもった技術者であろう．

　　☐禄　　六月戊戌延水水工白襃取　　　　　　　　　　　　　　　＜EPT 65：474＞
　　　　……の俸禄．6月戊戌，延水水工の白襃が受取る．

という木簡に見える通り，水工には卒と異なり俸給が支給された．屯田開発との密接な

表10-7

機関名	長官・属吏	主な職務	推定所在地	上部機関
庫（居延庫）	長・丞・掾・嗇夫・令史・佐	金銭（俸銭）・物品の保管と支給	不明	居延都尉府
城倉（居延城倉）	長・丞・掾・嗇夫・令史・佐	穀物の保管と支給	居延都尉府（K688）付近	居延都尉府
居延（居延県）	長・丞・掾・令史	地方行政一般	K710	張掖太守府
居延農（居延農官？）	長・丞	屯田の開発・運営	居延県城（K710）付近	張掖農都尉
延水	（長）・丞・令史・水工	水利使節の開削・保持	不明	張掖農都尉
甲渠殄北卅井甲（候官）	候・（丞）・尉・士吏・掾・令史・尉史	候望および文書逓送	A8・A1・P9	居延都尉府

関係を考えれば，延水もまた農都尉に下属する機関と考えてよいだろう．

以上，＜EPT 51：40＞簡の下行文書に現れる諸機関について，順次検討を加えてきた．あらためて全体を整理すれば表10-7のようになる．

このうち庫と城倉は，候官や燧に働く吏卒の装備，給与や食糧の管理・支給をつかさどる．したがって，候官——むろんその下に多数の燧が配される——と併せて広義の防衛機関に含めてよいだろう．居延県が地方行政機関であり，居延農と延水が屯田機関であることは言うまでもない．とするならば，六つの機関は，職務の内容面から次の三つに分類できる．

①防衛機関——庫・城倉・候官——都尉府に下属
②行政機関——県　　　　　　——太守府に下属
③屯田機関——農官・延水　　　——農都尉に下属

漢代エチナ=オアシスには，この3系統の機関が配置されていたわけである．

このように全体をまとめてみると，あらためて気付くことがある．それはすなわち，他ならぬ②③の行政・屯田機関（県や農官）こそ，①の防衛機関が護る対象であったということである．すでに述べた通り，居延地区の防衛線は，甲渠・殄北・卅井の三つの塞を主体とする．3本の塞がエチナ=オアシスの西・北・南の三方をふさぎ，残る東方は居延沢の広大な湖面が天然の障壁となっていた．甲渠塞南端から卅井塞西端に至る烽燧線の空白部分は，イヘン=ゴルの谷が敵の侵入を阻む．屯田官による農地が拓かれ，県城が置かれていたのは，まさにこの湖水や河川と塞とが形作る扇形地帯の中心部であった．居延地区の防衛機関が護るものは，この田官や県城，より直接的にはそこに属する吏民や家畜を措いて他にない．

したがって，この地域全体の防衛を管掌する居延都尉には，とりわけ大きな権限が委ねられていた．本10-5節冒頭に挙げた木簡のように，県や田官など自己の系統下にない

官署に対しても命令を下しうるのは，都尉が持つ防衛総責任者としての地位による．その意味で注目すべきは，居延都尉に冠せられる「将兵護民田官」という肩書きである．例えば10-3節b項に引いた檄＜278.7＞には，「将兵護民田官居延都尉の償」と見えていた．司馬―千人―五百―士吏という各級武官のもとに編成された騎兵部隊を，さらに上位で統括することも都尉の重要な任務であった．「兵を将いて民と田官を護る」という肩書きは，騎兵を指揮して県城と農地を護る居延都尉の職務を，端的に表現したものと言えるだろう．

　エチナ=オアシスにおける各種機関の配置状況は，一方でまた漢帝国の辺境への進出過程を反映している．文献によれば，漢のエチナ=オアシスへの進出は，武帝の太初3年(102 BC)，強弩都尉の路博徳に命じて居延沢のほとりに遮虜障を築かせたことに始まる(『漢書』武帝紀，『史記』匈奴列伝)．天漢2年(99 BC)，かの李陵ひきいる決死隊が退却地点と定めていたのもこの遮虜障であるが，当時はまだ整った烽燧線や県城が存在していた痕跡はない．屯田により農地が造成され県城が置かれるのは，李陵の敗戦から数年以内のことであったと思われる．A10出土の征和4年(89 BC)の紀年簡(前掲＜557.8＞)に，「広地里の王舒」と見えていたことを想起したい．広地里とは居延県の里名であろうから，とすれば武帝の末年にはすでに県が置かれていたことになる．

　つとに松田寿男が指摘したように，居延地区は，エチナ河の川筋ぞいに河西通廊からモンゴル高原に通じる南北の道と，オルドスから西進して天山方面へ向かう東西の道との交点に位置する．のみならず，そこは降水量に乏しいゴビのなかにあって，水に恵まれた貴重な可耕地でもあった．松田氏のいう「十字路上のオアシス」である(松田1954：63頁)．漢はこのオアシスに屯田官を置いて耕地の造成に努めるとともに，塞と烽燧線とで護りを固めていった．オルドスの西河郡の例ではあるが，「北に向けてはさらに田地を広げ，眩雷に至って塞を築いた」(『漢書』匈奴伝上)という前節10-4-1で引いた記事は，そうした過程を示しているに違いない．しかるのち，移住者が送り込まれて県城が築かれる．いわゆる「徙民実辺」策である．

　　田一歳，有積穀，募民壮健有累重敢徙者詣田所，就畜積為本業．稍築列亭，連城而西，以
　　　威西国，輔烏孫，為便．　　　　　　　　　　　　　　　　　　　　　　(『漢書』西域伝下)
　　屯田すること1年にして穀物の蓄積ができたならば，民の壮健にして妻子家族を持ちなが
　　　らも移住する意志のある者を募って屯田地へおもむかせ，穀物をさらに蓄えること〔つま
　　　り農業〕を本業とさせます．こうして次第に列亭〔烽燧線〕を築き，城砦を連ねつつ西進
　　　し，西域諸国を威圧して烏孫を助けるのがよろしいでしょう．

　桑弘羊の上奏文に見えるこの方式は，直接的には西域を対象とした献策であるが，居延地区でも同様の経過を辿ったものと推定される．屯田・防衛・民政3系統の機関が配置されたエチナ=オアシスの状況は，漢帝国における辺境経営の空間的構造のみならず，その時間的経緯をも可視的に示していると言ってよい[7]．

10-6　おわりに

　山海関から嘉峪関へと延びる明代の「万里の長城」を地図の上で眺めてみると，その東半部分の走向が華北地区の北限線とほぼ一致していることに気付く．すなわち，冬（五日間の平均気温が10℃以下）が6か月，年降水量が400ミリメートルの線である（海野1975）．乾燥農業が安定的に営まれるための年降水量は，夏雨の地域では約400ミリメートルと言われているから（赤木1990：135頁），とするならば明代長城線の東半分は，天水に頼る華北乾燥農業の限界線に重なっているわけである．

　しかしながら，この認識は西半分には当てはまらない．寧夏から嘉峪関に至る明の長城は，年降水量200ミリメートルにも満たない河西地方を貫いている．さらに漢代に遡るならば，限界線を越えた陰山南麓にも長城が築かれていた．乾燥農業の限界線を越えて漢の領域が拡大しえた理由は他でもない，天水以外に頼る農業，すなわちオアシスにおける灌漑農業が導入されたためである．

> 朔方・西河・河西・酒泉皆引河及川谷以漑田．　　　　　　　　　　（『漢書』溝洫志）
> 　朔方・西河・河西・酒泉の諸郡では，いずれも黄河や河川から水を引いて農地を灌漑した．
> 漢度河，自朔方以西至令居，往往通渠置田官，吏卒五六万人，稍蚕食，地接匈奴以北．
> 　　　　　　　　　　　　　　　　　　　　　　　　　　　　（『漢書』匈奴伝上）
> 　漢は黄河を越え，朔方より西のかた令居に至るまで，所々に渠を開削し田官を置き，吏卒5～6万人を配置して，徐々に蚕食していき，その地は匈奴の旧領地よりさらに北と接するようになった．

　こうした文章が伝える通り，オルドスから陰山南麓，河西通廊にかけての地域では，河川が形作るオアシスを灌漑によって農地化し，もって「中国を広め，胡を滅する」（『史記』平津侯主父列伝）ことが計られた．その結果，この地域での長城と防衛線は，個々のオアシスを護る形で敷設されてゆくことになる．本文で述べたエチナ河下流地域（エチナ＝オアシス）の開発と防衛線の展開は，その典型と言ってよい．

　そしてこの方針は，漢帝国の勢力がさらに西進した際にも変わらなかった．その一例を我々は，楼蘭進出の嚆矢となる伊循屯田に見ることができる．『漢書』西域伝上によれば，元鳳4年（前77），傅介子による楼蘭王暗殺の後を承け，親漢派の尉屠耆が新王に即位する．このとき尉屠耆は，昭帝に対して次のように懇望したという．

> 国中有伊循城，其地肥美．願漢遣一将屯田積穀，令臣得依其威重．
> 　国内に伊循城という所があり，その土地は肥沃です．願わくは漢から一将を派遣して屯田を行い穀物を蓄え，臣（それがし）がその威光を後ろ盾とすることができるようにしていただきたく存じます．

これに応えて漢は伊循城に武官を派遣し，屯戍にあたらせる．伊循屯田の始まりである．

> 於是漢遣司馬一人，吏士四十人，田伊循以墳撫之．其後更置都尉．伊循官置始此矣．
> かくて司馬1人，吏士40人を派遣し，伊循に屯田して鎮撫した．その後さらに都尉を置いた．伊循に官吏を置くことは，ここから始まったのである．

ここに「吏士」とあるのは屯田にたずさわる田官の類であろうか．司馬に率いられる武官がまず屯田して農地を拓き，ついで都尉に指揮される本格的な防衛体制が敷かれたことを，上記の文章は伝えている．「その土地は肥沃（其地肥美）」と言われている伊循城が，農耕可能なオアシス地帯に位置していたことは疑いない．

この伊循屯田との関連で注目されてきたのが，ロプ・ノール北岸，土垠（T'u-ken）で発掘された遺跡である．湖岸に突き出た三角形の半島上に営まれた遺構を，発掘者の黄文弼は「漢烽燧亭遺址」と呼び，西域に通じる要衝にあって旅人を保護する烽燧の跡であろうと考えた．等間隔に並んで検出された五本の木柱が蓬竿と判断されること，葦を束ねた苣（たいまつ）が出土したこと，などがその根拠である．また出土した木簡の記載から，この地は左部後曲候の所在地であろうと推定している（黄1948：105頁以下）．

これに対して近年，孟凡人は，遺跡の立地条件，遺構の構造，出土木簡の内容などの観点から異議を唱えた．土垠の遺跡は湖岸の低地に立地しており，黄氏のいうような烽燧址ではありえない．そこは出土木簡にいう居盧訾倉（文献にいう居盧倉）の所在地であり，官署としては西域都護府下の左部左曲候または後曲候の治所であろうというのが，孟氏の見解である．また孟氏によれば，土垠遺跡は交通の要衝にあって駅舎としての機能を有するのみならず，近隣の烽燧の管理機構かつ補給基地として候官に類した機能をも兼ね備えていたという（孟1990）．いわば複合的な性格の遺跡とみるのが孟氏の説と言えようか．一方，長沢和俊は，出土木簡と唐末の地理志とを手がかりに，土垠はすなわち伊循城であると主張する（長沢1996：81頁，673頁）．長沢氏の見解によれば，土垠の周囲には当然ながら屯田地があったはずである．

残念なことに，黄文弼による発掘は初歩的な試掘の域を出ず，出土した木簡（いわゆるロプノール羅布淖爾漢簡）も資料としては断片的で，土垠遺跡の性格を判断するには決定力に欠けている．しかし，孟氏のような立地・遺構・木簡の三方面からの検討に加えて，本文で述べたエチナ河下流地域の事例を勘案すれば，一種の消去法によって解答に近づくことは可能であろう．最後に著者の考えを述べて，本稿の結びとしたい．

まず烽燧の可能性が排除されるだろう．本文で詳述したように，烽燧の役割は警報を発することにある．したがって当然，烽燧は警報を伝える対象のある場所に設置されるわけであるが，土垠遺跡の周囲にはそうした対象が存在しない．たとい交通の要衝にあろうとも――そしてそのことは重要であるが――警告の必要なき場所に烽燧は不要なのである．さらに言えば，遺跡が低地に位置すること（この点は孟氏が指摘）や，付近に他の烽燧址が見当たらないことなども否定材料になるだろう．烽燧がなければ，烽燧群を統括する候官の必要性もまたありえない．

次に消去されるのは，屯田地としての可能性であろう．このことはすでに孟凡人が論

じているが，土垠から出土した木簡のなかに屯田や田卒に関する記載が皆無であることは，やはり決定的だろう．

　そして第三に，左部左曲候または後曲候の治所である可能性も薄いだろう．漢簡にいう「部」「曲」とは軍隊編成の単位で，部を司馬が，曲を候がそれぞれ指揮する（朱1981）．したがって，候の治所である以上，そこは軍隊の駐屯地でもあった．既述の通り，辺境のオアシスを護る軍隊は，文書と蓬火との通報を受けて出陣する．そう考えたとき，烽燧線上に位置していない土垠の遺跡が駐屯地となりうるものか，疑問なしとしない．出土した木簡のなかに兵士の姿が見えないことも，駐屯地としては不可解である．「左部左曲候」（簡<2>），「左部後曲候」（簡<5>）といった職名が木簡に見えることだけで，その簡の出土地の性格を決めることはできない．のちに引く「軍候」の来訪を示す木簡は，むしろこの地が軍府でなかったことを物語る．

　以上のような消去の結果，残る可能性は居盧訾倉のみということになる．とりわけ看過できないのは，

　　居盧訾倉以郵行　　　　　　　　　　　　　　　　　　　　　　　　　　<簡13>
　　　　居盧訾倉あて，郵亭間を伝送．

という封検が出土している事実である．「以郵行（郵を以て行け）」という伝送方法は，烽燧間を戍卒がリレー式に運ぶ「以次行（次を以て行け）」と異なり，駅馬や駅卒が郵亭間を走る急行便であるから（黄1996：69頁），烽燧線の存在しない土垠への伝達にふさわしい．土垠で発掘された遺構をもって，倉とその官署の跡と解することに何ら支障はないだろう．高さ8フィートの基台の上に営まれている——それゆえ黄文弼は烽燧と考えた——のは，湖中に延びた半島にあって地下水位が高いためではあるまいか．文書や帳簿が出土しているのは，倉の持つ官署としての側面を想えば納得できる．

　ただし，居盧訾倉の性格は，居延地区の城倉や代田倉と若干異なっていたと思われる．土垠出土の木簡のなかに，次のような記録のあることに注目したい．

　　乙巳晨時都吏葛卿従西方来出謁已帰舎旦葛卿去出送已坐倉校銭食時帰舎日下舗時軍候到＝
　　＝出謁已帰舎　　　　　　　　　　　　　　　　　　　　　　　　　　　　<簡18>
　　　　乙巳の日の晨時，都吏の葛卿が西方より来る，出迎えて拝謁．そののち舎に帰る．旦，葛卿が去り，見送る．そののち倉に座して銭を計算．食時に舎に帰る．日下舗時，軍候が到着，出迎えて拝謁．そののち舎に帰る．

　これは一官吏の乙巳の日における行動記録，つまり一種の日誌である．文中に「坐倉校銭（倉に座して銭を点検）」とあるところから，記録の主体は居盧訾倉に勤務する，責任者に近い身分の吏であろうと判断される．興味深いのは，都吏や軍候など外部からの来訪者があることで，単に「来た」「去った」とのみ記されているのは，来訪の目的が査察等にないことを意味するだろう．別の簡には「従西方来，立発東去（西方より来て，すぐ出発して東へ去った）」<簡19>という文言も見えている．その目的はいずれの場合も，車馬の乗り継ぎと食料や水の補給ではあるまいか．土垠の遺跡がロプ・ノール北岸を通る

古道の要衝に位置することや，孔雀河（Konche-darya）の末流にあって真水の得られることなどが（黄1948：105頁），あらためて想起さるべきであろう．

したがって，そこには乗り継ぎの馬や車も配備されていた．＜簡18＞と同筆の日誌類には，次のような記載も見えている．

　□行馬已坐西伝中已出之横門視車已行城戸已復行車已坐横門外須臾帰舎　　　＜簡21＞
　　……馬を見回る．そののち西伝中に座す．そののち出て横門へ行き，車を見回る．そののち城門を見回る．そののち再び車を見回る．そののち横門の外に座し，暫くして舎に帰る．

一部に未詳の語句もあるが，全体として巡回の記録であることは疑いない．「行」と「視」とは同義語で，巡回・見回りの意味．居延漢簡では「行視」と熟して用いられる．孟凡人は「行馬」「行車」を駅伝制度を意味する語として――唐代の長行馬・長行車の前身として――説明する（孟1990：174-175頁）．確かに文中の「伝」は伝舎であろうし，馬や車も乗り継ぎ用のそれであろうが，孟氏のように読んでしまうと，例えば「行城戸」といった語句が解しがたい．ただし，土垠遺跡に駅舎としての性格を読み取った孟氏の説は，首肯しうるものと考える．

他方，長沢氏が伊循城説の証左とした，

　伊循都尉左□　　　　　　　　　　　　　　　　　　　　　　　　　　　　＜簡10＞
　伊循卒史箕広宗　二□　　　　　　　　　　　　　　　　　　　　　　　　＜簡11＞

という2枚の木簡は，

　亀茲王使者二□　　　　　　　　　　　　　　　　　　　　　　　　　　　＜簡12＞

という例と同じく来訪者の記録であり，むしろ土垠遺跡が伊循都尉府そのものでないことの証拠となるように思われる．だたしそのことは，伊循城が土垠から遠からぬ場所に位置していた可能性をも否定するものではない．居延地区の城倉と同様，居盧訾倉が官署としての倉であったとするならば，その所在地は都尉府の近辺であった可能性が高いからである．

註

(1) 漢簡の閲覧にあたっては，中央研究院歴史語言研究所の邢義田研究員に便宜をはかっていただいた．記して謝意を表したい．
(2) 表の「出・入」が具体的にどのような状態を意味するのか，類例が不十分なため確かにはわからない．ただし，関（関所）の出入記録に記された「出・入」の基準が，各関の属する都尉府との位置関係によって決まる――関を通過して都尉府に向かう場合を「入」，その逆が「出」――こと（冨谷1990：19頁）から推せば，都尉府へ向けて表が伝達される場合を「入」，都尉府から発信される場合を「出」と一応は想定することができるだろう．この想定は本文に引いた2枚の「表出入界課」の記載と矛盾しない．
(3) むろん，辺境における匈奴侵寇の情報が，都に伝えられなかったというわけではない．丙吉の駅吏で辺郡の出身であった人物が，外出のおり，「赤白嚢」に辺郡からの緊急文

書を入れて馳せて来る駅騎に遭遇し，公車まで跡をつけて様子をうかがったところ，雲中・代郡に匈奴の侵入したとの知らせであったという話（『漢書』丙吉伝）に見える通り，都へは文書によって通報された．なお「赤白嚢」については，本書 11 章冨谷論文を参照のこと．

(4) 漢代辺境の信号に蓬が多用されたのは，それが警報としての機能をもつことと無関係ではない．火種を絶やせば消えてしまう烽火と異なり，旗の類は降ろさない限り挙がり続けるからである．ただし，隣の燧から認知しうる距離ということになれば，旗は烽火に遠く及ばない．それゆえ漢代の烽燧間の距離は 1～3 キロメートルと，唐制の三十里（約 15 キロメートル）に比べてずっと短くなっていた．

(5) エチナ＝オアシスにおける「塞」の実態は，辺境における防壁の役割を考える上で，きわめて示唆に富む．第一に注意すべきは，「塞上薰火品約」に見られる通り，各種の信号が侵入の合図として挙げられる点（むろん，匈奴を遠望した際にも挙げること，本文 449 頁に引く木簡に見える通り）である．これはとりもなおさず塞が，突破されることを想定した上での構造物であることを意味する．換言すれば，塞とは敵の侵入——ならびに味方の逃亡——を探知するための施設であって，侵攻を是が非でもはねつけることは期待されていなかった．天田や烽燧と組み合わされていることの意味を，看過すべきではないだろう．第二に注意すべきは，塞に関が併置されていることである．居延懸索関が「卅井懸索関」（<206.2><EPF16: 6>など）とも呼ばれているのは，卅井塞上に設置されていたからに違いない．これはすなわち，関が塞の出入り口であったことを意味する．換言すれば，塞とは人馬の通行を関に限定するための施設であった．言うまでもなく，人や物資の移動を掌握し，コントロールするためである．塞がなければ，関は役目を果せない．

こうした塞についての認識は，長城一般に普遍化できると思われる．いわゆる「万里の長城」に関しては，その防壁としての有効性を疑うあまり，ともすればシンボリックな側面が強調されがちであった．しかし，烽台と関とを考慮に入れれば，その評価はおのずから異なったものとなるだろう．壁だけを眺めていても，正確は得られないのである．なお本稿で塞の機能を論ずる場合は，第一点のほうによりウエイトを置いている．

(6) ちなみに，『元史』の記載によれば，至元 23 年（1286），エチナ総管の忽都魯が新軍 200 人を動員して合即渠を開削するように上奏，これに従いエチナに屯田 90 余頃を開いたという（地理志三）．今日，緑城の南を東西に走る水路の跡は，あるいはこの合即渠の遺構かも知れない（図 10-B）．

(7) 桑弘羊の上奏文にいう「連城」とは，オアシスからさらに外部へ軍事拠点としての城砦を連ねてゆくことであろう．『漢書』武帝紀に，太初 3 年（102 BC），光禄勲の徐自為を遣わして「五原塞外の列城」を築かせたとある「列城」も同様．この列城には游軍将軍の韓説が兵を率いて駐屯した．なお，「塞外列城」それぞれの名称については，『漢書』地理志下・五原郡稒陽県の条に列挙されている．

参照文献 ————————————
［日文］
赤木祥彦 (1990)『沙漠の自然と生活』地人書房，京都．
藤枝晃 (1955)「長城のまもり —— 河西地方出土の漢代木簡の内容の概観 ——」『自然と文化』別編 2 号（遊牧民族の研究）．
市川任三 (1963)「漢代に於ける居延甲渠戦線の展開」『大東文化大学漢学会誌』6 号．
松田寿男 (1954)「東西交通史に於ける居延についての考」『松田寿男著作集』4 巻，六興出版，東京，1987 年，所収．
籾山明 (1992)「爰書新探 —— 漢代訴訟論のために ——」『東洋史研究』51 巻 3 号．
—— (1995)「刻歯簡牘初探 —— 漢簡形態論のために ——」『木簡研究』17 号．
長沢和俊 (1996)『楼蘭王国史の研究』雄山閣，東京．
永田英正 (1973)「居延漢簡にみる候官についての一試論」永田 (1989) 所収．
—— (1974)「陳夢家氏の破城子を居延都尉府とする説の批判」永田 (1989) 所収．
—— (1980)「簡牘よりみたる漢代辺郡の統治制度」永田 (1989) 所収．
—— (1989)『居延漢簡の研究』同朋舎出版，京都．
大庭脩 (1958)「爰書考」大庭 (1982) 所収．
—— (1982 a)「漢簡にみえる不道犯の事例」大庭 (1982 b) 所収．

―― (1982 b)『秦漢法制史の研究』創文社，東京．
―― (1985)「地湾出土の騎士簡冊」大庭 (1992) 所収．
―― (1992)『漢簡研究』同朋舎出版，京都．
佐藤直人 (1996)「前漢時代の郡国の『倉』『庫』『府庫』をめぐって ―― 国家による統制を中心に ――」『名古屋大学東洋史研究報告』20号．
冨谷至 (1990)「漢代辺境の関所 ―― 玉門関の所在をめぐって ――」『東洋史研究』48巻4号．
―― (1996)「漢代穀倉制度 ―― エチナ川流域の食糧支給より ――」『東方学報』(京都) 68冊．
海野一隆 (1975)「漢民族と砂漠」『中国の歴史』月報5，講談社，東京．
米田賢次郎 (1953)「漢代の辺境組織 ―― 燧の配置について ――」『東洋史研究』12巻3号．
吉村昌之 (1998)「居延甲渠塞における部燧の配置について」『古代文化』50巻7号．

［中文］
陳夢家 (1963)「漢簡考述」陳 (1980) 所収．
―― (1964)「漢簡所見居延辺塞与防御組織」陳 (1980) 所収．
―― (1980)『漢簡綴述』中華書局，北京．
初仕賓 (1984)「居延烽火考述 ―― 兼論古代烽号的演変 ――」甘粛省文物工作隊他 (1984) 所収．
―― (1991)「甲渠塞部燧建置考略 (提要)」中国簡牘学国際学術研討会提出論文．
敦煌市博物館 (1996)「敦煌清水溝漢代烽燧遺址出土文物調査及漢簡考釈」甘粛省文物工作隊他 (1984) 所収
敦煌県文化館 (1984)「敦煌酥油土漢代烽燧遺址出土的木簡」李学勤 (1996) 所収
甘粛省文物工作隊 (1984)「額済納河下游漢代烽燧遺址調査報告」甘粛省文物工作隊他 (1984) 所収．
甘粛省文物工作隊・甘粛省博物館 (編) (1984)『漢簡研究文集』甘粛人民出版社，蘭州．
甘粛省文物考古研究所 (編) (1989)『秦漢簡牘論文集』甘粛人民出版社，蘭州．
甘粛省文物考古研究所 (2000)「敦煌縣泉漢簡釈文選」『文物』2000年5期．
何双全 (1989)「≪漢簡・郷里志≫及其研究」甘粛省文物考古研究所編 (1989) 所収．
黄盛璋 (1996)「初論楼蘭国始都楼蘭城与LE城問題」『文物』1996年8期．
黄文弼 (1948)『羅布淖爾攷古記』国立北平研究所，北京 (田川純三訳『ロプノール考古記』恒文社，東京，1988年)．
景愛 (1994)「額済納河下游環境変遷的考察」『中国歴史地理論叢』1994年1期．
労榦 (1959)「居延漢簡考証」労 (1976) 所収．
―― (1976)『労榦学術論文集』甲編，藝文印書館，台北．
李并成 (1998)「漢居延県城新考」『考古』1998年5期．
李均明 (1987)「漢簡"過所刺"解」『文史』28輯．
―― (1992)「簡牘文書"刺"考述」『文物』1992年9期．
李学勤 (編) (1996)『簡帛研究』第2輯，法律出版社，北京．
劉慶柱 (1998)「漢代城址的考古発現与研究」『遠望集 ―― 陝西省考古研究所華誕四十周年紀年文集 ――』陝西人民美術出版社，西安．
羅仕杰 (1999)「対漢代居延県城与居延都尉府地理位置的再検討 ―― GPS(全球定位系統)測量結果之分析 ――」『簡牘学報』17期．
孟凡人 (1990)「羅布淖爾土垠遺址試析」『考古学報』1990年1期．
裘錫圭 (1981)「漢簡零拾」裘 (1992) 所収．
―― (1992)『古文字論集』中華書局，北京．
―― (1997)「従出土文字資料看秦和西漢時代官有農田的経営」臧振華編『中国考古学与歴史学之整合研究』上冊，中央研究院歴史語言研究所，台北．
徐楽堯 (1984)「居延漢簡所見的辺亭」甘粛省文物工作隊他 (1984) 所収．
宋会群・李振宏 (1994)「漢代居延甲渠候官部燧考」『史学月刊』1994年3期．
呉其昌 (1985)「漢代辺塞『部』之組織」『簡牘学報』11期．
薛英群 (1991)『居延漢簡通論』甘粛教育出版社，蘭州．
薛英群・何双全・李永良 (1988)『居延漢簡釈粋』蘭州大学出版社，蘭州．
厳耕望 (1951)『秦漢地方行政制度』(『中国地方行政制度史』甲部) 中央研究院歴史語言研究所，台北．
朱国照 (1981)「上孫家寨木簡初探」『文物』1981年2期．

［欧文］

Bergman, F. (1945) Travels and Archaeological Field-work in Mongolia and Sinkiang —— A Diary of the Years 1927-1934, in: *History of the Expedition in Asia 1927-1935*, Part IV, Stockholm.

Sommarström, Bo (1956) *Archaeological Researches in the Edsen-gol Region, Inner Mongolia*, Part I, Stockholm.

—— (1958) *Archaeological Researches in the Edsen-gol Region, Inner Mongolia*, Part II, Stockholm.

III部　研究編

▲図 10-A　緑城　城内より西壁を見る（京都大学人文科学研究所所蔵写真）

図 10-B　用水路の跡　緑城南方を東西方向にへ走る（著者撮影）▼

▲図 10-C　西夏貴族墓　緑城近郊（京都大学人文科学研究所所蔵写真）

図 10-D　K710 城外より東壁を見る（京都大学人文科学研究所所蔵写真）▼

III部 研究編

▲図10-E　石臼の断片　K710（著者撮影）

図10-F　石碾　K710南方の農地跡（著者撮影）▼

▲図 10-G　K688 西壁外の小城（著者撮影）

図 10-H　K688 西壁外の小城　城内より東壁を見る（京都大学人文科学研究所所蔵写真）▼

11　3世紀から4世紀にかけての書写材料の変遷
楼蘭出土文字資料を中心に

Writing Materials : The Transition from Wooden to Paper during the Third to Fourth Centuries
―― As Evidenced by the Lou-Lan Written Sources

冨谷　至
Itaru Tomiya

11-1　はじめに

　「3世紀から4世紀にかけての書写材料の変遷」と題した本稿は，書写材料の変遷，つまり，木簡・竹簡から紙にどのような形で移行していったのか，その変遷の過程の考察である．ひとり筆記用具，書写材料に限らず，すべての用具についていえるのだが，それまで使用され，一般的であった用具が新しいものに代わっていくのは，決して急激に起こるものではなく，漸次的，段階的な移行期を持っている．新しい用具は旧来の用具の機能を何らかの形で吸収していくのだが，書写材料にあっては，それがどのように進んでいったのであろうか．

　段階的移行という視点をもっての書写材料の変遷を跡付けんとする試みは，これまであまり取り上げられなかった問題であると言ってもよかろう．幸いに，本書が主として取り扱う楼蘭出土の文字資料は，漢代の木簡，すなわち漢簡も含まれてはいるが，その大部分，700点余は3世紀から4世紀にかけて，中国の王朝で言えば三国魏から，晋の時代のものであり，しかも書写材料は紙と木の両方が含まれている．まさに，木と紙の併用時代にあたり，木から紙への移行期のものに他ならない．したがって，楼蘭出土の木簡，紙は書写材料の変化の実態を明らかにする上で，格好の出土文字資料なのである．

　本稿は，楼蘭出土文書を主軸におき，加えて文献史料も活用することで可能な限り簡牘から紙への移行の様態を追ってみたい．

11-2　木簡と竹簡

　紙 (paper) がいつ出現したのか，またそこに文字が書かれる一般的な書写材料となったのはいつか，このことは，後に詳しく検討することとして，紙以前の普遍的な書写材

料は，木簡と竹簡であった．敦煌や居延などの辺境砂漠地帯の漢代烽燧遺址や内地の漢代墓から出土する漢簡は，紙が未だ使われていなかった時代の書写材料と言える．

　木簡と竹簡に関して言えば，その機能の上では違いが無く，単に入手の簡便さに依拠してどちらかが選ばれたのだと従来から考えられているが，私はその考えには同意できない．基本的に木簡と竹簡は，使用方法，機能に区別があったと思うのである．

　この問題については，すでに拙見を提示した[1]が，以下の論を進めていく上で，後に述べる事柄と密接に関係してくるので，いま一度簡単に概説しておこう．

　簡牘の使用方法は，まず二つに分けられる．一つは，1枚だけで使用されるもので，かりにこれを単独簡と呼んでおく．この単独簡は，封筒の役割をする「検」，物品に付ける付け札としての「楬」，身分証明書，通行証明書としての「符」，穀物金銭の出入証明書である「券」，などとして使われる．その場合には，簡面もしくは簡側に封泥匣や簡の頭部に丸みをつけたり，紐を通す穴や紐をかける切れ込みをつけたり，さらには売買の金銭，出入穀物の数量を示す刻歯を簡側につけるといった細工が施される．かかる細工は竹簡の上に加えることはできず，木簡にして初めて可能である．つまり，単独使用簡は木簡に限られていると言ってよかろう．（もっとも「符」に関しては，「竹使符」なる竹製のものもあった．）

　一方，編綴簡は竹簡を使うのが普通であった．冊書と呼ばれる編綴簡の形は，漢代の1尺（約23センチメートル）がその標準の長さであった．簡の厚みと幅に関しては規定されてはいなかったが，ただ，冊書の形で収巻するには，長さのみならず幅と厚みも均一でなければならない．一定の長さと厚み，幅を持つ簡牘，それらを大量に製造するとなれば，木よりも竹が格段に適しているのである．

　後漢の王充が著した『論衡』の量知篇には竹簡の作り方がこう記されている．

　　竹を輪切りにして筒を作り，それを縦に裂いて牒状にして，その上に墨をもって文字を書く．

　かかる製作法は，同形の竹簡の大量生産を物語っている．

　文献史料には，「竹簡」という語が熟した語として確認されるが，「木簡」は一般的ではない．また，記録に残すという意味での「竹帛に書す」「竹帛に著ける」との表現には「竹」「帛」は見えるが「木」は無視されており，後に「定本」という意味で定着する「殺青」，つまり簡を火で炙って脂気を抜き，虫害の防止と耐久性を目した措置，ここにも竹簡のみが意識されている．こういった事柄は，とりもなおさず書写材料とは冊書であり，その冊書は編綴された竹簡が想定されているといってもよい．

　すなわち冊書は竹の札を編綴したものであった．ただ一つ断っておかねばならないことは，居延・敦煌などの辺境一帯から出土した漢代の木簡には，編綴された冊書簡も多数存在する．それは竹が生育しない辺境地帯という場所がなした特別な状況であり，辺境出土の冊書の場合の木簡は，竹簡の代用品でしかなったのである．

　書写内容が一本の簡におさまらず長文にわたる場合，編綴して冊書の形に作るわけであるが，その書写内容は2種に分けられ，それぞれ異なった編綴・収巻の様態をとって

いた．

　一つは書物であり，書物簡の編綴は，最終簡から先頭簡に向って綴じ紐を結んでいき，収巻も最終簡から巻き込んでいく．冊書を開いたとき，先頭の簡から現れていくわけで，書物として広げて読むということを念頭に置いた合理的な収巻・編綴に他ならない．

　いま一つは，その反対で先頭簡から最終簡に向って紐を結んでいき，収巻は先頭の簡から巻き込んでいく．これは初めから一定の分量が決まっている書物とは異なり，次々と追加していく書写物の編綴方法である．具体的には帳簿・名籍といったいわゆる簿籍の類がこの様態をとる．これはファイル的な性格を持つ冊書といってもよい．

　以上，簡牘について材質・機能・使用方法などから生じた形態・書写内容の区別を述べたが，これを表にしてまとめると表11-1のようになる．

表11-1

分類	形態	材質	内容
I	単独簡	木簡	各種証明書，封検など
II-A	編綴簡	竹簡	書物
II-B	編綴簡	竹簡	簿籍

11-3　紙の出現

　紙が発明，製造されたのは後漢の蔡倫がつくった「蔡侯紙」に始まることは，古くからの定説となってきた．『後漢書』列伝68宦者伝に，元興元年(105)のこととして，有名な記事が載っている．

> 自古書契多編以竹簡，其用縑帛者謂之為紙，縑貴而簡重，並不便於人，倫乃造意，用樹膚，麻頭及敝布魚網以為紙，元興元年，奏上之，帝善其能，自是莫不従用焉，故天下咸称蔡侯紙，
> ——古くから文字は，竹簡を編綴したものに書かれていた．縑帛を用いたものは紙といったが，縑は高価で，簡は重い，どちらも便利ではなかったので，倫は工夫して，樹膚・襤褸切れ・麻・魚網などで紙をつくり，元興元年にこれを皇帝に献上した．和帝は蔡倫の能力を高く評価し，それ以後こぞって使用した．世の中では，それを蔡侯紙と呼んだ．

まずここで指摘しておきたいことは，「紙」という語は，何も蔡倫から始まるわけではなく，縑帛すなわち一般に帛書と称される絹製の布も「紙」と呼ばれていた，否，そういった平面的で滑らかなものを「紙」といったのである．

> 紙とは砥なり．平滑にして砥石の如きを謂うなり．（『釈名』釈書契）

本来「紙」とは，何もpaperを意味するものではなかった．だからこそ，蔡倫の作った新しい紙は，「蔡侯紙——蔡侯が作った紙」と呼ばれたに他ならない．

我々が認識している「紙」―paperとは、「植物繊維を純化して紙料液をつくり、簀で水をこして、セルロースがその上で交織するようにして作った薄片」、これを紙と言っているが、かかる定義に当てはまる紙（paper、以後、本稿で使う紙という語は、このpaperに限定して使用する）は、すでに諸家が指摘しているように、蔡侯紙の時代に先だつものが発見されている[2]。

その最初は、1933年に黄文弼によって、ロプ・ノール北岸の漢代烽燧遺跡（土垠）から出土した縦4センチメートル、横10センチメートルの小片で、黄文弼の報告（『ロプノール考古記』）によれば、黄龍元年（49 BC）の紀年を持つ木簡と同時に出土しており、宣帝期のものかどうかは定かではないにしろ、少なくとも前漢期に属する紙であることは確かだという。

ロプノール紙は、残念ながら1930年代の日中戦争の渦中で灰燼に帰してしまったのだが、戦後、1957年のこと、西安市東郊灞橋鎮の前漢武帝期（BC 140～89）より時代が下がることはないと見なされる古墓から、古紙が発見されたのである[3]。

1964年および65年の二度にわたっての顕微鏡分析の結果、その主要原料は、大麻（Cannabis sativa L）と少量の苧麻（Boehmeria nivea Gad）を含んだ植物繊維紙であることが判明した[4]。この灞橋紙は今日も現物が残っており、確かにこれは前漢の紙といって間違いない。ただここで、灞橋紙の出土状況に関して、報告書が記している次の事実は記憶にとどめておかねばならない。

> 出土の文物、銅鏡三面、三稜鈕で背面には、精巧な文様が2層にわたって鋳こまれていた。正面には布の文様がある。それと供に布切れが数辺のこっており、その下には、糸質の繊維でつくった紙に似たものがあり、紙の上には布切れの文様があった[5]。

ロプノール紙から灞橋紙へと、点から線へとその実態の輪郭が明らかになっていく前漢時代の紙は、やがて面となって一層その存在を確実なものにする。以下その経緯をしめす4点の考古発見を紹介しよう。

エチナ川流域の漢代烽燧遺址、1930年に西北科学考査団が大量の木簡（居延漢簡）を発見したところであるが、1973年、74年、そのなかでのA 32遺址（肩水金関遺址）から、二片の麻紙が出土した[6]。このうちの一種、紙Ⅰ＜EJT 1：011＞は、団子状に丸まったもので、平たく伸ばした結果、21×19センチメートルの大きさ、白色の一様に均質で片方の面は滑らかで、もう片方の面は、やや毛羽立っており、細密で強靭な紙の質を持っており、顕微鏡による分析では、大麻繊維を含んでいたという。

いま一種のもの、紙Ⅱ＜EJP 30：03＞は、11.5×9センチメートルで、暗黄色、粗い杭辺紙（浙江省で作られる厚手の藁紙、トイレット紙・包装紙として主として使われる）に似ている。麻筋・糸端・叩解した麻布の塊の状態は、他の物と変わらない。

紙Ⅰが出土した同一地点から木簡も多数見つかっているが、なかで最も時代が下るのは、宣帝甘露2年（BC 52）であり、紙に限って言えば、出土の地層は、哀帝建平年間（6～3 BC）以前に属する。つまり、どちらも蔡侯紙以前の紙であると言ってよいのである。

金関紙が発見された6年後、同じ河西回廊に残る漢代烽燧遺址から、またもや前漢時代の紙が出土する。1979年のこと、今日の敦煌市の西北95キロメートル、東経93度45

分，北緯40度21分の疏勒河にそった高台から，漢時代の烽燧の遺跡が発見されたのである．

後にD21との遺址番号が与えられ，馬圏湾漢代烽燧址と呼ばれることになるこの地点は，20世紀初めのスタインの調査では見逃されていた所であるが，そこから1200枚にのぼる木簡が出土したのである．そして，同じこの遺跡の4ヵ所のトレンチから，都合5枚の紙が見つかった．(標識番号＜T 12：047＞，＜T 10：06＞，＜T 9：025＞，＜T 2：018＞(2枚))それらは，苧麻，大麻紙で，最も大きなものは，32センチメートル×20センチメートルのもの＜T 12：047＞で，白い色をして，一面は平滑で，一面はざらざらしているといった特徴はすべてに共通したものであった[7]．

馬圏湾出土の紙の分析は，中国科学院自然科学研究所と軽工業部造紙工業科学研究所により行われ，その詳細は，「敦煌馬圏湾漢代烽燧遺址発掘報告」(『敦煌漢簡』下冊)に記されているが，時代について言うならば，同じ地点から元帝期〜王莽期に至るまでの木簡が出土しており，したがって馬圏湾出土の紙の推定年代は，蔡侯紙より下ることはないこと確実である．

1986年3月，甘粛省天水市放馬灘より13基の秦の墓と1基の漢墓が発見され，その漢墓の随葬器物のなかに紙質地図1枚が存在していた．それは坑内の死者の胸の上に置かれており，断片しか残ってはいなかったが，残長5.6センチメートル，幅2.6センチメートルで，黒ずんだ色の紙の上に，山や河や道路などの図形が描かれていたのである．この紙も，他の出土副葬品から前漢の初期，文帝・景帝時代のものと推定される[8]．

近年の紙発見について，1990年から91年にかけて，河西回廊の懸泉遺址から出土した多量の紙を最後に述べておかねばならない．

懸泉遺址は，現在の敦煌市に通ずる幹線道路に沿ったところ，東経95度20分，北緯40度20分の地点であり，面積2300平方メートルのこの遺跡は，漢武帝期に設けられた「置（駅伝）」，すなわち交通通信関係施設である．

前漢の武帝から魏晋時代にかけて，施設はおおよそ5期にわたって増設されたようであるが，そこから出土した文物のなかで際立って注目されているのは，2万弱に及ぶ簡牘（木簡）であるが，同時に紙も出土した[9]．ただ，これまでせいぜい4〜5枚程度の枚数にすぎなかったのに対して，懸泉出土の紙は，何とその数500枚近くであったことは，驚嘆に値する．発掘報告書によれば，そこに文字が書かれていた紙は10件あり，そのうち前漢時代昭帝期の地層から出土した紙が3件，宣帝から成帝期の地層から出土したもの4件あり，さらに東漢時代のもの2件，あとの1枚は晋代のものであった．

昭帝期の紙に書かれていた文字とは，「付子」「薫力」「細辛」のわずか2字であり（図11-1〜図11-3），宣帝・成帝期の紙のそれは，「☒持書来☒/口致嗇夫☒」，東漢期の紙は，「巨陽大利上繕皀五匹」であると報告書には見える[10]．

以上，1933年のロプノール紙の発見から，1990年代の懸泉置出土の紙に至るまで，前漢の紙の出現を述べてきた．かかる今日の状況から，いかなる結論が出てくるのであろうか．

第一に言えることは，言うまでもなく蔡倫が紙（蔡侯紙）を製造した元興元年（105）以前に，すでに紙（paper）が存在していたのは，もはや否定すべくもない事実だということ

図11-1 (左)「付子」T 0212 ④：1
図11-2 (右上)「巨陽大利上繕皂五匹」T 0111 ①：469
図11-3 (右下)「細辛」「薫力」T 0212 ④：2

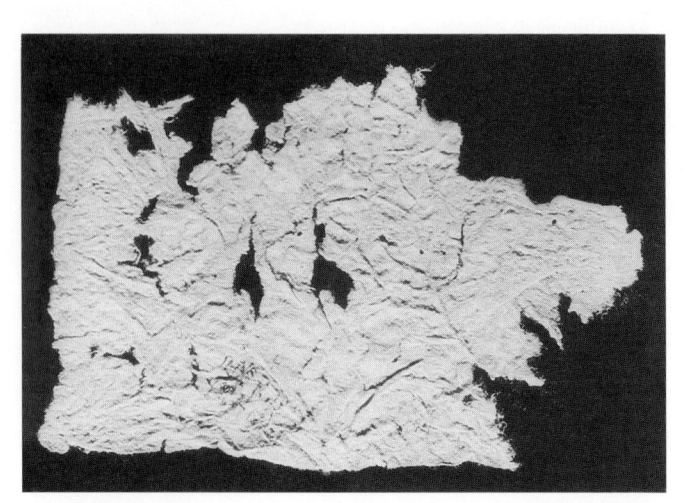

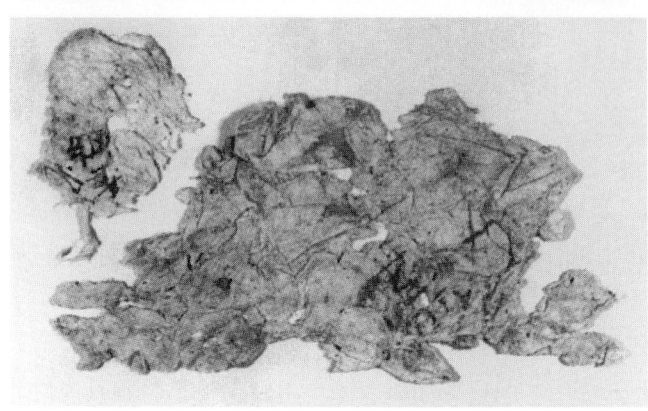

である．蔡倫よりもはるか以前，少なくとも100年から150年以前に，紙は中国国内で製造されていたのであった．

では，『後漢書』宦者伝の記事は，どう解釈すればよいのだろうか．例えば潘吉星氏は，その著者『中国造紙技術史』において，蔡倫造紙説を強く否定し，『後漢書』の記事の持つ意義を評価せず[11]，氏のこの意見がまた今日の学界の大勢であると言ってよいかも知れない．確かに，蔡倫以前の紙は存在していた．しかしながら，『後漢書』の記載を史実を伝えないものとして葬り去ること，私はそれには同意できない．

出土した前漢時代の紙をいま一度概観してみよう．いったいそれらは，文字をその上に書くもの，つまり書写材料としての紙であったのだろうか．蔡倫に先立つ時代，人々は紙の第一の用途を書写材料としてみていたのであろうか．

天水出土の地図の場合，そこには線が確かに描かれてはいるが，文字は書かれてはいない．文字が確認されるのは懸泉出土の10枚だけである．ただ，そのうちの1枚に関しては，魏晋期のものであり，東漢の紙が2枚，前漢の紙と確かに言えるのは7枚だけである．その7枚に関してであるが，出土した紙の総数は500枚にのぼり，無文字の紙が圧倒的に多い．1枚の紙に書かれている文字はわずか数文字でしかなく，しかもそれは紙の中央部に斜めに書かれていたということである．果たして，当時紙は書写材料として使われていたといえるのだろうか．私には懸泉出土の前漢の紙が書写材料としてのそれであったとは，考えられないのである．7枚（後漢の紙も含めると9枚）以外の白紙の紙

が未使用の書写材料だと考えられなくもないが，むしろそれらは書写材料としてではなく，別の使用目的を持って用意されていたと考える方がよほど自然であろう．

では，前漢時代の紙の用途とは何か．考えられる，より蓋然性の高いものは，何らかの物を包むための材料だったということだろう．帛・布などの主たる用途は，嚢・包装の材料であったことは，否定できない．それら平面的で滑らかなものは，「紙」と総称されていたのであり，かかる植物繊維質はともに包装用に利用されていたのではないだろうか．先に灞橋紙の出土に言及した折に記憶にとどめたいとした報告書の一文を想起されたい．

　　——紙は，布や銅鏡に付着して出土した．

つまり灞橋出土の紙は銅鏡を包むためのものだったと私は，推測する．

懸泉出土の前漢時代の紙についても同じであり，「付子」「薫力」「細辛」とは，薬の名前であり，この紙は薬を包んでいたものではないかと考えられている[12]．その証拠に，件の文字は初めから2字だけが書かれているのであり，しかもそれは紙の右下に斜めにかかれている．おそらくその位置は包装したときの表面にあたるに違いない．

以上，考古発掘にかかる前漢の紙の出現につき記述を進めてきたが，文献史料の上で，蔡侯紙以前の紙についていくつかの興味深い記事が存する．ここではそのうちの二つを紹介しておこう．

『通典』巻58・礼典に後漢鄭衆「百官六礼辞」なる書が引用されている．婚姻にあたっての儀礼手続きを記したものだが，そこに次のような記載がある．

　　六礼文皆封之，先以紙封表，又加以帛嚢，著篋中，又以帛衣篋表訖，以大嚢表之，題検文言，謁篋某君門下，其礼物凡三十種，各内有謁文，外有賛文各一首，封如礼文，篋表訖，蠟封題，用帛岐蓋於箱中，無大嚢表，

六礼文の封表の仕方を述べるところであるが，言うところの「表」とは，外側を包装することを意味するのであろう．

　　——六礼文はすべて封をする．まず紙をもって封を包み，その上に帛の嚢にいれて，篋のなかにきちっと入れ，さらに帛衣をもって篋を包んでから，大きな嚢に入れる．検に「謁篋某君門下」という文言を題す．その礼物は30種あり，各々になかに謁文があり，外側には賛文が各1首ある．封は礼文と同じで，篋を包んでから，封題を蠟で糊付けし，帛岐を以って箱の内部を覆う．大嚢の包みは無い．

ここでは，紙は帛，嚢と並んで出ているところからすれば，『後漢書』蔡倫伝にいう縑帛を含む広義の紙ではなく，paperに類するものとせねばならない．鄭衆の没年は83年とされ，蔡侯紙よりも以前にあたる．つまり蔡侯紙より前に帛・衣とは異なる平面的な薄片——「紙」，が存在していたことになる．そしそれは，帛衣ともども字を書く用途ではなく，物を包むために使われていたのであった．

いま一つ，これは話の展開がやや長きにわたる．

成帝元延元年（12 BC）のこと，中宮曹宮は成帝の子を身ごもり，出産したが，その子は掖庭獄丞の籍武に命じてそのまま闇から闇へと葬られようとする。中黄門の田客は籍武にその措置を命ずるのであるが，『漢書』外戚伝は以下のような記事を載せている。考察の展開の便宜のために番号をつけて紹介しよう。

　　(1) 中黄門田客持詔記，盛緑綈方底，封御史中丞印，予武曰，取牛官令舎婦人新産児，婢六人，尽置暴室獄，母問児男女，誰児，

「盛緑綈方底」とは，緑色をした厚手の絹で底が四角になっている嚢で，それが御史中丞の印でもって，封印がなされているそのなかに「新生児と六人の婢を暴室の獄に収監せよ」との詔記が入っていたのである。

さて，3日後，田客がやってきて籍武に問う。

　　(2) 客持詔記与武，問児死未，手書対牘背，武即書対，児見在，未死
　　――(田) 客，詔記を持して武に与えて問う。児，死するや，未だなるや。対を牘の背に手書せよ。武は即ち対を書す。児，見に在せり。未だ死せず。

籍武は手を下すことを躊躇しているのだが，業を煮やした田客は，三度やってきて，詔記を手に，今度は赤子の母である曹客を自殺に追い込むのであった。

　　(3) 客，復持詔記，封如前予武，中有封小緑篋，記曰，告武以篋中物書予獄中婦人，武自臨飲之，武発篋中有裹薬二枚，赫蹏書曰，告偉能，努力飲此薬，不可復入，女自知之，

田客が持参した詔記，その封は先のものと同じであったが，なかには封緘した緑色の篋が入っており，そこに，「篋のなかの物と書き付けを獄中の婦人に渡し，武が立ち会いのもとで，それを飲ますよう」との書が添えてあった。武が篋の封を解くと，「赫蹏書」に「この薬を飲んで，自殺せよ」との言葉が書かれていた。かくして，曹宮は自殺し，子供は杳として行方がわからなくなってしまったのである。

さて，一連のこの話は，書写材料に関して我々に見過ごすことができない史料を提供している。

第一に言えることは，(2)からわかるように，詔書は簡牘に記されていたのであり，籍武はその背面に返事を書いたのである。そして，その簡牘は封検がつけられ，(1)の場合には，絹布に包まれ，その上から封がなされていた。

さらに注目されるのは，(3)である。緑色の篋のなかに薬の包と書き付けがあり，それが「赫蹏書」に他ならない。「赫蹏書」が具体的には何なのか，『漢書』に付された諸家の注は，必ずしも一致を見ない。

　　孟康注　「蹏とは猶を地のごとき也。紙素を染めて赤からしめて之れに書す。いまの黄紙の若し」
　　応劭注　「赫蹏，薄小の紙なり」
　　晋灼注　「いま，薄小の物を謂うに，関蹏となす」

そして，顔師古は，これらを総合して「孟説，非なり。いま書本，赫字は或いは撃に

作る」と．

　顔師古が孟康説に異を唱えたのは，「赤い紙」という意味を否定したのであろうが，赤い色であったかどうかは措くとして，「薄い小さなもの」を「赫蹏書」と見ることは，共通している．「赫蹏」のについては，後の清朝の注釈でも，議論が続く．

　『漢書補注』，そこで引く沈欽韓注は，「玉篇，𧚄𧙓，赤紙なり」とし，周寿昌に至って，遂に紙の出現をこの史料から読み取ろうとするのである．

　　周寿昌曰く，此れに拠れば，西漢の時，已に紙有りて書を作るべきなり．
　　赫とは其の色の赤きを状し，蹏は，其の式の小なるを状す．

　これは，前漢の書写材料としての紙の存在を文献史料の上から考証せんとしたものに他ならない．

　しかしながら，この『漢書』の記事をもって紙 (paper) の存在が証明できるかといえば，私はそれは難しいと思う．孟康などの注釈の文には，確かに紙という字がみえるが，『漢書』本文には「紙」と記してはおらず，「赫蹏書」とあって，薄い小さな書き付けといっているにすぎない．つまり，必ずしも「紙」(paper) と解釈せねばならない必然性はなく，それが布であってもここは差し支えはない[13]．

　むしろこの史料で言えることは，詔はやはり簡牘に記されていたのであり，この時代の一般的な書写材料は依然として簡であり，「赫蹏書」は，小さな薬箱に入れられるという特殊な条件下での書写材料といわねばならない．なお，毒薬は布に類した薄片に包装されていた．それが，紙であるのか布であるのか，わからない．また「この薬を飲んで，自殺せよ」との語が，薬の包み紙の上に書かれていたのか，別の何かに書いてあったのか，いまひとつはっきりしない．ただ，ここで懸泉置出土の紙が薬の包み紙であったことを思い出しておこう．

　『後漢書』蔡倫伝にいう「蔡侯紙」，それは書写材料としての紙の実用化の始まりであった．もとよりそれ以前に紙はすでに製造されていたのであったが，主たる用途は，包装，もしくは装飾のためのものであったと考えてよい．蔡侯紙の紙のなかには，なるほど文字の書かれたものが無くはないが，それが書写材料としての紙と同じように使用されたのではなく，用途の異なった材料の上に，便宜的に文字が書かれていたと解釈するほうがよかろう．それはちょうど陶片や磚が，一般普遍的な書写材料ではなかったのと同じい．

　包装に使用されていた紙を書写のためのものに改良した，書写用の紙を製造し一般化させた，これが蔡倫の作った紙，すなわち蔡侯紙に他ならない．

　蔡倫が紙を献上したのは後漢の中期，元興元年 (105) であった．おそらくそれ以降，書写材料としての紙は徐々に中国社会に浸透していったに違いないが，ここで強調しておきたいのは，蔡侯紙以降，すべてが紙に一変したというわけでは決してないということである．

　『後漢書』列伝54呉祐伝に，呉恢が南海太守になったとき，経書を殺青して携行しようとし，子の呉祐に止められたという話が見える．

その分量は車2台分にもなり，何か贅沢な物品を運んできたのではないかとの疑いをもたれる恐れがあります．止めたほうがよろしいでしょう．

恢欲殺青簡以写経書，祐諫曰，今士人蹟越五嶺，遠在海浜，然旧多珍怪，
上為国家所疑，下為権威所望，此書若成，則載之兼両，……嫌疑之間，
誠先賢所慎也

呉恢が南海太守になったのは，安帝の時代にあたる．蔡侯紙が世に出たあとも経書は未だ竹簡に書写されるのが一般であったのである．

また，『三国志』巻8公孫瓚伝所引『典略』には，公孫瓚が詔書を矯めて作ったことを述べてかく言う．

窃其虚位，矯命詔恩，刻金印玉璽，毎下文書，帛嚢施検，文曰，詔書一封，邟卿侯印
其の虚位を窃み，詔恩を矯命し，金印玉璽を刻し，文書を下すごとに，
帛嚢もって検を施し，文に曰く，詔書一封，邟卿侯印

検をつけられ，帛嚢のなかに入れられた詔書が紙であったと考えられなくもないが，旧来通りであるとすれば，やはり簡牘であろう．

それまで簡牘に記されていた書写物の類が，いつの時期に，どのような経過を経て，紙へと移行していったのであろうか．ここで，文献史料を離れて出土文字資料に移ろう．とりわけ楼蘭出土の簡牘と紙文書は，木から紙への移行期にあたり，考察すべき多くの材料を提供してくれること，間違いない．

11-4　楼蘭出土文字資料からみた書写材料の変遷

今世紀初頭，スタイン，ヘディン，黄文弼，さらには大谷探険隊がタリム盆地東のロプノール湖畔から発見した楼蘭出土文字資料は，その数800点に及ぶが，それは漢代に属するものと，魏晋時代に属するものに大別できる．

このうち70余点の木簡は，ロプノール北岸の，土垠と呼ばれている漢代の軍事施設遺址から出土した漢簡であり，それ以外の700余点が，LA，LB，LC，LF，LK，LMといったスタインによる出土地編号を持つ魏晋時代の遺址から発見されたものである．出土の地点が当時のどういった官署なのか，それぞれの文字資料がどうしてその遺址から出土するのか，このことはここでは考えない．本書においては，第III部研究編7（梅原論文），研究編10（籾山論文）がそれを解明するであろう．いまこの章で取り上げたいのは，魏晋時代に属する木簡と紙の二つの文字資料が持つ書写材料としての問題である．

楼蘭出土の魏晋簡・紙に関して，紀年が付されている文書は，(嘉)平4年(252)が最も古く，前涼建興18年(330)簡＜Ch.886＞が最も時代が下がる．そのうち，紀年簡が集中しているのは，西晋武帝の泰始年間(265〜274)である．それらは，西晋時代，西域長史府がそこに置かれ，西域経営を進めていた時期のものと言ってよかろう．

さて，その出土文字資料であるが，多岐にわたるその内容をおおまかに分類すると，

［Ⅰ］書籍，［Ⅱ］手紙，［Ⅲ］簿籍，［Ⅳ］符・検，［Ⅴ］公文書，［Ⅵ］そのほかの分類の手がかりを欠くのもの，にいちおう分けることができよう．いま，これらの分類に従って，内容と書写材料といった視点から，見ていくことにしたい．

11-4-1 ［Ⅰ］書　　籍

ここに分類した書籍には，字書の類，およびその練習用の書写物をも含む．

ヘディンおよびスタイン収集の楼蘭出土の書籍は，＜Ch. 933＞，＜Co. Ⅰ-1 A＞，＜M. 169・M. 170＞，＜M. 259＞，＜M. 257＞，＜M. 192＞，＜M. 253＞，＜M. 254＞，＜M. 255＞，＜M. 171・M. 244＞，＜M. 173＞，＜M. 256＞，＜M. 174＞，などがあがる．

列挙したものの他にまだ書物の断片が楼蘭出土の文字資料のなかに存在するかも知れない．だだし，簡牘資料──楼蘭出土のそれは，木簡であるが──，だけをとれば，その内容が書物であると確定できるものは，見つけることができず，楼蘭出土の書物はすべて紙であるということを指摘しておかねばならない．

その紙の書籍であるが，＜M. 253＞，＜M. 255＞，＜M. 256＞，＜M. 257＞，＜M. 259＞などを見てみよう（図11-4～図11-8）．

＜M. 253＞は，『春秋左氏伝』昭公8年，＜M. 259＞は，『左氏伝』襄公25年の文であり，＜M. 255＞，＜M. 256＞，＜M. 257＞，もおそらくそれに類したものであろうが，はっきりとその書物を確定できない．ただ，これらは，書体が極めてよく似ており，一字一字，整った楷書体に近い字体で書かれている．しかも，紙の上には，細い罫線が

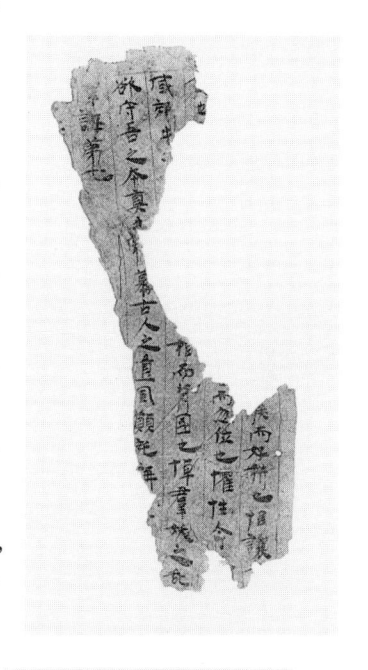

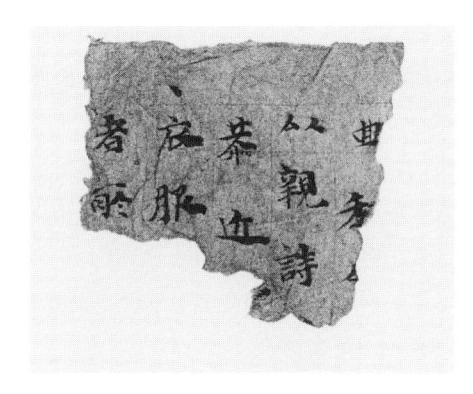

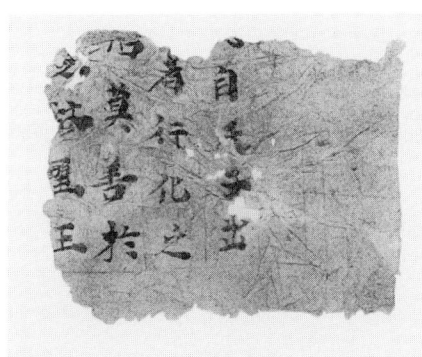

図11-4（左）　　M. 253
図11-5（中上）　M. 255
図11-6（中下）　M. 256
図11-7（右上）　M. 257
図11-8（右下）　M. 259

上部の数センチメートルの空白を保って実にきちんとして引かれているのである(14)．

　　＜M.253＞，＜M.259＞について言えば，なお注目するべき点が存在する．＜M.253＞の4行目中央，＜M.259＞の2行目上部には，両行の注釈が付けられているのが認められる．双行の注釈は，後に一般的になる注釈本の形式であるが，それが楼蘭出土の『春秋左氏伝』の写本にすでにみられることは誠に興味深い(15)．

　　上部に一定の余白を残して，原稿用紙さながら，あたかも規格品のように引かれた細い罫線，整った書体，加えて後の書物に共通して認められる双行注を備えていること，こういった点からして，この＜M.253＞，＜M.259＞さらにそれと同類に入れることができる＜M.255＞，＜M.256＞，＜M.257＞などの書籍断片は，完成度の高い，上等の部類に属する書籍とみて間違いない．少なくとも，初学の者が自己の便のために写し取ったようなもの，もしくは練習用の写本といった類の書籍では決してない．

　　私が，このことを強調するのは，楼蘭出土の古紙のなかに，明らかに上に述べた書籍とは異なる，練習用の反故紙だと認められる残紙が少なからず存在しているからに他ならない．

　　＜M.169＞，＜M.170＞，＜M.171＞，＜M.173＞（図11-9〜11-12），ここに挙げた書物の写本は，先の＜M.253＞，＜M.259＞とは，まったく異なったものである．

　　その罫線の引き方は，実に粗雑，乱雑であり，必ずしも統一された線でもって引かれているわけではない．＜M.173＞でみられるように，途中で切れたものを適当に意に任せて書き加えたこと瞭然である．そこに筆写されている文字も，必ずしも引かれた罫線のなかに収まっているわけではなく，いったい何のために線をひいたのかわからない．書物は罫線を引き，その上に書くものという固定観念があったからなのだろうか．

　　＜M.169＞，＜M.170＞，＜M.171＞，＜M.173＞，＜M.174＞の内容は，『急就篇』の冒頭の一部であり，これらは識字教育用の教科書である『急就篇』を手本として，習書した後，破棄した反故紙に違いない．両面にわたり同じ『急就篇』の冒頭を練習していることからも，それは明らかであり，未発表楼蘭文書＜A-2＞についても同じい．

　　『急就篇』はあくまで，文字を学び練習するための書物である．したがって修学の過程で反故紙が多量に産出されることは容易に推測できる．対して先の『左氏伝』などは，読むべき書物といえ，それゆえ『左氏伝』の反故紙などでないように思えるが，実はそうとも言えない．ひとり習書，練習の反故紙は，経書の類にも存在する．それが＜M.192＞（図11-13）である．

　　『論語』学而編の一条であることは，一見して明らかである．しかもこれは，完成した書物の一部ではなく，『論語』を学習し，その一条を紙の上に習書したその名残である．

　　さながらそれは，後の時代，敦煌，トルファンから『論語』の写本が出土したそれと同類であるが(16)，果たして当時にあって経書も読むためだけではなく，学習用教科書として，楼蘭の地でも使われていたと考えてよかろう．すなわち，＜M.253＞，＜M.259＞などは，一般に使われる書籍というよりも，学習用手本であった可能性は十分にある(17)．

　　書写材料という問題にもどろう．①書物は紙に書かれていた写本であり，簡牘に書かれた書物はない．②その紙のなかには，練習用に使った反故紙が少なからず含まれる．

図11-13　M.192

11章　3世紀から4世紀にかけての書写材料の変遷

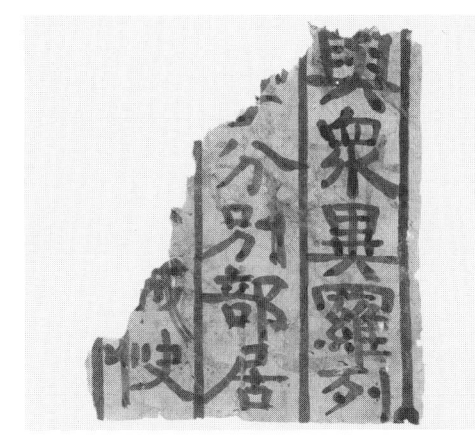

図 11-9-1（左）11-9-2（右）
M. 169

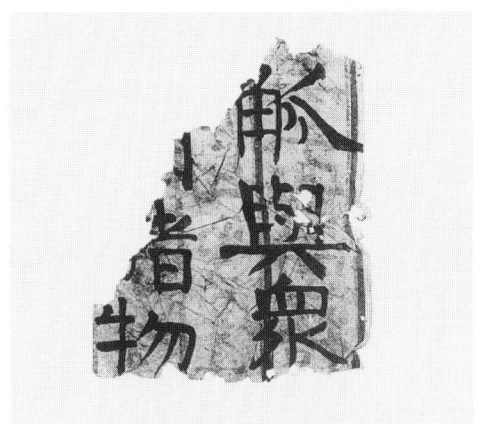

図 11-10-1（左）11-10-2（右）
M. 170

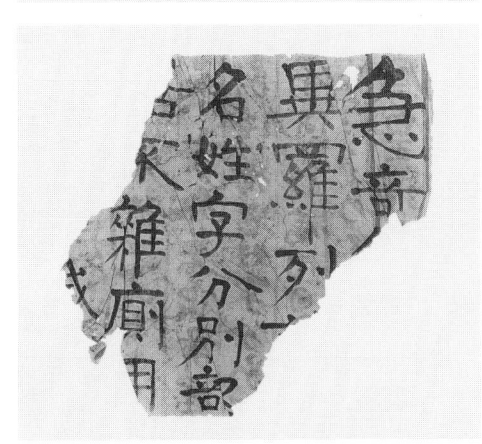

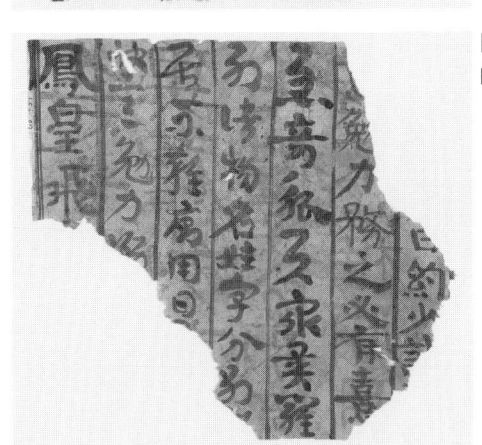

図 11-11-1（左）11-11-2（右）
M. 171

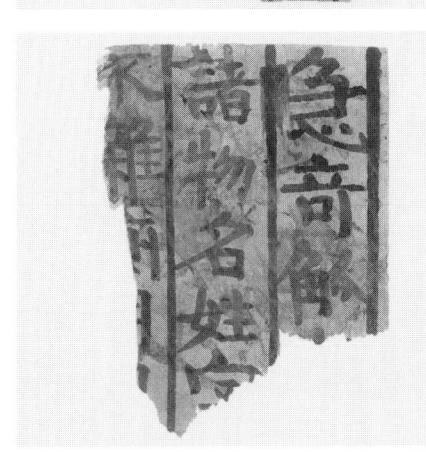

図 11-12-1（左）11-12-2（右）
M. 173

※
これら『急就篇』の断片については，本書第II部資料編6アンナ=グレーテ・リシェル論文で，完全な一つの紙本に復元されている．（本書248頁，249頁）

かかる2点をとってみて，次の結論が導き出されることになろう．

1．3～4世紀にかけて，書物は簡牘から紙に書写されるのが普遍的になっていた．
2．その書写材料としての紙は，決して貴重な，稀少価値のある材料ではなく，広範囲，量的にも十分に浸透していた．

こういった認識は，次に挙げる[II]手紙を検討することで，いっそう確かなものとなる．

11-4-2 ［II］手　　紙

手紙，つまり私信は，当時にあっては一般的に，「白書」と呼ばれていた．

  出 長史白書一封詣敦煌府簿書十六封具 泰始六年三月十五日□樓蘭從掾位
    十二封詣敦煌府二詣酒泉府二詣王懐闞頎 馬屬付行書□□孫得成
<Co. II-107>

これは，文書伝達に関する発信録であるが，ここで「白書」は，「簿書」と対置して記入されており，文書の一つの種類という熟した語とみてよい．実際，「白書」という語が使用されているのは，「某月某日，某所，白書」つまり，「某月某日に，某所から発信した白書」といった書き出しが定型と考えられるが，これを略して，「某月某日，白」もしくは，「某月某日，某白」との書出しも少なからずみられる．未発表楼蘭文書＜A-1＞は，「六月一日，量白」で始まっていたこと想起したい．

  三月一日樓蘭白書濟逞
  白違曠遂久思企委積
  奉十一月書具承動靜春
  日和適伏想御其宜   <Co. I-2＞

  ╱白書不╱
  ╱白不書╱
  ╱過╱   <Co. I-31, 3＞

  ╱□白書□╱   <M. 195 A＞

  張主薄前
  八月廿八日樓蘭白疏惶恐白奉辭
   ╱□□無階親省騫心東望   <Ch. 922＞

  四月三日庚戌白   <M. 176＞

  ╱樓蘭以白   <Ch. 907＞

三月一日樓蘭白書濟逞
白違曠遂久思企委積
奉十一月書具承動靜春
日和適伏想御其宜　　　　　　　　　　　　＜Co. I -2＞

超濟白超等在遠弟妹及
兒女在家不能自偕乃有衣食
之乏今啓家悋南州彼典計王
黒許取五百斛穀給足食用願
約敕黒使時付與伏想篤恤無
念當不須多白超濟白　　　　＜Co. I -3, 1＞（図11-14）

（馬）厲白事　　　　　　　　　　　　＜Co. I -5, 2 B＞

　これら，白書は，一連の張済の白書が示すように，その内容は手紙，とりわけ私信に属する．否，正確に言えば，それらの多くは，私信の草稿である．
　私信の草稿は，大谷探険隊将来の有名な李柏文書，先の未発表の楼蘭文書で取り上げた張済（張超済）の私信も同類である．張済は明らかに楼蘭の地に勤務する守備兵と見なされ，楼蘭の地から内地にむけて発信された手紙が，その発信地から出土するわけがないし，また李柏文書について言えば，同文のものが複数出土しているのは，それが草稿であることを物語るのである．
　このことは，すでに楼蘭出土のかかる手紙を扱った先学が指摘するところでもあるが，民族学博物館所蔵の5点の未発表楼蘭文書のうち，文書＜A-1＞，文書＜B＞，文書＜C＞，文書＜D＞は，明らかに私信であって，文書＜C＞を除く4点は，その個別の解説で述べたように，これらはやはり私信の草稿，およびその反故紙なのである．
　楼蘭出土の手紙のなかには，実際に送付されたものも存在するであろう．このことは否定しない．例えば文書＜C＞，そこには，異なった書体でもって，受信者の覚書が記されており，この文書は実際に送付されたものと考えてもよかろう．
　また，後に詳しく言及することになろうが，手紙を包んだと想定される宛先を書いた紙の断片も見つかっており，楼蘭出土の手紙のなかには，実際に送られてきたものも含まれていると考えてよかろう．残っている出土資料があまりにも断片にすぎるがゆえ，草稿とそうでないものを截然と区別することは大変難しいが，全体の比率からすれば，草稿が大半を占めるのではないかと私は考えている．
　草稿であれ，配達されたものであれ，手紙はすべて紙に書かれていたことは，強調しておかねばならないであろう．つまり，練習用のものも含めて，簡牘は使われなかったのである．手紙の年代について言えば，かの李柏文書は，咸和元年（321）のものとされ，一連の馬厲関係の手紙は，泰始年間（265〜274），張済の私信についてみても，先の文書＜B＞に関する考証が正しければ，永嘉年間（307〜312）にあたる．すなわち，これらは西晋一代を通じての資料と言ってもよいが，この期間において手紙はすでに紙に書写されていたのである．しかも紙は決して稀少価値を持つ材料ではなかったことは，言い添

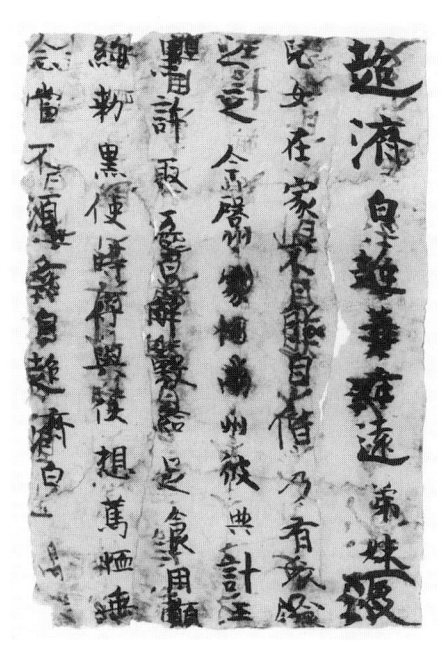

図11-14　Co. I -3, 1

図11-15（左）　Co. II-118
図11-16（右上）　Co. I -13, 1 B
図11-17（右上）　Co. I -18, 6 B

えておかねばならない．紙が入手の困難な貴重なものであるならば，草稿や下書きをかくも多く紙には書かないであろう．事柄は，書籍においても同様であり，書籍の書写の年代もいちおう晋代であると考えられるが，『論語』の習書が示す如く，紙はすでに日常に入手が容易な書写材料となっていたのである．

手紙に関する項目で，いま一つ考えたいことが残っている．楼蘭出土の検のなかに，次のようなものがある．

　　白泰文
　　　瑋然
　　主薄馬　趙君　　　　　　　　　　　　　　　　　　　　　＜Co. II-118＞（図11-15）

これは居延や敦煌から出土した漢簡に見られる検よりも，格段に小さい．検の意味するところは，諱が泰文と瑋然である馬君と趙君の2人に出した手紙の宛て先を記したものであろう．

この検に対応するものとして，＜Co. I -6, 1 B＞，＜Co. I -13, 1 B＞，＜Co. I -14, 1 B＞，＜Co. I -18, 6 B＞の紙文書が存在する．

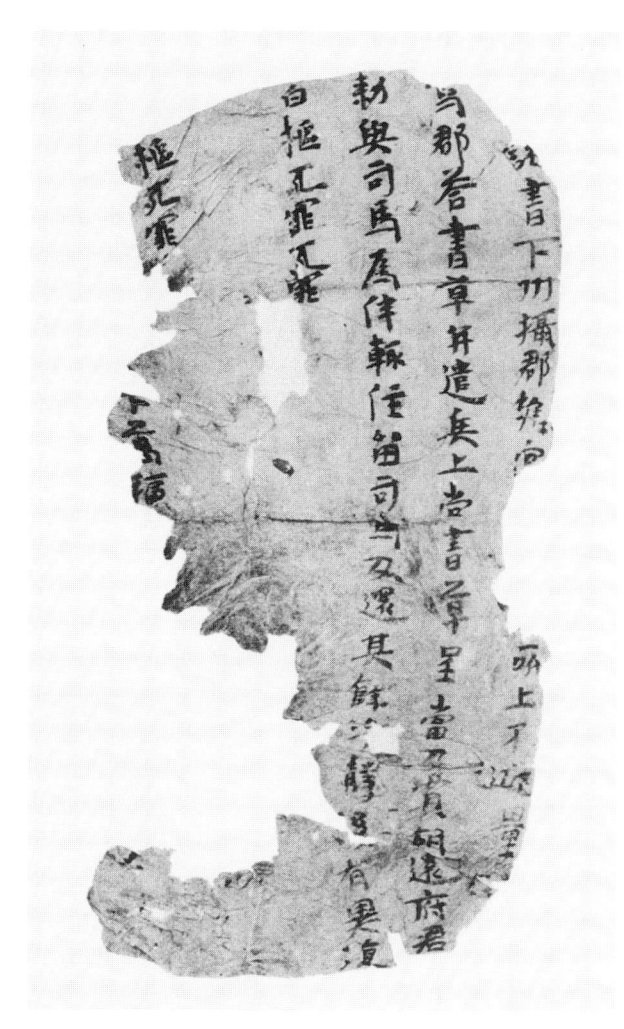

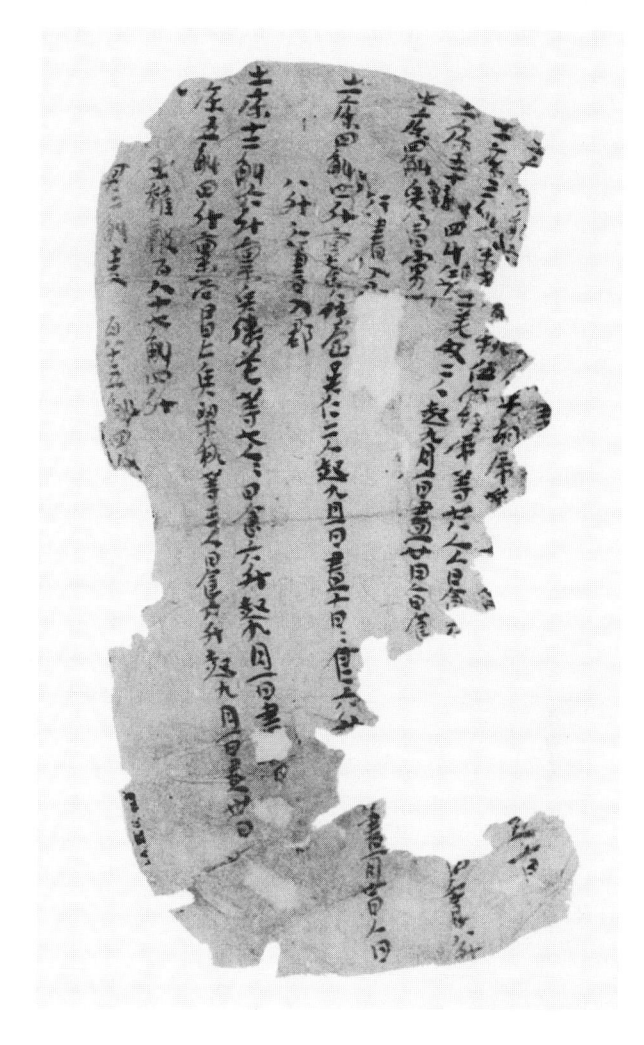

図 11-18（左）　Ch. 928 A
図 11-19（右）　Ch. 928 B

白諱泰文
馬評君　　　　　　　　　　　　　　　　　　　　　　　　　＜Co. Ⅰ-6, 1 B＞

白泰文
主薄馬君　　　　　　　　　　　　　　　　　　　＜Co. Ⅰ-13, 1 B＞（図 11-16）

白泰文
従事馬君
　　孤子雅昂頓首　　　　　　　　　　　　　　　　　　　　＜Co. Ⅰ-14, 1 B＞

白泰文
主簿馬　　　　　　　　　　　　　　　　　　　＜Co. Ⅰ-18, 6 B＞（図 11-17）

　このうち，＜Co. Ⅰ-13, 1 B＞（図 11-16），＜Co. Ⅰ-18, 6 B＞（図 11-17）は，紙の中央部に 45 度の角度で斜めに記されており，その書き方からすれば，これらはそのなかに紙に書かれた手紙を包んだ紙であろう．そしてさらに指摘しておかねばならないのは，今日民族学博物館に保存されているもののうち，＜Co. Ⅰ-13, 1 B＞には，紙の折り目が残っており，折り目の形から，折ったときの大きさがほぼ確定

できる．その大きさは，ちょうど＜Co. II-118＞の検の大きさに当てはまるのである(18)．

　つまり，＜Co. II-118＞は，手紙につけられた検であり，まず手紙は別の紙に包む．それが＜Co. I-18, 6B＞，＜Co. I-13, 1B＞など，その中央部に宛先を書いたもの，さらにその上から検を加えて封をしたと考えられるのである．事実，検面と紙のそれぞれの上に書かれる文字は同筆と想定される．

　このことは，先に引用した文献史料の記載，つまり紙が包紙として使用され，また紙に包んだうえで検を施すと言った鄭衆「百官六礼辞」の記事とも齟齬をきたさない．包装用の紙が漸次書写用の紙になっていくその過程をこれは物語るであろう．

11-4-3　［III］簿　　籍

　この項では，二つの紙文書を中心に考察を進めたい．

　一つは，＜Ch. 928，LA Ⅵ ii 出土＞の紙であり，これは表と裏の両面に書写されている（図11-18, 11-19）．

▨詔書下州攝郡推官……所上不▨量▨
寫郡答書草并遣兵尚書草呈當及賈胡還府君
敕與司馬爲伴輒住留司馬及還其餘清静後有異復
白樞死罪死罪
樞死罪……下萬福▨　　　　　　　　　　　　＜Ch. 928 A＞（図11-18）

出床廿八斛六▨
出床三斛七斗粟……兵胡虎等▨
　　▨五十日▨
出床五十斛四斗粟兵賈秋伍▨錢虎等廿八人人日食五▨
出床四斛粟兵曾虜王姜奴二人起九月一日盡廿日人日食▨
　　　　　▨人食八升
　　行書入郡
出床四斛四升粟兵孫定呉仁二人起九月一日盡十日二食六
升……盡月廿日人日
　　　　　八升行書入郡
出床十二斛六升粟兵衞芒等七人二日食六升起九月一日盡▨日
▨床五斛四斗粟高昌士兵梁秋等三人日食六升起九月一日盡卅日
　　　　出雜穀百八十七斛四斗
　　　　其二斛麥　　百八十五斛四斗　　　　＜Ch. 928 B＞（図11-19）

　＜Ch. 928 A＞と＜Ch. 928 B＞は，そこに記されている内容にはまったく連関性がなく，前者は手紙，乃至は上行文書，後者は出納記録であることは一見してわかる．このうち，どちらが表，すなわち正規の文書なのか，どちらが裏つまり二次使用のものなのであろうか．

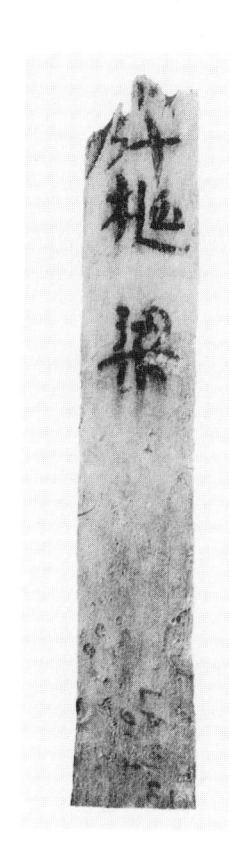

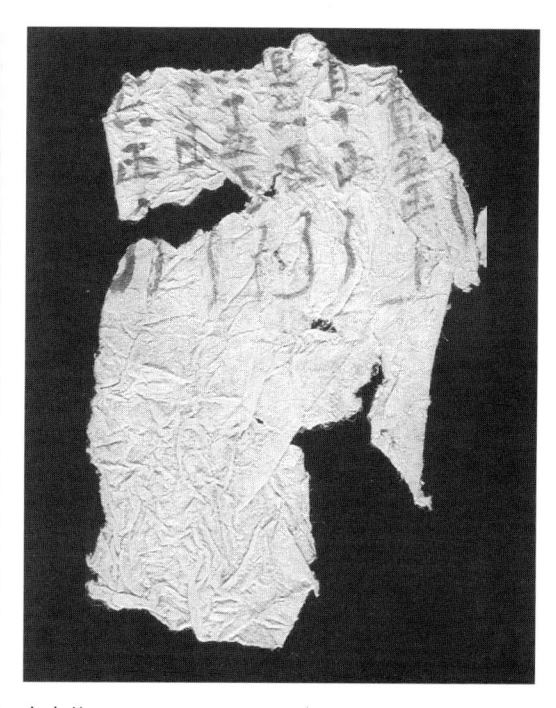

11章　3世紀から4世紀にかけての書写材料の変遷

左より
図11-20　Ch. 737 B
図11-21　Ch. 736 B
図11-22　Ch. 871
図11-23　M. 239

まず，＜Ch. 928 A＞について考えて見よう．

これは，文書の最後部に「柩死罪死罪」と記されていることからわかるように，「柩」なる人物が上級官に出した私信か上行文書なのだが，「柩」とは，「呉柩」がその本名である楼蘭駐在の兵士に違いない．それは，＜Ch. 737＞，＜Ch. 736＞，＜Ch. 871＞に次のような署名が見えることから検証が可能となる（図11-20〜11-22）．

柩　録事掾☐　　　　　　　　　　　　　　　　　　　　　　　　＜Ch. 737 B＞

☐☐呉　柩　録事掾梁　鸞　　　　　　　　　　　　　　　　　　＜Ch. 736 B＞

☐　升　柩　梁　　　　　　　　　　　　　　　　　　　　　　　＜Ch. 871＞

掲げた図の「柩」，これは自筆署名であり，それゆえ他の部分とは書体を異にしている．同様に「梁鸞」も，自筆署名であるが，この梁鸞は，＜Ch. 745＞，＜Ch. 808＞などの簡牘にその名が確認でき，楼蘭西域長史府で，泰始4年には主簿に，泰始6年には，録事掾の職についていたことが判明している[19]．

したがって，＜Ch. 928 A＞も西晋泰始年間のものであることは確かである．梁鸞は西域長史府に勤務する官吏である以上，並んで署名している呉柩も同じ官署つまり，楼蘭にいたとせねばならず，加えて＜Ch. 736 B＞，＜Ch. 871＞，＜Ch. 737 B＞の「柩」の

495

字と＜Ch. 928A＞「樞死罪死罪」の「樞」を比べて見ると同筆であることは瞭然である。つまり，＜Ch. 928A＞は確実に西域長史府にいた呉樞が書いた手紙であり，それが楼蘭もしくは西域長史府の遺跡から出土しているということは，とりもなおさず＜Ch. 928A＞は呉樞が出した手紙の草稿・下書きということになろう。

では，その裏面の＜Ch. 928B＞はどうだろうか。この帳簿については，すでに長沢和俊氏が解説をしており[20]，9月の食料支給を箇条書きにしたものである。

そこには，支給を受けた吏卒の名と支給量とがあがっているが，なかの一人「梁秋」という人物は，楼蘭木簡，しかも同じような食料支給の帳簿簡にその名が確認されるのである。

```
出　床二斛四斗稟兵鄭□☑
　　兵梁秋等四人々日食六升☑                                        ＜Ch. 734 A＞
　　領功曹掾梁鸞☑                                                 ＜Ch. 734 B＞
```

巧まずしてここにも＜Ch. 928A＞に登場した梁鸞の署名が見える。＜Ch. 928A＞，＜Ch. 928B＞ともに同じ時期のものであることが明らかであるとともに，梁秋は楼蘭の地にて食料を支給されているのである。したがって，＜Ch. 928B＞も楼蘭で作成され，そこで反故となったと考えねばならない。

同時期に同じ場所で書写されたと推測される手紙の草稿＜Ch. 928A＞と，食料支給簿＜Ch. 928B＞，果たしてどちらが先に書かれ，また正式な書写物であったのだろうか。普通に考えて，先に＜Ch. 928B＞が官署の帳簿として作成され，それが用済みになった段階で，その裏面に手紙の草稿が書かれたと見るほうが自然であろう[21]。

別に＜M. 239＞の帳簿紙があるが（図11-23），図に示したようにそれぞれの項目の下にチェックが入っており，これも実際の帳簿として利用された証拠となろう。

かりに，支給簿＜Ch. 928 B＞が公的な帳簿だとして考察を進めたとき，それでは，泰始年間には，すでに帳簿は紙に書写されていたといえるのであろうか。事柄はそう簡単ではない。

先に示した＜Ch. 734 A＞，＜Ch. 734 B＞，梁秋の名が記された帳簿，これは木簡であった。その内容は，梁秋たち4人に日食6升を支給したという記事であり，＜Ch. 928 A＞での箇条書きの一条にあたる。

この簡を正確に分類すれば，＜Ch. 734 A＞は，簡の先頭に「出」の字が書かれた支給・受領時の券ともいえる簡で，帳簿簡にはあたらないかも知れない。ただ同類のものは，LA遺跡から数多く出土しているのである。

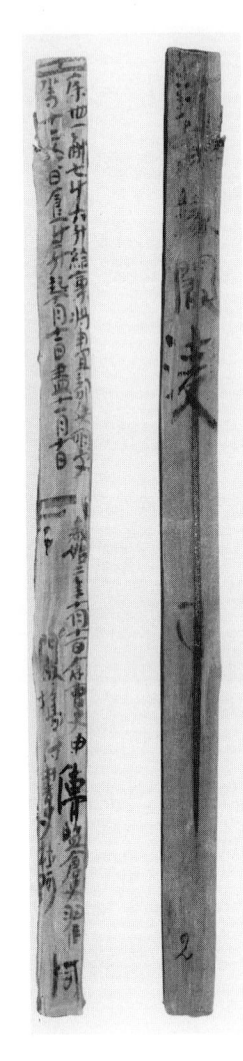

```
出　床卅一斛七斗六升給將尹宜部兵胡支　　泰始二年十月十一日仕倉曹史申傅監倉史翟　同
　　鸞十二人二日食一斗二升起十月十一日盡十一月十日　　　　　闞攜付書史杜阿
                                                        ＜Co. II-50＞（図11-24）

出　黒粟三斛六斗稟戰車成輔　　　　　　　咸熙二年二月一日監☑
　　一人日食一斗二升起二月一盡卅日　　　　　　　　　　　　　　　＜Co. II-51＞
```

図11-24　Co. II-50

出孫歆等五人人日食一斗起二月一日盡☐	<Co. II-53>
出黒粟六斛稟書史王　咸熙三年☐	<Co. II-64>
出　敦煌短綾綵廿四　泰始五年十一月五日從掾位馬屬主者王貞從 　　給吏宋政糴穀　　掾位趙辨付從史位宋政	<Co. II-102 A>
出大麥種七☐	<Ch. 882>
出小麥十六升五斗	<Ch. 879>
出　大麥一斛五斗食討賤馬☐　　泰始六年二月一日☐ 　　日食五升起二月一日盡卅日	<Ch. 729>
出　床一斛五☐ 　　張冬所☐	<Ch. 732>
出　床三斛六斗給稟李☐等三人　　泰始三年十一月廿一日倉曹史張☐監倉翟咸闕攜 　　人日食一斗二升起十一月廿一日盡卅日	<M. 216>

こういった券を利用して次の段階で紙の帳簿が作られるのかどうか，はっきりしたことはわからないが，漢代辺境の食料支給における帳簿は，「稟食簿」「穀出入簿」「稟某月食名籍」「当食案」などと何段階もの簿籍が作成されたことからすれば，券も帳簿としての機能を持っていたと言ってもよいかも知れない(22)．

また，同じ支給を記した楼蘭木簡のなかには，次のような簡も存在する．

出　粟七斛六斗五升給稟　右稟三百卅四斛三斗四升 　　張☐十人正祭里	<Co. II-90>

ここには，「右稟三百卅四斛三斗四升」と記されている．ということは，合計334斛3斗4升の内訳と細目を記した何本かの簡が右に編綴されており，<Co. II-90>簡はその最終簡であることを示すに他ならない．

「右」という表記でもって帳簿の集計を示す簡は楼蘭出土簡のなかに少なからず存在している．

右出小麥二斛六斗	<Co. II-91>
右出小麥三斛六斗	<Co. II-92>
牒至啓……見右別如牒事平言曹均☐	<Ch. 821>
兵支胡薄成　兵支胡重寅得 右二人共字驢四歲	<Ch. 846>
右驢十二頭駝他二匹將朱游部	<Ch. 839>
●右五頭察各一☐	<Ch. 843>
右二人以去正月廿三日☐	<N. XV. 100>

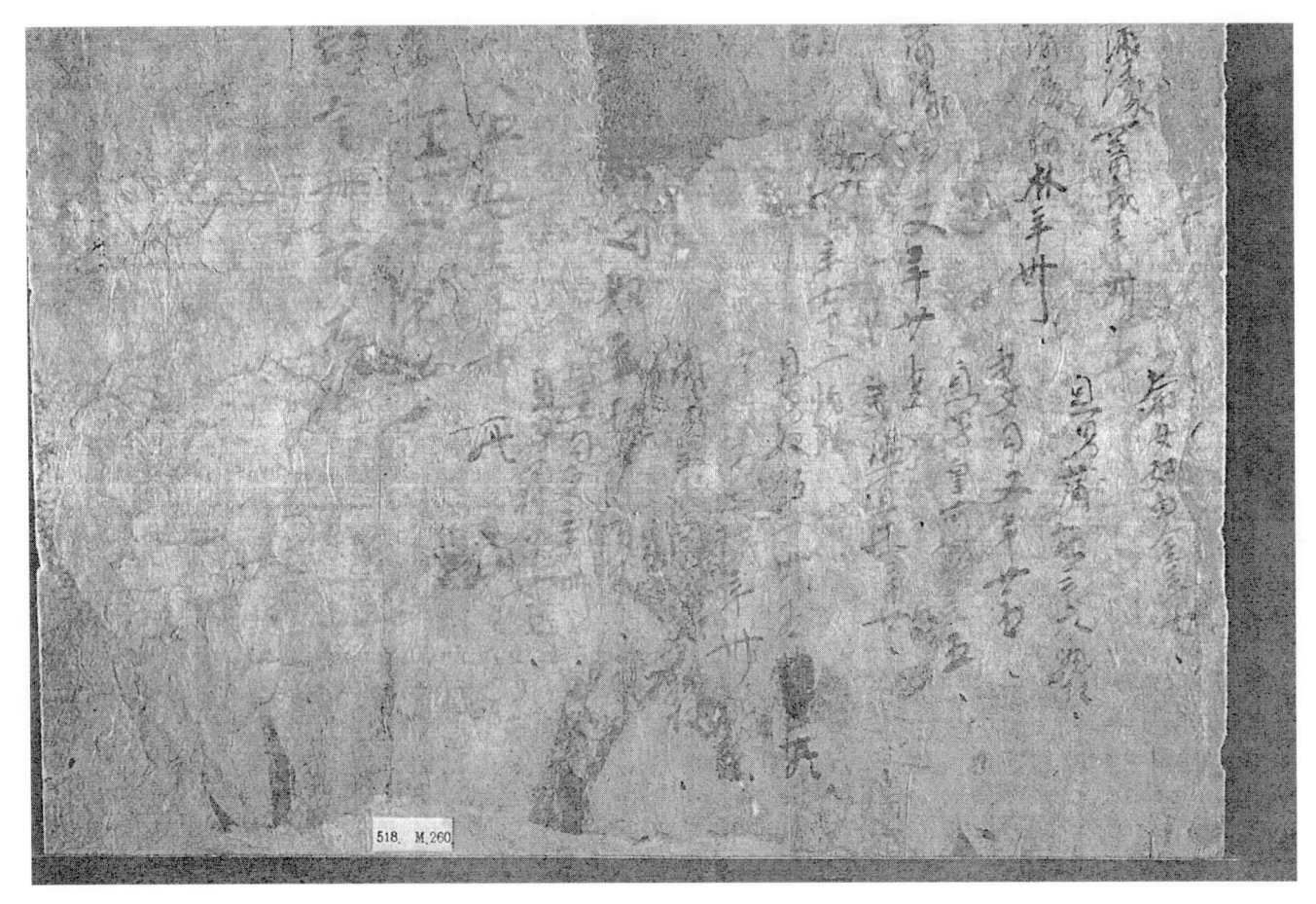

図11-25　M. 260

  □□　　右一人屬典客寄以纖錢佛屠中自齋敦煌太守往　　　　　　〈N. XV. 203〉
  　　　　右八寫啓辭前已言府逐捕今重下普下　　　　　　　　　　　〈N. XV. 362〉

　これらはすべてその右に細目を記した単独の簡が連なっていたと考えられる．例えば次のような簡は，食料支給ではない物品の帳簿であるが，やはり個別の項目を記すものであり，またそれらは，必ずしも券の様態をとってはいないのである．

  承　　前駝他帶一枚氀索三枚故絶不任用　　　　　　　　　　　　〈Ch. 788〉
  承　　前新入胡甬合三百九十五枚　　　　　　　　　　　　　　　〈Ch. 779〉
  承　　前桔梗八兩　　　　　　　　　　　　　　　　　　　　　　〈Ch. 783〉
  承　　前茱萸五升稱得　　　　　　　　　　　　　　　　　　　　〈Ch. 784〉
  承　　前囚鈃二具　　　　　　　　　　　　　　　　　　　　　　〈Ch. 777〉
  承　　前□□□□　　　　　　　　　　　　　　　　　　　　　　〈Ch. 786〉
  承　　前囚釿二具　　　　　　　　　　　　　　　　　　　　　　〈Ch. 776〉
  承　　前故絶弩繕六□　　　　　　　　　　　　　　　　　　　　〈Ch. 775〉
  承　　前注丸二百七十二丸　　　　　　　　　　　　　　　　　　〈Ch. 785〉
  承　　前桔梗八兩　　　　　　　　　　　　　　　　　　　　　　〈Ch. 782〉
  承　　前胡鐵小鋸釪十六枚　　　　　　　　　　　　　　　　　　〈Ch. 780〉

「承前」とは，「同右」というほどの意味，簡が編綴されていることがここから明らかになろう．

　以上は，簿籍のうちの＜簿＞に属するものである．次にいま一つの楼蘭出土の＜籍＞を取り上げよう．それは，＜M 260, LM Ⅰ-ⅰ-22＞である（図11-25）．

```
                        妻塤申金年廿□
薄隊　寶成年冊　　息男薄籠年六物故
薄隊　隃林年冊　　妻司文年廿五
                        息男皇可籠年五
薄隊　渫支年廿五
                        妻温宜□年廿
薄隊　□□曾年七十二　□物故
                        息男奴斯年卅五□死
                    ……　年卅　……
                        □□□年□　物故
      □□葛奴年五十　物故
                        妻勾文年冊
                        息男公科年廿五
      勾文□安生年冊　死
          五十二除　十一
          年冊……　　　　　　　　　　　＜M. 260＞
```

　ここにあがる人物の詳細は，明らかではないが，この1枚の紙は彼らの家族の構成，年齢，死亡の有無が注記された名籍であることは，確かである．ただ，これが戸籍といえるかどうか，当時の戸籍がかかる体裁を持っていたのか，それも定かでなく，そのことをここで考証するつもりもない．いま考えたいことは，こういった名籍の類が紙に書かれていたということであり，またそのことから派生する問題である．

　＜M.260＞の紙の大きさは，楼蘭出土の『急就篇』の天地と同じ長さで，23センチメートル，つまりこれは，木簡の通常の長さに相当する．

　さて，この名籍には，いくつかの興味深い点を発見することができる．

　　第一：名籍には，6ヶ所にわたって，家族構成員の死亡が記されている．それは，「物故」と記されたものと，「死」と記されたものの2種類の表記方法がとられている．

　　第二：「物故」と「死」とは，書き手を異にし，「物故」の2字は，名籍の他の部分と同筆であり，墨色・筆勢も変わらない．
　　　　一方の「死」，これは2ヶ所に確認されるが，墨色は他の部分よりもはるかに濃く，字体も異なり別筆であることは，一目でわかる．

　　第三：「息男奴斯年卅五□死」の「死」の部分に注目すると，初めは「物故」と書いていたものを，後で消して「死」と書き直したと見える．

　　第四：各条，各段の年齢を記した下に，濃い墨色のチェックが打たれている．その

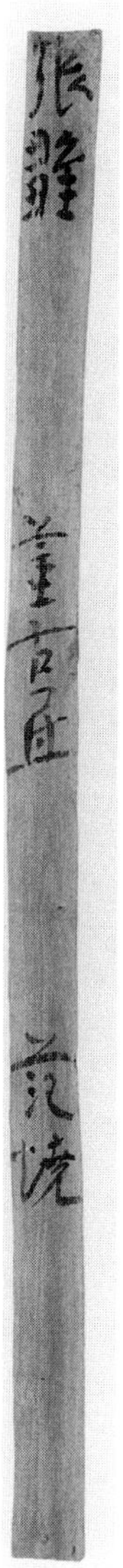

図11-26　Co. II-112

墨の色は，「死」と記す墨色と同じ色，濃淡である．

以上の4点からまず導きだせることは，「死」と「物故」とは，同じ死亡の表記であっても，その意味するところは明らかに異なるということである．第三で指摘した「物故」を「死」と書き直したことが，その何よりの証拠といえる．第二点の「物故」が他の名籍の部分と同筆であり，「死」が別筆であることは，この名籍が作成された段階ですでに死亡していたものを「物故」，それ以降，新たに死亡した者については「死」と表記されたこと，加えて，「死」の追記は名籍をチェックした（チェックの点が打たれた）のと時を同じくすると考えてもよかろう．

名籍が作成された以降，ある程度の時間が経過して後，こういった追記がなされたということ，それは，この名籍がある一定の期間保管されていたということに他ならず，公的な性格が強い簿籍だということであろう．たとえそれが私的な手控えだとしても，一時的なメモ，備忘録といった性格のものではなく，一定期間の有効性を期待して作成されたといえる．

有効性と継続性は，公的な面での要求からと私は考えるのだが，書写材料という視点にたてば，西晋の泰始年間前後と推定されるこの時期に，紙に書かれた公的な名籍がすでに存在していたと言えるであろう．

ただ，ここにおいても先の帳簿＜Ch. 734＞と同じく，紙の名籍と同時に木簡の名籍も一方では存在していたということは述べておかねばならない．

張雛　董古荘　范燒　　　　　　　　　　　　　　　　　　　＜Co. II-112＞（図11-26）

將陳顗書史蘭保　　　　　　　　　　　　　　　　　　　　　＜Ch. 822＞

兵呉鼠　兵敦得受　兵常沙▨　　　　　　　　　　　　　　　＜Ch. 847＞

吏唐循卩　吏左曜卩　吏▨
吏張龜卩　吏申□卩　　吏▨　　　　　　　　　　　　　　　＜Ch. 807＞（図11-27）

功曹　李□　王□▨
主簿　張龜　　　　　　　　　　　　　　　　　　　　　　　＜M. 220＞

以上の簡牘は，戸籍ではないが，名前を列挙したということでは，名籍の範疇に入れてよかろう．これらが，単なるメモ・覚え書きではないことは，＜Ch. 807＞の簡の人名の下に確認のチェック（卩）がうたれていることから証明できる（図11-27）．すなわち，名籍においても帳簿と同じく簡牘が一方では未だ使われていたのである．

以上，簿籍について楼蘭出土の紙の帳簿と名籍を取り上げ，考察を進めてきた．3世紀後半，西晋時代において，簿籍は簡牘に記されていたものが存在する一方，すでに紙の上に記入され始めていた，いわば木と紙が併用された時期であったと言ってよいかも知れない．問題は，その場合に両者はどのような使い分けがなされていたのかというこ

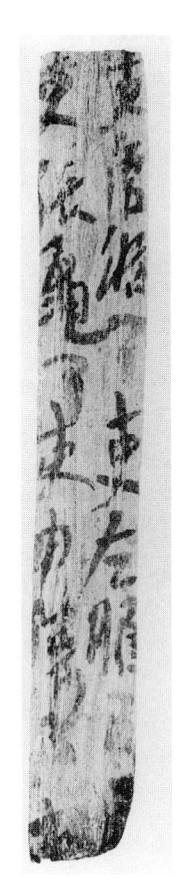

図11-27　Ch. 807

とである．

　私は，帳簿にしろ名簿にしろ，単票のもの，つまりそれぞれが言わばファイルとして記され，追加されていく性質を持った書写材料は，漢代に引き続き簡牘が使用されており，それらがある段階で集約されて整理されるときには，紙の上に記されるようになりつつあったと考えている．ただ，紙の使用はあくまで便宜的な段階で，それが全国的に普遍化し公的な書写材料になっていたかについては，疑問に思わざるをえないのである．

　そしていま一点，これは楼蘭出土の簿籍からは検証できず，むしろ文献史料からの類推であるが，郡県の戸籍といった長期にわたって，保管され補充されていくものは，やはり簡牘が正式な書写材料であったのではないだろうか．これらは一定の様式・書式を持ち，かつそれはすべての官署に共通したものである．旧来から引き継がれてきた王朝の戸籍の様式を変換するには一朝一夕ではもとより不可能で，何か大規模な改訂の国家的事業を以って初めて可能であろう．いくら紙が普及しても，旧来の行政システムは容易に変えることはできず，そこには変化を促す外圧と一定の時間が必要であったと思うのである．

　晋泰始4年(268)に成立をみる晋令，その戸令には，次の一条がある．

　郡国諸戸口黄籍，籍皆用一尺二寸札．

　泰始4年の国家の戸籍は依然として簡牘（札）であった．なお，この問題は，ここにみえる「黄籍」の解釈も含めて，後にもう一度取り上げることとなろう．

11-4-4　[IV] 検・符

　楼蘭からは，穀物や布帛の支給に関しての符券が数多く発見されている．なかでも＜Co. II-48, LA II ii＞「泰始五年十一月九日……　倉曹掾李足」等の自筆署名が記された券は，未だそれが二分されていない状態で出土しており，誠に興味深い貴重な資料といわねばならない．

　＜Co. II-48＞以外にも，自筆署名の券，その断片が数多く楼蘭から発見されている．その詳細に関しては，ここで論ずることしはないが，書写材料の変遷という点からすれば，符券は木の札に書かれるものだということをまず確認しておこう．券は，単に文字をその上に書くだけでなく，券面に切り込みをいれたり，券面を二分したり，保管しておくといった文字情報以外の機能を持ち，従来から引き継がれてきた一定の様式・書式といったものがある．未だ平面的で耐久性の乏しい紙がそういった機能を吸収することは，西晋泰始年間ではできなかったのであろう．

　事柄は，検においても同じい．文書，帳簿の送付に際して，いわゆる封筒の役割をする検は，楼蘭遺址からいくつか出土しており，やはりそれは漢代の検と同じように封泥匣が刻まれた木製のものである．ただ，居延出土の漢代の封検に比べると，若干小ぶりで，同じ楼蘭出土の検についてもそれは二つの種類に分けることができる．

III部　研究編

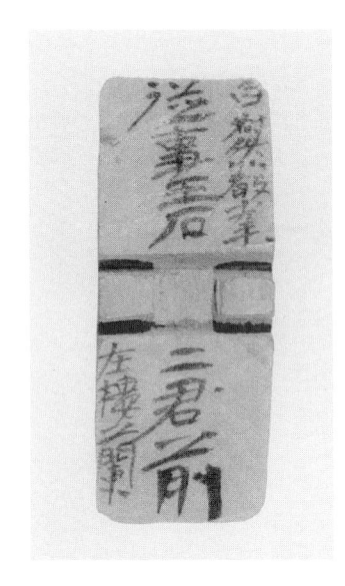

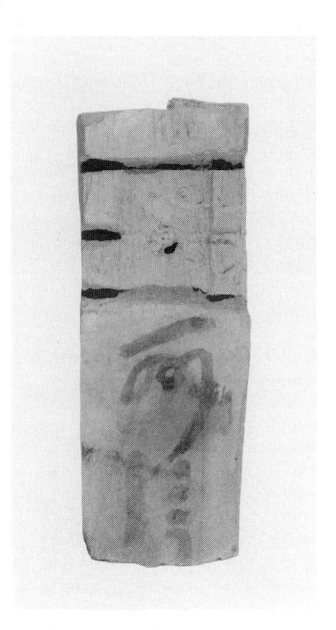

左から
図 11-28　Co. II-117
図 11-29　Co. II-118
図 11-30　Co. II-119
図 11-31　Co. II-120

第一類

　　　白叔然敬奉
　　從事王石　二君前
　　　　在樓蘭　　　　　　　　　　　〈Co. II-117〉66×40 mm（図 11-28）

　白泰文
　　瑋然
主薄馬　趙君　　　　　　　　　　　〈Co. II-118〉60×26 mm（図 11-29）

馬厲印信　　　　　　　　　　　　　〈Co. II-119〉95×40 mm（図 11-30）

印信　　　　　　　　　　　　　　　〈Co. II-120〉76×29 mm（図 11-31）

　これらの検に彫られた封泥匣は，10×10 ミリメートル，20×20 ミリメートルの大きさである．
　いま一種，以下のような第二類の検がある．

第二類

泰始二年八月十日丙辰言

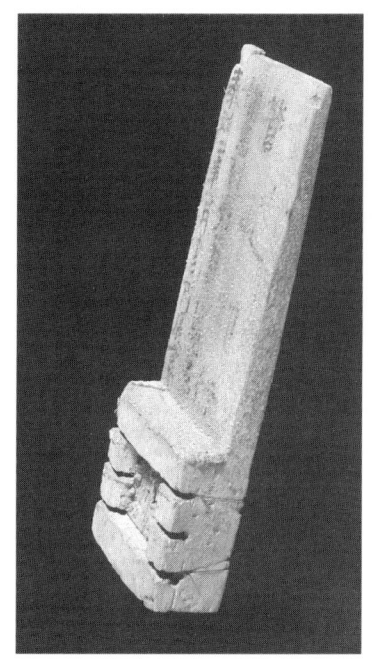

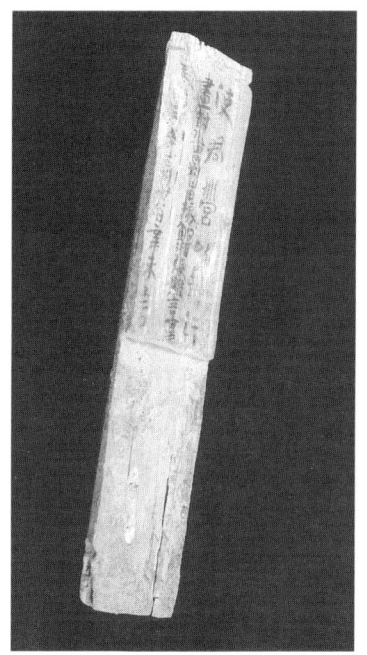

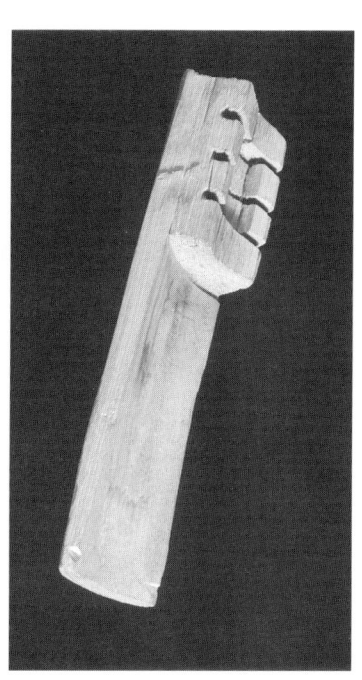

左から
図 11-32　M. 246
図 11-33　M. 247
図 11-34　M. 248

薄書一封倉曹史張　事
營以　行　　　　　　　　　　154×50 mm　　　　　　　　＜M. 246＞（図 11-32）

泰始三年二月廿八日辛未言
書一封水曹督田掾鮑湘張雕言事
使君營　以郵行　　　　　　　149×48 mm　　　　　　　　＜M. 247＞（図 11-33）

泰始□年□月十日丙辰言
書一封□曹史梁□言事
營以郵行　　　　　　　　　　148×38 mm　　　　　　　　＜M. 248＞（図 11-34）

　これらは，第一類の検よりも少し大きく，平均 100×50 ミリメートルの大きさを持つ．第一類と第二類の検，私はこの両者は用途，機能を異にする検だと考える．第一類の文面をいま一度見てみよう．

　「白叔然敬奉/從事王石　二君前/在樓蘭」＜Co. II-117＞，「白泰文/瑋然/主　薄　馬趙君」＜Co. II-118＞，「馬厲印信」＜Co. II-119＞，「印信」＜Co. II-120＞，これらは，すでに指摘したように（492頁），「叔然」「王石」，「馬泰文」「趙瑋然」らに向けて発信された手紙を紙に包み，その包装紙に受取人の名を書いた上で結わえられた検と想定されるのである．そしてこれら検の大きさ，60×30 ミリメートルは，折りたたんだ紙の大きさでもあった．

　受け取る側の名前しか書かれていないI類の検とは異なり，II類の検の上には，発信の年月日，封書の内容，さらには逓伝の方法などが書かれている．「以郵行」といった配送の方法を示す語は，すでに漢簡の検に数多く確認されるが，かかる逓伝方法が明記されているということは，この検が郵便物に付けられていたものと見て差し支えない[23]．

それに比べて，配送の方法が記されていないⅠ類の検は，郵便物の一部を占めている手紙に付けられたものであって，それとは別に郵便物全体（それが何通あったかは定かではないが）に付けられた検，つまり第Ⅱ類のごとき検を必要としたということになる．

楼蘭出土の次のような発信簿がある．

 出　長史白書一封詣敦煌府簿書十六封其　　泰始六年三月十五日□樓蘭從掾位
   十二封詣敦煌府二詣酒泉府二詣王懷闕頒　馬屬付行書□□孫得成　　　＜Co. Ⅱ-107＞

ここでは，敦煌宛ては，12通の簿書と1通の手紙（白書）があった．その白書には手紙に付けられた検が，そしてその手紙と簿書を含めて13通の郵便物を入れた嚢に第Ⅱ類の検がつけられたのであろう．

ここで，想起されるのが未発表文書＜C＞に書き加えられた注記である．

 其人致少勿，不知是何等勿也，成在革囊中，付屬，到取之，囊撿
 上，墨書黑記為信，……

革囊のなかに手紙にいう小物が入っており，その囊の縫い目には，墨書が記入されてそれが本人であることの証明となっているという．おそらくは手紙もその囊のなかに検を付けられて入っていたのではないだろうか．

また，大庭脩氏は，居延出土の漢代の検を整理，分析し，物品につけられた検と，文書に付けられた検に分け，さらに後者を書囊に付けた検と個人宛ての検に分けるが[24]，楼蘭簡についていえば，第Ⅱ類が書囊につけられたもの，第Ⅰ類がその個人あての検に当たると言ってもよかろう．

居延出土の個人宛ての検は以下のようなものだが，やはりこの漢簡の検も，発信の年月日，逓送方法などは記されてはいない．また，「白」との表記がなされており，楼蘭の私信に付けられた検と類似点が目立つ．

図11-35　EPT 40：7

  高仁叩頭白記
   □
  甲渠候曹君門下　　　　　　　　　　　　　　　　＜EPT 40：7＞（図11-35）

  □頭白記
   □
  □□門下　　　　　　　　　　　　　　　　　　　＜EPT 43：34＞（図11-36）

  趙鳳叩頭白記
   □
  戴君門下　　　　　　　　　　　　　　　　　　　＜EPT 56：178＞

  萬歲候長□□
   □
  治所門下白發　　　　　　　　　　　　　　　　　＜EPS 4. T 2：129＞

図11-36　EPT 43：34

杜□白

　　　　　　□

　　夏侯□伯發　　　　　　　　　　　　　　　　＜EPS 4．T 2：131＞

　以上，楼蘭出土の検について私見を述べてきた．検そのものは，もとより木が素材となってはいたが，紙がすでに使われていた晋代においても，検を紙文書に付ける場合があった．それは主として手紙の封検であり，それ自身が単独で送付されることはなく，おそらくは嚢に入れられ他の文書と一緒に送付された．そして，その嚢には宛先，発信月日，逓送方法などが記された検が付けられたのである．

　検と書嚢の関係は，もう一度，次節で考えることになろう．

11-4-5　［V］公文書

　ここでいう公文書とは，詔をはじめとした下行文書，上奏文などの上行文書をいう．それらは簡牘を編綴して使われるものだが，LA 遺址およびそれと同時代のニヤ遺跡からは確かに木簡の公文書が出土している．

　　泰始五年七月廿六日從掾位張鈞言敦煌太守　　　　＜Co. II-1 A＞（図 11-37）

　　未欲訖官穀至重　　不可遠離當　　須治大麥訖乃得　＜Co. II-1 B＞（図 11-38）

　　要急請曹假日須後會謹表言白會月十二日　　　　　＜Co. II-3＞

　　西域長史營寫鴻臚書到如書羅捕言會十一月廿日如詔書律令　＜N. XV. 75＋328＞

　　寫下詔書到羅捕言會三月卅日如詔書　　　　　　　＜N. XV. 348＞

　　將敕　□□兵張遠馬始今當上堤敕到具粮食作物
　　　　詣部會被敕時不得稽留穀斛　　　　　　　　　＜Ch. 769 A＞（図 11-39）

　　五月三日未時起　　　　　　　　　　　　　　　　＜Ch. 769 B＞

図 11-37（左）　Co. II-1 A
図 11-38（右）　Co. II-1 B

　＜Co. II-1 B＞などは，一字分の空格が設けられており，これはやはり編綴のためのものであろう（図 11-38）．また，＜図譜 13＞，＜図譜 12＞は，「如詔書」との常套句で結ばれた下行文書，＜Ch. 769＞は，「八日謹案文書今受勅□╱」＜Ch. 817＞と他の楼蘭木簡に見える「勅」に属する下行文書と考えられる（図 11-39 A，B）．

　こういった上行文書，下行文書は，居延漢簡，敦煌漢簡に散見されるが，同じような常套句をもって，同じような形式で晋代の楼蘭簡にも認められるのである．楼蘭出土の簡を見る限り公文書は簡牘であったといえよう．

　いま，「楼蘭出土簡を見る限り」といった．実は文献史料には，魏晋時代にはすでに詔書は紙が使われていたと考えねばならない資料が存在するからなのだが，この問題も先

送りにしておき，ここでこれまで検討してきた楼蘭出土の文字資料から明らかになった，内容と書写材料の関係をまとめてみよう．

楼蘭出土の魏晋時代の簡牘，紙の内容は，大まかに言って，［1］書籍，［2］手紙，［3］簿籍，［4］公文書，に分類できた．それを，本稿11-2節で簡牘の材質，機能，使用方法などの観点に立って示した表11-1の上におき，書写材料の区別をくわえると，あらたに以下の表11-2が完成する．

表11-2

分　類	形　態	材質（漢）	内　容	材質（晋）
I	単独簡	木簡	各種証明書，封検など	木簡
II-A	編綴簡	竹簡	書物	紙
II-B	編綴簡	竹簡	簿籍	木簡，紙

≪I≫に分類されている単独簡，つまり券・検などの類は，晋代になっても依然として木簡がそのまま使用されていた．

≪II-A≫の書物，ここには手紙も加えてよいだろうが，漢代には主として竹簡が使われ，最終簡から巻きこむ冊書の形態を取っていたものは，紙への移行をほぼ完全に終えていた．

同じ竹簡でも，≪II-B≫，これも冊書の形態を持つが，≪II-A≫とは異なって，帳簿・名籍のようなファイルとして使用されていたものは，紙が使用されていた一方，未だ簡牘も使われていたのである．そこでは，確かに紙の公文書が出現しつつあったが，順次付加されていく簿籍は，おそらくその原簿に限っていえば，未だ紙への完全な移行はなされていなかった，特に戸籍のような全国一律の書式を持つものは，新たなる書写材料への転換はそう簡単には完成しなかったと考えられるのである．

簡牘はそこに書写する以外の機能を有する書写材料であった．そこにも文字を書くだけといった役割ならば，晋の時代にはすでに紙の時代であった．それゆえ書物・手紙・また書写だけを目的とした簿籍，それらは紙の上に書かれていたのである．しかしながら，書写以外の機能を紙が十分に吸収することは未だできず，また戸籍のような長い年月にわたって一定の様式を保ってきた書写物も紙という新しい書写材料への転換をきたすには，大規模な事業を要するが，それが未だ訪れてはいなかったのである．

書物，私信，簿籍，検，符の他にいま一つ，皇帝が下す詔書，上級官署に提出する行政文書などについて言及せねばならない．

楼蘭からは，晋代の上行文書，下行文書がともに出土しており，それらは簡牘で，明らかに編綴されていたと考えられる．行政文書は依然として簡牘がその書写材料だった，楼蘭文書を見る限りそういった結論が出てくるのであるが，しかしながら，次節での考証を先取りして言えば，詔書は魏晋時代にはすでに紙に書かれていたということが文献史料から窺えるのである．

これは，仮説の域を出ない問題だが，詔書には上奏文をふまえてそれに王言を加える言わばファイルの形式を持つものと，皇帝が一方的に下す命令である制書など，いくつ

図 11-39 (A)（左）　Ch. 769 A
図 11-39 (B)（右）　Ch. 769 B

かの異なった形式を有する．前者のような上奏文＋王言のものは，漢代では両行の簡と，札とよばれる一行の簡の両者が使われたようである．つまりそこにも先に述べたような書写以外の機能が加わっているのだが，例えばそういった書式の詔書などでは未だ簡牘が一般的だったのかも知れない．また，順次詔書が下されて行くとき，受け取った詔書は新たに書写され，執行文言を書き加えて下部の官署に送付された．そういった形態は，いわばファイル的な文書の様態をとどめており，したがってその段階では未だ簡牘が使われていたのかも知れない．ただ，いずれの場合でも，紙と簡の二種の詔書の存在を想定せねばならず，そこに些かの違和感が残ることはさけられない．

　簡牘から紙へ，特に文書・帳簿が何に書かれていたのか，楼蘭出土の木簡，紙文書に限らず，広く文献史料，漢簡なども利用してより総合的な考察を次節では試みてみよう．

11-5　漢から晋へ —— 簡牘から紙

11-5-1　漢簡よりみたる文書送達

　簡牘の時代，書写の分量が多ければ，編綴され冊書の形をとることになるのは，あらためて言うまでもないが，それらを文書として発送するとき，どのような装幀をとって送られていたのであろうか[25]．

　居延漢簡には，日ごとの文書発信記録と受信記録が候官（甲渠候官）遺址にのこっており，発信記録では発信文書の内容，案件の数，発信の日時，封緘した担当者の名が3段にわたって一定の様式をもって記されている．

　　卒胡朝等廿一人自言不得鹽言府　●一事集封　　八月庚申尉史常封　　　　　　　　〈136.44〉

　　甲渠候長候史十二月日迹簿戍卒東郭利等行道貰賣衣財物郡中移都尉府　二事二封　正月丙
　　　子令史齊封　　　　　　　　　　　　　　　　　　　　　　　　　　　　　　　　〈45.24〉

　　大守府書塞吏武官吏皆爲短衣去足一尺告尉謂第四守候長忠等如府書方察不變更者　●一
　　　事二封　　七月庚辰掾曾佐嚴封　　　　　　　　　　　　　　　　　　　　　　〈EPT 51：79〉

　　倶起隧長程偃等皆能不宜其官換如牒
　　　告尉謂誠北候長輔　　　　　　●一事二封　　　　　　　八月丁亥士吏猛奏封
　　　　　　　　　　　　　　　　　　　　　　　　　　　　　　　　　　　　　　〈EPT 52：18〉

　ここにみえる「事」とは，文書に書かれた案件の数をいう．例えば，上の〈45.24〉簡は，甲渠候官から居延都尉府に送付した文書の記録だが，「甲渠候官の十二月の日迹簿」と，「戍卒東郭利などが出張に行った時，衣服などの掛売を行ったことに関する記録」，この二つの案件を「二事」といっている．

　一方，「封」とは，封書であるが，具体的には印を押して封印した文書をいう．

図 11-40（左）　214．24
図 11-41（右）　EPT 51：81

居延漢簡の受信記録には，「○封」との表記が見える．

```
              二封王憲印　二封呂憲印
書五封檄三    一封孫猛印　一封王彊印      二月癸亥令史唐奏發
              一封成宣印                  ＜214.24＞（図11-40）
              一封王充印


              其一封居延卅井候
書二封檄三                     十月丁巳尉史蒲發
              一封王憲                    ＜214.51＞


書三封檄一    其一封居延都尉章　一封孫根印
              一封廣地候印
（以上爲第一欄）
                               十二月丁丑掾博奏發
（以上爲第二欄）                            ＜EPT 51：81＞（図11-41）
```

「書五封」「書三封」とは，明らかに印を押した文書の数を指している．ただ，発信記録と受信記録を比べて見た場合に，発信には「一封」「二封」はあっても「三封」以上の表記はなく，それらは「集封」としてまとめられている．そもそも，「三封」以上を「集封」といったのか，またそれは何故なのか．考えられる妥当なところは，「二封」とは，二つに分けて封をする，「集封」とは，「集めて封をする」ことで，冊書が3通の場合には，一つの書嚢にまとめて収納して封緘したと解する事だろう[26]．

「封」とは印を押すこと，および印を押された文書をいうが，上に挙げた「書○封檄○」の内容からすれば，中身が露見することを防ぐため検を付けて封緘したもののみが「封」と呼ばれたと限定しないほうがよいかも知れない．

居延や敦煌から出土している檄は，多面体の2尺（50センチメートル）の長さの木簡であるが，普通これは封印せず，内容が外から見てわかるようにむきだしの木の札と考えられている．なるほど，＜EPT 51：81＞，＜214.51＞の記事を見れば，檄は「封」のうちには含まれてはおらず，したがって封印されていたのではなかろう．

しかし，＜274.4＞，＜285.23＞，＜214.24＞などは，そうではない．例えば，＜214.24＞を例にとれば，ここでは檄を含めて8通の文書が送られ，そのすべてに封印がされていた．つまり封印された檄も存在するわけであり，事実，甲渠候官遺址から出土した四面体の檄，＜EPF 22：151 A，B，C，D＞には，封泥匣が彫られているのである（図11-42）．

この＜EPF 22：151＞には，「甲渠鄣侯以郵行」なる逓伝方法が記載されており，これは件の簡が嚢のなかにいれられていたのではなく，露出した状態で運ばれたと考えねばならない．

檄は，のちに「露布」とも呼ばれる．

　　檄とは，軍事なり．いまの露布の若き也．

図11-42　EPF 22：151 A，B

『後漢書』列伝 19 鮑昱伝につけられた唐李賢注，「いまの」というのは，したがって唐代を言うのだが，そもかかる檄を「露布」といったのは，檄が封をしないでむき出しであった状態に起因するのであろう(27)．

『後漢書』鮑昱伝について，もう少し言及しておきたいことがある．

ここには，中元元年(56)，光武帝が昱に胡降の檄を司隷校尉の印で封緘させようとしたところ，昱が故事では，官文書には姓を記さず，また司徒の印を押して露布するのに，どうして司隷校尉の印をおすのか，という疑義を呈したという件であった．

——中元元年，拝司隷校尉，詔昱詣尚書，使封胡降檄，光武遣小黄門問昱有所怪不，対曰，臣聞故事通官文書不著姓，又当司徒露布，怪使司隷下書而著姓也．

司徒の印が押された露布，ちょうどそれは先に示した＜EPF 22：151＞のような檄であろうか．この司徒の印が押され，露布の状態で下達されるのは赦令，贖令もそうであった．

凡制書，皆璽封，尚書令重封，惟赦贖令司徒印，露布州郡也，　　　　　　　　　『漢官儀』
凡そ制書は，皆な璽封す．尚書令，重ねて封す．惟だ赦と贖の令は，司徒印し，州郡に露布する也．
凡制書有印，使符，下遠近璽封，尚書令印重封，唯赦令贖令，召三公，詣朝堂受制書，司徒印封，露布下州郡，　　　　　　　　　　　　　　　　　　　　　　　　　　『独断』
凡そ制書には印，使符有り．遠近に下すに，璽封し，尚書令の印もって重ねて封す．唯だ赦令と贖令は，三公を召して，朝堂に詣らしめて制書を受けしめ，司徒の印もって封し，露布して州郡に下す．

『封氏聞見記』巻 4「露布」には，また次のようなことが記されている．

蓋自漢以来，有其名，所以名露布者，謂不封検而宣布，欲四方速知，亦謂之露版，
蓋し漢より以来，其の名有り．露布と名づく所以は，封検せずして宣布し，四方に速やかに知らしめんと欲するを謂う．亦た之を露版と謂う(28)．

封緘しないで送達するのは，封演が言う如く早く全国に知らせることの外に，やはり敢えてその内容を公開してその喧伝の効果をそこに期待したからではなかろうか．贖，赦，そして檄，それらは内容を隠すというよりも，むしろ皇帝の強い意志，恩恵を万民に知らしめるということに，共通項が認められるではないか．

露布の檄は，そのままむき出しで，布で包まれたり，囊に入れられたりすることはなかった．露布とは封印の如何というよりも，包装の有無によるのであり，包装をせずに印を押したものが，露布の範疇に属すのであろう．ではそれ以外の一般の冊書はどうだったのだろうか．私は，検が付けられた冊書は，普通むき出しの状態ではなく，布もしくはそれに類したもので包まれて，その上から検を結わえる，それが文書の装幀ではなかったのかと考えている．「一事集封」はもとより書囊に収納され封印されたのであり，「二封」においても，それぞれの封書は個別に包装され検がつけられたのではないだろうか．加之，それらがまとめて配送されるには，一つの囊に入れられ宛先が書かれた検がそこ

に付けられたのであろう．

　冊書は，布に包装されたり，書嚢に入れられた．もっとも，辺境一帯では簡便さから冊書は包装されず検がじかにつけられることが行われていたかも知れないが，あくまでそれは略式であり，そういった文書送達は正式なやり方ではなかったのではないだろうか．少なくとも，皇帝が下す下行文書，皇帝に奉る上行文書では，冊書は包装されていたのである．このことは以下に示す文献史料から検証することが可能である．

11-5-2　文献史料よりみたる文書送達

> 皇帝六璽．皆白玉螭虎紐．文曰皇帝行璽．皇帝之璽．皇帝信璽．天子行璽．天子之璽．天子信璽．凡六璽．皇帝行璽．凡封之璽．賜諸侯王書．信璽．發兵．其徴大臣．以天子行璽．策拜外國事．以天子之璽．事天地鬼神．以天子信璽．皆以武都紫泥封．青布嚢．白素裏．兩端無縫．尺一板中約署．

『漢旧儀』に見える皇帝の璽と，それに関係した封印を解説する．

　　——皇帝行璽をはじめとする六種類の皇帝の印は，いずれも武都の紫泥で持って封印を施
　　　し，裏が白い無地の青い布嚢で，その両端が縫合していないものに入れて，一尺一寸の
　　　板に，送付すべき官署を略記する．

　また，『独断』には，皇帝の命令のうちの制書について解説した条があるが，そこでも封印の方法を記して次のようにいう．

> 制書，帝者制度之命也，其文曰，制詔三公，赦令贖令之属是也，……
> 凡制書有印使符，下遠近皆璽封，尚書令印重封，
> 制書，帝者制度の命なり．其の文に曰く，制詔三公に制詔す，と．赦令・贖令の属，是れ也，……
> 凡そ，制書には印と使符有り．遠近に下すは，皆な璽封し，尚書令の印にて重ねて封す．

　『独断』の言うところに従えば，制書はまず皇帝の印璽で封緘した上，尚書令の印で重ねて封をする．つまり二重に封緘するのであり，具体的には編綴された冊書はまず，青嚢に包まれ，その上に検を置き，紫色の封泥の上に印璽をおし，尚書令の印で重ねて封印をする．したがって，皇帝の印璽を押した検はあらためて別の布で包まれて二重に包装されたのであろう．

　また，紙に関する考証において本稿で引用した史料だが，成帝元延元年の中宮曹宮が身ごもった子をめぐっての中黄門田客が携えてきた詔書，それは「緑色をした厚手の絹で，底が四角になっている嚢に，御史中丞の印で封印が施され，そのなかに詔が入っていた」．この場合も詔そのものにも，当然，印璽が押されていたと考えねばならず，すなわち二重に封緘されていたのであろう．

　いま一つ，後漢末のこと，袁紹を非難しその罪状を挙げる公孫瓚の上表に，袁紹が詔を矯ったことを挙げている．

窃其虚位，矯命詔恩，刻金印玉璽，毎下文書，帛嚢施検，文曰，詔書一封，邸郷侯印
　　其の虚位を窃み，詔恩を矯命し，金印玉璽を刻む．文書を下すごとに，帛嚢もって検を施し，文に曰く，詔書一封，邸郷侯印　　　　　　　『三国志』魏書公孫瓚伝所引『典略』

邸郷侯とは，袁紹が封ぜられた侯位，彼は玉璽を作造し，偽りの詔を書き，それを帛の嚢に包んで自分の印をおしたと言うのであろう[29]．

編綴され，冊書の形になっていた皇帝の詔は，編綴簡にじかに検が付けられるというやり方はとられなかったと言わねばならない．

皇帝の下す詔だけではない．上奏文も同じく書嚢に入れられていたと考えられる．

　　凡章表皆啓封，其言密事得帛嚢
　　凡そ章・表は皆な封を啓く，その密事を言うは，帛嚢を得る．　　　　　　　『漢官儀』

臣下が奉る章・表は，開封するのが普通であったが，それを嚢にいれて封印をする場合もあったという．有名な話としては，前漢文帝は，上書の嚢でもって，カーテンを作ったとして，その質素倹約が称えられている．

　　願近述孝文皇帝之時，当世耆老皆聞見之，……兵木無刃，衣緼無文，集上書嚢以為殿帷
　　……兵木，刃無し，衣緼，文無し，上書の嚢を集めて以て殿帷を為る．
　　　　　　　　　　　　　　　　　　　　　　　　　　　　　　　　　　　『漢書』東方朔伝

　　文帝愛百金於露台，飾帷帳於帛嚢
　　文帝は百金を露台に愛しみ，帷帳に帛嚢を飾る
　　　　　　　　　　　　　　　　　　　　　　　　　　　　　　　　　　　『後漢書』翟酺伝

上奏文は，単に嚢に入れられたと言うのではなく，冊書を嚢で包み，その上から検が付けられたと考えられる．『続漢書』礼儀志が記す，冬至に行う調律の儀式に次のようにある．

　　八能士各書板言事，文曰臣某言今月若干日甲乙日冬至，黄鐘之音調，君道得，孝道褒，商臣，角民，徴事，羽物，各一板，否則召太史令各板書，封以皁嚢
　　八能士，各々板に書し事を言う．文に曰く．「臣某言今月若干日甲乙日冬至，黄鐘之音調，君道得，孝道褒」，商臣，角民，徴事，羽物，各の一板．否ずんば則ち，太史令を召して各々板書せしめ，封するに皁嚢を以ってす．

嚢で包まれたものは，やはりその上から検が付けられたのであり，検が付けられる場合には，編綴された簡牘そのものにじかに付けることは，普通はしなかったのである．

以上，下行文書も上行文書もともに，布に包まれて封緘されたということを文献史料の上から考証を試みた．かかる文書がやがて紙に変化していくことになる．

11-5-3　紙の時代へ

詔書や上奏文といった官文書が紙に書かれるようになったのが具体的には，いつ頃か

らなのか，その転換が一時に起こったのか，段階的であったのか，さらには文書の種類によって書写材料を異にしていたのか．楼蘭出土の官文書には，簡牘が使用されており，それが3世紀つまり魏晋時代のものとすれば，その時点では未だ完全には紙への移行を終えていなかったといえるであろう．

文献史料に関してみれば，魏の明帝の時代には，すでに詔が紙に書かれていたことが検証できる．

景初2年(238)，臨終の際の明帝は，燕王曹宇に後事を託そうとするが，実力を有していた曹爽と司馬懿の処遇をめぐって，臣下の対立からやがて政変に発展するなかで，内容を異にする詔が二度三度出される．

> 帝曰，曹爽可代宇不，放，資因賛成之，又深陳速召大尉司馬宣王，以綱維皇室，帝納其言，即以黄紙授放作詔，放，資即出，帝意復変，詔止宣王勿使来，尋更見放，資曰，我自召大尉，而曹肇等反使吾止之，幾敗吾事，命更為詔，帝独召爽与放，資倶受詔命，
>
> 　　　　　　　　　　　　　　　　　　　　　　　　　　　　『魏書』劉放伝
>
> 帝曰く，曹爽，宇に代るべきやいなや．放，資は因りて之に賛成す．又た深く速やかに大尉司馬宣王を召し，以って皇室を綱維せんとするを陳す．帝，其の言を納れる．即ち黄紙を以って放に授けて詔を作らしむ．放，資は即ち出で，帝の意，復た変ず．詔して宣王を止めて来らしむなし．尋いで更めて放，資に見えて曰く，我れ自ら大尉を召さんとするも，曹肇等は反えって吾をして之を止ましめ，吾事を敗らんとねがう．命じて更めて詔を為し，帝は独り爽と放，資を召して，倶に詔命を受く．

ここでは，複数の詔が出されるが，「黄紙」とある如く，これは紙に書かれた詔であった．さてその黄紙だが，後にこの語は皇帝の詔そのものを意味し，また九品中正法における郷品の品数を記すリスト，さらには登録自体を意味する語となり，類似の語として「黄籍」「黄冊」というものもある．いったいどのような背景から黄紙は登場するのであろうか．

この問題は，すでに中村圭爾氏が考察(「黄紙雑考」『大阪市立大学東洋史論叢』10，1993))を行っているが，漢簡から晋簡，また楼蘭出土の紙文書を考えた本稿においても，木から紙への移行の考察のなかでこの問題を取り上げて見たい．

以下の考察は，二つの方向から進める．一つは，紙に書かれた詔の紙色についてのもの，いま一つは官文書としての黄紙，黄籍に注目した考証である．

詔の紙色

「黄紙」という語が最初に文献の上で確かめられるのは，先に挙げた『魏書』劉放伝の記事のなかであるが，まずここで次の事を確認しておかねばならない．それは，「黄紙」は，後の時代には確かに抽象的な，または象徴的な概念を意味する語として用いられることが目につくが，魏晋では，「黄紙」の「黄」に限って言えば，「黄色をした」「黄色に染めた」という色彩語であったということである．すでに挙げた孟康が「赫蹏書」という語につけた注釈がこのことを如実に語っている．

> 孟康注「蹏とは猶を地のごとき也，紙素を染めて赤からしめて之れに書す，いま

の黄紙の若し」

　孟康は，三国魏の人．「赤く染めた」紙に対応させて解説している限り，かれが意識する黄紙は，「黄色く染めた」紙でなければならない．本稿でも後に言及することになろうが，「黄籍」について言えば，「黄色」という色彩を意味していたと断定することに，些かのためらいがあるのだが，魏晋の文献にみえる「黄紙詔」は，「黄色の紙に書かれた詔」として登場するのである．

　さて，黄紙は『晋書』のなかにも確認されるわけだが，そこでは別に「青紙」「青色の紙に書かれた詔」も存在する．『晋書』巻53愍懐太子伝に，次のような記事が載せられている．以下，論を進める上での便宜のため，番号をふる．

a：青紙

①晋恵帝元康9年 (299) 12月，愍懐太子の廃絶を目論む賈皇后は，太子を入朝させ，したたかに酒を飲ませた．酩酊のなか，意識もはっきりしない太子の前に，承福という下女が紙と筆をもって現れ，酔っ払った太子に怪しげな祈禱文を書かせ，不充分なところは他のものが補筆してでっちあげた上，それを恵帝に差し出したのである．大臣たちが入朝した後に，黄門令の董猛に太子が書いたその書きつけと青紙の詔をしめして，恵帝はいう．

　　「奴の書いたものである．死罪を申し渡す」

追い討ちをかけるごとく，賈皇后は長広公主の言葉と偽って，かく伝える．

　　「事柄は，すみやかに処理されねばなりません．群臣のなかには必ずしも賛成しないものもいるかもしれませんが，詔に従わないとなれば，軍法でもって処理なさるのがよいでしょう」

太子は，結果として死は免れたが，廃位は避けることができなかったのである．のちに太子自身は妃に書き送った手紙のなかで，次のようにそのときの事を回顧している．

　　——酒を進められるままに飲んで，ぐでんぐでんになってしまったとき，一人の婢が封をした箱を持ってきて言ったのだ．「この文章を写せとの詔でございます」と．私がびっくりして起きあがって目を凝らしてみてみると，白紙が1枚，青紙が1枚あった．「陛下がお待ちでございます」とせかされ，承福という下女が筆と硯と墨，そして黄紙を持ってきて，私は書かされてしまった．

（『晋書』巻53愍懐太子伝）

　ここには，黄紙の他に，青紙，白紙という色の異なった3種類の紙が登場する．詔書ということに注目すれば，黄紙の詔書と青紙の詔書が存在しているのだが，ではこの2種の色の詔書はどういった違い，区別があるのだろうか．

　結論を出す前に，もう少し青紙の詔の用例を追ってみよう．

②愍懐太子廃位事件の少し前のこと，皇太后一族楊氏を誅殺するにあたって賈氏は，恵帝の異母弟である楚王瑋を利用し，さらに大叔父にあたる汝南王亮をも，恵帝の詔だと偽って楚王に殺させ，その楚王も数日もたたないうちに，矯詔の罪をきせて

葬り去るのである．

> 詔以瑋矯制害二公父子，又欲誅滅朝臣，謀図不軌，遂斬之，時年二十一．
> 詔して，瑋，制を矯めて二公父子を害し，又朝臣を誅滅し，不軌を謀図するを欲するを以って，遂に之を斬す．時に年二十一．　　　　　　　　（『晋書』巻59　楚王瑋伝）

死に臨んで，瑋は懐から，青紙の詔を取り出し，涙を流して監刑尚書の劉頌に訴える．

> ──詔を受けて行動に移し，社稷のためと思ったが，いま，罪に問われる羽目になってしまった．先帝のためにと体を張って，無実の罪を着せられる．どうか真相を究明し，お上に申し上げていただきたい．
>
> 受詔而行，謂為社稷，今更為罪，託体先帝，受枉如此，幸見申列

ここで，楚王が示した青紙の詔は，後の言葉に見える「受詔而行」の「詔」，つまり汝南王討誅の命が記されたものである．『太平御覧』巻593所引「王隠晋書」には，この件をこう記す．

> 楚王瑋既誅汝南王亮，尋又詔云，瑋矯詔行斬刑，臨死出其懐中青紙，以示監刑尚書劉頌，流涕而言，此詔書也，受此而行，謂為社稷，今更為罪
> 楚王瑋，既に汝南王亮を誅す，尋いで又た詔して云う，瑋は詔を矯めて斬刑を行う．死に臨みて其の懐中より青紙を出し，以て監刑尚書劉頌に示し，流涕して言う．此れ詔書なり．此れを受けて行う．社稷の為めと謂うも，いま更めて罪と為る．

汝南王討誅の詔，それは他ならぬ青色の紙に書かれてあったことに，注目したい．

③『晋書』巻五九趙王倫伝，いわゆる八王の乱であるが，永嘉2年（301），帝位を篡奪した趙王倫とその一味孫秀の横暴の様を記す．
　──倫が出した詔令は，秀がみだりに改変し，与奪することもあった．勝手に青紙に詔を書き，朝令暮改ぶりは，二度ならず四たびを数え，百官の配置換えは，水の流れのように流動的であった．

> 倫之詔令，秀輒改革，有所与奪，自書青紙為詔，或朝行夕改者数四，百官転易如流矣．
> （『晋書』巻59　趙王倫伝）

青紙について，いま一つ例を挙げておこう．
④晋から時代がさがり，南斉武帝の永明年間（483-493），武帝の豫章王嶷は，49歳でなくなるが，死後，旧知の沈文季の夢枕に立ち，こう告げる．

> ──私は，未だ死にきれないのだ．皇太子は膏薬のなかに11種の薬を混ぜて，私の腫物が治癒するのを妨げ，また湯中にその効き目が続くようにと1種の薬を入れたのだ．私は先帝に訴えて，東邸にもどるお許しを得，事の処理をおおせつかった．
> 豫章王はそういって，懐から青色の文書を出して示したのである．
> おまえとは，旧知の間柄，そなたに頼むが，上様にこのことをよしなに伝えて欲しい．

(『南史』巻42　豫章文献王疑伝)

　以上，例として挙げてきた青紙の詔書，さらには，黄紙の文書，複数の色でもって分けられた紙，詔書にはどういった意味が込められているのであろうか．
　何よりまず言っておかねばならないことは，色の相違は単なる装飾ではなく，それによって文書に何らかの区別を行っているということである．
　①の『晋書』愍懐太子の記事にあって，酔いつぶれた太子の前に並べられた白，青，黄色，この3の紙は，異なった用途に使用されるものだったのではないだろうか．また，恵帝が示した死罪の宣告の詔（①），汝南王討伐の命令を内容とする詔（②），趙王倫の矯詔（③），そして豫章王が示した先帝の詔（④），これらはすべて青色の紙に書かれていたわけだが，それは青色であることに意味があり，②で楚王が涙ながらに監刑尚書劉頌に示した——そこに汝南王討伐が記されていた——のは，その内容とともにそれが青い紙に書かれていたことをも同時に訴えようとしたに違いない．
　私は，皇帝直筆の詔，すなわち手詔，それが青紙詔であったと考えている．先の①から④にかけての青紙詔は，皇太子廃位，断罪，誅殺など，とりわけ重大な内容をもった詔であった．事柄の重大さゆえにそれは皇帝の手詔であり，またそのことを示すために青色の紙が使用されたのである．
　手詔に関する史料は，正史の上から検出するのは枚挙に暇ないが，すでに挙げた明帝臨終の際の司馬宣王召喚をめぐる話に皇帝直筆の詔が見えるのである．
　『魏書』劉放伝には，司馬宣王の召喚を劉放が進言し，帝はいったんそれを認め，劉放にその詔を書かせる．そのとき使われた紙は黄紙であった．

　——帝納其言，即以黄紙授放作詔
　帝は其の言を納れ，即ち黄紙を以って放に授けて詔を作らしむ．

　その後，帝の気がかわりその勅詔をいったん手許に置くが，劉放らは再び帝を説き伏せ，さらに言う．
「ご自身で詔をお書きいただけませんか」
「朕は，病気が重い．どだい無理な話じゃ」
　放はそこで，ベッドに上り，無理やり帝の手をとって詔を書かせ，それをもって退出し，言う．
「詔勅によって，燕王宇らの官を罷免する．省中に止まること相成らん」

　この部分は，『三国志』魏書明帝紀所引，「漢晋春秋」に見えるが，先に劉放に書かせた詔は，黄紙であった．そしてその後，無理やり書かせた燕王罷免を内容に持つ手詔，つまり手詔とそうでないいわば一般の詔，この両者があり，一般のものは黄色の紙に，手詔は他ならぬ青紙が使用されたと考えたい．
　青紙の詔は，皇帝直筆の手詔だったとすれば，その起源は何に求められるのだろうか．ここでいま一度『漢旧儀』の次の史料を引用したい．

　　皇帝六璽．皆白玉螭虎紐．文曰皇帝行璽．皇帝之璽．皇帝信璽．天子行璽．天子之璽．天

> 子信璽．凡六璽．皇帝行璽．凡封之璽．賜諸侯王書．信璽．發兵．其徴大臣．以天子行璽．策拜外國事．以天子之璽．事天地鬼神．以天子信璽．皆以武都紫泥封．青布囊．白素裏．兩端無縫．尺一板中約署．

「皆，武都の紫泥を以って封し，青布の囊，白素の裏，兩端には縫なく，尺一の板中に署を約す」，つまり，皇帝から出された詔が書かれた簡牘は，青色の囊に包まれるという．この青囊で裝幀された詔が，青紙詔に移っていくと考えることに，左程不自然はなかろう．青布囊から青紙への移行，これをいくつかの段階を積み重ねて結論を導くと次のようになろうか．

1. 漢代にあって，文書となった冊書は，そのままの狀態で發送されるのでなく，原則としては布類に包まれて，その上に檢が付けられた．これはすでに繰り返し強調し論證してきたことである
2. 簡牘を包む囊にも，實は色による區別がなされていた．例えば，『漢書』丙吉傳には，邊境から發送した緊急事態をしらせる文書は，赤と白の縞模樣の囊に入れられていたという(30)．

   また，「晋中経簿」（『太平御覽』卷606所引）には，「盛書有縹袠，青縑袠，布縑，絹袠」と，何種類かの袠に入れられた書物を記し，それらは色分けしたあったのである．

   色による區別は，簡牘の時代にそれらを包む囊からなされていたといえる(31)．
3. 紙が製造された初期は，紙は書寫材料ではなく，包裝用紙として利用されていた．これも本稿では，すでに取り上げ論證してきた．

以上，1，2，3をふまえて總合的に考えると，次のような結論を引き出せるのである．

簡牘の時代，文書は布類に包まれた上，檢が施されていた．その包裝用の布は色によって區別がなされており，また包裝用に使われたのは，ひとり布だけでなく，紙（paper）も包裝紙として存在していた．書寫材料が簡牘から紙に移行するなかで，簡牘を包裝した布の色は，新たに書寫材料となった紙の色へと引き繼がれていったのである．そこには，紙がそれまで包裝に使われていたことも，事柄の移行を容易たらしめたと想像される．

その典型を示すのが，青色の詔である．それまでは冊書の形をした皇帝の詔は青い布で包まれ，紫泥の印が封泥匣に押されていた．その「紫泥青布囊」が紙へ移行したときに青色の紙にかかれ，特にそれは皇帝直筆の詔書の書寫材料であった．

『玉海』卷64「詔令」の條にいう．

> 晋爲詔，以青紙紫泥，宋泰始二年，軍功除官衆，板不能，始用黄紙
> 晋，詔を爲す．青紙紫泥を以ってす．宋泰始二年，軍功の除官，衆く，板は能わず，始めて黄紙を用う．

また，『陳書』卷35陳寶應傳に，「紫泥青紙」の記事が見える．

11章 3世紀から4世紀にかけての書写材料の変遷

以盛漢君臨，推恩婁敬，隆周朝会，廼長膝侯，由是紫泥青紙，遠貢恩沢，郷亭亀組，頒及嬰孩

以うに，盛漢，君臨し，恩を婁敬に推す，隆周の朝会，廼ち膝侯を長とす．是れ由り，紫泥青紙，遠く恩沢を貢し，郷亭の亀組，嬰孩に頒及す．

「紫泥青紙」，確かにそれは，「紫泥青色囊」の延長線の上に位置するものであろう．

青紙，青色囊は皇帝と直結したものであるとして，ではなぜ青色でなければならないのか，青紙詔についての考証の最後に青色の必然性について考えてみよう．

青色は少なくとも特別な色，特に皇帝と深い関係がある色だということは，例えば天子の内廷をいう「青蒲」という語にも表れている．この語は，『漢書』巻82史丹伝に，史丹が「青蒲に伏して」諫言をしたことに故事を持つ．

丹以親密臣得侍視疾，候上間独寝時，丹直入臥内，頓首伏青蒲上，涕泣言

丹，親密の臣を以って，視疾に侍るを得，上の間にして独り寝る時を候がい，丹は直ぐに臥内に入りて，頓首して青蒲上に伏し，涕泣して言う．

服虔は，「青緑の蒲席なり」といい．応劭は，「青を以って地を規るを青蒲という．皇后に非ざるよりは，此に至るを得ず」と解説し，顔師古も賛意を表している．青色は，皇帝に限られた空間をしめす象徴だったのである．

『釈名』釈采帛には，

青は，生なり．物の生まれる時の色に象る
青，生也，象物生時色也．

同じく，『論衡』道虚篇にも，

物生ずるや，色は青，其の熟するや，色は黄，
物生也色青，其熟也色黄，

青色は，万物の発生を象徴する色ともいう．皇帝が手ずから出す詔は，もとより皇帝しか書くことができず，とりわけ根本的，原初的な存在であり，それゆえ，重要性が高い内容を持つ．青色の紙がその手詔に用いられたことは，かかる背景に依存するのではないだろうか．

b：黄紙・黄籍

青紙の詔に対して，黄紙はどういった性格をもったものであろう．

時代が下って，黄紙とは虫除けの目的で黄蘗の汁で染めた紙のことを言う場合もあるが，書写材料としての黄紙が登場したその最初から，防虫ということと，黄紙とが結びついていたかは，甚だ疑問とせねばならない．すでに見てきたように黄紙の他に白紙や青紙といった色紙があり，それらは防虫とは何の関係もなく，また黄籍は後述するように簡牘が材料となっていたと考えられ，簡牘と防虫としての黄色は何ら関係が無い．あくまで黄色という色に込められた意味があたっとせねばならない．

ところで，黄色の紙に書かれた詔が存在していたことは，すでにこれまで挙げた史料

から明らかである．ただそれは，皇帝直筆の手詔ではなかったことも確かである．『三国志』魏書巻14劉放伝にみえる司馬宣王召喚をめぐって，その最初の黄紙に書かれた詔は，明帝が劉放に書かせたものだった――以黄紙授放作詔．

青紙は皇帝の使用に限られていたが，黄紙は詔に限らず他の様々な文書，帳簿に用いられた．このことはすでに中村圭爾氏の明らかにするところだが(32)，例えば，上奏文，九品中正法における郷品の品第の登録用紙などにもこの黄紙は使われていたのである．そこに共通する特徴は，正式な官用文書，官用簿籍であることの表象であり，詔書をはじめとした原文書，原籍は黄色の紙が使われていたと見なしてよかろう(33)．

そういった正式文書が黄色の紙に書かれる必然性は那辺にあったのか．考えられる可能性は，青色が万物生成の表象であるごとく，黄色が中央，君主の象徴であったことであろう．

　　黄者，中之色，君之服也　　　　　　　　　　　　　　　　　　　『漢書』律暦志
　　黄，地之色也　　　　　　　　　　　　　　　　　　　　　　　　『説文解字』13篇下

そこには，また五行相生説にあって，火徳に代る土徳の王朝，つまり三国魏や呉の五行の配当に黄紙が由来するという意識もあったかも知れない．ただ，金徳（黒）の晋になっても依然として黄紙が詔に採用されていたことからすれば，きっかけは土徳の王朝が関係したとしても，ちょうど服色がそうであるように五行の色が強く意識されたわけではなかろう．

黄紙は確かに黄色の紙であり，黄紙詔は黄色の紙に書いた詔であること間違いないが，この黄紙とは別に，「黄籍」というものが史料に散見する(34)．最も有名なものが東晋江左における黄籍・白籍であり，江南土着民の戸籍を黄籍，僑戸を白籍と区別したものである．黄籍と白籍がどういった意味なのか，つまり紙色に由来し黄色の紙に書かれた戸籍なのか，否，黄色の色とは直接に繋がらない他の意味がそこに込められているのか，これまでいくつかの説が出されてきた．中村圭爾氏は，それらを整理し，黄籍とは西晋初からすでに存在していた札の形式を持つ黄紙の戸籍のことだと考える．

中村氏がここで西晋を意識し，また黄籍は黄紙に書かれた戸籍と見なすのは，晋令＜戸令＞の条文と考えられる一条が残っているからに他ならない．

　　郡国諸戸口黄籍，籍皆用一尺二寸札　　　　　　　　　　（『太平御覧』巻606所引晋令）

普通，晋令と言えば，晋泰始4年（268）に制定された晋泰始令と考えるのが自然であり，中村氏もそれに従うがゆえに，西晋の黄籍と黄紙との連関性を模索したのであった．

『太平御覧』所引の晋令を晋泰始令と考えることに，私も異存は無い．少なくともそれを否定する根拠は見つからない．問題は，西晋時代から存在している黄籍が，木であったのかそれとも紙であったのかということである．

いま，西晋時代から黄籍が存在していたとならば，この黄籍という語は白籍と対になって登場したわけではない．「黄」は「白」に対置するものではなく，「黄」そのものに独自の意味が込められていたと考えねばならないのである．

先に楼蘭文書の分析において，晋泰始年間には簿籍は紙と簡牘が併用されてきたとい

11章　3世紀から4世紀にかけての書写材料の変遷

うことを述べた．そこから，郡県の戸籍といった長期にわたって保管され，補充されていくものはすでに固定した一定の様式，書式を備え，それが機能的に運用されてきたことから，急激な全面変更はできず，戸籍が紙に変わるのには時間がかかった．それゆえ，泰始年間には，戸籍に関しては未だ簡牘が正式な書写材料であったのではないかとの推測を提示しておいた．すなわち，私は泰始令にいう黄籍は，紙ではなく簡牘だったと考えているのだが，以下の行論で，かかる私見をいくつかの資料でもって補強してみよう．

泰始令戸令は，「黄籍は皆，一尺一寸の札に書く」という．その「札」であるが，中村氏が引用する『南史』巻25張興世伝に，「黄紙札」なる言葉が見え[35]，それは，確かに長方形の短冊状の黄色の紙を意味したものであろう．

しかし，この史料が「一尺二寸札の黄籍」が紙であることの証明力を持つかといえば，少々そこに無理がある．

張興世伝の場合は，「檄板不供，内足有黄紙札」と，長方形の檄板の代替として作られた札であり，また札には短冊形という意味が込められていたに違いない．いま，泰始年間に戸籍が一尺二寸の札であるとすれば，短冊形をしたこの長さの紙の名籍を想定せねばならない．しかし，楼蘭出土の名籍＜M.260＞——それは正式な郡県の戸籍ではないが——は決して短冊状ではなく，一面の紙であった．一尺二寸の短冊状の紙を想定することは，無理ではないだろうか．

別の観点からも札が簡牘であることが言える．

「札」とは，漢代における書写材料の狭義の意味では，「両行」に対する一行書きの簡牘をいう．

　　□安漢隧札二百両行五十縄十丈五月輸□　　　　　　　　　＜138.7，183.2＞
　　禽寇隧札二百両□行五十縄十丈□六月爲七月☑　　　　　　＜10.9＞
　　札長尺二寸當三編　☑　　　　　　　　　　　　　　　　　＜EPT 4：58＞

「一尺二寸札」を狭義の「札」に意味にとれば，単に短冊状のものを言うのではなく，2種類の簡牘のうちの「札」の簡を指すということにもなろう．特に，上の資料＜EPT 4：58＞「札長尺二寸」はとりもなおさず一尺二寸の簡牘を言っていることは，無視できないであろう．

こういった状況のなかで，最近，新しい資料がでてきた．

長沙走馬楼簡，1996年，長沙市走馬楼街の古井戸から10万枚以上にのぼる簡牘が出土した[36]．これらは，後漢末建安年間から三国呉嘉禾年間（232〜238）に相当するものだが，多量の簡牘のなかには，名籍も含まれていた．

　　婁大女□年六十二，淮孫子黄年三歳
　　戎里戸人公乗何欽年五十五　算一刑両足

などといった平民の名籍，

　　郡吏黄士年十二　　　　　　　　　　　　　　　　　　　　＜13-7683＞

などといった吏籍なども発見され，それらは23〜24センチメートルの竹簡に1行で書か

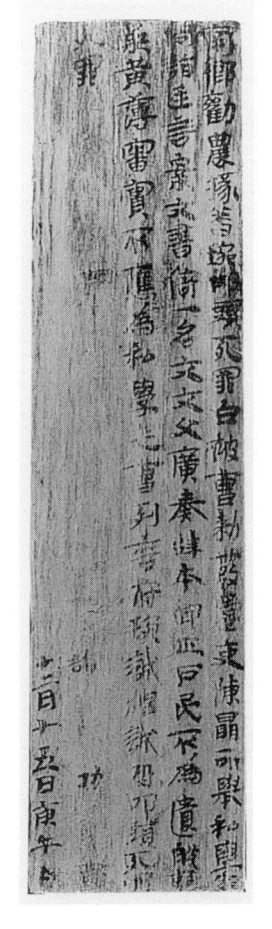

図11-43　J 22-2695

れていたものである．

そして，J 22-2695（図 11-43）

　　　南郷勧農掾番琬叩頭死罪白被曹勅発遣吏陳晶所挙私学番
　　　倚詣廷言案文書倚一名文文父広奏辞本郷正戸民不為遺脱輒
　　　操黄簿審実不応為私学已曹列言府琬誠惶誠恐叩頭死罪
　　　死罪　　　　　　　　　　　　　　　　　　詣功曹
　　　　　　　　　　　　十二月十五日庚午白

南郷勧農掾の番琬が申し上げます．曹から下された命令により，陳晶が検挙しました私学の番倚を出廷させてました．文書を案ずるに，倚は一名，文．文の父は広，奏辞では郷の正戸であり，間違いは無いということです．ところが，黄簿を精査したところ，私学に該当しません．あらためて曹から府に申し上げていただき，判断していただきたく存じます．以上，申し上げます．
　　　功曹御中
　　　十二月十五日庚午白[37]

ここには，しかと「黄簿」という語が見え，それは正式な戸籍を意味しているに相違なく，すなわち「黄籍」と同じ意味とみてよかろう．

長沙走馬楼出土の文書は，この番琬関係文書をはじめとしてすべて簡牘であり，この時代，つまり三国呉嘉禾年間では，「黄簿」は依然として簡牘であったと考えねばならないことになろう．

黄籍（黄簿）に三国時代，簡牘が用いられていたとすれば，西晋の一尺二寸札の黄籍も，いくつかの状況証拠を念頭にいれて判断すれば，やはり簡牘であったと見るほうが自然ではなかろうか．そして，そこから黄籍の「黄」は，色彩を表す語ではなく，中央もしくは土徳の象徴の「黄」といった抽象的語であり，そこには正統という意味が含まれていることから，黄籍＝正式な戸籍となっていったのではないだろうか[38]．

黄紙とは異なり，木簡や竹簡が黄色をしていた，「黄簡」ということは，この時代には理解できず．そういった資料ももとより見えない．

以上，考証を重ねてきた黄紙，黄籍についてまとめてみよう．

まず，詔書や公文書がそこに書かれた黄紙と，三国時代から正式な戸籍を意味する黄籍とは，その意味するところ，また起源を異にする．

黄紙とは，その字にも表れている如くに紙（paper）であり，これは書写材料が紙に移行していくなかでそれまで簡牘を包んでいた書嚢が色によって区別されていたこと，すなわち，皇帝の詔書が青嚢を包まれていたのが，青紙に移行したのと同じ背景から生じたと考えられる．黄色の書嚢があったのかどうかはわからないが，黄紙は青紙，白紙と並ぶ色紙であったことは確かである．

一方の黄籍はこれとはちがう．黄籍は簡牘の時代からの呼称であり，「黄籍」「黄簿」の「黄」は色の呼称ではなく，抽象的な象徴語であり，正式な戸籍という意味を持っていた．

ただ，黄籍という語が黄紙に先行して存在しており，やがて紙の時代になって青紙が

登場したときに,「黄籍」の「黄」が,色彩語としてあらためて意識され,黄紙という色紙の名称を生むのに与ったと考えてよいかも知れない.

簡牘である黄籍と,紙を材料にした黄紙,この二つは西晋の時代には並存していた.それは木と紙の並存時代の具体的有り様でもあったが,やがて黄籍も紙に変わっていき,黄色の紙に戸籍が書かれそれが正式な戸籍簿となったのだろう.「黄」という字義に注目すれば,抽象語がこの段階で色彩語に変化したのかも知れない.

戸籍が紙に変わったのは,では何時と考えるべきか,私はやはり東晋に入ってからと思う.

『通典』巻3食貨の条に,次のような記載がある.

> 梁武帝時所司奏,南徐,江,郢逋両年黄籍不上,尚書令沈約上言曰,晋咸和初,蘇峻作乱,版籍焚焼,此後起咸和三年以至乎宋,並皆詳実,朱筆隠注,紙連悉縫,而尚書上省庫籍,唯有宋元嘉中以来,以為宜検之日,即事所須故也,晋代旧籍,並在下省左人曹,謂之晋籍,有東西二庫,既不係尋検,主者不復経懐,狗牽鼠齧,雨湿沾爛,解散於地,又無扃縢,
>
> 梁武帝の時,所司,南徐,江,郢は両年の黄籍を逋れ,上らざるを奏す.尚書令沈約,上言して曰く.晋の咸和の初,蘇峻,乱を作し,版籍は焚焼す.此の後,咸和三年より,以て宋に至るまで,並びに皆な詳実にして,朱筆隠注し,紙連,悉く縫す.而して尚書上省の庫籍は,唯だ宋の元嘉中以来のもの有り.以為らく宜しく検べきの日,事に即きて須いる所の故なり.晋代の旧籍は,並びに下省左人曹に在り.之れを晋籍と謂い,東西二庫に有り.既に尋検に係らざれば,主者は復た経懐せず,狗,牽き,鼠,齧み,雨湿沾爛し,地に解散し,又た扃縢する無し.

咸和3年(328)以降の東晋の戸籍は,紙の上に書かれていたものだったことがわかる[39].加えて,蘇峻の乱のなかで版籍が灰燼に帰してしまったともいう.おそらく,永嘉の乱から王敦,蘇峻の乱へと続く晋の混乱を経ることで,それまでの西晋の戸籍は壊滅的打撃を蒙り,咸和東晋になって,あらためて戸籍が作り直され,また何回かの土断政策(その始まりは,341年とも言われている)を通じて黄籍と白籍が統一され,黄籍のなかに吸収されていくなかで,新戸籍に紙が使われることになる.そうして成立した「黄籍」,それは黄紙と同じく「正式の戸籍」という意味に変化したのであった.

11-6 結 語

本稿は書写材料の変遷を考察の対象に据え,「11-2節 木簡と竹簡」から「11-5節 漢から晋へ」の四節にわたって,木簡・竹簡を書写材料としていた時代から,紙へ移行するその過程を考古遺物,出土文字資料,文献史料を総合的に利用することで,詳細に辿ってきた.本書の論考が主たる研究対象におく楼蘭・尼雅出土文字資料の時代はまさしく3世紀から4世紀にかけての書写材料の移行期にあたり,紙と木が併用されていたのであった.

本文で考証してきたことの詳細をここでいま一度繰り返すつもりはないが，まとめの意味でいくつかの点を指摘しておこう．

　何よりも強調しておかねばならないのは，簡牘から紙への書写材料の変遷は，段階的かつ漸次的なものであったということである．いまもし，「4世紀になると紙はますます社会に普及し，それまでの木簡や竹簡にほとんどとってかわるようになってきた」と解するならば，それは大きな誤解だといわねばならない．3，4世紀になっても，簡牘は書写材料として使用されていたのである．それは，紙が稀少価値をもったもの，入手が困難であるという外的条件が3世紀，辺境の地で簡牘の使用を余儀なくさせたのではなく，簡牘自体が持っていた内的性格と簡牘を利用した行政の様態が書写材料の変化を段階的，漸次的にしたのである．

　書写物は単なる文字情報のみを伝えるものではない．契約における信，整理に関するカード，ファイルとしての機能を有する，各種文書の書式，形態，それらがすべて書写材料の材質，形態，などに依存して構成されてきた．そして簡牘そのものにも，それぞれの機能に応じて，竹簡，木簡，編綴簡，単独簡などの種類があった．そういった三次元的で，種類も単一ではない簡牘が別の書写材料へ移行していく場合，それぞれの機能の簡ごとに，次元を異にする紙といった新しい書写材料に段階的に移っていったのは，極めて自然なことと言えよう．文字情報だけの書物，手紙は最も早い段階で紙へかわり，検，券，符などの単に文字以外のいくつかの機能を内包していたものは，移行が最も遅れたものだった．

　戸籍などの行政関係の書写物も早い段階で紙に移行したわけではなかった．こういった行政上の簿籍は，一定の形式をもって，有る一定の期間保存されるものである．一定の書式，様式を持つがゆえにそれらは，他の一般的な書籍とは根本的に異なる．書籍の紙への移行が比較的早かったのは，文字情報以外の制約がなかったからに他ならないが，戸籍となると，一つは書式，また一つは全国的な統一性という制約が加わり，それが紙に変わるには技術的，時間的な問題があったのであり，またそれを推進する外的要因，外圧が必要であった．王朝の戸籍が最終的に紙がその材料となるのは，晋の南渡という外圧を経た後であった．

　3世紀から4世紀にかけて，楼蘭文書が語る書写材料の変化に関して，以上述べたことの他に，さらに二つほど加えておきたいことが残っている．

　一つは，移行はそれまでの書写材料の様式を可能な限り忠実に引き継ぐ形で進んでいったということである．その例の一つが本稿11-3節で取り上げた楼蘭出土の書籍，『急就篇』の習書，反故紙である．そこには意味の無い罫線が引かれていたが，なぜ罫線を引かねばならないのか，それは，簡牘を意識した名残ではなかったのか．また，『春秋左氏伝』の断片には，双行の注釈がみられた．注釈を双行で書くという書式もやはり簡牘の書式を引き継いだのであろう．居延漢簡などにみられる簿籍には，挙がっている項目の詳細の注記は小さな文字で両行で書かれていたのである．

　そして，本文で考証をかさねてきた包装用の布・紙が書写材料となっていくとき，重要度，用途などを区別した包装紙（布）の色は，書写紙の色の区別へと受け継がれていったのである．

また，冊書に付けられた検に関しても，紙になってからも，その大きさは簡牘の時代よりも小型にはなったものの，ほぼ同じ形で封泥匣をもった木製の検が使用され，また書写された紙を包む包装紙も使われていたのである．簡牘の時代の記録方法，様式，装幀等は，消滅することなく引き継がれていたことがわかるであろう．

封検があがったことに関連して，いま一つ述べておきたいこと，それは同じ楼蘭，ニヤから出土したカロシテイー簡との比較の問題である．

封検はカロシテイー木簡にも少なからず存在している．それはしばしば写真を伴って紹介されてきたが，封泥匣を持ち，封印がおされ，綴じ紐が残った形のものである．カロシテイー簡の封検があまりにも完全な形で出土したこと，および木簡発見の歴史においてカロシテイー木簡の検が漢文木簡に先だって出土したという木簡出土の歴史から，中国木簡もカロシテイー簡と同じような使用方法をもっていたのだ，少なくも封検にあってはそれが言えると考えられた．

確かに，封泥匣を持ち，そこに封印を押すことは，漢文簡，カロシテイー簡に共通性があるが，簡の形状，用途，機能の面では両者は似て非なるものといわざるをえない．本稿で詳述したように，漢文木簡では検は冊書にそのまま付けられることなくまず包装してから検が結ばれた，その包装紙（布）の色に意味があったのだが，カロシテイー簡は検は木版にそもまま付けられ，それは木版と一体になったものと見てよい．また，封印の解き方もカロシテイー簡は漢文の簡牘とは違うのであった．そもそも，カロシテイー簡は冊書の形のものは存在しないのである．（本書第III部研究編9　赤松論文参照）

カロシテイー簡も漢文簡と同じ行政，司法木簡が大半を占めるが，書写材料としての使用法において，中国の簡牘と連関性は認められないのである．このことは，中国の行政のあり方がかの地の王国に，少なくともカロシテイーを使う民族には受け入れられなかったことを示すものであろう．私は，お互いはそれぞれ独自の行政を行っていたと考えている．

最後に，もう一度，以下のことを述べることで，本稿を閉じることとしよう．

いったい，書写物といえば真っ先に書籍があがり，紙の普及は簡牘にかかれた冊書の書籍から紙本への移行ということと考えられがちである．「3世紀から4世紀にかけて紙が木簡や竹簡に取って代わった」，確かに書籍についてはこれは，正しい．しかしながら，書写物は書籍だけではない．文字を使って書写するもの，それを広く記録というならば，当時，量の上で最も多い記録とは，行政関係の簿籍，文書であった．文書，簿籍による行政，それが統一国家の根幹であったといってよい．

ところで，かかる行政文書，簿籍は単にそこに文字をかけばよいといった書籍のような単一，平面的な記録ではなく，文字情報以外の情報を盛り込み，また一定の書式を備え，またその情報，書式には普遍性が備わっていなければならない．書写材料の移行における段階的，漸次的傾向は，まさにここに起因するのであり，公的記録物が完全に紙に変わるのは，楼蘭文書の時代よりもさらに遅れてであった．

では，それは何時のことなのか，戸籍は東晋になって紙が使用されるとして，その他の契約文書，通行証さらには，楬などの付け札，それらに木簡が使用されなくなるのは

何時なのか．果たして，それは隋唐時代まで残るのか，遣隋使，遣唐使は中国の木簡を見たのであろうか．問題は，奈良時代の日本の木簡が，どこに起源を持つのかに繋がっていくであろう．

しかしながら，現在のところ私は，この問いに対する明確な解答を用意できないのである．事柄の解明は，5世紀以後の文字資料の考古発掘にかかるであろう．

註

(1) 拙稿「二一世紀の秦漢史研究――簡牘資料」(岩波講座『世界歴史』第3巻，1998)
(2) 黄文弼『ロプノール考古記』(『中国西北科学考査団叢刊之一』1948) 168 p．潘吉星『中国製紙技術史稿』(文物出版社　1979) pp. 24-30．
(3) 「陝西省灞橋発現西漢的紙」(『文物参考資料』57-7　1957)．
(4) 潘吉星『中国製紙技術史稿』(前掲) p. 27．
(5) 「陝西省灞橋発現西漢的紙」(前掲) pp. 78-81．
(6) 甘粛居延考古隊「居延漢代遺址的発掘和新出土的簡冊文物」(『文物』78-1，1978)
(7) 甘粛省文物考古研究所『敦煌漢簡』下冊 (中華書局　1991)．
(8) 何双全「天水放馬灘秦墓出土地図初探」(『文物』89-2，1989)．
(9) 甘粛省文物考古研究所「甘粛敦煌漢代懸泉置遺址発掘簡報」(『文物』2000-5，2000)．1994年秋に，大阪近つ飛鳥博物館で開かれた展覧会「シルクロードのまもり」で，懸泉出土の紙が展覧され，何双全氏による解説は次のようにいう．
「7行32字の紙は，大きさ34センチメートル×25センチメートルで，白く紙質は硬く粘り強い．堅密な生地で，表面は平らかで艶があり，生地が草で作られていたことがわかる．別の紙は，表面に二行の墨書があり，「□持書来□」「□故嗇夫」といった文字が認められ，表面はやはり平滑で艶がある」．
(10) 「甘粛敦煌漢代懸泉置遺址発掘報告」(『文物』2000-5) p. 14．
(11) 潘吉星「蔡倫与造紙技術的関係」(『中国製紙技術史』前掲)．
(12) 斜めに書かれているのは，東漢期の紙，「巨陽大利上繕五匹」の文字も同じである．(『文物』2000-5，T 0111①写真，参照)．
(13) 『後漢書』賈逵伝に，建初元年 (76) に賈逵に命じて白虎観で講義をさせ，左氏伝の優位を認め，公羊厳氏，公羊顔氏の学生20人を集めて左氏伝を教授して，「簡紙経書を各一通を与えた」という．
周寿昌は，「簡とは，これ旧伝，紙はこれ後に写する者．是れより遂に多く紙を用い，竹簡は希なり．」というが，これもわからない．『後漢書』で范曄が使用する「紙」は，帛も含めていたからであり，ここの紙本経書とは，いわゆる帛書経書である可能性が十分に有る．『後漢書』には，「簡帛」なる語はみえない．「竹帛」はもとより頻出するが，それは「書功於竹帛」といったように熟語になり，竹と帛という個別のものをさすのではなく，記録という意味に抽象化されている．
(14) 論旨とは，直接関係ないが，極めて興味あることとして，<M. 255>，<M. 256>に関して，<M. 255>の5行目「者」と「所」の間，<M. 256>の1行目「出」の下，2行目「者」の右下，3行目「俗」の右下には，朱点が打たれていること注記しておきたい．
(15) 双行の注釈は，おそらく漢簡の両行の延長線上にあるのだろう．漢簡のそれは，帳簿においては，その内訳を記す場合に，両行でそれが書かれる．また，簡牘には1行書きのものと，2行書きのものがあり，詔書においては，臣下の上奏にあたる部分は2行書きで，皇帝の言葉に当たる部分は1行と，その内容によって1行と2行の区別が設けられている．
(16) 金谷治編『唐抄本　鄭氏注論語集成』(平凡社　1978) 参照．
(17) では誰がそれを学習したのであろうか．駐屯基地の漢人兵士であったのか，その家族，とりわけ子息であったのか．この問題は，楼蘭駐屯の兵士は，家族を伴って赴任するのか否かという問題になろう．これは，漢代の居延漢簡をとおして解明しようとした問題にも共通するが，明確な解答が得られないのが現段階である．確かに，家族を伴って居延地方に居住していたと考えられる資料も確かに存在している．食料支給のいくつかの簡牘は本人だけではなく，その家族の割り当てもその帳簿にしかと記入されているからに他ならない．漢から年月をへた晋の時代もそれ程の変化はなかったと考え

た場合，楼蘭駐屯の兵士は，妻子を伴って居住していたとも考えられるのである．ただ私見では，「急就篇」は主に辺境の書記官が行政文書に使用する字を学ぶために使ったのだと考えている．
(18) 本書資料編籾山論文に，その図が書かれている．本書147〜148頁．
(19) 孟凡人「楼蘭簡牘与西域長史機構官系統的復原」(『慶祝蘇秉琦考古五十五年論文集』文物出版社　1989)．
(20) 長沢和俊「魏晋楼蘭屯戌の実態」(『楼蘭王国の研究』，雄山閣　1996) p. 213 参照．
(21) ただ，その逆の可能性を完全に消去することはできない．＜Ch. 928B＞をかりに官署での正式帳簿とは見なさず，何らかの事情で個人的に作られた手控だとすると，さらに，＜Ch. 928A＞が呉樞が発信した公文書，上行文書の草稿だとすると，まったく逆の想定が成立する．
(22) このうち，穀物受領に関する＜Ch. 734 A＞の類は，居延漢簡では「穀出入簿」に相当する．漢代の辺境の食料支給の実態に関しては，拙稿「漢代穀倉制度 ── エチナ川流域の食料支給より」(『東方学報』京都 68　1996) を参照．
(23) 三つの検とも，上端の左右に切れこみがあり，これはおそらく紐をかけて，固定するためのものと考えられる．
(24) 大庭脩『漢簡研究』(同朋舎　1992) 第二編，第五章「検の再検討」．
(25) 文献史料を渉猟して，書写材料の変遷を論じたものとしては，周知のごとく，王国維『簡牘検署考』が詳細に論じ，また大庭脩「魏晋南北朝告身雑考 ── 木から紙へ」(『史林』47-1, 1964) もある．以下の行論において，いちいち挙げないが，これらの先学の成果に負うところがおおい．
(26) 封が複数になる場合には，単に分量が多くなったということではなく，主文書と関連の添付文書といったように，内容で編綴が分けられたとも考えられる．また，二封以上を集封といい，冊書一つもしくは複数かに区別されていたのかも知れない．
なお，李均明がすでに「漢代所見"行書"文書述略」(『秦漢簡牘論文集』甘粛人民出版社　1989) で「封」「書」の問題は考察しており，基本的には氏の解釈に従う．
(27) 大庭脩「檄書の復原」(『漢簡研究』第一篇，第五章) 参照．
(28) 露版 (板) については，『三国志』魏書崔琰伝にもみえる．
魏国初建，拝尚書，時未立太子，……太祖孤疑，以函令密訪於外，唯琰露板答曰，……
(29) 帛嚢にいれられ，検を施されるという旧来の装幀の方法がとられているところからすれば，詔書は簡牘であった可能性が強い．すでに蔡侯紙が世に出てきた後の時期にこれは当たるが，そのときでも，簡牘が使われていたのであろう．
(30) 『漢書』丙吉伝
此駅吏辺郡人，習知辺塞発犇命警備事，適見駅騎持赤白嚢，辺郡発犇命書，馳来至，駅吏因随駅騎至公車刺取，知虜入雲中代郡，
(31) 『後漢書』楊厚伝には，後漢建初年間に，公孫述の蜀を平定したとき，楊春卿は子の楊統に残した遺言にいう．
「吾綈裘中，有先祖所伝秘記，為漢家用，」
綈とは，厚手の衣，それで作った書物入れが裘である．つまり，帙に同じで，書物を包むものである．当時は未だ書写材料としての紙が使われてはいなかった時期にあたり，この袟は，簡牘を包むそれであったこと，明らかである．
(32) 中村圭爾「黄紙雑考」(『大阪市立大学東洋史論叢』10, 1993)．
(33) これは，仮説の域を出ないが，ここで原簿というのは，初めからかかる文書は副本が取られるのを前提とした議論である．
(34) 文献史料の上から，黄籍という語が確認されるのは，東晋咸康2年 (336) にかかる次の史料である．
咸康二年，零陵李繁姉先適南平郡陳詵為妻，産四子而遭賊．姉投身於賊，請活姑命，賊略將姉去，詵更娶嚴氏，生三子，繁後得姉消息，往迎還詵，詵籍注領二妻，及李亡，詵疑制服，以事言征西大將軍庾亮府平議，時議亦往往異同，司馬王愆期議曰，案禮不二嫡，故惠公元妃孟子，孟子卒，継室以聲子，諸侯猶爾，況庶人乎，士喪禮曰，継母本実継室，故稱継母，事之如嫡，故曰如母也，詵不能遠慮避難，以亡其妻，非犯七出見絶於詵，始不見絶，終又迎迎，養姑於堂，子為首嫡，列名黄籍，則詵之妻也，為詵也妻，則為暉也母，暉之制服無所疑矣，　　　　　　　　　　　(『晋書』礼志)
また，『資治通鑑』斉高帝建元2年の条に，
宋自孝建以来，政綱弛紊，簿籍訛謬，上詔黄門郎会稽虞玩之等，更加検定，黄籍民之大綱，国之治端，　　　　　　　(『南斉書』巻 34　虞玩之伝にもみえる．)
(35) 『南史』巻 25 張興世伝

明帝即位, 四方反叛, 進興世龍驤將軍, 領水軍拒南賊. 時台軍據赭圻, 朝廷遣吏部尚書褚彥回就赭圻行選. 是役也, 皆先戰授位, 檄板不供, 由是有黃紙札.

(36) 長沙文物工作隊, 長沙文物考古研究所「長沙走馬楼 J 22 発掘簡報」,
　　王素, 宋少華, 羅新「長沙走馬楼簡牘整理的収穫」
　　胡平生「長沙走馬楼三国孫呉簡牘三文書考証」　　　　　(以上, 『文物』1999-5).
(37) 同上, および, 「長沙走馬楼三国呉簡選」(『中国書法』1998-1).
(38) 漢代の資料のなかに「黄籍」「黄簿」なる語が見えないのは, この語は三国時代以降に出てきたものと推測される. そこに五行の土徳の黄色があったのかも知れない.
(39) 池田温『中国古代籍帳研究』(東京大学東洋文化研究所　1979).

■索　引（事項索引／人名索引／地名索引／引用出土漢文簡牘・紙文書索引）

◎事項索引

[数字・アルファベット]

1994年中国・スウェーデン合同探検隊　302, 308, 312, 313, 322, 346, 353
　　──のヤルトングース・ダリア探検　313
A Descriptive Catalogue of Central Asian Kharosṭ·i Inscriptions in the National Museum　370
A 32 遺址　480
cimuda　332
Grammata Serica Recensa　324, 358-359
India Office　370, 374
kilamudra　, 375, 377, 384, 387, 402 →楔形木簡, 楔形封印命令書
LA／LA 遺址　178, 212-213, 275, 288-289, 325, 380, 384, 394-397, 399, 408, 496, 505 →地名索引も参照
List of Kharosthi etc. Documents of Sir Aurel Stein's Three Central Asian Expeditions, Packed for Dispatch to India　370
nava　324
raja／rajya／rājya　276-277, 399
rajadareya　274, 276-277, 404
Suvarṇaprabhāsa 写本　171
Tati（遺物散布地）　322
The Central Asian Antiquities Museum　370
　　──スタイン室　370

[ア行]

哀風　211
青色の紙に書かれた詔　513
青布の嚢　516 →嚢
麻筋　480
アショーカ王碑文　391
アテネ・アルキス像　279
亜麻　241
アメリカ自然史博物館　39
アラビア文字→偽造アラビア書　166, 168
『アルタ・シャーストラ』　402-403, 406, 409
以印為信　152
伊吾路　347
以次行　467
伊循候　262
伊循城　466
伊循都尉　261, 263, 468
伊循屯田　262, 465-466 →屯田
イスラム・アクーン→偽造文書, 人名索引も参照
　　──以後型の偽造文書　165, 162, 169, 171
　　──型の偽造文書　165
イスラム教　340
一事集封　507, 509
一封　508, 511
一尺二寸札の黄籍　519-520 →黄籍
糸端　480
糸目痕　217-221, 223-225, 239-240
以郵行　140-141, 149-150, 467, 503, 508
イラン言語　328
尉史　458
印璽　510
印章　258, 279, 375, 443
印信　140, 142-143, 151-153, 158, 502-503
インド＝アーリアン語　259
　　中期──　272, 370
インド＝ヨーロッパ語族　301, 329, 334, 337
「インド人」　328, 406
飲馬長城窟行　210
塢　444, 462
　　──上の大表　449, 452
　　──上表　444, 452
　　──上表出入界課　444
偽夷　272, 283, 318
ヴァス官（vasu）　391-392, 404, 407
ウイグル（Uighur）　168, 316, 329, 334, 337-338
ウイグル（Uighur）文　168
ウイグル語　15, 306, 338
烏丸　448
移り動く湖（oscillating lake）　25
于闐　347
右農　462
右農後長　462
ウンチェリク・カーム（Unchelik-khanym）　310
ウンチェリク・パシム（Unchelik-pashim）　310
営　141, 149-150, 309
永嘉の乱　194, 211, 521
駅伝組織　275
駅馬課　443
エチナ＝オアシス　427-428, 430, 459-460, 463-465, 469
焉耆　145, 181, 264-267, 270-272, 278, 283, 291, 318, 354
延水　455, 461-463
捐毒（Yuandu）　328, 357
オアシス
　　──開発　427
　　──国家　261, 272, 278, 301, 327, 334, 339, 348-349
　　──都市国家群　254
王隠晋書　514
「王国」　317, 323, 328, 399
王昭君辞　210
王敦, 蘇峻の乱　521
黄檗の汁で染めた紙　517 →黄紙
大谷コレクション　5, 54, 57, 360
大谷探険隊　56, 486, 491
オーレル・スタインコレクション　215, 225, 239
贈り物の文書（parida na-lekha）　402
オグ官（ogu）　385, 389, 391-392, 404

[カ行]

カーラ官（ka la）　404
ガーンダーリー　333, 339, 370, 372-374, 408
　　→ガンダーラ語
海外博物館　20, 57
楷書体　185, 487
貝葉　374
科学的考古学　3
嘉峪関　465
家書　140, 142-146
過書刺　442-443
河西回廊　256, 271, 343, 480-481
苛性カリ　308
火徳　518
河南道上塞　450-452, 460
紙（paper）　477, 482, 485, 516, 520
紙質地図　481
紙すき器　216, 240 →製紙
赫蹏書　157, 484-485, 512
カロシュティー（Kharoshti）　11, 29, 60, 146, 156, 253, 258-259, 272-281, 283-284, 286-288, 291, 296-297, 316, 320-321, 327-

索　引

328, 334, 336, 339, 354, 357, 369-376, 380, 382-383, 388, 390, 394-396, 399-409
　——文書　11, 253, 259, 272-281, 283-284, 288, 291, 296-297, 320, 321, 327-328, 334, 336, 354, 369-376, 380, 382-383, 388, 390, 394-396, 399, 402-409 →ニヤ文書
　——碑文　371, 373-374
　——文字　29, 258, 275-276, 286-288, 296, 320, 328, 369-371, 373-374, 400-401, 405, 409
　——文書現況一覧　370
桓　444
函　147, 444
漢簡　53, 135, 149, 152-153, 156-158, 186, 354, 428-429, 432-433, 435, 446, 451-452, 454, 457, 460-462, 467-470, 477-478, 486, 492, 503-504, 507, 512, 524
　居延——140, 152-154, 156, 159, 180, 186-187, 198, 200-202, 354, 427-429, 431, 437, 444, 451-452, 459, 468, 480, 505, 507-508, 522, 524-525
　敦煌——178, 187, 197, 481, 505, 524
　羅布淖爾——466
『漢旧儀』　198, 510, 515
漢語上古音　336
漢語中古音　336
漢字文書　334
『漢書』　157, 180, 182, 201, 203, 205, 255-256, 262, 269, 275, 289, 298, 316, 323, 331, 348, 354, 356-361, 432, 448, 452, 457, 459, 462, 464-465, 469, 484-485, 511, 516-518, 525
『漢書』西域伝　257-266, 269-270, 278-279, 285-287, 289, 293, 298, 464-465
『漢書補注』　316, 358, 485
乾燥過程　216 →製紙
ガンダーラ語　370 →ガーンダーリー
元老 (kitsatsa)　391, 404
黄色の紙に書かれた詔　513, 517
帰義侯　271, 290
気候変化の脈動　20
「魏故精虜将軍河州刺史臨沢定侯鄯使君墓銘」　296
疑似考古学　3-4, 29, 31, 33, 57
『魏書』　190, 292, 297, 317, 323, 345-346, 354, 356, 361, 512, 515, 525
鬼薪　187
偽造文書→イスラム・アクーン
　偽造アラビア書　165
　偽造サカ文字　165
　偽造中国（西夏？）書　165, 169
　偽造ロシア・ラテン文字　165
『急就篇』　185-187, 213, 488, 499, 522

休循　328, 357
『旧唐書』　198, 203, 316-317, 324, 354
九品中正法　512, 518
拳　445, 454
卿　457
僑戸　518
強弩都尉　464
居延漢簡　140, 152-154, 156, 159, 180, 186-187, 198, 200-202, 354, 427-429, 431, 437, 444, 451-452, 459, 468, 480, 505, 507-508, 522, 524-525 →漢簡
居延懸索関　458, 469
居延庫　456
居延城倉　456
居延都尉府　428, 430, 433, 441, 449, 455-456, 458-460, 507
居延農　455, 461-463
居延農官　461
居延農令　461
居部　432
居盧倉　262, 269, 466
居盧訾倉　466-467
居盧訾倉以郵行　467
篋　157, 483-484
仰韶文化　37
行政文書　187, 371, 506, 523, 525
匈奴　154, 210, 256-257, 261-270, 289, 326-328, 331, 339, 347, 356-357, 441, 448-454, 465, 468-469
苣火　430, 449, 452, 454
曲　467
玉器　42, 254
玉門関　257, 347
御史中丞　484, 510
ギリシャ　340
『魏略』西戎傳　269-270, 287
金関紙　480
金徳　518
金鏤玉衣　254
金髪の人種　330 →コーカソイド
禁蘭越塞　436
くい　375
クヴァニ（首都　kuhani）　394
矩形木簡　146, 376, 380, 383-384, 390-392, 397-398, 401, 407 →木簡
苦寒行　210
くさび　375
楔形封印命令書　375, 377, 383-384, 386-390, 398, 403 → kilamudra
楔形木簡　146, 284, 375-377, 380, 383-384, 386, 388, 390-392, 397-399, 401, 403, 406, 407 → kilamudra, 木簡

禺氏の玉　254
クシャーナ　328
クシャーナ朝　275, 285-288, 296, 333, 373-374
グシュラ官　385, 395, 397
薬の包み紙　485
薬函　157
クチャ（Kucha）　7, 10, 55, 161, 164, 285, 302, 329, 331, 343, 348, 356 →地名索引も参照
グレート・ゲーム　6, 55
クロライナ　276, 284
郡県制　295
郡県の戸籍　501, 519
軍侯駅書　443
軍書課　443
薫力　481
詣官　430
詣官簿　437
詣候　430
型式学的研究法　54
罫線　186, 215, 487-488, 522
罽賓　328, 357
檄　431, 440-442, 445, 453, 464, 508-509
「楬」（付け札）　478
月氏　269, 327, 330-333, 336, 351, 356, 358-359, 371, 374
券　478
検　135, 142-144, 146-147, 149, 151-154, 156-159, 375, 478, 483, 486-487, 492, 494, 501-506, 508-511, 516, 522-523, 525
（検の部位）
　匣部　135, 140-141
　歯部　135, 142, 146, 151-152, 156-157, 159
　書写面　135, 141-144, 146, 151-152, 156-159
　封泥匣　135, 140-142, 146, 151-152, 157, 159, 478, 501-502, 508, 516, 523
鉗　187
権限委譲文書 (nisṛṣṭa-lekha)　402
遣隋使　524
肩水金関　444, 453, 455
　——遺址　480
肩水都尉府　428-429, 456, 458
懸泉　155, 263, 481-483, 485, 524
　——遺址　297, 481
遣唐使　524
縑帛　479
顕明燈薬函　157
庫　455-457, 463
候　428-432, 434, 436, 453, 467, 517

――官　429-431, 436-440, 442-443, 445,
　　　　450, 453-456, 458-459, 463, 466, 507
　　　　――史　431, 433, 435-442, 445, 453, 458
　　　　――長　428-442, 445, 450, 453
叩解　239, 241-242, 480　→製紙
　　　――繊維　241-242　→繊維
『皇華四達記』　293, 295
黄簡　520
黄巾の乱　270
甲渠河南道上塞　449
甲渠河北塞　449, 451
甲渠候官　152, 429-431, 435, 439, 441, 449,
　　　459-460, 507-508
甲渠塞　449-452, 463
惶恐　144, 196, 490, 520
黄冊　512
行視　468
黄紙　484, 512-513, 520-521
黄紙札　519, 526
黄紙詔　513, 518
行車　468
行城戸　468
後鮮新世の有機堆積物　305
黄籍　501, 512-513, 517-521, 525-526
　　　一尺二寸札の――519-520
行塞挙　445
高台　208, 210
候長候史日迹簿　439-440
皇帝直筆の手詔　515, 516, 518　→手詔
黄土平原　337
行馬　468
匣部　135, 140-141　→検
杭辺紙　480
黄簿　520, 526
公文書　487, 505-506, 520, 525
郷品　512, 518
『皇輿西域図志』　319-320
候史広徳坐罪行罰檄　445, 452
行歴僧伝　323
コーカソイド　330
五行相生説　518
後曲候　466-467
刻歯　437, 469, 478
穀出入簿　497, 525
五胡　194, 273, 291-292, 296
コータン・サカ語　328　→コータン語
　　　――文書　320-321
コータン語　328, 336
　　　――文書　334
　　　古――171
『後漢書』　159, 180, 198, 203, 206, 263-265,
　　　268-269, 278, 285, 316, 331-332, 339, 354,
　　　356, 358, 360, 431, 448, 479, 482-483, 485,
　　　509, 511, 524-525
『後漢書』西域傳　270, 279, 285-286
国際地質学者会議　35
告知書（prajñāpana-lekha）　402
虎穴に入らずんば虎子をえず　265
戸籍　499-501, 506, 518-523
古代シルクロード　344　→シルクロード
古代トカラ国　330　→地名索引も参照
「国境」　339-340
コネ・シャール（Kone shahr）　313, 315,
　　　319
庫掾　456
コリ官（kori）　284, 388-389, 404
戸令　501
コニーデ型　157

[サ行]
塞　328, 446, 469
塞→サカ族　328
塞尉　431
塞上蓬火品約　449, 451-455, 469
『西域見聞録』　319
『西域考古』　319
『西域図記』　319
『西域図志』　319
『西域水道記』　319
「西域傳」　257-267, 269-270, 275, 278-279,
　　　285-287, 289, 293-294, 298　→『漢書』西
　　　域傳
西域長史　140, 143-144, 149-150, 181, 184,
　　　202, 266-268, 272, 281, 293, 505
　　　――府　184, 194, 212, 408, 486, 495-496
西域都護府　260, 356, 466
西域南路（西域南道）　59, 301, 315-324, 326-
　　　328, 333-334, 336-340, 343-352, 354-355,
　　　361, 370-371, 373
西域北路　343
蔡侯紙　479-481, 483, 485-486, 525
摧残　441
簀床　217-221, 223-225, 240
細辛　481, 483
『西陲總統事略』　319
簀の目痕　217-225, 239-240
再拝　144, 154-155, 197, 199, 202
蔡倫造紙説　482
サカ=ブラフミー筆記文字　171
サカコレクション　162-163
サカ族　328
サカ文書　30, 162, 165-166, 169, 171, 173,
　　　213, 216, 240-242, 321, 328
サックラー・コレクション　43

札　507
冊書　151, 450-451, 478-479, 506-511, 516,
　　　523, 525
殺青　478, 485-486
『左伝』　186, 207　→『春秋左氏伝』
左農　462
　　　――右丞　462
左部左曲候　466-467
彷徨る湖　254
サルト　13
卅井候官　443, 449
サンスクリット　13, 57, 61, 173, 324, 331-
　　　332, 373-375, 384, 395, 398-399, 401, 403,
　　　408
　　　――語　7, 161, 277, 333-334
　　　――文書　30, 161-162, 334
三十井塞　449
卅井塞　449-451, 458, 463, 469
山海関　465
山西大学　35
死　499-500　→物故
璽　510
自愛　144, 182
仕上げ加工　216, 241　→製紙
『史記』　154, 190, 198, 203-204, 206, 256, 316,
　　　324, 354, 356, 358, 448, 454, 464, 465
色彩語　512, 521
直筆の手紙→手紙
使君営　141, 150
自言　456
事件に関する文書（prāvṛttika）　402
『資治通鑑』　326, 356
「史書」　187
侍中　373, 392
紫泥　198, 510, 516
　　　――青紙　516-517
　　　――青色嚢　517
　　　――青布嚢　516
「死の行進」　9-10
歯部　135, 142, 146, 151-152, 156-157, 159　→
　　　検
篩部繊維　242　→繊維
「史篇」　187
尺一の板　516
『釈氏西域記』　293, 299
赦令　509-510
遮虜障　459-460, 464
若羌　347
州　399
　　　――責任者（rajadharaga = Skt. ra
　　　jyadha ra）　393
　　　――長官（cojhbo）　386, 404　→チョジ

索　引

ボー官
従軍行　207, 210
『周書』　317, 346, 354
秋風　207, 209-210
集封　508, 525
『周禮』　197, 202
　　──司儀　277
従郎君　199
従掾位　150-151, 199
『十六国春秋』　277
収虜倉　456
収葆　453-455, 462
儒教　340
「主国」　276-277
守侍中号大都尉　271
守侍中大都尉　271
手詔　515, 517
受信記録　507-508 →発信記録
戍卒　152-153, 436, 438-440, 457-458, 467
出土文字資料　177, 184, 208, 328, 477, 486, 521
首都　267, 274-277, 279, 281-284, 286-287, 289, 292-293, 296, 390, 399
　　首都=「クロライナ」=L. A.説　388
首府　258, 284-285, 395, 397-399
主簿　143, 495
循行　431, 436, 440-442, 445
『春秋左氏伝』　487-488, 522
巡礼僧　61, 306, 318, 324, 345, 349, 354
墝　452
丞　462
小宛　266, 270, 276, 287, 332
省官檄書　445
小月氏　331-332, 358
将軍営　149
松江石刻本　186
城倉　441, 455-457, 463, 467-468
小大宛　332
将兵護民田官　441, 464
詔書　484, 486, 505-507, 510-511, 513-515, 518, 520, 524-525
詔勅　515
詔の紙色　512
障壁　451
証文 (hasta-lekha)　376, 380, 383, 384, 391-393, 402, 404-405, 407, 409
勝兵　348
書函　147
書記　405
贖令　509-510
如詔書　457, 505
如詔書律令　438, 505

ショータンガ官　284, 384, 389-391, 406-407
植物繊維質　483 →繊維
書写材料　144, 154-156, 158, 296, 477-478, 482-488, 490, 492, 500-501, 506, 512, 516-517, 519-523, 525
書写面　135, 141-144, 146, 151-152, 156-159 →検
書嚢　504-505, 508-511, 520
書物簡の編綴　479
刺史　432
士吏　431, 440, 458, 464
シルクロード　5, 28, 32, 46, 242, 302-303, 305-306, 311, 315, 318, 340, 343-344, 347, 349, 352, 355, 360
清　316, 344
　　──時代の中国史料　319
新疆　6, 8, 15, 344, 357 →地名索引も参照
『新疆回部紀略』　319
『新疆識略』　319
『新疆志稿』　319
『新疆四道志』　319
『新疆図志』　319
『新疆大記』　319
新石器時代　29, 34, 37-38, 45, 49, 53, 62-63, 288, 322, 345
晋泰始令　518
晋中経簿　516
晋令　501, 518
晋令「戸令」　518
燧　429-439, 441-442, 444, 450, 456-458, 460, 463, 469
　　──長　429-431, 435-438, 441, 444-445, 458
　　番号──　429-430, 434-435, 451
『水經注』　282, 293
水工　462
萃蘖　441
スイス・タクラマカン探検隊　21, 58
スヴェータ官　393
スウェーデン・ミッション協会　15-16
スウェーデン国立自然史博物館　34, 40, 58, 62
スウェーデン国立文書館　16
スウェーデン国立民族学博物館　14, 16, 177, 212, 214-216, 239, 399
スウェーデン中国調査協会　40-41, 44
スウェン・ヘディンコレクション　161, 165, 215
スウェン・ヘディン財団　50, 214
漉き桁　146
スタイン第三次探検　185-186 →人名索引も参照

スピ (Supi)　275, 407
西夏文字　169
製紙　212, 215-216, 240, 242, 524
　　紙すき器　216, 240
　　乾燥過程　217
　　仕上げ加工　216, 241
　　叩解　239, 241-242, 480
青紙　513-518, 520
　　──詔　515-517
正式文書　518
誠実な考古学　3, 33
青色嚢　517
精絶　323, 332, 336, 338-339
　　──「王国」　323
貰売衣財物名籍　440
青蒲　517
西北科学考査団 (Sino-Swedish expedition)　46, 50, 63, 169, 212-213, 480
迹天田　436
赤幡　454
斥胡倉　461
積薪　440-441, 449, 452, 454
折摩駄那国　318
セルロース　480
繊維　216-225, 239-242, 480
　　──原料　212, 215-216, 240-242
　　──束　217-222, 242
　　叩解──　241-242
　　未叩解──　241-242
　　節部──　242
　　植物──質
『前漢書』　328, 339, 356
前近代の中国旅行記　318
『千字文』　187
宣誓 (śavatha)　386-387, 403-404, 408-409
鄯善
　　──王　147, 264-267, 274-280, 282, 285, 290-292, 295-297, 299, 317, 329-330, 333, 336, 339, 354, 361, 372, 390
　　──郡印　278
　　──国王　258
　　第一──王国　286-287
　　第二──王国　286-287
セント・ペテルスブルクコレクション　167
鮮卑　448
専門的考古学　3, 43
象牙のサイコロ　380
双行注　488
走査型電子顕微鏡　216, 239, 241
『宋史』　317, 354
草書体　204
　　──のブラフミー　166 →ブラフミー

僧団組織　275
ソグド語文書　334
ソグド人　406
　　　ソグド商人　406
蘇峻の乱　521
卒　435, 442-444, 456-457, 460, 462-463
ゾロアスター教　340

[タ行]
第一鄯善王国　286-287　→鄯善
大英博物館　20, 57, 370
大宛　256, 262, 269, 332
大夏　331, 357-358
大月氏　269, 288, 328, 331-332, 356-358
大将軍営　149
代田倉　461-462, 467
『大唐西域記』　270, 318, 323, 336, 346
「大都市」　390, 398　→「大都城」
「大都城」(maham・tanagara)　390, 394, 398
　　　-399 →「大都市」
　　　──の王廷　284, 388-390
第廿二倉　456
第二鄯善王国　286-287　→鄯善
大般涅槃経 (Maha parinirva n・asu tra)　374
大麻　241, 480-481
タクティー形木簡　377 →木簡
タスチャ官　383-384, 389
叩頭　144, 154-155, 159, 201, 504, 520
「旅する大学」　32, 46
タマリスク　172, 304, 307, 312
　　　──ジャングル　307
単于庭　448
単独使用簡　478
置（駅伝）　481
チェック（丂）　456, 496, 499-500
チェルチェン　317
　　　──人　330
竹簡　477-479, 486, 506, 519-524
竹使符　478
竹帛に書す　478
竹帛に著ける　478
地質調査所　35-36
チナシュガシヤ　407
チベット語文書　320, 334, 349
チベット族　20
チャドータの比丘教団　391, 404
チャドータの仏教　281
中央アジアブラフミー　166 →ブラフミー
中央アジア出土文書　8, 215
『中央アジア踏査記』　279
中期インド=アーリアン語　272, 370

中国以外の中央アジアの史料　320
中国学術団体協会　43-44
中国絹布　406
中国古生物誌 (Palaeontologia Sinica)　41
中国地質調査所　39, 41, 44, 62
中国・フランス合同調査団　23
中国（西夏）文字を模倣した偽造文書　169
　　　→偽造文書
『中国歴史地図集』　260
中程　443-444
中道　269, 329, 347 →楼蘭道
長沙走馬楼簡　158, 519, 526
長城　49, 211, 347, 427, 450-451, 453, 464-
　　　465, 469
長方形木簡　377 →木簡
調律の儀式　511
「勅」　505
勅令 (śāsana)　402
チョジボー官 (Cojhbo)　275, 280, 284, 286,
　　　383-384, 386, 389-394, 403, 406 →州長官
苧麻　241, 480-481
沈黙の区域　317
通行証明書　478
『通典』　317, 351, 483, 521
亭　436, 445, 457-458
　　　──長　438, 457-458
手紙　487, 490-494, 496, 503-506, 513, 522
　　　直筆の──　384
手漉きの紙　215 →紙
伝　458, 468
田官　453, 455, 461, 463-466
田客　484, 510
天山　254, 317
　　　──南道　323
　　　──南路　343-344, 348, 350, 361
天水出土の地図　482
天田　429, 433, 436, 439-441, 450-451, 469
殄北候官　432, 449
殄北塞　449-451, 455
デンマーク王立図書館　215-216
デンマーク国立博物館　178, 215
『典略』　486, 511
都尉　428, 436
　　　──庫　456
　　　──府　261-262, 289, 428-430, 436, 440,
　　　442-443, 445, 453-457, 459, 463, 468
ドイツ・トルファン探検隊　10, 17
道教　340
東京国立博物館　57
道上塞　451
当食案　497
到部　432

トカラ圏　331
トカラ語文書　334
トカラ人（トカリアン）　20, 329-331, 336,
　　　351
都貨邏国　318
贛丸　456
特典付与文書 (parīhāra-lekha)　402
弩弓　431, 435, 456
トグラク (Toghrak)　163
トグルハ (Toghrugha)　163
都護府　259, 263, 266, 278
土断政策　521
土着語プラークリット　335
突厥語文書　334
土徳　518, 520, 526
土垠　261-262, 298, 427-428, 466-468, 470,
　　　480, 486
都吏　438, 445, 467
都邏故国　330, 332 →古代トカラ国
トルコ　316, 329, 334, 337
　　　──化　329, 334-335
呑遠倉　456
トンガ官　386, 389
敦煌漢簡　178, 187, 197, 481, 505, 524 →漢簡
敦煌石窟　8
敦煌太守　184, 204, 264, 266-267, 271-272,
　　　505
敦煌文書　215-216, 240-242
頓首　144, 180-181, 190, 194, 198, 206, 493,
　　　517
屯田　257, 262-263, 266-268, 270-272, 285-
　　　286, 291, 294, 461-467
　　　──機関　463
　　　──政策　268
　　　伊循──　262, 465-466
　　　楼蘭──　268

[ナ行]
『南史』　206, 317, 354, 515, 519, 525
南書　460
日迹　429, 433-434, 436, 438-441, 450-451,
　　　455, 507
日勒田官　461
日中戦争　480
二封　508-509
日本の木簡　524 →木簡
ニヤ（尼雅）　336 →地名索引も参照
　　　──遺址　59, 275, 281-282, 369-370, 388
　　　──文書　372
ネストリウス派キリスト教　340
粘土粒子　223
囊　152, 198, 483-484, 504-505, 508-511, 516

索 引

――の縫い目　504
納縛波国　318

[ハ行]

枕　177-178
パーズ (Pars)　317
バウアー文書　7, 161, 302
刷毛目痕　217, 219-220
灞橋紙　480, 483
帛　155-156, 478, 483, 511, 524
白紙　513, 517, 520
白書　151, 191, 202, 490-491, 504
白籍　518, 521
白素の裏　516
白粲　187
馬圏湾　454, 481
馬圏湾漢代烽燧址　481
莫高窟　8
発函伸紙　147
発信記録　151, 507-508 →受信記録
馬邑の事件　448
馬属文書　199
番号燧　429-430, 434-435, 451 →燧
非アラビア書体　168
皮革文書　377, 380, 384-385, 393-394
東アジア博物館　41-42, 51, 61
　　　　――紀要 (Bulletin of the Museum of Far Eastern Antiquities)　41
東トルキスタン・ミッション　15
ビザンチン　340
ビスパン投射型顕微鏡　216
筆記用具　477
悲風　211
微分干渉顕微鏡　216
百官六礼辞　483, 494
表　452, 454, 468, 483
品数　512
品第の登録用紙　518
符　487
部　428, 431-445, 451, 453, 467
　　　　――都尉　428, 457, 461
　　　　――農　461
府　184, 202, 441-442, 459, 520
封印　8, 146-147, 152, 279, 370, 375-376, 380, 391-392, 403, 440, 458, 484, 507-511, 523
封緘　135, 143, 146-147, 151, 154, 156-158, 484, 507-511
府君　180-181, 183-184, 494
婦好墓　254
付子　481, 483
仏教　5, 7, 10, 12, 18, 20, 27, 47, 59-60, 281-282, 286-287, 318, 324, 331, 340, 355, 371, 373-374, 408
　　　　――芸術　340
　　　　――プラークリット　372 →プラークリット
物故　499-500 →死
プラークリット　259, 272, 275, 277, 287-288, 324, 327-329, 333-336, 339, 370-373, 408
　　　　土着語――　335
　　　　仏教――　372
ブラフミー　7, 166
　　　　――の草書体　165, 166
　　　　――文字木版　165
　　　　中央アジア――　166
フランス科学院 (CNRS)　23
北京原人　36
ヘクベルグ文書　164
茢　159
ヘディンの中央アジア地図　337
ヘディン文書　162-163, 168, 213
ヘブライ文字　329
兵部式　454
ペルシア (Persia)　5, 13, 15, 20, 32, 56, 306, 317, 329, 338, 340
ヘルンレ報告　163
辺境地域　427
偏光顕微鏡　216
返書 (prati-lekha)　402
「返答の手紙」(prati-lekha)　385, 402
葆　453
蓬　452, 454, 469
蚩矢　435
封検　135, 140-143, 146-147, 149-159, 467, 484, 501, 505, 509, 523
「報告の手紙」(vi ṃnati-lekha)　384, 394, 402
『封氏聞見記』　509
烽燧線　427, 450-452, 460, 463-464, 467 →燧
包装　483, 485, 509-510, 516, 523
封泥　135, 159, 274, 279, 370, 375-376, 392, 401, 440, 510
　　　　――匣　135, 140-142, 146, 151-152, 157, 159, 478, 501-502, 508, 516, 523 →検
ホウ砂　308
亡人表　444
捕亡　436-438
蒲書　140, 151
簿書　149-151, 202, 490, 504
簿籍　487, 494, 497, 499-501, 506, 518, 522-523, 525
ホータン文書　164, 172-173, 332
『北史』　198, 316-317, 346, 354
北書　460

墨書　504, 524
反故紙　488, 491, 522
『法顕傳』　272

[マ行]

マニ教　340
『マヌ法典』　404-405, 409
ミイラ　24, 55, 59, 330-331
未叩解繊維　241-242 →繊維
未公開文書〈A-1〉　179, 185, 204, 216, 490-491
未公開文書〈A-2〉　185-187, 216, 488
未公開文書〈B〉　188, 192-194, 199, 211-212, 217, 491
未公開文書〈C〉　152, 196, 198-199, 204, 212, 217, 491, 504
未公開文書〈D〉　200, 204, 212, 217, 491
未公開文書〈E〉　205, 207-208, 211, 218
南匈奴　198, 448
『南チベット』　31-32, 43
身分証明書　478
『明史』　316, 354
「村」(aṿana)　390
命令書 (ājnā-lekha)　280, 371, 390, 393-394, 402
「命令告知書」(anadi-kilamudra)　384, 402
「命令の手紙」(anadi-lekha)　384, 394, 402
メサ (風蝕崖)　451
木簡
　　　　矩形――　146, 376, 380, 383-384, 390-392, 397-398, 401, 407
　　　　楔形――　146, 284, 375-377, 380, 383-384, 386, 388, 390-392, 397-399, 401, 403, 406, 407
　　　　タクティー形――　377
　　　　長方形――　377
　　　　日本の――　524
木牘　141, 151, 154-156, 177, 356

[ヤ・ラ・ワ行]

『ヤージュニャヴァルキヤ法典』　404-405, 408
約定 (prava ṃnaga)　391-392, 405
ヤクブ・ベク (Jakub Beg) の反乱　344
ヤトマ官　392, 394, 404, 407
ヤルカンド・ダリア (莎車河)　350 →地名索引も参照
ヤルトングース・ラングル (宿)　313, 315
ヤルトングース入植地　312-313
郵書　202, 436, 442, 444, 451, 459-460
郵書課　442-444
郵書失期　442

郵亭　149-150, 451, 460, 467	粟食簿　497	『――新史』　297, 343, 357, 360-361, 375
揚武将軍　431	粟某月食名籍　497	――道　347
揺れ動く湖（oscillating lake）　25	ルンド大学　16	――屯田　268 →屯田
ラグレリウス・コレクション　40	『禮記』聘儀　277	ローマ　340
ランドサット衛星　323	令史　187, 440, 456-458, 462	ロシア科学アカデミー東洋学研究所　167, 175
吏籍　519	歴史博物館　53	ロシア帝室科学アカデミー　164, 305
李柏文書　144, 192, 291, 293, 299, 491	楼蘭　25, 28, 256-257, 260, 265, 267, 269, 271, 274, 288-292, 295-297, 371, 394-395, 399 →地名索引も参照	ロシア帝室地理協会　310
龍骨　36		露布　508-509
『流沙墜簡』　279		ロプノール紙　480-481
『梁書』　317, 354	――遺跡　29-31, 60, 177, 212-213, 253, 361, 380, 395, 399	羅布淖爾漢簡　466 →漢簡
両行　186, 488, 507, 519, 522, 524		『論語』　186, 206, 208, 488, 492
涼風　207-211	――故城　253	倭奴国　258
旅行布告（sarvatraga）　402	――国主均那羨　276	

◎人名索引

[アルファベット]
A mgoka　273, 373, 395
Ardashr I 世　288
Camaka (Cimaka)　283, 397-398
Pepiya　273
Tajaka　273

[ア行]
アールベルト，グスタフ　16
アヴェタラニアン，ヨハネス　15
赤木祥彦　469
アチュニヤ（ヴァス官）　391, 404
アドルフ，グスタフ　41
アヌガヤ（オグ官）　389
アピサエー　386
アフマッド・メルゲン　17
アルネ，チューレ　35
アルヤサ　407
アレキサンダー大王　326
安帰　257, 262 →楼蘭王
アンゴーカ王　373, 383, 391-392
安周　292
アンダーソン，アルベルト　17, 58
アンダーソン，ヨン・グナー　34-46, 48, 50-51, 61-64
アンドリュース，ロイ・チャプマン　39, 42, 44-45, 49, 63
アンボルト，ニルス　30, 53, 57, 162, 169-172, 213, 361
イグナチェフ，アダム　6
イスラム・アクーン　8, 13-14, 16-17, 57-58, 162-169, 171
イタカ（チョジボー官）　386, 389
市川任三　451, 469
尉屠耆　257-263, 289-290, 294, 465 →楼蘭王

井上弘円　5
イピヤ　391-392
イブラヒム　57, 164, 167, 171, 175, 321, 355
イブラヒム・ムーリャ　164, 167
イマム・ジャファルサディ　309, 313
尹翁帰　432
ヴァシュマナ王　273-274, 277, 296, 373, 389-390 →伐色摩那
ヴァスデーヴァ　385, 395
ヴァルパ（元老）　391, 404
ヴァレンベリ，H　40
ヴィクルンド，K. B.　32, 61
ヴキムナ（チョジボー官）　391, 404
ヴクト（トンガ官）　386, 389
内田吟風　258, 291, 296, 298
于闐王
　　成国　278
　　廣徳　265, 278
海野一隆　470
榎一雄　258-259, 267, 273, 275, 297, 358, 373, 375, 394, 408
エリクソン，ジョエル　36
エルデク　25-27
延　263, 278 →莎車王
垣延　194
袁紹　510-511
袁復礼　38
応劭　484, 517
王恢　256
王敬　267
王護　430
王国維　135, 150, 186, 274, 279-280, 525
王充　478
王叔然　143
王貞　199, 497

王舒　461-462, 464
王彌　190, 194
王炳華　20
王羲之　187, 189
王莽　180, 263, 449, 457, 481
翁文灝　41
大谷勝真　258, 298
大谷光瑞　4-5, 163
大庭脩　135, 156, 194, 469, 504, 525
オーナカ　406
小川環樹　211
オルデンブルク，S. F.　30, 60, 303

[カ行]
霍光　257
郭恂　265
賈皇后　513
何双全　457, 470, 524
賀昌群　283
賈耽　293-295
カーマン，シグルド　48
カールグレン，ベルンハルド　51, 61-62, 324, 335, 358
カールベック，オルヴァル　42
片山章雄　293, 299
カトマ　384
カラムツァ（カーラ官）　391, 404
顔師古　484-485, 517
カンチゲーヤ　407-408
韓抜　295
裘錫圭　461, 470
休莫覇　265
橋塞提　278 →拘彌王
均那羨（楼蘭主国）　274, 276-277
クーナ　407

索引

クシャナセーナ（オグ官）　389
グスタフソン, ダヴィッド　16
クナラ（タスチャ官）　383-384
クニタ　407
クラゲーヤ（チョジボー官）　391,404
クラナヤ　284,384,389-390
グリュンヴェーデル, アルベルト　17-18, 61,303
クレーガー, I.　41
グレナード, フェルディナンド　11
グレンジャー, ウォルター　39
クンゲーヤ　386
クンパラ　407
景愛　459,470
景帝（前漢）　481
建　267,278 →于闐王
賢　264,266,278 →莎車王
厳耕望　436,470
玄奘　7,12,61,318-319,324,330-332,336, 345-346,349,356
元孟　274,277-278
元禮　277
康　263-264,278 →莎車王
興　278 →拘彌王
高貴郷公髦　273
閔孺　432
黄盛璋　470
公孫瓚　203,486,510-511
廣德　265,278 →于闐王
拘彌王
　　橋塞提　278
　　興　278
　　成国　278
光武帝　263-264,509
黄文弼　22,28,50-51,63,171-173,175,261, 297,360,428,466-467,470,480,486
高明　291
呉恢　485-486
コーサ（スヴェータ官）　393
呉昌廉　436
呉栩　184,495-496,525
コーリヤ　401-402
ゴッドフレイ, S. H.　7
コノウ, S.　371,373
呉福　485
コンラディ, アウグスト　30-31,214,297, 400

[サ行]
蔡倫　479,481-482,485
ザギモーヤ　286
索班　266

莎車王
　　延　263,278
　　賢　264,266,278
　　康　263-264,278
佐藤直人　455,470
サマセーナ（チョジボー官）　393-394
サムルピナ　407
サルピカ　383
ザーレマン, K. G　164
サロモン, R.　374
ジェーヤバトラ（オグ官）　391-392
馴騨　278
司馬懿　512
司馬宣　512,515,518
嶋崎昌　297
シャヴァンヌ, E.　155,278-279,297
謝桂華　428
シャグドゥル　27
シャマセーナ（チョジボー官）　403
シュヴァタンガ　386
周興嗣　187
周寿昌　485,524
シュガシヤ　407
朱国照　428
朱庭祐　37
朱博　432
昭帝（前漢）　257,259-260,265,290,462, 465,481
初仕賓　435,452,470
徐普　269
徐楽堯　450
ジョンソン, W. H.　7
シルワン, ヴィヴィ　52
シレン, オスヴァルド　41-42
仁（于闐王の弟）　279
晋灼　484
真達　295,297
スールヤミトラ（チョジボー官）　391
スギタ　385,406
スタイン, オーレル　8,13,16,18,20-24,28-29,31,52-53,57-61,63,155-156,163-166,169-171,177-178,185-186,199,212-213,239-240,253,271-276,279,282-283,290-291,293,297,303,305,307-308,312-313,319,321-323,325,329,338,344-345,361,369-371,374-375,380,392,395,400-401,408,454,481,486-487
スナカ（タスチャ官）　383-384
スマガンタ　407
スミス, ヘルメル　57,162
成国　278 →于闐王
成国　278 →拘彌王

成帝（前漢）　481
成帝（東晋）　291
石敬奉　143
石崇　210-211
籍武　484
セーデルボム, ゲオルグ　43
薛英群　459
ゼッターシュテーン, K. V.　32
セナール, E.　369
宣帝（漢）　262-263,462,480-481
宋雲　12,297,317,324,356
宋会群　435,459
曹宮　484,510
桑弘羊　464
宋政　199
曹爽　512
曹丕→文帝（魏）　268
則羅　278
蘇武　183,211
ソーンジャカ（チョジボー官）　286,389,391-393

[タ行]
泰文　492
橘瑞超　5,28,55
タマスパ　392,405
ダルグレイシュ, アンドリュー　7,55
タンジャカ　386
段禧　266
チェルノフ　25
チェン, パーカー　28,53
チナシュガシヤ　407
チャディヤ（ヴァス官）　391-392,404
チャトーナ　407
趙阿仲　140,143
趙瑋然　143
趙王倫　514-515
趙君　492
張駿　277,291
長広公主　513
趙済　491
張済逞　191-194
張超済　190,193-194,491
趙破奴　256
趙評　267
丁文江　41
趙辨　199,497
沈欽韓　485
チンゴー　407
陳忠　266
陳夢家　431,456,459,470
ツダンスキー, オットー　38,62

鄭吉 263
鄭衆 483, 494
田延年 432
ド・ラン, デトルイユ 11-12, 57, 308
滕固 54
鄧太后 266
董琬 291
寶固 265
寶融 264
トゥルディ 165
トオマス 276
トムセン, クリスチャン 54
トリアクシャ 406-407
トリンクラー, エミール 20-21, 57-58, 303

[ナ行]
ナイク・ラム・シン 322
長沢和俊 193, 255, 258, 261, 270, 273-274, 297-298, 323, 355, 360, 375, 387, 466, 469, 496
永田英正 354, 459, 469
中村圭爾 512, 518, 525
ナトースト, A. G. 34
ナマタ 385
ナンマラジュマ 385
ニーストレム, エリク 35-36, 61
日逐王（匈奴） 263
任尚 266
野村栄三郎 5
ノリン, エリック 33, 35, 46, 48, 53, 61-63, 162, 169-171, 213
ノルデンシェルド, アドルフ・エリク 40, 61
ノルデンシェルド, オットー 34

[ハ行]
裴遵 264
バウアー, ハミルトン 7, 55, 161, 302
バウマー, クリストフ 21
バウマン, ブルーノ 22
パキア 407
馬君 198, 492
伐色摩那 277 →ヴァシュマナ王
馬成 431
馬泰文 143, 503
羽田亨 294
馬達 267
馬雍 277, 279
ハッレ, T・G. 9, 40, 62
バティガ（グシュラ官） 385, 395
バドラディン・ハン 164, 170
パトラヤ（チョジボー官） 384, 389

ハビブラ 7
ハベレル 36
ハミルトン, ジェームス 332, 336
パランデル, ルイス A. A. 40, 62
馬属 199
バレディン・ハン 164, 171
バロー, T 259, 284, 372, 387
潘岳 210-211
潘吉星 482, 524
班超 203, 260, 263, 265-266, 268, 277-279, 285
班勇 260, 265-268, 278, 291
ハンチントン, エルスワース 20, 28, 303, 308, 311-312, 321-322, 338, 353, 355, 369
パンペリー, ラファエル 45, 63
麗軍 186-187
ヒムリー, カール 30, 60, 214
ビューストレム, H. 32
比龍 292, 295-297
封演 509
フォーサイス, ダグラス 7
フォン・ル・コック, アルベルト 10, 18, 21, 32, 57, 61, 303
傅介子 257-258, 261-262, 265, 294, 465
ブギタ（ヤトマ官） 392, 404, 407
福田俊昭 214
服虔 517
プゲーナ（ショータンガ官） 407
プゴー（チョジボー官） 393-394, 403
藤枝晃 469
藤田豊八 258, 298
ブッダナンディ 401-402
武帝（漢） 205, 256-257, 459, 461-462, 464, 481
武帝（前漢） 256, 480-481
武帝（西晋） 486
武帝（南斉） 514
プトレマイオス 326
フュスマン, G. 373-374
ブラフ, J. 273, 297, 372-373, 375, 408
フランクフォート, コリンヌ・ドベーヌ 23
フランクフォート, ポール 23
フランケ, オットー 330-331
プーリブランク, エドワード 332
プルジェワルスキー 8-9, 55, 308-309, 352-353
文帝（晋） 271
文帝（前漢） 256, 481, 511
文帝（魏） 207, 268
プンヤシャ（グシュラ官） 385
ヘイエル, N. F 15
ベイリー, ハロルド 31, 60, 163, 332, 336

ペヴツォフ, M. V. 305, 308, 310, 353
ヘーグベリ, シグリド 14-17
ヘーグベリ, ラルス・エリク 14-17, 164-165
ヘーニッシュ, エーリヒ 32
ベクセル, ゲルハルド (Gerhard Bexell) 53
ベックルント, マグナス 14-17, 164-165
ヘディン, スウェン 4-6, 8-15, 17-35, 42-53, 55-61, 63-64, 161-163, 165-169, 171, 173, 177-178, 199, 211-215, 239-240, 253-255, 271-272, 274-276, 282, 290-291, 297, 303, 305, 337, 356, 371, 394-395, 399, 401-402, 486-487
ペテルソン, マリア 36
ペトロフ, V. A. 163-164, 171, 173, 175
ペトロフスキー, M. N.
ペトロフスキー, ニコライ・フィオドロヴィッチ 6-7, 11-12, 15, 55-56, 163-164, 166-167
ベリィ, ラッセ 22
ベリィマン, フォルケ 31, 47-53, 59, 63-64, 155-156, 427, 431, 450-451, 458
ペリオ, ポール 10, 21, 61, 303
ヘルナー, ニルス 28, 53
ヘルマン, アルベルト 32, 61
ヘルマンソン, オスカル 16
ヘルマンソン, グナー 16
ヘンドリッヒ 6
ボイヤー, A. M. 273, 369
ボーリン, ビルゲル 46, 61-62
ボクダノヴィッチ, K. I. 305, 308, 310, 353
ボスハード, ワルター 20
法顕 12, 260, 272, 274, 282-283, 297-298, 318, 354, 361
保柳睦美 323, 352, 355
堀賢雄 5, 57
ホルムクヴィスト, スティグ 22

[マ行]
マスペロ, アンリ 141, 186, 213
マカートニー, ジョージ 7-8, 11, 13, 17, 163-164, 171
松田寿男 258, 298, 360, 464, 469
マヒリ王 273, 373, 383, 388-390, 392, 395
マルコポーロ 459
万度帰 295, 297
マンネルヘイム
マンネルヘイム, カール・グスタフ 13, 17
ミルスキー, ジャネット 20
明帝 263, 265, 512, 515, 518, 526
メーン, パウル・シグフリード 16

孟康　484-485, 512-513
孟凡人　278, 287-288, 297-298, 343, 357, 360-361, 375, 382-383, 408, 466, 468, 470
モーガタ　392, 405
モークシャプリヤ　384-385
モハンマド・イ・ハミド　6-7
モラー　28
森鹿三　293
モンゴメリー大尉　6
モンテリウス, オスカル　54
モンテル, イェスタ　14, 51, 58

[ヤ・ラ・ワ行]
ヤプウ　283-284, 397
ヤリング, グナー　16, 33
ヤングハズバンド大佐　6
尤還 (鄯善王)　266
楊宣　277, 291
姚萇　272
ヨーヌ (ヴァス官)　407
吉川小一郎　5
吉村昌之　435, 460
米田賢次郎　470
ラグレリウス, アクセル　40, 62

ラケット, グスタフ　15, 17, 58
羅仕杰　460
ラパヤ　384, 389
ラフィコフ　12
ラプソン, E. J.　273, 284, 369, 371, 399-401
ラムショーツァ (ショータンガ官)　391
ラルソン, フランツ・アウグスト　36, 42-43
李均明　135, 428, 442, 470, 525
陸機　207, 210-211
劉慶柱　470
李賢　509
李浩　272
李振宏　435, 459
李白　184
リヒトホーフェン, フェルディナンド・フォン　8-9, 60, 303, 351
リペー　284, 384, 389, 406
リペーヤ (チョジボー官)　383-384, 386, 388, 403
李牧　454
リムス (チョジボー官)　383
リューダース, H.　372, 408
劉淵　190, 194
劉長山　37

劉放　515, 518
劉總　194
劉頌　514-515
梁秋　496
梁武帝　187, 521
梁鷟　495-496
李陵　182-183, 211, 464
林梅村　374, 387, 408
ルトラヤ (コリ官)　388-389
黎弇　279
令狐興　183
令狐承　183
令狐量　182-184
酈道元　293
レッシング, フェルディナンド　47, 51
楼蘭王
　安帰　257, 262
　尉屠耆　257-263, 289-290, 294, 465
ローウェー, M.　373
労榦　470
呂光　291
路博徳　459, 464
ロベンツ, ゲオルグ　16
渡辺哲信　5, 57

◎地名索引

[アルファベット]
Ak-jitje-ölgan　337
Caḍ'ota　274, 276, 278, 280-281, 285 →ニヤ
Calmadana　276, 280-281, 319, 325, 336, 388, 397
Haji-qosh-sai　306
Helyabeg　337
Jigda bulung　337
Kala sulaghi　337
Kala sulaghi-chawal　337
Kalbash-öghil　337
Khotan　161, 280-281, 303 →ホータン
khvani　259-260, 273, 289
Kroraina　275, 280-281, 284, 335, 359, 398 →クロライナ
kuhani　259, 273, 394
Mahamta nagara　275
Nina　270, 276, 280
Niya Site　259, 271-273, 276, 278-279, 289-290
Qotaz-öldi-chap　306
Sarigh-buya-tar-öghil　337
Süget-sai　306
Yar tunguz-Tarim　337

Yilba-sarigh　337
Yulghun-bulaq-sai　3

[ア行]
桐陽塞　448
媲摩 (Uzun-tani)　270
アクカル・チャキル・タグ (Ak. Kar Chakil Tagh)　309
アクシピル (Aksipil)　164-165
アクス (Ak su)　305, 343, 350 →ボスタン・トグラク, 姑墨
アクタシュ・ダリヤ (Aqtash-darya)　337
アスツン・タグ (Astyn Tagh)　305, 323, 337
アナウ (Anau)　45
アラル海　326
アリマスパン (Arimaspians)　326
安周　292
安息　269
安定郡　448
伊吾　265-266, 268-269, 285, 297
尉氏県　436
伊修城　258, 260, 294-295
伊循城　257-263, 274, 289, 293-294, 298, 465-466, 468
遺跡番号
　A 1 (Tsonchein-ama)　450
　A 8　156, 431, 439, 449-450, 459-460
　A 10 (Wayen-torei)　440, 453, 461, 464
　A 22 (Bukhen-torei)　450
　A 32　444, 453, 480
　K 688　450, 459-460
　K 710　459-462
　LA　143-145, 151, 177, 184-185, 199, 212-213, 253, 271-276, 282-286, 290-291, 293, 297
　LB　273, 284, 486
　P 1　431, 435
　P 9 (Boro-tsonch)　450-451
イセドネス (Issedones)　326
イヘン=ゴル (Ikhen-gol)　450-451, 463
イラン　4, 31-32, 60, 256, 259, 287-288, 328, 333, 336, 359, 372, 407
ヴァシュ・シャーリ　282
于闐　257, 264-270, 272-273, 278-283, 287, 290, 293, 298, 306, 343, 347, 350, 354 →ホータン
ウズ・タグ (Uzu Tag)　306

ウドゥヤナ 324
于田 323, 343 →ケリヤ
烏塁 263, 278, 348, 356
烏塁城 263
雲中郡 448
営盤（Jing Peng） 23-24
益寿塞 446, 448
エスキ・シャール（Eski-schahr） 10
エチナ（Edsina） 47, 49, 52-53, 64, 172, 186, 262, 427-428, 430, 450-451, 459-460, 463-466, 469, 480, 525
　——河（Edsen-gol） 64, 172, 186, 262, 427-428, 450-451, 464-466, 480, 525
エニセイ川 317
エルテムト 36
エルンカシェ（Yurung kash） 305
焉耆 348 →カラシャール
奄蔡 269
延城 259, 456, 462
エンデレ 23-24, 281-282, 302, 304, 306, 308-309, 312, 315-316, 318-319, 321, 323, 326-327, 329-332, 335-336, 340, 343, 345, 349, 351-352, 354-355, 369
　——・ダリヤ（Endere Darya） 302, 304, 306, 308-309, 321
　——・テリム（Andere-terim） 24
　——地域 319, 331, 345
オーピンタ地域 406
オクサス 371
温宿 348

[カ行]
海頭 293
カシ・ダリヤ（Khashi Darya） 305
カシミール 7
カシュガリア（Kashgaria） 305
カシュガル（Kashgar） 5-7, 9, 11, 15-16, 55-58, 163-164, 166, 303, 310, 328-329, 334, 343, 347-350 →疏勒
　——・ダリヤ 9
ガシュン・ゴビ 25
カズ・コル（Ghaz Köl） 347
河西 296, 465
　——回廊 256, 271, 343, 480-481
河東郡 432
葛邪塞 448
曷労落迦城（Rauruka） 7, 270
カラ・コシュン 28, 60
カラ・ホト（Khara Khoto） 49
カラ・ムラン（Kara-muran） 309
カラコルム（Karakol） 310, 350
カラ・シャール（Qara Shar） 50, 318, 330, 333, 343, 348 →焉耆
カラドン（Karadung） 17, 21-23, 26, 29, 58-60, 302-303, 306, 323, 327, 340, 345, 355
カルカッタ 55, 57, 163, 165, 302
ガンダーラ 20, 272, 282, 286-287, 289, 296, 328, 340, 370, 374, 408
　——地方 272, 287, 289, 374
扞泥城 257-260, 265, 267, 271, 273, 275, 283, 289-290, 293-294, 298
雁門郡 448
亀茲 203, 257, 259, 264-267, 269-271, 278-279, 286, 291, 302, 323, 343, 468 →クチャ
キジル（Qizil） 18, 57
ギャンツ・サイ（Gyandzhsai） 305
裘氏郷 436
裘氏亭 436
匈奴 154, 198, 210, 256-257, 261-270, 289, 326-328, 331, 339, 347, 356-357, 441, 448-454, 464-465, 468-469
仰韶 45
　——村 37-38, 45
居延県 430, 455, 457-460, 462-464
居延塞 448
居延収降亭 442, 460
居延沢 427, 450, 457, 463-464
渠勒 266
匡城郷 436
匡城亭 436
疆漢亭 458
玉門 255-257, 261-262, 266, 269, 343, 347, 361
玉門関 255, 257, 261-262, 269, 347, 361
金城郡 448
金城塞 448
今屯城 274, 294
クヴァニ 282, 291, 390, 394, 399, 408
クェテルダリヤ（Kütel Darya） 305
クシャン王朝 275, 285-288, 296
クチャ 343 →亀茲
グマ（Guma） 12
クム・ダリヤ 49
クルク・タグ 24, 49, 264
クロライナ 257-258, 272-278, 280-290, 296, 335-336, 385, 388, 390, 394-399, 407
鶏鹿塞 446, 448
月支国 288
月氏 256, 269, 288, 327-328, 330-333, 336, 351, 356-359, 371, 374 →禺氏
ケーマ 393-394
ケリヤ（Keriya） 7-8, 17-21, 23-24, 59, 303, 306, 310, 320-321, 323, 329, 336, 339, 343 →于田
　——・ダリヤ 17-21, 23, 59, 306, 310, 321, 323, 339
　——渓谷 23-24
肩水金関 444, 453, 455, 480
眩雷塞 448
禺氏 254, 256 →月氏
コイクムレン（Kökmuren） 305
交河城 259
光禄塞 448
孔雀河（Konche-darya） 254, 468 →コンチェン・ダリヤ
康居 269
康国 294
拘彌 264, 267-268, 270, 278, 280-281, 286-287
甲渠河南道上塞 449
甲渠河北塞 449, 451
甲渠候官址 431
甲渠塞 449-452, 463
甲渠第四燧 431, 435
高昌 266, 269, 292, 361, 494
高亭 458
高陽県 436
高闕塞 448
鴻溝郷 436
鴻溝亭 436
黒城（Khara-khoto） 458-460
五原郡 427, 446, 448
五原塞 446, 448
コータン 56, 58-59, 281, 406
　——・ダリヤ 56, 58-59
コータンナ 384, 393-394
ゴットランド島 48
姑墨 343 →アクス
コルラ 259, 343
古楼蘭 258-259, 261-262, 270, 288, 290, 295, 298
コンチェン・ダリヤ（Konche-darya） 254, 285 →孔雀河
崑崙山脈 12, 254, 304-306, 308, 310-311, 351
昆侖塞 448

[サ行]
斎堂炭田 36
沙河 272
朔方郡 427, 446, 448
朔方塞 446, 448
莎車 262-267, 269, 278, 285, 339, 350, 360 →ヤルカンド
　——河 350 →ヤルカンド・ダリヤ
薩毘城 294-295
薩毘沢 295

サチャ（Saca）　276, 280, 336, 357, 383-384, 386, 390
サーメシア（Sarmatians）　326
サリュク・トゥス（Saryk tus）　305, 337
三十井塞　449
卅井塞　449-451, 458, 463, 469
三隴沙　269
ジグダ・ボルン（Jigda Bolung）　302, 306-307, 311-313, 338
帛郷　436
帛亭　436
シジア（Scythians）　326
且志国　270
七屯城　274, 294-295
且末　259, 266-267, 270, 276, 279-281, 285, 287, 289, 292-297, 306, 317, 323, 325, 332, 336, 339, 345-346, 348, 358, 397 →チェルチェン
　　　――河　293-294, 306 →チェルチェン・ダリヤ
　　　――国　259, 294-295, 317
　　　――城　259, 294 周口店　36, 62
若羌　260, 339, 347, 358-359, 361
収降亭　442, 458, 460
車師前王庭　269
車師前国　259, 266
酒泉郡　448
酒泉塞　448
戎廬　266, 270, 332
小宛　266, 270, 276, 287, 332
　　　――国　270
上印溝　36-37
常安亭　458
新城　294-295, 324
新疆　6, 8, 15, 45-47, 50, 52, 57, 301, 315, 319-320, 326, 344, 357, 360
スヴァールバル諸島　34
ストックホルム　8, 13-14, 16, 29, 33, 35, 39, 41-42, 48, 51, 57-58, 62, 161-163, 171, 173, 177, 212, 214, 216, 253, 302
制虜塞　448
精絶　259, 265-267, 270-273, 276, 279-280, 287, 290, 296, 298, 306, 323, 332, 336, 338-339, 347, 350, 355, 361
　　　――国　259, 270, 280
　　　――城　259
西河郡　448, 464
西部塞　448
石城鎮　274, 294-295
折摩駄那→チャルマダナ
芮芮　295-297 →蠕蠕
鄯善　147, 253-255, 257-260, 262-283, 285-299, 317, 324, 329-330, 332-340, 351, 354, 361, 371-373, 375, 382, 390, 394-395, 399, 405-406, 408-409
　　　――城　260, 274, 294-295
　　　――鎮　294, 297
蠕蠕　295-297
セント・ペテルスブルグ　13, 55-56, 60-61, 162, 164-165, 167-168, 302
葱嶺（Cungling）　265, 269, 301, 359
ソゴ=ノール　450
疏勒　203, 265, 267, 269, 271, 279, 285, 348, 481 →カシュガル

[タ行]
代田亭　458
大宛　256, 262, 269, 332
大月氏　269, 288, 328, 331-332, 356-358
大城塞　448
大都城（maham・ta nagara）　284, 388-390, 394, 398-399 →事項索引も参照
大屯城　274
タヴェク・ケル　18
「タクラマカン」（伝説の町）　9, 58
タクラマカン砂漠　8-10, 21-22, 53, 59, 254, 256, 301-302, 304, 320, 329, 334, 338, 344
タリム（Tarim）盆地　5-6, 8-10, 15, 21, 23-24, 49, 54-57, 64, 161, 169, 171, 210, 254, 257, 278, 301-303, 305, 310, 316-317, 319-322, 326-331, 333-334, 338-340, 343-344, 348-349, 352-353, 360-361, 371, 374, 486
　　　――9, 23-24, 49, 254, 264
ダン・カナステ（Dan-Kanaste）　18
ダンダンウィリク（Dandan-Öiliq）　17-21, 26, 58, 301, 303, 305, 320, 323, 340
注賓河　293
チェルチェン（Cherchen）　24, 50, 55, 254, 258-260, 264-265, 269-270, 281-283, 287, 289-290, 293, 296, 298, 303, 305-307, 309-311, 315-320, 322-327, 329-333, 335-336, 339, 343, 347, 349-350, 353, 358
　　　――・ダリヤ　254, 258-260, 264-265, 269-270, 281, 283, 287, 289-290, 293, 296, 298, 305-306, 310-311, 315 →且末河
チベット　4, 9, 20, 26, 31-32, 43, 55-56, 59-60, 171, 256, 289, 309-311, 316, 320-321, 334, 349, 353
チャドータ　281-282, 285-286, 336, 383, 390-393, 399, 404
チャルクリク　258, 260, 289, 293, 329, 333, 347, 351, 408
チャルマダナ→折摩駄那　325, 336, 388, 390-391, 393, 398-399, 404, 406-407
長安　190, 193-194, 257-258, 262-263, 272, 339, 357, 360, 432, 452-453
丁零　296-297, 317
張掖郡　428, 448, 456-457
朝那塞　448
チラ（Chira）　163
陳留県　436
ツァカ　385
ティケンリク（Tikenliq）　339
ティズナブ（Tiznab）　305
天竺　272
天水市放馬灘　481
殄北塞　449-451, 455
洮河　38
都貨邏　318-319, 325, 336
トカラ圏　331
トカリスタン　374
トグリクレン（Toghrikuleng）　305
吐谷渾　294-297
吐蕃　294-296
土垠　261-262, 298, 427-428, 466-468, 480, 486 →事項索引も参照
　　　――遺跡　427, 466, 468
トムシュク（Tumshuk）　9-10, 21
ドモコ-ホータン地域　320
トラン・ホジャ（Tolang khoja）　305, 309-312, 337
トルキスタン　11-12, 14-15, 32, 45, 55, 58, 163-164, 254, 259, 261, 263, 269, 273, 287-290, 298, 301, 309-310, 353, 357
　　　東部――　301
　　　東――　12, 14-15, 32, 58, 164, 259, 261, 263, 269, 273, 287-290, 298, 309-310, 353, 357
トルファン　10, 17-18, 23, 50, 57, 268, 329-330, 333, 343, 347-348, 488
トンクス・バステ（Tonkus Basste）　21, 59
敦煌　8, 135, 140, 150-151, 154-155, 157, 178, 184, 186-187, 197, 199, 201-202, 204, 215-216, 240-242, 255-256, 261-269, 271-272, 281, 285, 292-293, 295, 297-298, 343, 354, 359, 361, 427, 452, 454, 457, 478, 481, 488, 490, 492, 497, 504-505, 508, 524
　　　――郡　184, 427, 448, 454
　　　――市　452, 470, 481
　　　――酥油土　454

[ナ行]
ナサル　12
日勒県　461
ニヤ（尼雅）　59-60, 146, 258, 270-276, 278-282, 284, 286-288, 290, 296, 302-303, 305-

310, 312-313, 315-316, 318-323, 325-327, 329, 333, 335-337, 339-340, 343, 345, 349-355, 361, 369-370, 372, 387-388, 397, 400-402, 406, 505, 523 →ニヤ, 精絶（Jingjue）
── ・ダリヤ（Niya Darya, 尼雅河） 302-306, 308, 313, 315, 321 →
── 遺跡 146, 280, 323, 345, 355, 361, 505
尼攘（Niya） 270, 354
熱河 37
納縛波 324-325, 355
ノーベル公園 212

[ハ行]
バイカル湖 317
灞橋鎮 480
博望亭 458
白龍堆 255, 257, 269-270, 295
波郷 436
八一泉 255
波亭 436
ハミ 265, 334, 343, 347
パミール（Pamir） 9, 55, 264, 279, 301, 326, 373
── 高原 9
パリ 10, 302, 369-370
ハングジャ（Hanguja） 13, 161
皮山 266, 348
ビヨルン島 34
ブクセム（Buksem） 18
扶溝県 436
ブザールタク 350
武州塞 448
撫順炭田 37
鉼郷 436, 511
鉼亭 436
平城塞 448

ベルリン 8-10, 33, 57, 302
北魏 274, 291-293, 295-297
ホータン（Khotan） 7-14, 16-17, 19, 29-30, 47, 57-59, 161-164, 166, 169-173, 175, 213, 254-255, 280, 283, 303, 305-306, 310, 316-318, 320, 322-324, 327-329, 332-333, 336-339, 343, 345, 348, 350-351, 353-354, 360, 371, 384-385, 390 → Khotan, 于闐, 和田
── ・ダリヤ 9-10, 17, 19, 59, 306, 350
ボスタン・トグラク（Bostan-toghrak） 305, 309-310 →アクス, 姑墨
蒲桃城 294-295
ボラサン（Borasan） 12

[マ・ヤ・ラ・ワ行]
マザール・タグ 11, 56, 320-321, 350
マッサゲッタ（Massagetae） 326
マラルバシ 9-10, 21, 328-329, 333
ミーラン（Miran） 18, 50, 59, 255, 258, 260-262, 265, 270, 274, 282, 286, 289, 293, 296, 316, 320, 322, 329, 339-340, 347
メルヤ（Mölja）川 309
ヤルカンド 7, 9-10, 16, 58, 254, 263-264, 303, 310, 328-329, 338-339, 343, 345, 350, 357 →莎車
── ・ダリヤ 9-10, 310, 350 →莎車河
ヤルダン 25, 255, 264, 270
ヤルトングース・ダリヤ（Yar Tonguz Darya） 59, 301-302, 306-308, 310-313, 315-316, 321-322, 326, 337-338, 340, 343, 350-351
湧泉（stream valley） 310
ユルンカシュ（Yurung kash） 17, 310
葉爾羌河 254 →ヤルカンド河
陽関 255, 266, 269, 294
ヨトカン（Yotkan） 12-14, 29, 56-58, 60
洛陽 194, 264, 271, 291, 295-297, 374

蘭州 255-256
ルェシェアイスイ（Lüshuai sui） 305
龍堆 255, 257, 269-270, 295, 361
柳中 266-268, 285
涼州 291-292
遼西郡 448
陵樹郷 436
陵樹亭 436
緑城 459-461
臨道亭 458
レー（Leh） 7
令居塞 448
レーワク 323, 329
隴西郡 448
隴西塞 448
楼蘭 21, 23, 25, 27-29, 31, 52, 60, 143, 161, 172, 178, 180, 183, 185-187, 193-194, 199, 208, 213-214, 253-277, 279-292, 295-299, 302-303, 318, 320, 325, 327, 329-330, 333, 335, 337-340, 343, 347-348, 351, 354, 356-357, 361, 369-371, 375, 382, 394-397, 399-400, 488, 491, 495-496, 501, 504, 506, 521, 523
── 国 49, 270, 273, 276, 288, 291, 293-294, 408
ロシア連山 309-310, 353
ロプ・ノール 9, 24, 31, 47, 49-50, 60, 254-255, 261-262, 265, 269-270, 282, 293-295, 308-309, 325, 332, 339, 343, 347, 351-352, 354, 466-467, 480-481, 486
ロプ砂漠 25-26, 28, 60, 63
盧龍塞 448
ロンドン 13, 20, 57, 165, 215, 240, 253, 273, 302, 370
汾水 432
ワシュ・シャフリ 8, 10, 50
和田 254 →ホータン
── 河 254

◎引用出土漢文簡牘・紙文書索引

1．居延漢簡（1930年出土の「居延旧簡」，及び1973年出土「新簡」の簡番号による）
6.7　*429, 433, 439*
10.32　*456*
10.9　*519*
20.12 A　*438*
20.12 B　*438*
30.11 A　*152*
32.14 B　*181*
37.44　*198*
45.24　*440, 507*
49.22＋185.3　*442*
58.2　*430*
62.55　*456*
68.109　*452*
89.24　*459*
100.1　*153*
100.22　*458*
123.16　*202*
123.55　*442*
130.9 A　*202*
136.18　*443*
136.44　*507*
138.7　*519*
145.7　*462*
148.47　*461*
159.17＋283.46　*431, 440*
168.5＋224.13　*437*
170.2　*456*

索　引

170.3 A　*457*	EPS 4. T 2 : 30 A　*435*	EPT 65 : 474　*462*
170.3 B　*457*	EPS 4. T 2 : 51　*462*	EPT 68 : 36　*458*
178.30　*458*	EPS 4 T 2 : 103 A　*435*	EPT 68 : 59　*450, 458*
179.6　*456*	EPS 4 T 2 : 103 B　*435*	EPT 68 : 60　*450*
179.9　*438*	EPT 3 : 3　*459*	EPT 68 : 61　*450*
183.2　*519*	EPT 4 : 5　*458*	EPT 68 : 62　*450*
188.25　*434*	EPT 4 : 58　*519*	EPT 68 : 63　*450*
203.18　*202*	EPT 5 : 59　*440*	EPT 68 : 64　*450*
206.2　*469*	EPT 27 : 1　*435*	EPW : 1　*443*
214.23　*508*	EPT 40 : 7　*154, 504*	
214.24　*508*	EPT 40 : 8　*154*	II．敦煌漢簡（"*D*" は、『敦煌漢簡』（中華書
214.51　*508*	EPT 43 : 34　*504*	局　1991）に付けられた簡番号）
231.28　*462*	EPT 48 : 120　*152*	D 520　*454*
255.27　*438*	EPT 48 : 54 A　*186*	D 521　*454*
26.16　*462*	EPT 49 : 83 A　*180*	D 1363　*454*
266.2　*459*	EPT 50 : 12　*434*	D 1618　*187*
274.4　*508*	EPT 50 : 44　*445*	D 2390　*201*
278.7　*441-442, 456, 464*	EPT 50 : 165 A　*459*	D 669 B　*197*
28.19　*456*	EPT 51 : 40　*435, 437, 455, 463*	
282.9 B　*198*	EPT 51 : 74　*462*	III．楼蘭出土簡牘・紙文書
285.23　*508*	EPT 51 : 79　*507*	（"Ch." は，Les documents chinoise
286.28　*456*	EPT 51 : 81　*508*	decouverts par Aurel Stein dans les
303.8　*262*	EPT 51 : 149　*153*	sables Turkestan oriental, Oxford,
334.28　*187*	EPT 51 : 191　*462*	1913. の文書番号，"M" は，Les
340.39　*187*	EPT 51 : 193　*434, 437*	documents chinoise de la troisieme
401.7 A　*462*	EPT 51 : 208　*437*	expedition de Sir Aurel Stein en Asie
502.3　*444*	EPT 51 : 234　*437*	centrale, The British Museum 1953
539.2　*453*	EPT 51 : 308　*462*	London, の文書番号，"Co." は，Die
557.8　*461, 464*	EPT 51 : 368　*200*	Chinesischen Handschriften und
EJF 3 : 80　*453, 455*	EPT 51 : 409　*435, 437*	Sonstigen Kleinfunde Sven Hedins in
EJP 30 : 03　*480*	EPT 51 : 472　*439*	Lou-Lan. 1920 Stockholm の文書番号
EJT 1 : 011　*480*	EPT 52 : 18　*507*	で，"I-" は，紙文書，"II-" は簡牘を指
EJT 10 : 127　*444*	EPT 52 : 7　*443, 458*	す．）
EJT 24 : 46　*444*	EPT 52 : 72　*443*	Ch. 398　*155*
EPF 16 : 1　*449, 453, 455*	EPT 52 : 83　*442-443, 458, 460*	Ch. 503　*155*
EPF 16 : 6　*469*	EPT 52 : 88 A　*152*	Ch. 588　*157*
EPF 16 : 2　*449*	EPT 52 : 88 B　*152*	Ch. 728　*182-183*
EPF 16 : 3　*449, 452*	EPT 52 : 160　*439*	Ch. 729　*497*
EPF 16 : 12　*453*	EPT 52 : 166　*443*	Ch. 732　*497*
EPF 16 : 15　*455*	EPT 56 : 22　*433, 439*	Ch. 734　*496, 500, 525*
EPF 22 : 147　*202*	EPT 56 : 25　*450*	Ch. 734 A　*496, 525*
EPF 22.151　*508, 509*	EPT 56 : 26　*450*	Ch. 734 B　*496*
EPF 22 : 175-185　*431*	EPT 56・178　*504*	Ch. 736　*184, 495*
EPF 22 : 201　*201*	EPT 56 : 253　*440*	Ch. 736 B　*495*
EPF 22 : 391　*443*	EPT 56 : 282　*434, 439*	Ch. 737　*184, 495*
EPF 22 : 459　*441*	EPT 57 : 108　*445, 452*	Ch. 745　*495*
EPF 22 : 640　*443*	EPT 58 : 107+92　*439*	Ch. 750　*150*
EPS 4. T 2. 78 A　*202*	EPT 59 : 361　*153*	Ch. 751　*140, 202*
EPS 4. T 2. 129　*504*	EPT 59 : 28　*439*	Ch. 752　*150*
EPS 4. T 2. 131　*505*	EPT 65 : 228　*430, 445*	Ch. 768　*150*
EPS 4. T 2 : 4　*439*	EPT 65 : 66　*457*	Ch. 769　*505*
EPS 4. T 2 : 8 A　*203, 459*	EPT 65 : 80　*445*	Ch. 769 A　*505*

Ch. 769 B　*505*	Co. I -5, 1　*146, 181*	Co. II -92　*497*
Ch. 773　*140*	Co. I -5, 2　*144, 491*	Co. II -102 A　*199, 497*
Ch. 775　*498*	Co. I -5, 2 B　*491*	Co. II -107　*202, 490, 504*
Ch. 776　*498*	Co. I -6, 1　*144, 197, 492-493*	Co. II -112　*500*
Ch. 777　*498*	Co. I -6, 1 B　*492-493*	Co. II -117　*140, 502-503*
Ch. 779　*498*	Co. I -6, 2　*196*	Co. II -118　*140, 492, 494, 502-503*
Ch. 780　*498*	Co. I -7　*189, 191-193, 219*	Co. II -119　*140, 502-503*
Ch. 782　*498*	Co. I -9, 1 A　*189, 192-193, 219*	Co. II -120　*140, 502-503*
Ch. 783　*498*	Co. I -9, 1 B　*192-193, 219*	M. 129　*201*
Ch. 784　*498*	Co. I -9, 1 C　*220, 245*	M. 169　*186, 223, 225, 231, 237-238,*
Ch. 785　*498*	Co. I -9, 2　*192, 220*	*247-249, 487-488*
Ch. 786　*498*	Co. I -9, 3　*144*	M. 170　*186, 223, 231, 237, 248-249,*
Ch. 788　*498*	Co. I -10　*146, 191, 220, 245*	*487-488*
Ch. 807　*500*	Co. I -13, 1　*144, 182-183, 202, 492-494*	M. 171　*186, 191, 223, 231, 237, 247-*
Ch. 808　*495*	Co. I -13, 1 B　*492-494*	*249, 487-488*
Ch. 817　*151, 505*	Co. I -14, 1　*144, 198, 492-493*	M. 172　*186, 224, 231, 237, 248-249*
Ch. 821　*497*	Co. I -14, 1 B　*198, 492-493*	M. 173　*186, 224-225, 231, 237, 248-*
Ch. 822　*500*	Co. I -15, 2　*199*	*249, 487-488*
Ch. 824　*197*	Co. I -16, 1　*144*	M. 174　*487-488*
Ch. 839　*497*	Co. I -17, 1　*220, 245*	M. 176　*490*
Ch. 843　*497*	Co. I -17, 2　*201*	M. 181 A　*201*
Ch. 846　*497*	Co. I -18, 3　*201*	M. 192　*487-488*
Ch. 847　*500*	Co. I -18, 6　*145, 492-494*	M. 195 A　*490*
Ch. 853　*151*	Co. I -18, 6 B　*492-494*	M. 199　*144*
Ch. 857　*149*	Co. I -19, 1　*183, 221, 246*	M. 216　*497*
Ch. 871　*495*	Co. I -19, 7　*276*	M. 220　*500*
Ch. 879　*497*	Co. I -20, 3　*144*	M. 230　*151*
Ch. 882　*497*	Co. I -21, 1　*192, 221*	M. 239　*496*
Ch. 894　*189*	Co. I -21, 2　*192-193, 221*	M. 241　*182*
Ch. 892　*408*	Co. I -22, 12　*199, 221*	M. 244　*487*
Ch. 897　*198*	Co. I -22, 13　*192-193, 222*	M. 246　*140, 503*
Ch. 904　*180-181, 183, 190*	Co. I -24, 2　*144*	M. 247　*141, 503*
Ch. 905　*197*	Co. I -27, 2　*222, 246*	M. 248　*141, 503*
Ch. 907　*490*	Co. I -30, 2　*145*	M. 253　*487-488*
Ch. 916　*145*	Co. I -31, 1 A　*190, 194, 222, 246*	M. 254　*487*
Ch. 917　*145*	Co. I -31, 3　*490*	M. 255　*487-488, 524*
Ch. 922　*197, 490*	Co. I -33, 2　*222*	M. 256　*487-488, 524*
Ch. 928　*181, 184, 494-496, 525*	Co. I -35　*146*	M. 257　*487-488*
Ch. 928 A　*181, 184, 494-496, 525*	Co. I -35 A　*191*	M. 259　*487-488*
Ch. 928 B　*494, 496, 525*	Co. I -107　*151*	M. 260　*499, 519*
Ch. 930　*181, 184*	Co. II -1 A　*505*	
Ch. 930 A　*181*	Co. II -1 a　*150*	IV. 黄文弼蒐集楼蘭出土漢簡（『羅布淖爾考
Ch. 931 A　*191*	Co. II -1 B　*201, 505*	古記』中国西北科学考査団叢刊之一
Ch. 932　*180*	Co. II -3　*151, 505*	1948，の簡番号）
Ch. 933　*487*	Co. II -12　*149*	簡 2　*467*
Co. I -1　*218*	Co. II -48　*501*	簡 5　*467*
Co. I -1 A　*487*	Co. II -50　*496*	簡 10　*261, 468*
Co. I -2　*244*	Co. II -51　*496*	簡 11　*261, 468*
Co. I -2　*144, 191-193, 199, 218, 490-*	Ch. II -53　*497*	簡 12　*468*
491	Co. II -64　*497*	簡 13　*467, 486*
Co. I -3, 1　*193, 219, 244, 491*	Co. II -90　*497*	簡 18　*467-468*
Co. I -4　*180, 182*	Co. II -91　*497*	簡 19　*467*

索　引

簡21　*468*

Ⅴ．大谷探検隊蒐集（『西域考古図譜』の
　　「史料」編，写真番号）
西域考古図譜 2,3　*181*
西域考古図譜 7　*184*
西域考古図譜 8　*190*

Ⅵ．スウェーデン国立民族学博物館未公開文
　　書
未公開文書＜A＞　*199*
未公開文書＜A-1＞　*179,185,204,216,*
　　490-491
未公開文書＜A-2＞　*185,488*
未公開文書＜B＞　*188,192-194,199,211*
　　-212,217,491
未発表文書＜C＞　*152,196,198-199,*
　　204,212,217,491,504
未公開文書＜D＞　*200,204,212,217,491*
未公開文書＜E＞　*205,207-208,211,218*

Ⅶ．ニヤ出土文書（Ancient Khotan,
　　Oxford1907，の文書番号）
N. XIV. iii. 10　*280*
N. XIV. iii. 6　*280*
N. XV. 75＋328　*505*
N. XV. 100　*497*
N. XV. 203　*498*
N. xv. 326　*271*
N. XV. 348　*505*
N. XV. 362　*498*
N. xv. 931 a　*271*

Ⅷ．雲夢睡虎地秦簡（『雲夢睡虎地秦墓』文
　　物出版社　1981，掲載の簡番号）
136　*198*

Ⅸ．長沙走馬楼出土簡（『文物』1999-5,『長
　　沙走馬楼三国呉簡　嘉禾吏民田家莂』
　　（文物出版社 1999）に発表された簡番号）
13-7683　*519*
J 22-2638　*158*
J 22-2639　*158*
J 22-2640　*158*
J 22-2643　*158*
J 22-2659　*158*
J 22-2660　*158*
J 22-2695　*520*

編者・執筆者紹介

冨谷　至　　　　　　　　　京都大学人文科学研究所教授
Tomiya Itaru　　　　　　　文学博士（京都大学）
　　　　　　　　　　　　　簡牘学　中国法制史

赤松　明彦　　　　　　　　九州大学文学部教授
Akamatu Akihiko　　　　　Ph. D（パリ第3大学）
　　　　　　　　　　　　　サンスクリット学，インド哲学

梅原　郁　　　　　　　　　京都大学名誉教授，就実女子大学文学部教授
Umehara Kaoru　　　　　　文学博士（京都大学）
　　　　　　　　　　　　　中国法制史，歴史地理学

籾山　明　　　　　　　　　埼玉大学教養学部教授
Momiyama Akira　　　　　 簡牘学　中国古代史

アンナ・グレーテ・リシェル　デンマーク国立博物館保存部研究員
Anna-Grethe Rischel　　　　文物保存学　紙文書

ホーカン・ヴォルケスト　　　スウェーデン国立民族学博物館東洋部主任研究員
Håkan Wahlquist　　　　　　スウェン・ヘディン財団　理事
　　　　　　　　　　　　　　民族学

スタファン・ローゼン　　　　ストックホルム大学東洋言語部教授
Staffan Rosén　　　　　　　スウェン・ヘディン財団　幹事
　　　　　　　　　　　　　　Ph. D（ストックホルム大学）
　　　　　　　　　　　　　　言語学，シルクロード学

流沙出土の文字資料
――楼蘭・尼雅出土文書を中心に　　　　　　　　　　　　Ⓒ Itaru Tomiya 2001

平成13（2001）年3月25日　初版第一刷発行

編著者　　冨　谷　　　至

発行人　　佐　藤　文　隆

発行所　　京都大学学術出版会
　　　　　京都市左京区吉田河原町15-9
　　　　　京 大 会 館 内　（〒606-8305）
　　　　　電　話（075）761-6182
　　　　　FAX（075）761-6190
　　　　　E-mail:sales@kyoto-up.gr.jp
　　　　　振　替01000-8-64677

ISBN　4-87698-418-2　　　　印刷・製本　㈱クイックス
Printed in Japan　　　　　　定価はカバーに表示してあります